当代公共管理精品教程系列学术委员会（按音序排列）

蔡立辉　（中山大学教授）	彭国甫　（湘潭大学教授）
陈国权　（浙江大学教授）	孙多勇　（国防科技大学教授）
陈　潭　（中南大学教授）	席　恒　（西北大学教授）
陈振明　（厦门大学教授）	徐湘林　（北京大学教授）
陈志武　（耶鲁大学教授）	薛　澜　（清华大学教授）
丁　煌　（武汉大学教授）	严　强　（南京大学教授）
董建新　（暨南大学教授）	姚先国　（浙江大学教授）
贺雪峰　（华中科技大学教授）	于建嵘　（中国社会科学院教授）
洪永泰　（台湾大学教授）	赵景华　（中央财经大学教授）
胡宁生　（南京审计学院教授）	郑志龙　（郑州大学教授）
黄健荣　（南京大学教授）	周光辉　（吉林大学教授）
蓝志勇　（亚利桑那大学教授）	朱光磊　（南开大学教授）
李松玉　（山东师范大学教授）	竺乾威　（复旦大学教授）

当代公共管理精品教程系列

PUBLIC *Management*

当代公共管理精品教程系列

公共管理学

PUBLIC MANAGEMENT

黄健荣 / 主编

梁 莹 / 副主编

社会科学文献出版社
SOCIAL SCIENCES ACADEMIC PRESS (CHINA)

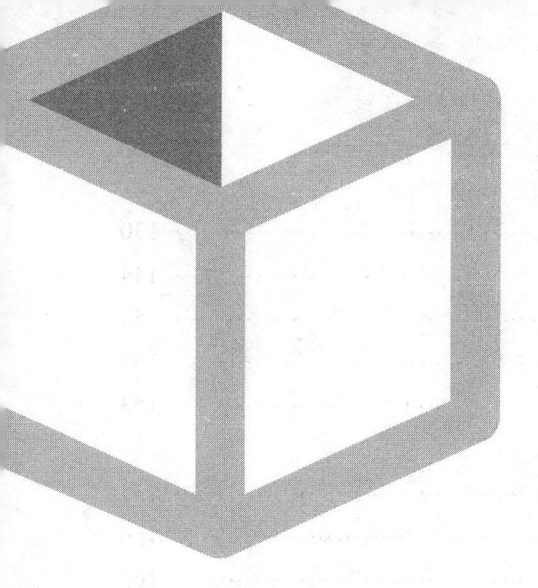

目 录

CONTENTS
PUBLIC MANAGEMENT

前　言 ··· 1

第 1 章　公共管理导论 ··· 1
　1.1　公共管理的本质、主体及其运行目标与方式 ································ 2
　1.2　公共管理何以成为当代全球关注的重要问题 ································ 6
　1.3　新公共管理与公共管理 ··· 15
　1.4　公共管理学的研究范围与本书的主要内容 ································· 19
　重要概念 ··· 20
　思考题 ·· 22
　参考文献 ··· 22

第 2 章　公共管理理论的发展变迁 ·· 25
　2.1　公共管理的发展与变迁 ··· 25
　2.2　公共管理理论的演变 ·· 51
　2.3　公共管理的理论基础 ·· 71
　2.4　公共管理未来的发展 ·· 91
　重要概念 ··· 96
　思考题 ·· 98
　参考文献 ··· 99

第 3 章　公共组织与公共管理 ··· 102
　3.1　公共组织概述 ··· 102
　3.2　公共组织的类型及其在公共管理中的作用 ······························· 114

目 录

3.3 公共组织的运行与控制 ……………………………………………… 130
3.4 网络背景下的公共组织 ………………………………………………… 144
重要概念 ………………………………………………………………………… 152
思考题 …………………………………………………………………………… 153
参考文献 ………………………………………………………………………… 153

第 4 章 政府职能与政府失灵 …………………………………………… 155
4.1 政府职能概述 …………………………………………………………… 156
4.2 现代政府基本职能定位及其边界 ……………………………………… 163
4.3 政府失灵及其矫正 ……………………………………………………… 169
重要概念 ………………………………………………………………………… 187
思考题 …………………………………………………………………………… 188
参考文献 ………………………………………………………………………… 188

第 5 章 公共政策 …………………………………………………………… 190
5.1 公共政策概述 …………………………………………………………… 191
5.2 公共政策过程 …………………………………………………………… 208
5.3 公共政策分析 …………………………………………………………… 231
5.4 公共政策发展 …………………………………………………………… 244
重要概念 ………………………………………………………………………… 251
思考题 …………………………………………………………………………… 252
参考文献 ………………………………………………………………………… 253

第 6 章 公共部门人力资源管理 ………………………………………… 256
6.1 公共部门人力资源管理概述 …………………………………………… 257
6.2 公共部门人力资源管理职能 …………………………………………… 265
6.3 公共部门人力资源开发 ………………………………………………… 279
6.4 中国公务员制度 ………………………………………………………… 285
重要概念 ………………………………………………………………………… 293
思考题 …………………………………………………………………………… 294
参考文献 ………………………………………………………………………… 295

第7章　公共部门信息资源管理 ……………………………………………… 296
7.1　公共信息在公共管理中的重要性 ……………………………………… 297
7.2　公共信息资源管理概述 ………………………………………………… 303
7.3　政府信息公开与透明政府 ……………………………………………… 312
7.4　电子政府与公共信息资源管理 ………………………………………… 318
重要概念 ………………………………………………………………………… 326
思考题 …………………………………………………………………………… 328
参考文献 ………………………………………………………………………… 328

第8章　公共部门绩效管理 …………………………………………………… 330
8.1　公共部门绩效管理与政府再造 ………………………………………… 331
8.2　英美等国公共部门绩效管理实践 ……………………………………… 339
8.3　成功的绩效管理的相关制度安排 ……………………………………… 346
8.4　公共部门绩效管理过程 ………………………………………………… 350
8.5　公共部门绩效管理的障碍及克服 ……………………………………… 357
重要概念 ………………………………………………………………………… 363
思考题 …………………………………………………………………………… 364
参考文献 ………………………………………………………………………… 364

第9章　公共危机管理 ………………………………………………………… 365
9.1　公共危机概述 …………………………………………………………… 365
9.2　公共危机管理的核心理念与主要对策 ………………………………… 373
9.3　公共危机管理系统与机制 ……………………………………………… 376
9.4　公共危机的复合治理 …………………………………………………… 384
重要概念 ………………………………………………………………………… 390
思考题 …………………………………………………………………………… 390
参考文献 ………………………………………………………………………… 391

第10章　公共管理与公民社会 ……………………………………………… 392
10.1　公共管理与公民社会的基本关系 ……………………………………… 393
10.2　公共管理与第三部门 …………………………………………………… 404
10.3　公共管理与公共精神 …………………………………………………… 417

目录

10.4　中国公民社会的培育与发展 …………………………………… 424
重要概念 ……………………………………………………………… 434
思考题 ………………………………………………………………… 435
参考文献 ……………………………………………………………… 435

第11章　公共权力的监督与制约 …………………………………… 437
11.1　公共权力概述 …………………………………………………… 438
11.2　公共权力制约的基本理论 ……………………………………… 448
11.3　公共权力监督与制约机制 ……………………………………… 457
重要概念 ……………………………………………………………… 471
思考题 ………………………………………………………………… 472
参考文献 ……………………………………………………………… 473

后　记 …………………………………………………………………… 475

前　言

PUBLIC MANAGEMENT

　　公共管理学的兴起为我们观察和研究现代人类社会公共事务管理的性质、运行方式与规律及发展趋势，改善政府管理和社会公共治理提供了一个全新的理论视界和实践平台。自20世纪末叶以来，公共管理学之兴起如洪波涌起朝阳喷薄，成为当代社会科学领域中的一道绚丽景观。半个多世纪以来，在社会科学领域众多学科门类中，还没有哪一个学科如同今日之公共管理学这样能够在如此短的时间内迅疾勃兴，蔚成气象。公共管理学之所以具有这样非凡的生命力和影响力，是因为它所蕴含的理论资源的丰富性与创新性，它所拥有的强大的理论吸纳能力与理论整合力，它所建构的分析框架的综合性与包容性，以及它所体现的对实践需求的回应性与应用性。

　　公共管理学理论资源的丰富性与创新性及其所拥有的强大的理论吸纳功能与理论整合力体现在其理论资源兼收并蓄，领新标异，可谓是广纳百川，包罗宏富：从现代经济学理论引入了公共选择理论、政府失灵论、委托/代理理论与交易成本理论等；从现代管理学理论汲取了战略管理理论、目标管理理论、绩效管理理论、全面质量管理理论与虚拟企业理论等；政治与行政学理论以及公共管理在自身发展进程中所建构的理论则囊括了政治合法性理论、社会力量三元构成理论、参与式民主理论、协商民主理论、社群主义理论、社会资本理论、新公共服务理论、治理与多中心治理理论等。这些理论的创新性和前沿性无需争议。它们在公共管理学的理论体系中的关系不是互不相关的叠床架屋的堆砌，而是相互契合，相辅相成，从而形成了相得益彰的有机链接。把如此众多的现代前沿理论在一个学科中融于一炉，使之凝聚升华，相映生辉，在当代社会科学的各门类中并不多见。由此可以说，公共管理学的理论体系力量之强大是其构成要素之新锐与丰厚使然。

　　公共管理学分析框架的综合性与包容性可见于如下诸方面。其一，这样的分析框架是从人类社会运行的宏观层面整体观察公共事务管理的运行，而不囿于管理的技术层面。这样的视界使人们能够真正深刻地把握公共管理的本质及其与政治、经济和文化等社会活动的关系，认识其对整合社会公共资源并进行优化配置的重要性及其功能构成。其二，这一框架从社会力量基本构成的视界看公共事务管理，从而能把握社会运行的基本驱动力量的多元要素——政府、市场与社会在公共管理中的性质、地位与作用及其互动制约的关系，由此就可以正确地把握公共管理的主要矛盾并据此寻求化解之道。其三，它摆脱了传统的基于政府单一权力中心和权力单向度运行的分析模式，从多元主体合作共治的视界来探讨公共事务管理的各种问题。这样的全新的视野为解决日益复杂的、甚至已被一些论者称为已凸现"社会不可治理性"的公共事务问题拓展了治理之道。

公共管理学对实践需求的回应性与应用性已是人所共见。发轫于新公共管理运动的公共管理学直面全球经济社会发展对公共事务管理的挑战，全方位寻求破解之道。自20世纪70年代以来，曾经对推动和协调经济社会发展起过重要作用的传统行政学模式和官僚制理论，在现实的运行中陷入困境。传统的公共事务管理或是说政府管理理论与管理模式陷入知识难于指导行动，理论缺乏解释力，管理方式滞后无法适应实践需要的泥沼。公共管理学依凭其强大的理论整合力与实践创新性在其发展征途上披坚执锐，强势突进：以引入市场机制、绩效管理和公民导向等方式回应传统公共行政的权力本位、规则导向、竞争缺失和低效率等问题；以民主治理、协商民主等方式回应当代社会政治民主化进程迅速发展以及社会不可治理性问题的挑战；以全球治理的理念和方式回应全球化的挑战；以知识密集型治理、电子政府与电子政务的方式回应知识经济与信息时代的挑战。所有这些公共管理新理念与新方式的实施成效卓然，引领时代之风标。

公共管理学的拓展与深化与时俱进，其影响力日益凸显，环球同此趋势。处在经济社会转型时期的中国，对于研究和实践公共管理的新理念和新范式更具有特别紧迫的现实需求。中国正在和平崛起与民族复兴的道路上奋力前行。人们在看到国运中兴、盛世初现的美好景象之时，也必须注意到社会矛盾趋于复杂，社会分化问题凸显，经济建设和社会发展中的许多问题亟待回应和纾解，注意到此时公共事务管理体制和管理运行机制中的弊端也日益彰显，腐败现象还难以遏制等各种问题。这些问题，已经给中国的公共管理带来巨大压力和挑战。倘若这些问题不能得到及时有效的缓解或化解，就会严重影响中国社会的稳定与和谐，中国的持续发展就难以为继。因此，以公共管理的新视野、新理念和新方法推进政府管理改革，促进以人为本的公共服务型政府的建构，促进和实现政府与公民社会的合作共治，对于实现经济社会的持续发展与和谐发展，具有至关重要的意

前　言

义。由于这样的现实需要，进一步拓展和深化公共管理学的研究，并结合中国的实际探讨解决所面临问题的可行方式，当是公共管理学界之要务。

同时，向社会公众广泛传播公共管理的理论与知识，并培养大批适应社会需要的公共管理研究者与实际工作者，也是公共管理学界义不容辞的重任。本书正是为此目标所奉献的一份努力。这部研究性教材以全新的学术视野检视公共管理学科形成与发展的学理基础与其核心理论的发展变迁，剖析公共管理与传统公共行政的关系，考察从不同学科吸收的主要理论及其在公共管理中的应用，并从一系列主要相关问题切入分析当代公共管理的基本范畴与运行方式。本书在对学科知识的覆盖、最新学术信息的投射和理论分析的力度诸方面都力求达到新的水准，并力求对学理的分析脉络清晰，深入浅出，对基本概念的阐释剀切准确，精微得当。本书在每章正文之前提出学习目标和学习的难点重点问题，以作导引；每章正文之后列出重要概念并作解释，之后是思考题和重要参考书目，以利于读者进一步深入学习研究之用。由于上述特色，这样一部研究性教材不仅适合高校研究生或本科生的公共管理教学之用，也会对公共管理的研究者或希望增长公共管理学相关知识的读者有所裨益。

本项目主持人黄健荣负责本书的项目策划、思路设计、课题论证和全书的统稿改定工作。梁莹承担部分书稿的补充修改工作。各章写作的分工如下：

第一章，黄健荣；　　　　　　　第二章，向玉琼；
第三章，丁　蕖；　　　　　　　第四章，余敏江；
第五章，黄健荣、李强彬；　　　第六章，刘仁春；
第七章，杨和焰；　　　　　　　第八章，褚添有；
第九章，周晓丽；　　　　　　　第十章，张　华；
第十一章，刘　伟、杨占营

黄健荣　谨识
2008 年 9 月于南京大学

第1章
公共管理导论

PUBLIC MANAGEMENT

[学习目标]

通过本章学习，理解当代公共管理兴起的主要原因、历史背景，公共管理的内涵及其本质特征；在明确政府、市场与社会作为社会构成的三元主要力量和主要机制的基础上，认识公共管理模式应做出的调整与重构；理解全球化、民主化与知识经济兴起对公共管理发展的深刻意义。

[重点难点]

公共管理的本质特征与公共管理的内涵；新公共管理与公共管理的相关性；社会力量构成的三种力量与三种机制及其关系；关于社会不可治理性的问题；政府在公共管理中的地位与作用。

时至今日，国内外学界与政界都已注意到，公共管理学正在迅速形成一个强势的、可称之为显学的新学科，并对此持认可和欢迎的态度。无论是从理论还是实践的层面考量，公共管理学的研究和创新都已成为全球关注的热点。这是时代潮流的发展使然。经济全球化、政治民主化和技术革命的大趋势孕育催生了这一新的理论和实践范式。

人类社会自国家产生以来，其公共事务的管理活动从来没有像今天这样在全世界范围受到政治家、政府官员、学者和公众如此广泛和强烈的共同关注。由发

公共管理学

端于20世纪70年代与80年代之交的新公共管理运动所引发和推动,公共管理新概念横空出世,其理论与模式的建构在回应时代挑战中伴随着波及全球的政府改革运动的发展稳步推进。它以对传统公共行政批判性地承继、拓展、深化和超越的态势,以前者从未有过的张力和活力迅速发展,奠定它在新世纪从理论与实践的结合上继往开来,塑造、规制和导引现代公共事务管理方向和运作方式的重要地位。

1.1 公共管理的本质、主体及其运行目标与方式

开宗明义,什么是公共管理?胡德认为:"公共管理即'国家的艺术',能够松散地被定义为如何设计和管理公共服务的问题,以及政府行政部门的细微工作。"[1]需要指出,这里所说的"国家的艺术"的行为主体不仅仅是政府,还应包括其他的公共组织以及公众。波齐曼强调,"当代公共管理是某种不同于传统公共行政的东西……与公共行政相比,公共管理更广泛、更综合和更少受功能专门化的限制"。[2] 公共管理可以定义为:以政府为核心的公共组织和其他社会组织及公民以有效促进公共利益最大化为宗旨,运用政治的、法律的、经济的和管理的理论与方式,民主运用公共权力并以科学的方法,依法制定与执行公共政策、管理社会公共事务、提供公共物品和公共服务,促进社会和谐发展的活动。这里所说的公共管理与传统公共行政紧密相关,它是对传统公共行政的积极发展,是对公共行政的承继、拓展、深化和超越,是在更深更广层面上对公共资源配置的整合优化和对公共事务的协调管理。

自有人类社会以来就有公共事务管理。但是,这样的管理活动只是到了上世纪末叶才真正转向或是拓展了一个全新的范式:公共管理。公共管理的深刻内涵和重要意义在于它的公共性、管理本质的服务性和政府与公民社会的合作共治性。公共管理的公共性,包含两个层面的涵义。一是利益取向的公共性。这表明以政府为核心主体的社会公共组织要以其所实施的公共事务管理去推进、实现和维护公共利益的最大化。这样的公共利益指所有公民的共同利益,既包括所有公

---

[1] Hood, Christopher (1998), *The Art of the State: Culture, Rhetoric, and Public Management*, Oxford: Claremont Press, p. 3.

[2] Bozeman, B. and Straussman, D. J. (1990), *Public Management Strategies: Guidelines for Managerial Effectiveness*, San Francisco: Jossey-Bass Publishers, p. 214.

民共同的根本利益和长远利益，也包括每一个个体公民的合法利益，而不是指向任何一个特定的阶层、阶级或群体。政府的存在是受托于全体人民以管理公共事务，它应该致力于实现社会整体的公共利益，而不是为作为某一个特定阶层或群体的实现其意志的工具。进而言之，公共性的宣示表明，公共管理不是一种统治方式，不是一种政治控制的方式，而是如前所述，是推进、实现和维护社会公共利益的方式。二是公共参与性。公共管理的实施主体不仅是以政府为代表的官方，还包括政府之外的其他公共组织或私人组织以及公民。这一点在下文所论及的公共管理的另一特征——合作共治性时将进一步阐述。

论及公共管理的服务性，有必要首先界定管理这一古老而又历久弥新的概念。从现代意义看，什么是管理呢？人们可以从不同的学术视角进行观察诠释。管理就是决策——这是赫伯特·西蒙的名言。管理的一切活动，从确立组织目标，拟定实现组织目标的计划，策划组织结构，到组织的人力资源管理和组织运行绩效的评估，等等，都是决策。此其一。管理就是服务——一切管理活动都是服务。例如，政府的种种活动，无论是指导、协商、调控、约束还是强制，都是为实现政府目标，即公民赋予的使命创造条件提供服务。创建服务型政府正是政府管理改革的题中应有之义和必然趋势。其他组织的管理也同样是服务于组织目标的实现，此其二。管理就是协调——管理就是要协调各方面的利益关系和各种矛盾冲突，协调人与人、人与物、物与物的矛盾，化消极为积极，化被动为主动，化低效率为高效率，化低效能为高效能，化腐朽为神奇。管理就是要创造和谐而有效率的组织运行体系和内外环境以实现组织的目标。此其三。管理就是平衡——生命在于平衡。一切管理也都是为了取得平衡与和谐。例如，利益关系的平衡（不是平均），生产与消费的平衡，财政收入与支出的平衡，改革与稳定的平衡，人与自然的平衡，发展与环境的平衡；一个国家中内地与沿海地区发展的平衡，发达地区与不发达地区发展的平衡，等等。此其四。管理就是发展——发展是硬道理。管理就是致力于取得效益，致力于创新，致力于发展。因此，管理就是要与时俱进，不断把事业（无论是政治、经济、文化还是非营利事业）做好、做强、做精，不断超越自我，创造新的水准，创造新的天地。没有发展，管理就没有意义。此其五。

概而言之，管理就是整合和优化组织的资源以实现组织的目标，实现组织利益的最大化。管理是以高效率、高效能、低成本和符合正义的方式为实现组织目标所必需的一切努力的总和。基于这样的理念，公共管理的服务性就是，公共管理所有活动的价值取向都是服务于整合和优化一个社会中的资源以实现社会公共利益的最大化这样的目标，服务于以符合上述五个基准点的方式为社会公众提供一个和平、安全、稳定、有序的，能实现良性竞争的社会环境的目标。换言之，以政府为核心主体的公共组织所实施的公共管理的种种活动，无论是指导、协调、调控、约束还是强制，都是为实现公共利益的目标和履行公民赋予的使命创造条件、提供服务。因此，公共管理的服务性不仅必须明确，而且至关重要。

合作共治性。公共管理所强调的治理理念鲜明地提出，在公共事务管理中必须通过实现政府与公民社会的合作来进行治理。这是人类社会国家管理史上的一个划时代的极富创意的鲜活思想。之所以提出治理理念，并以治理代替以往统治性或控制性管理，是因为在过去的一个多世纪的实践中，人们看到在社会资源的配置中既有市场的失灵，也有政府的失效。一方面，仅仅依靠市场手段，无法实现资源的最优配置。另一方面，仅仅依靠政府的计划和行政措施，也无法实现资源配置的最优化，不能实现公众利益的最大化。因此，治理的思想离经叛道，挑战传统的国家和政府的权威，宣告政府不是社会中唯一的权力中心，更不是只此一家别无分店的公权载体。公共管理中的治理思想明确指出，对于解决社会和经济问题，政府受制于种种自身的或外部的不可避免的条件缺陷，不是也不可能是全知全能，因而必须通过发挥社会中其他资源的作用来对政府功能缺失或失效进行补救和矫正。这样的重要资源就是社会中应当同样可以成为权力主体的其他公共组织和公民的力量。公共管理推重治理就是要推进和实现政府与公民社会的合作共治，这不仅是对市场失灵和政府失效救治的需要，也是当代社会民主化进程发展的要求使然。解决社会问题实现社会和谐发展不能仅依靠政府的权力和权威，更不能完全由国家来支配。因为，正如吉登斯所指出："政府、国家同市场一样也是社会问题的根源……一个强大的市民社会对有效的民主政府和良性运转的市场体系都是必要的。"[1] "只要以上三者中有一者居于支配地位，社会秩序、民主和正义就不可能发展起来。一个多元社会若想维持，它们之间的平衡必不可少。"[2]

因此，国家需要把先前完全由它自身担当的功能和责任部分地转移到公民社会。这些需要转移或部分转移的功能和责任包括：①政府本来就不应该介入的范

---

[1] 〔英〕安东尼·吉登斯：《第三条道路及其批评》，孙相东译，北京，中央党校出版社，2002，第29页。

[2] 〔英〕安东尼·吉登斯：《第三条道路及其批评》，孙相东译，北京，中央党校出版社，2002，第57页。

围；②政府只有和社会合作才能做好的公共事务；③由社会相关组织承担可以获得比政府运作更高效益和效能的工作。公共管理所主张的治理与统治有如下重要的区别。其一，治理与统治的最基本的、或是本质性的区别是权威来源的差异。现代社会治理所需要的权威包括政府但并非一定是政府，而统治的权威必定是政府。统治的主体必定是社会的公共权力机构，而治理的主体既可以是公共机构，也可以是私人机构，还可以是公共机构和私人机构的合作。治理是政治国家与公民社会的合作，政府与非政府部门的合作，公共机构与私人机构的合作。其二，治理与统治的权力运行向度不一样。政府统治的权力运行向度总是自上而下，运用政府的政治权威和法定权力，以官方意志制定政策和执行政策，对社会公共事务实行单向度的管理。治理则是一个权力运行多向度的、包括横向互动和上下互动的管理过程。它主要通过协商合作，确立和认同共同目标和实现目标的方式来实施对公共事务的管理。在这一过程中，公共政策的制定与执行必须充分吸纳公众的意愿并在公众的监督下进行。公共管理定向于治理或合作共治的实质是以确认社会构成的三分法为前提的，即确认"国家——社会——市场"，或"政治社会——公民社会——经济社会"的三元划分，以补救和矫正市场失灵和政府失效为目标，建构政治国家与公民社会、政府与公众的协调合作关系，为实现公共利益的最大化而进行的权力运行向度多元互动的社会管理活动和管理过程。

上文论述公共管理的合作共治，实际上也是在分析公共管理的运行方式。简言之，公共管理的运行就是以多元主体互动合作和多种方式的综合运用来整合和优化社会资源配置，协调和理顺社会利益关系，化解和消解社会矛盾，激发社会活力，促进经济发展和社会良性运行，维护和增进公共利益。公共管理运行的根本目标在于维护社会的公平正义，推进经济繁荣、民主法治、稳定协调与生态平衡共存的和谐社会的建设。

依据上述公共管理的本质特征和运行目标，改善和优化公共管理，必须以公民本位取代官本位，以社会本位取代政府本位，以权利本位取代权力本位，以服务本位取代管制本位，促进和实现公共管理模式与公众的意愿及社会经济发展需求的协调与整合。或一言以蔽之，促进和实现公共管理模式与建设和谐社会的目标相协调。从根本上说，建构和谐社会必须实现如下五个方面的和谐。其一，社会构成力量之间的和谐。构成现代民主社会的三种力量或三种权力国家、市场和市民社会都需要约束，并能达到有效制衡。其二，制度与社会之间的和谐，也即政府与社会之间的和谐。政府主导建构的制度法律符合和满足社会存续发展的需求并被社会所认可和接受。其三，人与人之间的和谐，即社会中不同族群、阶层和群体之间、公民之间的和谐。上述两方面的基础性和主导性作用有助于促进这样的和谐。其四，人与自然的和谐。基于科学发展观，合理使用和有效保护国民赖以生存的自然环境和自然资源，实现可持续发展。其五，经济发展与社会发展的和谐。经济发展的成果要能够为全体人民所共享，消除绝对贫困，缩小贫富差距，不断促进和实现社会公平。

在这样的五个方面的和谐中，最重要的是社会构成力量之间的和谐，即构成现代民主社会的三种力量或三种权力、三种机制——国家、市场和市民社会之间的和谐。现代社会发展的历史证明，什么时候这三种力量、机制的关系比较和谐，社会就稳定、发展和进步。反之，什么时候这三种力量和机制之间的关系失衡或出现矛盾甚至冲突，社会的稳定就难以为继，经济社会的发展就会受阻、停滞甚至倒退，社会的文明进步——包括物质文明、政治文明、精神文明和生态文明的建设和发展就会遭到破坏。这三种力量、机制的关系和谐的内涵可以作如下表述：三种力量都拥有而不超越其合理的空间，三种机制都能在法治的框架中充分发挥其应有的作用，并且实现良性互动与制衡。这样的和谐是社会发展进步的根本保证。实现这三种力量或三种权力、三种机制的和谐，是公共管理要素得以整合与优化配置的根本保证。

1.2 公共管理何以成为当代全球关注的重要问题

应当看到，公共管理及其变革在全世界范围内受到广泛和强烈的共同关注，不是政治家和学者们在官邸书斋中以心智和谋略导演出来的人工气候，而是人类社会现实生活的发展需求促成，是时代挑战的大趋势使然。涵盖经济、政治、社会和文化全方位意义的全球化的发展，使世界多数国家自上世纪70年代以降在不同的程度上面临着相似的问题，社会矛盾的复杂化不可治理性问题的凸现，知识经济和技术革命的发展，现代民主化的进程的发展等等，都以时不我待的紧迫态势向各国的公共事务管理提出挑战。新的时代要求公共管理在理念、方式、效率和效能诸方面与时俱进，革故鼎新。这就使得公共管理成为20世纪后期以来人们不但不能回避，而且必须予以高度关注的重大问题。

全球化和知识经济是20世纪中期以后人类社会所经历和正在经历的两场大革命。全球化和知识经济正在渗透进社会和生活的各个方面，催生新的政策议程和新的政治文化。①全球化的兴起是经济和技术的迅速发展所推动。全球化趋势体现为，在经济方面，资源在全球范围内依据市场需求重新配置；在政治方面，国际对话协商、合作的必要性和重要性大大增强，全球联系更为密切；在文化方面，具有传播优势的文化扩展更快，渗透加强；在观念方面，则是时空观念的重组，地球村的概念日益清晰，全球范围内人类的生活更密切地联系在一起，并由此导致在上述各个方面的日益激烈的竞争。

全球化问题在20世纪中期呼啸直入人们的视野。从那时候起，全球化趋势的发展在经济、政治和社会生活各个领域中变得愈来愈强劲和具有深刻性，并日益广泛和深刻地影响人类生活的方方面面。这一历史进程不可避免地对各国的公共管理产生重大而深远的影响。

关于全球化，赫德的界定广为人们所认可：它是"一个（或者一组）体现了社会关系和交易的空间组织变革的过程——可以根据它们的广度、强度、速度以及影响来加以衡量，产生了跨大陆或者区域间的流动以及活动、交往以及权力实施的网络"。②在这里，流动指的是物质产品、人口、标识、符号以及信息的跨空间和时间的运动，而网络指的是独立的能动者之间有规则的或者模式化的交往、活动的接点或者权力的地点。

从经济活动的角度看全球化，它可以简捷地指向一种趋势，即如同帕森斯所说的"一个民族国家控制（决策）议程力量弱于过去"。③或者在说，它意味着在经济生活的所有方面，从原材料、人力资源的信息和人力资源的转移，到金融、收入分配和市场营销都在一个全球的规模上整合和互相依存。④20世纪70年代以来的历史证明，全球化经济的迅速发展已经一直在侵蚀民族经济的整体性甚至相当大程度上的民族经济的自主权。这种情况表明，没有一个国家能够在不仔细考虑有关的国际信息和寻求必要的国际合作的前提下对其本国的经济发展政策和战略做出决定。因而，卡斯特尔斯明确地指出，全球经济就是"一种作为一个整体

---

① 〔英〕安东尼·吉登斯：《第三条道路及其批评》，孙相东译，北京，中央党校出版社，2002。
② Held, David and Mc Grew, Anthony et al. (2000), *Global Transformations: Politics, Economics and Culture*, Cambridge: Polity Press, p. 16.
③ Parsons, W. (1997), *Public Policy: An Introduction to the Theory and Practice of Policy Analysis*, Cheltenham: Edward Elgar, p. 235.
④ Carnoy, M. et al. (1993), *The New World Economy in the Information Age*, The Pennsylvania State University press, p. 13.

的运行于现实的时间维度和基于我们整个行星的经济"[1]。

全球化经济的迅猛发展产生于多方面的原因。从根本上来说，这是市场经济发展的必然趋势。经济资源的流动和配置以寻求最大和最快的回报为其驱动力。这样的发展早在跨国公司出现之时就已突破了民族国家的疆域。20世纪后半期科学和技术的发展尤为这样的发展提供了更广阔的空间。一个世界性强有力的信息和通讯系统的建立，先进的交通设施的改善，使我们的地球变得更小。过去的那种时间和空间对于人们的制约再也不是我们在任何情况下与世界任何地方进信息交流和交往的障碍。在不同的国家和地区之间越来越密切的在经济活动中的联系进一步加强了它们之间互相依存的关系。

由于"在我们的生活中时间和空间的观念的重组",[2]全球化的趋势迅速地和深刻地影响了人类社会生活的所有重要方面，或换言之，人类社会生活的所有方面都已经深刻地和直接地卷入了这样的趋势。洛德具体地分析了这些不同方面的种种现象。例如，关于世界的安全，由于军事技术的发展具有制造大规模杀伤武器，以及在很短时间内把这些武器运送到任何地方的能力，使得"再也没有任何国家能够在没有任何帮助的情况下保卫自己的安全"。其他的社会问题，例如，采取行动对恐怖主义者、飞行器劫持者进行斗争，打击走私和贩毒，以及防止艾滋病和其他烈性传染病的蔓延，毫无疑问地需要国际合作。此外，对于世界环境的保护也只能在全球范围内的有效合作才能取得进展。[3]洛德甚至提出了一种观点，认为当今的政治行为的重心已经转移到国际的层面，因此，需要一种全球性的政治组织。[4]基于如下理由，洛德认为，创建一个能够采取更有力的政治行动的、更为公平的国际社会具有重要的意义。

  只有建立一种不同于过去那种在国家中运作的经济管理体制，而是在全球层面进行重新分配的方法才有可能充分地纠正目前表现得最为突出的那种不公平的形式。只有采取跨国的、使那些对进行必要的改革关注的包括穷国

---

[1] Castels, M. (1994), European Cities, the Informational Society, and the Global Economy, *New Left Review*, March/April, vol. 204, pp. 18-32.

[2] Giddens, A. (1989), *Sociology*, Oxford: Polity Press, p. 519.

[3] Luard, E. (1990), *The Globalization of Politics: The Changed Focus of POLITICAL Action in the Modern World*, London: Macmillan Press Ltd., p. 9.

[4] Luard, E. (1990), *The Globalization of Politics: The Changed Focus of POLITICAL Action in the Modern World*, London: Macmillan Press Ltd., p. 191.

第1章 公共管理导论

和富国所有国家都参与的政治行为，才有可能带来政治和经济关系的调整。这样的调整对于实现上述目标是必要的。再者，只有一种新的、比那些现存的机构更有代表性的，能反映不同的群体个人以及政府的立场的国际组织，才有可能被证明是能适合于实现上述变革的工具。[1]

虽然，洛德所强调的和所预测的可能为时太早，或者，像他自己所说的"在一些人看来，无疑显得太乌托邦，是不现实的和可能是误导"。但洛德的设想确实揭示了全球化带来的深刻影响，并且告诫人们应对于这样的问题给予足够的重视。

全球化理论提供了一种在国际的层面观察人类社会活动的现象、机制和影响的新的视角。它为我们描绘了如下两种基本的事实。一方面，很多人类社会的问题，例如世界的安全、反对和打击恐怖主义、环境保护和控制艾滋病的蔓延等，都不可能在一个国家的层面得到真正的彻底的解决；很多问题，例如科学技术研究和包括生产金融和商务在内的所有的经济活动，都只有在广泛地卷入国际信息系统的沟通，在国际交流和竞争中，才有可能有效地推进。另一方面，这些情况表明，全球化的因素已经不可避免地在影响国家决策和各国公共管理方面产生了重大的作用。

毫无疑问，任何一个国家的决策方式都需要调整以适应全球化发展形势的要求。这就意味着，所有国家的决策都需要仔细地考虑那些国际因素。任何对这样的考虑缺乏足够重视，或者说没有积极地跻身于国际交流和合作的做法都会有损该国的利益。譬如，经济的孤立意味着脱离世界经济发展的主流，放弃向其他国家学习和与其他国家交流和竞争的机会，其结果则会导致一个国家的经济倒退和落后。东欧一些社会主义国家政权的倒台正表明了它们是经济孤立和落后的牺牲品，因为"不合时宜的官僚政治在解决新的经济组织和生产技术发展的需要时的能力不足导致了这样的结果"。[2]政治的孤立则意味着自我封闭和从世界政治舞台自主退出，其结果则会导致一个国家的一系列的困难。因此，全球化发展趋势对任何国家来说都既是一种挑战和压力，也是一种机会。任何国家的政府都不能逃

---

[1] Luard, E. (1990), *The Globalization of Politics: The Changed Focus of POLITICAL Action in the Modern World*, London: Macmillan Press Ltd., p. 190.

[2] Carnoy, M. & Luard, E. (1990), *The Globalization of Politics: The Changed Focus of POLITICAL Action in the Modern World*, London: Macmillan Press Ltd., p. 13.

避它，而只能通过调整政府的决策方式，改进管理理念和管理方式去适应它。对于当今世界的任何国家来说，这都是一种唯一的选择。

　　全球化的发展对公共管理产生了巨大的影响。全球化发展对公共管理挑战在于以下几方面。①它要求各国政府对各自的国家利益和国际关系重新审视定位，从而确定各自的战略目标和实施方式；②国际竞争加剧与对话合作的紧迫性和可能性并存的新格局对各国公共管理的效率和效能提出了全新的挑战，各国政府和以政府为主导的公共管理如若不能对此作出有效的回应，就必然会使其国家在政治经济各方面的竞争中处于劣势；③全球化推动公民社会和全球结社革命的兴起，导致政府权力部分上移和下移——向上是向国际组织转移，向下则是向社区组织或第三部门转移；④公民社会的兴起和民主化进程的发展，又必然推动政府管理改革进一步向民主和法治的方向发展。⑤全球化发展导致全球治理问题全方位地凸现，人类社会必须对此作出积极的回应。所有上述原因，都构成了对传统公共行政的严峻挑战，使其无论在理论上抑或在实践上都陷入无法回应现实的困境和窘境。因此，变革传统的政府管理理念和管理方式，以公共管理新理念新模式应对全球化时代的公共事务管理势在必行。

　　知识经济的兴起也对催生和推进公共管理起了巨大的作用。20世纪末叶，人类社会发生了巨大的变化，从总体趋势看，伴随着经济全球化的发展，开始了由工业社会向知识经济时代的转变。在知识经济时代，有形资本和无形资本的作用此消彼长，即有形资本的作用在日益削减，而无形资本的作用在迅速增长。知识经济是指以知识的生产、分配和使用为基础的经济。这一概念在20世纪90年代提出，1996年OECD（经济合作与发展组织）的定义被广泛接受。知识经济的特点是：以知识、智力为主要投入；以高科技、特别是信息技术为主要支柱和动力；人才的智力开发和科技创新，在经济发展中起决定性的作用；能使所有的经济发展资源得到充分的利用，实现人与资源的协调；由于信息和网络技术的发展，知识能在世界范围内迅速传播和共享；知识经济中的知识，包括知识、认知能力和实践能力，即know what, why, how, and how to manage；知识的支配地位和不断创新，将引起社会价值概念的变化，例如分配理论、经济结构、社会就业、政府政策、管理科学、文化教育和社会生活方式等。毫无疑问，知识经济时代对公共管理提出了严峻的挑战。德洛强调，为回应知识经济和全球化时代的要求，必须建构优质治理的要素模式，并提出了包括知识密集型治理、伦理型治理、学习型治理、基于公众认可的治理、多元治理和面向未来型治理在内的十个方面的要素。①关于知识密集型治理，德洛指出，虽然令人惊讶的是它现在还被大多数关于治理的思考所忽略，但随着知识经济发展的加速和我们的时代向知识社会推进的开始，知识密集型的治理就会变得必不可少。② 与此相联系的是学习型治理。不言而喻，在一个快速变化的时代，对学习型治理的重要性应予特别的关注，因为它是导向创新和改革的主要通道。③

面对一个知识爆炸，瞬息万变的时代，政府作为社会公共事务管理的核心主体，理所当然地需要与时俱进，更新和整合组织的内外资源以应对知识经济的挑战。由于政府机能及其所拥有资源的种种天然缺失，政府从来就不是全能的，更不是万能的，也从来不被认为一定会比社会的其他部门或组织更有远见卓识。因此，在知识经济强力渗入人类社会生活的方方面面，知识经济时代步步逼近之时，政府一方面需要不断完善自身，提升其执政能力，同时需要彻底摒弃全能政府、无限政府和政府万能的褊狭之见，以主动、坦诚的姿态全面广泛地与社会协调合作，特别是充分吸收社会的智力资源以弥补其不足，以改善和优化社会治理。一言以蔽之，政府必须积极主动地推进合作共治的公共管理。

现代社会所面临的各种矛盾冲突日趋尖锐复杂，这使社会的不可治理性问题日益凸现，也成为呼唤公共管理之强力的动因。关于不可治理性，奥尔森认为是指一个政府无能力就某个问题采取有效的行动。④现代社会中的不可治理性，主要产生于利益和信念的过度分散性，也产生于政府能力与解决所面临问题难度的差距。然而，在使用"不可治理性"这一概念时需十分谨慎，因为它会导致人们回避真正的问题——政府治理能力的缺失。正如德洛所指出的，使用这一术语不仅常常不正确而且危险——不正确是因为所谓的社会不可治理性通常是政府无法进行自我调整以应对变化的形势；而其危险性则是因为它为政府的治理能力不足提供辩解和托词，并把指责的矛头引向社会。⑤现在真正需要注意的问题是，

---

① Dror, Yehezkel (2002), *The Capacity to Govern: A Report to the Club of Rome*, London: Frank Cass Publishers, pp. 70 – 75.
② Dror, Yehezkel (2002), *The Capacity to Govern: A Report to the Club of Rome*, London: Frank Cass Publishers, p. 72.
③ Dror, Yehezkel (2002), *The Capacity to Govern: A Report to the Club of Rome*, London: Frank Cass Publishers, p. 73.
④ Olsen, Mancur (1982), *The Rise and Decline of Nations*, Yale University Press, p. 8.
⑤ Dror, Yehezkel (2002), *The Capacity to Govern: A Report to the Club of Rome*, London: Frank Cass Publishers, p. 9.

由于社会所面临的公共事务问题复杂性和不确定性，政府事实上已经无法成为唯一的社会治理者，它必须与政府之外的社会力量合作，依靠公众的参与和支持来共同解决社会问题。如前所述，政府所拥有的能力和资源都十分有限，社会问题愈是复杂多变，社会利益愈是多元分化，政府愈是要改弦更张，走出在公共事务管理中政府权力单向度运行或单边运行的误区，激发和促进公众参与公共管理的责任性和驱动力，建构和运行公众参与的制度平台，推进政府与公民社会的合作共治。或换言之，需要以公共管理的新理念新思维实现共同治理。

科学技术是第一生产力。科学技术革命正在以前所未有的深度和广度影响着人类社会的发展。以信息技术、人工智能、生物技术和材料科学为代表的高新技术革命不仅正在改变着人类社会的经济结构、社会结构和生活方式，促进社会经济生活的发展，而且也在对政治和公共事务管理生着巨大而深远的影响。在西方，传统的行政管理模式的成长和兴盛先是与鹅毛管笔后来是与手动打字机相伴随。当今世界已进入信息时代并正在进入知识经济时代，人们获取、分析、交换和处理信息的方式和效率发生了根本的变化。这样的变化理所当然地对传统的管理模式提出了挑战。一方面，需要以更快、更有灵活性、更具人性化和更具民主性的管理方式，包括信息化、扁平化、网络化和多元化的管理系统，来推进和实现公共管理利益的最大化。另一方面，由于科学技术的发展与国家的竞争力生死攸关，政府以其更有效的管理方式推动科技发展的使命更为重大。政府应当而且必须成为推动大规模科技创新的核心主导力量。这两方面，都从新的高度挑战和检验政府的执政能力。这样的形势，同样使公共管理理论与实践在各国迅速推进成为必然。

20世纪70年代以来席卷全球的现代民主化进程是公共管理得以兴起的深厚的政治基础和广阔的社会背景。从较为宽泛的视野看，这样的民主化进程可以有两层含义：一是发生在各类威权主义政体国家中的政治民主化进程，二是发端于发达国家而后广为推展的参与式民主的出现。自20世纪70年代中期起，一股巨大的民主化潮流兴起于欧洲南部，导致葡萄牙、西班牙和希腊的军人独裁政权垮台，三个西欧最后的威权主义政体完成向民主的过渡。随后民主化浪潮席卷拉丁美洲，军人独裁政权让位给民选的文人政府。80年代中期，民主化的浪潮涌入东亚和南亚，推动菲律宾、韩国等国家实现向民主过渡。据此，亨廷顿把这次民主化运动称为第三次民主化浪潮。他认为，1974～1990年，世界上有约30个国家由威权主义政治过渡到民主，另有二十多个国家出现了强大的民主运动，或开始了朝向民主化的改革。①

　　人类社会政治民主模式的演进经历了从直接民主制到代议制民主制的发展进程，而现在参与式民主的趋势正日益彰显其活力。古希腊城邦的民主制是一种直接民主制，因为城邦的地域范围、人口数量有限，所以由公民大会共同讨论决定重大问题的政治形式成为可能。然而，城邦的直接民主制不可能成为适应近代民族国家需要的政治组织形式。因此，近代西方政治哲学的一个最为显著的特点就是由直接民主制理论向一种适合近代国家现实的代议制民主理论的转化。而事实上，自近代以来，代议制民主就一直是西方国家政治运行的一种主要实践模式。

　　但是，随着社会的发展和时代的变迁，20世纪出现了一种从代议制民主转向参与式民主的新的趋向。20世纪上半期，英国基尔特社会主义代表道格拉斯·柯尔继承了直接民主制的某些思想，否定了代议制民主论，提出了职能民主制，成为参与式民主理论的一个重要代表。柯尔认为，代议制民主论是确立在一个人能够代表他人的理论前提上的，但这样的理论前提却不能成立，因为每一个人都是独立的、无法替代的，一个人既不能代表别人，也不能被别人所代表；民主是一种人民参与的政治制度，而实现这种参与的社会政治形式则是以社团为基础的自治，"真正的民主政治不应当在单独的、无所不能的议会中去寻求，而应当在各种有调节的职能的代表团体这种制度中去寻求"。② 汉娜·阿伦特也提出了自己独特的参与式民主理论。她认为，传统代议制不允许公民的实际参与，是一种缺乏委托的形式，使人处于孤立之中并使人丧失行动的能力。③针对现代民族国家的代议制弊端，阿伦特主张用一种参与式民主制度来取而代之。在阿伦特看来，参与式民主远比代议制民主的职业政客的统治更为可取。④随着现代信息社会的发展，参与式民主理论产生了越来越大的影响，甚至有不少人认为传统的代议制民主将为参与式民主所取代。他们认为，由于先进的信息传播手段及整个社会的文化教育水平的提高，公民真正直接参与政治决定的参与式民主理论，越

---

① Huntington, Samule P. (1991), *The Third Wave: Democratization in the Late Twentieth Century*, University of Oklahoma Press, pp. 3–5.
② 〔英〕道格拉斯·柯尔：《社会学说》，北京，商务印书馆，1959，第70页。
③ 〔美〕汉娜·阿伦特：《人的条件》，上海，上海人民出版社，1999，第31页。
④ 〔美〕迈克尔·H. 莱斯诺夫：《二十世纪西方政治哲学家》，北京，商务印书馆，2002，第118页。

公共管理学

来越成为当代西方民主论的一种重要模式。①当代西方参与式民主理论的主要代表帕特曼和麦克弗森认为，参与式民主能够促进人类的发展。

参与式民主所强调的公民对政治和公共事务管理的直接参与，体现了自下而上的草根民主的兴起，是政治民主和行政民主的充分体现。盖伊·彼得斯认为，参与式民主的最大特点和优点在于"它强调公民参与政策过程的所有阶段，而不仅仅是在政策执行后抱怨或提供有关政策执行方式的反馈信息。这种积极的态度能使错误在出现以前就可以得到纠正"。②参与式民主理论抛弃精英治国论的行政原则，强调公民对公共行政和政治生活的直接参与，认为公民的直接参与能够强化公民的政治责任感，培养人们对集体的公共问题的关注，因此有助于形成积极的、对政治事务有更敏锐的兴趣的公民，并有助于强化公民对政府工作的直接的监督和推动。20世纪80年代以来，随着新公共管理运动的勃兴，也由于新的信息技术的支撑，参与式民主的实践活动不仅在西方国家迅速推进，在发展中国家也获得积极的回应。

上述两个层面的民主化进程是人类社会发展的历史潮流和时代的律动。这是历史的大趋势。政治选择所确定的价值或利益需要通过适当和有效的公共管理来实现。民主是实现和维护公共利益，实现和维护正义和自由的手段而不是目的。民主化进程在世界各地的发展，就是人类社会在不同的层面和范围追寻实现正义和自由，实现公共利益最大化的理想方式的进程。30年来在我们这个星球上奔腾不息的民主化进程，无疑是公共管理兴起的适宜的大气候，也是公共管理理论和实践模式得以建构的强有力的驱动力。民主化进程的发展，一方面推动卷入其中的政府无可选择地在不同程度上致力于改善政府的管理理念和管理方式，改善政府形象，提升政府的运行效率和效能，以获得或增强政府的合法性基础；另一方面则是更多地引发了全球公众对政府行为和公共事务管理方式的关注，引发了他们对实现和维护自身利益得更强烈的诉求。这一切，都使得人们对公共管理的关注比过去任何时候都更为强烈。

20世纪60年代以后，特别是80年代以来，人类社会所发生和正在发生的如上所述的巨大变化，不可避免地对传统的政府管理理论和模式提出挑战。传统的以威尔逊的政治与行政二分理论、韦伯的官僚制理论以及泰勒等人的科学管理原

---

① 〔美〕约翰·奈比斯特：《大趋势——改变我们生活的十个新方向》，北京，中国社会科学出版社，1984，第281页。

② 〔美〕盖伊·彼得斯：《政府未来的治理模式》，北京，中国人民大学出版社，2001，第144页。

理为核心所建构的公共行政理论，由于本身所存在的种种缺失和弊端，例如以政府体系为中心的权力单一和单向运行、权力本位、公共行政的集权倾向，注重程序与过程，以及效率至上和价值偏移等，在这样的新时代背景中更为彰显。而在实践中，无论是在发达国家或是发展中国家，政府无论是在其组织结构、制度框架、运行机制或是官员效能方面都不同程度地暴露了种种矛盾和问题，曾经对推动和协调社会经济发展起过重要作用的官僚制政府风光不再，在现实的运行中陷入困境。因此，传统的公共事务管理或是说政府管理的理论和管理模式陷入知识难于指导行动，理论缺乏解释力，管理方式滞后无法适应实践需要的泥沼。在这样的情况下，时代呼唤新的公共管理模式理所当然。现代公共管理理论和模式的建构与新公共管理的兴起密切相关，它是在后者的新思想新理念的强劲推动下应运而生的。

1.3　新公共管理与公共管理

新公共管理（NPM）是关于应如何管理公共部门的最新的范式变革的理论。[①] 它发轫于英国，最初扩展到美国、澳大利亚、特别是新西兰，而后进一步推向斯堪的纳维亚和欧洲大陆。"新公共管理作为在全世界涌动的管理革命的一部分，影响了所有的国家，虽然这样的影响在相当大的程度上有差异。新公共管理的理论包含了从博弈论、法学和经济学所吸取的睿智的思想"。[②] J. E. 莱恩的这一洞见包含了三层重要的涵义：①新公共管理运动不是孤立的，它是世界管理革命的一部分；②它影响了全世界；③它吸收了经济学、法学等学科新锐的鲜活思想。探讨新公共管理与公共管理的关系，可以简捷地从洛兹关于善治实质的论述得其精要。洛兹概括世行的论点，指出善治就是把新公共管理与自由民主的主张结合起来。[③]应当说，这是颇为中肯之诠释。治理的理念产生于 20 世纪 90 年代，伴随着上述发端于西方发达国家尔后向世界其他地区蔓延的质疑官僚制有效性的政府改革运动，亦即实践层面的新公共管理运动而勃兴。在西方各国开始重新思考和调整国家、社会与市场三者的边界和关系，寻求政府、社会与市场的平

[①] Lane, Jan-Erik (2003), *New Public Management*, London: Routledge, p. 3.
[②] Lane, Jan-Erik (2003), *New Public Management*, London: Routledge, p. 3.
[③] Rhodes, R. A. W. (1999), *Understanding Governance: Policy Networks, Governance, Reflexivity and Accountability*, Open University Press, p. 50.

公共管理学

衡的进程中，人们发现，全球化、民主化以及分权化的社会发展趋势极大地改变了公共管理的生态环境，社会关系日益复杂多变，相互依存的程度不断加深，政府仅凭自身的权威和权力机制就可以总揽社会公共事务、形成政府一家独大的格局已成明日黄花，而合作共治的治理理念应时而生。社会治理的最高境界即是善治，善治理念的产生是对治理失灵的弥补和救治，其主要特征是合法性、法治性、民主性、责任性、回应性、透明性和有效性。由此观之，当代公共管理的所追寻的最佳状态是善治，而善治思想——亦即公共管理思想的精粹之主要构成，就是源于新公共管理的理念。因此，新公共管理与公共管理的关系可以作如下明晰的表述：前者既是后者得以兴起的导火索和催化剂，亦是后者思想库的重要源流。

新公共管理运动包含理论思潮的发展和改革实践的推进两个层面。从实践层面看，发轫于20世纪70年代末而后波及全球的政府改革运动可划分为两个阶段：第一阶段为民营化时期，其时段从70年代末延续至80年代末或90年代初，约为10年左右；第二阶段是政府重塑时期，与民营化阶段衔接，迄今已历十余年。当然，从全球范围看，这两个阶段的转换并非截然分明，而且不同国家或地区的改革进程也有很大差异。

民营化就是政府在公共事务管理中引入竞争机制，利用私人部门以及第三部门来执行公共项目或提供公共服务。其内容涵盖如下三个方面：公共企业的私有化；政府放松经济管制并减少公共补贴，以激发自由市场的活力；推进公共服务市场化。公共服务市场化主要包括合同出租、公私合作、使用者付费和凭单制度等方式。政府通过这样的公共服务民营化或市场化来引入竞争机制，达到消解、化解社会政治经济矛盾，提高公共产品供给效率和效能的目的。

重塑政府主要从以下五个方面进行。①掌舵与划桨分开。即把服务提供和执行职能从掌管它们的集中决策部门中分离出去，给予服务提供和执行机构更大的灵活性和自主性，并通过与这些机构签订绩效合同使其对服务结果负责。②以结果而不是职能为指归再造政府运行机制和工作流程。这样做是要使公共组织的运行设计原则转为结果取向，使工作的运行定向于取得成果而不是只求符合程序规范，从而使每个人都能对结果负责并为更好地实现结果而努力。③充分运用现代管理技术。即强调运用管理主义方法，如战略管理、全面质量管理、后果管理和信息技术等。④公共管理者的非职业化。公共部门影响最大的人事制度改革是挑战文官终身雇佣制，人事领域广泛运用的短期合同旨在增强公务人员的危机感和敬业精神，增强公共部门与私人部门管理者的互换交流。⑤推进绩效管理。绩效管理是组织系统整合组织资源以实现其目标的行为，即运用科学的方法、标准和程序对政府、政府部门和政府官员的运作方式、工作效能和业绩进行全方位的监控和测评，并据此不断改善和提高政府运行绩效。

新公共管理运动的发展出现了多种模式。E. 费利耶等人在《行动中的新管理》一书中认为，西方国家公共管理改革存在着包含重要差异和各自明确特征的四种模式，代表了建立新的公共管理理想类型的初步的不同尝试。[①] ①效率驱动模式。这是西方政府改革运动中最早出现的模式，代表将工商管理的方法和技术运用于公共部门管理的尝试，强调公共部门应与私人部门一样以提高效率为核心。②小型化与分权模式。这种模式与 20 世纪组织结构的变迁密切相关，推动公共部门的组织结构向分散和分权式的扁平化模式转化，以增强组织灵活性和自主性。③追求卓越模式。体现强调组织文化重要性的人际关系管理学派对公共部门管理的影响，寻求以有效途径引导和发展适宜的组织文化和推动组织发展，以实现组织的目标。④公共服务取向模式。体现将私人部门管理观念和公共部门管理观念进行新融合的尝试，强调采用私人部门的质量管理思想实现公共部门的公共服务使命；关注提高服务质量和产出价值，强调公民参与和公共责任制。这一模式虽不成熟，但极有潜力。

从对后官僚政治的政策执行视域考察，伊莱恩·卡马克认为 20 世纪的官僚型国家正在被如下三种新的政府模式所取代。[②] ①革新的公共部门组织。这是指摒弃与信息时代相悖的层级森严的官僚式政府，强调竞争、灵活性、向雇员授权和为客户服务；采用了绩效目标管理的方式促进政府效能的改善。②网络型政府。指政府通过缔约和资助的权力有意创造非政府组织的网络来实现其政策。③市场型政府。执行这一新模式的精髓在于，运用市场形式对政府部门为公共利益的贡献做出成本分配和评估，鼓励生产性行为，阻止或纠正非生产性行为。

彼得斯在《政府未来的治理模式》中系统地评价了席卷全球的新公共管理运动，总结了二十多年来各国政府的革新主张，梳理出政府治理变革的四个不同模式，即市场式政府、参与式政府、弹性化政府、解制式政府。市场式政府模式强调政府管理市场化，参与式政府模式强调对政府管理的更多参与和价值的实现，弹性政府模式认为政府需要更多的灵活性，而解制式政府模式则要求减少政

---

① Ferlie, E., et al (1996), *The New Management in Action*, Oxford: Oxford University Press, pp. 10 – 15.
② 〔美〕伊莱恩·卡马克：《后官僚政治对职业政策人员的技能要求：21 世纪的政府》，《比较》2003 年第 9 期。

公共管理学

府规则的束缚，使政府更有创造力，更具效率和效能。①

由上述对新公共管理运动的主要进程和主要模式的回溯可以看到，这一在全球扩展的行政改革浪潮带有强烈的市场化趋向和管理主义色彩，构成了对公共行政特别是传统公共行政的极大冲击。引发这一运动并为之呐喊的新公共管理的理论模式对于传统的公共行政的理论模式是一次深刻的转变。这样，新公共管理运动就从理论与实践两个层面除旧布新，拓展天地，不断推出富有生命力的新理念和实践方式。虽然新公共管理运动的发展在各个国家的进程不一，改革和政策选择的侧重点亦有所不同，但是改革的主要诉求无疑都覆盖了如下主要方面。其一，主张对政府和市场关系上进行重新定位，通过政府部门内部运行市场化和准商业化的制度设计，引入竞争机制，以改善政府提供公共服务的质量和效率。其二，主张重新整合国家和社会关系，通过社区自主组织管理、外包、公私伙伴关系、民营化等途径，以多种组织形式生产和提供公共物品和公共服务，使公民组织、民营机构与政府组织共同承担公共管理的责任，实现合作共治。其三，主张对政府组织的运行机制和运行方式进行根本性的变革，把高度集权的、等级森严的组织结构转变为分权的、扁平的、网络式的组织结构，要求政府在行为评价的标准、控制手段以及行政组织文化等方面作出根本性的调整。其四，主张强化国家的核心战略能力和竞争力，建立一个具有高度民主性、法治性、责任行、回应性和高效透明的政府管理体系，要求政府能够以主动、灵活和低成本的方式实施政府行为，应对内外环境的变化，实现政府管理的使命。

从以上对新公共管理运动的进程与模式的考量可以看到，新公共管理的兴起为当代公共管理理念和模式的出现开辟了道路，投射了新锐的思想。那么，当代公共管理的核心理念是什么呢？依据迄今学界已形成的较清晰的共识，这样的核心理念可以概括为：以人为本，以服务为本，政治国家与公民社会充分合作，市场机制与问责机制有机结合，在实行有效社会监督的约束条件下，以兼顾效率和公平的方式实现公共利益的最大化。

依据公共管理的核心理念，政府改革应促进四个转变：政府工作从"规则为本"到"结果为本"的转变；控制机制从投入控制、过程控制到结果控制的转变；权力运行从高度集中到分权共治的转变。改革的目标应是：建设以人为本的

---

① 〔美〕B. 盖伊·彼得斯：《政府未来的治理模式》，吴爱明、夏宏图译，北京，中国人民大学出版社，2001。

服务型政府、社区共有的分权式政府、公众需求驱动的成果导向型政府、竞争驱动的市场导向型政府、权责对应实现充分监督的可问责政府和以宪政导引的民主型法治型政府。

比照新公共管理运动与当代公共管理的理念,其相关性已不言而喻,前者正是后者之滥觞。作为世界管理革命的一部分,新公共管理运动席卷全世界,风云激荡已历近三十载。今天,说这一运动已尘埃落定为时尚早,也无须说它日后是否会功德圆满。无论这一运动有多少偏颇与不足,也无论人们已经或是还将对这一运动有多少批评责难,不可否认的是,新公共管理运动的浪潮在四分之一世纪的岁月中横扫全球,推动声势浩大的各国政府改革运动,并孕育和催生了当代公共管理的理念和模式。

1.4 公共管理学的研究范围与本书的主要内容

从传统公共行政到公共管理的转变,并不是一种概念的领新标异,而是包含了社会公共事务管理的内涵和方式的深刻变化。内涵的变化,是从政治为本的统治型或经济为本的控制管理型转向以人为本的公共服务管理型。方式的变化,是重新界定政府、市场和社会的关系,整合三种力量与机制的功能和资源;是公共事务管理从单一管理主体运行到多元主体合作共治;是从效率、规则取向到实现成果和实现价值的取向。

从公共行政向公共管理嬗变这样的概念的变化,其本身在很大程度上就体现了这种转型变迁。从语意及其实践来看,公共行政都只是政府体制运行的单向度行为,而公共管理的概念涵盖公共行政,是一个更广泛、更深刻的概念。公共管理作为一个新兴学科和实践范式出现后,公共行政这一术语或概念当然还能够也需要继续使用,但应是作为公共管理之下的一个学科分支和应用范式的一个分类概念来使用。

依据上述概念的定义,公共管理是研究公共事务管理,包括政府管理的理论、方法和规律的学科。其研究范围与传统行政管理的区别在于,后者只限于政府行政机构特别是官僚机构的理论和运行方式,而前者扩展到其他政府机构(包括立法和司法部门)、非营利组织或非政府组织和一切社会组织或个人所参与的公共事务管理以及对之进行协调整合的理论、规律、方式及评价。

政府部门是公共管理的重要主体和核心。从研究由政府实施的公共管理活动的视角看,公共管理的研究范畴包括:①政府的地位和作用;②政府与公民的关

公共管理学

系；③政府机构如何以效率与效能兼顾和低成本运行的方式服务社会；④政府如何有效地管理其自身的或其所控制的资源（包括政治、经济、社会和自然等方面的资源），以确保政府机构的有效运行和实现政府管理的使命；⑤政府如何促进和协调社会各方面的力量包括公有部门、非公有部门，非营利组织或自愿组织共同努力来解决社会问题，维护公共利益。如果从整体性研究公共管理的视域看，则还需要在上述五条之后再加上第六条：政府之外的社会各方面力量，包括公共和非公共部门、非营利组织或自愿组织、社会各界包括知识界和学界，以及有组织的或作为个体的公民，如何监督、推动政府并与政府互动合作来改善和优化公共管理，实现公共利益的最大化。

  公共管理是社会科学一个重要的应用性很强的新兴理论、学科和管理实践的新的应用范式。我国对公共管理的研究方兴未艾，需要进一步深入探讨并结合中国的具体情况在实践中应用和发展。公共管理无论作为学科建设还是作为实践范式改善都亟需全力推进以回应时代挑战。本书正是为此所奉献的一部研究性教材。其主要内容是以新的学术视野检视公共管理学科形成与发展的学理基础及其时代使命，考察公共管理理论之源流，剖析公共行政嬗变的原因及其进程，并从一系列主要相关问题切入研究当代公共管理的基本理论与运行模式。本书共十一章，依据内容结构可分为四个部分。第一部分含第一至第三章，主要是对公共管理的宏观背景进行分析，并对公共管理主要的相关理论作梳理评述。第二部分含第四至第五章，从公共管理的核心主体政府切入，界定政府职能，揭示政府失灵的深层原因及其表现，探析矫正政府失灵的可能途径；进而检视公共政策与公共管理的关系，阐明公共政策对于公共管理的实施及其价值实现的重要作用，以及在公共管理背景下公共政策研究的路径和方法。第三部分含第六至第九章，是各自独立的部分，其逻辑关系是进一步从不同层面和范畴剖析公共管理的运行，分别讨论公共人力资源管理、公共信息资源管理、公共部门绩效管理与公共危机管理。第四部分含第十和第十一章，在一个比较宏观的层面讨论公共管理与公民社会的关系，公共精神对公共管理运行的重要作用，第三部门组织参与公共管理对于补救政府失灵的意义和方式，并从多维度、多视角考察对公共权力实施监督制约的必要性及其路径选择。

[重要概念]

  公共管理：公共管理以政府为核心的公共组织及其他社会组织以有效促进公共利益最大化为宗旨，运用政治的、法律的、经济的和管理的理论与方式，民主运用公共权力，并以科学的方法制定与执行公共政策、管理社会公共事务、提供公共物品和公共服务的活动。公共管理的理念与范式在新公共管理运动中勃兴和形成。公共管理是对传统公共行政的承继、拓展、深化和超越，是在更深更广层面上对公共资源的整合和对公共事务的协调管理。公共管理的本质特征是公共性、服务性与合作共治性。

全球化：全球化是人类社会自20世纪后半期以来出现的一种新的社会运行过程或现象。全球化是以经济全球化为核心所形成的包含各种物质产品和精神产品在内的跨国家跨地区的多层面多领域的流动和互动，涉及经济政治、科学技术、思想文化等许多方面。全球化趋势体现为：在经济方面，资源在全球范围内依据市场需求配置或重新配置；在政治方面，国际对话协商、合作的必要性和重要性大大增强，全球联系更为密切，而危机扩散也更为迅捷；在文化方面，具有传播优势的文化扩展更快，渗透加强；在观念方面，则是时空观念的重组，地球村的概念日益清晰。从而，全球人类生活更密切地联系在一起，并由此导致在上述各方面的日益激烈的竞争。全球化发展是对当代公共管理的严峻挑战。

知识经济：即以知识为基础的经济。知识经济是经济增长直接依赖于知识和信息的生产、传播和使用，以高技术产业为第一产业支柱，以智力资源为首要依托的可持续发展的经济。依照经合组织的界定，知识经济就是以现代科学技术为核心的，建立在知识和信息的生产、存储、使用和消费之上的经济。其主要特点是：①资源开发利用主要依赖于智力；②无形资产投入日益重要；③知识利用产业化；④高科技产业成为支柱；⑤经济可持续发展；⑥虚拟企业发展；⑦经济全球化发展加速；⑧社会成员收入差距扩大。知识经济的发展促进了公共管理模式的变革。

民营化：民营化是新公共管理运动所推动的政府改革的一项重要措施。其内涵是政府在公共事务管理中引入竞争机制，利用私人部门以及第三部门来执行公共项目或提供公共服务。其内容主要有如下三方面：公共企业的私有化；政府放松经济管制并减少公共补贴，以激发自由市场的活力；推进公共服务市场化。公共服务市场化主要包括合同出租、公私合作、使用者付费和凭单制度等方式。政府通过这样的公共服务民营化或市场化的方式引入竞争机制，以提高公共产品和公共服务供给的效率和效能，达到改善政府形象增强政府合法性之目的。

公共管理学

[思考题]

1. 如何认识公共管理的本质特征?
2. 试分析新公共管理与公共管理的关系。
3. 如何调整国家、社会与市场三者的边界和关系以建构其间的平衡?
4. 试比较政府、市场与社会三种力量与机制的作用。为何说对三者关系的认识为改善公共管理拓展了新的视界?
5. 如何理解社会不可治理性问题?请联系实际进行分析。
6. 为何说全球化发展对公共管理提出了严峻的挑战?公共管理应如何应对这样的挑战?
7. 如何理解知识经济发展与公共管理模式变革的关系?

[参考文献]

〔澳〕欧文·休斯:《公共管理导论》,张成福译,北京,中国人民大学出版社,2001,第2版。

〔美〕詹姆斯·布坎南:《自由、市场和国家》,吴良健译,北京,北京经济学院出版社,1988。

〔美〕E.S. 萨瓦斯:《民营化与公私部门的伙伴关系》,周志忍等译,北京,中国人民大学出版社,2002。

〔英〕诺曼·弗林:《公共部门管理》,曾锡环译,北京,中国青年出版社,2004。

〔美〕查尔斯·J. 福克斯、休·T. 米勒:《后现代公共行政》,楚艳红译,北京,中国人民大学出版社,2002。

〔美〕查尔斯·沃尔夫:《市场或政府——权衡两种不完善的选择》,谢旭译,北京,中国发展出版社,1994。

〔美〕詹姆士·N. 罗西瑙:《没有政府的治理》,张胜军译,南昌,江西人民出版社,2001。

〔美〕拉塞尔·M. 林登:《无缝隙政府:公共部门再造指南》,汪大海、吴群芳等译,北京,中国人民大学出版社,2002。

〔美〕塞缪尔·亨廷顿等著,罗荣渠主编《现代化:理论与历史经验的再探讨》,上海,上海译文出版社,1993。

〔美〕弗朗西斯·福山:《信任:社会美德与创造经济繁荣》,李宛蓉译,海口，海南出版社，2001。

〔美〕乔治·弗雷德里克森：《公共行政的精神》，张成福等译，北京，中国人民大学出版社，2004。

〔美〕文森特·奥斯特罗姆：《美国公共行政思想危机》，毛寿龙译，上海，三联出版社，1999。

〔美〕麦克尔·巴泽雷：《突破官僚制》，孔宪遂等译，北京，中国人民大学出版社，2003。

〔美〕丹尼斯·C. 缪勒：《公共选择理论》，杨春学等译，北京，中国社会科学出版社，1999。

〔美〕D. 奥斯本、T. 盖贝勒：《改革政府：企业精神如何改革着公营部门》，周敦仁等译，上海，上海译文出版，1996。

〔美〕D. 奥斯本、P. 普拉斯德里克：《摒弃官僚制：政府再造的五项战略》，谭功荣等译，北京，中国人民大学出版社，2002。

〔美〕约瑟夫·S. 奈、约翰·唐纳胡：《全球化世界的治理》，王勇译，北京，世界知识出版社，2003。

〔美〕V. 登哈特、R. 登哈特：《新公共服务》，丁煌译，北京，中国人民大学出版社，2004。

〔美〕R. D. 帕特南：《使民主运转起来》，王列、赖海榕译，南昌，江西人民出版社，2001。

〔美〕B. 盖伊·彼得斯：《政府未来的治理模式》，吴爱明译，北京，中国人民大学出版社，2001。

〔英〕简·莱恩：《新公共管理》，赵成根译，北京，中国青年出版社，2004。

〔英〕帕特里克·敦利威：《民主、官僚制与公共选择——政治科学中的经济学阐释》，张庆东译，北京，中国青年出版社，2004。

〔英〕克里斯托弗·波利特等：《公共管理改革：比较分析》，夏镇平译，上海，上海译文出版社，2003。

〔英〕安东尼·吉登斯：《第三条道路及其批评》，孙向东译，北京，中央党校出版社，2002。

方福前：《公共选择理论——政治的经济学》，北京，中国人民大学出版社，2000。

黄健荣等：《公共管理新论》，北京，社会科学文献出版社，2005。

黄健荣主编《公共管理典型案例分析》，北京，经济日报出版社，2007。

毛寿龙、李梅、陈幽泓：《西方政府的治道变革》，北京，中国人民大学出版社，1998。

俞可平主编《治理与善治》，北京，社会科学文献出版社，2000。

丁煌：《西方行政学说史》，武汉，武汉大学出版社，1999。

第2章
公共管理理论的发展变迁
PUBLIC MANAGEMENT

[学习目标]

通过本章学习，了解公共管理产生与发展的历史，公共管理理论的发展变迁及其原因；认识公共管理理论改革发生的背景及其影响；认知当代公共管理改革的进程及主要改革模式；把握建构公共管理理论的思想资源及经济社会条件，以及公共管理理论的发展趋势。

[重点难点]

传统行政管理理论与公共管理理论的关系；当代公共管理改革运动的历史阶段及主要模式；公共管理理论的经济学思想渊源；公共管理理论的管理学思想渊源；当代公共管理的主要理论及其影响；公共管理理论发展的趋势。

2.1 公共管理的发展与变迁

人类社会的存续与发展需要运用公共权力对公共事务进行有效管理以维护社会的秩序与稳定，促进社会的发展。广义而言，公共管理随着国家的出现而产生，其主要发展进程历经前工业社会的统治主导型模式、工业社会的管理主导型模式，现在正转向服务主导型模式的治理。从严格意义或狭义而言，公共管理是伴随着新公共管理运动的勃兴而发展起来的一个新的公共事务管理实践

公共管理学

范式和研究领域，是在这一运动中形成的一个新学科。应当明确指出，公共管理这一新的范式或学科发轫于20世纪70年代末80年代初，现在正处于塑造成型的过程之中。在其近三十年的发展进程中，它已经并且还将对全球化背景下的政府管理改革运动和人类社会的公共事务管理产生持续和深远的影响。

2.1.1 公共管理的产生与发展

如上所述，广而言之，人类社会自有国家以来就有公共管理。但是，这样的公共管理在1980年代以前是指仅由政府所实施的对社会的统治和管理。只要社会出现了对公共物品进行管理和对公共资源的配置，以及相应产生的建构与维系公共秩序的需求，就产生了公共权力，也就有了公共管理行为。因此，可以将公共物品的出现看作是公共管理的逻辑起点。由于公共物品在使用上无法使得外部效益内部化或是这样做的成本太高，因此往往容易出现使用上的"搭便车"行为，从而社会成员就难以得到足够的激励去提供充分的公共物品。公共物品（包括有形和无形的产品，正式和非正式制度和秩序等）供给不足或无法有效供给，就会导致社会秩序的维系、社会的有效运行甚至社会的存续无法得到保障。

人类在社会的动荡变迁中逐渐意识到，为求得社会的存续和发展，需要一个代表公意的公共权力来管理公共物品与公共事务。这种情况出现在原始社会末期，氏族公社就是一种公共权力机构。应当指出，公共权力的产生并非一开始就是暴力机构。原始社会末期，随着生产力的发展和社会剩余产品的出现，氏族公社内部的公有制逐渐瓦解而被家庭、私人占有制所取代。私有制的出现意味着氏族公社成员之间的利益分化和利益冲突出现。私人产权和私有意识的发展，使得公共物品的供给和公共事务的管理越来越被忽视或受到挑战，公共规则受到破坏，社会纷争不断，这些都直接威胁到社会共同体的存续发展。在这种背景之下，带有强制性的公共权力机构，或者说国家也就应运而生。正如恩格斯指出，"国家是社会在一定发展阶段上的产物；国家是表示：这个社会陷入了不可解决的自我矛盾，分裂为不可调和的对立面而又无力摆脱这些对立面。而为了使这些对立面，这些经济利益互相冲突的阶级，不致在无谓的斗争中把自己和社会消灭，就需要有一种表面上凌驾于社会之上的力量，这种力量应当缓和冲突，把冲突保持在'秩序'的范围以内；这种从社会中产生但又自居于社会之上并且日益同社会脱离的力量,就是国家"。①

运用国家这个带有强制性的公共权力和权威向全体社会成员提供秩序、法治、安全及公共设施等一系列服务和公共产品,对社会公共事务进行管理,就意味着公共管理无论从理念或方式上都得到进一步发展。进而言之,公共物品的存在与拓展及其特殊性质,决定了一般情况下私人或市场机制或是不可能,或是不愿意,或是无法有效地予以提供或管理,而必须借助于带有强制性的公共权力来进行供给和配置,这就使得在国家产生之后公共管理的持续和发展具有必然性。

在前工业社会,国家、政府对社会的管理方式主要是一种统治模式,因此其行政模式也是一种统治行政。换言之,在这一历史阶段,公共管理是一种统治型管理。这样的管理模式确认和维系社会等级差别和等级秩序,并通过暴力强化其统治的权力和强制性。统治具有压迫的性质,并成为实质性的治理目标。在这样的统治型管理中,统治者极力宣扬君权神授、王权至上与差等正义的观念,以维系和强化其权威与合法性,对公共物品的提供和配置和对公共事务的管理则从属于统治的需要并为统治阶级服务。虽然在前工业社会,政府也担负着一定的社会管理职能,但规模极为有限,而且也往往是出于维护和强化其政治统治的目的。其管理方式在很大程度上是依据统治者个人意志的高度集权和任意专断,强烈的人治色彩成为其主要特征。

进入工业社会,基于资产阶级革命后近代民主制度的建立,国家的管理模式逐渐发生了从统治主导型向管理主导型的转变,政府管理的"公共性"内涵日渐凸现。三权分立的政治制度的确立使得行政管理即狭义的政府管理在很大程度上摆脱以往对政治的从属地位而获得独立,这种相对于政治统治的独立性随着社会的发展而日渐增强。同时,工业经济时代人们对理性(经济与效率)的追求日益成为整个社会的主要价值取向。这有助于政府管理趋向理性化,从而促使政府管理开始出现向理性与科学管理方式的嬗变,以便能对分工日益细密和日益复杂化的大工业经济实施有效的管理,为经济社会的发展提供必要的条件。

工业社会的管理主导型模式建构的主要理论依据是近代民主政治制度所确立的四大基本原则,即主权在民原则、法治原则、分权制衡原则和公民参政原则。基于这样的理念,并在人民大众的推动下,以政府为主导的公共管理逐渐趋向注重社会公正和平等。虽然,近代以来的公共管理在相当程度上仍然带有强制性和统治性的特征,但它已不可能再施行赤裸裸的统治行政方式,而是日渐趋向摒弃

---

① 《马克思恩格斯全集》第四卷,北京,人民出版社,1956,第166页。

人治依循法治的轨道。其管理方式趋向于民主和参与，这使得公共管理日渐体现更多的公共性，而统治色彩逐渐淡化。这样的管理模式以经济和效率为主要价值取向，公共管理强调专业化、职业化、规则程序化、层级控制和命令服从。这是一种建立在法理型权威基础上的公共管理，即基于传统公共行政的公共管理，其所突出和强调的是对公共事务的管理功能。

20 世纪 70 年代末 80 年代初，先是在英美等国，继而是在全球掀起新公共管理的浪潮，由此推动政府管理改革运动蓬勃发展，在此基础上逐渐形成了当代严格意义上的公共管理。这样的服务导向型的公共管理，是伴随着新公共管理运动勃兴而形成的一个新的理论范式和实践范式，指向当代社会以政府为主导的社会多种力量合作共治的社会治理方式和实现公共利益最大化的过程和管理活动。服务导向的公共管理范式的产生，是随着人类社会从工业社会进入后工业社会而出现的公共事务管理范式的转换。这一范式要求公共事务管理以促进公共利益最大化为根本宗旨，强调以社会本位取代政府本位，以公民为本位取代官本位，以服务本位取代管制本位，以权利本位取代权力本位，以公平正义、人文关怀、民主、法治和责任等社会的基本价值为其运行基础，以多元参与、合作共治为运行方式。这一新的管理模式所强调和突出的是公共管理的公共服务功能，因而能更好地体现现代社会政府的本质特征。

2.1.2 公共管理改革运动的产生背景与各国主要实践

20 世纪 70 年代末 80 年代初，在新公共管理运动大潮的推动下，政府改革运动先是在一些主要的西方国家兴起而后波及全球，形成了当代严格意义上的公共管理改革运动。公共管理改革运动的产生与迅猛发展，有其重要的历史背景和现实原因，并且得益于相关理论勃兴与引入所给予的强力推动。

1. 公共管理改革运动的产生背景

从 20 世纪 70 年代起，在西方的一些主要国家，传统公共行政模式受到空前挑战，政府面临着巨大的危机。危机主要表现在以下方面：政治上，公众需求的不断增加与政府的软弱被动日益形成强烈反差，政治冷漠与政治冲突同时存在，政治丑闻不断，政府的合法性面临着巨大挑战；经济上，政府对社会的全面和过度的干预导致社会资源配置效率降低，高福利造成了政府的巨额财政赤字，社会不堪重负；社会方面，吸毒、犯罪、信仰危机、单身家庭、失业等社会问题不断出现，政府在这些问题面前反应迟钝甚至束手无策，社会利益整合程度日渐降低。所有这些，都迫使人们反思政府的性质、职能和能力，要求政府对自身的行为方式进行调整。具体而言，导致公共管理改革运动兴起的时代因素主要有如下方面。

（1）政府规模的扩张和政府角色膨胀导致公众的不满。"二战"后，在福利国家理念的推动下，政府职能范围不断扩大，政府角色日趋多样化，这使得政府的权力不断扩张。特别是为实现和保障公民之福利，政府大量通过立法管制（包括经济性的管制和保护性的管制）干预民众生活，其结果一方面使政府必须投入大量的资源以提供公共服务，另一方使政府为应付大量公共开支而采取重税政策从而导致国家经济竞争力下降和公众不满。政府遭受到越来越多的猛烈抨击，主要集中在三个方面：一是认为政府规模太大，消耗过多的稀缺资源；二是认为政府管理干预的范围太宽，社会公共生活的许多方面并非需要政府介入或只能由政府介入；三是认为政府管理行为不当，以其僵化的官僚体制提供公共物品和公共服务必然导致平庸和低效率。

（2）经济衰退和财政压力。一方面，西方国家所实施的日益扩展的福利国家政策，导致政府每年必须负担庞大的转移性财政支出，使得政府预算不堪重负，并阻滞经济增长，表现为通货膨胀居高不下、经济发展停滞、失业率上升，而这些问题又带来了政治、经济和社会的不稳定。另一方面，国际经济的自由化趋势带来的竞争压力的加剧，给西方各国政府均造成巨大的改革压力。在这种情况下，如何缓解财政危机促进经济发展，如何节省政府执政成本，以及如何提高国家的国际竞争力，成为西方各国决策者面临的不可回避的难题。

（3）社会不可治理性问题的凸显。随着工业化和科技发展，在社会进步的同时，也引发了诸多的社会问题，如人口的老龄化和负增长、都市化问题、失业问题、种族歧视问题、交通与环境恶化问题、社会治安与犯罪问题等。旧的问题没有得到解决，新的问题又不断出现。公共事务种种问题的复杂尖锐性、社会利益和信念的过度分散性，导致社会不可治理性问题日益凸显。面对这些社会问题，政府试图依凭传统的管理理念和管理方式来应对早已是力不从心，而官僚体系和制度本身所固有的因循守旧、衙门作风、繁文缛节和责任感缺失等弊端及其滋生的腐败，更使政府的公信力受到挑战，使政府面临合法性危机。

（4）新右派学说与保守主义意识形态运动的影响。新右派是一种与20世纪70年代和80年代保守势力复兴相联系的广泛的意识形态运动。正是在这一时期，具有保守主义政治倾向的政党在英美等许多西方国家执政。新右派的政治主张抨击60年代盛行的福利国家政策与西方国家政治上的种种偏颇缺失，如庞大臃肿的官僚体系导致政府预算不断扩大，公共支出大幅增加；公共服务垄断形态的运作模式带来种种弊端；政府对社会的过度干预威胁个人自由，并且不利于企业和第三部门的发展；政府寻求社会公平正义的有关措施往往缺乏正当性。在新右派看来，政府失灵比市场失灵更为严重，并会给社会带来更大的损害。如果将私营部门的管理方法与手段引入公共部门中，将有利于政治控制获得强化，有利于削减政府预算，有利于提升公共物品和公共服务供给的效率和效能，有利于清除或减少官僚体制的种种弊端从而提升政府的竞争力。由于这样的意识形态的影响，使亲市场、反国家的信念居于主导地位，政府管理或公共行政寻求通过引入市场机制或者寻求类似市场的方式帮助其走出困境。

2. 若干工业化国家的新公共管理实践

新公共管理实践最早在英国兴起，随后美国克林顿政府时期以市场为导向的政府改革，澳大利亚、新西兰各具特色的改革实践，以及欧洲其他国家的带有鲜明管理主义色彩的改革运动，进一步推动了新公共管理运动的发展和高涨。

（1）英国的政府改革

西方国家兴起的公共管理实践以1979年英国首相玛格丽特·撒切尔上台为标志。身为保守党人的撒切尔夫人执政后，极力主张新右派的政治理念，强调个人权利和选择的价值，鼓吹建立新自由主义政体，主张"小而美的政府"（Minimal State）。20世纪80~90年代，英国采取了一系列改革措施：发起反对浪费和低效益的运动，成立效率工作组，对政府的有关项目计划和工作进行效率评审；大力改革公共部门的工会；实行大规模的私有化，将包括英国石油、英国电讯、英国钢铁、英国航空等著名公司在内的40多家主要国有企业卖给私人，政府出售了1.25亿英镑的公共住房；对地方政府的预算开支实行总量控制；要求所有的地方建筑和公路建设项目实行公共部门与私营部门公开竞标。根据效率小组1988年提出的报告《改善政府管理：下一步行动》，英国政府开始将提供公共服务的职能从政府各部门分离出来，成立专门的半自治性的"执行局"（Executive Unite）来承担这种职能。部长同执行局在谈判的基础上就该局要完成的任务及其在具体运行方面可以掌握的灵活度达成协议。这样，部长们主要只需关注预算总额的执行和最终的结果，而各局在预算支出、人事等具体事务的管理上享有很大的自主权。执行局的局长产生于来自公共和私营部门的人员共同参与的竞争，并且这样的职位不是终身制，每三年重新竞聘。到1996年，英国成立了126个这样的执行局，将近75%的公共服务由这些局承担。在撒切尔夫人任期内，国有工业部门已经减少了60%，有60万个工作职位由公共部门转移到私人部门，英国的公共雇员人数从占职工总数的30%降到24%，政府支出从占GDP的44%降到了40.5%。[1]

英国政府改革的核心理念是组织模式和机构类型的多样化。政府承担多样化的职能和服务，其提供服务的方式也多样化，从政府指令（如政府指令私人企业为其雇员提供社会保险）、特许经营、合同外包到服务的直接生产和供给，政府介入的程度依次递增。相应的，政府组织模式和机构的类型也应多样化。执行机构改革所针对的第一个问题是政府结构的单一性，依据的原则是"各个部门应该根据职能和任务来组织工作，其体制和内部结构必须有利于高效率地执行政策，提供服务"。显然，作为一种新的机构类型，执行机构设立本身就是结构和组织形式多样化的一个体现。英国财政部和首相公共服务改革办公室列出了政府可以利用的8种"组织模式"。其中，"公私伙伴"和"合同外包"涉及与外部组织之间的关系，其余6种都属于政府内部的组织模式。它们分别是：部门内属的独立董事机构（Directorates within Departments）；按执行机构模式运行的部门（Departments Running on Agency Lines），执行机构（Executive Agencies）；独立于主管部门的机构（Offices-independent of Their Parent Departments）；非部门执行性公共机构（Executive Non-departmental Public Bodies）；政府拥有的公司（Government-owned Companies）。[2]

然而，英国政府改革的实质则是管理革命而非机构革命。执行机构是一种新的机构类型，相关改革很容易给人以机构改革的印象。执行机构改革所针对的第二个问题是管理的非现代性——主要表现为对管理不重视，管理人才地位低下，管理缺乏现代理念，管理机制不完善等。因此，设立执行机构的首要目的就是提升管理的地位，包括如下几方面的措施。①通过决策与执行的分离，明确政策执行中的管理是性质不同的工作，因而需要不同的素质和能力。②提升管理者的地位。《伊布斯报告》特别强调："高级公务员队伍中必须有来自低层的管理者，他们既在实践中对管理的技能和现实状况有切身的了解和体会，又具有政治和政策方面的经验"。这就为管理者晋升为高级公务员开辟了途径，改变高级公务员全部来自政策咨询领域的状况。③确保执行机构工作人员具有所需的知识和技

---

[1] 〔美〕戴维·奥斯本等：《摒弃官僚制：政府再造的五项战略》，北京，中国人民大学出版社，2002，第25页。
[2] 周志忍：《英国执行机构改革及其对我们的启示》，《中国行政管理》2004年第7期。

能。① 除了强化雇员培训之外，执行机构负责人选拔采取开放竞争的方式，鼓励录用私营部门有经验的管理人员。目前，执行机构主管中来自私营部门的约 1/4 左右。更为重要的是，除了提升管理者的地位之外，执行机构改革着眼于管理的现代化，即关注新的管理理念、原则、机制和方式在管理中的应用。

如上所述，英国保守党自 1970 年代末执政以来所进行的改革取得了很大的成效，但政府依然面临着许多棘手的社会问题，如社会排斥现象严重、失业率不断攀升、社会治安状况恶化等。而此时公共部门的部门主义、碎片化和空心化问题日趋严重，更使得上述各种社会问题难以解决。在这样的情况之下，进一步深化英国的政府改革势在必行。1997 年，树起第三条道路旗帜的新工党上台，在继承保守党改革遗产的基础上，强调以解决社会问题作为政府核心政策的议题，并全力建构合作政府，主张通过国家、市场与社会的三元合作治理来解决英国面临的问题。

针对政府治理的碎片化问题，英国大力推进合作政府建设，运用公共服务协议、任务型组织以及电子政府等治理工具来整合与提升政府的整体治理能力。英国的合作政府建设从中央层面、区域层面和地方层面全面推进，促进政府的治道变革。其主要做法是在强化中央的政策控制能力基础上以渐进方式对区域和地方进行分权；成立区域办公室、区域发展处及区域议事厅，通过发展这些机构的战略与规划能力、监督审查能力以及协商治理能力来促进区域的自治能力；提高地方政府公共产品和公共服务的供给能力，推出最佳价值、地方政府计划、地方公共服务协议以及全面绩效评估等方式方法。合作政府的一个核心理念是要发挥地方政府以及社会各方面的力量。因此，英国中央政府着力振兴地方代议制民主，发展协商民主与参与民主，积极推进公民社会的民主治理。

(2) 美国的新治理

早在 20 世纪 60 年代末期，美国从尼克松政府开始，包括后来的卡特政府和里根政府，都企图以"新联邦主义"（New Federalism）的方式来改善政府的职能和效率，但因改革的理念和手段局限于传统的模式，效果不能令人满意。直到 20 世纪 90 年代克林顿政府时期，才出现重大转机，政府改革开始显露出系统性。

克林顿在 1993 年 3 月成立了"全国绩效评价委员会"（National Performance Review，NPR），任命副总统戈尔主持该委员会，全面推进政府改革计划。

---

① 周志忍：《英国执行机构改革及其对我们的启示》，《中国行政管理》2004 年第 7 期。

戈尔报告认为，政府应当把自己组织得更像成功的企业，政府应当把其服务的对象看作自己的顾客或者委托人。这项改革计划主要包括四项内容：①减少官僚体制的繁文缛节；②顾客至上；③充分授权下级以取得实绩；④建设花费少而工作得更好的政府。在克林顿政府确定实施国家绩效评价的改革措施后，各种行政改革措施在州、市、县各级地方政府大范围地展开。按照计划，5年内精简联邦公职人员 252000 人，占职员总数的 12%，减少预算支出 1080 亿美元。到 20 世纪 90 年代中期，有 39 个州实施了公共服务质量计划，29 个州开展了政府部门绩效测评，30 多个州简化了人事制度，28 个州就公共服务向作为"顾客"的公众征求反馈意见。由于这次改革与美国过去的行政管理范式不同，突出地彰显了公共管理的特征，因而被称为"新治理"（New Governance）或"企业型管理范式"。

从美国百年来行政管理改革进程的坐标体系来观察 20 世纪 90 年代兴起的新治理，可以更清晰地把握后者改革的地位和意义。尼古拉斯·亨利在《公共行政与公共事务》一书中，将美国 20 世纪以来公共行政改革的发展历程划分为效率、预算、管理、私有化和重塑政府五个阶段。[①]

第一阶段（1900~1940 年）为改进效率阶段，以建设好政府为目标。20 世纪初，美国政府改革关注的主要是效率，改革的目标在于建设一个好政府。好政府就是更有效率的政府，而更有效率的政府意味着更加廉洁的政府。1906 年纽约市成立了市政研究局，探讨如何提高政府效率。1912 年联邦政府成立经济和效率委员会。1928 年成立的全国市政标准委员会（National Committee on Municipal Standards），是美国公共部门绩效评估的发起者。当时，美国政府机构寻求以制度化的工作准则和业绩作为衡量标准的初步技术已在几个机构中运用，各种专业协会开发了评级制度以评价行政工作的业绩以及公共服务的需求。这些还比较原始的、不很科学的方法为日后形成较为复杂的、客观的绩效评估技术开辟了道路。

第二阶段（1940~1970 年）为改善预算阶段，以控制开支为目标。"二战"前后，凯恩斯主义的兴起和罗斯福新政的实施使政府职能的扩张达到高潮。机构的增设造成政府雇员迅速增加，政府财政负担沉重，行政效率却未见提高，甚至因机构人员设置与管辖权的冲突使联邦政府的工作常常出现混乱、重复和浪费。政府开支过大引起社会的高度关注，控制政府开支成为推动政府改革的主要动

---

① 参见〔美〕尼古拉斯·亨利《公共行政与公共事务》，项龙译，北京，华夏出版社，2002，第 166~173 页。

力。人们普遍认为，政府的开支浪费是政府最大的腐败，主张通过组织设计查禁和减少腐败。人们试图通过优化行政原则，精心设计政府的组织结构和程序，以达到有效控制开支、减少预算，政府运行过程中的种种弊端就可以逐渐消除。

第三阶段（1970～1980年）为改善管理阶段，以效率和效益为目标。20世纪70年代是美国试图对政府运行进行测定、评价并致力于提高生产力的重要十年，公共部门绩效评估重新得到了重视。1973年，布雷顿森林体系崩溃，美元的国际地位急剧下降，对外贸易开始从顺差变为逆差。在这一过程的改革中，美国政府更加关注效率和效益的管理问题。解决效益的问题是革除政府中的欺诈、权力滥用和浪费等行为；效益的提高通过效率来解决。1973年，尼克松政府颁布《联邦政府生产力测定方案》(The Federal Government Productivity Measurement Program)，制定了3000多个绩效指标，力图促使公共组织绩效评估系统化和规范化。1974年，福特总统要求成立一个专门机构，对所有公共机构的主要工作进行成本/效益分析。

第四阶段（1980～1992年）为私有化阶段，以精简政府为目标。里根上台时，美国经济正处于严重衰退中，他把症结归于联邦政府过度膨胀，税负沉重，对私有企业控制过多，因而阻碍经济发展。里根政府在随后提出的"经济复兴计划"，主要是通过更多地由私营企业提供特定政府服务的方式，提高生产率。进行私有化的目的是阻止联邦赤字的增长、降低税收及节约政府开支，更深远的意义则在于缩减联邦政府自身的规模和职责。里根政府任命彼得·格瑞斯（Pete Grace）领导了著名的格瑞斯委员会对私营部门的成本控制进行调查，以吸取经验使政府内部的浪费和滥用现象最小化，并审查政府应如何最佳履行职能以提高公共物品和服务供给的有效性。这一时期联邦政府规章条例的增长率降低了25%以上，政府规定的文牍工作时间每年减少3亿小时以上。里根政府的改革计划总体上取得了成功，并为克林顿政府提供了有益的借鉴。

第五阶段（1992年至现在）为重塑政府阶段。20世纪90年代初，由于受国内外各种因素影响，美国公民对政府的信任度下降，出现"信任赤字"。因此，政府面临着改革的巨大压力。这个时期的行政改革寻求从企业界获得借鉴，倡导建立一个顾客至上和追求实际效果的"企业型政府"，以适应迅速变化的社会环境。首先提出"重塑政府"主张的是戴维·奥斯本（David Osborne）和特德·盖布勒（Ted Gaebler），他们所著的《重塑政府》一书影响巨大。克林顿总统在政府重塑运动中共签署了90个相关法案和50个总统行政命令，各政府部门制定了数千条顾客服务准则。通过"重塑运动"和绩效评估，联邦政府在工作中更加注重成果和绩效导向，政府机构的服务质量与私营企业之间的差距大大缩小，80%的政府服务项目获得公众肯定，有相当部分政府部门的服务水平达到国际标准的满意程度。

表 2-1 美国政府改革的演进历程

特 征	效 率	预 算	管 理	私 有 化	重塑政府
动 因	好政府就是高效廉洁的政府	控制支出	效率与效益	减少赤字，降低税收，节约政府开支，精简机构	节约政府开支，提高效率、效益和责任心，向公共行政官员授权
主要的政府层次	地方政府及20世纪30年代的联邦政府	所有层次的政府，低水平的参与	联邦、州和地方政府	联邦、州和地方政府	先是地方政府，然后联邦政府
生产率运动的倡导者	市民、商人、学者和专家	以预算为导向的公共行政官员，运营/管理专家	民选官员，公共行政人员和学者	公民、商人、大学和保守智囊团	公共行政官员，然后是民选官员
方案评估技术的倡导者	时间、运动研究、市政府研究局、新政，全国市政府标准委员会	"伟大社会"行政官员，组织发展的先驱	城市研究所、大学	工商界、大学、保守主义思想库	公共行政官，大学
政治环境/研究假设	政治与管理分离，效率等于好政府，好政府等于消除腐败	全面生产率并未成为一个明确的目标，而是被纳入预算改革之中	公私部门对生产给予高度重视	私有化能够提高公共方案的生产率	得到授权的公共行政官员能建立更有效率、效益和更负责任的政府
腐败的文化批判	腐败是政党滥用政权的产物，已遍布于政府上下	腐败现象仅存于少数不诚实的个人和小团体中，他们利用可乘之机向政府欺诈	腐败是包括浪费、欺诈和权力滥用在内的罪行，严重侵害了纳税人和公民的利益		
控制腐败的方法	把政治与行政分开，使公共行政逐步职业化	在公共机构的结构和程序设计上运用行政原则	加强执法，对公共行政官员和民选官员实施更加严格的制约、程序和调查		得到授权的公共行政官员和新信息系统可以控制腐败

资料来源：〔美〕尼古拉斯·亨利：《公共行政与公共事务》，项龙译，华夏出版社，2002，第167页。

35

公共管理学

从美国行政改革的历程来看，对政府绩效的追求始终是各级政府改革的指南，而且对政府绩效的追求重点随着行政改革的发展而不断发生变化。总体而言，美国行政改革和政府绩效评估的动机趋向更为广泛的目标，即从单纯的"追求效率"和"控制成本"逐步转变为"效率与效益"的有机整合，最终深化为"减少政府开支"，"提高公共责任"，"改善效率、效益以及回应性"等体现多元目标的综合体系。

（3）其他西方国家的实践

①澳大利亚和新西兰。澳大利亚和新西兰随着两国工党分别于1983年和1984年上台执政，也仿效英国的改革运动，开始大刀阔斧的公共行政改革。其中，新西兰改革因其力度较大、系统性较强而受到世人瞩目，被称为新西兰模式。

在新西兰和澳大利亚，旧的公共行政传统以管制经济和由政府部门提供一切公共服务（即福利国家政策）为特征。20世纪70年代末80年代初，两国面临同样的社会问题与压力，因此于80年代相继开始了全面的行政改革。这两个国家与其他经合组织成员国相比，更多、更明确地采用管理主义的模式，在公共部门引入私营部门的管理方式以及市场机制。两国的改革几乎涉及所有公共部门以及公共部门的组织机构、运行过程、承担角色和组织文化等方面，改革的具体措施包括结构改革、分权化、商业化、公司化和私有化等。两国改革的总体框架、制度设计、改革进程和管理实践等方面存在差别，譬如新西兰的改革先有总体框架，而澳大利亚则是在改革进程中逐步形成总体框架。

波斯顿（J. Boston）认为，新西兰的新公共管理依循如下九项原则：政府只能在那些非政府机构（如私人企业和志愿者团体）无效率和无效能时才能涉入其活动；一切隶属于政府部门的事业单位，必须被改制为私营部门公司；必须尽可能明确清晰地界定政府各部门、皇家机构及每个官员的目标；必须尽可能地把存在潜在冲突的职责安置在不同的机构中；内阁部长和各部门执行长职责要明确，部长对选择方案负责，执行长则在最少干预下，对该方案的投入及产出负责；公共基金的使用包括购买政策需经辩论及市场竞争；公共基金服务的品质、数量和成本均需由购买者而不是由生产者决定；制度设计必须使公共服务提供者的获利最小化；治理结构应趋向于降低代理成本和交易成本；行政效率、顾客反应及决策权力的权益必须尽可能与执行紧密结合。[①]

[①] See Boston J., Walsh P. (1996), *Public Management: The New Zealand Model*. NY, Oxford: Oxford University Press, pp. 4-5.

②欧洲大陆各国。欧洲大陆各国，包括德国、法国、荷兰等，政府改革虽然有所不同，但都带有明显的管理主义色彩，或多或少以新公共管理为取向。如在德国，20世纪70年代末到90年代初的行政改革具有非连续性、渐进性和零碎性的特点，采取了非连续性渐进主义模式。但其改革的基本内容，如调整公共事业、"给国家减肥"、削减公共服务人员、压缩公共人事开支、转变公共组织结构等，在很大程度上是以管理主义为取向。特别是20世纪90年代开始的地方政府改革，德国推行从荷兰借鉴而来的"地方治理模式"，与英美等国的新公共管理模式十分相似，其主要特征为：对产出与结果进行控制；制定项目预算和绩效指标；采用服务和顾客导向；康采恩式的权责划分；责任委托给商业单位等。

2.1.3 公共管理改革运动发展的阶段与模式

虽然公共管理改革运动以"政府再造"为整体推动力，但由于公共管理改革运动发展的渐进性及其实践的丰富性，这场运动在其整个历史进程中的意识形态及侧重点有所变化，不同的改革模式之间也存在一定的差异，将公共管理改革运动划分为不同的发展阶段及不同的改革模式有助于更好地理解这一影响深远的大变革。

1. 公共管理改革运动的历史阶段

虽然近三十年来不同国家的改革进程有差异，但大体上可以将公共管理改革运动划分为两个阶段：第一阶段为民营化时期，时间跨度上从20世纪70年代末至20世纪80年代末或90年代初，大约十年的时间；第二阶段是政府重塑时期，其时间上限与民营化阶段的结束相衔接，并持续至今。对公共管理改革运动的发展阶段的划分，主要是基于对改革理念的发展及改革重心调整的分析。

（1）民营化时期

简而言之，民营化就是政府利用私营部门以及第三部门来执行公共项目。行政学家尼古拉斯·亨利认为，民营化的定义范围相当广阔，其中包括：把公共资产卖给私人企业，与私人供应商和非营利组织订立契约来提供服务，聘用顾问人员，分配政府赠券，出售特许权，给予补贴，特许设立政府企业以及其他一些选择。[①] 一些主要的西方国家在20世纪80年代推行的政府改革中所采取的如下措施，充分体现了民营化倾向。

---

① 〔美〕尼古拉斯·亨斯：《公共行政与公共事务》，项龙译，北京，中国人民大学出版社，2002，第549页。

公共管理学

①公共企业的私有化。1980年代初期和中期在撒切尔夫人执政的英国发展迅速，包括英国航空、英国电讯、英国石油等国有公司都纳入其中。类似的私有化运动还发生在新西兰、澳大利亚、日本等国。

②政府放松对经济的管制并减少公共补贴，以激发自由市场的活力。例如1984年工党在新西兰执政后采取的"休克疗法"，结束了长达几十年的公共补贴和管制制度，修订社会福利计划，降低包括关税在内的税率；美国改革公共福利政策，提高享受福利者的资格，将许多福利项目市场化。

③大力推行公共服务市场化。以美国改革为典型的市场化措施包括以下四种类型。A. 合同出租。政府确定某种公共服务的数量和标准，然后对外向私营部门、非营利部门招标承包，中标的承包商与政府签订供给合同，提供公共服务。B. 公私合作。政府以特许或其他形式吸引中标的私营部门参与或提供某项服务，私人企业有收益权，追求投资回报。C. 使用者付费。享受政府提供的公共服务的个人或单位要向政府部门交纳费用。使用者付费的最大目的在于显示公众对公共服务的真实需求。D. 凭单制度。凭单是政府部门给予有资格消费某种服务的个体发放的优惠券，他们可以凭该券在公共服务供给单位中选择购买产品，然后政府再用现金兑换凭单。这样可以在公共服务提供中引入竞争，政府少花钱，而消费者多受益。[①]

萨瓦斯在论述民营化与公私部门的伙伴关系时指出，在公共物品的供给中，有必要区分公共物品供给过程的三个基本参与者：消费者、生产者、安排者或提供者。消费者直接获得或接受公共物品，他们可以是个人、特定地理区域的所有人、政府机构或第三部门。公共物品生产者直接组织生产，或者直接向消费者提供服务。它可能是政府单位、市民自愿组织、私人企业、非营利机构，有时甚至是消费者自身。公共物品的提供者指派生产者给消费者，指派消费者给生产者，或者选择服务的生产者。[②] 提供者通常是政府单位，但也有例外。市政当局、联邦政府、第三部门或消费者自己等都可能是公共物品的提供者。

公共物品民营化的提供和生产之间的区别是明显且十分重要的。它是政府角色界定的基础。对许多公共物品来说，政府本质上是一个安排者或者提供者，是一种社会工具，用以决定什么应该通过集体去做，为谁而做，做到什么程度或什

---

① 黄健荣等：《公共管理新论》，北京，社会科学文献出版社，2005，第42~43页。
② 〔美〕E. S. 萨瓦斯：《民营化与公私部门的伙伴关系》，周志忍等译，北京，中国人民大学出版社，第68~69页。

么水平，怎么付费等问题。但另一方面，政府可以做出用公共开支来提供某种服务的决定，但不意味着必须依靠政府雇员和设施来提供这种服务。同时政府也可以保留服务提供的责任并为此支付成本，只不过不再直接从事生产。

政府既能作为一个生产者，也可以作为一个安排者，但不是必然的。第三部门也同样可以承担起公共物品的提供者和生产者的角色。如前所析，政府并不是公共物品的唯一供给者，在政府之外还存在其他成功的公共物品的供给形式。这为解决准公共产品的"拥挤性"问题指明了方向。文森特·奥斯特罗姆认为，"每一公民都不由'一个'政府服务，而是由大量的各不相同的公共服务产业所服务。……大多数公共服务产业都有重要的私人成分"。[①] 这意味着随着经济领域和社会领域自组织力量的发展，需要实现以政府为核心的单中心治理模式向政府、市场和第三部门三维框架下的多中心治理模式转变。但这并不意味着政府在此领域的退出和责任的让渡，相反，政府要发挥其在公共物品供给中的重要作用，有责任促进公共物品品质的改善和公平分配。由于公共物品提供和生产之间的区别，可以据此进一步确定如下的民营化改革中公共物品的不同制度的安排形式。[②]

①合同承包，即政府可以和第三部门签订关于物品和服务的合同。在这些安排中，第三部门是生产者，政府是安排者，它付费给生产者。通过签订外包和服务购买契约，从一些非政府组织、非营利组织和民营组织那里获得直接的公共物品和服务。

②特许经营。把政府设施、建筑物或土地租赁给第三部门从事商业活动，可以被视为特许经营的一种形式。像合同外包一样，在特许经营方式下，政府成为安排者，第三部门成为生产者。两者的区别在于对生产者支付方式的不同：合同外包安排下政府向生产者支付费用，而特许安排下消费者向生产者支付费用。

③补助，即政府给予第三部门的补贴。补助的形式可能是资金、免税或其他税收优惠、低息贷款等。补助降低了特定物品对符合资格的消费者的价格，他们可以向市场上那些接受补贴的生产者购买更多如无补助他们将无力购买的物品。在补助的安排下，生产者是第三部门，政府和消费者是共同的安排者，政府和消

---

① 〔美〕迈克尔·麦金尼斯：《多中心体制与地方公共经济》，毛寿龙、李梅译，上海，三联书店，2000，第114页。
② 〔美〕E. S. 萨瓦斯：《民营化与公私部门的伙伴关系》，周志忍等译，北京，中国人民大学出版社，2002，第81~86页。

费者都向生产者支付费用。

④自由市场。市场制度是服务安排的最普遍形式，它被用以提供最普通的个人物品与可收费物品，由消费者安排服务和选择生产者，生产者是第三部门。政府的努力旨在使这一交易市场制度化、规范化和科学化，维护各方正当权益。

⑤志愿服务。通过志愿劳动，像慈善组织这样的第三部门提供了很多人们需要的服务。其他志愿团体也提供许多社区服务，如邻里协作组织提供的保护巡逻、志愿消防队提供的火灾防护。在志愿服务这种安排中，第三部门扮演了服务安排者的角色，可以运用它们的雇员直接生产服务，也可以通过雇佣和付费给私人企业去做。

民营化的理论和实践表明，在不完善的现实政府、不完善的现实市场和现实社会之间，应建立一种有效的选择和相互协调机制，根据资源优化配置的经济合理性原则和交易成本最小化原则，努力寻求政府、市场和第三部门在公共物品供给领域的均衡点，建立公共物品供给的多中心体制和互补机制，以利于更有效地提供公共物品和增进公共利益。

（2）重塑政府时期

民营化在一定程度上有效遏制了官僚制的扩张，但政府体制并没有发生根本转变，政府的运作方式也没有发生根本的变化，民营化并不能最终解决问题。行政学界实现了对民营化的反思，人们开始重新考虑政府的有效性问题。

科恩等人从现代社会的复杂性出发，提出了有效公共管理存在的必要性。他们认为，要保留现有的生活方式，使成本最小化，积极的政府是必须的，而且政府必须是有效的。而如果要提高政府的有效性，必须有新型的管理方式。奥斯本和盖布勒也发出了有必要对政府抱有信心的呼吁，而且认为应当用企业家精神再造政府。他们的观点在20世纪90年代代表了区别于大政府与自由放任型政府的第三种思路，认为政府对于社会的发展是必须的，但传统的政府管理方式需要改进，对政府进行"去官僚化"的再造是打造有效政府的必要选择。这成为政府重塑或政府再造运动的理论基础。具体而言，政府重塑或政府再造运动从以下几个方面推动了公共管理的战略和战术的变化。[①]

①掌舵与划桨分开，进行自主管理改革。改革家在公共管理改革进程中发现，公共行政低效率的根源并不是在于公务员的人格，而在于传统公共行政体制本身。要解决政府管理问题，就必须把服务提供和执行职能从决策部门中分离出

[①] 黄健荣等《公共管理新论》，北京，社会科学文献出版社，2005，第45~48页。

来；必须给服务提供和执行机构更大的灵活性和自主性；管理部门与各部的高级公务员应该按固定期限的绩效合同工作，而不实行常任制等。比如英国提出的《改善政府管理：下一步行动》1998年年度报告中的内容，新西兰1987年"国家部门法案"和1989年"公共财政法案"都集中体现了这种追求自主管理改革的目标。

②围绕结果而不是职能再造政府工作流程。在传统公共组织中，工作流程按履行职能的顺序进行设计，职能分化使每个人都无法控制结果，无需对结果负责。而在政府再造过程中，公共组织的设计原则必须转向结果取向，使整个工作流程围绕结果来运行，每个人都为实现目标而努力。结果取向可以有三种方法——依据顾客需求、依据产品要求和依据流程需要——进行设计。例如，美国太平洋铁路协会在重组原有十个管理层级的机构前，各种管理信息流动缓慢且成本巨大。重组后，该协会废除了五层管理机构，从而使决策者与管理人员之间沟通变得迅捷有效，工作效率大为提高。

③充分运用现代管理技术。将在企业管理中运用较为成熟的管理方法与技术诸如战略管理、全面质量管理和后果管理等适当运用于公共部门，以提高公共部门的效率。战略管理包括战略的选择与制定、实施，战略实施过程中的控制以及战略管理结果的评价。这是一个全面的、动态的管理过程，要求公共部门及时预测和反应环境的变化，并抓住机遇，调整组织以维系组织与外部环境的平衡。全面质量管理是要把追求质量的理念贯彻到工作的各个方面，提升工作人员和管理部门对工作质量重要性的认识和自觉性，同时发展和保持组织的力量，以求不断提高质量。后果管理的基本思路是为管理部门设定标杆——以一个最强大的竞争对手、业界龙头为标准，不断衡量产品、服务和实践的过程。政府运行的后果管理包括企业化管理、有序竞争和绩效管理三种途径。

④公共管理者的非职业化。公共管理的弹性化政府还涉及公共部门人事制度改革，其中最重要的就是文官终身雇佣原则不再得到保证。破除公务员的终身雇佣制有助于推动人事制度的全面改革，各国政府在人事录用、报酬、职位分类、培训等方面都放松了管制，增加了人事管理的灵活性，从而增强公共管理的活力。

(3) 治理网络化时期

"治理网络"在公共政策领域又被称为"政策网络"(Policy Network)。政策网络概念最初兴起之时主要是应用于政策制定，如铁三角分析等。1970年代后主要用来分析政府间关系，如罗茨的代表作《超越威斯敏斯特和白厅——英国的

公共管理学

亚中央政府》主要研究英国央地政府间关系、地方政府间关系、政府与社团间关系及政府内部部门间关系。1980年代以来政策网络研究主要用来进行比较政策：一是对有相同政治经济背景但又不同类型和结构的政策网络，同一领域政策的过程和结果进行比较，发现政策网络的作用；二是对在一国内不同时期或不同领域的政策进行比较，发现政策网络的结构差异对政策过程与结果的影响。1990年代后政策网络理论主要被当作一种治理的新解释框架，治理型的政策网络授权给民间社会，允许第三部门、私人企业组织一起与公共部门机构合作完成一个政策议题，"治理网络"即围绕着治理或在治理过程中形成的一种处于半制度化或半结构化的社群。根据政治学、行政学和公共政策的研究成果，政府治理并不是政府单方意志的行为，而是包括政府在内的利益相关者（Stakeholders）所形成的一种互动。在政府治理的过程中，特定的群体围绕着特定的政策议题（Policy Issue）而形成一种持久、稳定的联合体，它们有各自的边界、相对稳定的内部结构，这就是治理网络。

"治理网络"的核心即积极运用各种治理工具进行多中心治理。迈克尔·波兰尼（Michael Polanyi）首先使用"多中心"一词来论述治理问题。此后，以奥斯特洛姆为代表的制度分析学派提出多中心的概念，表明了一种新的理念和制度安排。多中心治理意味着随着经济领域和社会领域自组织力量的发展，政府组织为了有效地进行公共事务管理和提供公共服务，实现持续发展的绩效目标，由社会中多元的独立行为主体要素（个人、商业组织、公民组织、政党组织、利益团体与政府组织）基于一定的集体行动规则，通过相互博弈、相互调适、共同参与合作等互动关系，形成多样化的公共事物管理制度和组织模式。① 多中心治理的理论和实践表明，在不完善的现实政府、不完善的现实市场和现实社会之间，应建立一种有效的选择和相互协调机制，根据资源优化配置的经济合理性原则和交易成本最小化原则，努力寻求政府、市场和第三部门在政策过程中的均衡点，建立治理过程中的多中心体制和互补机制，以更有效地提供公共物品、实现公共利益。

多中心治理应积极运用政策过程中的政策工具。所谓政策工具，就是达成政策目标的手段。多中心治理模式强调，在公共治理过程中，应按照一定的规则，运用各种政策工具，采取弹性的、灵活的、多样性的集体行动组合，寻求高效率

---

① 〔美〕文森特·奥斯特罗姆：《多中心》，迈克尔·麦金尼斯主编《多中心体制与地方公共经济》，毛寿龙、李梅译，上海，上海三联书店，2000，第65~95页。

的公共问题解决途径。民营化运动的先驱 E. S. 萨瓦斯从制度建构的角度,具体划分公共服务提供的十种机制或制度安排,即政府服务、政府出售、政府补助、政府间协议、合同承包、特许经营、自由市场、志愿服务、自我服务、凭单制。[1] 这些都可以称之为政策工具。林登和彼得斯认为政策工具的形式多元,包括命令条款、财政补助、管制规定、征税、劝诫、权威、契约等。[2] 在公共管理过程中实现多中心治理,政府还应建制立规,对社会多元主体的政策参与进行法律赋权,允许多种社会主体参与政策过程中的讨论、咨询、评估,对社会多元主体在政策过程中的权利和义务予以法律界定。

"任何由集体或社会团体决定——通过集体组织提供物品或服务,都被定义为公共的"。[3] 然而,任何组织在提供公共物品和服务时都面临着集体行动的困境。合作网络为解决这一困境提供了一种新的途径。罗茨指出,这种自组织网络的特点在于,网络中除政府外还有许多非政府的行为者,"公共的、私人的以及自愿部门之间的界限变得灵活了、模糊了",相互交换资源以及协商共同目的的需要导致"网络成员之间的持续互动"。[4] 引入和实践治理网络这种网络与互动治理理念,有助于推动公共管理模式由以往的政府权力自上而下的单向度运行模式转变为由政府部门、第三部门、私营部门和公民个人等各方面共同参与的权力多向度运行的协调互动合作体系,即政治国家与公民社会协调合作以实现公共利益最大化的善治体系。[5]

2. 公共管理改革运动的主要模式

公共管理改革运动的勃兴出现了多种模式。但是,有些学者将公共管理视为单一模式,如奥斯本和盖布勒在《重塑政府》一书中提出企业化政府模式是一种单一模式,有十项基本原则;哈伯德也归纳出一种管理主义模式,有十种趋势,等等。然而,也有学者反对这种"全球化范式"之论。胡德认为,首先,公共行政传统方法的部分撤退并不一定表明新公共管理的单一模式会在全世界适用,也不意味着旧的模式就会彻底消失;其次,全球化范式的思想忽略了截然不

---

[1] 〔美〕E. S. 萨瓦斯:《民营化与公私部门的伙伴关系》,周志忍等译,北京,中国人民大学出版社,2002,第 69~70 页。
[2] Lindern, S. and Peters, B. Guy, The Study of Public Policy Instrument, *Policy Gurrent*, 1992. vol. 2, p. 2.
[3] 〔美〕詹姆斯·布坎南:《民主过程中的财政》,唐寿宁译,上海,上海三联书店,1992,第 13 页。
[4] 〔英〕罗伯特·罗茨:《新的治理》,木易编译,转引自俞可平《治理与善治》,北京,社会科学文献出版社,2000,第 91 页。
[5] 梁莹:《公民参与网络与公共政策过程的有效运行》,《公共管理学报》2005 年第 4 期。

公共管理学

同并且各有其路径依赖的国情，正是在这些不同的环境中发生了当代公共管理的变化；第三，需要考虑公共管理在过去的一二十年里是否足够稳定以至于可以被视为一套单一的思想和做法。① 许多学者深入考察和反思各国公共管理改革运动的实践，从不同视角概括和分析了各具特点的多种模式。

E. 费利耶等人认为，在当代西方政府改革运动中，至少有过如下四种不同于传统的公共行政模式的新公共管理模式，它们都包含着重要的差别和明确的特征。② ①效率驱动模式。这是当代西方政府改革运动中最早出现的模式，又称撒切尔主义的政治经济学。这种模式代表了将工商管理的方法和技术运用于公共部门管理的尝试，强调公共部门与私人部门一样要以提高效率为核心。②小型化与分权模式。它与20世纪组织结构的变迁密切相关——20世纪末组织的分散化和分权、脱离高度标准化的组织体制、日益增加的合同承包、小的战略核心与大的操作边缘的分离等。70年代末起，公共部门以垂直整合组织形式的解体和组织灵活性的日益加强为特征，大型的组织规模缩小，合同承包越来越多地被采用。③追求卓越模式。这种模式强调价值、文化、习俗和符号等在人们行为中的重要性，它对组织及管理的变迁与革新具有强烈的兴趣。这种模式可以分为自下而上和自上而下两种途径。前者强调组织发展和组织学习；后者强调将已经出现的东西看作可塑造的、可变化的公司文化，引导其发展，强调魅力的影响或示范作用。④公共服务取向模式。关心服务质量，强调产出价值，但以实现公共服务使命为基础；管理过程中以使用者的声音而非顾客的退出作为反馈回路，强调公民权理念；怀疑市场机制在公共服务中的作用，主张将权力由指派者转移到民选的地方委员会；强调对日常服务提供的全社会学习过程；要求一系列连续的公共服务使命与价值，强调公民参与和公共责任制等。

彼得斯在系统评价席卷全球的公共管理改革运动时，基于对各国政府治理变革进程的分析，概括出四种不同模式：市场化政府模式、参与式政府模式、弹性化政府模式和解制式政府模式。③ 而在这四种治理模式之外，其他学者也对未来的政府治理模型进行了归纳与剖析，例如拉塞尔·林登的无缝隙政府模式，以及后新公共管理时期的"合作政府"与"整体政府"模式等。下文简要解析彼得

---

① 转引自欧文·E. 休斯《新公共管理的现状》，《中国人民大学学报》2003年第6期。
② Ferlie, E., et al. (1996), *The New Management in Action*, Oxford: Oxford University Press, pp. 10–15.
③ 〔美〕B. 盖伊·彼得斯：《政府未来的治理模式》，吴爱明译，中国人民大学出版社，2001，第25~132页。

斯等人提出的六种治理模式。

(1) 市场化政府模式

市场化政府模式主要涉及公共行政与私部门管理活动关系的调整。公共部门与私部门在目的、方式等方面存在诸多差别，但在方式、方法上可以相互借鉴。这一问题在新一轮政府改革中引起了学者的广泛关注，其中有较大影响的是奥斯本和盖布勒。他们认为，要造就充满活力的政府，市场化政府模式不失为一种可供选择的模式。市场化政府强调政府管理市场化，努力将市场机制引入到公共部门的管理中，强调政府竞争。

(2) 参与式政府模式

参与式模式又称授权模式。一方面，它否认政府在提供公共服务方面的核心地位，认为政府可以通过合作方式，与社会、市场一起来加强政府效能；另一方面，参与式政府模式强调政府组织内部层级关系的调整，允许下层的行政官僚更多地参与决策过程，否定传统行政管理的政治与行政分离、决策与执行分离的理念与模式，也从实践上否定官僚制模式下把行政官员排斥于决策层之外。这一模式认为，行政官僚，尤其是较低层级的工作人员人数众多，是政府组织与社会公众正面接触的主要部分，能够真实、准确、及时地掌握政府运行的一手资料，让他们参与到决策过程，能够使政府决策更为可靠，更具可操作性。

(3) 弹性化政府模式

弹性化政府模式也称为灵活政府模式。弹性化政府模式是指政府有应变能力，能够有效回应新的挑战。更明确地说，弹性化是指政府及其机构有能力根据环境的变化制定相应的政策，而不是用固定的方法来回应新的挑战。这一模式强调政府组织与环境之间的平衡，认为只有具备灵活性和富于弹性的组织结构才能适应迅速变化的外部世界。这种模式重点解决政府常设机构中的僵化问题，主张针对所面临的新问题设置新的机构，一旦问题解决，机构的使命也告终结。采用这种模式，可以缩小政府规模、节约政府运行成本，有利于行政人员发挥其创造性，同时促进机构内人员的流动性，不断给组织带来新的气息。

(4) 解制式政府模式

解制式政府模式也称放松规制政府模式、非管制政府模式，主要涉及政府与公务员、政府与公众关系的调整。通过废除过多、过繁的行政规章、行政程序，突破科层官僚制把决策作为政治家特权的传统做法，使政府公务员获得更多的权变决策机会和执行规章制度的灵活性，也更有利于公务员发挥自己的创造力和工作积极性。而对于公众来说，放松政府规制减少了行政程序或手续，能得到政府

公共管理学

更为简便、快捷的服务。下表列出了彼得斯所提出的四种治理模式的主要特征。①

表 2-2 政府未来的四种治理模式

	市场式政府	参与式政府	弹性化政府	解制式政府
主要诊断	垄断	层级节制	永久性	内部管制
结　　构	分权	扁平组织	虚拟组织	没有特别建议
管　　理	按劳取酬；运用其他私部门的管理方法	全面质量管理；团队	管理临时雇员	更多管理自由
决　　策	内部市场；市场刺激	协商；谈判	试验	企业型政府
公共利益	低成本	参与；协商	低成本；协调	创造力；能动性

（5）无缝隙政府模式

拉塞尔·林登在《无缝隙政府》一书中描述了一场在公共机构中正在发生的"静悄悄的革命"，这场革命是公共部门对技术、政治、全球经济、公民需求和偏好等各个领域发生的巨大变化的反应，同时也是由原来的生产者社会向顾客社会转变的反应。随着科技的快速发展、买方市场的形成和顾客需求偏好的改变，传统上以精细分工为手段并生产和提供大批量、规模化的公共产品和服务的工业型社会，正转向以无缝隙服务的方式生产和提供多品种、小批量的柔性化的公共产品和服务的现代社会。创建无缝隙政府的主要内容有如下三个方面。

1）顾客导向。政府活动已由最早的公共产品和服务的生产导向（供应顾客），经由第二阶段的公共产品或服务的市场导向（争夺顾客），进入公共产品或服务的顾客导向（创造顾客）。如表 2-3 所示。②

相对于政府而言的顾客，一是指公共产品和服务的最终使用者，二是指相对意义上的顾客，即公共产品和服务供给过程中的参与者。顾客导向的政府管理，就是一种"倒流程"的政府管理方式。它好比一座倒过来的金字塔，将塔尖指向到顾客那里，政府关注的焦点对准顾客的需要，政府职能、政府行为、政府改革等都要紧紧地围绕着顾客来展开，一切都是以顾客为导向、为中心，并以顾客的

---

① 〔美〕B. 盖伊·彼得斯：《政府未来的治理模式》，吴爱明译，北京，中国人民大学出版社，2001，第 23 页。

② 〔美〕拉塞尔·林登：《无缝隙政府》，译者序，北京，中国人民大学出版社，2001，第 12 页。

满意度作为政府运行最大的使命和考量。[①] 顾客导向的政府把顾客作为最宝贵的资源。因此，政府必须像管理其他资源一样对顾客进行管理，做到顾客至上，民众优先，了解顾客，了解顾客的变化，针对顾客的需求生产和提供公共产品和服务，以顾客价值作为行政措施的产品和服务，为顾客创造利益和价值。

表2-3 从生产者导向社会到顾客导向社会的转变过程

从	到
少得可怜的种类——"美国人民可以要求任何颜色的汽车，只要它是黑色的"。	丰富多样的种类——在1958年，美国的顾客可以从10个制造商那里买到不同款式的汽车；而到90年代早期，他们可以在570种不同款式的小汽车、有篷货车、卡车中做出选择。
相当不方便——只有从早上9点到下午3点的时候，我们可以从银行取钱。	强调便利——人们可以通过自动取款机在任何时候和几乎任何一个地方取到现金。
接受基本服务的限制性渠道——只有在美国邮政局，从周一到周五或者是周六早上的时间，我们可以邮寄包裹。	真正畅通的服务通道——通常是服务上门：美国邮政局和联邦快递公司上门到你的办公室打包，并且，每天24小时都提供这项服务。
屈指可数的选择机会——我们可以在电视上看到任何想看的东西，但只局限于美国广播公司、哥伦比亚广播公司和国家广播公司播放的内容。	无穷无尽的选择机会——我们可以通过光缆和按次计费收看，我们可以在任何时候看到任何我们想看的内容，并且，有500个频道可供我们任意选择。

公共组织采取顾客驱动的制度有明显的好处。第一，顾客驱使的制度迫使服务提供者对他们的顾客负有责任。第二，顾客驱使的制度使选择提供者的决定不受政治影响。第三，顾客驱使的制度促进更多的革新。第四，顾客驱使的制度让人们在不同种类服务之间做出选择。第五，顾客驱使的制度浪费较少，因为它使供求相适应。最后，顾客驱使的制度创造更多的公平机会。[②] 那么政府怎样将"顾客导向"在行政过程中贯彻到底呢？

①努力提升公共产品和服务的价值。公共产品和服务的价值主要是指公共产品或服务对于满足顾客需求特别是个性化需求所具有的价值。如果公共产品和服务的功能不能满足顾客需求，其价值就下降甚至为零，成为多余功能。所以提高公共产品和服务的价值，只有通过认真研究顾客需求，使公共产品和服务完全服

---

① 〔美〕拉塞尔·林登：《无缝隙政府》，译者序，北京，中国人民大学出版社，2001，第4页。
② 〔美〕戴维·奥斯本、特德·盖布勒等：《改革政府：企业精神如何改革着公营部门》，上海，上海译文出版社，1996，第164~168页。

务于顾客，最大限度地满足顾客的需求，在确保公共产品和服务核心价值实现的基础上，努力增加其附加价值，从而提高公共产品和服务的总价值。

②以无缝隙的方式追求零顾客成本。顾客成本即顾客在使用公共产品和服务过程中的费用和付出，它表现为顾客所支付的货币成本与在整个过程中所消耗的时间、体力和精力等非货币成本的总和。政府培养自己的忠诚顾客的最有效方法是尽力将顾客成本降低为零。① 为此，首先要对顾客的关键需求进行评估，制定、公告和实施政府的顾客服务标准（customer service standard）和申诉处理标准（standards for complains handling）；然后，开始改变政府的行政流程，设定服务绩效的标杆与绩效衡量指标，设法消除使用公共产品和服务过程中影响最大的顾客成本，尽量避免如官僚主义、层次繁多、相互推诿、手续繁琐、公文旅行和乱摊派、乱收费等问题的出现。政务公开、现场办公、集中办公、社会承诺制、电子政务等产品和服务受到普遍欢迎，正是追求零顾客成本的结果。

③强化政府内部顾客也是"上帝"的观念。顾客可以分为两个部分：外部顾客（external customers）和内部顾客（internal customers）。在政府活动中，要使外部顾客满意，首先要使内部顾客——国家公务员感到满意。作为内部顾客的国家公务员在行政过程中的参与程度和积极性，很大程度上影响着顾客满意度。无法想象一个连内部顾客——国家公务员都不满意的政府，能够提供令人满意的公共产品和服务给外部顾客。为此，要充分体现对国家公务员的尊重与信任，大力强化国家公务员的主人翁意识；要改变功绩制和传统的绩效考核方式，把每一位公务员与顾客的每一次接触的表现作为奖惩的依据之一，为政府发展创造巨大的内在动力。②

2）竞争导向。作为非营利性组织的政府，其运作当然不可能完全像以营利为目标的企业一样。但是，在市场经济的大背景下，政府应以竞争为导向，引进公共服务的市场竞争机制，改变政府对公共服务的垄断行为，允许和鼓励民间参与和提供服务，使公共机构与民营机构之间、公共机构之间、民营机构之间彼此展开竞争，从而提供更加有效的公共服务。政府需要利用竞争和顾客选择来淘汰质次价高的服务提供者，培育和发展以合理的价格提供优质服务者。同时，政府

---

① 〔美〕拉塞尔·林登：《无缝隙政府》，汪大海、吴群芳等译，北京，中国人民大学出版社，2001，译者序，第5页。
② 〔美〕拉塞尔·林登：《无缝隙政府》，汪大海、吴群芳等译，北京，中国人民大学出版社，2001，译者序，第6页。

要建设分权的组织结构,运用企业部门的管理技术和管理工具,以此促进政府改善管理,关注质量、效率、创造力和活力,从而提高政府的绩效和公共服务的品质,使政府成为效率导向、永续革新的公共组织。竞争导向型政府要在充分竞争的基础上,不断地创新和强化核心能力,学会如何更深入、更全面、更好地满足现实和未来不断变化、不断提升的顾客需求,从而为顾客创造更大的选择空间,并快速地服务顾客,大幅度地提升顾客满意度。① 因此,竞争导向是振兴公共机构的一种重要手段,也已成为今日高绩效无缝隙政府的共同特征。

3) 结果导向。无缝隙政府以结果为导向,强调积极的目标、具体的结果与产出,强调工作的实际结果、预算和绩效并重,围绕目标进行工作;改变传统的组织结构中过于强化部门之间的领域和界限的弊端,建立扁平化的组织结构,使各个层级各部门的工作人员都能超越局部利益,面向整体利益和战略目标的实现;要求按照预定的时间表提出阶段性应实现的成果,控制工作进程和工作结果,形成以结果为导向的管理体制。当政府机关围绕结果运作,通才取代专才,工作人员就具备获取相应成果的工具、权力和责任感,也就具备一个有效率的组织应有的关键性因素。强调结果导向,有利于提高政府回应能力、政策能力和政府效率,有利于建设开放政府和责任政府,有利于改变传统官僚机关行事虎头蛇尾的通病,为顾客提供方便、快捷、高质量的公共服务,或简而言之,有利于提高政府生产力和竞争力。

概而言之,无缝隙政府是以满足公众需求为目标的一种组织变革。无缝隙政府不是全盘推翻现有的行政运作程序,不是以部门、职能为导向或以数量、规模为导向,而是以顾客为导向,以结果为导向,以竞争为导向,使政府每一项资源投入、人员活动、公共产品或服务的提供等,都能真正而有效地符合公众的需求,使公众能够在"任何时间"和"任何地方"得到服务。无缝隙政府为政府再造提供了公共机构迫切需要的两种要素:一种面向未来的公共机构自我改革的模式,一种为顾客提供无缝隙产品和服务的方式。无缝隙政府对政府和顾客来说是双赢。

(6)"合作政府"与"整体型治理"

合作政府(Joined-Up Government,缩略语JUG)这一概念是由英国首相布莱尔在1997年创建社会排斥小组时第一次使用的,很快成为英国政府改革的一个

---

① 〔美〕拉塞尔·林登:《无缝隙政府》,汪大海等译,北京,中国人民大学出版社,2001,译者序,第6页。

核心词汇。① 关于合作政府的定义，英国国家审计办公室在2001年提交的一个报告中所作的界定比较明确：合作政府是指将一些公共的、私人以及自愿组织联合起来实现跨越组织边界进行工作以达到一个共同的目标。② 这种合作既包括政府不同组织间的合作，也包括政府、市场与社会的合作。因此，合作政府作为一种组织方式需要重新调整组织边界，在不同部门间建立正式以及非正式的伙伴关系。它对政府组织结构、预算安排、政府目标的设定以及地方政府部门的日常工作都产生了深刻的影响。

新公共管理运动的狂飙突进推动了竞争和绩效导向的政府运行，也出现了一些新的问题，产生了公共治理中整合与协调的需要，从而呼唤新一轮改革。譬如，政府改革中的决策与执行的分开充分发挥了政府决策部门与执行部门的比较优势，减少了部门间的分工不明、职责不清和互相推诿的现象，但是部门职责过于明确却导致对整体效果和责任的忽视，部门之间互相独立的趋势更加增强；同时，新公共管理将市场竞争机制和绩效评估引入了政府部门，而机构的分立又使得评估体系主要关注于单个部门的绩效，忽视了政府作为一个整体的绩效。这就导致机构之间的恶性竞争，进而加强了部门主义和碎片化的趋势。③

结果导向、顾客导向的引入增大了公民对政府的压力，各国政府都普遍感觉到实行"合作政府"改革、重视和克服官僚制痼疾的必要性，改革之初单纯重视绩效和效率问题的趋势已经转为重视公共组织提供服务能力之外的资源配置和结果实现，重视公共组织的长远能力与合作能力。因此，"合作政府"、"跨部门协作"从英国政府提出的一个口号发展成为各国随处可见的新的改革动向。④

从根本上说，英国布莱尔政府推行的合作政府改革模式是对新公共管理运动

---

① Mulgan, Geoff, *Joined-up Government: Past, Present and Future*, http://www.youngfoundation.org.uk/index.php? p=37, 2006 – 11 – 21.

② The National Audit Office (2001), *Joining up to Improve Public Service*, London: The Stationery Office, p.1.

③ Boston, J. & C. Eichbaum (2005), *State Sector Reform and Renewal in New Zealand: Lessons for Governance*. Paper presented at the Repositioning of Public Governance, Taipei: 21; Perri 6 (August 1998), Housing Policy in the Risk Archipelago: Toward Anticipatory and Holistic Government. *Housing Studies*, 13 (3), 347 – 375.; Perri 6 (15th June 2001), *Tomorrow's government-holistic, digital, syndicated*. Paper presented at the Performance and Innovation Unit's Strategic Thinkers Seminar on Future Structures of Central Governments; Sylvia Horton & David Farnham, *Public Administration in Britain*, Macmillan Press LTD, 1999: 251.

④ Perri 6 (2004), Joined-up Government in the Western World in Comparative Perspective: A Preliminary Literature Review and Exploration. *Journal of Public Administration Research and Theory* 14, 103 – 138.

反思的结果，它在西方各国引起强烈的回应。新西兰、澳大利亚、加拿大、美国、瑞典、荷兰以及其他一些国家和地区都在不同程度上开始对政府进行重新打造，改革的重点已从市场化和管理主义的管理模式转向合作政府。

整体型治理理论是英国学者 Perri 6 所提出。Perri 6 主张，下一个世纪（21世纪）的政府应该是整体型政府、预防性政府、改变文化的政府及结果取向的政府。[①]他认为，在经历了传统的官僚体制以及新公共管理运动的发展之后，未来的治理模式应该是整体型治理。整体型治理是指在管理理念上强调央地结合以及公私合伙，整体型组织模式重点在于解决人们的生活问题，采取网络式组织模式，在具体的管理中注重授权与结果，从而实现政府管理与公众价值、科技以及资源的高度整合。而英国布莱尔政府提出并践行的合作政府正是从新公共管理模式向整体型治理模式迈进的一个过渡阶段。合作政府指的是基于各种项目、政策以及部门间组织安排的协调，这样的努力有助于推动合作。而整体型治理更需要清晰的、互相强化的目标以及一套方法——目标基于一定的结果来规定，一套方法则是能够获得这些结果的保证。[②] 在 Perri 6 看来，合作政府只是整体型治理的一个初级阶段，更多的是强调不同层面的协同与合作，而整体型治理则更注重全局的战略，需要更多地在各种方式与目标之间的关系上考虑协调与整合，以实现治理资源的优化配置。

2.2 公共管理理论的演变

公共管理理论的发展与变迁，一方面受到社会发展带来的实践方面的推动，另一方面也得益于相关学科的理论发展。广义而言，虽然公共管理的实践有很长的历史，但作为一种系统理论还是以 1887 年威尔逊的论文《行政之研究》发表，作为公共管理理论最初形成的标志。一般而言，公共管理理论的发展变迁大致可以分为传统公共行政学、新公共行政学、新公共管理兴起及公共管理学形成三个时期。

2.2.1 传统公共行政的发展与理论基础

关于行政现象，西方古代思想家经有过不少论述和研究。亚里士多德在其著

[①] 彭锦鹏：《全观型治理：理论与制度化策略》，《政治科学论坛》2005 年第 23 期，第 62 页。
[②] Perri 6, Joined-Up Government in the Western World in Comparative Perspective: A Preliminary Literature Review and Exploration, *Journal of Public Administration Research and Theory*, 14 (1): 106.

公共管理学

作《政治学》中谈到古代希腊的城邦时，就强调城邦的重要职能，还有伯利克里、苏格拉底、柏拉图等思想家也对行政问题做过不少的论述。但是，这些研究往往夹杂在他们的政治、伦理研究当中，没有形成为独立的研究领域。行政活动得到系统的研究，并且逐渐演变成为一门独立的学科，是在19世纪末20世纪初。早期的行政管理与庞大的军队有关，在当时的一些德语国家尤其是普鲁士，政府为了维持军队，设立了长期的税收机构，并形成了一个纪律严明的团体，这就构成了近代行政最早的研究对象。随着民族国家和中央集权体制的形成，行政活动的效率和合理化成为了一个紧迫的问题。"行政学"一词，最早是由德国学者劳伦斯·冯·史坦因于1865年在其著作《行政学》一书中提出的。史坦因认为19世纪应当是行政学的世纪，并试图建立一门有关国家行政的学科。当时行政研究与政治学和法学研究合为一体，没有严格区分。史坦因等人的努力就是要从中分离出行政学，使之成为一门独立的学科。

传统公共行政是在19世纪末20世纪初随着西方各国工业化的推进，为适应工业时代的政府管理而逐步建立和发展起来的。19世纪后期西方工业国家经过两次技术革命的洗礼，生产力大大提高，生产关系也发生了巨大变化。此时，传统公共行政理论产生的条件日趋成熟。一方面，资产阶级革命取得胜利后，西方各国建立了近代代议制民主政治制度，确立了主权在民、法治、分权制衡和公民参政的四大原则。这些原则的确立对于政府管理范式从统治型转向管理型具有决定性的意义。特别是三权分立的政治制度的确立，使得行政管理（即政府管理）在很大程度上摆脱以往对政治的从属地位而获得独立性，这种相对于政治统治的独立性随着社会的发展而日渐增强。另一方面，工业经济时代追求理性（经济与效率）日益成为社会的主要价值取向，这有助于政府管理趋向理性化发展。罗伯特·达尔指出，"资本主义实质上是一种按照理性方法组织生产的尝试。……这种理性的生产方法不仅改变了整个经济过程，而且改变了社会本身。劳动机械化、程序化和专业化的迅速发展，进一步从技术上增加了资本主义生产的理性特征，使反复无常的个人行为和个人差异服从于生产过程的秩序的要求"。[1]这种社会经济活动对理性和效率的追求对政府管理趋向理性化发展起了巨大的推动作用。因为，要能够有效地管理分工日益细密和日益复杂化的大工业经济和工业社会，就必须为经济社会的发展和稳定提供必要的条件。这些条件包括：建立合理

---

[1] 〔美〕罗伯特·达尔：《公共行政科学：三个问题》，彭和平等编译《国外公共行政理论精选》，北京，中共中央党校出版社，1997，第156页。

的、具有可预见性的司法和行政管理体系；建立稳定的、具有可预期性的法律体系；提供经济发展所必需的公共基础设施和公用事业；界定产权，维护市场交易秩序和合法竞争等。所有这些，都是对政府管理水平的严峻挑战，是对政府管理理性化的强烈要求。同时，政府又必须管理好其自身的组织机构及运行方式，因其控制着包括公共权力在内的巨大的公共资源。于是，在上述两个方面的背景或两种力量的推动下之下，公共管理初始阶段的理论——专门研究政府管理体制和管理方式的学科即公共行政学应运而生。传统公共行政的理论基础主要包括如下几个方面。

1. 政治与行政二分理论

政治与行政二分原则最早由伍德罗·威尔逊在1887年发表的《行政之研究》一文中提出。此前，行政管理还没有作为一个相对独立的研究领域从政治学中分离出来。威尔逊提出的政治与行政二分原则促进了行政学与政治学的分离，也为行政学作为一门新兴的独立学科的发展开辟了道路。也正是在这个意义上，政治与行政二分原则成为现代公共行政的逻辑起点和重要理论支柱之一。

威尔逊的基本观点是政治与行政不同。他认为，行政与政治密切联系，但是行政管理领域是一种事务性的领域。他强调，"政治是政治家的特殊活动范围，而行政管理则是技术性职员的事情。政策如果没有行政管理的帮助就将一事无成，但行政管理并不因此就是政治"。[1] "行政管理是置身于'政治'所特有的范围之外的。行政管理的问题并不是政治问题。虽然行政管理的任务是由政治家确定，但政治却无需自找麻烦的去操纵行政管理机构"。[2] 因此，威尔逊提出要研究国家的行政管理，建立行政科学，指出了进行这种研究的必要性和重要性，并对行政学研究的对象和主要内容提出了设想。

对政治与行政二分原则做出系统的理论阐发的是与威尔逊同时代的行政学家弗兰多·古德诺。1900年古德诺出版《政治与行政》一书，对威尔逊提出的政治与行政二分法做了进一步的阐发，并对行政的功能做出明确定位。古德诺指出，"在所有的政府体制中都存在着两种主要的或基本的政府功能，即国家意志的表达功能和国家意志的执行功能……这两种功能分别就是：政治与行政"。[3] 即

---

[1] 彭和平等编译《国外公共行政理论精选》，北京，中共中央党校出版社，1997，第15页。
[2] 彭和平等编译《国外公共行政理论精选》，北京，中共中央党校出版社，1997，第14页。
[3] 〔美〕弗兰多·古德诺：《政治与行政》，王元、杨百朋译，北京，华夏出版社，1987，第12~13页。

政治是国家意志的表达，而行政是国家意志的执行。因此，行政作为国家意志的执行功能，在实践中无疑应由专门的行政机关来执行，同时应排除政治的干扰，建立以效率为目标的行政体制。

2. 马克斯·韦伯的官僚制理论

在公共行政学的早期发展中，韦伯的突出贡献在于他系统地提出了基于欧洲资本主义工业化时代的理想的行政组织体系理论，即官僚制理论（或称科层制理论）。韦伯对官僚制理论的研究以合理性和合法性这一中心概念为学理预设。韦伯认为，个人及其行为是进行经验性的科学分析的基本单位，个人的行为应当是合理的，而在社会结构和秩序的层面则是一个合法化的问题。

韦伯把个人自愿服从的体系视为合理性或合法性体系，从而，作为评价者对一个体系的认识排除了价值判断，即合理性的判断并不表现对事实的价值评判，而是看它是否被人们的信仰认可；或换言之，个人如若确认一种秩序是一种合法秩序，这一信念就是所确认秩序的"正当性"（validity）或它之所以存在的合理性。在这样的正当性信念的支持下，任何来自权威的命令都会得到个人的遵从，而不论这些命令是来自统治者个人，或是通过契约、协议产生的抽象法律条文、规章等命令形式。对于秉持某种确定的信念者而言，这样的合法性来源或正当性信念则可以分为两大类别。一类是主观的正当性，包括情感的正当性（多表现为情绪的接近、亲和）、价值合理性的正当性（相信一个秩序体现了个人的美学、伦理或其他价值）、宗教的正当性（来自于对救赎需要秩序这一看法的认可）；第二类是所谓客观的正当性，包括习惯的正当性（对已经成为过程或重复出现的事实的默认，以及心理学意义上可表述为主要来自于外部压力的从众心理）、法律的正当性（对法律体系无论是出于内心的抑或外在的服从）。在这五种正当性信念的统领、号召或驱使之下，由内心向行动的发展方向又可判明四种不同的行动类型：①情感类型行动（情感的正当性）；②价值合理性类型行动（包括价值合理性和宗教合理性正当性）；③传统类型行动（习惯的正当性）；④目的合理性类型行动（法律的正当性）。对行动者行动类型的分析，成为韦伯社会秩序理论的基础。[①]上述对一种秩序的合法性判断实际上是两种维度，一是体系外观察者的判断，二是体系内的信仰者的判断。韦伯对两种判断都做了清晰的分析。

基于这样的理论分析，韦伯进而区分了三种类型的权威：①传统型——建立在传统的规则和习俗基础之上，统治者依照习俗确定，例如部落酋长的权威；

[①] 黄健荣等《公共管理新论》，社会科学文献出版社，2005，第75~76页。

②魅力型——又称为神秘型、克里斯玛型（Charisma），由于领导者具有超凡魅力的人格特征、素质或力量，或被视为神灵遣派，因而获得人们的拥戴和尊崇，例如宗教运动与政治运动中的先知、救世主或英雄人物等；③法理型——本质上是理性的和依从法律的，相对于前两者非理性和超越法律的权威类型，法理型权威的效率是最高的，这种建立在"合理—合法"基础上的组织就是韦伯所推崇的理想的官僚制组织。

马克斯·韦伯对理性官僚制进行了深入的研究，提出了系统的理性官僚制理论，奠定了现代组织理论基础。韦伯认为，在官僚制组织中，人们的各种行动都必须以理性的规则为依据。这种理性规则的最大特点就是它的可预见性。"对于官僚体制来说，'可预见的规则'，具有真正决定性的意义"。[①] 韦伯之所以称规则为理性的，是因为规则是为实现目标或实现价值而建构的。韦伯所确定的基于理性与合法性的理想官僚制组织具有以下六个方面的原则。①正式建立的统一的规则系统。这些规则表现为法律法规、规章和制度。组织的运行应严格遵循这些原则，并且这些规则具有完整性、稳定性和可被学习性。②建立明确规定职权范围的行政机构。职位的划分是按照劳动分工的原则进行的，实施等级管理，各部门机构及其任职者严格按照层级节制的方式进行管理。③官员通过正式方式选拔任用。任职者必须经过全面的训练以取得资格。④实施薪酬制度。任职者是全职工作人员，领取固定薪酬。⑤官员行为的非人格性。任职者必须确保其行为的客观性和独立性，他们只能行使法律和规则所授予的权力。⑥文书档案管理。组织的运行基于文书档案完整的保存和应用。

官僚制组织是工业社会的产物，是一种与工业化大生产相适应的组织形式。基于理性官僚制组织形式的行政管理属于目的合理性的管理行为，体现了科学精神、法治精神与理性精神，有利于遏制和摒弃经验管理中的人治因素，避免任意专断，从而带来理性与效率。韦伯甚至称赞官僚体制的行政管理是"实施统治形式上最合理的形式"；[②] "一个充分发展的官僚行政与非官僚的行政，如同机械化与非机械化生产方式的比较。在官僚组织里，档案的准确、快速、一致和可取性，保密的持续和可能性，合作的协同和严格性，以及人力、物力的最小代价等

---

① 〔德〕马克斯·韦伯：《经济与社会》（下），林荣远译，北京，商务印书馆，1997，第278~286页。

② 〔德〕马克斯·韦伯：《经济与社会》（下），林荣远译，北京，商务印书馆，1997，第248页。

等，无不通过严格官僚化，尤其是单一组织的行政机构来达到"。① 因此，在韦伯看来，官僚制的组织结构体现了理想的行政管理体系，这种体系是大规模组织的最合理的形式。

3. 科学管理理论

科学管理理论亦即微观管理主义。科学管理的根本目的是谋求最高效率。科学管理学派的创始者泰勒认为，谋求最高工作效率是雇主和雇员实现共同富裕的基础，为此应使较高工资和较低的劳动成本统一起来，并通过扩大再生产，促进生产的发展。实现最高工作效率的重要手段是要使用科学化标准化的管理方法取代过去的经验管理。在1911年出版的《科学管理原理》一书中，泰勒提出管理的四类责任或条件。①制定科学的作业方式，收集整理实践中工人多年经验积累起来的知识和技艺，确定为规则，改变过去凭经验操作的方式。②科学地选择员工并循序渐进地对其进行培训开发。③实行富于激励性的有差别的计件工资制度，对能够完成和超额工作定额的员工与不能完成定额的员工按不同的工资率付酬。④在组织管理方面，在管理者和员工之中合理划分工作职责，实行计划职能与执行职能分离、职能组织制和例外管理原则。泰勒的科学管理理念不仅将科学化、标准化的管理思想和方法引入企业部门，也体现在他倡导的关于企业所有者与员工关系观念的变革中。泰勒认为企业所有者与员工的根本利益并非对立，而是具有一致性。所有者与员工的协作和合作不仅可以互利，而且是达到较高绩效水平的保证。

科学管理运动的另一代表人物法约尔在1916年出版的《工业管理与一般管理》一书中，确定了工业企业的六大类活动：技术活动、商业活动、财政活动、安全活动、会计活动和行政活动；划分了行政管理活动的五种职能：计划职能、组织职能、指挥职能、协调职能和控制职能；并提出行政管理的十四条原则：劳动分工、权力和职责、纪律、命令统一、个人利益服从整体利益、报酬、集权、权力线、秩序、公平、人员任期稳定、首创精神和集体精神等。此外，古利克提出了管理过程的七环节理论，即计划（Planning）、组织（Organizing）、人事（Staffing）、指挥（Directing）、协调（Coordinating）、报告（Reporting）、预算（Budgeting），简称POSDCORB。

科学管理运动及其学说对西方行政学传统的形成和发展产生了重要影响，行

---

① 〔德〕马克斯·韦伯：《论经济与社会中的法律》，张乃根译，北京，中国大百科全书出版社，1998，第351页。

政学者将科学管理的原理、方法和技术应用于公共部门，并利用和发挥了法约尔等人的管理职能和管理原理的理念，极大地丰富和发展了传统的公共行政学。

4. 行为主义管理理论

行为主义管理思想初见于 20 世纪 30 年代，当时主要体现为行为科学学派的创始人、著名的霍桑实验的领导者埃尔顿·梅奥等所倡导的人际关系学说。其理论核心是，不应把工作者看成只能机械地对金钱刺激做出动作反应，而认为员工在工作群体中的社会关联因素，例如工作环境和管理方式等是管理中最重要的因素。因此，管理部门应该善待工作者，并应采用某种社会互动的方式使员工的情绪、心态得到增益改善。这些理论后来虽然也遭到一些人的质疑，但对后来公共部门管理研究的影响不可忽视，特别是在后来关于管理主义的争议中更有它的影响存在。[①]

"二战"后，行为主义学派发展迅速并形成声势，出现了许多行为主义的新理论。如以 R. 米歇尔斯为代表的政治精英论，以 A. F. 本特利 和 C. 比尔德等为代表的团体论，伊斯顿的政治系统论，阿尔蒙德的结构功能论，多伊奇的政治沟通论，赫伯特·西蒙和查尔斯·林德布罗姆为代表的政治决策论等。西蒙以研究组织决策过程为核心的行为主义行政学说是行为主义管理思想的主要代表。1946年，西蒙在《公共行政评论》上发表《行政管理格言》，对传统管理理论进行了抨击。他指出，大多数行政管理理论都具有格言的性质，格言虽然便利，但存在着严重的缺陷，因为格言几乎都是成对的，以相互矛盾的对偶式出现。西蒙的行政学说大致可以分为三个组成部分：①行政学研究方法理论；②行政决策理论；③行政组织理论。这三个部分构成了三个不同的层次。

第一部分行政学研究方法是整个理论体系的基础。西蒙将管理学、社会学、运筹学、计算机科学等多学科的知识运用于行政学的研究，使公共行政学的研究更凸显跨学科的性质。严格区分事实与价值是现代行为主义社会科学研究方法上的基本主张。一个事实命题是否正确取决于它是否与事实相符，是否基于实证和客观的真实性；一个价值命题是否正确，则基于人的主观判断。科学命题是事实命题，而价值问题则不能用科学方法进行处理。因此，价值中立态度是区分事实与价值的基础。西蒙以手段和目的的关系来看待事实与价值的关系。这一区分与他提出的政治与行政的区分有密切的关系。行政管理学的肇始基于威尔逊和古德

---

① 〔澳〕欧文·休斯：《公共管理导论》，张成福译，北京，中国人民大学出版社，2001，第 40～42 页。

公共管理学

诺所提出的"行政二分法",这一原则认为行政学区别于政治学,政治是国家意志的表达,行政是国家意志的执行。而西蒙是从价值与事实的区分以及决策理论的观点来看待政策问题与行政问题的区别的。西蒙认为,就政策问题而言,价值因素在其中占有重要地位;而就行政问题而言,事实因素则在其中居于重要地位。西蒙在其最重要的著作《行政行为——行政组织决策过程的研究》一书中,提出了研究行政学的一组重要的概念工具。

西蒙的行为主义学说第二部分即行政决策理论,是在第一部分方法论基础上的深化。决策概念能够在行政学研究中处于重要地位,应归功于西蒙在1947年出版的《行政行为——行政组织决策过程的研究》一书中所提出的决策理论的影响。西蒙所做的主要研究包括:①提出管理就是决策,决策行为和过程存在于一切行政管理过程之中;②研究了决策行为的心理环境,借助于心理学研究成果对决策本身和决策过程进行了科学分析;③与"完全理性"、"寻求最优"的经济人不同,"行政人"是在有限理性的范围内,依照"满意原则"对决策方案进行抉择;④对程序化决策和非程序化决策进行了区分;⑤从决策的角度,对权威、信息沟通、效率、认同、组织目标和组织系统、信息处理技术等问题进行了分析和研究。

西蒙的行为主义学说第三部分为行政组织理论,包括以下主要内容。第一,组织首先是个决策过程,组织的基本功能就是决策。西蒙对传统组织理论所推崇的一些组织原则进行了批评,例如统一指挥与专业分工、管理幅度与管理层次等。西蒙认为,组织是一个决策系统,有效的组织应以正确的决策为基础,传统组织理论一个很大的不足,就在于它们忽视了对组织决策问题的研究。第二,组织的目标就是追求决策的合理性,而合理性取决于为实现某一目的而合理选择的方式和资源。西蒙认为无论任何组织或个人,在决策资源与决策目标的关系上都达不到完全的整合,因为人的理性与可获得资源都是有限的,这就是西蒙提出的决策"有限理性"的原理。由于决策者会受到包括智力、知识、价值观、信息、技术、财力和时间等决策资源的局限,任何组织不可能实现最优化决策,而只能寻求在既定条件下的满意决策。第三,组织平衡论。西蒙发展了巴纳德的组织平衡思想,认为组织是由个体成员组成的集体平衡系统,组织为其成员提供的激励诱因与组织成员对组织的贡献之间存在互动关系。一方面,组织要依据个人的贡献予以包括物质和精神层面的激励;另一方面,组织之所以能有资源予以激励,是由于组织成员对组织的贡献使组织得以发展壮大。为此,他特别研究"诱因效用"和"贡献效用"与组织运行发展等的关系。第四,组织影响论,即研究组织如何影响个人的决策行为。西蒙认为,组织影响个人决策行为的要素有如下方面:①权威;②组织认同,即成员对组织的忠诚;③信息沟通;④培训,组织对成员培训,能影响其成员的决策;⑤效率,组织要求成员能进行有效率的决策。西蒙的以决策为核心的行政组织研究方法,使对行政组织的研究由聚焦于制度、法规和结构的静态层面转向对决策过程的动态研究。

行为主义管理流派的理论还包括赫茨伯格、麦格雷戈等人的激励理论等。1959 年,弗雷德里克·赫茨伯格等人发表《工作的激励》,提出了激励的"双因素理论"。赫茨伯格认为,那些能带来积极态度、满意和激发作用的因素,即能满足个人自我实现需要的因素称为激励因素,主要包括成就、重视、晋升、工作的责任及其挑战性、以及个人发展的可能性等。如果具备这些因素,就能对员工产生有效的激励。那些与工作环境和工作关系有关的因素是保健因素或维持因素,例如工资、人际关系的改善、提供良好的工作条件等。赫茨伯格认为,这些因素只能消除不满意,防止产生问题,而不会产生更大的激励;它们即使达到最佳程度,也不会产生积极的激励。保健因素的满足对员工产生的效果类似于卫生保健对身体健康所起的作用,它只是从人的环境中消除有害于健康的因素,而并不能直接改善健康,因而它不是治疗性而是预防性的。当这些因素恶化到低于可接受程度时,人们就会产生对工作的不满意;但是,当人们认为这些因素很好或较好时,它只是消除了不满意,并不会导致更为积极的态度,由此就导向一种既非满意、又非不满意的中间状态。保健因素是必要的,而一旦它使不满意平抑中和之后,就不能产生更积极的效果。因此,只有激励因素能促使员工积极地做出贡献。赫茨伯格认为,正确区分和应用这两种激励因素对于激发和调动员工的积极性极为重要。

道格拉斯·麦格雷戈在 1957 年 11 月号的美国《管理评论》杂志上发表了《企业的人性方面》一文,提出著名的"X 理论—Y 理论"。麦格雷戈认为,有关人性及行为的假设对于决定管理者的工作方式十分重要,不同的管理者以其对人性及行为的假设为依据,可采用不同的方式来组织、控制和激励员工。他认为,传统理论是基于对人性的错误看法,这种理论认为人天性厌恶劳作、逃避责任、不诚实和愚蠢等,因此,为了提高劳动生产效率,就必须对员工采取强制、监督和惩罚的方法。麦格雷戈把这种理论称之为"X"理论,其主要内容包括:①大多数人是懒惰的,他们尽可能地逃避工作;②大多数人都没有什么雄心壮志,也不喜欢负什么责任,而宁可让别人领导;③大多数人的个人目标与组织目标相悖,为了实现组织目标必须对员工严加管制;④大多数人都缺乏理智,不能自

公共管理学

律，容易受别人影响；⑤大多数人都是为了满足基本的生理和安全的需要才劳作，所以他们趋向于选择那些在经济上获利最大的事去做；⑥社会中的人群大致分为两类，多数人符合上述假设，少数人能自律，后者应当负起管理的责任。依据"X"理论的假设，管理者的职责和相应的管理方式是：①管理者关心如何提高劳动生产率完成既定任务，他们的主要职能是计划、组织、经营、指引和监督；②管理者的主要职责是应用职权，发号施令，使员工服从、适应工作要求，而无须在情感上和道义上对之予以尊重；③强调严密的组织结构和制定明确具体的工作规范和制度，如工时定额、技术规程等；④以金钱薪酬来换取员工的效力和服从。

麦格雷戈认为"X"理论是一种过时的理论，因此提出与之相对的"Y"理论。"Y"理论的基本观点是：人并不是被动的，人的行为受动机支配，只要创造一定的条件，他们会把工作视为一种实现满足的因素，从而就能主动把工作做好；因此，对工作过程中存在的问题，应从管理上找原因，排除职工积极性发挥的障碍。"Y"理论的主要内容如下。①一般人并无厌恶工作的天性，工作中体力和脑力的消耗就像游戏和休息一样自然，人们对工作喜爱还是憎恶取决于这一工作对其是一种满足还是惩罚；②依靠外来的控制和惩罚，并非是实现组织的目标唯一方法，人们在自己喜爱的工作中，可以为组织目标的实现自律自制；③人的自我要求的实现与组织要求的行为并非必定相悖，如果有适当的机会和条件，就能将个人目标和组织目标统一起来。组织对其成员所作贡献的回馈最重要的是其自尊和自我实现的需求得到满足；④一般人在适当条件下，可以学会接受职责，承担责任，而逃避责任、缺乏抱负以及强调安全，并非人性使然，而通常是经验所致；⑤大多数人在解决所面临问题时，都能发挥自己的想象力和创造性；⑥在现代工业社会下，一般人的智力潜能只是部分地得到发挥。依据以上假设，相应的管理措施应为：①管理者的重要任务是创造一个使人得以发挥才能和潜能的工作环境，并使职工在为实现组织的目标努力的同时，也能实现自己的目标；②对员工的激励应主要来自工作本身的内在激励，使员工承担具有挑战性的工作，承担更多责任，以利于其做出成绩，满足其自我实现的需要；③给予员工更多的自主权，实现自我管理，参与决策，分享权力。麦格雷戈认为，只有"Y"理论才能导向管理的成功。

在行为主义流派的管理思想中，亚伯拉罕·马斯洛的需求层次论也有很大影响。马斯洛在1943年出版的《人类激励理论》一书中，首次提出需求层次理论。马斯洛从人的需要出发探索人的激励动机和研究人的行为，其理论在一定程度上反映了人类行为和心理活动的共同规律。他指出人的需求是由低级向高级不断发展的，这一趋势基本上符合需求发展规律。需要层次理论对于管理者如何有效地调动和激发人的积极性有重要启示意义。

5. 传统公共行政学的基本特点与评析

传统公共行政的基本特点包括强调行政管理的一般性或普遍性原则、行政官僚价值中立原则和强调效率原则等三个方面。

（1）强调行政管理的一般性或普遍性原则。公共行政学者们大都相信，在行政管理领域，存在着一整套与其它科学相类似的普遍性原理或一般性原理，行政学的任务就是发现它们。威洛比断言："在行政管理过程中，有着某些可以作一般应用的基本原理，这类似于那些使科学之为科学的原理"。[①] 而有些行政学者说得委婉一些，他们认为，行政学的研究可能发现某些广泛适用的普遍原理，尽管这些原理不一定具有普遍有效性。传统公共行政学者一方面由于要使行政管理的研究领域成为一门独立的学科，另一方面由于受科学管理学派追求管理的一般原理的示范性影响，所以大都愿意致力于一般行政管理原理的研究。这样的理念对于促进传统行政管理学的发展具有积极意义。

（2）行政官僚价值中立原则。政治行政二分法成为公共行政学的理论基础，国家和政府被分解成两种职能及过程：一是政治领域，其职能是制定政策和法律；二是行政领域，其职能是执行法律和政策。二者分别为政治过程和行政过程。前者居于主导地位，后者是对前者意志的执行。后者所包含的组织机构及程序是行政学研究的对象。因此，传统公共行政理论所要建构的是政治中立的行政官员制度，强调行政官僚应恪守价值中立原则，公务员不应该有明显的政治倾向；公务员的主要任务是执行政治领导者的决策，并且应该相信这些决策的正确性；行政部门处于政治领导的正式控制之下，由常任的、中立的官员任职，不偏不倚地为任何政党服务，并执行政治官员制定的政策。

（3）强调以效率原则作为公共行政的最高标准。传统公共行政认为，行政科学的基本目的就是研究如何以最少的人力和材料的消耗来完成既定的工作。既然政府的职能是执行，那么效率就应该成为公共行政研究的主题。据此，进而言之，对于传统公共行政学者来说，效率不仅仅是手段，而且是一种目的，一种价值观，是评价政府行为的最高标准，公共行政应该围绕"促进政府管理变得合理

[①] Dahl, Robert A. (1947), The Science of Public Administration: Three Problems, *Public Administration Review*. Vol. 7 No. 1, p. 123.

化和高效率"而展开。古利克甚至认为,"在行政科学中,不管是公共还是私营,最基本的'善'就是效率,效率就是公共行政的目标和标准……效率是行政科学的大厦得以建立起来的价值基石"。①

理论上说,执行方式与实现目标的效率都是传统公共行政理论所追寻的,但是实际上公共行政的运行偏离了对价值效率的追求,因而无法从根本上解决政治与行政过程中的矛盾。对科学技术的追求带来工具进步,并不意味着能够解决政府行为中出现的价值问题。

如上所析,政治与行政二分法以及马克斯·韦伯的官僚制理论是传统公共行政理论之精髓。但是,在传统公共行政理论形成后不久,其赖以立足的两大理论基础就遭到包括政治学行为主义和人际关系学派的激烈批判。行政学者罗伯特·达尔和德怀特·沃尔多都曾指出,威尔逊提出的政治行政二分实际上是做不到的。传统行政模式的不切实际之处就在于,政治与行政必然是相互关联的,一个不含任何价值判断的公共行政只是一个神话而已。时至今日,大多数的学者对这个问题已经达成共识。尽管一些学者和实际工作者依然固执地坚持二分法的观点,但传统的行政模式必须依赖于一个无法成立且长久被认为是不能实现的理论,至少说明这个模式肯定存在着问题。

资本主义的发展需要稳定、可靠、严格和精细的管理。长期以来人们认为,按照官僚制原则建构的行政管理体系正是实现这种管理的最有效的形式。正如韦伯所言,官僚制是工业化时代的产物,其在大型行政组织中的运行效率使其有许多积极的功能,推动了西方国家的工业化进程。然而其垄断信息、抗拒变迁、行为专断(即使是使用各种规则)的特点,无论是在韦伯时代还是在今天都不能体现为正功能。官僚制正反两个方面的影响,都可以被理解为进行合作与控制的组织原则的后果。② 对此,韦伯也有一定的分析与认识。但对韦伯的理论最著名的批评来自默顿的论文《官僚制结构与人格》。默顿并不否认官僚制结构体现的就是管理效率的理想。但是默顿有自己独到的见解,他认为,在现实中的实例说明,一些为了效率的非常操作化的设计,常常会导致仪式化的或特别刚性的行

---

① 〔美〕罗伯特·丹哈特:《公共组织理论》,项龙、刘俊生译,北京,华夏出版社,2002,第67页。
② 〔美〕彼得·布劳、马歇尔·梅耶:《现代社会中的科层制》,马戎译,上海,学林出版社,2001,第22页。

第 2 章 公共管理理论的发展变迁

为,两种行为都有损效率。① 法国社会学家克罗茨在批判官僚制的负面效应时指出,官僚制结构应该被理解为天生的低效率,而不是有效率的管理手段。基于对公共机构的一些观察性研究,克罗茨认为,现代官僚制体现了多种价值观,包括完成大型任务,却要求非人格化和排除人际关系的影响。在官僚制所追寻的稳定世界,规则可以管理所有的权变,并不给个人决策留下空间。而在不确定的世界,在规则管不到的地方,问题就发生了,并给那些需要做出决策并有能力决策的人,提供了运用权力的机会。② 由此观之,传统的以官僚制为代表的行政理论由于在长期运行中高度成熟并带来其弊端的充分暴露,因而成为行政改革理论和实践领域的众矢之的。

然而,当代经济社会发展并没有形成全面取代传统行政模型的历史条件,以官僚制为典型的传统行政模式在总体上仍然是适应经济社会发展需要的。所以,对于整个社会合理化生活的共同要求便是一种以理性为基础的官僚制,而建构在理性文化基础上的官僚制作为一种普遍的组织机制,也必将以不可遏制的扩张趋势渗入一切社会组织。"在行政管理领域,要么采用官僚制度,要么外行作风,否则别无选择"。③ 这正如赫伯特·马尔库塞评价的那样,"西方特有的理性观念在一个物质和精神的文化系统中实现自身……这个系统旨在一种特殊的统治类型,这种统治已经成为现阶段的命运:这就是总体官僚政治"。④ 也正因为如此,尽管当今西方国家对传统行政模式的批评不绝于耳,其声势也极为浩大,但官僚制依然在西方公共行政中占主导地位,这显示出官僚制仍然有其存在的合理性。

2.2.2 新公共行政学派

20 世纪 70 年代,以约翰·罗尔斯为代表的新康德主义在政治哲学领域一直占据主导地位,因而 20 世纪 70 年代西方政治哲学的主要话题就是新自由主义的社会正义。罗尔斯从 1950 年代末至 1960 年代末发表了一系列关于社会正义的论文,1971 年出版的《正义论》是集这些论文之精粹并经过重新思考而形成的一

---

① Merton, Robert K. (1958), Bureaucratic Structure and Personality, in *Social Theory and Social structure*, 3rd ed., New York: Free Press, p. 249.
② 〔美〕戴维·奥斯本,特德·盖布勒:《改革政府:企业精神如何改革着公共部门》,上海,上海译文出版社,1996,第 142 页。
③ 〔美〕安东尼·奥罗姆:《政治社会学》,董云虎、李云龙译,上海,上海人民出版社,1989,第 71 页。
④ 〔德〕赫伯特·马尔库塞:《现代文明与人的困境》,李小兵等译,上海,三联书店,1987,第 71 页。

公共管理学

部完整的著作。罗尔斯认为，公平的自由处于高于一切的地位，理想的正义社会应拥有最大的公平自由，每一个社会成员都应该享有公平的自由，包括言论、集会、结社的自由等；一个民主立宪政体的首要原则就是保证公平的政治自由；当公平的自由原则在由宪法规定的政治程序中得到运用时，就成为公平的"参与原则"；而参与原则要求所有公民都拥有公平权力参与立宪过程、决定立宪结果，要求所有的成年人都有权参与政治事务，每一个有选举权的人都有一张选票，而且"每张选票在决定选举结果中具有大致相同的份量"，要求"所有公民至少在形式上应有进入公职的公平途径"，要求"所有的公民都应有了解政治事务的渠道"。[①] 受罗尔斯这种作为正义的公平观念的影响，新公共行政学派的核心价值和理念就是将"社会公平"价值全面运用到当代公共行政管理的理论与实践中。正如新公共行政学者哈特所指出的，公平理论赋予现代公共行政以伦理的内容，它将有效地指导行政官员的行为，即明确了官员及组织的行为应保障公民基本平等自由权的实现，更明确了他们有责任和义务为最少受惠者获得公共服务所进行各种努力。[②] 除了追寻和实现社会公平，新公共行政学派认为最重要的行政价值还有代表性、回应性、参与和社会责任感等。

20 世纪 60 年代末 70 年代初，美国连续出现一系列社会、经济与政治危机，全国上下要求政府改革的呼声此伏彼起。公共行政学界直面政府的困境，反思传统公共行政的思维模式及其实际运行，开始用新的视角和价值审视研究公共行政的过去、现在与未来的发展。1968 年 9 月，在怀特·沃尔多的号召和资助下，32 位年轻的公共行政学者在美国纽约州锡拉丘兹大学的明诺布鲁克会议中心召开了行政学发展史上一次重要的标志性会议，树起了新公共行政的旗帜。会议回顾和检讨公共行政的发展历程，讨论公共行政面临的问题，采用新的研究方法探讨公共行政学的发展趋势。会议还提出以"新公共行政学"作为区别以往公共行政学的理论标志，并以政府及其官员公共行政管理过程中的价值观和伦理观作为新公共行政学的核心内容和关键性问题。新公共行政学不仅认为公共行政应当以经济有效的方式为社会提供高质量的服务，而且更强调把社会公平作为公共行政所追求的目标，从而把社会公平加入到传统的目标和基本原理中。新公共行政在对

[①] 〔美〕约翰·罗尔斯：《正义论》，何怀宏等译，北京，中国社会科学出版社，1988，第 219~223 页。
[②] 〔美〕戴维·K. 哈特：《社会公平、正义与公平的行政官员》，（美国）《公共行政评论》，1974，第 34 页。

传统公共行政批判的同时阐明了自己的观点。

第一，新公共行政突破了传统公共行政政治行政二分法的框架。政治与行政二分法是在传统公共行政批评者的著作中反复出现的主题，批评者的看法是基本一致的，都认为这一划分不可能实现，现实的政治与行政总是高度紧密地结合在一起的，行政体系游离于政策制定之外的状况根本就不存在。因此，新公共行政主张跳出研究行政程序的狭窄圈子，致力于相关问题的公共行政研究，注重公共行政的政策研究及其政治性。

第二，新公共行政学派提出民主行政的思想，认为政治民主与行政民主并重，注重行政过程的价值和伦理因素。这一思想显然与麦迪逊等人在《联邦党人文集》以及托克维尔在《论美国的民主》中所表达的民主行政理论有直接的关系。他们重视人性和行政伦理研究，倡导民主主义的行政模式。奥斯特罗姆在《美国公共行政的思想危机》一书中把这种民主行政范式的基本定理概括为以下八个方面。①行使政府专有权的人同其同胞公民一样，前者不见得比后者更可能腐败或更不可能腐败。②宪法的结构在一群人中分配决策权能；民主宪法界定个人的专有权和不同政府机关的专有权所内含的权威，这样每一方的权能都为其他各方的权能所制约。在民主社会确立和变更组织安排的任务要被看作是宪政选择的问题。③对于行善是必要的权利，即政治权威的行使，会被某些人篡用，他们抓住机会，利用这样的权利来谋求私利，损害他人，除非政治权威是分立的，不同的权威组织可以相互制约和控制。④公益物品和服务依靠各种组别的决策制定者所做出的决策，每个集体企业在政治上的可行性依靠的是所有各个决策机构持续地做出有益的决策。公共行政在政治的范围之内。⑤形形色色的组织安排可以用作提供不同的公益物品和服务。⑥经过专业训练的公务人员对单一权力中心负责，这种等级秩序的完备，会削弱大型行政体制对公民对许多形形色色的公益物品的种种偏好做出反应的能力。⑦对单中心权力负责的等级组织的完备，不会使效率最大化。⑧在任何政府中，权力分散在具有多种否决权能的各种决策中心，发展程度各不相同的多元的政府机构，对于维持稳定的、在变化迅速的条件下能增进人类福利的政治秩序是必要的条件。① 奥斯特罗姆认为，民主行政理论与韦伯和威尔逊等人的官僚制理论是公共行政的两种基本理论和分析模式。民主行政

---

① 〔美〕V. 奥斯特罗姆：《美国公共行政的思想危机》，毛寿龙译，上海，上海三联书店，1999，第114~116页。

与官僚制行政有着本质的差别，有论者对此进行了如下比较。①

表 2-4 新公共行政学派的民主行政与官僚制行政的本质差别

民主行政	官僚制行政	民主行政	官僚制行政
平　　等	阶　　层	公民参与	专家主义
工作论调	资深优先	开　　放	机　　密
自　　由	命　　令	社群意识	去人格化
多　　元	单　　位	自下而上	自下而上

第三，新公共行政学批判把效率作为公共行政的头号公理，强调应把社会公平放在首位，同时也强调公平与效率之协调与统一。新公共行政认为，效率是传统公共行政的核心价值或称终极价值，其他价值只是维持和保证效率的实现。传统公共行政各种流派的一切研究以及实践活动都始终围绕一个中心即高效率，他们试图更为理想地回答两个问题：第一，在一定可利用的资源条件下，如何提供更多的服务，即效率（efficiency）；第二，在维持现有水平的服务的条件下，怎样花更少的钱，即经济（economy）。②因而他们认为任何提供效率或经济的行政行为都是好的。新公共行政学派同时尖锐指出，传统公共行政将所谓的科学方法运用到公共部门研究中，会带来严重的问题。在工具主义价值观的主导下，传统的政府管理过多地专注于高层管理和重要职能部门的管理，经济目的和管理行为的协调性经常以牺牲社会公平为代价，而实现社会正义和社会公平恰恰是公共行政的根本目的。传统公共行政只研究"行政机构进行有效的经济和协调的管理"，奉行效率至上主义，而新公共行政则进一步关心"效率是否增强了社会公平？"由于传统公共行政奉行效率至上原则，偏离对社会最主要价值，如社会公平与民主等的维护，因而根本不具有合法性。政府必须意识到社会价值观念的转变并做出积极的回应。

新公共行政进而认为，现代公共行政必须考察政府提供的服务是否促进了社会公平，效率必须以公平的社会服务为前提和目标。公共行政应是实现社会公平的领域，"社会公平是我们用于一系列价值偏好，包括组织设计偏好和行为方式偏好的关键词。社会公平强调政府提供服务的公平性；社会公平强调公共管理者

---

① 江明修：《公共行政学》，台北五南图书出版公司，1997，第 61 页。
② 彭和平等编译《国外公共行政理论精选》，北京，中共中央党校出版社，1997，第 300 页。

在决策和组织推行过程中的责任与义务;社会公平强调公共行政管理的变革;社会公平强调对公众要求做出积极的回应而不是以追求行政组织自身需要满足为目的;社会公平还强调在公共行政的教学与研究中更注重与其他学科的交叉以解决相关问题的期待。……总之,倡导公共行政的社会公平是要推动政治权力以及经济福利转向社会中那些缺乏政治、经济资源支持,处于劣势境地的人们"。[1] 概言之,由于公共行政价值回归思潮的影响,新公共行政以终极伦理关怀的精神,在批判传统公共行政把效率作为公共行政头号公理的基础上,积极地推动公共行政目的的回归,强调社会公平和正义的首重地位。

同时,新公共行政学也强调公平与效率之协调与统一。新公共行政学认为公平的实现能够促使效率的提高。正如 J.C. 帕拉洛和 R.C. 昌德勒所言,"新公共行政学的支持者看到,追求社会公平作为健康地要求改革的愿望,这将极大地促进传统的公共行政的经济、效率和行政效果的价值"。[2]新公共行政学者还认为,在给定的条件下,效率的提高也能够促成社会公平的实现。在他们看来,经济效率与社会公平可以并存不悖,经济效率甚至是实现社会公平的必要条件之一。例如,新公共行政学派的重要代表人物之一罗伯特·达尔就主张,公平固然重要,但是效率亦不可或缺,因为缺乏效率将会导致资源的浪费,人民生活更加贫困,进而会致使社会公平更加难以实现。可见,新公共行政学者并没有因为注重社会公平就忽视效率,而是认为二者可以相辅相成。

第四,注重行政过程中的价值和伦理因素。20 世纪 60 年代以后,伴随着西方发达国家激烈的社会运动和美国公众对越战的强烈不满,行政活动中的价值倾向受到了越来越多的关注。1968 年明诺布鲁克会议提出,公共行政学应将道德价值观念引入行政过程分析,行政活动要更多地关注社会公平、代表性、回应性、责任性和参与等方面的价值问题。70 年代以后,因受尼克松"水门事件"的影响,人们对政府的信任度急剧下降,社会要求公共部门重视职业伦理建设的呼唤更为强烈。

第五,重新探索行政组织理论研究的视角和演进的途径。新公共行政认为,当代公共行政发展的动力来源于对行政组织进行变革的需要。原因在于:①行政组织是提供各种公共服务的具体承担者,因此,行政组织结构和功能状况与公共

---

[1] Frederickson, H. George (1980), *New Public Administration*, The University of Alabama Press, pp. 6 – 7.
[2] 〔美〕J.C. 帕拉洛、R.C. 昌德勒编著《行政管理学词典》,陈嘉陵等译,湖北省编委员会办公室与湖北省社会科学院政治学研究所编印,1997,第 25~34 页。

公共管理学

服务的质量密切相关；②由于传统组织理论所强调的官僚制体系与制度规范仍在行政组织建设中起重要的作用，因此，行政组织的结构趋于呆板、僵硬，与迅速变化的社会环境形成巨大反差，使行政组织无法对变化做出迅速而有效的反应；③现有行政组织将自身利益扩张作好组织发展目标，忽视公众的需要；强调组织效率，忽视公民平等自由的权利，尤其是忽视缺乏政治、经济资源支持的最少受惠者的权利，这使行政组织的运行违背了民主政治的基本准则。

因此，新公共行政提出，公共行政组织理论不应当只研究政府系统的"组织内部"，而应当进一步研究对社会的管理及其基本运作过程，应重新探索行政组织理论研究的视角和演进的途径。这些内容包括：①处理对特定类别的人群提供物品和服务的外部分配问题的分配过程；②通过权威层级协调公共行政组织成员工作的整合过程；③公共行政组织与相关组织和服务对象谋求合作共生关系的边际交换过程；④通过改革和训练调整社会个体和群体关系的社会情感过程。

新公共行政学不仅期待政府能够通过观念与行为的转换解决社会存在的尖锐矛盾，更期待着公共行政进入到一个全新的领域，即在当代民主社会中建立民主行政的模型。民主行政要求公民需要是行政体系运转的轴心，即公众的权利或利益应高于政府自身的利益扩张和利益满足，政治的民主必须实实在在地体现在民主行政的过程之中。新公共行政学的出现是战后对传统公共行政批评的进一步发展。传统公共行政的政治与行政二分的理论前提以及官僚制组织原则等都受到了批评和很大程度的否定，其以效率为中心的立足点也受到冲击，这些都集中反映在新公共行政的创建及其以追求公正和公平为核心的价值观中。然而，新公共行政尽管实现了对传统公共行政的否定，但由于缺乏概念和理论上的连贯性，并未最终生根立足，未能最终取代传统公共行政而成为行政学研究的主导范式。《布莱克维尔政治学百科全书》对新公共行政学作了如下评价："在本世纪政治动荡的60年代，美国出现了一个新公共行政学运动，这是那十年激进政治在行政管理方面的回音。新公共行政学关注如何使官僚机构反映某些'委托人'（特别是穷人）的愿望，而较少反映其他'委托人'（特别是全体中产阶级）的愿望。新公共行政学缺乏概念上的连贯性，没有明确限定的宪法基础，没能生根立足，容易被反对者当作仅仅是一种情感的爆发而不予理睬"。[①] 另外，新公共行政尽

---

① 〔英〕戴维·米勒、维农·波格丹诺主编《布莱克维尔政治学百科全书》，邓正来等译，北京，中国政法大学出版社，1992，第613页。

管提出一整套应然的价值观要求，对传统公共行政进行了激烈的批判，但这些批判并没有从根本上改变传统公共行政的理论预设。这种局限导致作为整体的公共行政理论对于官僚制政府运行的现实困境的无能为力。

2.2.3 新公共管理勃兴与公共管理理论的形成

从 20 世纪 70 年代开始，西方各国相继出现一系列严重的社会、经济与政治危机，政府管理遇到前所未有的挑战，类似"政府非但不能解决问题，政府本身就是问题"的断言在西方几乎成了从政府到社会、从精英到民众等各方面的共同话语，人们纷纷以官僚制政府为批评的靶的。传统公共行政及新公共行政学理论都无法解释和回应现实生活中所出现的许多新情况和新问题，以官僚制为基础的传统公共行政模式遭到普遍的质疑和批判，要求政府改革的呼声此伏彼起，最终在 1970 年代末掀起了声势浩大的政府改革浪潮。这场改革运动迅速发展演化为波及全球的、以制度创新为核心的政府改革运动。与这一政府改革大潮相适应，西方国家逐渐产生发展一些关于公共管理的新的理论。这些理论被冠以"新公共管理"、"管理主义"、"企业化政府"、"以市场为导向的公共行政"，以及"后官僚制"等名称，后来逐渐被统称为"新公共管理"的理论，在 20 世纪 90 年代发展成为一种影响深远的国际思潮。它们从不同的角度反映、诠释、论证并进而推动了全球化政府改革运动，而各国政府改革运动的发展也使新公共管理的理论在实践的检验中得到不断修正和丰富，并促进其体系走向成熟。

新公共管理的理论模式对于公共行政的理论模式是一次深刻的转变，尽管各国在改革和政策选择的侧重点各不相同，但是新公共管理改革运动的主要诉求都体现在以下几个方面。第一，主张在政府和市场关系上进行重新定位，通过引入市场化的竞争机制，促进有利于政府运行的内部竞争与外部竞争的制度设计与实施，以提高政府公共服务供给的效率和质量；第二，主张在国家和社会关系上进行重新整合，通过社区自主组织管理、外包、公私伙伴关系、民营化等途径，以多种多样的组织形式生产和提供各种公共物品和公共服务，使公民组织、民营机构与政府组织共同承担公共管理的责任，促进和实现多中心治理；第三，主张在政府组织运行方式上进行根本性变革，把高度集权的等级制的组织结构转变为分权的、扁平的、网络式的组织结构，要求政府在行为评价的标准、控制方式以及行政组织文化等方面做出根本性的调整，实行以结果为导向政府运行绩效管理；第四，主张强化国家的核心战略能力和竞争力，要求政府能够以主动、灵活和低成本的方式应对外部环境的变化，并建立一个民主的、负责任的、高效率的

公共管理学

和透明的政府行政管理体系。

公共管理是在新公共管理运动发展的基础上形成的新的学科理论体系和实践范式。较之于传统的公共行政，公共管理的特质主要体现在如下方面。

(1) 公共管理主体的广泛性。公共管理的本质特征之一是其公共参与性。公共管理的实施主体不仅是以政府为代表的官方组织和公共部门，还包括政府之外的其他公共组织，如第三部门，以及私人组织与公民。对于社会公共事务的管理，政府受制于种种自身的或外部的不可避免的条件缺失或缺陷，不是也不可能是全知全能，因而必须通过与社会其他资源整合来对政府功能不足或失效进行补救和矫正。这样的重要资源就是社会中应当同样可以成为权力主体的其他公共组织、民间组织和公民的力量。公共管理推重治理就是要推进和实现政府与公民社会的合作共治，这不仅是对市场失灵和政府失效救治的需要，也是当代社会民主化进程发展的要求使然。

(2) 公共管理将私人部门的管理方式运用于公共部门，强调以市场机制来促进和优化公共服务的供给。公共管理致力于分析和探索公共管理资源配置的整合与优化，包括公共部门的重组、政府公共服务规模的缩减、竞争机制的引入等，以促进社会公共事务管理的有效运行及公共服务效率的改善。

(3) 公共管理注重管理外部环境，实现由内部取向转为外部取向的变革，由重视机构、过程和程序转向重视取得成果和目标。公共管理强调管理者的战略设计、政策设计等，重视与外部环境的关系，这使公共管理的政治环境、战略管理等成为公共管理理论模式的主题。公共管理需要坚守公民导向、服务导向、绩效导向和结果导向的核心理念，摒弃传统公共行政所强调的规则为本、过程取向的控制机制。

(4) 公共管理注重管理价值的实现和责任。公共管理不仅重视经济、效率与效能的实现，同时也重视公平、正义与民主，要求实现"4E + D"(Economy, Efficiency, Effectiveness, Equity and Democracy) 的价值目标。公共管理特别强调管理者的责任，强调通过绩效管理以及来自体制外的监督来落实管理者职责的履行。

(5) 公共管理理论与政府改革的实践紧密结合。公共管理的理论体系建构于当代公共事务管理改革的实践基础之上，公共管理的兴起与发展与20世纪70、80年代以来的政府改革运动紧密联系在一起，是从政府改革实践中产生的新的理论模式。同时，公共管理的理论又为指导政府改革实践起了极其重要的作用。在这样的理论与实践紧密结合的互动过程中，公共管理的学科体系与理论模式也在得到不断丰富和完善。

需要说明的是，公共管理还是一种尚在形成之中的新的理论体系，在它的发展道路上必然会遇到许多的难题。一方面，迄今为止，它并未形成比较成熟和稳定的理论框架及范式，现实中也出现了一些问题，例如，在某种程度上，它忽视了公共部门管理与私人部门管理、政治过程与市场过程的差别。另一方面，公共部门的作用在公共治理过程中出现减弱化的趋势，这与全球公民社会的兴起与成长有关，这有可能会产生政府责任缺失与监督缺位的问题。此外，它所主张的顾客至上也产生了理论及实践上的问题，某种程度上导致对公民精神的忽略。但是，从根本上说，公共管理理论及其实践范式的兴起符合经济社会发展需要，符合历史的大趋势，它必定会在不断解决其所遇到的问题的过程中发展和完善起来。

2.3 公共管理的理论基础

公共管理这样一门新兴学科能够迅速发展并显示出蓬勃的生命力，其重要原因之一就是它的理论建构兼收并蓄，积极从其他学科吸收理论思想养分。其中，经济学和管理学的理论影响最为显著。对此，休斯的看法十分明确，他认为传统的公共行政模式基于两种理论，即官僚制理论和政治行政二分法。而新公共管理的理论基础也有两方面，它们分别是经济学理论和私营部门管理。[①] 莱恩的观点则有所不同，他强调新公共管理是独创性的，而不仅是公共选择理论和工商管理理论的混合物。[②] 他认为微观经济学和工商管理对公共管理学有基础作用，但是公共管理有更高的理论内涵。实际上，公共管理从不同的社会科学吸取了营养，其中包括管理学、经济学、政治学与行政管理学等。

2.3.1 经济学理论

在公共管理学诞生之前，作为指导政府行政部门管理的理论——公共行政学与经济学可以说是泾渭分明，两者是独立的研究领域，不存在交叉。而随着以官僚制模式为主要支撑的公共部门的运行障碍日趋严重及政府万能的神话破灭，人

---

① 〔澳〕欧文·休斯：《公共管理导论》，张成福译，北京，中国人民大学出版社，2001，第2版，第77页。

② 〔英〕简·莱恩：《新公共管理》，赵成根译，北京，中国青年出版社，2004，第8页。

们转而寻求新的组织形态和新的理论来指导公共部门运行与公共事务的管理。其中，经济学因其显著的理论明确性和应用性成为可引入借鉴和求得助益的重要理论资源。

1. 公共选择理论

公共选择理论（Public Choice Theory）产生于20世纪40年代末，到60年代末形成一种学术思潮。詹姆斯·布坎南（James M. Buchanan）是这一理论的主要代表人物和集大成者。所谓公共选择，就是通过集体行动和政治过程来决定公共物品的需求、供给和产量，是对资源配置的非市场选择，也即政府选择。"公共选择的主题就是政治学的主题：国家理论、选举规则、选民行为、党派政治、官僚体制等等。然而，公共选择的方法却是经济学的方法。像经济学一样，公共选择的基本行为假定是：人是一个自私的、理性的效用最大化者"。[①] 亚当·斯密的"经济人"假设认为，市场经济条件下的人都是具有经济理性的个人，个人按照成本—收益的理性计算追求自己的最大化效用满足，因此经济理性和个人利益最大化是"经济人"的两个主要特征。詹姆斯·布坎南创立的公共选择学派把"经济人"假设运用于政治人分析，认为政治人也是"经济人"，其活动的目的也是个人利益最大化。同时，政治市场与经济市场上活跃着的是同一类人，都以自身利益最大化为目标。"在公共选择中政治人和经济人就是同一类人，公共选择理论的宗旨就是把政治与市场两方面的人类行为纳入单一的模式领域中"。[②] 但是，经济市场和政治市场有着不同运行规则，追求个人利益最大化的经济人在不同规则下的相同的逐利目的会导致大相径庭的结果。经济市场下的理性个人通过价值规律追求个人利益最大化造就经济的繁荣和进步，而政治市场下的理性个人的自利行为带来的却是政治腐败和行政无效率。正因为政府也是自利的理性经济人，因此必须充分发挥出社会多元主体参与公共选择的作用以增强协调与制衡。

将公共选择理论引入公共管理意义深远，主要体现在以下几个方面。①引入经济学的假设和研究方法为公共管理研究拓展了经济学的视野和新的研究途径；②以自利、理性的经济人假设为研究的逻辑起点，能对公共管理领域中人们的行为做出更合理准确的分析判断、解释和预测，使公共管理获得比传统公共行政更强有力的理论基础；③对公共选择本质的认识有助于促进公共治理中的参与式民

---

① 〔美〕丹尼斯·缪勒：《公共选择》，张军译，上海，上海三联书店，1993，第1页。
② 〔美〕詹姆斯·布坎南、〔德〕理查德·马斯格雷夫：《公共财政与公共选择：两种截然不同的国家观》，《译者的话》，北京，中国财政经济出版社，2000，第4页。

主和协商民主，增强社会构成力量中的不同主体之间沟通与互动，以利于增进共识，化解冲突，促进社会和谐；④有助于增强宪政和法治理念，通过制度创新促进法治建设和政治民主建设，强化对公共权力的制约和反腐败。

2. 政府失灵论

亚当·斯密、大卫·李嘉图等古典经济学家认为，市场是一部运作精巧、成本低廉、效益最佳的机器，有效地调节着经济运行和各个经济主体的活动。但是市场却无法自动达到帕累托最优状态，在国民经济的长期发展、外部效应、公共物品的有效生产、收入的公平分配、抑制经济波动、淳化和维系社会道德及提供充分信息、防止信息不对称等方面也会失灵。因此，需要政府力量介入予以矫正和弥补，这就为政府干预提供了理由。然而，市场失灵并不是政府干预的充分条件，市场机制解决不了的问题，政府也不一定能解决。"企求一个合适的非市场机制去避免非市场缺陷并不比创造一个完整的、合适的市场以克服市场缺陷的前景好多少。换言之，在市场'看不见的手'无法使私人的不良行为变为符合公共利益行为的地方，可能也很难构造'看得见的手'去实现这一任务"。[①] 政府失灵（Government Failure）是以布坎南为代表的公共选择学派在分析市场经济条件下政府干预行为的局限性或非市场缺陷时所涉及的一个主题，是公共选择理论的研究重点。政府失灵是指国家或政府的活动并非总是如同它所应该的，或者如同理论上所认为能够做到的那样"有效"。简而言之，导致政府机构工作低效率和低效能或政府失灵的原因有如下方面：①即使政府是公正无私的，也会因为判断失误和技术能力缺失等原因导致干预失误；②政府实际上并不是公正无私的，组成政府机构的各层官员也是"经济人"，而且政府自身也是利益群体；③政府是一种自然垄断性组织，垄断条件下任何组织都可能导致低效率；④政府成本与收益的分离使政府缺乏竞争机制，导致官僚机构低效率；⑤如果不能实现有效的异体监督，对政府权力的监督只能是虚化和弱化，从而使公共权力的滥用和腐败更难以遏制。

政府失灵论从根本上指出了官僚政治体制的缺陷，从而为寻求积极的对策解决政府低效率的问题拓展了重要思路。对政府失灵的认识构成了公共管理改革的重要认识基础。基于这样的认识，使得通过制度创新重塑政府，在公共服务和公共物品的供给中引入竞争机制，通过多元参与合作共治的方式改善公共治理和规

[①] 〔美〕查尔斯·沃尔夫：《市场或政府——权衡两种不完善的选择》，谢旭译，北京，中国发展出版社，1994，第34页。

范制约政府行为等等改革理念和改革方略的推行成为可能。

3. 委托—代理理论

委托代理理论起源于对私人部门所有者与经营者或雇员之间关系的研究，但后来人们发现代理问题普遍存在于包括公共组织在内的一切具有科层结构的组织中。委托人与代理人的目标冲突与信息不对称是委托代理问题的核心。在有限理性和机会主义的经济人假设下，代理人利益与委托人的利益未必一致，他可能去追求个人利益而把委托人的利益放在次要位置甚至以牺牲委托人的利益为代价，从而产生逆向选择和道德风险问题。在公共选择领域，选民和政治家、政治家和官僚构成双重委托代理关系。政治家必须代表选民的意愿，而官僚作为代理人根据显性或隐性契约负责公共服务的供给，必须忠实执行委托人即政治家的意愿。但是在实际的运作中，由于公共物品和公共服务生产供给的非市场性质、利润激励的缺乏和官僚机构的实际垄断地位，官僚与政治家拥有的有关公共物品和公共服务供给信息的种类和数量不同，官僚在这种信息不对称中处于优势地位。从而在作为委托人的政治家和作为代理人的官僚之间的契约及其互动行为中，可能存在严重的逆向选择和道德风险问题。同样的问题，也会出现在选民与政治家之间，或换言之，出现于公众与政府之间。

依据米尔利斯的参与约束和激励相容理论，采取何种激励与监督相容的制度，尽可能使政府及其机构提供公共物品的目标与方式不偏离不背离公共利益，正是公共管理学研究的重要主题之一。具体而言，对于公共管理的理论与实践的发展，委托—代理理论的阐释意义在于：一方面，公众即委托人应当尽可能缩小其与政府即代理人之间对目标认识的差距，使政府能真正了解公众的意愿明确公众的利益所在并以之为自己的工作目标；另一方面，公众必须选择有效的机制来对政府及其官员实施监督和约束。在政府与公众的委托代理关系中，政府责任的履行成为决定这种委托—代理关系存续的最重要因素。如果政府无法回应公民的期待和信任，就有可能出现责任危机和信任危机，就会危及委托—代理关系的存续。因此，依据委托—代理关系的参与约束和激励相容约束的理论，为了确保政府部门和官员能够和公众进行良好的沟通，使前者能积极地承担和履行责任，以利于实现公共利益的最大化，必须建立明确的覆盖各级政府、政府部门及政府官员的责任机制、激励机制和责任追究机制。运行这样的复合机制，使得前者的行为无论是基于民主授权或是行政授权，都能从政治责任、行政责任、法律责任与伦理责任四个维度受到正确和有效的导引、激励、规范和约束。此外，委托—代理理论的引入也为公共部门通过契约采取多种方式提供公共物品，从而促进政府职能转换提供了理论基础。

4. 交易成本理论

交易成本经济学最早起源于 20 世纪 30 年代,自 20 世纪 70 年代中叶以后,研究交易成本的经济学派成为现代经济学发展中最为活跃的一个学派,西方许多学者都曾经对交易成本经济学的产生和发展做出过重要贡献。但是,促成交易成本经济学产生和发展的最为直接和重要的理论渊源仍然是科斯的经典论文——《企业的性质》。在《企业的性质》一文中,科斯通过引入交易成本概念,正式提出并分析了这个被新古典经济学所忽视的命题。依据科斯的分析,交易成本可以概括为搜寻成本、谈判成本、缔约成本、执行成本和监督成本五个方面。之后,学者们从不同维度对交易成本进行了界定,如 K. 阿罗把交易成本定义为"运行经济系统的费用";Y. 巴泽尔将交易成本界定为"与转移、获取和保护权利相关的费用";E. 菲吕伯顿则认为,"交易成本包括那些用于制度和组织的创造、维持、利用、改变等所需资源的费用"。[①] 在以下情形中,各种交易费用会变得十分高昂:产权关系界定模糊不清;环境不确定性,信息不对称性及由此产生的契约不确定;人类的有限理性与规则匮乏下的机会主义行为泛滥;交易对象的资产专用性,即物质资产和人力资本只能用于特定的用途;政府组织大量寻租、设租行为的存在等。[②] 交易成本的不断扩增势必降低交易的收益率,使人们对制度的激励和约束功能产生怀疑。反之,合理的制度安排和制度创新,则能够有效地控制与减少交易成本的支出,提高经济活动的内在效率,促进经济可持续增长。换言之,当一种制度规则无法控制不道德的机会主义行为而呈现交易成本不断放大的时候,或者一种制度规则由于交易费用高昂而难以推行的时候,就需要依照一定的路径进行制度变革或创新,否则经济社会的运行就难以维系。

在公共管理的实践中引入交易成本理论意义重大。从政治成本、经济成本、管理成本和社会成本的多维视界考量公共管理运行特别是政府行为的效率与效能问题,才能审视其是否以及在多大程度上具备合理性与合法性,并促进公共管理的优化。例如,在公共管理的制度法规制定和实施方面,需要考察和解决其是否能在上述诸方面实现交易成本最小化的问题,制度法规也是公共物品,由于其重

---

① 〔美〕亚力山德拉·贝纳姆:《交换成本的测量》,转引自〔法〕克劳德·梅纳尔主编《制度、契约与组织——从新制度经济学角度的透视》,刘刚等译,北京,经济科学出版社,2003,第 428 页。

② 〔德〕柯武刚、史漫飞:《制度经济学:社会秩序与公共政策》,韩朝华译,北京,商务印书馆,2000,第 152~156 页。

要性需要予以特别的审视;在政府决策方面,需要检视其决策模式、决策机制与决策过程是否优化,能否实现优质、高效和低成本的决策;在公共物品与公共服务供给方面,需要认识到政府机制、市场机制与社会机制都有其各自的不可替代的作用,并能通过不同的方式实现协调合作,在各个特定的领域中以何种机制介入,及其介入的方式与程度,取决于对交易成本的综合考量;在对政府实施监督方面,简而言之,只有真正解决实施监督和反腐败成本太高而官员腐败的成本太低的问题,才能有效遏制和治理腐败。

2.3.2 管理学理论

管理学的理论与实践对公共管理学产生了重大的影响。泰勒的科学管理理论以及以梅奥的霍桑实验为代表的行为主义管理理论,不仅对传统公共行政理论的形成和发展起了重要的推动作用,至今仍有很大影响。例如,行为学派理论充分注意到人作为社会人的属性,认为不能只把员工视为"经济人",管理者应从社会和心理的诱因方面激励员工,并采用必要的社会互动方式。这种思想直接影响到公共组织特别是公共部门管理,从新公共管理兴起后对韦伯的官僚制理论的批判中能够清晰地看到这一理论的身影。从全球范围看,20世纪中后期以来,由于私营企业需要更多更直接地应对市场的挑战和竞争的压力,私营部门的管理发展迅速,形成了许多新的管理理念、管理方式和管理技术。与之成为比照的是,长期受到官僚制支配浸淫的公共部门却问题丛生,效率低下。因此,将私营部门先进的管理理念、管理方式和管理技术引入到公共部门中来,不仅是必要的而且是可行的,这已为实践所证明。20世纪80年代以后,在知识经济和信息革命背景下产生的新管理主义,对公共管理的理论与实践更是产生了直接的影响。以下是一些对公共管理产生重要影响的管理理论。

1. 目标管理理论

目标管理(management by objectives, MBO)亦称"成果管理"。这一概念是彼得·德鲁克(Peter Drucker)1954年在其名著《管理实践》中首先提出的,其后又提出"目标管理和自我控制"的主张。德鲁克认为,并不是有了工作才有目标,而是相反,有了目标才能确定每个人的工作。所以"企业的使命和任务,必须转化为目标",如果一个领域没有目标,这个领域的工作必然被忽视。因此管理者应该通过目标对下级进行管理。当组织最高层管理者确定了组织目标后,必须对其进行有效分解,转变成各个部门及员工个体的分目标,管理者根据分目标的完成情况对下级进行考核、评价和奖惩。乔治·奥迪奥恩1965年在《目标管理》一书中对这一理论做了进一步阐述。这一管理方法的形成是基于泰勒的科学管理和梅奥的行为科学理论（特别是其中的参与管理理论）。目标管理方法被企业和政府部门广泛采用。

目标管理具有如下三个鲜明的特点：①重视人的因素。目标管理是一种参与式的民主的自我控制的管理制度，也是一种把个人需求与组织目标结合起来的管理制度。在这一制度中，上下级之间的关系是平等、互相尊重和支持，下级在被授权与承诺目标之后的行为应是自觉、自主和自治的。②建立目标锁链与目标体系。目标管理通过专门设计的过程，将组织的整体目标逐级分解，转换为各部门机构、各员工的分目标。在进行目标分解的同时，使各层面主体的权、责、利对称并予以明确。这些目标方向一致，层层链接，相互契合，形成完整的目标体系。③重视成果。目标管理以制定目标为起点，以对目标完成状况的考核评价为其终结。工作成果是测定目标完成程度的标准，也是对员工考核奖惩的依据。

从本质上看，目标管理是一种成果导向的参与式管理，其管理理念和管理方式不仅适用于企业，而且也可广泛应用于公共部门管理。引入目标管理有助于提高政府的生产力，改善政府绩效。例如，目标管理通过组织成员参与方式设定合理的目标，有助于在公共部门形成更好的工作激励；目标管理能给予官员较大的自由裁量权，有利于增强其灵活性提升工作效率；目标管理有助于在公共部门建构和运行绩效管理体系，从而改善公共部门的运行效率。但目标管理在政府部门的应用，也会受到一些局限。例如，目标管理运行的有效性在很大程度上依赖于信任与互信，但是在官僚制组织中不易建立充分的信任；公共部门的目标往往比较模糊，不易量化，因此其结果也不易测定；目标管理的实施通常适用于中等时段的周期（如一年左右），因而在公共组织实施较短或较长时段的任务时，目标管理的适用性就受到限制。

2. 战略管理理论

战略一词本是军事术语。战略是指导战争全局的方略，是在战争中利用军事手段达到战争目的的科学和艺术。1965年，美国著名的战略学家安索夫在其著作《企业战略》一书中开始使用战略管理一词，将战略从军事领域拓展至经济管理领域。企业战略管理即视商场如战场，用军事战略的理念和方法来指导和获取商战的胜利。企业战略管理思想是指导战略制定实施的基本思路和观点，是企业战略管理的灵魂。对于战略管理的看法主要有两大学派，即行业结构资源学派和内部资源学派。明茨伯格进一步将战略管理划分为设计学派、计划学派、权力学派和结构学派等十个学派。

公共管理学

目前最新的战略管理思想主要有三种：战略联盟、战略竞标和战略再造。企业战略再造的范围是整个经营单位，关注的焦点是所有重要的核心流程，以全局观念审视组织结构、目标体系、激励机制、公司文化和工作流水线。战略再造直接与战略目标相联系。战略竞标主要有以下几层含义：竞争的对象是产品、服务和管理；目标是争做领头羊；过程是针对外部环境持续地进行；方法是比较和衡量。战略联盟是20世纪90年代以来国际盛行的一种新兴的战略管理思想，它是指两个或两个以上的企业之间为了实现某种共同的战略目标而达成的长期合作安排。其核心思想是在竞争中合作、在合作中竞争，即"竞合"思想。

战略管理强调战略目标的实现，为组织未来的发展设立愿景，规划蓝图，注重与长远和整体利益攸关的总体方略及其实施。通过战略管理，使组织管理者及成员都理解和认可组织的愿景、目标和使命并为之努力。战略管理关注组织外部环境对组织发展的影响，其重要理念是利用外部机会，化解或回避外部威胁。组织外部环境总是处于不断变化之中，组织应持续不断地关注和把握这样的变化发展趋势及其对组织目标实现的影响，并及时做出战略调整。战略管理是一个包括环境分析、战略规划、战略实施与战略评估的整体过程。

自20世纪80年代以来，战略管理日益受到公共部门的重视，在公共部门的应用取得了积极的成果。例如，实施战略管理有助于公共部门为确定发展愿景而进行具有充分前瞻性的战略思考，为组织的发展确定战略方向；实施战略管理有助于公共组织在当代社会变动不居的复杂环境中强化组织适应能力和竞争力，提升管理运行效率；实施战略管理有助于为公共部门组织运行设计和实施追求卓越的服务标准。战略管理在公共部门中的应用也会受到一些局限，如政府任期的短期性和短期行动取向使得长期战略难以施展；部门主义的限制有可能使全局战略观难以形成和贯彻。

3. 绩效管理理论

绩效的概念运用于工商企业之中，其涵义是指工商企业管理活动的结果和成效。它比机械效率概念更能表现出一个企业的整体表现和状况。绩效需要管理。在工商管理中，罗伯特·巴克沃认为，绩效管理是"一个持续的交流过程，该过程由员工和其直接主管之间达成的协议来保证完成，并在协议中对未来达成明确的目标和理解，并将可能受益的组织、管理者及员工都融入到绩效管理系统中来"。[①] 理

---

① 〔美〕罗伯特·巴克沃：《绩效管理：如何考评员工表现》，陈舟平译，北京，中国标准出版社，2000，第4页。

查德·威廉姆斯概括了有关绩效管理的三种不同观点，认为绩效管理是管理组织绩效的一种体系，是管理雇员绩效的一种体系，是把对组织的管理和对雇员的管理结合在一起的体系。①

把绩效用于公共管理中，其含义是指公共管理运行的结果、效益和效能。胡雷（Joseph S. Wholey）等人认为，绩效管理是改进公共组织和公共项目的生产力（productivity）、质量（quality）、时效性（timeliness）、回应性（responsiveness）以及有效性（effectiveness）的综合系统。② 它是一种"融入多种判断价值的工具模式"。而克内（Kearney）和伯曼（Berman）等人则简洁地将绩效管理定义为"面向结果的公共项目管理"（managing public programs for outcomes）。他们认为绩效类似于生产力概念，但前者比后者的涵义更加广泛。生产力概念一般仅仅指效率、效益等，而公共部门的目标远远比私人部门的目标更加复杂，因而公共绩效是多元的，在效率、效益、公正等方面同等重要。③

美国国家绩效评估中的绩效衡量小组（performance measurement study team）给出了绩效管理的一个经典性的定义。所谓绩效管理，是"利用绩效信息协助设定同意的绩效目标，进行资源配置与优先顺序的安排，以告知管理者维持或改变既定目标计划，并且报告成功符合目标的管理过程"。简而言之，绩效管理是对公共服务或计划目标进行设定与实现，并对实现结果进行系统评估的过程。④

绩效评估工作需运用科学的方法和灵活的绩效管理的工具，同时建立和加强监督机制。本书第十章将对此做专门探讨。绩效评估之所以成为可能，不仅需要各级政府建构实现责任目标的管理过程，并拥有实施绩效管理的包括人力、物力、信息、技术等在内的各种资源，还需要运用科学合理的方法；同时，利用市场机制在提供公共服务组织之间展开竞争，并灵活运用各种绩效管理和绩效评估的工具。这样的工具可参见表2-5。

---

① 〔美〕理查德·威廉姆斯：《组织绩效管理》，蓝天星翻译公司译，北京，清华大学出版社，2000，第13~25页。

② Wholey, Joseph S. Kathryn E. Newcomer and Associates (1989), *Improving Government Performance: Evaluation Strategies for Strengthening Public Agencies and Programs*, San Francisco: Jossey-Bass Publishers, p. 1.

③ Keamey, Richard C., and Evan M. Berman (1999), *Public Sector Performance: Management, Motivation, and Measurement*, Oxford: Westview Press, pp. 1–2.

④ 张成福、党秀云：《公共管理学》，北京，中国人民大学出版社，2001，第271页。

表 2-5 绩效管理的工具

绩效管理的工具

绩效奖励：即对雇员的成就提供非财政的认可，让员工知道自己的绩效已经得到欣赏、尊重和重视。

精神补偿：即为雇员和（或）组织提供准财政激励，如带薪休假与新设备等。

奖金：即工资之外的一次性现金奖励。奖给那些已经达到规定绩效目标的个人或团队，但并不构成雇员赔偿基数的一部分。

增益分享：即为雇员提供组织所达到财政节余的保证部分，条件是达到规定的服务水准和质量。这样赋予员工在增加生产率方面明确的经济利益关系。

共事节余：即组织的增益分享。允许组织保留在财政年度（或两年度）所节约的部分资金，以备将来使用。这样就增加了组织节约的动机。

绩效工资：也称之为"功绩工资"，创新传统的补偿机制并使雇员工资的主要部分与绩效联系起来。同时，这种工具将工资表、工资提升与绩效联系起来，而不是提供财政比例附加，如奖金或增益分享等。

绩效合同与协议：即要求管理者及其组织承担绩效风险。增加奖励与惩罚条款，并赋予领导者可以对那些没有提供预期结果的高层管理者（或整个组织）予以撤职（或撤销）的自主权。

效率红利：即逐年以小比例减少机构的行政预算，但要求组织保持其产品水准。这样促使机构提高生产率，至少可以弥补流失的收入。由于每年都要减少预算，因而生产率改进的压力持续存在。

绩效预算：即将所要求的绩效水准写进预算文件之中。在行政部门准备预算和立法部门通过预算时，规定所付资金要购买的产品和结果。如第 4 章所言，这是一种元工具。

资料来源：〔美〕戴维·奥斯本、彼得·普拉斯特里克《摒弃官僚制：政府再造的五项战略》，谭功荣、刘霞译，中国人民大学出版社，2001，第 147~148 页。

绩效管理在公共部门中的应用十分重要。基于绩效管理的理念，公共管理更注重结果导向而不是程序、规则导向。程序和规则固然重要，但最终产生的结果更为重要。公共管理在现阶段的发展更为注重对部门和人员进行双重绩效考核，考核指标更为科学、合理，考核方法更为全面和多样化，这些都有助于促进组织整体绩效的提高。需要指出的是，在公共部门实施绩效管理也会受到诸多局限，如公共部门目标的多元性给绩效指标的确定带来困难，许多公共服务难以量化结果难以测定，不同部门的绩效难以比较等。这些都需要在理论与实践的结合上持续探索，以求得较好的解决之道。

4. 企业流程再造

依据这一理论的创始者哈默和钱皮的定义，企业流程再造乃是"对组织的作业流程进行根本的再思考和彻底的再设计，以求在成本、质量、服务和速度等各项当今至关重要的绩效标准上取得显著的改善"。企业流程再造（Business Process Reengineering）是一个根本设想，就是以首尾衔接的完整的整合性过程来取代以往被各部门割裂的、不易看见也难于管理的支离破碎的过程。20 世纪90年代，企业流程再造的理论得以流行并付诸实践，成为又一轮新的管理变革浪潮。人们致力于从 CNN、ABB（Asea Brown Boveri）、通用电气公司、日本丰田公司、戴尔公司等公司成功的案例中寻找组织的最佳模式。企业流程再造不同于渐进式变革，它带来的并非微不足道的改善或进步，而是要实现组织管理的革命性进步和企业绩效大幅度的突破。它需要全面审视和彻底分解原有的工作方式，并根据新的目标要求对之进行重新设计、组装，建构新的业务流程。

企业再造的理论应用到公共管理改革运动中，出现了"政府再造"或"重塑政府"的变革，这与行政改革、政府管理创新等概念一起，成为目前公共管理理论及实务界共同关注的焦点。相对于在量的变化方面所予以的关注，政府再造更多地关注质的方面的改变。政府再造涉及政府管理理念与政府职能转换方面的深刻变革，涉及对政府与社会、政府与市场、政府与公民、政府与企业诸多关系的调整，涉及政府治理的观念、结构、方式和方法的变革。这样的政府再造革命，对于克服政府管理的种种弊端，改善政府运行的效率和效能，增强政府的公信力与合法性，具有十分重要的意义。

5. 全面质量管理（Total Quality Management，简称TQM）

全面质量管理的概念是由菲根堡姆在20世纪60年代初首先提出的。它是在传统的质量管理基础上，以现代科学技术的发展和管理经验的积累为支撑而形成的现代质量管理理论和一门系统性很强的学科。全面质量管理是运用系统的观点和方法，把企业各部门、各环节的质量管理活动都纳入统一的质量管理系统，形成一个完整的质量管理体系。全面质量管理强调为了取得真正的经济效益，管理必须始于识别顾客的质量要求，终于顾客对其获得的产品感到满意。全面质量管理就是为了实现这一目标而指导、协调员工、信息、设备与其他所有生产经营必需资源之间的关系及其配置的活动。全面质量管理是一种管理哲学，也是一套要求不断改善组织的指导原则。全面质量管理结合多项基础性管理技术，对组织的运作过程进行改善，因而成为一种新的管理典范。

有效推行TQM必须具备如下的品质理念。①品质不是品管部门或品管专家的专责，而是组织所有人员的责任；②通过良好的管理、设计、生产、检查和品质宣导，在组织全体成员中形成强势的品质文化；③TQM以顾客为导向，组织内所有成员都要融入到对内外顾客的服务当中；④TQM的精神核心是持续改善，必须建构能使所有员工寻求持续改进的环境；⑤TQM强调团队精神、协调合作。品质改进首先从人的改进（品质意识、职业道德）开始；⑥推行全面的教育训练。品质观念的改变，品质文化的形成，必须进行持续全面的教育和训练；⑦企业价值链和供应链管理的应用。必须在客户和供应商之间建立起良好的资讯沟通、回馈系统，以更好服务客户，增强企业竞争优势。

全面质量管理已在很多国家的公共部门推行。美国联邦政府自 1988 年起引入企业界的全面质量管理理念，并予以改造，使之适合公共部门。他们总结了全面质量管理在公共部门得以顺利推行的如下条件，即要求高层领导的支持，要有策略性的计划，时刻以顾客的需求为导向，进行绩效考评与分析，加强对员工的训练与正负向强化，促进各部门的积极合作，提供符合公众期望与需求的服务。政府部门实行全面质量管理后显著改善了政府的服务品质，使政府及其官员更多地注重公众的需求，更好地与公众沟通，从而促进了与公众之间的互信关系。无疑，实施 TQM 是现代公共管理发展的方向。

6. 虚拟企业理论

虚拟企业理论的创始人戈德曼、内格尔和普瑞斯（Steven L. Goldman, Roger N. Nagel and Kenneth Preiss）等将企业适应灵捷竞争的需要视为虚拟企业产生的原因。在灵捷竞争中，组织及环境的变化迅速，以机会为基础。对灵捷竞争者而言，虚拟企业是一种动态的组织工具，机会既不是暂时的更不是长期的，而是稍纵即逝。因此，基于在变化和不确定的环境中寻求发展的战略思维，虚拟企业是一种实用的组织工具。从战略的高度审视，运用虚拟企业概念的原因可以归结为如下六个方面：①共享基础设施与研发成果，共担风险与成本；②整合互补性核心能力；③通过共享缩短从观念到现金收益的时间；④增加便利性和外在规模；⑤获得市场渠道，共享市场或顾客忠诚度；⑥从出售产品过渡到出售方案。

简而言之，虚拟企业是指组织结构无形化，通过信息网络（如 Internet）实现连接的企业组织。虚拟企业的典型形态如网上商店、网上银行和网上旅游公司等。有能力提供虚拟产品和服务的企业就是"虚拟企业"。虚拟产品的典型是自助柜员机，它能够以迅捷的方式提供提款及转账服务，能够瞬间订制并满足顾客的需要。虚拟企业在有限资源的条件下，为了适应快速多变的市场需求，取得最大的竞争优势，通过信息网络和快速运输系统将拥有实现该目标所需资源的相关企业连接起来，实现资源集成，形成网络化结构。与传统企业不同，虚拟企业的组织结构根据市场需要而即时变动调整，实现优势资源互补。虚拟企业依凭信息技术特别是网络技术，运作方式灵活。虚拟企业使现代企业管理方式从内部资源整合发展到整合内外资源，不仅有利于降低成本提高效率，而且能够快速适应外部环境的变化。

将虚拟企业理论引入公共管理,有助于加快和深化信息化管理理念和方式的应用。纵观全球,各国公共管理特别是政府管理正在朝着信息化、电子化的方向发展。电子政府实际上就是虚拟政府,它使公共部门之间,政府机关与企业、社会组织和公民之间的联系更为便捷和密切。在虚拟政府的条件下,公众能在方便的时间、地点并以便捷的方式下获得政府信息、接受公共部门的服务。这对于建设更有回应性、更有效率、更负责任和更具服务品质的政府的努力必将产生深远的影响。

2.3.3 政治与行政学理论

政治学与行政学构成了公共管理学理论基础的重要组成部分。从学科发展来看,一方面,行政学最初是在政治学学科内发展起来;另一方面,公共管理学的理论体系的建构也不能忽视传统公共行政理论的贡献。可以说,对政治学与行政学没有深刻的认识和理解,就无法认识和理解公共管理学。公共管理的主体是"以政府为核心的公共组织"[1],强调的是公共权力的运用,通过对公共事务的治理,提供公共物品和公共服务,实现公共利益。对公共权力的行使不可能不受到国家政治制度的影响和制约,"政府的事务总是被深度纳入政治之中"[2],任何国家公共部门的结构体系及其运作过程都会受到该国政治观念、政治制度、政府体制和政治文化等因素的影响。政治学与公共行政学的基础理论在此不再赘述,下文所讨论的是在本章前面理论演变部分所未论及而对公共管理改革运动及其未来发展已经并还将产生较大影响的若干新的重要理论。

1. 新公共服务理论

针对新公共管理运动中出现的问题与不足,如对人性认识的偏颇,对工具理性的过分强调,视政府服务对象为顾客的不当比喻以及企业式政府的理念等,罗伯特.B.登哈特提出了新公共服务的价值体系。新公共服务理论来源于两个灵感:①民主政治理论(尤其当它涉及公民之间以及公民与其政府之间的关系时);②公共行政理论中,更具人文主义传统的方法对管理和组织设计的研究。[3]

---

[1] 黄健荣等《公共管理新论》,北京,社会科学文献出版社,2005,第2页。
[2] 〔澳〕欧文·休斯:《公共管理导论》,张成福译,北京,中国人民大学出版社,2001,第2版,第263页。
[3] 〔美〕罗伯特·B.登哈特:《公共组织理论》,扶松茂、丁力译,北京,中国人民大学出版社,第3版,第199页。

公共管理学

由于新公共服务的丰富意蕴和重要影响,研究公民权、社区和市民社会的理论家、组织人本主义理论家以及后现代主义的公共行政理论家都致力于对其理论与实践进行探究。

新公共服务的基本理论内涵主要集中以下方面。①服务而非掌舵。公务员越来越重要的作用就在于帮助公民表达和实现他们的共同利益,而非试图在新的方面上控制或驾驭社会。在过去,政府在所谓的"掌控社会"的过程中发挥了重要作用,但现代生活的复杂性有时却使得这样的作用不仅不合时宜而且不太可能。民选官员和公共管理者在回应公民的要求时,不应该只说行不行,而应该说"让我们共同寻求解决问题的途径,然后一起去实现它"。① ②公共利益是目标。公共行政官员必须致力于建立集体的、共享的公共利益观念,这个目标不是要在个人选择的驱使下找到快速解决问题的方案,而是要创造共享利益和共同责任,政府的作用将更多地体现在把人们聚集到无拘无束、真诚地进行对话的环境中,共同商议社会应该选择的发展方向。③战略地思考,民主地行动。政府不能创造社会,但政府能够为有效的、负责任的公民行动奠定基础,因此,要确保政府能够敏感地做出响应,确保政府的运作旨在服务于公民、为公民权创造机会。④服务于公民而不是顾客,公共利益源于对共同价值准则的对话协商,而不是个体自我利益的简单相加,因此,公务员不仅仅要回应"顾客"的需求,而且更要关注建设政府与公民之间,公民与公民之间的信任与合作关系。⑤责任并不是单一的,公务员不应当仅仅关注市场,也应该关注宪法和法令,关注社会价值观、政治行为准则,以及职业标准和公民利益。⑥重视人而不只是生产率。公共组织及其所参与的网络,如果能在尊重所有人的基础上通过合作和共同领导的过程中运作,它们最终就更有可能获得成功。⑦重视公民权和公共服务胜于企业家精神。②。

可以说,新公共管理的旗帜是以管理主义为核心,追寻对官僚制的超越,在政府运行中引入和强化市场机制,强调效率与成果导向。而新公共服务是以民主社会的公民权理论、组织的人本主义和组织对话理论以及社群理论为指导,强调以人为本,在某种意义上是对民本主义的回归。新公共服务肯定新公共管理效率

---

① 〔美〕罗伯特·B.丹哈特、珍妮特·V.丹哈特:《新公共服务:服务而非掌舵》,刘俊生译,《中国行政管理》2002年第10期。
② 〔美〕罗伯特·B.丹哈特、珍妮特·V.丹哈特:《新公共服务:服务而非掌舵》,刘俊生译,《中国行政管理》2002年第10期。

的一面，比如为政府带来了新的行为理念，政府的全面质量管理、政府绩效标杆测量等为死气沉沉的政府官僚体制带来了"鲶鱼效应"；但它同时认为，这些只能作为服务于共同利益的工具，政府和公民之间应该基于公共利益进行协商，达成能增进社会长远利益和根本利益的公共服务意向，强调政府行为的民主性、公正性、回应性和透明性。简而言之，新公共服务的最大努力是要"颠覆"新公共管理的价值优先性，因为，"在民主社会里，当我们思考治理制度时，对民主价值的关注应该是极为重要的。效率和生产力等价值观不应当丧失，但应当被置于民主、社区和公共利益这一更广泛的框架体系之中"。[1]不言而喻，新公共服务的理念对于各国推进政府管理改革，建设以人为本的公共服务型政府具有十分重要的意义。

2. 治理与多中心治理理论

20世纪90年代中后期兴起的治理理论从多方面挑战传统的公共行政模式。全球化发展是治理理论兴起的外部环境；20世纪70年代以来各国普遍面临的管理危机是治理理论产生的社会历史根源；行政改革的世界潮流为治理理论的兴起和传播提供了有利的背景和强大的动力；国家与社会的关系及民主政治理论的发展是治理理论发展的重要条件。

治理理论对新公共管理理论与新公共服务理论的合理内核进行了有效的整合，它昭示政府管理含义的变化，指向一种新的管理过程和新的管理社会的方式。治理"关注创造条件以实现有秩序的管理和集体行动，通常包含私人部门、非营利部门以及公共部门的各种机构。治理的本质在于其聚焦于管理机制——授权、契约和协议，而不是仅仅依靠政府的权威和认可"。[2] 治理的核心理念体现在如下四个方面：①认为政府并非国家唯一的权力中心，政府体制之外的各种机构（包括社会的、私人的）只要得到公众的认可，就可以在不同层面和范围内成为社会权力的中心。②强调管理对象的参与，强调在管理系统中形成一个自组织网络，强调多元主体的参与性和自主性。③在强调国家与社会合作的过程中，模糊了公私机构之间的界限和责任，不再坚持国家职能的专属性和排他性，而是强调国家与社会组织间的相互依存和互动合作关系。④强调政府在完成社会职能

---

[1] 〔美〕罗伯特·B. 丹哈特、珍妮特·V. 丹哈特：《新公共服务：服务而非掌舵》，刘俊生译，《中国行政管理》2002年第10期。

[2] Milward, H. B. & Provan, K. G. (1999), *How Networks Are Governed*, (Unpublished Paper) p. 3, 转引自 Michael Hill & Peter Hupe (2002), *Implementing Public Policy: Governance in Theory and in Practice*, Sage Publications, pp. 14 – 15.

公共管理学

时,除了采用原来的手段之外,还有责任采用新的方法和措施,以不断地提高管理的效率。简而言之,当代公共治理以社会构成多元参与合作共治、自组织网络的建构运行与实现公共利益最大化为其主要特征。

政府治理的最高境界是善治(good governance),即"良好的治理"。迈克尔·巴泽雷把善治归结为"公民价值体现"。认为它与传统官僚制范式不同,更多地体现对公民集体价值这一问题做更多的调查、更明确的讨论、更有效的商榷,暗示了社会自治的要求和能力。[①] 罗茨从过程角度描绘了善治的愿景。他认为,只有将市场的激励机制和私人部门的管理手段引入政府的公共服务,从而建立以信任和互利为基础的社会网络,形成政府与民间、公共部门与私人部门之间的互动,才能真正形成善治的模式。[②] 总体而言,善治包含如下七个基本要素:合法性(legitimacy)、透明性(transparency)、责任性(accountability)、法治性(rule of law)、民主性(democracy)、回应性(responsiveness)与有效性(effectiveness)。善治的基本内涵可以概括如下:改革由政府垄断一切公共事务的传统行政模式,建立政府与社会之间的合作型管理模式;改革政府传统自上而下的权力运作方式,建立政府与社会之间双向互动的网络型运作模式;改革政府传统行政中忽视社会权利,仅依靠法规推动政府行政的模式,建立以社会共识和认同为基础,充分发挥社会能动性和自主性的治理模式。

与治理理论密切相关的由奥斯特罗姆夫妇等人所创立的多中心理论,是上世纪 70 年代以来在全球治道变革的浪潮中发展起来的重要理论之一。多中心理论认为,随着社会的不断发展进步,公众对于政府的期望日益提升,公众的要求也日愈趋于多元化,而传统的以政府为中心的"单中心供给"体系在日益增长的巨大需求面前缺乏效率和回应性的问题更为彰显。因而,以支持"权力分散、管理交叠和政府市场社会多元共治"为特征的多中心理论成为回应时代挑战,满足公众需求,提高公共服务质量和效率的理想模式。"多中心"的概念最早是迈克尔·波兰尼提出。波兰尼区分了两种组织社会和人的不同秩序。一种是"设计的或指挥的秩序",是"一元的单中心秩序"。而另一种秩序与之相反,是"多中心秩序",在这一秩序中的各组成部分之间既受到一般性规则的制约,又可相互

---

① 〔美〕迈克尔·巴泽雷:《突破官僚制:政府管理的新愿景》,孔宪遂等译,北京,中国人民大学出版社,2002,第 133 页。
② 〔英〕罗伯特·罗茨:《新的治理》,木易编译,转引自俞可平《治理与善治》,北京,社会科学文献出版社,2000,第 91 页。

适调，从而使该体系成为富有活力的系统。然而，波兰尼的"多中心"概念只是描述他所发现社会秩序的特征的一个术语。经过奥斯特洛姆等人的阐发，"多中心"成为一种社会治理的思维方式和理论框架，更成为公共物品生产与公共事务治理的模式之一。它包含三个层面的意蕴。其一，多中心意味着公共物品的多元生产者，公共事务管理的多元主体。"多中心治理"作为一种治理思路，首先意味着在公共物品和公共服务供给与公共事务管理方面存在着多个供给主体。其二，多中心治理意味着政府、市场和社会的共同参与和多种治理手段的应用。多中心治理既反对政府的垄断，也不是推行全盘私营化，更不是意味着政府从公共事务领域的退出和责任的让渡，而是政府角色、责任与管理方式的变化。由于其他主体和机制的参与，政府通过多种方式将公共物品的部分生产任务委托给其他部门或主体来提供。其三，在多中心治理的框架中，政府不再是单一主体，而只是其中一个主体。政府的管理方式也从过去的直接管理转变为间接管理。在多中心治理中，政府更多地扮演中介者的角色，即制定多中心制度中的宏观框架和参与者的行为规则，同时运用经济、法律法规和政策等多种手段为公共物品的供给和公共事务的管理提供依据和便利。

3. 新共和主义

20世纪90年代兴起的新共和主义也是当代公共管理重要的理论基础。由于现代民族国家的蓬勃兴起，加之卢梭的激进民主共和主义对法国大革命的影响，古典共和主义自19世纪中叶起逐渐式微。20世纪70年代中期以后，由于社群主义在与自由主义的论战中不断吸取古典共和主义的思想资源，共和思想逐渐复兴，并在90年代关于公民身份的讨论中产生了重要影响。有的学者认为，共和主义的核心价值包含了自主性、政治自由、平等、公民权、自治、共善、参与、爱国情操、公民德行以及克服腐化等。[1] 迈克尔·H. 莱斯诺夫认为，古典共和主义直到二十世纪才在汉娜·阿伦特身上得到了最为出色的表达。[2] 确实，此后共和主义思想在欧美的复兴很大程度上与阿伦特的思想的激发有直接联系。虽然阿伦特本人并未直接使用共和主义的名称，但现在人们已经公认首先是阿伦特复兴了共和主义的政治观。共和主义在现当代的思想家除了阿伦特外，还包括波考克

---

[1] 萧高彦：《共和主义与现代政治》，转自许纪霖主编《共和、社群与公民》，《知识分析子论丛》第二辑，南京，江苏人民出版社，2004，第6~7页。

[2] 〔英〕迈克尔·H. 莱斯诺夫：《二十世纪的政治哲学家》，冯克利译，北京，商务印书馆，2002，第84页。

(J. QA. Pocock)、斯金纳（Quentin Skinner）、佩迪特（Philip Pettit）、森斯坦（Cass Sunstein）等人。新共和主义希望通过对公民社会的讨论，努力重塑公民德性，恢复现代社会对政治价值的关注。

当代加拿大政治哲学家威尔·金里卡（Will Kymlika）认为，西方社会在90年代对公民身份问题的关注既是西方政治思想自然演进的产物，也存在深刻的现实基础。从理论层面看，公民身份概念似乎要整合制度正义与共同体成员资格两方面的需要。公民身份一方面与公民权利观念紧密相连，另一方面又与对特定共同体的隶属观念密切相关。从实践层面看，则包括美国人对投票选举的日益冷漠和对福利的长期依赖，东欧民族主义运动的复苏，西欧文化和人种日益多元化所产生的紧张状态，撒切尔时代的英国对福利国家制度的反弹，依赖于公民自愿合作的环境政策的失败，如此等等。① 共和主义对现代公民身份的关注试图表明，健全与稳定的现代民主政治不能仅仅依赖于其"基本结构"的正义，而且还依赖于其公民的责任与美德。金里卡认为，这些素质的内涵包括：他们的身份感以及他们如何看待潜在竞争的其他民族、地区、种族或宗教的身份；他们对不同于自己的他人予以宽容和共事的能力；他们为了促进公共利益以及为了使政治权威承担责任而参加政治活动的愿望；他们在自己的经济需求上以及影响他们健康的环境的其他个人选择上表现自我约束和实施个人责任的愿望。如果没有具备这些素质的公民的支撑，民主制度将步履维艰甚至遭到动摇。② 金里卡认为，帕特南等学者的"社会资本"理论的意义就在于关注公民美德与公民精神对现代民主政治的意义，公民的美德与公民精神是对民主制度不可缺少的补充。对于公共管理的理论和实践而言，新共和主义理论的意义表明，自我利益原则不再具有其基本的合法性，现代民主政治制度所陷入的一系列困境说明自我利益应该接受公共合理性的考验。而新共和主义关于现代民主制度与公民美德关系的论证确实指出了西方民主政治改革与民主制度的根本症结所在。③

4. 协商民主理论

20世纪80年代以前，从亚里士多德到汉娜·阿伦特一脉的政治哲学都强调

---

① 〔加〕威尔·金里卡：《少数的权利：民族主义、多元文化主义和公民》，邓红风译，上海，上海译文出版社，2005，第511~512页。

② 〔加〕威尔·金里卡：《少数的权利：民族主义、多元文化主义和公民》，邓红风译，上海，上海译文出版社，2005，第512页。

③ 梁莹：《志愿精神成长中的草根民主——基于对南京市的实证调查》，人大复印资料《中国政治》2008年第5期，第5页。

政治是公共言谈和讨论,而不是暴力的征服和斗争。在古希腊的城邦,崇尚一种公民积极参与和自我管理的观念。在这种观念下,治人者也会受治于人,全体公民聚集一处,讨论、决定和制定法律。因而古希腊的民主制可以被看成是这样一种体制,它力图使不同背景和属性的人们,能够"通过政治的互动作用来表达和交流他们对善的理解"。[①] 人类固然有许多活动方式,但是,只有实践和言语是政治的,政治是通过言谈实现的。如亚里士多德所言,政治是特殊的生活方式,以政治方式行事,意味着放弃诉诸暴力和强制,一切必须通过言辞和劝说。"政治是实践和说话能力在其中共同形成的领域。这是一个真正的公共活动领域,说话和行动的个人在其中看和听,并且彼此认真对待。说话是一种实践的形式"。[②] 这种"说服政治学"使政治学关注政治秩序的形成方式,而不仅仅是考虑政治的结果。

阿伦特对政治学的最大贡献则是以交往自由概念为基础区分两种不同类型的权力,使权力概念摆脱从马基雅维利、霍布斯到韦伯的工具行为理论前提,回到亚里士多德的古典哲学传统。阿伦特把不需要他人同意的权力称为暴力(force),把建立在共同价值和信念之上的一致行动能力称为权力(power)。[③] 在这个基础上,她对民主做了共和主义的解释:人民在相互交往的实践基础上,通过公共领域的争辩、讨论和交流等舆论形式,抵制危害政治自由的暴力,使民主制度成为真正人民主权的实现。阿伦特认为,传统代议制把行政仅仅视为执行,是没有自主性的,这样既不能调动公民参政的积极性,又抑制了他们创造潜能的发挥。"从代议制中知道,无人统治不一定是不统治;在某些情况下,它或许会成为一种最残酷、最暴虐的统治"。[④] 针对现代民族国家的代议制弊端,阿伦特主张用一种参与式民主制度来取而代之。这种制度即联邦制的人民委员会制度,"以基层为起点逐渐向上延伸,最后导致一个议会的组织原则"。[⑤]

但直至1980年,克莱蒙特大学政治学教授约瑟夫·毕塞特才在《协商民主:

---

① 〔英〕戴维·赫尔德:《民主的模式》,燕继荣等译,北京,中央编译出版社,1998,第21页。
② 〔英〕约翰·基恩:《公共生活与晚期资本主义》,马音等译,北京,社会科学文献出版社,1999,第136页。
③ 汪行福:《通往话语民主之路:与哈贝马斯对话》,成都,四川人民出版社,2002,第46页。
④ 〔美〕汉娜·阿伦特:《人的条件》,竺乾威等译,上海,上海人民出版社,1999,第31页。
⑤ Arendt, Hannah (1973), *Crises of the Republic*, Penguin, London, Pelican Books, p. 189.

共和政府的多数原则》一文中首次从学术意义上使用"协商民主"一词。[1] 在其民主观中，他主张公民参与而反对精英主义的宪政解释。但是，真正赋予协商民主动力的是伯纳德·曼宁和乔舒亚·科恩。到了20世纪90年代后期，协商民主理论引起了更多学者的关注。1996年，圣路易大学的詹姆斯·博曼出版了论述协商民主条件的著作《公共协商：多元主义、复杂性与民主》。1998年，哥伦比亚大学社会科学教授乔·埃尔斯特在其主编的《协商民主》一书中提出，作为一种政治决策机制，讨论与协商是对投票的替代。而作为20世纪后期重要的自由理论家和批判理论家，罗尔斯与哈贝马斯也分别出版了论述协商民主的著作，他们在书中都将自己看成是协商民主论者。

即使协商民主的支持者在这种民主理论的基本原则方面存在普遍的共识，不同的学者还是对协商民主做出了不同的界定。其一是将协商民主看成是一种决策体制，或者说决策形式。例如，米勒认为，当一种民主体制的决策是通过公开讨论——每个参与者能够自由表达，同样愿意倾听并考虑相反的观点——做出的，那么，这种民主体制就是协商的。[2] 其二是将协商民主看成是一种民主治理形式。瓦拉德斯认为，多元文化民主面临的最大危险就是公民的分裂与对立，"协商民主是一种具有巨大潜能的民主治理形式，它能够有效回应文化间对话和多元文化社会认知的某些核心问题。它尤其强调对于公共利益的责任、促进政治话语的相互理解、辨别所有政治意愿，以及支持那些重视所有人需求与利益的具有集体约束力的政策"。[3] 再者，有些学者将协商民主看成是一种团体组织或政府形式。例如，科恩认为，协商民主是指一种事务受其成员的公共协商所支配的团体。这种团体将民主本身视为基本的政治理想，而不只是将其视为能够根据公正和平等价值来解释的协商理想。[4] 在此基础上，国内有论者认为协商民主可以理

---

[1] Bessette, Joseph M. (1980), Deliberative Democracy: The Majority Principle in Republican Government, in *How Democratic Is the Constitution*? eds. Kobert A. Goldwin and William A. Scham-bra Washington: American Enterprise Institute, pp. 102 – 116.

[2] Miller, David, *Is Deliberative Democracy Unfair to Disadvantaged Groups? Democracy as Public Deliberation: New Perspectives*, Edited by Maurizio Passerin D'entreves, Manchester University Press, 2002, p. 201. 转引自陈家刚《协商民主》，上海，上海三联书店，2004，第3页。

[3] Jorge M. Valadez, *Deliberative Democracy, Political Legitimacy, and Self Democracy in Multicultural Societies*, USA Westview Press, 2001, p. 30. 转引自陈家刚《协商民主》，上海，上海三联书店，2004，第3页。

[4] Joshua Cohen, *Deliberation and Democratic Legitimacy*, *Deliberative Democracy: Essays on Reason and Politics*, Edited by James Bobman and William Rehg, The Mit press, 1997, p. 67. 转引自陈家刚《协商民主》，上海，上海三联书店，2004，第3页。

解成一种理性的决策形式,或者是一种组织形态,或者是一种治理形式。概而言之,可以认为,协商民主是一种治理形式,其中,平等、自由的公民在公共协商过程中,提出各种相关理由,说服他人,或者转换自身的偏好,在广泛考虑公共利益的基础上利用公开审议过程的理性指导协商,从而赋予立法和决策以政治合法性。协商民主的实质是以理性为基础,以真理为目标。[①]

救治民主弊端的唯一良方是更多的民主,协商民主就是这样一种使民主变得更民主的民主形式。协商民主利用自由、开放的领域表现出的交往自由使民主成为一个连续的、富有创造性的过程。协商民主强调对话与协商,能够在更大程度上促进不同群体或团体的跨文化交流,有助于对不同文化的理解,以便在充分的互动中相互学习增进互信和共识。协商民主关注公共利益,但并不忽视弱势群体的利益,在政府决策过程中有利于减少或克服政府有限理性的制约。在很大程度上可以说,协商与其说是一种对话或辩论形式,不如说是一种通过充分沟通互动以实现合作的活动过程,依靠共享理性与信息来推进公共管理的科学化与合法化。协商民主在公共管理实践中的应用有巨大的发展空间和深远的意义。

2.4 公共管理未来的发展

纵观公共管理的发展史,在其间的很多变迁与论争中,存在着宪政主义和管理主义两种主要倾向。公共管理理论的发展犹如钟摆,在宪政主义与管理主义之间摆动。然而,可以肯定的是,"政府改革是一个持续不断的过程,而且几乎可以肯定的是,只要政府存在,这一过程就永远不会停止"。[②] 而在这一过程中,公共管理的理论也将得到不断丰富和拓展。未来公共管理的发展趋势将体现在如下几方面。

2.4.1 多元主体的合作治理

托克维尔早在一百多年前就写道:"在那些统治着人类社会的法律中,有一项法律似乎比其他法律更加精确和清晰。如果人类准备保持文明化或准备变得文

---

① 陈家刚:《协商民主引论》,转引自陈家刚:《协商民主》,上海,上海三联书店,2004,第3页。
② 〔美〕盖伊·彼得斯:《政府未来的治理模式》中文版序,吴爱明译,北京,中国人民大学出版社,2001。

明化，那么联合的艺术必须同增进地位平等以相同的比率增长和改进"。① 多元主体的合作治理就是以多元主体的力量和多种方式整合和优化社会资源配置，协调和理顺社会利益关系，化解和消解社会矛盾，激发社会活力，促进社会的良性运行，维护和增进公共利益。托克维尔在这样说的时候，所要证明的是社会自治对一个社会的良好治理的重要性。也就是说，在政府治理一个社会的时候，需要大量的社会自治组织来对社会事务进行管理。其实，托克维尔在证明社会自治的必要性的时候，社会还处于一个低度复杂性的状态中，社会的低度复杂性决定了政府能够有效地治理一个社会，即使需要社会自治组织参与社会治理的过程，也是以政府为中心的，社会自治组织所扮演的是协助政府治理的角色。现在的情况已经与托克维尔论证社会自治力量必要性的时候大不相同。大约从20世纪70年代开始，人们日益强烈地感觉到人类正在进入后工业化的进程，社会的复杂程度已远非昔日可比。在这样的时代背景之下，仅由政府居于主导地位管制社会的治理方式已经日益难以为继。此时，不仅是需要社会力量来协助政府进行社会治理，而且是政府应当与社会力量合作治理。这样的治理不再是以政府为中心而由社会力量予以协助，而是政府与社会平等互动合作共治。

　　应当明确，与传统公共管理单一等级制下的管理方式和依靠"看不见的手"来进行调控的市场机制不同，未来的公共管理是多元公共管理主体之间形成的合作治理。公共管理主体不仅包括长期垄断公共管理主体地位的政府部门，而且还包括政府体制之外诸如私营部门和第三部门以及公民等参与者，主体之间是权力依存与权力共享，相互强化与相辅相成的伙伴关系。这样的新型关系必然推动公共管理朝着一种自主自治的网络化治理的方向发展。这些公共管理主体依靠各自的优势和资源，通过对话互动以增进理解，增进共识与互信，从而确定利益共享的目标，建立短期、中期和长期的合作以减少机会主义。通过相互鼓励并共同承担风险，最终建立一种能实现资源优化配置的公共事务管理的联合体。需要指出的是，在多元的公共管理主体中，由于公共授权或权力让渡的关系，政府是社会多元主体平辈中的兄长，承担着"元治理"的角色，依据公众意志确定指导社会行为主体的运行方向和行为准则。这是政府不可推卸的责任。

---

① 〔美〕莱斯特·萨拉蒙《公民社会部门》，转引自何增科《公民社会与第三部门》，北京，社会科学文献出版社，2000，第261页。

2.4.2 公共行政将更具有弹性

依据当代公共管理的语义,公共行政是以政府为主体的政府行为。传统的公共行政缺乏弹性,在快速变化的环境中尤为显得迟钝冷漠,缺乏应变的能力。"弹性包括许多方面——组织的、人员的、财务的,未来任何管理者的主要任务将是试验和改变实现的结果"。① 富于弹性的公共行政将意味着在政府内部采用可选择的结构机制,避免传统组织产生的僵化问题。通过设立临时性的组织、调配临时性的人员等方式,可以快速适应外界环境的变化,针对出现的问题进行解决,这是未来风险社会的适应性组织形式。与之相应的具体的组织形式包括虚拟化组织、网络组织和任务型组织等,这些组织的兴起并发挥作用使得公共行政过程更具有弹性,能更好地回应社会和民众需要。另外,全球范围兴起的分权化趋势也使得公共行政的重心下移,使公共权力能对公众的需求作出更为及时有效的回应。

2.4.3 公众更多地参与公共政策过程

在官僚制支配的决策模式中,只有极少数的精英能行使决策权,随之而来的是决策独断、暗箱操作、"政府俘获"等问题的不可避免,福克斯曾将此称为"单向度的独白"。公共政策执行也往往成为政府官员单方面的行为。随着民主化浪潮的兴起,公民对公共事务管理的参与意识日益高涨,参与能力得到提升,参与公共政策过程的意愿和诉求已经日渐增强。

公民参与的公共政策过程特别是公共决策的模式需要选择。如参与的人数过多,意见不能相对集中,将会导致公民参与程序的无限延长、成本很高、效率极低。经验表明:"既非高度集中也非十分分散的权力有利于政策创造。"②因此,政府决策者在解决政策问题时应在公民参与的过度分散与参与不足之间求得适度平衡,不应只局限于一种公民参与方式。政府决策者必须考虑具体问题的内在性质和要求,同时也要时刻注意这些要求在问题发展进程中所产生的变化;依据这些情况考量应在何时、以何种方式,以及何种程度引入公民参与政策过程,并对

---

① 〔澳〕欧文·休斯:《公共管理导论》,张成福译,北京,中国人民大学出版社,2001,第2版,第286页。
② 〔美〕塞缪尔·亨廷顿:《变革社会中的政治秩序》,王冠华等译,北京,生活·读书·新知三联书店,1989,第127页。

此进行合理的制度安排和设计。合理有效的制度设计安排，有利于减少公民参与网络社会资本的消耗，降低交易成本，减少制定、执行和评估公共政策的成本，最大限度地提高公共政策过程的有效性。

公共政策过程中公民参与的制度设计，需要对公民群体构成的性质与公共政策的类型进行区分。一般而言，公民群体构成的性质可分为单一有组织的团体、多个有组织的团体、未组织化的公民与复合型的公民四种。公共政策制定则可以划分为如下五种类型：①自主式管理政策（autonomous managerial decision）。政府决策者在没有公民参与的情况下独自解决问题或者制定与执行政策。②改进的自主管理政策（modified autonomous managerial policy）。政府决策者从不同的公众群体中搜寻信息，然后独自制定和执行政策。③分散式的公众协商（segmented public consultation）。政府决策者分别与不同的公众团体探讨政策问题，听取其观点和建议。④整体式的公共协商（unitary public consultation）。政府决策者与作为一个单一集合体的公众群体探讨政策制定、执行、评估等问题，听取其观点和建议。⑤整合式的公共协商（integrated public consultation）。政府决策者同整合起来的公众探讨问题，而且政府决策者与公众试图在问题解决方案上取得共识。

而公民参与政策过程的具体形式则可以分为如下类型：①关键公众接触（key contacts）。这也许是公民参与最简单的一种形式，即政府决策者选择向一些"关键的接触者"进行政策咨询，并与其进行磋商，听取其建议。②公民大会（public meeting）。无论是在历史上，还是在现实中，当人们需要较为广泛的公民参与时，公民大会通常都是一种被选择的参与形式。举办一次公开的公民大会，政府决策者必须提前安排日程，公民大会的日期和时间需以通告或告示方式通知公众，政策问题需在公民大会上公开讨论。③咨询委员会（advisory committees）。咨询委员会是另外一种被普遍采用的公共参与形式。在这项参与技术中，各个利益相关群体或组织的代表人供职于该委员会，他们就特定的政策或问题向政府决策者提供咨询及建议。④公民调查（citizen surveys）。在新公民参与运动发展出来的新的公民参与途径中，公民调查是一项引人注目的参与技术。如果公民调查是在对相关人口随机抽样基础上进行的，那么，调查就有希望提供一些有代表性的观点，而在任何其他参与途径中获得的观点则不一定是确定的结果。①⑤由公民发起的接触（citizen con-

---

① 〔美〕约翰·克莱顿·托马斯：《公共决策中的公民参与：公共管理者的新技能与新策略》，孙柏瑛等译，北京，中国人民大学出版社，2005，第11~12页。

tacts)。公民也创造出了他们自己的公共参与技术，如他们不断增强与各种负责公共项目和政策问题的公共机构的联系与沟通。

依据公共政策的不同类型、不同的公民的性质以及公民参与政策过程的具体形式，可以据此确定公民参与公共政策过程的不同制度安排形式（见表2-6）。①

表2-6 公民参与公共政策的形式矩阵

公共政策类型	公民的性质			
	单一有组织的团体	多个有组织的团体	未组织化的公民	复合型的公民*
改良式的自主管理	关键公众接触	关键公众接触	公民调查/由公民发起的接触	关键公众接触/公民调查/由公民发起的接触
分散式的公众协商	关键公众接触	关键公众接触/一系列公民大会	公民调查	公民调查/公民大会
整体式的公众协商	与公民团体开会座谈	咨询委员会/一系列公民大会	一系列公民大会	咨询委员会和/或公民大会
整合式的公众协商	与公民团体协商	与咨询委员会协商	一系列公民大会	咨询委员会和/或公民大会

*复合型公民即由组织化团体和非组织化团体混合而成。

在一个多向度公共能量场中，公众的声音得到充分的重视，政府在充分考虑各方利益的基础上做出的决策，将能够优化公共政策质量和公共政策过程，更好地服务于社会的发展。这样做，一方面使民主原则得以高水平地落实，另一方面又有利于具体的公共利益目标得到有效确定。现阶段已经有多种公众参与公共政策过程的渠道，如各级政府及其部门的新闻发言人制度、价格听证会、决策前的民意调查以及电子政务实施中公众与政府的双向沟通等都是公众参与公共政策过程的重要形式。随着社会政治文明的发展进步，公众参与公共政策过程的渠道必定会不断得到拓展，参与程度将会不断得到深化。

---

① 〔美〕约翰·克莱顿·托马斯：《公共决策中的公民参与：公共管理者的新技能与新策略》，孙柏瑛等译，北京，中国人民大学出版社，2005，第35页。

2.4.4 公共管理的服务导向更为彰显

公共管理的本质特征之一是其服务性。公共管理的"服务性"来自于这样一种理念：以政府为核心的公共部门的公权力作为国家权力的重要组成部分，产生于公众直接或间接的授权，它是公民权利的一种特殊转化形式；因此，公权力本质上是公众意志的表达、执行形式，是公众意愿的实现手段。公共管理行为存在的根本目的及其合法性在于为公众提供服务，满足公众的需要，如若公众的意志和意愿得不到合理的满足，公共管理便失去了政治合法性，政府就会面临合法性危机。再者，公共管理的服务性也是政府职能的必然选择。政府是社会契约的产物，以政府为核心的公共组织本质上是一种为公众和社会共同利益服务的组织，其职能主要是满足公共需要和实现公共利益。因而，它必须为促进社会发展和文明进步服务，为社会日益增长的物质和文化生活的需要服务。从这个意义上说，服务应是政府的首要职能，服务是公共管理运行的中心。波及全球的政府改革运动的发展已历经近三十载，人们已更深刻地认识到公共管理的服务本质，建设服务型政府已成为世界各国政府努力的方向。统治行政和管理行政都是以集权形式出现的权力中心主义，未来的公共管理必定要更坚定明确地秉持公民至上和服务至上的理念，通过多种方式强化其服务取向，把公共管理真正转变成为一种对公众和对社会的服务。

在推进服务型政府建设和完善服务型公共管理的同时，需要高度关注和回应公民的多元价值选择。因为，我们所竭力推进的公共管理理论的探讨和公共管理实践的改革，是要不断促进社会资源配置的整合和优化，而这样做的目的正是追求和实现社会共享的正义、公平、民主和自由，建设一个宽容的，公民各尽其能、各得其所而又和谐相处的社会。

[重要概念]

（1）新公共行政学：1968年9月，美国一批年轻的公共行政学者在锡拉丘兹大学的明诺布鲁克会议中心召开行政学发展史上的一次标志性会议，提出以"新公共行政学"作为区别以往公共行政学的理论标志，并以政府及其官员公共行政管理过程中的价值观和伦理观作为新公共行政学的核心内容和关键性问题。他们在批判传统公共行政的同时阐明了如下观点：突破传统公共行政政治行政二分法的框架，跳出研究行政程序的狭窄圈子，致力于相关问题的公共行政研究，注重公共行政的政策研究及其政治性；提出民主行政的思想，认为政治民主与行政民主并重；注重行政过程的价值和伦理因素；批判把效率作为公共行政的头号公理，强调应把社会公平放在首位，并强调公平与效率之协调与统一；重新探索行政组织理论研究的视角和演进的途径，认为当代公共行政发展的动力来源于对行政组织进行变革的需要。

（2）新公共管理：从20世纪70年代开始，西方各国相继出现一系列严重的社会、经济与政治危机，政府管理遇到前所未有的挑战，传统公共行政及新公共行政学理论都无法解释和回应现实生活中所出现的许多新情况和新问题，以官僚制为基础的传统公共行政模式遭到普遍的质疑和批判，要求政府改革的呼声此伏彼起，最终在1970年代末导致声势浩大的政府改革浪潮。这场改革运动迅速发展演化为波及全球的以制度创新为核心的政府改革运动即新公共管理运动。与这一政府改革大潮相适应，西方国家逐渐产生发展了一些关于公共管理的新理论。这些曾被冠以多种名称，后来被统称为"新公共管理"的理论从不同的角度反映、诠释、论证并进而推动了全球化的政府改革运动。在新公共管理发展的基础上，形成了公共管理这一当代的新学科、新理论和新的实践范式。

新公共管理的理论模式对于传统公共行政的理论模式是一次深刻的转变，其主要理念和诉求体现在以下方面。第一，主张在政府和市场关系上进行重新定位，通过引入市场化的竞争机制，促进有利于政府运行的内部竞争与外部竞争，以提高政府公共服务供给的效率和质量。第二，主张在国家和社会关系上进行重新整合，通过社区自主组织管理、外包、公私伙伴关系、民营化等途径，以多种多样的组织形式生产和提供各种公共物品和公共服务，使公民组织、民营机构与政府组织共同承担公共管理的责任，促进和实现多中心治理。第三，主张在政府组织运行方式上进行根本性变革，把高度集权的等级制的组织结构转变为分权的、扁平的、网络式的组织结构，要求政府在行为评价的标准、控制方式以及行政组织文化等方面作出根本性的调整，实行以结果为导向的政府运行绩效管理。第四，主张强化国家的核心战略能力和竞争力，要求政府能够以主动、灵活和低成本的方式应对外部环境的变化，并建立一个民主的、负责任的、高效率的和透明的政府行政管理体系。

（3）治理：治理（governance）理论是在20世纪后期伴随着全球化发展而兴起的重要公共管理理论。市场失灵与政府失灵以及二者不能完全互补的现实，政府、市场与社会三种力量与三种机制之间的关系需要调适的迫切性使治理理论应运而生。治理是包括政府及政府体制之外的其他社会组织及公民在内的社会多元主体参与的，基于充分沟通、协商与互动以实现合作共治的诸多方式的总和。治理是一个持续不断的过程，在这个过程中起作用的既包括正式制度和体制，也包括人们认可的非正式制度。治理的过程不是控制，而是协调。治理的核心理念是：①仅依靠政府权力单一和单向度的运行不可能管理好社会公共事务，因此必须实现合作共治；②政府并不是国家唯一的权力中心，各种机构（包括社会的、私人的）只要得到公众的认可，就可以在不同层面和范围内成为社会权力的中心；③强调管理对象的参与，强调在管理系统内形成自组织网络，加强系统内部的组织性和自主性；④在强调国家与社会合作的过程中，模糊了公私机构之间的界限和责任，不再坚持国家职能的专属性和排他性，而强调国家与其他社会组织间的相互依存与互动关系。

（4）新公共服务：新公共服务理论是基于对包括企业家政府理论在内的新公共管理理论进行反思和批判而产生的，旨在纠正后者的管理主义偏向。新公共服务理论由美国著名公共行政学家登哈特提出，其核心理念是在人民主权的前提下，作为最主要的公共管理主体的政府，其基本职能是服务于公共利益，既非亲自"划桨"，又非代替公民来"掌舵"。

（5）协商民主：1980年，美国克莱蒙特大学政治学教授约瑟夫·毕塞特（Joseph M. Bessette）在《协商民主：共和政府的多数原则》一文中首次从学术意义上使用"协商民主（Deliberative democracy）"一词。协商民主是一种决策体制，更是一种民主治理形式。这样的民主治理强调对于公共利益的责任、促进政治话语的相互理解、辨别所有政治意愿，以及支持那些重视所有人需求与利益的具有集体约束力的政策。在这样的治理框架中，社会的不同群体及公民平等、自由地参与公共协商，提出各种观点，陈述理由说服他人，或者转换自身的偏好，在广泛考虑所有人需求和公共利益的基础上，利用公开审议过程的理性指导协商，从而赋予立法和决策以政治合法性。

[思考题]

1. 试分析公共管理理论发展变迁的主要原因及其影响。
2. 试比较传统公共行政、新公共行政及新公共管理三种理论模式的异同。
3. 分析当代公共管理理论的发展从政治学、经济学及管理学所吸取的理论要素及其意义。
4. 治理与多中心治理理论在当代中国公共管理实践中的应用方式及其意义。
5. 试比较协商民主理论与我国的政治协商模式，分析其形成的原因及意义。

并探讨在我国的公共管理实践中引入协商民主理论的可能路径与方式。

6. 如何建构适应中国经济社会转型时期要求的公共管理体系？

7. 探讨公共管理的理论与实践未来发展的趋势并说明分析预测的依据。

[参考文献]

〔美〕H. A. 西蒙：《管理行为》，杨砾等译，北京，北京经济学院出版社，1994。

〔德〕马克斯·韦伯：《经济与社会》，林荣远译，北京，商务印书馆，1997。

〔美〕弗兰多·古德诺：《政治与行政》，王元、杨百朋译，北京，华夏出版社，1987。

〔美〕F. W. 泰罗：《科学管理》，胡隆昶译，北京，中国社会科学出版社，1990。

〔法〕H. 法约尔：《工业管理与一般管理》，周安华等译，北京，中国社会科学出版社，1982。

〔美〕詹姆斯·Q. 威尔逊：《美国官僚政治——政府机构的行为及其动因》，张海涛等译，上海，上海译文出版社，1990。

〔美〕戴维·H. 罗森布鲁姆：《公共行政学：管理、政治和法律的途径》，张成福等译，北京，中国人民大学出版社，2002。

〔美〕R. J. 斯蒂尔曼：《公共行政学》，李方等译，北京，中国社会科学出版社，1989。

〔美〕罗伯特·登哈特：《公共组织理论》（第三版），扈乾威译，北京，中国人民大学出版社，2003。

〔美〕麦克尔·巴泽雷：《突破官僚制》，孔宪遂等译，北京，中国人民大学出版社，2003。

〔美〕查尔斯·沃尔夫：《市场或政府——权衡两种不完善的选择》，谢旭译，北京，中国发展出版社，1994。

〔美〕V. 登哈特、R. 登哈特：《新公共服务》，丁煌译，北京，中国人民大学出版社，2004。

〔英〕简·莱恩：《新公共管理》，赵成根译，北京，中国青年出版社，2004。

〔美〕乔治·弗雷德里克森：《公共行政的精神》，张成福等译，北京，中国人民大学出版社，2004。

公共管理学

〔美〕D. 奥斯本、T. 盖贝勒：《改革政府：企业精神如何改革着公营部门》，周敦仁等译，上海，上海译文出版社，1996。

〔美〕詹姆士·N. 罗西瑙：《没有政府的治理》，张胜军译，南昌，江西人民出版社，2001。

〔美〕文森特·奥斯特罗姆：《美国公共行政思想危机》，毛寿龙译，上海，上海三联书店，1999。

〔美〕拉塞尔·M. 林登：《无缝隙政府：公共部门再造指南》，汪大海、吴群芳等译，北京，中国人民大学出版社，2002。

〔美〕E. S. 萨瓦斯：《民营化与公私部门的伙伴关系》，周志忍等译，北京，中国人民大学出版社，2002。

杰伊·M. 沙夫里茨、艾伯特·C. 海德编《公共行政学经典》（英文），北京，中国人民大学出版社，2004。

〔美〕B. 盖伊·彼得斯：《政府未来的治理模式》，吴爱明译，北京，中国人民大学出版社，2001。

〔澳〕欧文·休斯：《公共管理导论》，张成福译，北京，中国人民大学出版社，2001，第2版。

〔美〕尼古拉斯·亨利：《公共行政与公共事务》（第八版），张昕等译，北京，中国人民大学出版社，2002。

〔美〕珍妮特·登哈特、罗伯特·登哈特：《新公共服务》，丁煌译，北京，中国人民大学出版社，2004。

〔美〕戴维·奥斯本、特德·盖布勒：《改革政府——企业精神如何改革着公营部门》，周敦仁等译，上海，上海译文出版社，1996。

〔美〕D. 奥斯本、P. 普拉斯德里克：《摒弃官僚制：政府再造的五项战略》，谭功荣等译，北京，中国人民大学出版社，2002。

〔英〕简·莱恩：《新公共管理》，赵成根译，北京，中国青年出版社，2004。

黄健荣等：《公共管理新论》，北京，社会科学文献出版社，2005。

张康之：《寻找公共行政的伦理视角》，北京，中国人民大学出版社，2002。

丁煌：《西方公共行政管理理论精要》，中国人民大学出版社，2005。

陈振明：《政府再造——西方"新公共管理运动"述评》，北京，中国人民大学出版社，2003。

国家行政学院国际合作交流部编译《西方国家行政改革述评》，国家行政学院出版社，1998。

欧文·休斯：《新公共管理的现状》，《中国人民大学学报》2003年第6期。

赵景来：《新公共管理若干问题研究综述》，《国家行政学院学报》2001年第5期。

里查德·斯蒂尔曼：《美国公共行政重建运动》，《北京行政学院学报》1999年第4期。

康特妮、马克·霍哲、张梦中：《新公共行政：寻找社会公平与民主价值》，《中国行政管理》2001年第2期。

第3章
公共组织与公共管理
PUBLIC MANAGEMENT

[学习目标]

通过本章学习,认识公共组织的内涵与特征;公共组织理论演变的进程及其意义;公共组织的运行方式与管理机制;外部环境对公共组织的影响;不同类型公共组织的结构特征及其在公共管理中的作用;公共组织间实现互动合作以改善公共事务管理的途径;全球化时代公共组织如何变革以回应挑战。

[重点难点]

公共组织如何实现与外部环境的良性互动;不同类型的公共组织结构特征、组织行为的差异,及其在公共管理中的作用;各类公共组织在提供公共物品和公共服务方面的合作方式;公共组织如何通过变革建构能有效运行的管理机制。

3.1 公共组织概述

组织是构成人类社会的基本细胞。组织的存在源远流长,从原始社会的部落、氏族组织、简单的家庭组织,到私有制出现之后产生的国家、政党等组织形态,以及古往今来都存在的各类经济组织、教育组织、社会组织和文化组织等等,都是组织的不同类型。在不同的历史时期,人类社会的各类群体都需要借助于组织的形式,在生产和再生产其生物性和社会性生活的过程中,实现和提高生产、使用和分配包括人力、物力以及自然资源和精神资源在内的各种资源的效率，减少和化解在这样的种种活动中产生的矛盾和冲突，促进可能的合作，以实现所期望的目标。组织的基本要素包括目标、结构、权力、规则、各类资源及其配置方式等。在构成组织的诸要素中，组织目标最能体现组织的本质特征，因为组织目标是组织存在的前提，决定组织的行为方式和发展方向。因此，组织目标常常成为划分社会中各类不同组织的依据。人类社会中各种组织的目标千差万别，总体而言大致可以归结为以追求社会公共利益或追求私人利益为目标的两种类型。相应的，可以将组织分为公共组织和私人组织。

公共组织是社会组织中极为重要的一种组织形式。顾名思义，它的活动领域和价值取向也不同于私营组织。它覆盖行使国家权力的公共部门，如政府、立法、司法部门等机构，以及政党、军队、公共企业、教会和公共科教文卫等组织；此外，还包括第三部门的各种社会组织和社会团体。这些公共组织，可以出现在国际、国家、地区、族群、群体和社区等不同层面上。

3.1.1　公共组织的内涵与特点

学术界对于公共组织内涵的界定基本上达成共识。公共组织是以实现、增进和维护社会公共利益为目标，为社会提供公共产品和公共服务的正式组织。这一概念指出了公共组织的目标和价值取向，通常以此区别于私营组织。进一步地分析公共组织的基本特征，有助于增进对公共组织更为全面和深入的认识。

如上所述，公共组织的目标、活动领域和价值取向不同于私营组织。除此之外，有学者还从公共组织与私营组织在环境、交易和程序三个方面的差异去诠释公共组织的本质。[1] 依据迄今学术界所形成的基本共识，公共组织的主要特征可以作如下表述。

第一，公共组织秉持公共利益取向和公共服务导向。公共组织的"公共性"决定了公共组织的运行必然是以社会一定范围（例如国际、国家、区域或社群）内公众的共同利益为出发点，提供公共产品和公共服务，追求公共利益的最大化，而不以营利为目的。这是公共组织存在和发展的依据，也是公共组织获得合法性的基础。

第二，多数公共组织的运行主要依靠公共财政预算的支持。因此，权威网

---

[1] 〔美〕保罗·C.纳特、罗伯特·W.巴可夫：《公共和第三部门组织的战略管理：领导手册》，陈振明等译校，北京，中国人民大学出版社，2001，第23～24页。

络、法令、章程规定的义务等在很大程度上都会对公共组织的运作产生制约，限制其自主性和灵活性。[①] 公共组织的活动如公共预算的编制、公共项目的制定、公共资源的使用，以及各种公共事务的日常管理等，都必须在宪法或法律的规范下进行。不同类型公共组织的自主性与灵活性的程度有差异性。

第三，公共组织一般具有政治性。公共组织的决策需要充分考虑政治因素，特别是以政府机构为核心的公共部门。其他类型的公共组织亦在不同程度上体现这样的特点。政治领袖的理念、议员和利益团体的直接或间接操纵或对公共组织行动的反对都可能使公共组织陷入困境。可以说，"公共组织不只是处于政治的外围边缘，而是更处于政治活动的主流地位"。同时，"公共组织引导公众的注意力，并且在设定公共事务的议程方面扮演重要角色，同时也帮助建立社会的价值观"。[②]

第四，公共组织的活动需要更多地接受公众的监督。公共组织通过行使公共权力来处理各种公共事务，公共权力具有权威性、强制性和普遍性。一旦公共权力被滥用，危害性大而且影响广泛。因此，公共组织的行为，尤其是公共部门的行为，必须接受来自全社会的有效监督，以保证公共权力运行的合法性。严格地说，从职务行为的视域看，国家公职人员应当"生活在金鱼缸中，他们的一举一动都经常受到公众的监督和批评"。[③]

第五，公共组织目标的多元性。在大多数公共组织中，不存在一个单一的可以简捷地衡量成功与否的"底线"。相反，公共组织而的目标是多元化的。公平和公正是公共组织的根本目标，但是公共组织使用公共资源提供公共产品和公共服务，又必须讲求效率和效能，并努力达到成本最小化。在公共组织的运行中，例如在不同的时期或不同的任务执行中，这些不同的价值目标有可能产生矛盾和冲突，例如效率与公平的矛盾，效率与民主的矛盾等。因此在不同的情境中需要对多元目标进行选择，做出取舍或优先排序。

第六，公共组织具有一定的垄断性。这主要是指以政府为核心的公共部门组织。政府机构是最具垄断性的公共组织。一方面，政府凭借公共权力的行使合法

[①] 〔美〕保罗·C.纳特、罗伯特·W.巴可夫：《公共和第三部门组织的战略管理：领导手册》，陈振明等译校，北京，中国人民大学出版社，2001，第28页。
[②] 〔美〕罗伯特·B.登哈特：《公共组织理论》，扶松茂等译，北京，中国人民大学出版社，2003，第3版，第119页。
[③] 〔美〕罗伯特·B.登哈特：《公共组织理论》，扶松茂等译，北京，中国人民大学出版社，2003，第3版，第18页。

地垄断许多重要的资源,并且对私营部门的市场准入设立各种障碍;另一方面,由于公共物品的非排他性和非竞争性,以及一些公共工程由于投资大和风险大的原因只能由政府提供,客观上没有竞争,政府就自然成为相关领域的垄断者。垄断性愈强愈有可能导致政府对公共物品和公共服务供给的高成本和低效率,以及导向权力寻租腐败,国家监察部门和公众对这种状况必须予以高度关注和有效制约。

3.1.2 公共组织的基本理论

由于对公共组织的目标、行为特点和运作方式关注的侧重点不同,以及环境的不断变化,使公共组织理论的各种学术派别不断得以确立。下文依照时间顺序对公共组织理论的主要学术派别进行综述,以便于了解不同时期公共组织理论的核心思想,以及公共组织理论演变的理论基础和现实依据。

1. 传统公共行政理论

20世纪20年代,由于政府改革运动、科学管理运动和政治学的新学科方向推动,传统公共行政理论的框架得以构建。传统公共行政的理论基础是威尔逊的政治与行政二分理论,韦伯的官僚制理论以及泰勒的科学管理原理。威尔逊的政治与行政二分法界定了传统公共行政的独立领域。韦伯提出的官僚制组织理论奠定了公共组织的框架和运作机制,从而确立了官僚制在公共行政中的中心地位。泰勒等人的科学管理思想则从组织分工与管理方法等方面使传统公共行政理论得到进一步完善。

(1) 政治与行政二分理论

最早提出"行政学"概念的德国学者冯·史坦因试图从政治中分离出行政领域,其宪政和行政相区别的观点是后来政治与行政相区别的滥觞。威尔逊在其1887年发表的《行政学研究》一文中明确提出了政治与行政二分理论。威尔逊认为,行政不同于政治,"行政管理的领域是一种事务性领域,它与政治领域的那种混乱和冲突相距甚远";"行政应该处于政治领域之外,行政问题不是政治问题。尽管政治为行政确定了目标,但是不应该去操纵行政活动";[①]"行政领域也是企业领域",为了促使行政机构达到效率标准,必须依据企业的模式进行管理,因此就必须使行政活动与变幻无常的政治过程相分离。威尔逊认为通过政治与行政的区分,可以提高行政组织的效率,有助于实现民主治道的政治目标。

[①] 彭和平等编译《国外公共行政理论精选》,北京,中共中央党校出版社,1997,第14页。

公共管理学

古德诺继承了威尔逊的二分法思想,并全面、系统地论述了政治与行政的关系及其各自的功能:政治是"国家意志的表达",行政是"国家意志的执行",[①] 所以,需要利用专门的方法和技术来执行国家意志。但是,他同时又强调在实际的运作中政治与行政的二分必须是在协调一致的基础之上。

(2) 韦伯的官僚制组织理论

传统公共行政模式在韦伯的官僚制理论中得到充分体现。韦伯完整而系统地创立了一种权威理论,并以此来描述组织活动。韦伯指出,人类社会有三种合法的(即被社会所认同的)权威类型:传统型、魅力型和法理型。韦伯认为,任何一种组织都是以某种形式的权威为基础,而只有法理型权威才能成为官僚制组织的权力基础,因为这种权威能保证组织管理的合理性、连续性和效率。

为了保证技术效能的发挥,韦伯提出了理想的官僚制组织结构模型。官僚制组织体系强调专业化分工、等级制、管理的非人格化,组织成员择优录用,具备专门技术,价值中立,高效服务。进而言之,官僚制组织奉行规则中心主义,强调其所具有的精确、快速、明确、熟知文本、连续性、处理权限、统一性、严格从属关系和减少相互摩擦等特点,[②] 由此促进了官僚制组织最大限度地实现合作与控制,从而利于提高组织效率。

(3) 泰勒的科学管理理论

组织管理实践由经验走向科学,与泰勒的科学管理理论密不可分。泰勒为了提高企业的劳动生产率,进行了时间与动作研究,以及培训工人和实行激励性的报酬制度的改革,于是科学管理理论随之创立。他因此而被称为"科学管理之父"。泰勒的科学管理运动带来了一场组织管理思维的全新革命,将人们从前资本主义社会的小农意识和管理的随意性转变为适应资本主义社会化大生产的管理思维方式,并依靠科学的管理制度使管理者权力合法化。科学原理虽然肇始于生产层面的应用,但是很快就向上扩展到组织的更高层次,向外扩展到社会领域。

与泰勒同时代的法约尔根据多年的高层管理经验提出了管理的五项职能、十四条基本原则以及直线—职能制的组织模式。法约尔认为管理包含计划、组织、指挥、协调和控制五项职能。他所提出的管理的十四条原则中,分工原则、权力和责

[①] 转引自〔美〕罗伯特·B. 登哈特《公共组织理论》,扶松茂等译,北京,中国人民大学出版社年,2003,第3版,第50页。

[②] 〔美〕彼得·布劳、马歇尔·梅耶:《现代社会中的科层制》,马戎等译,上海,学林出版社,2001,第19页。

任原则、统一指挥原则、等级制度原则和集中原则初步勾画出层级制的组织轮廓。法约尔还提出了直线参谋制的组织原则。由于直线管理人员忙于纷繁复杂的日常管理工作，无暇顾及长期问题的研究，法约尔主张任用一批"有力量、有知识，并且有时间"的参谋人员作为"管理人员个人能力的增延"，来协助管理人员工作。①

古利克和厄威克将管理职能加以系统化，他们以首字母缩写的形式将行政长官的工作表述为POSDCORB，即计划、组织、人事、指挥、协调、报告和预算。古利克等人的研究也为探索政府机构如何实现更有效率和效能的管理奠定了基础。

常常被作为与科学管理理论相对立的由埃尔顿·梅奥等人所倡导的人际关系学说源于"霍桑实验"。霍桑实验的结果使研究者修正了"经济人"的假设，提出组织成员是"社会人"。梅奥认为，影响劳动生产率的因素除了物质利益外，还有社会的、心理的和情感的因素，因此应当善待组织成员，而不能将其作为机器的附庸，并主张采用某种社会互动的方式来提高员工的士气。霍桑实验"保留了等级制、成本效率、管理至上等旧的目标，改变的只是实现这些目标的手段"。② 公共部门在某种程度上对人际关系学说的运用程度超过了私营组织，以至于后来有论者认为，"即使公共部门的工作人员只是双手交叉在胸前闲聊也是重要的。人际关系管理已经走得过远了"。③

2. 组织的理性行政模型

效率至上是传统公共行政理论的最高准则。这样的目的/工具理性导致为了追求效率而过分强调手段，因而使传统公共行政偏离了对正义、公平价值取向的追寻。由此，传统公共行政理论日渐受到严厉的抨击。西蒙批评古利克和厄威克及其他学者所阐述的"行政原则"只不过是一些"俗语"，主张构建一种建立在实证主义认识论和对组织生活的工具性阐述之上，并以管理决策为核心的综合的行政组织理论。西蒙将组织看作是一个决策系统，提出了管理就是决策的论断。在他的早期著作《管理行为》中，西蒙阐发了关于决策中理性主义思想的经典性论述，提出了以实现完美决策结果为目标的综合理性主义模式。综合理性主义模式过于理想化的色彩受到人们的责难，西蒙本人亦意识到其中的缺陷，因而改

---

① 〔美〕丹尼尔·A. 雷恩：《管理思想的演变》，赵睿等译，北京，中国社会科学出版社，2000，第248页。

② 〔澳〕欧文·E. 休斯：《公共管理导论》，彭和平等译，北京，中国人民大学出版社，2001，第2版，第42页。

③ 〔澳〕欧文·E. 休斯：《公共管理导论》，彭和平等译，北京，中国人民大学出版社，2001，第2版，第42页。

进了他的理论框架，把综合理性模式发展为有限理性模式。这一模式确认，在决策受制于信息的不完备性和决策所需其他资源的局限性的前提下，要求决策者在选择政策方案时不是去寻求能使其价值最大化的方案而是能达到满意或者足够好的方案，更为切合实际。

林德布罗姆基于对西蒙的理性决策模式的批评，提出了决策的渐进模型。他认为，政策制定的实际过程并不完全是一个理性过程，而是对以往政策行为不断补充和修正以及在不同利益代表者或持不同价值编好的决策参与者之间的调适平衡的过程。政策的制定需要依据以往的经验，考虑不断变化的环境需要，在现有的政策基础上实现渐进变迁。林德布鲁所倡导的渐进主义模式有如下三种基本形式：连续的有限比较、离散性的渐进主义以及代表不同党派和利益群体的决策参与者之间的相互调适的方式。渐进决策模型有助于决策者在多方利益主体之间寻求协调，有助于通过渐进方式实现既定目标。

阿利森运用冷战期间美国处理危机事件的经典事件分析，探讨了另外两种决策模型——"组织过程模型"和"政府政治模型"。这两个模型与理性模型相比相当模糊，但是可以用来提高政策分析和阐释的能力。两个模型的模糊性是由于在决策过程中考虑到了外部环境因素对决策的影响。阿利森的研究已涉及将组织作为一个开放的系统来对待。汤普森对封闭系统研究方法和开放系统研究方法进行了探讨。塞尔兹尼克和考夫曼用实际案例分析概述了开放系统的组织分析法，这为后来的权变理论奠定了基础。

3. 新公共行政理论

新公共行政是相对于传统公共行政而言的。新公共行政思想的出现源于20世纪60年代末70年代初美国社会连续出现了一系列的政治、经济和社会危机，全国上下要求进行行政改革的呼声高涨，于是公共行政学领域开始用新的价值观念去反思传统公共行政模式，试图从新的视角重新探索公共行政组织理论。对传统公共行政的价值反思主要集中于两个方面的问题：政治与行政二分法和效率至上。新公共行政学派认为，政治与行政二分法并不切合实际，政治与行政总是高度紧密地结合在一起。"公共行政并非仅仅是执行公共政策的手段，它也是公众如何理解世界——尤其是政治世界——以及如何理解他们自己在这个世界中的地位的决定性因素"。[①] 政治与行政二分的观念致使行政研究局限于一个非常狭窄

---

① 转引自〔美〕罗伯特·B. 登哈特《公共组织理论》，扶松茂等译，北京，中国人民大学出版社，2003，第3版，第118页。

的领域内，聚焦于行政机构内部的管理，而忽视了与社会、政治密切相关的政策研究和制定，因而导致社会危机频发。效率至上使组织出现了一种"失去人格"以及"主体的客体化"的趋势，偏离了社会公平和民主的价值取向，由此导致合法性危机的出现。为了使公共行政合法化，新公共行政学派在传统公共行政的目标中增加了社会公平和民主的内容，并且强调应该把社会公平放在首位，同时也注重公平与效率之间的协调与统一。新公共行政的思维方式的本质更偏重于人本主义，主张参与行政，一是主张公民参与，二是主张在组织决策过程中下层机关工作人员的积极参与。从这一意义上说，新公共行政具有民主行政的价值取向，公共行政因此可以更具合法性。

4. 新公共管理理论

从20世纪70年代开始，由于经济衰退、石油危机和福利国家的沉重负担等原因，西方各国政府普遍面临财政危机、管理危机和信任危机。为了摆脱困境，西方各国从70年代末至80年代初先后发起大规模的公共行政改革，进行政府再造，英国、美国、澳大利亚和新西兰等国家出现了声势浩大的新公共管理运动。这一运动在理论层面的体现是新公共管理理论的勃兴，在实践层面则是政府改革运动的发展。

新公共管理思潮认为，传统的公共行政机构过于庞大，人员过多，插手于许多不应介入的范围，并且在其运行中成本与收益分离，效率低下，造成巨大的浪费。因此，主张引入企业的管理方式和市场机制再造政府，建构富于进取精神的能够实施绩效管理的企业式政府。这一基本理念的典型性表述，体现在如下由奥斯本和盖布勒所提出的以企业家精神重塑政府的"十项原则"中：①起催化作用的政府：掌舵而不是划桨；②政府授权：社区拥有的政府；③竞争性政府：把竞争机制引入公共服务；④使命导向的政府：不是只向规则负责；⑤绩效导向的政府；⑥顾客导向的公共服务；⑦以企业方式管理政府，注重效益和低成本运行；⑧有预见的政府：注重预防；⑨分权的政府：实行参与式管理；⑩市场导向：以市场力量促变革。[1]

新公共管理从公共选择理论、新制度经济学理论（包括交易费用理论、委托代理理论等）和私营部门的管理方式中获得了理论支撑。公共选择理论作为经济学方法在政治学中的运用，采用"经济人"假设解释政治学、行政学问题，其结

---

[1] 〔美〕戴维·奥斯本、特德·盖布勒：《改革政府：企业精神如何改革着公营部门》，周敦仁等译，上海，上海译文出版社，1996。

公共管理学

论是摒弃组织理性的官僚制规则转向重视个体理性的市场规则,通过市场的成本收益对称的约束和激励机制,使行政人员对工作的结果负责。新制度经济学的产生源于科斯的交易成本理论。交易成本泛指"经济制度的运行成本","在公共部门,如果采用签约的形式来降低行政经费并且造成某种竞争,将有可能使某些交易付出较低的成本"。[①] 通过民营化或是外包的方式,引入竞争机制,在公共产品和公共服务的供给中调整政府与市场之间传统的界限和关系模式,可以降低交易成本,打破政府的垄断地位,有利于提高公共服务的绩效和改善公共服务的质量。委托代理理论旨在探讨代理人和委托人之间由于信息不对称而产生的激励和监督问题。为了减少公共部门的代理问题,新公共管理强调诸如合同等市场化方案的运用。私营部门的管理方式也是新公共管理理论的基础,私营部门中卓有成效的管理方式如绩效评估、目标管理、弹性的组织模式与人力资源开发等值得公共部门借鉴。

5. 公共组织理论的新发展

新公共管理由于支持"政府应该企业一样运作",不仅应引入企业管理的技术,而且要采纳某些企业的价值观,以及对市场作用的过度崇拜,忽略了政府、社会的作用以及它们之间的协调,因而遭到一些学者的强烈抨击。批评集中于新公共管理对效率的过分追求,在不同程度上忽略了其他的诸如公平、正义、民主、公民权利与公众参与等价值,有悖于公民对政府的要求。波利特认为这是泰勒科学管理思想的回归,因此,他甚至将新公共管理称为"新泰勒主义"。[②]

登哈特认为,公共组织不应该、也不必要像企业那样来管理,它应该像民主政府那样来管理。在对新公共管理进行批评的基础上,登哈特提出了新公共服务的思想。他指出,新公共服务建立在公共利益的观念之上,建立在公共行政人员为公民服务并确实全心全意为他们服务的理念之上。[③] 新公共服务更具人文精神和民主的价值理念。

对新公共管理核心思想与价值进行批判和超越的另一种有代表性的理论是治理理论。治理不同于统治,治理的实现机制是通过政府部门与政府体制外的公共

[①] 〔澳〕欧文·E.休斯:《公共管理导论》,彭和平等译,北京,中国人民大学出版社,2001,第2版,第16页。

[②] 〔澳〕欧文·E.休斯:《公共管理导论》,彭和平等译,北京,中国人民大学出版社,2001,第2版,第87页。

[③] 〔美〕罗伯特·B.登哈特:《公共组织理论》,扶松茂等译,北京,中国人民大学出版社,2003,第3版,第207页。

管理主体如私营部门、NGO 及公民个人等平等互动协调合作，从而有效行使公共权力共同管理公共事务。较之于统治，治理在权威的行使主体、基础和性质、管理过程中权力运行的向度和方式，管理的范围，所追求目标和评价标准等方面都有很大的不同。

3.1.3 公共组织的环境及其影响

对公共组织环境的关注是随着开放系统理论的兴起而开始的。公共组织作为一个开放的系统，在其运作过程中总是需要不断地与外部环境相互地交换信息、物质和能量，寻求自身与环境之间的动态协调。研究公共组织环境的目的，就是探讨环境对公共组织运行的影响与程度，以及公共组织如何通过自身目标和行为的调整以适应环境的变化或改变环境，从而有利于与环境的良性互动，确保组织目标的实现。

1. 公共组织环境的涵义及内容

绝大多数学者对组织环境的界定是基于组织的外部环境。其中具有代表性的定义是："组织环境是存在于组织边界以外并对组织的部分或全体有着潜在影响的全部要素"。[①] 据此，可以将公共组织环境理解为：公共组织特定边界以外的，一切对公共组织的结构、行为及目标的实现可能产生直接或间接影响的各种要素以及由这些要素所构成的一个动态体系。依据组织环境对公共组织的影响方式不同，可以将其划分为综合环境和竞争环境两个层面。综合环境主要包括政治法律环境、经济环境、社会文化环境、舆论环境、自然环境、技术环境和国际环境。竞争环境是指能够对特定公共组织形成竞争的由多元和多维主体包括国内外、区域内外的公共组织、利益集团、社会公众、私营部门、国际组织以及政府间组织等构成的组织竞争环境。

（1）政治法律环境

政治法律环境亦可称为制度环境，包括一个国家的政治制度、政治权力构成、主导意识形态、法律法规体系以及各种公共政策等。一般而言，国家政治权力分为立法权、行政权和司法权三个部分，由此相应地形成行政、立法和司法三个相互影响的权力系统。公共权力机构是公共组织的核心，因此它们在组织构成、行为方式和组织目标等方面都带有很强的政治性。公共权力机构依据公意制

---

① 〔美〕理查德·L. 达夫特：《组织理论与设计精要》，李维安等译，北京，机械工业出版社，1999，第38页。

定和输出制度、政策和法令法规形成政治法律环境。同时以公共权力机构为核心的各种类型的公共组织都置身于政治法律环境之中，其系统结构、功能和运行必然受到这样的政治法律环境的影响和制约。

各类公共组织所拥有权力的强度与权限或组织的公信力，不仅对法律法规和公共政策的制定与执行，而且对它们处理公共事务和配置社会资源的能力具有重要影响。一方面，政治环境对公共组织的运行能起到规范和约束作用；另一方面，公共组织通过自身的行为可以利用或改善政治环境，对政治环境的性质、形态和结构功能产生重大的甚至决定性的影响。

（2）经济环境

经济环境是指一个国家的经济体制、经济发展方式和发展程度、人口数量质量及增长趋势等。经济体制决定政府经济职能、经济管理方式和经济政策。经济发展方式和经济发展程度决定在公共组织运行中各种必要资源的可获得性与获得程度，从而对公共组织服务公共利益的能力形成制约。人口要素对公共组织无论在其成员吸纳组织构成或是在其运行服务方式及服务内容方面都有重要影响。

发展中国家的人口过快增长使其经济增长的成果黯然失色，对社会发展构成巨大压力，产生了一系列使以政府为核心的公共组织感到极为棘手的问题。例如失业问题、贫困问题、贫富差距扩大问题；大量人口迁移给流入地在公交、教育、医疗卫生等公共资源的分配使用方面带来难以承担的重负；由此也直接导致公共服务质量下降，引发公众不满；一些发达国家的移民问题还可能引发公平就业问题甚至民族矛盾问题；人口老龄化趋势迅速发展，使得满足老年社会的服务需求日益成为公共服务和管理的重点之一。

（3）社会文化环境

一般而言，社会文化是人们在长期生产劳动和社会文明演进的过程中所创造的物质财富和精神财富的总和。但是，人们在使用社会文化环境这一概念时通常指向其精神层面和文化层面的内涵，即社会文化环境是指一个国家或地区的观念意识的构成和社会历史传统的积淀及其对社会的影响程度。具体而言，社会文化环境的要素包括社会结构及其关系、价值观、伦理道德、宗教信仰、风俗习惯、历史传统、生活方式以及公众的教育水平等。这些因素不仅对一定社会中人们的社会选择和和行为方式有深刻的影响，而且也会极大地影响和制约置身于社会文化环境中的公共组织的价值取向、组织建构方式和组织管理运行方式。

（4）媒体舆论环境

各种媒体和其他体现方式的民情舆论对公共组织及其成员的行为所形成的监

督制约至关重要。特别是作为第四媒体的互联网的发展颠覆了传统媒体的信息传播方式，具有突出的全方位、全天候、多维度、彰显即时与共时性以及全球覆盖无远弗届的传播特征，使现代社会的信息传播更及时、更迅捷和更具渗透力。公共组织必须高度重视媒体舆论环境对组织形象和组织运行绩效的影响。媒体是一把双刃剑，它既能夸大政治家、社团领导的个性和私生活的重要性，同时也能够暴露他们的言行失检，惩罚他们。① 2003年中国的SARS事件引发政府的信任危机，导致相关高官引咎辞职，其间媒体对相关事实的揭露和对舆情的表达所形成的巨大压力起了重要作用。

（5）技术环境

技术环境是公共组织运行并提供公共产品和服务所必需的技术支撑或技术平台，包括其与外部主体（社会组织或社会个体成员）产生关系时需要联系、对接、互动或合作时可获得的技术手段。技术环境对公共组织的目标确定、组织行为、组织结构、人员素质、管理方式及组织目标实现的程度等有直接的重要影响。例如，信息技术迅猛发展及其应用，一方面增强了公共组织获取信息的能力并拓展了公共组织与其行为受众互动合作的内容和范围，提升了公共组织运行的效率和效能；另一方面，也对公共组织提出了新的要求和挑战，因为互联网技术的应用在给人们带来便利的同时，也会使社会受到各种不良信息的污染和毒害，产生诸如网络色情、网络经济犯罪、网上黑客以及危及国家安全与社会和谐稳定的破坏行为等问题。因此，政府必须制定相应的法律法规对信息技术的应用进行规制和管理，使社会能够在充分享受信息技术所带来的便利的同时避免和遏制其负面作用的危害。办公自动化与信息网络的完善直接推动公共组织的效率和管理水平的提高，现代许多国家正在建构电子政府。信息网络覆盖了组织内部的各个部门和岗位，信息控制权的分散和员工专业知识能力的增强使得原有的组织结构必须重新调整合完善，公共组织结构的演进正在出现由锥形的金字塔结构模式向扁平化的网络结构模式嬗变的趋势。

（6）自然环境

自然环境对公共组织的政策导向及其管理运行有着直接的影响。不同的自然环境所产生的公共需求会有很大差异。资源存量、分布状况及其可获得性决定公共组织对资源合理开发与利用的政策规划。国家或地区制定经济社会发展规划和

---

① 〔美〕乔治·弗雷德里克森：《公共行政的精神》，张成福等译，北京，中国人民大学出版社，2003，第61页。

公共管理学

公共项目计划时需要考虑其所处环境的政治地理和经济地理的因素。在自然灾害易发或频发地区，需要公共组织部门制定预案采取专门措施预防和应对灾害。例如，在地震活动频繁地区，为提高预防和抵御地震灾害的能力，需要政府制定预防和抗击震灾的相关法律法规，包括制订建筑物的防震抗震的技术标准和相关措施并通过严格监管予以实施。

(7) 国际环境

和平与发展是我们时代的两大主题。这样的大趋势是影响公共组织发展运行的主导驱动力。但是，世界并非风平浪静。在经济全球化时代，公共组织的生存、运行和发展已经比过去任何时候都更多地受到国际环境中的一些负面因素的影响和制约。例如，暴力恐怖主义、民族分裂主义和宗教极端势力的活动，危害极大，影响极为恶劣，需要予以坚决反对、遏制和打击。应对这些国际性的重大问题，需要各国和国际性公共组织加强沟通、磋商，达成共识，并充分实现协调合作。此外，解决地区争端与冲突、经济贸易冲突、环境保护以及军备控制等方面的问题也同样需要各国和国际公共组织通力合作，以维护全球经济社会发展的良性运行，维护世界的和平和安宁。所有这些国际环境因素，都会直接或间接地影响公共组织基本政策的制定，并在不同程度上影响公共组织的运行方式。

(8) 竞争环境

公共组织的竞争环境包括国内和国际环境。以政府为核心的公共组织在很大程度上是公共产品和公共服务提供的垄断者，伴随着公共管理改革运动的发展和深化，这种情况正在得到不断的改变，竞争机制正在对公共组织的运行产生日益深刻的影响。波特的竞争力模型理论提供了一个有益的分析框架。公共组织的竞争环境在国内和国际层面至少受到如下三类竞争势力的影响。首先，是社会公众、利益集团对公共组织提供的产品和服务的现实要求和潜在要求，尤其是利益集团压力更具有影响力，利益集团通过游说政府使他们提出的要求具有合法性。其次是来自私营部门的竞争，公营部门民营化的结果必然使部分公共产品的提供转向民营部门，导致私营部门与公共组织的竞争。第三是来自供应商的竞争。公共组织对供应商的依赖程度直接决定其提供公共产品和服务的成本。

3.2 公共组织的类型及其在公共管理中的作用

公共组织是一个覆盖面广、涉及类型多的庞大而复杂的社会大系统，它包括立法、司法和政府机构、政党、军队、公共企业和公共教育卫生机构，以及第三部门组织等与公共事务管理具有密切相关性的各种社会组织和社会团体。虽然，这些组织本质上都是以服务、增进和维护社会公共利益作为组织目标，但由于它们各自在社会中所处的地位、所确定的具体组织目标、所依凭的组织资源以及运行方式的差异，形成了各种不同类型的公共组织。不同类型的公共组织的组织结构也有所不同，它们在公共管理中发挥不同的作用。

3.2.1 公共组织的分类

公共组织为了实现其促进公共管理、增进公共利益的目标都必须得到公共权力的支持。但是，不同类型的公共组织对公共权力的依存度不同。因此，从对公共权力的依存度划分公共组织的类型更能体现出公共组织的本质特征及运行特点。依据当代中国社会的现状，公共组织大致可以分为政府组织、政党、事业部门、公共企业和第三部门组织。

1. 政府组织及类型

政府组织在公共组织体系中处于核心地位。政府的定义通常有广义和狭义之分。广义的政府组织包括一个国家的立法机关、司法机关和行政机关。对此，《布莱克维尔政治学百科全书》的定义是："政府是国家的权威性表现形式。其正式功能包括制定法律，执行和贯彻法律，以及解释和应用法律。这些功能在广义上相当于立法、行政和司法功能"。[1] 狭义的政府组织是指一个国家的中央行政机关和地方行政机关。政府组织根据宪法和法律的授权，通过其执掌的公共权力对社会公共事务进行管理。政府组织曾经被认为社会公共事务唯一的管理者。现代政府作用的边界已大大缩小，通常在市场机制不能有效发挥作用的社会公共事务领域承担责任，一定程度上弥补了市场失灵。

2. 政党组织及类型

马克思主义认为，政党是指一定阶级、阶层或集团的积极分子为维护和实现本阶级、阶层或集团的利益而结合起来采取共同行动的政治组织。英国政治家柏克认为政党是基于大家所一致同意的某种特定主义，以共同奋斗来促进国家利益而结合的团体。政党在现代社会政治体制中的主要功能可以概括为政治目标制

---

[1] 〔英〕戴维·米勒、韦农·波格丹诺主编《布莱克维尔政治学百科全书》，邓正来等译，北京，中国政法大学出版社，1992，第295页。

定、政治利益表达、政治社会化和政治动员、促进政治精英的形成与遴选。[①]

可以从不同角度划分政党的类型。在革命或战争时期，可以将政党划分为革命党与执政党；在和平时期，可以将政党划分为执政党与在野党。当代中国的政体是中国共产党领导下的多党合作制，因此中国的政党包括执政党与参政党。也可以根据政党的政治主张和价值取向来区分不同的政党类型，如美国的共和党和民主党，英国的工党、保守党和自由民主党等政党的不同冠名在一定程度上体现了这些政党政治代表性的不同类型。

3. 事业单位及类型

事业单位是一种具有中国特色的形成于计划经济体制下的社会公共组织，类似于国外的公共服务机构。2004年中国修订的《事业单位登记管理暂行条例》将事业单位定义为：国家为了社会公益目的，由国家机关举办或者其他组织利用国有资产举办的，从事教育、科技、文化和卫生等活动的社会服务组织。事业单位具备如下基本特征。一是事业单位从事教科文卫等涉及人民公共利益的服务活动，以满足社会在精神文化、社会健康、社会发展和提高民族素质等方面的需要为主要目的。二是事业单位不以营利为目的。有的事业单位可通过从事一些经批准的服务活动取得部分收入，但取得的收入只能用于更好地实现公共利益，而不是分配给其成员。三是事业单位的经费来源于公共财政预算拨款。事业单位初始资金来源于国有资产，不同于其他从事社会公共服务的组织，它们的初始资金包括了国有资产、社会募捐及私人投资。四是事业单位是代表国家从事社会公共服务事业的组织，其成立的程序规则基本上等同于国家机关，事业单位就是中国政府通过行政权力而成立的为国家和社会提供公共服务的法人实体。

中国的事业单位量大面广，种类繁多，其分类通常采用三种方法。第一种是按行业分类，即依据事业单位的基本属性分为教育、科研、卫生、文化、新闻出版、广播影视、体育、交通、环境保护、信息咨询、标准计量、技术监督、质量检测和城市公用事业单位等类型。第二种是按照事业单位的经费来源形式分为财政全额拨款、财政定额补助和自收自支三大类。第三种是依照事业单位的职责分类，把事业单位划分为如下五种类型：一是行政辅助型，即经授权代替行使行政机关部分行政权力的单位；二是监督型，如行业或专业监察大队，交通规费稽征部门，各类基金管理中心，技术监督质量检验，卫生防疫和药品检验监督等。三

[①] 〔英〕戴维·米勒、韦农·波格丹诺主编《布莱克维尔政治学百科全书》，邓正来等译，北京，中国政法大学出版社，1992，第521页。

是公益服务型，这类事业单位主要以公益活动为主，如基础科研、从事义务教育的中小学校，福利院、养老院、图书馆、博物馆等；四是经营开发型，此类事业单位的社会活动主要是面向市场，以技术或劳务为社会提供服务以获取经济效益；五是中介服务型，主要是那些作为事业单位存在的各种社会中介组织，如律师、会计事务所，各类信息、咨询中心和技术推广机构等。

4. 公共企业及类型

公共企业是政府通过直接投资或股权控制而形成的，以实现公共利益为首要经营目标的相对独立的经营实体。公共企业的运行受制于政府的干预，政府对公共企业的投资决策、人员安排和利益分配实施一定的控制。政府借助于公共企业这种生产组织形式在关系国民经济命脉的重要行业和关键领域占支配地位，以贯彻其对经济社会发展实施宏观调控的意图，通过为经济发展和国家安全提供必要的基础设施，为高新技术产业的发展、产业结构调整的优化提供支持，服务于国家的整体利益和长远利益。

公共企业的类型通常可以依据其涉及的行业进行划分，主要包括如下类型：涉及国家安全和国计民生的重要行业，如军工、印钞、航空航天；一些重要的提供公共产品和公共服务的行业，如电信、能源、供水、大型水利设施、环保设施、铁路运输和城市公交等；一些重要的基础性产业和高新技术产业，钢铁、石化、汽车、油田和信息产业等。在不同国家，或同一国家在经济发展的不同阶段，公共企业在上述领域的介入方式和介入程度有很大差异性并且在不断变化。自20世纪70年代公共管理改革运动兴起，各国普遍出现了公共部门民营化运动，公共企业已经从上述许多领域退出或部分退出，以利于促进竞争，提升公共物品和公共服务供给的效率和效能。

5. 第三部门及类型

第三部门这一概念最早由美国学者列维特（T. Levitt）提出，他把第三部门界定为处于政府与企业之间的各种社会组织。在列维特看来，把社会组织简单地分为政府公共部门和企业部门其实并不科学。事实上，在这两大类组织之间还存在并活跃着为数众多的第三类组织，他将这些社会组织统称为第三部门。第三部门承担了政府和企业"不愿做、做不好或不常做"的事。[①] 所谓第三部门是指非政府性的，以自愿服务社会公共利益为目标的社会组织。其主要特征是具有正式

---

① 转引自王绍光《多元与统一——第三部门国际比较研究》，杭州，浙江人民出版社，1999，第6页。

组织、非政府或民间性、非营利性、自愿性和自治性。

第三部门是一个庞大的组织体系，其中各种类型的组织差异很大，可以根据不同的标准进行分类。依据第三部门在社会中发挥的作用以及发挥作用的方式不同，可以将第三部门分为：学术研究、教育和知识传播型，如各种学会、协会、一般的民办教育及西方的教会学校；政策影响型——这些组织主要通过宣传、游说和政策倡导影响政府政策制定；直接提供公共服务和物品型，如各种慈善机构、环保组织、康复中心等。依据第三部门行为主体的性质和功能，可以将第三部门分为17类：产业部门、社会服务与社会福利、公共事务、信息与技术服务、卫生、体育、教育、文化艺术、新闻出版、科学技术、人文社会科学、环境能源、特殊性质企业行业组织、职业组织、地区组织、个人联谊及其他组织。依据第三部门的本质特征，可将其分为同业组织、行政管理组织、慈善性机构、学术团体、社区组织、职业性利益团体、公民的自治组织、兴趣组织以及非营利性咨询服务组织。

第三部门是现代公民社会运行的主要载体。它们以社会自组织、自规制和自治理方式，或者以政府授权的行动方式，解决局部性或专项性的社会公共问题，尤其是在监督制约政府行为和提供社会发展或特定弱势群体所需要的公益服务方面发挥重大作用，并通过与政府组织及其他公共组织的合作互动构成开放性的公共事务治理行动网络。

3.2.2 政府组织结构及其在公共管理中的作用

1. 政府组织结构

政府组织结构是指政府组织内部的分工协作方式、职权职能划分、机构设置和岗位设置及其综合效能。长期以来，官僚制结构一直是政府组织的基本结构模式。官僚制组织的运行基于职能专业化的分工、等级制、非人格化的制度规范，并且依据技能和绩效来进行人员的选拔和晋升。其重要特征是法治化、科层化、专业化、公私分离和效果的可预见性。马克斯·韦伯认为，理性官僚制作为一种社会组织的特殊形式，它的建构与应用有利于将法规应用于具体实践，从而增加了行动的可预见性。他指出，"对于官僚体制来说，'可预见的规则'，具有真正决定性的意义"。[①] 官僚制结构的本质体现了一种对理性化的规范的管理体制的

---

① 〔德〕马克斯·韦伯：《经济与社会》（下卷），林荣远译，北京，商务印书馆，1997，第278～286页。

选择与追求，基本上适应了工业化社会追求经济增长和效率至上的要求，官僚制结构成为20世纪政府组织结构的主导模式。

随着人类社会从工业社会进入到后工业社会，被推向极致的官僚制组织本身所固有的缺陷和弊端也逐步暴露出来，导致其受到愈来愈多的质疑与批评，在实践中陷入困境。"传统的官僚制模式是随着羽毛笔和其后的打字机技术而产生并发展壮大的，严格的等级制度对这种技术而言是较理想的"。[①] 但是，20世纪初设计的官僚制"完全不能在90年代变化迅速、信息丰富、知识密集的社会和经济中正常发挥功能"。[②] 于是，在许多人看来，"官僚制"逐渐从一个中性词变成指向机构臃肿、僵化、低效率、繁文缛节、缺乏创新和适应能力的代名词。在官僚制组织模式的实践中，集权与授权、效率与责任以及科学与价值的冲突都日益凸显。从技术层面看，官僚制结构暴露出的种种弊端也说明随着信息技术的发展，官僚制在技术上的优越性已经丧失，官僚制与工业社会的技术相吻合，但与信息时代的技术要求格格不入。因此，改革官僚制结构刻不容缓。实践中对官僚制结构的修正不断涌现，如组织结构的扁平化、分权化，部门之间的横向联系增强。此外，政府职能的社会化倾向日益增强，公共事务越来越多地由第三部门来承担，政府通过委托合同将本来属于自己的公共事务外包给第三部门来实施，传统意义上的政府组织的职能发生转变，由此导致政府组织的管理方式发生转变、政府组织结构的弹性化和开放性增强。尽管如此，官僚制所强调的基于规则与程序和纵向控制的组织结构特点迄今仍然具有积极意义，因而官僚制结构仍然是当今政府组织结构的主流模式。

2. 政府组织在公共管理中的作用

政府组织在公共管理中的作用集中地体现在政府职能上。政府职能是政府组织依据社会和经济的发展需要而确定的在一定时期内政府的行为方向、基本任务和职责范围。政府职能是一个因变量，在不同的历史阶段和不同的国度，对政府职能范畴和职能结构，以及与之相关的诠释有不同的要求。一般而言，政府职能包括了维护主权职能、对外防御职能、对内保护职能、经济管理职能和社会管理职能。政府职能演进变迁一个总的趋势是由传统社会的阶级统治职能，转向工业

---

① 〔美〕B.盖伊·彼得斯：《政府未来的治理模式》，吴爱明译，北京，中国人民大学出版社，2001，第20~21页。

② 〔美〕B.盖伊·彼得斯：《政府未来的治理模式》，吴爱明译，北京，中国人民大学出版社，2001，第20页。

公共管理学

社会的社会管理职能和后工业社会的社会服务职能。综观西方国家政府职能范围的变化,可以看到在经济社会发展的不同阶段,政府职能发生了如下变迁,即政府从自由资本主义时期的"守夜人",到凯恩斯主义时期的"全能政府",再到现代市场经济条件下的"有限政府"。

在当代社会,政府在公共管理中的作用主要体现在如下方面:①确定制度法律框架。政府需要通过有效的制度、法律法规和政策供给,促进和维护经济和社会良性运行和社会的和谐稳定。②提供公共产品和公共服务。如国防体系、环境保护、公共教育、公共卫生体系和基础设施等。③治理外部效应。外部效应是指一个经济主体不经交易而对其他经济主体施加的成本或收益。外部效应分为外部正效应和外部负效应。政府可以通过补贴或直接的公共部门的生产来推进外部正效应的产生,通过直接的管制来限制或遏制外部负效应的产生,或对外部负效应的后果进行治理。④维护社会公平包括维护公平竞争。政府可以通过财税政策及社会保障制度来调节收入及财产再分配,促进社会公平;通过制定反垄断法、消费者权益保护法、反不正当竞争法等保护公平的市场竞争。⑤保持宏观经济的稳定和促进产业结构的优化。政府需要运用经济手段、法律手段和必要的行政手段,对社会供求总量及其构成等实施调节和控制,使总供给与总需求趋于平衡,实现经济持续稳定的发展;通过制定合理的产业政策,引导产业结构和产品结构的调整,促进国家产业结构优化。⑥协调与解决社会冲突,保护弱势群体。政府作为社会的仲裁者,必须对族群之间、地域之间、不同阶层或利益群体之间、社会个体成员之间所产生的矛盾冲突予以协调和解决,必须通过有效的制度和政策安排,维护社会公平正义,化解矛盾,保护弱势群体,促进社会的稳定和协调发展。

3.2.3 政党组织结构及其在公共管理中的作用

1. 政党组织的结构

政党是一种特殊形式的组织,迪斯累里将其描述为"有组织的舆论"。[1]政党的组织结构受到多方面的组织变量的影响,如政党决策机构的组成及其权力,及两者之间的关系;权威集中或分散的程度;政党官僚机构的结构和规模;以及政党基层单位或地方单位的性质与功能等。政党组织的重大差别可以归因于其环境

---

[1] 〔英〕戴维·米勒、韦农·波格丹诺主编《布莱克维尔政治学百科全书》,邓正来等译,北京,中国政法大学出版社,1992,第526页。

第3章 公共组织与公共管理

与意识形态的影响,以及不同的政治目标与目标的优先考虑。

由党派竞争所产生的政党组织与不具备竞争环境的政党组织(如在一党制中)有很大不同。① 前一种情况大致可以分为干部党与民众党两种类型。干部党是纯粹为选举目的服务的政党,其对正式党员的资格几乎或完全没有具体的规定,党的组织工作依靠一小部分人,少数几个名流,依靠为数不多的核心工作人员。这种类型可以美国的政党为代表。欧洲的政党大多是依据民众党的模式建构其组织,这样的组织结构相对复杂,在服务于组织效益的要求与确保党员参与、党内民主决策的目标这两者之间进行平衡。一些民众党还依靠大量的间接党员进行工作,例如英国工党与工会的密切关系使得后者组织的一部分成为工党的外围组织。

观察西方的政党组织结构,需要注意到其政党体制内外组织结构的不同。在政治体制之外,政党从中央到地方和基层的各级党的组织结构是"体制外结构",而在政治体制之内,适应特定政治体制的规则而形成的党的组织结构是"体制内结构"。这两种结构的相互关系(法定的或习惯的)构成了政党在政治体制中运行的必要纽带和机制。② 这样的政党体制内外组织之间的关系主要有两种类型:一是少数国家由体制外政党组织支配控制体制内政党组织;二是大多数国家由体制内政党组织支配控制体制外政党组织。③ 第一种类型以日本的自民党、意大利的天民党和瑞典的各大党为代表。以瑞典为例,体制外政党组织通过组织和纪律两个方面对体制内政党组织的进行支配控制:一是各级立法机构的候选人名单完全由党组织决定,议会内的执政党的政策首先由党内决策机构决定然后交政府执行;二是党纪律规定,议员在投票时一般需与党保持一致;三是政党之间发生政策分歧主要依靠体制外政党领导人之间的协商来解决。第二种类型的典型是英、美、法、德等国的各大政党。这种体制内党组织居于主导地位的主要原因是:体制内政党组织具有相对的独立性,不受体制外政党的组织和纪律约束;体制内政党组织的活动主要受宪法与其他有关法律法规的制约;政党的许多主要领导干部都已在体制中。现代西方政党大多重政策而不重原则,政党间的分

---

① 〔英〕戴维·米勒、韦农·波格丹诺主编《布莱克维尔政治学百科全书》,邓正来等译,北京,中国政法大学出版社,1992,第 526 页。
② 施雪华:《论西方政党体制内外组织结构的相互关系》,《浙江社会科学》1998 年第 2 期,第 69 页。
③ 施雪华:《论西方政党体制内外组织结构的相互关系》,《浙江社会科学》1998 年第 2 期,第 69~71 页。

公共管理学

歧主要是政策分歧，因此体制内的政党组织在政策选择和制定方面具有优势。

当代中国的政党制度是中国共产党领导下的多党合作制。作为居于领导地位的执政党，中国共产党的组织结构具有整体完善严密、纵向和横向系统体系完整功能明确的特点。党建构了从中央到地方以及基层的完善的组织及其部门机构。

依据中国共产党党章第十条规定，中国共产党是按照民主集中制组织起来的统一整体。其组织建设所依据的民主集中制的基本原则是：①党员个人服从党的组织，少数服从多数，下级组织服从上级组织，全党各个组织和全体党员服从党的全国代表大会和中央委员会。②党的各级领导机关，除它们派出的代表机关和在非党组织中的党组外，都由选举产生。③党的最高领导机关，是党的全国代表大会和它所产生的中央委员会。党的地方各级领导机关，是党的地方各级代表大会和它们所产生的委员会。党的各级委员会向同级的代表大会负责并报告工作。④党的上级组织要经常听取下级组织和党员群众的意见，及时解决他们提出的问题。党的下级组织既要向上级组织请示和报告工作，又要独立负责解决自己职责范围内的问题。上下级组织之间要互通情报、互相支持和互相监督。党的各级组织要按规定实行党务公开，使党员对党内事务有更多的了解和参与。⑤党的各级委员会实行集体领导和个人分工负责相结合的制度。凡属重大问题都要按照集体领导、民主集中、个别酝酿、会议决定的原则，由党的委员会集体讨论，做出决定；委员会成员要根据集体的决定和分工，切实履行自己的职责。⑥党禁止任何形式的个人崇拜。要保证党的领导人的活动处于党和人民的监督之下，同时维护一切代表党和人民利益的领导人的威信。①

由于长期以来坚持不懈地依据上述原则致力于党的组织建设，不断完善党的组织体制与组织结构，中国共产党不仅具有对党内资源的强大的动员力与资源配置整合效率，而且对于组织外的各种资源也具有强大的动员力和整合力。

2. 政党组织在公共管理中的作用

探讨不同类型的政党在公共管理中的作用实际上是要说明政党在和平时期的作用。以下着重分析和平时期执政党的作用。这样的作用主要体现在利益表达与整合、政治社会化、政治领导与政治动员等三个方面。

（1）利益表达和整合功能。执政党合法控制政府，或是在议会中控制多数席位，能对公共政策的制定产生重要的乃至决定性的影响。执政党对公众的利益

---

① 《中国共产党章程》（中国共产党第十七次全国代表大会部分修改，2007年10月21日通过），《人民网》，http://cpc.people.com.cn/GB/64093/67507/6434557.html，2008年8月28日。

诉求必须予以高度敏锐的体察，促进和确保其得以充分和及时的表达，并能够对不同群体的利益予以协调整合。在此基础上，向国家管理和决策系统输入经过合理的利益集约和优化的信息，以便于科学制定有关国计民生的各项计划和公共政策。这样做，对于改善和优化公共管理，促进社会的可持续发展，维系和增强执政党及政府的合法性至关重要。

（2）政治社会化功能。执政党需要借助于各种舆论工具向公民广泛持续地传播政治和公共管理的相关信息、执政党的意识形态导向和公共管理理念，从而让公民充分了解执政党的价值取向、公共政策意图和施政目标，增强对执政党的认同和支持。执政党对公民所积极施加的政治影响，有利于增强公民参政议政意识，促进第三部门的成长壮大，促进公众积极参与国家公共事务管理。同时，这样做也有利于公众对执政党和政府实施有效的监督制约。由此，执政党的政治社会化功能得以不断强化。此外，执政党还可以间接地通过基于利益和文化诱因的方式，不断发展和丰富其政治社会化的功能。

（3）政治领导和政治动员功能。和平时期执政党的重要政治领导和政治动员功能，体现在准确定位国家利益和公共利益，动员和整合公共资源并实现其优化配置，以维护主权和领土完整与国家安全，维护和促进社会的和谐稳定。

3.2.4 事业单位的结构及其在公共管理中的作用

1. 事业单位的结构

中国的事业单位产生于计划经济体制之下，虽然其职能有别于政府机关，但长期以来其组织结构和运行方式上基本等同于政府机关。事业单位举办主体是政府，政府事实上担当了事业单位的所有者、管理者和经营者等多重角色。因此，事业单位的依附性较强。如前所析，事业单位的组织体系庞大，包罗繁多，但是其组织结构特征基本一样，都类似于政府组织，单位行政级别、人事制度安排、内部机构设置及福利待遇等都与政府组织相似。事业单位的组织目标、人员配置、岗位设置、人事任免和运行经费等，均由其上级或其挂靠的行政主管部门负责。政府行政主管部门主要采取行政管理的方式来对事业单位实施管理。

2. 事业单位在公共管理中的作用

（1）提供专业性公共服务。事业单位主要分布在教育、科研、文化、卫生等领域，这些领域专业性强，而且集中了大量的专业人才。这些领域的事业部门能够在满足社会对人才培养、科技创新发展、环境保护、公共卫生、文化事业以及提升公民素质等方面需要的专业化服务中发挥非常重要的作用。

（2）提供公益性公共服务。在事业单位所提供的公共服务中，很大一部分是为了满足经济社会发展和人民群众精神文化生活需要的公益性服务。这样的服务以追求社会效益，增进、实现和维护公共福祉为其首重目标。

（3）施行行政辅助功能。事业单位虽然不具有政府行政机构的行政权力，但是它可以经行政机关的授权辅助行政机关行使相关行政权力。如在教育领域的学位授予；在教科文卫等领域的职称评定；在生产领域中的食品卫生监督和产品质量检验等。

（4）提供中介服务。作为事业单位存在的各种社会中介组织，如律师、会计事务所，各种司法救助和仲裁机构，各类信息、咨询部门，科学技术普及和推广机构等，可以为社会生产和生活的有效运行提供各种服务和帮助。

3.2.5 公共企业组织的结构及其在公共管理中的作用

1. 公共企业的组织结构

（1）直线职能制结构。直线职能制结构是公共企业组织最为基本的一种管理结构形式。它是一种中央集权式的结构，企业内部按职能（如生产、销售、财务等）划分为若干个部门，每个部门独立性很小，权力集中于高层管理人员。这种结构的优点在于可以通过专业化的分工获得规模经济的效益。但是在企业规模大、产品多、技术复杂的情况下，由于各职能部门没有决策权和指挥权，高层直线管理人员易于陷入对日常经营的管理协调中，而无暇顾及组织所面临的重大问题；同时，由于各职能部门之间的横向联系差，每个部门更注重本部门职能目标的实现而忽视企业的整体目标，结果是公司"政策的制定和计划的编制，通常是有利害关系的各方协调的结果，而不是根据公司全盘需要而作出的反应"。[①]

（2）事业部制结构。事业部制结构从形式上看，由一个中央办公室和各个事业部所构成。中央办公室作为协调和控制各事业部的中心，并在科研人员、财务人员和法律人员的协助下向各事业部提供支援服务。各事业部是按产品、区域或商标等来设立的，它们是相对独立的自治单位。事业部制结构克服了直线职能制结构的高度集权，实现了集中控制与分散管理相结合。事业部制结构在具体的运作过程中也在一定程度存在的问题，这主要表现为机构和人员重复设置、中层管理人员膨胀，最终有可能导致组织管理成本的上升和效率的下降。各事业部决

---

① 〔美〕小艾尔弗雷德·D. 钱德勒：《看得见的手——美国企业的管理革命》，重武译，北京，商务印书馆，1987，第534页。

策的自主性和利益的相对独立性，易于滋生机会主义行为，不利于各部门的协作，甚至影响到公司整体发展战略规划的实施。

（3）矩阵结构。矩阵结构实质上是直线职能制结构的一个变种，它在原来的直线职能制结构的基础之上，再建立一套横向的管理系统，将按职能划分的部门与按项目划分的小组结合起来，使每个执行人员既与原职能部门保持组织和业务的垂直联系，又与按项目划分的小组保持横向联系，形成一个类似于数学中的"矩阵"，故称矩阵结构。矩阵结构有利于促进各职能部门的横向业务联系，围绕某个项目可以迅速地集中资源优势，及时地对外部环境做出反应，以较高的效率完成任务。矩阵结构也存在明显的缺点，主要是双重领导可能带来的执行人员无所适从、领导责任不清、决策延误等。

（4）网络结构。网络结构是指在20世纪80年代以后出现的企业组织结构的新形态。它是超越了单体组织的结构模式，是为了特定的目标或任务，由多个独立的个人、部门和企业为了共同的任务而组成的联合体结构。它的运行不靠传统的层级控制，而是在明确成员角色和各自任务的基础上通过全方位的联系与合作来实现各方力量的协调。网络组织依靠网络组织协议运行，在遵守协议前提下可自愿进入和退出，因此，网络组织结构是柔性的、扁平化的，其组织边界是模糊的，并可渗透。网络结构是知识经济时代的产物，是企业组织为应对更具不确定性的环境而对传统官僚制组织结构发起挑战的产物。

2. 公共企业在公共管理中的作用

市场失灵的存在需要政府对经济社会生活实施干预。一方面，政府可以作为经济活动的调节者，采取各种经济政策，如财政政策、货币政策、价格政策、产业政策、收入分配政策等，借助于价格、税收、信贷、补贴、利率、汇率和工资等经济杠杆来达到对经济生活进行干预的目的。另一方面，政府可以作为企业家，通过直接投资，创办和运营公共企业，从事商品的生产和销售活动，直接参与微观经济活动来实现对国民经济的干预。这两种方式各有其优势，不能完全互相替代。作为一项政策工具，较之于其他政府干预形式，公共企业对经济的干预往往具有成本较低、更为直接灵活、贯彻政策意图更为有效的优势。[①] 公共企业所追求的不仅仅是利润目标，更重要的是宏观的社会效益，是增进、实现和维护社会的公共利益。公共企业在公共管理中的主要作用可见于如下方面。

（1）提供公共产品。一般而言，公共产品具有非竞争性和非排他性的特征。

---

① 参见席春迎《国有经济的规模及其演变轨迹》，北京，中国经济出版社，1998，第24～26页。

非竞争性意味着一个人的消费不会减少其他人的消费,非排他性意味着难以采取有效措施阻止任何人对公共产品的消费。公共产品的非竞争性和非排他性决定了人们不需要购买仍然可以进行消费。因此公共产品一般不会进入市场交易,私人生产者也不会愿意向社会提供,所以公共产品主要依靠公共部门来提供。在现实生活中,同时具备非竞争性和非排他性的纯公共产品并不太多,更为普遍的是介于私人产品和公共产品之间的混合产品,又称准公共产品。依据具体情况,混合产品可以由公共部门提供,也可以由私人部门提供,或者由公共部门和私人部门合作提供。公共部门提供公共产品或混合产品的一条重要途径就是建立公共企业。公共企业需要介入的经济活动范围主要是那些于国计民生有重要关系的产业,如基础设施建设、重要战略资源的开发生产、关系到国家安全的军工及造币、大规模环保工程、江河治理工程以及航空航天、城市公交系统等。

(2) 协调和优化产业结构,促进经济发展。合理的产业结构是一个国家经济协调有序发展的前提。一些基础产业由于投资量大,投资周期长,收益率低,私人资本不愿进入或没有能力进入,因此往往成为制约经济发展的瓶颈。新兴产业科技含量高发展前景好,而且新兴产业的发展有利于促进产业结构的优化升级。但是由于资金需求量大,风险大,常常会使投资者裹足不前。公共企业在这两方面的积极介入,能够对实现产业结构的优化,促进经济持续稳定发展起到重要作用。

(3) 协调区域经济发展,缩小地区差距。一些国家,由于地理和历史等因素的制约,地区间经济发展差距很大。如果仅仅依靠市场机制来调节,投资者必然趋向于经营条件好、回报率较高的地区,其结果就是"马太效应",富者愈富,穷者愈穷,不利于国民经济的协调均衡发展和社会的稳定。政府通过在经济相对落后地区兴办公共企业,发展基础产业、新兴产业和基础设施建设,对于实现区域间的经济协调发展,缩小地区差别,促进社会稳定具有重要意义。

(4) 防止和遏制自然垄断。自然垄断是规模经济造成的一种状况。规模经济是指某些行业具有生产量越大,平均成本越低的特点。这一特点决定了这些行业在只有一个企业生产时会最有效率。但如果一个行业只有一个企业,又会出现垄断定价,垄断定价往往高于边际成本,造成资源配置的无效率。同时,由于缺乏竞争,垄断企业没有动力进行技术改造,降低成本,这对社会来说也是一种损失。因此,对于自然垄断,如果政府不进行干预,垄断者就会通过控制产量,抬高价格来攫取超额垄断利润,损害消费者利益。防止和遏制自然垄断可以采取多种方式,其中通过在相关行业举办和发展公共企业,是一种积极的和直接的措施，有利于改善资源配置和促进竞争，从而使公众得到较好的社会产品供给。

（5）稳定和协调经济发展，缓解周期性经济波动。稳定和协调经济发展，避免经济危机的出现是市场经济条件下各国政府宏观调控的主要目标。公共企业是政府实施强有力的宏观调控，避免经济的过度波动的重要政策工具。由于公共企业直接受政府控制，可以在相当程度上实现生产与经营的计划性，因此公共企业的运营能够呈现出反周期性的特点。当经济高涨时，公共企业可以按政府要求缩小其投资规模，防止经济过热；当经济萧条时，公共企业又可以按照政府要求扩大投资规模，增加社会需求，拯救衰退企业和产业，扩大就业，刺激经济的回升。简言之，政府可以通过对公共企业的投资规模、投资方向和投资区域的调整来稳定和协调经济发展。

（6）强化政府的宏观调控作用。货币政策是当代市场经济条件下各国政府干预和调节宏观经济运行的主要政策工具之一，而国有银行则是政府实施有效的货币政策的重要机构。政府拥有强有力的国有银行体系，才可以通过其控制的国有金融机构直接调整信贷规模和结构，干预货币流通，从而实现某些货币政策目标，并可以对某些特殊部门或企业提供资金以帮助、扶持其发展。[①] 另外，由于公共企业广泛分布在能源、交通、通讯、银行等基础设施和公用事业部门，因而也有利于政府贯彻干预经济的政策意图，克服市场在宏观经济领域的失灵。

（7）推进科技创新，增强国家创新力。科学技术是第一生产力，高新技术是推动现代经济发展的强大动力。一些对于国家长期发展具有重大战略意义的高新技术开发，如航天技术、大规模集成电路、超导技术、生物工程、新材料、重大技术装备等，是需要超前投入、投资大风险大的领域，私人资本往往不愿意或难以涉足。因此，在这些领域中依靠国家力量进行投资，建立公共企业，承担起重要和大型科研项目的开发和应用，有利于不断增强国家的科学技术实力和创新能力。

3.2.6 第三部门组织的结构及其在公共管理中的作用

第三部门的兴起，标志着政府对社会公共事务的管理模式由过去的自上而下的权力单向运行的管制和控制模式向政府与社会合作共治以及社会自组织与自治模式的转变，由此构成了公共管理的社会基础。第三部门的自治性、自愿性、非政府性、非营利性和有组织性的特征使得它的组织结构、管理体制、工作方式上

---

① 金碩仁：《政府经济调控与市场运行机制》，北京，经济管理出版社，2000，第117页。

灵活多样，管理成本低，运行效率高。

1. 第三部门的结构

第三部门是社会成员自愿组成的非营利组织，因此它不像政府组织具有基于明确的权限划分而形成较多的层级结构，以及由于繁多的职能划分而形成部门化的横向结构。一般而言，第三部门职能较为单一，没有复杂的权力层次，成员之间、组织内部部门之间的关系主要依赖于合作而不是分工。因此，第三部门的组织结构更接近伯恩斯所说的有机系统。这种组织结构的特点包括：注重合作与横向联合，非正式的沟通渠道，低度的正规化，决策的分权化，层级的扁平化。第三部门的组建在资金方面主要依赖广泛的社会资源，如社会的捐款、企业的赞助、政府的拨款，因此第三部门特别注重来自外部的评价，由此决定了第三部门特别强调适应动态的外部环境。

有机结构可能是如下类型的结构。①简单结构，通常只有两三个纵向层次，有一群松散的雇员或志愿者，组织有一个协调人。这种结构可以存在于小型的非政府组织中。这种组织结构最大的特点就是灵活，运营成本低。②网络结构，网络组织的运行不靠传统的层级控制，而是在明确成员角色和各自任务的基础上通过全方位的互动与合作来实现各方力量的协调。网络组织以协议为前提，在遵守协议的前提下可自愿进入或退出，因此，网络组织结构是柔性的，其组织边界具有是模糊性与可渗透性。

2. 第三部门在公共管理中的作用

第三部门是公民社会运行的重要载体，是增进、实现和维护公共利益的重要力量。第三部门以其特有的公益性、非政府性、非营利性、志愿性、灵活性和专业化的特点在公共管理中发挥着越来越重要的作用。这些作用可见于如下四个方面。

（1）提供广泛的社会公共服务和公益服务。较之于政府和企业，第三部门具有特别的社会资源的动员能力。第三部门凭借其公益、志愿、博爱、慈善的宗旨和理念赢得社会的信任，因而能够获得源源不断的社会慈善捐赠和吸引汇聚众多的志愿者，这些来自社会的主要是志愿性和无偿性的公益资源成为第三部门能够向社会提供广泛的公共和公益服务的坚实基础。第三部门提供的服务遍及社会各个方面：如为弱势群体提供帮助的各种慈善性质的基金会、志愿者协会和社区自治组织的工作，包括在社会福利领域中由各种社会力量举办的福利院和慈善基金会等，以及在赈灾救灾、扶贫济困、帮助妇女儿童和老弱贫残等方面开展活动提供服务；在政府和各类不同的经济主体之外有大量提供中介服务的社会中介组织；在环保领域，有各种致力于环保的志愿者组织。

（2）第三部门参与公共物品供给有利于改善公共物品的供给效率和供给质量。由政府完全控制某种公共物品的供给会导致行政垄断，由政府直接提供公共物品也会有许多弊端。这两种方式都有可能导致不能对社会公共需求作出及时反应，同时官商衙门式的供给方式会加大公共物品的供给成本，并且不利于提高其供给质量。而若是由市场主导公共物品的供给，市场机制的趋利性则会导致公共物品供给范围的偏差和价格偏高以及质量问题。相比而言，由第三部门来供给公共物品具有上述两种主体所没有的许多优势。因此，第三部门参与公共物品的供给可以促进和优化竞争，可以调适和优化公共物品供给的价值取向，从而有利于提升公共物品供给的效率和效能。

（3）第三部门参与公共管理有利于对政府实施有效监督制约和实现政府与公民社会的合作共治。传统的行政管理中，公共权力过于集中于政府，政府甚至剥夺了本来应属于公民社会的权力。公共管理运动的出现和第三部门的兴起意味着公民社会权力的扩大与回归，其结果是导向第三部门与政府一起共享公共管理权力的格局。这种共享的权力结构更具有灵活性和制约性。第三部门参与公共管理可以对政府的权力实行更有效的监督与制约。没有制约的公共权力必然腐败。政府权力源于公民的委托和授予，因而权力制约以民权制约公权为根本。但是，分散化的公民没有足够的能量制约政府，公民只有组织起来才有力量。公民通过结社落实了主权并且通过公民社会组织保证了主权。因此，第三部门的兴起真正从制度上找到了约束和制衡政府公共管理权力的力量。托克维尔在《论美国的民主》一书中阐述了一个重要思想就是：以社会制约权力。[1]

第三部门参与公共管理有利于促进政府与民众的合作，增强公民的政治认同感，促进善治的实现。传统公共行政属于统治型的控制模式，政府对社会实行强制式的管理，公民社会活动的空间十分有限，公民的参与权难以真正实现。与统治模式形成比照的是治理模式，"善治"是治理的最高境界。善治就是使公共利益最大化的社会管理过程。善治的本质特征，就在于它是政府与公民对公共生活的合作管理，是政治国家与公民社会的一种新型关系，是两者的最佳状态。公民社会是善治的现实基础，没有一个健全和发达的公民社会，就不可能有真正的善

---

[1] 〔法〕托克维尔：《论美国的民主》（上、下卷），董果良译，北京，商务印书馆，1991，第216页。

治。① 因此，第三部门参与公共管理有利于促进政府与公众的合作共治。

（4）第三部门参与公共管理有利于促进社会的和谐发展。第三部门是公民利益诉求和政策主张的代言人，第三部门积极参与公共管理相关立法和公共政策的制定过程，有利于民情民意的表达和传递，有利于改善公共政策的供给，促进社会公平公正，维护公共利益。"一个民主政府在进行决策之前与各社团进行商讨，具有重要的意义。这不只是为了选定最受欢迎的政策，也是为了缓和与那些受损者之间的摩擦，因为这些受损者至少会认为他们的意见曾被且将会再被政府听取"。② 第三部门作为公民的利益诉求、意愿表达和维护权益的平台，成为政府和公民之间沟通互动之桥梁，有助于协调社会成员个体、社会组织与政府之间的矛盾和冲突。由于第三部门追求公平、民主、正义和公共利益等公共的价值取向使其具有很强的社会感召力，通过第三部门把政府的政策意图和对相关问题的处理意见转达给公民，以及对公民进行疏导和劝说，协助政府促使公民执行政府做出的合法合理决定，可以达到更好的效果。第三部门参与公共管理有助于推动社会成员树立和增强公益价值取向和公共精神，促进社会成员的内在约束，从而有利于形成和维系良好的社会秩序，促进社会的和谐发展。

概而言之，第三部门对公共管理的积极参与，是补救和矫正市场失灵与政府失效的现实途径，能够对实现和维护公共利益起到重要的增益改善作用。

公共组织是公共管理的核心主体。政党、政府、公共企业、事业单位和第三部门这样的不同类型的组织在公共管理中的作用有区别，作用的层次和范围有所不同，但它们都是不可或缺的构成。它们的共同宗旨是为实现、增进和维护公共利益而不懈努力。因此，它们之间是相互支撑、相互监督和相辅相成的关系。在这些公共组织之间必须建构基于宪政和法治平台上的合作关系，通过正式和非正式的各种渠道，实现充分的沟通、互动、互律和合作，同心同德，不断地改善和优化公共管理。

3.3 公共组织的运行与控制

公共组织能否有效运行关系到公共组织的公共管理职能的发挥，关系到它们

---

① 参见俞可平《治理与善治》，北京，社会科学文献出版社，2000，第13页。
② 〔美〕查尔斯·泰勒：《市民社会的模式》，转引自邓正来《国家与市民社会》，北京，中央编译出版社，2002，第2版，第5页。

能否有效地为社会公众提供公共物品和公共服务，同时也会影响到公共组织自身的发展。必须依据公共组织的行为特点，加强和优化其自身的管理控制，以促进和保障公共组织的高效运行。

3.3.1 公共管理的本质规定性

20世纪70年代末勃兴的以管理主义和引入市场机制为核心理念的政府改革运动挑战传统的公共行政模式，催生了当代的公共管理模式。从根本上说，公共管理是以政府为核心的公共组织以有效促进公共利益最大化为宗旨，运用政治的、经济的、法律的和管理的理论与方法，民主运用公共权力，并以科学的方法依法制定与执行公共政策、管理社会公共事务、提供公共产品和公共服务的活动。[1] 公共管理的本质规定性体现在以下几个方面。

1. 公共管理必须坚守公共性和服务性

以政府为核心的公共组织的根本宗旨是以公共利益为导向，必须坚守公共精神、具有公共情怀、遵从公共伦理，从而不断提升和强化服务意识，以符合公平正义的方式服务社会，服务民生。这是公共管理取得政治合法性的基石。

2. 公共管理必须实现管理的效率和效能

公共管理作为一种管理活动，必然要遵循一般管理的原则。必须在坚持正确价值取向的前提下，通过优化管理体制和管理机制、改善管理方式与管理技术，特别是要在公共部门引入和实施战略管理、目标管理、项目管理、绩效管理、质量管理以及扁平化和网络式管理等管理理念和管理方式，使公共管理运行更具前瞻性、回应性、灵活性和民主性，从而不断促进公共服务质量的改善与公共管理效率的提升。

3. 公共管理必须实行合作共治

公共管理的主体不仅是政府组织，还包括政府体制之外的公共企业、第三部门、私营组织和公民。公共管理主体的拓展基于社会构成三元划分的时代理念，是政治民主化进程发展的要求，也是现代社会公共事务日益多样化和复杂化的要求。多元主体的合作共治为公共管理的有效运行拓展更为丰富的政治资源和社会资源，并增强其合法性基础。

---

[1] 黄健荣等：《公共管理新论》，北京，社会科学文献出版社，2005，第2页。

3.3.2 公共组织的行为方式及特点

公共组织是一个以政府为核心的庞大体系，各类公共组织的行为方式既具有共性，即公益性、公开性和有组织性，又各有其明显的个性特征。认识公共组织行为方式及其特点，有助于促进各类公共组织之间的互动、互律与合作，促进社会各界和公众对公共组织的监督和制约。

1. 政府组织行为方式的特点

（1）强制性。政府组织依据宪法和法律的授权，运用公共权力进行公共管理。较之于与其他类型的公共组织，政府组织行为方式最本质的特征是具有强制性。这种强制性主要体现于政府对某些公共产品的供给，例如法律法规和制度的供给和执行。政府需要依据公众的意志制定一整套的法律和制度体系来规范、约束和调节社会成员个体和组织在社会公共生活中的行为。法律制度渗透于社会生活中的方方面面，如经济领域中的各种价格管制、市场秩序维护、产品质量标准设定和市场准入的法律制度，以及维护社会治安和国家安全的各种法律制度。

（2）宏观性。政府的重要职能之一是要对经济运行实施宏观调控，以维系和促进经济的稳定和持续增长。政府通过制定宏观经济政策，如财政政策、货币政策、产业政策等政策间接调节经济运行，使总需求和总供给的趋于平衡。这样的功能，只能由能够直接行使公共权力的政府组织承担，其他类型的公共组织则是不适宜的。政府组织行为的宏观性，还体现在政府通过制定和执行其他方面的制度和政策对社会公共生活进行宏观调控，以促进社会的稳定与和谐。

（3）垄断性。政府基于对公共权力的行使本身即具有垄断性，这样的权力垄断性必然导致其行为的不同程度的垄断性。例如，合法地垄断提供公共产品和服务所需要的各种重要资源及其配置的权力，并且能够对私营部门的市场准入设置一定的障碍。由于公共物品的非排他性和非竞争性的特点，事实上一些投资大风险大的公共项目只能由政府提供，客观上没有竞争，政府自然成为相关领域的垄断者。

（4）政治性。政治是对全社会价值的权威性分配。政府行为的政治性主要体现在如下方面。其一，公共物品和公共服务的供给涉及政治，如在国防、公共安全和民族问题等方面的政府行为，关系到国家安全与社会稳定。其二，在经济和社会事务的管理中，任何法规政策的制定执行都会直接或间接地涉及社会各种利益群体的政治利益和经济利益及其关系，从而体现其政治性。其三，任何政府行为都会直接或间接地对政府合法性特别是政府的政治合法性产生影响。

（5）行为目标多元性。组织的绩效可以通过对组织目标的实现程度的衡量来进行测定评估，如果组织目标清晰且可以准确量化，那么组织的绩效就便于测定。政府组织行为目标是多元的，不仅要追求效率，更要实现公正、公平、权利和民主等多方面的价值目标。目标的多样性有可能造成目标的矛盾和冲突，如效率与公平的矛盾、民主与效率的矛盾、当前目标与中长期目标的矛盾、群体利益之间及其与社会公共利益之间的矛盾等。目标的多样性还会带来目标价值的排序问题。因此，维系和促进政府组织的有效运行必须妥善解决与其行为目标多元性相关的种种问题。

2. 政党行为方式的特点

不同类型的政党以及政党在不同发展时期的行为方式会表现出不同的特点。关于政党的分类前文已论及。以下所论主要是和平时期执政党的行为特征。

（1）价值导向性。对任何执政党而言，维护和巩固其执政地位都是其行为的主要导向和核心要务。因为，执政党如果认为自己的价值符合公众和国家的利益，或者至少他们在宣传上需要这样说以便取得民心，那么他们就会理所当然地不断努力使自己能更长久地处于执政地位以便贯彻他们的价值理念。所以，无论从何种角度看，执政党都需要强化自己的价值导向并力图使公众相信这样的价值导向是正确的。进而，执政党他们需要依据自己的价值取向提出各种政治主张，并通过法律程序使其上升国家意志，然后依照法定程序予以贯彻。执政党这样的努力，是期望持续获得公众对其价值的认可和支持，从而维护和巩固其执政地位。

（2）社会渗透性。除非通过国家法定程序形成法律和政策，执政党的理念并不能天然地合法地成为要求公众依循的准则。既然执政党的行为需要服务于巩固和增强其合法性，那么它就会尽一切可能的努力对社会各个层面各个领域实施宣传渗透，力图让更多的民众认知、理解和认同其政治理念。因此，执政党的行为具有突出的社会渗透性。

（3）政治扩展性。基于上述两个方面原因，执政党的行为致力于推进政治社会化的扩展。执政党通过政治社会化的过程，一方面让公众充分了解执政党的价值取向、政策意图和施政目标，增强对执政党的认同感；另一方面则是促进公民积极的政治参与和对公共事务管理的参与，通过沟通对话、协调互动和合作共治的方式，整合和维护社会不同群体的利益，促进和维护社会的和谐稳定。

3. 事业单位行为方式的特点

（1）行政性。事业单位是当代中国特有的一种社会组织形式，虽然不具有政府机构的行政权力，但是它可以经行政机关的授权辅助行政机关行使行政权力，如教育的学位授予、职称的评定、食品卫生的监督、产品质量的检验等。

（2）专业性。事业单位主要分布在教育、科研、文化和卫生等领域，这些领域专业性强，集中了大量的专业人才，能够在人才培养、提升公民文化修养和道德水平、促进科学技术发展创新以及增强公民体质和维护公众健康等方面发挥不可替代的重要作用。

（3）主要依靠财政拨款营运。事业单位的建构基于国有资产，不同于其他从事社会公共服务的组织。事业单位基本上由国家财政统包供给各项事业经费，即使是自收自支事业单位，其初始资金大多数是由国家财政供给，这是传统的事业管理体制的重要特征。

（4）有不同程度的经营或经济目标的追求，但不以营利为主要目标。社会效益是事业单位所追求首要目标，但有些事业单位在保证社会效益的前提下，为实现事业单位的健康持续发展、保证社会服务系统的良性运行，根据国家规定也可以向接受服务的单位或个人收取一定的费用。

4. 公共企业行为方式的特点

公共企业是一种特殊性质的企业，兼有"公共性"和"企业性"的特点。公共性表现为：公共企业作为公共组织的一个重要部分，由政府直接投资创立，作为政府干预社会经济事务和提供公共物品的一个重要方式。企业性表现为：公共企业是一个相对独立的生产经营单位，拥有一定的经济自主权的法人实体。由于这些公共企业的特殊规定性，使其具有了不同于私营部门的一些特征。

（1）相对独立性。从创办公共企业的目的来看，公共企业由政府投资，服务于增进公共利益的目标，因此，公共企业不具备完全的独立性。作为公共利益的代理者，政府有关部门以国有资产的所有者的身份监管公共企业，掌握着公共企业的重大投资和经营决策权、人事任免权和利益分配权。公共企业的本质毕竟是企业，政府的干预必须适度，否则会阻碍公共企业的正常运行和发展，并难以实现政府的政策目标。国家必须通过制定相关法律，明确政府对公共企业的管理权限，既能使政府对企业实施有效的监督管理，又能给予企业足够的经营自主权，保障和促进公共企业依据市场机制运作，提高公共产品的供给效率。

（2）不同程度的垄断性。由于国家权力的控制或限制作用，公共企业在某些与国计民生关系特别密切的行业领域，例如航空航天、铁路运输、能源电信等，处于不同程度的垄断地位，体现一种行政垄断性。这种状况在20世纪70年代末80年代初公共管理改革运动兴起后，由于民营化浪潮的发展有了很大改变。

(3) 预算约束软化性。预算约束是指用以收抵支的财务原则对企业的经营行为进行约束。如果企业的经营活动不受财务约束，在经营亏损的情况下，可以通过税收减免、政府补贴获得补偿，这就是预算约束软化。公共企业的预算约束软化即公共企业往往无需承担盈亏责任，因为公共企业对谁负有经济责任并不明确。公共企业的产权模糊，政府作为公共利益的代理者只是一个虚设的主体，因此公共企业不会像民营企业那样加强成本核算，一旦遭遇困境或亏损，则可能由政府提供相应的扶持政策，实际上政府对公共企业承担了无限责任。公共企业预算约束软化性不利于其提高效率和效能。

(4) 目标的多元性。公共企业不能像私营企业那样以追求利润最大化为目标，因为公共企业首先是作为履行政府公共管理职能的重要手段，如提供公共产品、遏制自然垄断行业、维护国家安全等。公共企业的目标是多元的。公共企业作为企业，也要追求经济利益，但是当公共企业所承担的社会责任与其经济利益相矛盾时，公共企业的价值取向无疑应以前者为优先。

5. 第三部门行为方式的特点

(1) 志愿性。第三部门是志愿性的公民社会组织，志愿性是第三部门组织最为显著的特征。第三部门的志愿性体现在：第三部门所获得的社会资源主要是自愿性的社会捐助；参与第三部门组织或活动的人员是志愿者，他们不计物质报酬，乐于奉献；接受第三部门服务的公众也是自愿的，公众不会被强制接受由第三部门所提供的某项公共物品或服务，公众可以根据自己的价值偏好、生活境遇选择第三部门提供的各种服务。

(2) 专业化。第三部门所具有的鲜明的专业化特征体现为两个方面：其一，大部分第三部门组织是依据行业或专业的分类来组建；其二，第三部门组织都设定其专门性的组织目标。专业化的特征使第三部门能够有效服务于特定对象，解决特定问题，有利于提高公共服务供给的效率和效能。

(3) 灵活性。较之于政府官僚机构，第三部门规模小，组织结构和运行机制柔性化，因而行动灵活。它们能够根据环境的变化及时调整自身的行为和服务内容，能够更容易接近服务对象，更灵活地对公共物品和公共服务的供给需求作出回应。

(4) 创新性。由于第三部门的自主性和专业性，远离或较少衙门气息，因而能有较强的创新性，能够对公共管理中出现的新问题作出创造性回应。如美国的民权事业、环保事业、妇女运动以及对少数民族的保护等都是由第三部门发起的。现代西方社会不少公共服务都是由第三部门开创的，后来才得到政府的认可和支持。

（5）慈善性。第三部门中的许多组织致力于为弱势群体提供帮助。如各种慈善性质的基金会、志愿者协会、社区服务组织等，各种社会力量举办的福利院和慈善会等。第三部门在发展慈善事业方面所作的努力有助于弥补政府承担公共责任的缺失，促进社会公平与和谐稳定。

3.3.3 公共组织的管理与控制

公共组织能否有效运行在很大程度上取决于公共组织自身的管理。公共组织的有效管理需要从改善和优化组织的领导、决策、沟通、协调、控制与监督等方面进行努力。

1. 公共组织的领导与决策

（1）公共组织的领导

1）领导的涵义及类型

领导是一种行为过程，是通过一定的组织机构，依据有关规章制度，运用各种方法和手段，有效地影响他人以实现组织目标的行为过程。领导包括三层含义：①领导是由领导者、被领导者和所处环境之间相互作用构成的；②领导本身是一个动态的过程；③领导是指引和影响个体、群体或组织机构部门来实现所期望的组织目标。

领导方式的基本类型有如下几种：①集权型领导，所有决策主要由领导者个人或少数人做出，要求下属绝对服从。②分权型领导，一是强调集体决策而非个人专断，二是在组织体系中实行纵向分权和横向分权。③协调型领导，领导者给予下属较多的自主决策权，领导者的主要责任是把握方向和进行必要的协调。在公共管理过程中，必须依据工作性质和内容、组织结构的特点、被领导者的素质以及工作任务所面临的情境，运用适宜的领导方式，以回应各种复杂局面，实现公共组织的目标。

2）领导的作用

①指挥作用。在公共组织活动中，领导者必须能高瞻远瞩，审时度势，善于集中组织成员的意愿，并据此确定组织的目标和达到目标的路径方式，带领组织成员回应挑战，克服困难，实现组织的既定目标。

②协调作用。公共组织的运行进程中会受到各种内外因素的影响，领导者需要积极协调组织成员之间、组织中各部门之间以及组织与外部环境之间的关系，化解矛盾和冲突，整合和优化组织资源配置，从而保障公共组织的有效运行。

③激励作用。组织成员奋发有为努力工作是公共组织有效运行的重要保证。公共组织的领导者必须通过一系列的制度策略设计，运用精神激励和物质激励的各种方式，充分激发和调动组织成员的积极性和创造性。激励的方式包括实施合理的绩效薪酬制度、晋升奖惩制度、福利制度，提供组织成员职业发展的条件并予以指导，等等。

3）领导者的影响力

领导者是领导行为的主体，领导作用能否有效发挥与领导者的影响力密切相关。领导者的影响力主要取决于其权力与自身素质。法约尔将组织权力定义为下达命令的权力和使别人服从的职权。进而，他又把组织权力区分为制度权力和个人权力。制度权力产生于由分工所形成的组织中的各种正式职位，这种权力也就是职权。个人权力是指权力产生于个人的素质，包括了个人的道德品质、学识、个性和经验。领导者的权力包括了职权和个人权力。拥有较大个人权力的领导者，即那些拥有较高声望和个人魅力的领导者，其实际影响力有可能远胜于其职位所赋予的权力；相反，不具备或缺乏个人权力的领导者，其权力有可能会被架空，其影响力无疑会受到很大局限。科特认为，在现代组织管理中，管理者正面临越来越严峻的挑战，这种挑战就是管理者的职权远不能满足他们有效履行其领导工作的要求，这实际上造成了一个"权力空隙"，领导者需要用个人权力补充其职权。简而言之，领导者的个人权力来自于其自身素质。一个卓有成效的领导者应具备良好的工作关系和个人技术、明智的工作安排、广泛的资源网和良好的个人履历。[①] 领导者必须通过不断改善和优化自身素质增强其影响力，提升领导行为的有效性。

（2）公共组织决策

西蒙认为，管理就是决策。决策贯穿于公共组织管理的各个阶段和各个层面，包括计划、预算、组织、人事、领导与运行控制等。决策在公共组织管理中居于十分特殊的地位，对公共组织目标的实现至关重要。

1）公共组织决策的内涵及特点

公共组织决策是指公共组织的管理者为了实现组织目标，对涉及组织存续发展和管理运行的包括组织目标的选择或修正等各种问题的决策备选方案进行充分评估分析，并最终进行抉择的过程。

公共组织决策具有如下的特点。

---

① 〔美〕约翰·科特：《权力与影响》，孙琳等译，北京，华夏出版社，1997，第38页。

公共管理学

①决策旨在改善当下状况或谋求更好未来。组织的现实状况是前期决策得到不同程度贯彻的结果。依据现实修正前期决策，进一步改善组织当下状况或寻求更好未来需要新的选择。科学的有效的决策需要充分把握现实状况和可能的未来状况，以减少决策问题的不确定性，降低决策的风险。

②决策需要遵循满意原则。决策满意的基本内涵是：首先必须有能说明达到满意方案最低限度的系列要求；而后需要深入研究的备选方案必须达到或者超过所有这些基准点。决策是在多种方案中的抉择。组织所需要实现的目标可以通过不同的途径来达到，这些途径在成本、效率和风险等方面存在差异，管理者必须在经过对不同方案的预期后果的充分评估之后做出理性的选择。由于决策者的有限理性的局限，决策应该遵循满意原则。

③决策是包含多阶段活动的复杂过程。一般而言，可以将决策分为前决策、决策和后决策三个阶段。前决策阶段的内容主要是决策信息搜寻、问题界定、决定如何决策、预测、确定目标和解决问题的优先顺序、提出决策备选方案并进行分析论证等。决策阶段是在充分论证的基础上对备选方案作出最后抉择。后决策阶段包括决策执行，决策评估以及对既定决策的维系、修正或终结。

2）公共组织决策的类型

公共组织的决策依其所涉及的内容、决策的层次、决策的方式以及决策的情势不同，可以分为多种类型。

①依据决策的内容不同，可以将决策分为重大决策和一般决策。重大决策涉及组织存续发展的重大问题，一般决策就是依据既定的组织发展方向和运行方式进行的具体决策。重大决策是一般决策的依据，一般决策在重大决策指导下制定，是对重大决策的贯彻执行。

②依据决策的层次不同，可以将决策分为高层决策、中层决策和基层决策。公共组织的最高领导机构所进行的决策是高层决策，决策的主要内容是事关公共组织全局的重大问题。中层决策一方面是公共组织中层所进行的对高层既定宏观决策贯彻执行的决策，另一方面是关于组织存续发展的中观决策。基层决策的主体是公共组织的基层部门，主要体现为对宏观和中观决策的细化和执行。区分不同决策层级的决策内涵和影响，对于政府组织和执政党具有更为重要的意义。

③依据决策的方式不同，可以将决策分为集体决策和个人决策。公共组织的重大问题需要领导层的集体决策。集体决策强调决策的民主性与参与程度。集体决策的优势是能够集思广益，基于充分的信息获取、信息交换和协商互动所进行的决策，能达到较优的决策质量；并且，由于集体决策易于达成组织领导者的共

识而有利于决策的执行。集体决策的弊端是需要兼顾与平衡多方利益，甚至有可能为此而导致决策目标置换；对决策后果应负的责任难以明确而难于问责；当集体决策只是一种形式时，个人主导的集体决策实质上强化了个人专断的合法性。个人决策的特点是决策效率较高，责任明确。其弊端则是易于形成个人任意专断；在组织领导层与决策执行者中都不易达成共识，有可能使决策执行受阻。

④依据决策的情势不同，可分为常态决策与危机决策。常态决策是指公共组织在社会公共生活及其组织自身运行正常，组织主体与外部环境都处于基本平稳的态势下进行的决策，这样的决策对于社会和组织而言都是增益改善型决策。危机决策则是公共组织为应对突发紧急状态或危机事件而进行的决策，这样的决策是应急处置型决策。处理危机事件的应急决策是对公共组织特别是政府管理能力的严峻挑战。

2. 公共组织的沟通与协调

（1）公共组织的沟通

1）沟通的基本概念及其要素

沟通是指信息、观念和指令等在相关对象之间的传递或交换的过程。亦可简而言之，把这一过程中传递、交换的信息、观念和指令统称为信息。因此，公共组织的沟通实际上是信息的传递与互动。公共组织的沟通具有普遍性和必要性。充分的沟通有助于在不同的层面和范围实现信息共享和达成共识，有利于激励和改善组织成员个体和群体的观念或行为以提升组织运行的效率，有利于改善和优化组织的外部环境，促进公共组织利益的最大化和组织目标的实现。

沟通的过程有三个基本要素：信息的发送与接受者、信息传递的媒介与通道、信息共享者或交换者之间的互动。公共组织中的任何部门和个人都可能成为信息发送者和接收者。信息传递可以借助于口头、音频视频、网络电邮以及书面文件或材料媒介方式等。沟通不是单向度的信息传递，沟通的实施需要有两个及两个以上主体参与，其基本方式可以是双向互动或多向互动。

2）公共组织沟通的类型及其作用

①依据沟通的性质，可分为正式沟通与非正式沟通。正式沟通是在正式的制度框架内并依循制度轨道，公共组织内部及其与外部组织、媒体及公众之间所进行的信息沟通，此亦可称之为官方行为。这样的沟通包括不同层次或部门机构之间，组织成员个人与机构之间以及个人之间等不同渠道和形式。非正式沟通也可以通过上述的渠道和形式，其与正式沟通的根本区别在于后者的沟通不是依据显规则通过组织关系进行的正式行为或官方行为，而是通过潜规则进行的非正式或

非官方的活动。非正式沟通的效用不可忽视,它有可能实现正式沟通所不能取得的效果,或是能为正式沟通准备前提和条件。

②依据沟通的层面关系,可分为纵向沟通与横向沟通。纵向沟通包括自上而下的沟通和自下而上的沟通。纵向沟通也可出现于组织与外部环境的关系中。横向沟通是公共组织中同一层级的不同系统之间、不同部门机构之间或成员之间的信息传递与互动,或是与组织外部环境中的同类或同级部门之间的信息传递与互动。

③依据沟通运行的向度,可分为双向沟通与多向沟通。沟通的本质是信息的传递与互动。双向沟通两个主体之间的信息传递与互动,多向沟通则是三个以上(含三个)主体之间的信息传递与互动。现代社会中人们的利益和信念日益趋向多元与分散,在公共组织内外都需要进行充分的多向度的沟通,以利于实现信息共享、增进理解和达成共识。

④依据沟通的方式,可分为口头信息的沟通、纸本信息的沟通,以及基于电子技术与电子介质信息的沟通。在当今时代,这三种方式都各有其重要和独特的作用,在信息传递的力度、影响面、信息传递的效率、信息保存和处理的便利等方面各有其优势。在很多情况下,需要两种或三种沟通方式并用。

⑤依据沟通的范畴,可分为内部沟通与外部沟通。内部沟通是在公共组织内部进行的包含上述各种相关类型和性质的沟通。实现充分的内部沟通是组织的指令系统、信息交换反馈系统、民主协商系统有效运行的保证,对于激励和动员组织成员、增强组织的凝聚力和向心力、整合和优化组织资源配置,提升组织的管理效率以实现组织目标至关重要。公共组织的外部沟通旨在建构和维系公共组织与外部环境之间信息互通的渠道,对于公共组织作为一个开放系统的良性运行,对于建设有利于公共组织存续发展的组织生态环境和促进公共组织与外部环境的协调合作具有重要意义。

3)若干典型的沟通方式

信息的有效传递是实现有效沟通的关键。在现实生活中,信息的传递往往会受到信息的发送和传递者的价值理念、利益关系、认知能力、判断能力甚至情绪的影响,因此改善和优化沟通方式十分重要。行为科学家莱维特和巴维拉斯等人所提出的五种沟通方式,即链式沟通、轮式沟通、全通道沟通、环式沟通和Y式沟通,对认识和改善公共组织的沟通有参考意义。链式沟通借助于组织层级关系进行,沟通速度较快、准确性较高,但下级的认可程度不高。轮式沟通是以一个信息发送者为主体向周围若干主体发送信息,沟通效率较高,但下级的满意度也不高。全通道沟通是沟通主体地位平等，沟通不受任何限制，沟通速度快，满意度较高。环式沟通没有沟通核心，但沟通主体的数量有所限制，沟通速度慢，但满意度较高。Y式沟通是指沟通者中的某一中间主体与两个以上的上级进行沟通，同时又和下级保持链式沟通，类似于从参谋机构到组织领导再链接下级的纵向关系。这种沟通方式易于发生信息偏差或失真，沟通有效性也不够高。公共组织的管理者应依据工作的不同情境选择不同的沟通方式，同时要努力创造有利于增进互信的机制和环境以促进有效的沟通。

（2）公共组织的协调

1）协调的涵义及其作用

协调是管理的重要职能之一。公共组织的协调就是通过建构和实施必要的管理方式和协调机制来实现公共组织之间，本组织与外部组织或外部环境之间的协调合作，实现在组织中由于专业化分工形成的不同系统之间，不同部门和机构之间，上下级机构之间，部门机构与组织成员之间，组织成员之间的协同合作，实现组织中包括人力资源在内的各种物质性和非物质性组织资源的整合和优化配置，从而确保组织的有效运行。公共组织的协调是整合和优化组织的资源配置以实现组织目标的保证。

2）公共组织协调的内容

公共组织的协调可分为三个层面。其一，宏观层面的协调。这一层面的协调是整个公共组织体系与社会环境的协调，其核心是公共组织的理念、纲领、制度和行为得到公众的认可和支持。其二，中观层面的协调。这是公共组织之间，即公共权力机构及其执行部门、政党、公共企业第三部门等各种公共组织之间的协调——包括利益协调，目标协调，管理体制与管理方式的协调，介入公共生活的范围、方式与程度的协调，以及资源配置的协调。其三，微观层面的协调。这是公共组织内部，包括政府组织、政党、公共企业和第三部门各自组织内部的部门机构之间与组织成员之间的协调。不言而喻，实现上述各层面的充分协调，对于公共组织的有效运行及其目标的实现至关重要。

3. 公共组织的控制与监督

（1）公共组织的控制

1）公共组织控制的涵义及内容

公共组织的控制是公共组织的管理者对组织运行进行的全方位的指导、监督、检查与修正，以确保组织的有效运行。公共组织运行控制的主要内容包括人员控制、财务控制、过程控制、信息控制和结果控制或绩效控制。公共组织必须

公共管理学

通过制定和执行系统的明确的规章制度来实施有效控制。

公共组织的有效运行是通过组织成员的工作来实现，因此对组织成员的控制至关重要。管理者必须定期或不定期地检查评估组织成员的工作态度、工作行为和工作成效，根据评价结果进行奖惩或进行必要的培训，或进行其职位或职级的调整，以此进行正强化或负强化的激励，引导、规范和改善组织成员的行为。公共组织履行其职能需要耗用大量公共资源。一方面，资源通常具有紧缺性或稀缺性；另一方面，公共组织所面对的公共需求是无限的。为了更好地满足公共需求，公共组织的运行必须加强成本核算，实施财务控制。过程控制就是对公共组织的运行过程进行持续的跟进、监测和评估，以便及时纠正组织运行过程的偏差，并依据组织运行的反馈修正原定的计划和政策，以促进组织目标的实现。信息是公共组织赖以生存和发展的重要资源，公共组织需要建构完善的信息系统进行信息的收集、甄别过滤、分析评估和管理，以保障公共组织有效运行的需要。结果控制或绩效控制是以结果为导向的对组织运行的综合控制，是对一个时期或一个方面的组织既定任务和目标或是组织的总体目标实施过程的总体绩效控制。这样的总体控制强调结果导向和绩效导向，以确保不同层面的组织目标得到有效实现。

2）公共组织控制的过程和方法

公共组织控制的过程分为三个阶段。

①确定控制标准。标准是衡量工作成果的规范性要素，源于组织目标，是进行控制的客观依据。公共组织的多元目标，使得对公共组织工作成果进行评价的指标体系比较复杂，不仅涉及面广，而且很多项目难以量化。因此，要进行有效控制必须设计一套具备可操作性的、符合公共组织工作特点的评价指标体系。

②实施绩效评估。绩效评估就是对公共组织工作的阶段性成果进行客观评价，依据控制标准进行比较，发现偏差及其程度，并将偏差及时反馈给相关部门或个人，并要求其找出产生偏差的原因。

③纠正偏差。依据偏差产生原因的差异，确定不同的纠正措施。如果偏差的产生由于执行不力，如工作疏忽懈怠、工作方式不当或是对任务理解的偏差等因素造成，应针对这些原因进行整改。如果偏差产生的原因是计划与实际不符，或者是执行环境的变化，就要调整计划或修订控制标准。

公共组织实施管理控制的技术与方法包括传统控制方法和现代控制方法。现场观察法、报告法、统计资料分析法属于传统控制方法；预算控制、程序控制和网络规划控制法是现代控制方法。

(2) 公共组织的监督

1) 公共组织监督的涵义、特点及类型

公共组织的监督是指政党、政府、社会团体和全体公民对公共组织的管理者在公共事务管理过程中的合理性、合法性所进行的监察与督导。对公共组织实施监督的目的是发现和纠正公共组织行为的偏差和错误，减少不合理和不合法的组织行为，从而保证公共管理活动的有效运行与公共利益的实现。公共组织中的一部分，例如政府、执政党等直接掌握和行使公共权力，对它们的监督制约特别重要，本书有专章（第11章）论述，因此下文对公共组织监督的论题只作一般性考察。

对公共组织的监督有如下特点。①监督主体的多元化。参与公共组织监督的主体极其广泛，既包括来自外在力量的监督，如政党、政府、司法机关、检察机关、社会团体等实施的监督，也包括公共组织内部的自我监督体系。②监督对象的特定性。监督对象包括政党、特别是执政党，政府，公共企业和第三部门组织。③监督过程的合法性。实施对公共组织的监督必须依据相关的法律法规进行。

公共组织监督有如下四种类型。①依据实施监督的主体可以分为政党监督、权力机关的监督、检察机关的监督、司法机关的监督、社会团体的监督、社会公众的监督和社会舆论的监督。②依据监督主体与公共组织的关系可以分为内部监督和外部监督，或称之为自体监督与异体监督。③依据实施监督的时间阶段可以分为事前监督、事中监督、事后监督。④依据监督主体的专业程度可以分为一般监督和专业监督。

2) 公共组织监督的作用

监督的作用体现在以下三个方面。①预防控制作用。通过监督控制，预防公共组织的非法行为及错误行为的发生。②救济补损作用。对监督中发现的差错缺失迅速采取有效救济措施，弥补或减少由不当行为所造成的损失。③改善增益作用。通过监督发现公共组织在其计划组织以及运行中存在的问题，使之不断得到及时调整臻于完善。

3) 公共组织监督体系

①内部监督体系是指国家行政机关之间按照隶属关系而形成的内部监督系统。内部监督体系主要包括一般监督和专门监督。一般监督是指国家行政机关按照行政隶属关系自上而下、自下而上及横向交错所进行的监督。专门监督指由专门的行政监察机关对公共组织及其工作人员实行的监督活动。监察机关享有国家

赋予的检查权、调查权、建议权和"撤销职务"以下的行政处分权。监察机关的监察主要是针对国家行政机关公务员和国家行政机关任命的其他人员进行，以促使其遵纪守法、廉洁奉公，促进政府机关的廉政建设。审计监督是指由独立的专职审计机构依照法律法规对被审计单位的财政收支活动进行审核和稽查，包括合法合规性审计与绩效审计。通过审计监督，达到使国家资财能被合法合规地、高效率和高效益地管理、投入与运行，惩处违法违规和渎职失职行为。

②外部监督体系是指除国家行政机关以外的其他监督主体构成的监督系统。外部监督体系主要包括法制监督和社会监督。法制监督是指立法、司法、检察机关依照权限和法定程序，对公共组织活动的合法性进行监督。法制监督具有强制性的特点。社会监督包括了社会团体、社会舆论和公众的监督。社会舆论的监督往往通过报刊、广播、电视、网络等媒体进行。公共舆论监督广泛性、公开性、即时性和海量性的特点使之对公共组织具有很强的约束和威慑作用。公众监督是指社会公众依法对公共组织所实施的民主监督，具体形式包括信访、行政诉讼、控告检举和协商对话。社会监督有利于加强监督的民主性，是发展民主政治的重要路径。

3.4 网络背景下的公共组织

网络时代的来临使"地球村"的概念更为清晰。网络深入到人类社会生活的方方面面，人们凭借网络使用数字化的通讯传播手段，实现了电子商务、电子政务、电子金融和网络教育。社会生活的各个领域对网络的依赖性越来越强。时至今日，可以说离开互联网，社会运行就有可能陷入瘫痪状态。网络作为改变公共组织环境的技术因素，导致了对公共管理和公共组织诸多方面的挑战。

3.4.1 网络时代的内涵及其对公共组织的影响

1. 网络时代的内涵及特征

网络时代是指以信息技术为手段，以互联网为平台，实现信息共享与迅捷的即时或共时的交互式信息传递的人类社会新时期。网络时代的基本特征可见于如下四个方面。

（1）信息传递的方便、迅捷与海量。借助于网络的信息传递，可以实现低成本的信息传输。网络高效的传输能力，突破了传统的信息瓶颈对人们决策的限制。网络中的搜索引擎所具备的信息整理和分辨能力，可以帮助人们从浩如烟海的信息中找寻到符合需要的信息，提供了可行的信息互通渠道。

（2）信息主体实现高效互动。互动性就是指不同信息主体间之间根据对方发出的信息要求进行反馈。网络作为巨大的信息平台，覆盖了众多的主体，每个主体都是网络中的一个结点，每个结点实际上就是一个信息源。众多的信息主体之间不是在搜寻符合自己需要的信息，就是发出表达自身要求的信息，正是由于对信息的供给和需求，促成了信息主体之间的互动。互动是一种信息的双向沟通方式，双方可以及时地进行信息传播和反馈，同时满足双方的要求。

（3）全球化进程加速。互联网的出现，打破了国家和地区之间各种有形和无形的壁障，跨越地域、时间、文化和政治等因素构成的阻碍，整个世界成为一个整体的信息交流系统。由于网络强大的信息容纳能力，可以把人类社会所有活动的信息包容储存并能方便地取用，由此加快了把整个世界变成"地球村"的进程。网络使整个全球经济的一体化进程大大加快，让分工在全球范围内进行，使得世界各国经济的相互依存程度空前加强。网络是全球化的技术基础，全球化迅猛发展是网络技术推动发展的必然结果。

（4）政治民主化进程加快。作为第四媒体的互联网横空出世，特别是随着Web2.0的出现，网络更彰显其以个人为中心的特点，更加平民化、多元化和个性化。互联网使信息传递更加公开、透明，信息不对称现象得到极大改善，普通百姓也能通过网络以平等的身份实现对公共事务管理的表达、参与、批评、监督和制约，这使得社会的民主化进程大大加快。

（5）形成新的社会交往方式与生活方式。传统的人际交往不仅在很大程度上受制于地域和空间，还受制于人们的社会地位、身份和角色等因素。互联网时代使现实空间的直接交往大量转向基于网络虚拟空间的间接交往，从而突破了人际交往的时空限制和交往主体的身份限制，促进了人们平等的交流和交往，拓展了社会交往广度和深度。网络时代改变了传统的工作模式，更多的人可以在家中通过网络进行远程办公，这增加了人们自由支配的时间，人们可以更好地安排生活，提高生活质量。网络技术的运用给日常生活带来便利并丰富业余生活，譬如人们可以在网上购物、处理家庭财务、接受继续教育，进行网上冲浪、开展交互式娱乐等等。

网络时代是人类社会发展历史进程中的一个新时代，人类创造了网络，而生活在网络时代的人们在享用着网络所提供的便利条件的同时，更加快了对人类社会向前发展的推动。

公共管理学

2. 网络时代对公共组织的挑战

网络时代对公共组织的影响主要体现在其对公共组织职能、公共组织结构、公共组织决策的挑战上。

（1）对公共组织职能的挑战。对公共组织职能的挑战体现在多方面。这里以政府组织为例予以分析。在自由市场经济时期，政府的职能是"守夜人"，即维护社会安全，抵御外来侵略，维持公平竞争的秩序。政府的职能非常有限。在资本主义自由竞争发展到垄断阶段，由于长期强调经济运行的自由放任、自动调节，出现了市场失灵，导致经济危机爆发。于是政府开始全面干预经济，"全能政府"出现。进入20世纪70年代，西方各国出现经济"滞胀"现象，财政危机、效率危机和信任危机困扰各国政府，人们又看到了政府失灵。由此，导致了以政府改革为核心的新公共管理运动的勃兴。进入网络时代，社会自我管理能力、自我组织能力大大增强，第三部门组织迅猛发展，从而使社会参与公共事务管理以及对政府监督制约的能力和力度增强，政府将大量的公共物品公共服务供给的职能转移到第三部门，逐渐形成政府、社会、市场共同治理的模式。

（2）对公共组织结构的挑战。首先是分权化倾向。以官僚制结构为主体的公共组织倾向于集权化，因为高层垄断了决策所需要的信息。随着环境的变化，公共组织决策面临日益凸显的复杂性和不确定性，因此有效的高质量的决策日益依赖于对更多知识和信息的把握。哈耶克指出，决策过程中所需要用到的知识和信息往往不是以集中和整合的形式出现，而是以知识碎片的形式存在于组织的各个层次和角落，只有将权力授予垄断着特定知识和信息的组织成员时，才能利用到相关的信息和知识，使组织快速地决策以应对环境的变化。在资源、知识和信息被高层管理者所掌握时，集权模式组织是必然的选择。但是，网络时代的到来使传统的高度集权化的决策模式面临危机，因为高层管理者所具备的知识和掌握的信息已难以支撑其做出及时和正确的决策，因此分权化的权力分布结构成为可能。同时，信息技术革命导致了信息传播的数量、广度和透明度发生了根本性的变化，企业高层已不再拥有对信息的垄断权，为了使权力与分散的知识和信息相匹配，决策权理所当然需要分散化。组织的效能取决于决策权威和对于决策很重要的知识之间的匹配关系。[①] 其次是扁平化趋势。这是由于中间管理层缩减所导

---

① 〔美〕保罗·S.麦耶斯主编《知识管理与组织设计》，蒋惠工译，广州，珠海出版社，1998，第43页。

致的。中间管理层起着"上传下达"的作用，信息技术的运用使操作执行层与高层可以直接沟通，以致逐步缩减甚至有可能最终取消中间管理层。另外，信息技术使管理者和其下属可以随时了解对方的状态和意图，下属自我管理的能力增强，管理者的管理幅度因此变宽。

（3）对公共组织决策的挑战。网络时代信息技术发展改变了人类生活的环境，也对公共组织决策提出了新的要求。公共组织应以公共产品消费者的满意为决策的根本目标，决策过程的行政参与、民主公开就成为一种必然选择。网络时代信息技术的发展可逐步实现在适当的时候、把适当的信息提供给适当的管理者，这样就改善了决策者的有限理性。网络化电子政府的实现，使得公共行政决策者可以在广泛了解决策所需信息的前提下进行决策，避免靠经验决策和决策信息不完备导致决策的盲目性，从而提高行政决策的科学性和合理性。网络技术的发展对改善行政决策过程也有重要意义。行政决策可分为程序化决策和非程序化决策两类，以计算机为基础的信息技术完成程序化决策的效率与功能人所共知；对于非程序化决策，信息技术也可以提供强有力的信息支撑，应用高效软件进行相关问题的预测，有利于提升非程序化决策的质量。

3.4.2 网络时代的公共组织的变革与发展

面对网络时代的挑战，公共组织必须进行组织结构的创新、管理制度的创新和组织文化的创新，只有这样，公共组织才能与网络化的环境形成良性互动，从而保障组织的有效运行并获得可持续发展。

1. 公共组织结构创新

网络时代公共组织结构的创新体现在多方面。第一，组织结构的集中控制转向在自治合作基础上的协调。导致组织控制模式发生转换的根本原因首先在于组织中信息的分布发生了变化。在传统的等级结构下，上级机构掌握对信息的控制权，越是高层的管理者越是可以获得更多、更广泛、更全面、更有深度的信息，而下级却难以得到相关信息。在网络时代，信息网络覆盖了组织内部的各个部门和岗位，信息的高度共享在很大程度上使管理层失去了对信息的垄断权，由此导致对管理权威的削弱，亦即集中控制型组织的弱化和变革。其次，随着知识型员工的比例日益提升，组织中的知识分布发生变化，原先知识集中于管理层而现在日渐转向扩散于组织成员，为了保持知识与权力的匹配，并降低决策成本，组织内部的分权自治不可避免。

第二，组织结构的规范化转向减少规制，实施协调机制。官僚制的组织结构

公共管理学

中，高度的规范化是组织关系的主要特征，组织的权威将其成员纳入其控制之下，组织成员按既定的规则行事，因循守旧，缺少创新精神。网络时代组织成员从事知识性工作的分量日益加重，知识性工作的最大特点就是需要每一个体的创造性，而进行创造性工作不能强加过多约束性规则。此外，知识工作可以通过组建跨部门或跨系统的团队等形式而有效展开，团队的出现冲击着组织中的等级结构和各种既定的组织关系。组织成员个人创新性要求的日益提升，非规范性的纵向或横向的合作关系的大量出现，决定了在网络时代弹性机制和协调机制在组织中比控制机制具有更重要的意义。

其三，公共组织结构将从锥型结构或金字塔型结构转变为扁平化的网络结构。锥型结构与扁平化结构的主要区别在于纵向的等级层次不同。韦伯指出，官僚机构是在工业化时代才成为西方占统治地位的社会组织模式的。在这样一种组织结构中，每个人被安排在一个确定的位置上、一个固定的环境中，接受规定的任务和报酬。通过这种稳定的组织和一套处理问题的固定规则，决策的做出和传达速度加快，因而能和工业化时代较快的发展速度相一致。尽管这些形式在今日看来显得行动迟缓，效率不高，但较之以前的组织形式是长足的进步。然而，当今网络时代变革的速度使得基于严格层级控制的官僚制度的运行效率再也不能跟上社会发展的步伐。信息的传递速度加快，技术的变革加快，相应地需要组织做出快速反应。而且，越来越多的任务超越了组织原有职能部门的界限和能力，需要解决的问题通常需要涉及一系列的合作以及交叉知识的运用，这就需要突破原有严格的部门界限、等级界限和组织规制的约束，建立一种广泛的横向合作关系，以利于人们交换信息，共享信息与其他资源。昔日高度集中的纵向管理体制已受到极大挑战，人们日益从等级关系与层级控制的束缚中解放出来。网络时代公共组织的结构走向扁平化是不可逆转的趋势。

2. 公共组织管理创新

公共组织依赖庞大的、自上而下的、集中化的官僚体制来处理公共事务，这种体制利用等级制将任务层层加以分解，落实到不同层次的组织成员，而组织成员及机构则由一套严格的规章制度来管理。标准化的程序、垂直的指挥链和标准化的服务，使得官僚机构的运作是稳定的，但是也造成机构臃肿和反应迟缓。网络时代的到来，全球竞争加剧和公众多样化需求日益增长，这种基于层级控制的、遵循固定程序和规章的官僚体制的管理模式陷入了困境。在新的时代，瞬息万变的环境要求实现公共组织管理的创新，建构放松管制、弹性管理和结果控制的管理机制。

(1) 放松管制

在知识经济和网络时代，公共组织的运行基于信息技术的运用，与信息技术相适应的制度设置必然表现为正式规则的减少。这是因为信息技术的效率在很大程度上依赖于组织成员的创造力，而关于创造力的形成与运行难以制定明确的规则，创造力存在于预期及未预期的事件之间的交叉点上。公共组织必须创造出一种民主的制度机制，尽可能减少规则特别是强制性规则，以使组织成员能自由地积极地发挥创造力，同时赋予下属更多的权力，以便他们能够依据现实情境迅速做出有效反应。

(2) 弹性管理

实行弹性管理意味着给予组织成员自由发挥的空间，允许组织成员自主决定完成任务的方式。管理的任务在于为组织成员设置明确而稳定的工作目标，至于采用何种方式去实现这一目标，则应由组织成员自己来决定。通过赋予组织成员在解决问题方面的自主权，能有效地激发他们的内在动机，使他们产生对组织的归属感，并使他们能最大限度地利用所掌握的专业知识、技术和创造性思维的能力。知识型员工更喜欢富于挑战性的工作以及更具张力的工作安排。因此，组织中的工作设计应体现组织成员的个人意愿和特性，避免僵硬的工作规则，采取弹性的工作时间和灵活多变的工作地点，以利于组织成员发挥其主动性与创造性。

(3) 结果控制

结果控制是要将管理的重心从投入控制、程序控制转向产出控制和绩效控制。绩效管理制度的实施就是注重对结果负责，结果测评重于过程监控。绩效评估既包括对组织成员的行政性评估，也包括对组织成员的发展性评估。行政性评估的目的是为薪酬分配、奖惩和晋升提供依据；发展性评估则是确认和发掘被评估者的潜力，以此作为确立组织成员的职业生涯发展计划和培训计划的依据。绩效评估制度要有效发挥作用，必须做到评估客观公正。实施有效的结果控制取决于一系列相关要素的获得，如明确可行的组织目标、科学的绩效评估指标体系、完善的绩效评估方法、完备的信息系统和良好的多样化的激励方式等。

公共组织管理创新的基本理念在实践中已经日益凸现。由于官僚体制主要存在于政府组织，因此公共组织管理的创新更多地表现为政府管理模式的变革。西方各国从20世纪70年代末至80年代初开始了声势浩大的政府再造运动。彼得斯从主要发达国家的政府改革实践中梳理和归纳出四种未来政府的治理模式：市场式政府、参与式政府、弹性化政府和解制型政府。市场式政府强调政府管理企业化和市场化；参与式政府鼓励各级政府官员与公众参与公共决策，注重服务的

公共管理学

质量和价值；弹性化政府强调政府的灵活应变能力；解制型政府着眼于减少规制，提高政府有效行动的能力。① 戈尔报告提出政府改革的四项主要原则：①减少烦琐、拖拉的办事程序，由注重过程的系统转变为注重结果的系统；②顾客至上；③授权下属以取得成果；④回归本元，建构一个"花费更少工作得更好"的政府。② 这些模式和原则的提出，体现了全球性的以政府组织为核心的公共组织管理创新的新理念和新思路。

政府组织除了在管理机制方面进行创新外，同时也将信息技术广泛地运用于政府管理过程，建设电子政府。电子政府是一个利用信息和通信技术，有效地实现行政、服务及内部管理等功能，在政府、社会和公众之间建立有机服务系统的集合。电子政府的建设和运行，使政府管理主要在如下三个方面发生了变化：政府机构各部门管理手段实行网络化，提升了政府在行政、服务和管理方面的效率；由于电子政府利用信息技术，积极推动了缩减官僚机构、降低政府运行成本的工作；电子政府利用统一的信息资源，通过各种现代技术手段，为公众提供了简捷便利的多元化服务。电子政府的建设和运行改变政府的管理手段，优化政府工作流程，改进服务水平，提升了政府公共管理的效率和效益。

3. 公共组织文化创新

公共组织文化是一个公共组织由其共有的价值观、信念、符号、行为方式和行为准则等构成的特有的文化形象。公共组织文化是公共组织的灵魂，是维系和推动组织存续发展的源源不竭之动力。网络时代对公共组织提出了严峻的挑战，因此必须变革公共组织，而变革公共组织就必须促进公共组织文化的创新。

传统的公共组织文化所倡导的是理性官僚制文化。这样的组织文化体现的是目的合理性，体现科学精神、法制精神和理性精神，摒弃组织管理的人治色彩，在工业时代曾起过巨大的进步作用。但是时至今日，其组织文化的弊端已日渐凸显，受到质疑和挑战。譬如，它强调效率至上，为追求效率过度关注技术手段，忽视公共需求与政治回应，忽视公正与民主；其运行过度强调程序导向和规则导向，强调层级控制与遵从，等等。先是新公共行政，而后是新公共管理相继挑战传统公共行政和官僚制组织文化的弊端，要求强化管理的责任性以及对公众的回

---

① 〔美〕B. 盖伊·彼得斯：《政府未来的治理模式》，吴爱明译，北京，中国人民大学出版社，2001，第23页。
② 〔澳〕欧文·E. 休斯：《公共管理导论》，彭和平等译，北京，中国人民大学出版社，2001，第2版，第4页。

应性，强调授权与分权管理，以公平和公正的方式提供公共服务。进入网络时代，层出不穷的各种新的文化要素和信息要素更加剧了对传统公共组织文化的挑战。网络时代的公共组织文化需要实现如下几个方面的转变。

首先，由集权型文化向分权型文化转变。传统公共组织文化的集权特征表现为公共组织决策主体的单一化和决策过程中的非民主化。政府借助公共权力垄断了重要的社会资源，垄断了公共信息，控制绝大多数公共物品的供给，政府几乎无所不插手无所不能。如今，现实的情况是，面对复杂多变的多元的社会公共需求，政府已难以做出正确的政策抉择以满足公共需求，政府也意识到自身能力的种种缺失，而且仅仅由政府提供公共物品易于导向滥用资源，成本过高而质量不高。因此，为了克服政府决策的有限理性，分权化的决策成为必然。网络时代信息共享程度日益拓展与深化，各种决策所需要的信息、知识已不再被政府垄断，参与式和协商式决策是势在必行的明智选择。让公民和公共组织各层次的工作人员参与决策，不仅有利于优化决策，提升决策质量，避免决策失误给公共利益带来的损失，也符合当今时代民主行政和民主治理的价值观。

其次，由规则导向型和长官意志导向型向成果导向型、学习创新型和民主导向型文化转变。规则导向型和长官意志导向型是传统官僚制文化的核心，认为只要服从长官意志、固守规则，就自然会获得令人满意的成果。但是在实际运作中，规则导向和程序导向导致目标移位，工具价值变成了终极价值，进而危及公共组织的合法性。为此，公共组织文化必须强调绩效导向和成果导向。知识经济与网络时代联袂而来，公共组织要应对这样的时代挑战，就必须成为学习型组织。特别是政府组织要成为知识密集型治理和学习型治理的主导力量，不断学习先进的管理理念、知识密集的管理技术和管理方式，坚持不懈地力行终身学习、全员学习、全过程学习和管理组织各层面的学习，从而形成公共组织的学习创新型文化。网络的发展使信息的传播更加公开、透明，社会各方力量都能借助网络以平等的身份参与公共事务管理，全社会的民主意识与民主诉求极大增强，因此推动公共组织文化向民主导向型转变不可逆转。

第三，由供给型文化向服务型文化转变。传统的供给性文化强调以公共组织尤其是政府为中心，公共物品和服务由政府强制性提供，社会公众只能接受而缺乏选择权，但这样一种公共物品和服务的供给模式已经不能适应现代社会复杂多变的公共需求。以人为本和公民导向的理念日益深入人心。人们认识到，公共领域必须满足社会公众多样化的服务需求，提供促进经济社会发展维护社会稳定所需要的服务。公共组织必须确立和坚守服务导向，必须明确，最根本的是服务，

公共管理学

而不仅是供给。特别是政府管理，必须为促进社会的发展和文明进步服务，为社会日益增长的物质和文化生活的需要服务。从这个意义上说，服务应是政府的首重职能，服务社会服务公众是政府管理运行的中心。因此，公共组织文化由供给型向服务型文化转变是必然趋势。

第四，组织管理文化由等级控制型转向扁平化网络式的互动合作型。等级控制型文化体现为在公共组织体系中，政府对社会公共事务的管理处于主导和控制地位，政府依靠强制力量达到目标；政府是唯一的决策者，事业单位、公共企业则是具体的执行者，第三部门处于辅助地位、这样的等级控制格局会常常因为政府失灵而无法实现公共管理的预期目标。于是，政府必须实现与社会、市场的互动合作。网络时代的来临为政府、社会和市场的合作治理提供了技术平台和信息平台。一方面，政府不再如同过去那样拥有决策所需的信息优势，公共组织决策的分权化成为必然；另一方面，众多公共组织对公共管理的介入增强了满足公共决策的信息需求的可能性。相应的，公共组织体系的管理结构向扁平化网络式演变。公共管理互动合作的实现机制，是通过建构政府部门与其他公共部门、非政府部门（私营部门、第三部门或公民个人）等众多公共管理主体的网络化互动协调，达到合作共治。

[重要概念]

（1）公共组织：公共组织是指以为社会提供公共产品和公共服务为目标，以追求社会公共利益最大化为价值取向的社会正式组织。它以政府部门为核心，并包括立法机关、司法机关、政党、军队、公共企业、教会和公共教育卫生机构，以及第三部门组织等涉及社会公共事务管理的社会组织和社会团体。其主要特征是公共性、公益性、服务性、公开性和法制性。

（2）政府组织：政府组织在公共组织体系中处于核心地位。政府组织的定义有广义与狭义之分。广义的政府组织包括一个国家的立法机关、司法机关和行政机关。而狭义政府组织则指一个国家的中央行政机关和地方行政机关。政府组织根据宪法和法律的授权，依法运用公共权力对社会公共事务进行管理。

（3）政党：由代表某一阶层、阶级或利益群体并为实现其利益而斗争的人群组成的政治性组织。政党借助于各种舆论工具进行意识形态的渗透并通过其政治行为赢得公众支持，取得政权，或使其政党在竞选中取得成功，从而合法控制政府，主导公共政策的制定，以实现其政治主张和其所追求的经济社会利益。

（4）事业单位：事业单位是当代中国所特有的公共组织形式，是为实现社会公益之目的，由政府部门设置运营或者其他组织利用国有资源设置运营的，从事教育、科技、文化、卫生等活动的社会服务组织。事业单位不属于政府机构，也不以营利为目的。国家对事业单位的财政补助分为全额拨款和差额拨款，对自主事业单位国家则不予拨款。事业单位的主要作用是满足社会在教育科技发展、精神文化发展、公共卫生发展以及社会综合发展等方面的需要。

（5）公共企业：政府通过直接投资或股权控制而形成的，以实现公共利益为首要经营目标的相对独立的经济实体。设置和运营公共企业的重要性是要矫正市场失灵，遏制和治理经济活动的外部负效应，促进社会的公平正义。政府借助于公共企业这种生产组织形式，在关系国民经济命脉的行业和关键或重要领域占支配地位或重要地位，从而贯彻其对经济实施宏观调控的意图，服务于国民经济和社会发展的整体利益和长远利益，为社会提供其他部门不能或不能很好供给的公共物品和公共服务，并满足国家安全等方面的特殊需要，以促进和维护经济社会的平衡稳定与良性运行。

[思考题]

1. 公共组织有哪些区别于私营组织的特征？如何理解公共组织在公共管理中的地位和作用？
2. 公共组织理论变迁的现实依据和理论基础是什么？
3. 什么是公共组织的外部环境？公共组织应如何与其外部环境进行良性互动？
4. 各类公共组织如何在公共产品和公共服务的供给中实现良性互动与合作？
5. 区分公共组织行为的类型有何现实意义？
6. 为何要对公共组织实施监督？如何实现对公共组织行为的有效监督？
7. 公共组织如何应对网络时代的挑战？

[参考文献]

〔美〕保罗·C. 纳特、罗伯特·W. 巴可夫著《公共和第三部门组织的战略管理：领导手册》，陈振明等译，北京，中国人民大学出版社，2001。

〔美〕罗伯特·B. 登哈特：《公共组织理论》，扶松茂等译，北京，中国人民大学出版社，2003，第 3 版。

彭和平等编译《国外公共行政理论精选》，北京，中共中央党校出版社，1997。

〔美〕彼得·布劳、马歇尔·梅耶：《现代社会中的科层制》，马戎等译，上海，学林出版社，2001。

〔美〕丹尼尔·A. 雷恩：《管理思想的演变》，赵睿等译，北京，中国社会科学出版社，2000。

〔澳〕欧文·E. 休斯：《公共管理导论》，彭和平等译，北京，中国人民大学出版社，2001，第2版。

〔美〕保罗·S. 麦耶斯主编《知识管理与组织设计》，蒋惠工译，广州，珠海出版社，1998。

〔美〕麦克尔·巴泽雷：《突破官僚制：政府管理的新愿景》，孔宪遂等译，北京，中国人民大学出版社，2002。

〔美〕戴维·奥斯本、特德·盖布勒：《改革政府：企业精神如何改革着公营部门》，上海政协编译组东方编译所译，上海，上海译文出版社，1996。

〔美〕小艾尔弗雷德·D. 钱德勒：《看得见的手——美国企业的管理革命》，重武译，北京，商务印书馆，1987。

〔美〕乔治·弗雷德里克森：《公共行政的精神》，张成福等译，北京，中国人民大学出版社，2003。

〔美〕B. 盖伊·彼得斯：《政府未来的治理模式》，吴爱明译，北京，中国人民大学出版社，2001。

〔美〕理查德·L. 达夫特：《组织理论与设计精要》，李维安等译，北京，机械工业出版社，1999。

〔美〕尼古拉斯·亨利：《公共行政与公共事务》，北京，中国人民大学出版社，2002。

〔美〕约翰·科特：《权力与影响》，孙琳等译，北京，华夏出版社，1997。

〔美〕W. 理查德·斯科特著《组织理论》，黄洋等译，北京，华夏出版社，2002。

〔美〕弗里蒙特·E. 卡斯特、詹姆斯·E. 罗森茨韦克：《组织与管理》，李柱流等译，北京，中国社会科学出版社，1985。

陈振明：《公共管理学》，北京，中国人民大学出版社，2003。

黄健荣等：《公共管理新论》，北京，社会科学文献出版社，2005。

张建东、陆江兵主编《公共组织学》，北京，高等教育出版社，2005。

第4章
政府职能与政府失灵

PUBLIC MANAGEMENT

[学习目标]

通过本章的学习,理解政府职能的性质,政府职能对于实现政府使命的重要性;认识政府职能发展变迁的基本进程;了解政府的程序性职能和任务性职能,现代政府职能存在的依据、基本任务与运行限度;掌握政府职能的涵义和特点,政府失灵的涵义、原因、表现及对策。

[重点难点]

政府职能的涵义及其演变;政府职能的构成及其在经济社会运行中的作用;现代政府职能的边界;政府失灵的原因、主要表现及矫正方式。

政府是社会公共领域的核心组织,社会运行发展中所出现的各种经常性、偶发性或突发性的事务都在直接或间接地检验或挑战政府的职能。政府能否及在多大程度上对促进社会的和谐稳定和发展实施有效的宏观指导调控,对社会公共事务做出及时、正确和具有前瞻性的回应,是政府职能的效率和效能的体现。处于当今的大变革时代,政府的职能范围及其变化以及履行职能的方式等问题尤为引人关注。正如世界银行在《1997年世界发展报告:变革世界中的政府》一文中指出的,"在世界各地,政府正成为人们注目的中心。全球经济具有深远意义的发展使我们再次思考政府的一些基本问题:它的作用应该是什么,它能做什么和

155

不能做什么，以及如何最好地做这些事情"。[①] 政府在社会经济运行中如何发挥其应有作用，扮演好其角色，这不仅是一个理论问题，更是一个实践问题。那么，政府职能的涵义是什么？其构成要素有哪些？政府职能经历了哪些变迁？如何确定现代政府职能作用的边界？现代政府职能应该如何定位？政府为何会失灵？应如何矫正？这些就是本章要深入讨论的问题。

4.1 政府职能概述

4.1.1 政府职能的涵义和特点

确定政府职能的涵义必须先考察政府的定义。关于政府的定义，虽然至今仍众说纷纭，莫衷一是，但大致可以分为广义说、狭义说和中义说三类。广义说的政府，泛指一切国家政权机关，如立法机关、行政机关、司法机关以及一切公共机关。英国《大众百科全书》中的政府是这样定义的："由政治单元在其管辖的范围内制定规则和进行资源分配的机构。政府的功能有（1）立法；（2）司法；（3）执行行政管理"。[②] 狭义说的政府，专指一个国家的中央行政机关和地方行政机关。《美国百科全书》是这样定义的："政府一词适应于管理团体和国家的机构及其活动。通常它指的是诸如英国或日本这些民族国家或其分支如省、市地方政府的组织机构及法定程序。就这一方面而言，政府对已经确认为某一民族国家中成员的事务进行管理。由此可见，政府就是一个国家或社会的代理机构"。[③] 中义说的政府，指的是中央和地方行政机关及其他带有政府性质的公共机构，这些公共机构同样具有政府的本质属性，即公共性与服务性，如公共教育部门、公共卫生部门、公共安全部门以及公共福利部门等。本书基于公共管理的视角，采用中义的政府定义，认为政府指的是中央和地方行政机关及其他带有政府性质的公共机构。

从上述政府的诸种定义，我们可以看到政府与国家的密切相关性。之所以有国家就需要设立政府，是因为国家只是一个特定地域和族群组合的概念，只有建

[①] 世界银行：《1997年世界发展报告：变革世界中的政府》，蔡秋生等译，北京，中国财政经济出版社，1997，第1页。
[②] 转引自辛向阳《新政府论》，北京，中国工人出版社，1994，第3页。
[③] 转引自徐争游等《中央政府的职能和组织结构》（上册），北京，华夏出版社，1994，第203页。

立、维持和运行一个功能齐备的政府组织,才能有效地表达和执行国家意志,有效地代表人民维护国家和社会的利益。随着现代市场经济的发展与公民社会的崛起,政府与一些突出彰显其公共性与服务性的其他社会公共组织有日益相融的趋势,后者实际上已在日渐扩展的程度上直接或间接地履行政府的部分职能。鉴于现代政府社会角色的演进及其与公民关系的变化,可以这样定义政府职能,即政府职能指的是以政府为核心的公共组织,在一定时期内依据社会和经济的发展需要而确定的行为方向、基本任务和职责范围。

对于政府职能的涵义应作如下理解。首先,政府职能是满足社会公共事务的需要。政府职能与其他组织的职能相比,因其公权地位,其职能对象只能是国家和社会的公共事务,以及与公共福祉利害攸关的社会事务。其次,政府职能的界定和行使必须以经济和社会发展的需求为前提。经济和社会的运行发展在不同时期和不同的领域对公权介入的程度和方式有不同的需求,因此政府职能的行使必须有明确的范围和边界,不能恣意扩张。政府职能范围和边界的确定应基于对经济和社会发展需求的正确分析判断,并由宪法和相应的法律做出规定。第三,政府职能是政府作为公权的代表者在社会公共生活中所应承担的政府职责和功能。政府的职责即政府在社会公共生活中需要和能够介入何种领域或范畴及其介入的程度和方式。或简而言之,就是政府应管什么、管到何种程度及如何去管。政府的功能表现为政府在国家层面和社会层面应发挥的作用,二者的关系是统一的。第四,政府职能的行使必须有相应的资源以维系其合法性、权威性与可持续性。政府职能的确立和行使除了需要取得由宪法和法律规定的授权即合法性外,还必须拥有其他资源的支撑,如政治资源(包括公众的认同和支持,即政治学意义上的或实质上的合法性)、财政资源、技术资源、人力资源和文化资源等。

政府职能是一个历史性的概念,不同性质的国家以及一个国家在不同的历史阶段的政府职能具有不同的内涵和特点。总体而言,政府职能的主要特点体现为如下三方面:公共性与社会性、动态性与相对稳定性、多样性与整体性。

第一,政府职能的公共性和社会性。政府是适应社会需要而产生的,是公共权力的行使者,因而政府的职责和功能具有公共性的特征,即政府的一切职责和功能都应是维护社会公共利益,增进公众的福祉。同时,政府职能又具有广泛的社会性。从静态上看,政府职能不仅在宏观上覆盖政治和经济社会生活各个层面,更具体地涉及社会治安、文教卫生、科技发展、社会福利、人口控制、环境保护和食品药品安全等诸多社会领域。从动态上看,政府职能的行使又是政府组织对社会资源的配置与整合实施计划、组织、领导、协调和控制的过程,它包括一系列的环节和步骤。可以说，社会公共生活的各个方面，都在不同程度上受到政府职能的影响。体现政府职能的各种管理和服务工作涉及社会公共生活的各个层面以及社会各个阶层和群体。

第二，政府职能的动态性与相对稳定性。从长时段看，政府职能是一个动态的演进过程，从较短的时段看，政府职能则处于相对稳定的状态。一方面，政府职能内容和范围源于国家和社会发展的需要，因而政府职能也必定随着不同时期社会经济的发展而变化。政府职能的动态性主要表现在如下几方面：其一，社会制度的性质发生变化，导致政府职能的变化，如从封建社会进入资本主义社会，从资本主义社会发展到社会主义社会，政府职能的性质和内容会发生变化；其二，经济社会运行的拓展、深化或激变，政府职能的重点会相应发生变化；其三，为回应时代挑战而推进政治、经济和社会体制的改革，必定促使政府职能发生变革；其四，科学技术的发展，不断为深化对公共事务的认识以及改善优化政府处置公共事务的能力提供条件，因此政府职能需要与时俱进，更新其内容、工具和方法。另一方面，在每一个特定的历史时段政府职能又不会做出较大的改变或调整，而是依循政府所确定的在该时期内的主要目标和任务，保持相对的连续性和稳定性。譬如，2003年以来，为了落实科学发展观，适应全面建设和谐社会的需要，我国政府的主要职能是经济调节、市场监管、社会管理和公共服务。政府的主要任务不再仅仅是大力发展经济，促进GDP增长，而是要在继续加强经济调节和市场监管的同时，更加重视社会管理和公共服务，这将是相当长时期内我国政府的重要职责和主要任务。

第三，政府职能的多样性与整体性。较之于社会的其他组织机构的职能，政府的职能涉及面远为广泛和多样性，政府职能覆盖了经济、政治、文化和社会许多领域和层面。并且，从中央到地方基层不同层级的政府部门，把政府职能延伸和渗透到国家的每一层行政区。各级政府的各种行政机构的职能形成纵横交错的网络体系，构成了一个有机整体。政府运行中通过运用计划、组织、指挥、控制、沟通、协调和监督等功能，把政府各层级与各部门的工作联系在一起，并由此整合和配置政府所控制的公共资源。可见，政府职能既有多样性，又呈现出显著的整体性。在社会中没有任何一种其他类型的组织职能像政府组织的职能那样体现出突出的广泛性、多样性与整体性。

4.1.2 政府的程序性职能

政府与其他社会组织一样，需要运行一系列相似的程序性职能。这些职能反映政府组织在管理公共事务和政府自身事务的过程中所具有的一般性或普遍性的管理作用,体现管理活动的共性,即所有管理活动中最基本、最普遍的职能。政府组织的程序性职能有其自身的特点。

本部分论及的政府程序性职能主要是体现于政府组织体制之内的一种静态的职能描述,而更重要的政府职能或政府行为体现于对整个社会公共生活所进行的必要和有效的干预活动,例如对资源配置进行宏观调控,建构公共物品供给体系和机构,包括国防体系、公共教育和公共卫生体系和机构的组织设置和管理等。这样的政府职能将在本章 4.1.3 和 4.3.2 做深入探讨。

1. 计划职能

从政府高层管理部门到基层工作机构都需要计划职能。政府层级愈高,计划职能愈重,要求愈高。计划职能是政府为完成一个特定时期内的基本任务或一项特殊的使命而制定战略目标,并对战略目标进行科学分解,策划配置必要的人力、财力和物力以及思想理论资源,拟定具体实施的步骤、方法以及相应的政策策略的职能。具体而言,计划职能包括:①拟定总体目标,并分解为中期目标和阶段性目标;②依据实现各层次目标的要求,制定可供选择的实施方案;③对各种备选方案的可行性及其后果进行分析评估,确定选取最有利于实现组织目标的方案;④确定具体实施步骤、方式和政策。

2. 组织职能

计划的实施要依靠各级政府机构及公务员的合理分工与有效合作,这就需要政府的组织职能。组织职能是指政府或政府部门为有效实施已确定的计划,依据计划要求和成员的能力和特点,设计工作岗位,进行授权与分工,将适当的人员任用于适当的岗位,用规章制度确定各机构和各具体岗位的责任范围,以及各机构之间与岗位之间的职责关系,以形成一个有机的组织结构,使整个组织得以协调运转的功能。一般而言,组织职能包括以下内容:①健全和完善组织的机构设置并使之有效运行;②设定各机构的岗位及其职责;③健全完善政府职员的选拔、任用、培训、调配、监督、考核、晋升和奖惩制度并使之有效运行;④统筹和协调各种组织资源的调配、整合与管理。

3. 领导职能

领导职能是指各级政府或政府部门的领导机构或领导者所必须担负的指导、激励和协调属下机构和成员在其工作中最大限度地发挥主动性、创造性与团队精神,以实现组织既定目标的职能。概而言之,领导职能包括以下内容:①指导属下机构和人员的工作,使其胜任其业务并不断提升工作能力;②激励属下机构和人员，使其热爱本职工作，积极为组织作贡献；③协调属下机构和人员的工作，促进协同与合作；④加强部门或机构内的信息沟通与良性互动，为有效完成组织目标创造良好的内部环境。

4. 控制职能

控制职能是通过有效信息反馈与绩效评估机制，把政府职能目标实施过程中所取得的效果与所要达到的目标进行比较和评价，及时发现和纠正偏差，以保证预定目标实现的一种职能活动。控制职能包括宏观控制和微观控制两种类型，其中尤以宏观控制对政府组织运行及总体目标的实现影响最大。控制职能包括以下内容：①明确控制标准；②确定控制幅度；③维系和保障畅通的信息反馈渠道；④及时实施检查监督；⑤有效运用调控措施。实施控制职能，必须把握两个关键：一是合理可行的计划和标准；二是能实施有效控制的组织体系与调控方式。

4.1.3 政府的任务性职能

政府组织的任务性职能，是依据公众对政府的授权关系，政府在社会公共事务管理过程中所必须承担的使命。具体而言，政府主要在政治、经济、文化与社会管理等公共领域行使任务性职能。

1. 政治职能

政治职能是政府必须担负的基本职责之一。政治职能主要是指政府通过权力部门行使的防御性、保护性、控制性和维护性功能。政治职能的核心是维护国家主权完整和不受侵犯，巩固国家政权维护领土安全，促进和维系社会的秩序和稳定。政治职能的内容广泛复杂，有些方面难以准确划分。总体而言，可由如下几方面的基本职能构成。

（1）维护国家安全和社会秩序。政府必须在捍卫国家主权独立和领土完整，防御敌对国家攻击，保障国家安全方面承担起领导和主导作用，承担起资源动员和整合的作用。在维护社会秩序方面，政府必须承担起指导和促进社会所有组织团体和个人遵纪守法、维护社会秩序和保护公民合法权益的重要职责。维护国家安全主要是通过政府增强国家综合国力，加强国防体系建设及积极开展有效外交活动来实现。维持社会治安主要是政府通过运用法律法规和政策等规范约束社会组织团体和个人行为，通过强制措施遏制和打击危害社会治安、扰乱社会秩序的违法行为，以及打击、惩办和改造各种犯罪分子来实现。

（2）推进民主法治建设。

推进民主法治建设不仅对于促进经济社会发展至关重要，而且是维系政府合法性的基石。民主制度的核心是对权力的监督制约，是公民充分享有和能够行使得到法律保障的对国家事务管理的知情权、参与权、监督权和批评权。政府必须通过必要的制度安排，实现广泛充分的民主参与和民主协商，使公共决策充分体现公共利益；必须实现政务公开透明，充分尊重公民的权益和不同个体的选择偏好，允许不同意见得以充分表达，保护持不同意见的少数人的合法权利；必须建构和实行政府责任制和问责机制，各级政府、政府部门及其官员必须对其决策的失误承担责任。

法治是宪政的基础。法治的本质在于，法律是公共生活的最高准则，任何政党、组织，包括政府组织，以及任何个人都不能自外于法或凌驾于法；法律面前人人平等；法律法规必须是良法，能真正代表民意。法治的直接目的是规范所有社会成员包括官员和一切公民的行为，其根本目的是维护公民的自由、平等和民主的权利。从根本上说，法治服务于以人为本的价值导向。法治与人治相对立，法治的原则拒绝和摒弃人治和专制。因此，政府必须积极推进和强化法治建设，而这样的努力必须首先从建设法治政府开始。

（3）促进、实现和维系政治一体化。政治一体化也称为政治整合。政治整合的本质是促进和实现维护社会秩序所需的最低限度的社会价值一致，避免信念和利益的过度分散，促进社会的和谐与稳定，促进和维护国家政治体系的稳定和有效运行，以维护和增进公众的福祉。促进政治整合，政府需要从如下方面努力：①充分吸纳民意，依据公众的意志建构制度框架，制定各种法律法规和公共政策；②及时协调和化解社会矛盾，特别是解决潜在和已发生的政治冲突；③促进政治社会化，促进公众对具有合法性的国家政治目标和政治路线的认同和支持；④建构和保障政治沟通渠道，及时听取和回应公众的批评和建言；⑤尊重社会公共生活中不同主体多元选择的合法权利，特别要维护和增进社会弱势群体的利益；⑥建构能实现充分政治参与的平台，实现国家与公民社会的良性互动与合作共治。

2. 经济职能

经济职能是政府的一项重要基本职能。现代政府的经济职能主要有如下七个方面。

（1）总量管理整个国民经济，包括制定国民经济、区域经济和行业经济发展的规划和计划，生产力布局和合理配置的规划和计划，重大经济项目和技术改造项目的规划和计划。在制订规划和计划时，必须正确处理经济发展与资源利用、环境保护与人口控制诸方面的关系，以及生产、流通、分配与消费的关系，实现国民经济和社会发展的良性运行和持续发展。

（2）制定和颁布重大的经济技术政策、法规、条例、规章、规定，以及一些具体产业的主要经济标准和规范。

（3）在由市场机制在资源配置中起基础性和主导性作用的前提下，运用投资、信贷、财政、税收、价格、工资政策等经济杠杆进行宏观调控，指导、控制、引导调整企业的生产经营和投资方向，从而遏制和矫正市场失灵，促使产业结构和产品结构合理化，促进经济规划和经济目标的实现。

（4）有效提供各种公共产品，如交通、邮电、供水、电力、环境保护、秩序和安全等。

（5）组织市场调查和预测，收集、分析、处理、发布经济技术信息和市场供求信息，为企业提供技术经济情报、咨询和指导。

（6）协调部门、地区、企业之间的发展计划和经济关系，指导和促使企业之间、行业之间以及行业与地区之间的经济协作和经济联合。

（7）监管一般商品市场（消费品市场和生产资料市场）和生产要素市场（金融市场、劳动力市场、技术与信息市场、房地产市场、产权市场等）中的一切行为。

3. 社会职能

政府的社会职能是对社会生活领域的必要介入和干预，具有广泛性、基础性、具体性和直接性等特征，显著地区别于政府的政治职能和经济职能。政府的社会职能主要有如下五个方面。

（1）政府必须积极努力并创造条件，促进和实现收入分配的公平公正。调控和改善以竞争机制为主导的一次分配，健全和优化以政府机制为主导的二次分配，扶助和推进以社会机制为主导的三次分配；通过推进收入分配制度改革，整顿和规范分配秩序，并创造条件让使更多公民拥有财产性收入；保护合法收入，调节过高收入，取缔非法收入；扩大转移支付，强化税收调节，打破经营垄断，创造机会公平，遏制收入分配差距扩大的趋势。

（2）建立和完善覆盖城乡居民的社会保障体系，保障人民基本生活并使之不断得到改善。通过制度建设和采取其他措施，建构和完善以社会保险、社会救助、社会福利为基础，以基本养老、基本医疗、最低生活保障制度为重点，以慈善事业、商业保险为补充的社会保障体系。

（3）控制人口增长，稳定低生育水平，提高出生人口素质。政府必须有效配置公共服务设施，促进和完善计划生育和健康生育的社会化服务体系的建构与运行。

（4）保护和合理开发自然资源，强化对环境污染的综合治理，强化环境保护，促进生态文明建设，以实现经济与社会的可持续发展。

4. 文化职能

文化职能是现代社会政府职能中重要性日益凸显的组成部分。文化是民族凝聚力和创造力的重要源泉，是综合国力竞争的重要因素，丰富精神文化生活是全体公民的愿望。经济与文化是人类文明发展的两大支柱，前者的发展主要是推动物质文明的进步，后者的发展对推动精神文明和物质文明的进步独有重要意义，而其合力则共同推动政治文明和生态文明的进步。政府文化职能所指的文化是一个涵盖教育、科学与文化的广义概念，这样的政府职能主要有如下方面。

（1）制定国家教育、科学与文化发展的总体战略、指导方针、规划和计划，制定和颁布重大的科学文化教育的政策和法规。

（2）建设和优化国家核心价值体系，促进民族精神家园的建设，促进社会伦理道德的教化与提升，促进和增强国家主导文化的向心力和凝聚力，同时促进社会多元文化的发展。

（3）激发社会的文化创造活力，促进教育、科学与文化事业发展，提高国家文化软实力；组织和实施国家重大科技和教育文化项目研究的攻关，不断增强国家科学、教育和文化的竞争力。

（4）整合和优化国家教育、科学与文化发展所需资源的配置，建设和不断完善相关基础设施；保障人民的文化权益，丰富社会的文化生活。

（5）对国家人文资源和重要文化产业实施有效管理、保护和开发；优化文化市场管理，促进文化领域的创新与持续发展。

4.2 现代政府基本职能定位及其边界

政府职能是受到政治、经济、文化和社会多种因素制约的变量。在不同的历史阶段和不同的国度，政府职能的性质、范畴和构成都会发生变化、发展或存在差异。政府职能嬗变的一个总的趋势是由前工业社会的统治主导职能，转向工业社会的管理主导职能和后工业社会的服务主导职能。自20世纪80年代政府改革运动在全球兴起以来，建设服务型政府已成为一个世界性的潮流，成为不可逆转的历史大趋势。

| 公共管理学

"所有文明的标志都是对人的尊严和自由赋予的尊重。"[①]换言之,所有文明进步的标志都体现为对人的尊严和权利的尊重之改善。从政府的统治主导职能到管理主导职能再到服务主导职能的转换,是自有国家以来政府职能的三次根本性转换,这样的职能转换折射了人类社会政治文明的进步,体现了管理思想和管理科学的进步,反映了对人的价值、尊严、权利和理性的认识的不断提升。

政府的统治主导职能或统治行政追求社会的稳定和秩序,其形成的社会背景是人类文明发展的第一次浪潮;政府管理主导职能或管理行政追寻的是理性和效率,其形成的社会背景是人类文明发展的第二次浪潮,以及民主化进程的第一、第二次浪潮;政府服务主导职能或服务行政追寻的是增进社会共识与合法性,其形成的社会背景人类文明发展的第三次浪潮,全球化发展及民主化进程发展的第三次浪潮。下文所讨论的现代政府的基本职能指向现代政府的服务主导职能。

4.2.1 现代政府基本职能定位

现代政府是指在经济全球化与全球治理背景及现代市场经济条件下,以科学与理性为导向,通过民主法治的方式以维护社会公平正义为价值取向的政府。总体而言,现代政府的基本职能主要体现有如下六方面。

1. 确定制度框架

包括制定规范经济活动及维护竞争秩序与社会生活秩序的法律制度。制定经济规范和维护竞争秩序,确保市场机制在公正公平的制度框架内运作,才能有效推进经济持续发展与社会和谐进步。政府应主要从两个方面来保证市场机制的正常运行。①建立并实施保证市场机制正常运行所需要的法律制度。这一法律体系主要由三个层次的内容构成:一是确认和保护产权关系的法律,如民法、专利法、知识产权法、商标法等;二是规范进行某种类型经济活动的法律,如商法、破产法、不动产交易法等;三是对一般经济活动都需要进行调节、规制和监督的法律,如税法、劳动法、环境保护法、消费者权益保护法等。②维护竞争秩序,防止垄断,保证市场机制正常地发挥作用。市场经济是竞争经济,市场主体之间需要进行公平有序的竞争。然而,无论是自然垄断或是行政垄断的形成,都会使竞争机制遭到破坏,从而阻碍市场机制的有效运行和资源的优化配置。因此,政府必须颁布和执行反垄断法和反不正当竞争法等相关法规,并设立相应的

---

① 联合国开发计划署:《2000年人类发展报告:人权与人类发展》,北京,中国财政经济出版社,2001,第1页。

管理机构，采取有力政策措施，建构和维系有利于良性竞争的市场体系。需要政府主导确定的制度框架还包括其他方面，如维护社会公共安全的法规制度，推进公民政治参与和行政参与的法规制度，管理政府内部事务的法规制度，等等。

2. 调控宏观经济

现代社会市场经济的实践证明，市场机制的自由运行、企业和个人的自由选择并不能自动地保证社会总供给与总需求的平衡。如果任其自由放任，则经济发展水平越高，各种生产要素根据市场时滞的不完全信息配置与组合形成扭曲的可能性与幅度就越大，各经济部门之间出现供求偏差的幅度与发展不平衡的概率也会不断扩大，从而易于导致宏观周期性波动、失业与通货膨胀。因此，在这样的条件下，经济危机、通货膨胀、大量的失业、地区经济发展的不平衡是市场经济本身难以避免的一种常态。只有通过一个独立于和超然于所有市场主体的、并有能力对社会总供给与总需求进行经常性调节的机构，来对经济运行进行宏观调控，才能有效熨平市场经济的周期性波动，保持经济稳定，从而较好地实现总体资源优化配置。这样的机构就是政府组织。为此，政府需要通过制定国家经济发展战略，计划与确定经济中长期发展目标，以及通过各种必要的公共政策，如财政政策（例如预算政策、税收政策、财政收支监管政策）、货币政策（例如法定准备金、贴现率、市场开放政策和信用制度等）、金融政策（例如利率、汇率等）、外贸政策、就业政策和产业政策等，对经济活动进行有效干预，使社会总供给和总需求趋于基本平衡。

3. 提供公共物品和服务

公共物品包括物质的与非物质的产品和服务两个构成部分，前者如国防、公路、桥梁、航标灯等，后者如制度法规、政策，甚至政府本身。由于公共物品一般具有非排他性和非竞争性的性质，要排除一定范围之外的人群使用某种物品或是不可能，或是交易成本非常高，因此多数公共物品不能以市场竞争的方式实现有效供给和最优配置，而只能由政府来直接提供或主导提供。社会文明越发展进步，社会对公共物品和公共服务的需求无论在量或质的方面都会越来越增加。在现代社会，政府主要应提供如下公共物品和公共服务：①国防和公共安全系统，包括突发事件及公共危机应急与治理体系。②公共福利系统。③公共交通系统。④公共卫生系统，包括公共防疫系统、公共保健系统、公共医疗系统等。⑤公共教育系统。⑥公共基础设施系统，包括电力、给排水、供气供暖、邮政通讯、市政工程等，其总体规划和管理应由政府主导。⑦公共文化事业和娱乐休闲设施。如文化遗址及名胜古迹的保护，国家剧院、博物馆、展览馆、科技馆、少年宫及公益性休闲场所的建设等。⑧环境保护。如对生态、空气、水源、珍稀动植物的监测保护等。⑨从事基础研究、前沿学科和有战略意义研究创造的科研机构。上述公共物品，在政府主导统筹规划和宏观调控的前提下，企业组织和第三部门组织可在不同程度上参与供给或参与合作供给。随着公民社会的勃兴以及社会自组织的发展与完善，社会参与公共物品供给的范围及方式正在不断拓展，特别是在诸如教育、卫生、交通、通讯甚至社会福利等方面。政府的公共服务职能是指政府在保障公民的基本社会需要、方便公民的工作生活等方面所负有的职责和应发挥的作用。现代政府应是向公众负责的政府，政府不仅是维护公共秩序的管理者，亦是保障公民基本需要的服务者。所以，政府应在灾害的救援和救助，公共信息的收集、处理和提供，生活环境的治理美化，以及其他社会需要而社会自身难以或无法有效提供服务的方面发挥积极作用。

4. 协调群体冲突

群体指的是具有相同或相似的社会地位与社会处境，在维护权益方面表现出强烈认同感的社会聚合体。在社会公共生活中，由于利益矛盾、文化差异以及信仰、习俗和选择偏好等因素影响，在社会成员个体之间、个体与群体之间以及群体之间会出现各种矛盾和冲突。其中，群体冲突对社会具有更大的消极影响甚至危害性。市场经济条件下，群体冲突的主要根源是利益矛盾。因而，群体冲突集中地表现为利益集团间的冲突。比较突出的表现是农村各利益群体和城市各利益群体之间的冲突，个体劳动者群体与私人企业主群体之间的冲突，社会弱势群体与社会其他群体的冲突。群体冲突会破坏正常的经济秩序和社会秩序，使经济活动和社会活动无法有序的进行。当相互竞争的各利益主体发生利益冲突时，当事人自己往往无法界定各自的利益分界，因为市场本身不具备划分经济主体利益或社群的利益界限的机制，仅仅依靠群体或团体之间的协商往往难于解决问题。所以，需要政府来充当仲裁人的角色，以超然于各利益主体之上的公共利益代表者的身份依法进行协调，维护社会公平正义，化解矛盾，保护弱势群体，促进社会稳定协调发展。当然，政府也需要依法介入和解决其他类型的社会冲突，包括社会个体成员之间、个人与群体或社会之间的矛盾和冲突。

5. 治理外部效应

外部效应是指某一经济主体不经交易而对其他经济主体施加的成本或收益。外部效应分为外部正效应和外部负效应。好的或积极的影响被称为外部正效应（如花圃或农场给养蜂人带来的好处）；坏的或消极的影响被称为外部不经济（如化工厂有害化学物质和噪音的散布对环境所产生的消极或危害性影响）。当外部效应出现时，无法通过市场机制的自发作用来调节以达到社会资源有效配置的目的。沃尔多对外部性问题进行了深入的分析，认为"在经济活动产生'外在需求'的地方，无论是受益还是损耗，由生产者满足这些需求都是不恰当的，或者说是不可从生产者那里征收的。这样……市场结果将没有效率。因为这些外部受益或损耗是不进入决定生产决策的计算的"。[1]外部效应的存在既然无法通过市场机制加以解决，这就决定了政府介入的必要性。政府可以通过补贴或直接的公共部门的生产来推进外部正效应的产生，通过直接的管制来限制或遏制外部负效应的产生，或对外部负效应的后果进行治理。另外，当总体的私人成本与总体的社会成本或总体的私人收益与总体的社会收益出现较大差距时，政府有必要采取适当措施，如对城市建设进行整体规划，保护土地和生态资源，控制外部负效应很强的消费方式等，来维护符合公共利益的社会目标。

6. 调节和再分配社会收入

市场机制下的收入分配标准是按生产要素分配，这往往会造成贫富差距扩大，收入分配不公。收入分配不公，既包括社会成员之间在流量的收入和存量的财富上不同的占有状况，也包括不同地区之间在国民收入、政府的财政收入、政府的可支配财力上不同的分布状况。不论是个人之间的收入分配不公，还是地区之间的收入分配不公，都很难通过市场经济自身的机制来校正与调节。收入分配的不公，在一定限度内属于经济问题，会抑制人的主动性和积极性的发挥，使人这一生产力中最活泼最能动的因素缺乏有效的激励。但当它超过一定限度时，就会成为严重的政治问题和社会问题，甚至有可能造成政治合法性危机，引发社会动荡。因此，政府有责任以公共权力的力量，通过调整生产要素相对价格、税收和财政转移支付、建立社会保障制度等手段，将不公平的程度限制在社会可以接受的范围之内，实现社会公平目标，保持社会稳定，并为市场经济的健康协调发展提供良好的社会环境。总体而言，在调节社会收入方面的政府职能，一是要完善以市场机制为导向的一次分配体系，二是要优化以政府机制为导向的二次分配体系，三是要促进以社会机制为导向的三次分配体系。

4.2.2 现代政府职能的边界

政府职能的运行是有边界的。在现代社会，随着市场经济不断发展和成熟，社会自治理机制日益完善，政府职能需要介入的公共事务的空间也在不断发生变

---

[1] 〔美〕查尔斯·沃尔多:《市场或政府》，谢旭译，北京，中国发展出版社，1994，第18页。

化。毫无疑问，政府职能是在公共事务的领域中运行的，然而并不是所有的公共事务都需要政府直接地介入或是仅仅依靠政府的干预就能得到解决。需要政府职能介入的只是那些无法完全通过市场机制或社会机制来进行有效资源配置的社会事务。即便是需要政府职能介入的公共事务，这样的介入也有一个程度的限制。因此，确定政府职能作用的边界有较大的难度。探讨现代政府作用的边界有多种视角，以下的阐释主要基于市场原则和公益原则。

1. 市场原则

这一原则是依照市场竞争机制确定政府应介入的社会事务的范畴。依据社会构成三元划分的理念，社会事务的处置可以由政府机制（政府职能）、市场机制与社会机制起作用。政府机制或政府职能应介入哪些社会事务、应该介入到何种程度以及以何种方式介入，取决于它的介入能否获得最大的效率和效能。一般而言，政府职能的介入可以分为如下六种情况：仅由政府职能完全介入；以政府职能为主导，政府职能部分介入，市场机制同时介入；以政府职能为主导，政府机制、市场机制与社会机制同时介入；政府职能宏观调控而基本不直接介入，以市场机制主导；政府职能宏观调控而基本不直接介入，主要由社会机制介入；政府职能宏观调控而基本不直接介入，由市场机制与社会机制结合共同介入。简言之，或反言之，凡是市场机制或社会机制的介入能取得更高更好效率和效能的社会事务，政府职能就不应介入或不要直接介入。从根本上说，需要政府职能介入的是那些市场缺陷或市场失灵或社会机制无法有效运行的领域，如提供纯公共物品和服务、消除外部负效应、宏观调控经济活动、维护市场有序竞争等。

如前所论及，上述三种机制的介入和运行，在不少情况下并非可以截然界分，而往往处于交叠或交错状态。随着在社会公共生活中市场机制渗透的深化，社会事务治理中各种机制介入的空间和边界正在不断发生改变。第一，随着市场活动中交易规则、交易方式和量化技术的不断发展完善，原来的一些需要政府主导的事务可能会进入市场领域，导入市场机制。例如，通过 BOT 项目融资等方式，民间企业介入到公共基础设施的建设和经营领域；行业的发展壮大，使得业内自发组织的中介机构承担起行业管理的职能；信息市场的建立与完善，使知识类产品得以进入市场；等等。第二，随着市场经济向广度和深度的发展，由市场衍生出的社会事务也有可能超出市场本身的控制范围，使原来意义上的市场导向的事务转化为需要政府主导的公共事务，如经济全球化问题、公民的社会保障问题、环境问题、人口问题、消费者权益保护问题等。第三，越来越多的社会事务趋近于非"公"非"私"的中间状态，这些中间事务能否得到有效处理，很大程度上取决于政府与市场的互动与合作，例如产业政策的调整、统一市场的建设等。因此，随着市场化程度的发展与公民社会的勃兴，一方面要求政府职能不断适时适地适宜地调整和定位，另一方面，也促成了政府组织与非政府组织之间合作程度的加深，促进了政府、市场与社会三者之间关系的整合与互动。

2. 公益原则

公共事务"公益性"的本质，决定了应该把道德与效能作为界定现代政府作用边界的主要标准。人所共知，政府并非私利的谋取者，而是公共利益的信托者。因此，在其作用于客体即公共事务时就必须以实现"公益性"为目的，这是公共事务与私人事务的根本区别。既然政府管理公共事务之目的是要实现和改善公共利益，这就决定了衡量政府职能边界的划分及其行为是否有效的根本标准就在于是否能在最大程度上照管公众的利益，即是否能最有效地为实现、增进和维护公民的合法利益服务。这一逻辑的起点源于公众对政府的授权关系和社会基准价值的要求，以及由此所形成的对政府职能及职能行为的制度规范和道德规范之要求。换言之，所有的政府职能及政府职能行为都必须在道德上得到证明，即它们必须是有助于实现、增进和维护公共利益的，而不是相反。衡量一项政府职能的存在是否合理的效率效能标准是，它能否比当其不存在时更大程度地增加公众的福祉。总的来说，规制服务（如环境规制、广播电视许可、反不正当竞争规制），维护社会公平正义，协调团体冲突，保护和配置资源，调节和再分配社会收入等公共事务的管理调控，由于其公益性很强，由于其公共权力的行动已经从属于民主的公共性的要求，因而主要应由政府职能来实施。而其他公共物品的供给，则要依据效率标准来界划政府活动的范围，因为增进公益的效率效能实际上也体现为公益性。纯公共物品，如国防、航天研究与发展，由于具有严格意义上的非排他性、非竞争性和不可分割性，其产品供给边际成本为零，因而不能由私人提供，必须由政府承担。准公共产品，如高等教育、邮政、医疗、筑路建桥等，既可以由政府职能来提供，也可以由市场机制或社会机制提供。或简言之，何种主体供给最有效率就应由其提供。

4.3 政府失灵及其矫正

在市场经济条件下，政府的重要职能是解决市场不能解决的问题即弥补市场失灵。然而，需要指出，市场机制与政府机制并没有完全的互补关系。正如把市场机制引入公共物品供给和公共服务提供的范畴并不意味着可以解决在这些方面

公共管理学

所有政府职能缺失和低效的问题一样，市场存在缺陷并不意味着政府的干预行为必然导致情况的改善。随着社会公共事务日趋复杂化和多样化，政府职能在不断拓展和增强，政府职能日益渗透到社会经济生活的许多领域。但是，政府为提供更多更好的公共物品和公共服务所采取的立法措施、治理行为以及各种公共政策，并不一定会实现预期的结果。更有甚者，在其实施中往往会出现各种与其初衷大相径庭的问题或困境，导致政府管理运行的低效率和社会福利损失。这样的情况，就是出现了政府失灵。关于政府失灵的概念，萨缪尔森是这样定义的："当政府政策或集体行动所采取的手段不能改善经济效率或道德上可接受的收入分配时，政府失灵便产生了"。[①] 查尔斯·沃尔夫从非市场失灵的角度出发，认为由政府组织的内在缺陷及政府供给与需求的特点所决定的政府活动的高成本与低效率和分配不公，就是政府失灵。[②] 公共选择学派则认为，政府失灵是指个人对公共物品的需求在现代民主政治中得不到很好的满足，政府在提供公共物品时趋向于浪费和滥用资源，致使公共支出规模过大，运行效率偏低，政府预算出现偏差。综合上述观点，可以把政府失灵看成是政府对经济社会事务干预过多或干预不力，或实施了错误的干预，不但没有很好地促进经济社会发展，反而造成或是政府规模过度扩张、寻租活动增多，或是交易成本加大，致使政府管理失效或低效，社会经济运行效率低下，社会资源难于实现优化配置。

4.3.1 政府失灵的原因

政府何以会失灵？政府失灵既是由政府组织自身的内在缺陷所致，也与政府官员操作不当相关。从公共管理的角度看，政府失灵的主要原因可见于如下几方面。

（1）即使政府是公正无私的，也会因为判断和技术能力缺失的原因影响干预结果。

政府在理论上常常被看作是大公无私的代表社会公共利益的组织，其一切行为都是出于更好地优化资源配置或实现公共利益最大化的考虑。即使是基于这样的理论预设，不存任何私心杂念的政府官员也一样是精力和智能都十分有限的普通人，具有人类所共有的弱点。由这样的普通人组成的政府，即便是通过某种有

[①] 〔美〕保罗·A.萨缪尔森、威廉·D.诺德豪斯：《经济学》，高鸿业译，北京，中国发展出版社，1992，第1189页。

[②] 〔美〕查尔斯·沃尔夫：《市场或政府》，谢旭译，北京，中国发展出版社，1994，第56页。

效机制来整合政府部门的一切人力资源,也难于达到政府能力最大化和最优化。面对复杂多变的市场和瞬息万变的社会,期望政府能对市场和社会的走向及社会的有效需求总是做出正确的判断,并采取有效的对策和措施,更是对政府能力的过高估计。尤其是,当政府面对非结构性决策时,即在所需决策问题的性质是不确定的,决策所需的信息是不确定和不充足的,决策实施所需条件及结果也是不确定的情况下,更难以要求政府都能做出正确无误的决策。实际上,政府不可能是全知全能的组织机构。即使政府决策者是完全出于公心的考虑,也会受到他们自身知识、经验和智力条件和复杂的客观环境制约,从而产生认识局限、信息不完备、管理成本无法控制和技术不足等问题,导致这样那样的决策偏差。所以,不能预期政府机构所做出的任何决策都是有效的,即使是在政府官员绝对公正无私的情况下也是如此。

(2) 政府实际上并不是公正无私的,组成政府机构的各层官员也是"经济人",政府自身也是利益群体。

政府可能宣称自己的所作所为是为了谋求公共利益。但是,政府实际上并不是公正无私的,组成政府机构的各层官员也是"经济人",有自己的利益和偏好。布坎南认为,"如果把参与市场关系的个人当作是效用最大化者,那么,当个人在非市场内行事时,似乎没有理由假定个人的动机发生了变化。至少存在一个有力的假设,即当人由市场中的买者或卖者转变为政治过程中的投票人、纳税人、受益人、政治家或官员时,他的品行不会发生变化"。[①]詹姆斯·穆勒则进一步指出,"毫无疑问,假若把权力授予一群称之为代表的人,如果可能的话,他们也会像任何其他人一样,运用他们手中的权力谋求自身的利益,而不是谋求社会的利益"。[②]由此可见,政府及其官员实际上都具有"经济人"的特点。当然,在现实生活中,政府及其官员的行为并不总是表现为一味地追求自利目标,而是具有多样性。然而,这种多样性并不会影响到关于政府官员是"经济人"这一结论的合理性。

和企业组织所追求的经济利益目标不一样,政府主要是通过预算最大化和追求更多的选票来获取政府机构利益。尼斯卡宁和缪勒对此进行了实证分析。尼斯

[①] 〔美〕詹姆斯·M. 布坎南:《宪法经济学》,转引自《经济学动态》1992 年第 4 期,第 68~69 页。

[②] 〔美〕丹尼斯·C. 缪勒:《公共选择理论》,杨春学等译,北京,中国社会科学出版社,1999,第 303 页。

公共管理学

卡宁列举了政府官员可能具有以下目标："薪金,职务的特权,公众中的声誉,权力,庇护人的身份,部门的产出,作出改变的自由自在感和管理该部门的自豪之感。"① 他接着强调,除了最后两项之外,所有目标都与预算的规模有单调正相关关系。也就是说,政府行为的一个目标是实现预算最大化。预算最大化的结果是,政府官员可以占有更多的支配权力,可以控制更多的领域。而随着支配权力的增大和控制领域的扩展,政府的地位得到巩固和加强,政府官员的收入和地位也随着提高。在西方,政府行为的另一个目标是尽可能地争取选票,获取连任。为实现这一目标,政府往往追求短期目标,来满足选民短期利益的实现,而不顾及或较少顾及社会长远利益。正如缪勒所分析的那样,政府"有一个目标函数,此函数包含再次当选的概率……为了实现这些目标,执政党会利用它作为某些必不可少的公共物品的独家垄断的地位,例如,国防、警察和消防、公路"。"政府通过把只有利于少数选民集团的狭隘议案附在它所垄断的、广泛地受到欢迎的服务上来整体推出的方式,常常能实现其成员的各种各样的目标。"② 以此来获得更多的选票。还需指出的是,除了政府官员追逐个人利益外,政府本身也是一个利益群体,当在维护政府的权力稳定和公众利益的最大化之间出现矛盾时,政府往往会向有利于自身部门利益的方向倾斜。

(3) 政府是最大的垄断者,因而对经济效益的实现往往缺乏决定性的驱动力。

政府最具垄断性,它合法地垄断权力、物力、财力和人力等重要资源。因此,由于这样的垄断性,没有理由确信政府效率比市场高。政府的垄断性首先从政府的产生和构成上就开始体现出来。即使在民主选举的政治体制下,政府的产生和构成也会受到市场(政治市场)的影响,因而具有竞争性。然而竞争者一旦入主政权,垄断性就突出了。并且,在这样的政治市场中的竞争同样会出现逆向选择和道德风险(合同前和合同后的机会主义)。这点我们很容易在西方国家政府首脑的选举中找到佐证。其次,从政府垄断公共信息资源上体现出来。政府垄断公共信息资源主要是通过对政治决策或决定的文件的垄断,通过从官方情报到保密资料的转换,通过仔细的证据处理和有选择性的事实描绘和信息传播来进

---

① 〔美〕丹尼斯·C.缪勒:《公共选择理论》,杨春学等译,北京,中国社会科学出版社,1999,第309页。
② 〔美〕丹尼斯·C.缪勒:《公共选择理论》,杨春学等译,北京,中国社会科学出版社,1999,第326页。

行。进而，政府各部门可以利用这种垄断优势，有选择地提供公共服务，使得公共服务缺乏追寻经济效益的动机，而更多的是体现其个人利益和选择偏好。再次，从政府垄断公共物品上也可体现出来。政府是主要公共物品供给的合法垄断者，这与公共物品的性质有关。由于公共物品一般具有非竞争、非排他和不可分割的特性，以营利为目标的企业组织难以提供也不愿意提供。因而，大多数公共物品的供给没什么自由竞争可言，这就导致政府对改善公共物品供给的经济效益和服务质量往往缺乏决定性的驱动力。此外，政府提供公共物品本来就不能也不应该以营利为目的，因而不会像企业的管理者一样，追求产出或收益最大化。对企业来说，若不营利就要倒闭、破产，但对政府来说并不存在这个问题。后者的收益并不是与其工作效率正相关，而是与政府的预算正相关。政府实际是一个超经济利益的非市场组织，不像企业那样受到硬预算和硬市场的约束。因而，从根本上说，政府机构没有压力也没有动力去降低成本、提高效率以改善公共物品的供给水准。

（4）政府成本与收入的分离使政府缺乏竞争机制，导致官僚机构低效率。

政府有效履行职能的必要条件之一就是政府机构的投入与产出必须是经济的、有收益的。然而，现实并非如此。政府机构往往是高成本投入，低效益产出。这是因为维持政府活动的收入主要是税收、捐赠或其他提供给政府的非价格收入。这种非价格的收入来源使得政府不能通过价格这个中介从受供者那里直接收取费用，而主要是依靠财政支出维持其生产和经营，其运行成本与收入相分离。成本与收入的分离，意味着资源的错误配置程度大大增加。正如沃尔多所说："如果维持这一活动的收入与生产它的成本无关，那么当获得一个给定的产出时，就会使用较多的资源，而不是必要的资源……由于不能把进行一项活动的成本与维持它的收入联系在一起，那么低效率往往受到鼓励。"[1]例如，在国防方面，为了对付潜在的外敌，保障国内的经济和社会稳定，一个政府可能倾其所有来加强国防；在社会治安方面，政府为了破案，捉拿罪犯，其成本也难以从量上进行精确的计算。因为不把活动的成本与维持活动的收入联系在一起，政府缺乏降低成本的内在动力和外在压力，所以政府活动往往是低效的。成本与收入的分离，还有可能强化政府追求短期政绩的内在动机。政府部门有可能过分投资，生产出多于社会需要的公共物品。在这种情况下，收支状况如何对政府来说并不是很重要，也不管是有效还是无效，政府官员需要以此显示自己的政绩，增加自己

---

[1] 〔美〕查尔斯·沃尔多：《市场或政府》，谢旭译，北京，中国发展出版社，1994，第56页。

的升迁机会和扩大自己权力作用的范围，却全然不顾这种无效的产品或服务最终是以社会所付出的巨额成本为代价的。并且，成本与收入的分离，还有可能导致政府官员不适当地扩大机构、增加雇员。因为，政府官员的名誉、地位、权力和薪酬通常与其所在政府机构的大小成正比。对各部门来说，只有不断膨胀本部门的规模才能获得更多的部门利益。因而，政府往往追求的是政府规模的最大化，而不管这些行为是否导致社会资源的浪费。

4.3.2 政府失灵的表现

以上关于政府失灵的研判是依据政府组织构成的性质及其运行机制所进行的静态分析，这样的分析表明政府失灵是其天然缺陷所致。具体而言，在现实生活中政府失灵表现在如下一些方面。

1. 政府政策与工作的低效

政府政策的低效率是指由于价值偏移或限于能力，政府所制定的政策不是最优的政策，即这种政策不能确保最优化配置资源。社会经济活动总是在不断发展变化，由于利益和信念的多元化和分散性，社会公共生活中的矛盾冲突也会不断发生。因此，政府对经济社会事务的调控政策必须与时俱进，适应经济社会的发展变化的需要。如果政府的相关政策违背客观实际需求，就会对经济社会的发展形成阻碍，成为经济与社会发展的干扰因素。公共政策的制定是十分复杂的系统工程，会受到种种不确定因素的制约，而其中政府的价值偏移和能力缺失的制约等因素更使得政府难以制定有效的公共政策，甚至出现严重政策偏差或失误。再者，政策执行是公共政策过程的重要一环，政策执行是否有效，关系到政策价值的实现程度。在政策执行的过程中，由于有关的政府部门利益、地方政府利益或某些官员自身利益的诉求，或者由于政策执行机制的缺失，政策执行过程会出现政策扭曲、政策偏移或政策截留，从而会直接造成政策的低效或无效。其结果有可能不仅不利于起到纠正市场失灵和推动社会发展的作用，达不到宏观调控的既定目标，甚至加剧市场失灵导致社会运行失序，带来更大的资源配置失效。政府工作的低效率是指政府机构及其官员官僚主义作风严重，服务理念缺失，法治不彰，问责乏力。造成低效率的原因主要在于政府的垄断性，政府活动成本与收入的分离以及监督信息不完备。政府政策与政府工作的低效率会极大地贬损和破坏政府形象，弱化政府权威，影响社会公平目标的实现，制约经济社会的良性发展，甚至削弱政府的合法性基础。

2. 政府部门的自我扩张

政府部门的自我扩张指的是政府部门及其组成人员的增加和政府部门支出水平的增长。政府部门及其组成人员扩张不仅在发展中国家存在，在西方发达国家也普遍存在。有关资料显示，1789 年美国联邦政府建立初期，政府仅有陆军部、财政部和国务院三个部门，雇用文职人员仅仅 351 人，不到全国人口 393 万的万分之一。到了 20 世纪 70 年代，美国政府的大小机构已经近 120 个，文职人员达到 282 万。①再以我国的情况为例，西汉时期，全国人口 5059 万，官员 7500 人，官民之比为 1∶7945；到了唐朝高宗时期，全国人口 5822 万，官员 13465 人，官民之比增加一倍，为 1∶3927；元成宗时期，全国人口与西汉时期相差无几，为 5881 万，官员数已经增加至 22500 人，官民之比为 1∶2613；清朝康熙时期，全国人口 2459 万，官员 27000 人，官民之比已经高达 1∶911。②这些数字在一定程度上说明了政府人员随着社会发展而增长的必然趋势。政府支出增长的情况则更为明显。1987 年，美国政府总支出是 GDP 的 34.8%，而这一数字在 1949 年为 23%，1929 年为 10%。政府部门最少的国家瑞士，其政府支出 1985 年为 GDP 的 30.9%，而 1965 年则为 17.2%。瑞典在 1960～1985 年的 26 年中，政府支出占 GDP 的比例从 31% 上升到 64.5%，翻了一番。荷兰的政府支出也在 1985 年超过 GDP 的 60%。③

究竟是什么原因导致政府支出的相对规模迅速扩张？公共选择学者缪勒从下列五个方面加以解释。其一，政府作为公共物品的提供者和外部负效应的消除者导致扩张；其二，政府作为收入与财富的再分配者导致扩张；其三，利益集团的存在导致扩张；其四，官僚机构的存在导致扩张；其五，财政幻觉导致扩张。④政府部门的自我扩张，不仅直接造成了政府行政管理费用的急剧增长而导致税负的增长，加重了社会负担，还会引致政府机构官僚主义的盛行和腐败的泛滥。当政府规模扩张到一定程度时，由于社会无法承受其重负而终将导致社会矛盾激化，引发社会动乱以至于社会结构崩溃。

---

① 李道揆：《美国政府机构与人事制度》，北京，人民出版社，1985，第 14～20 页。
② 刘智峰：《第七次革命——1998 年中国政府机构改革备忘录》，北京，经济日报出版社，1998，第 24 页。
③ 〔美〕丹尼斯·C. 缪勒：《公共选择理论》，杨春学等译，北京，中国社会科学出版社，1999，第 390～391 页。
④ 〔美〕丹尼斯·C. 缪勒：《公共选择理论》，杨春学等译，北京，中国社会科学出版社，1999，第 392～412 页。

公共管理学

3. 公共产品供给低效率

公共产品的最显著特征是成本函数的弱增性，即产品平均成本随着产量的增加而降低，企业生产规模越大，产品的平均生产成本就越小。从这个意义上说，由政府独家生产比由两家或多家企业同时生产，能够更有效地配置资源和提高效率。因而，正如前面所分析的那样，提供公共产品成了政府的一项基本职能。但由于仅由政府供给公共产品没有竞争性，以及政府官员的"经济人"本性，使得政府提供公共产品也难以高效配置资源，容易产生公共产品过剩和成本增加现象。政府供给公共产品的低效率可见于以下几个方面。第一，政府和市场的供给范围界分不清。一些本该由政府无偿供给的纯公共产品却被当作可部分由市场有偿供给的准公共产品，如警察破案却收取一定数额的破案费；一些公益性较高的准公共产品却被当作完全由市场有偿提供的私人产品，如公园、高速公路等有向私人产品转化的倾向，大大限制了这些公共产品的功效；一些本该由市场提供的私人产品却被当作公共产品，如政府统包统揽企业，难以充分发挥市场的资源配置作用，降低了资源的使用效率。第二，中央与地方政府之间的供给范围划分不明。一些受益于全国的公共产品却留给了地方政府，如社会保障、基础教育等；一些受益于部分地区的公共产品却由中央政府统管，如某些地区道路、桥梁建设等。第三，政府供给公共产品浪费与短缺并存。一方面，某些公共产品的供给效率与私人企业也许一样高，却存在着产品浪费，即某些公共产品具有超额生产的内在倾向。而另一方面，基础设施、义务教育、医疗卫生、社会保障等公共产品的供给却又严重短缺。第四、公共产品质量低下。主要表现为政府部门供给公共产品有时滞后，服务质量不高，基础设施建设项目质量低劣等。

4. 寻租及腐败

寻租也是腐败活动的一种。由于现代社会发生这种现象的严重性及其危害之烈度，需要对它作专门的检视。如前文所指出，组成各级政府机构的官员也是理性经济人，由政府部门及其官员所实施的政府行为都难免受自利动机的影响。在市场制约或社会制约缺失或制约不力时，由自利动机驱使的行为必然导致寻租腐败。寻租活动是指寻求直接的非生产性利润的活动，或者旨在维护既得经济利益或是对既得利益进行再分配的非生产性活动。寻租活动不能增加任何新的公共产品或公共财富，只是改变生产要素的产权关系。权力寻租是通过政府对经济社会活动的介入以获得政府、政府部门或政府官员的利益。寻租活动可以采取合法的形式，也会采取非法的形式。合法的寻租活动，如企业向政府争取优惠待遇，或利用政府的特殊政策维护自己的垄断地位，政府通过政策干预和行政管制，如进

第4章 政府职能与政府失灵

口配额、生产许可证发放、价格管制，以及特定行业的特殊管制包括对从业人员数量的限制等造成人为的生产要素的稀缺，从而寻求权力租金等；非法的寻租活动，如以行贿受贿的方式增加或维护自己的既得利益。常见的政府寻租活动是政府部门或政府官员利用行政法律的手段，来阻碍生产要素在不同产业和地区之间自由流动和自由竞争，以维护和攫取利益。权力寻租是权力商品化，即以权力为资本参与商品交换和市场竞争，为部门或官员个人谋取物质或非物质利益，例如众所周知的权钱交易、权权交易和权色交易等。权力寻租所带来的超额利益，成为权力腐败的原动力。这样的财富转移或攫取活动通常意味着社会强势集团对弱势群体的掠夺，必然会导致和加剧社会的不平等和利益分配的矛盾。

缪勒在《公共选择理论》中将寻租分为三种类型：一是通过政府规制的寻租；二是通过关税和进出口配额的寻租；三是政府承包中的寻租。[①] 租金主要是政府及其官员利用政府干预或者故意提出某项会使企业或社会组织利益受损的政策作为威胁，迫使企业或社会组织割让一部分既得利益给政府官员而获得的。显然，寻租活动是社会资源的浪费和资源有效配置的阻碍。其主要表现在于：①寻租者为获取租金要付出时间和精力等交易成本，政府为应付这种行为也要付出交易成本；②寻租者的租金实现是以其他相关生产者和消费者的利益为代价的，这一代价一般大大超过寻租者的租金所得，因而导致社会福利的净损失；③寻租活动有可能严重破坏市场机制有效运行，导致资源配置低效或无效。

腐败是寻求直接的非生产性利润的不法行为的一种表现。国际货币基金组织对它的定义是："滥用公共权力以谋取私人的利益"。[②] 国际透明组织认为，腐败是"公共部门中官员的行为，不论是从事政治事务的官员，还是行政管理的公务员，他们通过错误地使用公众委托给他们的权力，使他们自己或亲近于他们的人不正当地或非法地富裕起来"。此外，一个更为广义的界定是："腐败是通过关系而有意识地不遵从，意图从该行为中为个人或相关的个体谋取利益"。[③] 从行为主体及其影响层面看，可以把腐败界定为如下三种类型。其一是个人腐败。即掌握公共权力的人如政府官员，滥用权力为自己谋取私利的行为。政府官员的腐败是对法律制度和社会正义的践踏。因此，个体官员腐败的实质更多地体现出他

---

① 〔美〕丹尼斯 C. 缪勒，《公共选择理论》，杨春学等译，北京，中国社会科学出版社，1999，第288～297页。

② 转引自胡鞍钢主编《中国挑战腐败》，杭州，浙江人民出版社，2001年1月，第1版，第2页。

③ Tanzi, Vito and Dovoodi, Hamid (1997), Corruption, Public Investment, and Growth, *IMF Working Paper*, WP/97/139, Washington D. C. IMF.

们的道德水准蜕变失守。其二是制度性腐败，即由于法律制度的缺失，包括其缺位或失当，导致掌握公共权力的人易于利用权力为自己谋取私利、损害公益而社会却难以或无法对他们的行为实施追究和制裁。在这种情况下，腐败不仅仅是官员个人道德的失落，更多的是由于制度的低效或无效所造成的。其三是国家性腐败。这是一种全局性的腐败，是一种极端的情况，即国家和政府不再是公共利益的代表者，而沦落为只为少数人攫取利益的工具，国家的暴力潜能暴露无遗，成为掠夺性国家。

从当今世界范围内的腐败现状看，我们需要更多关注和探讨的是体制性腐败。体制性腐败对社会的影响具有突出的规模性和危害性。在政府独家掌管公共项目，如政府采购、征收工商税款、实行许可证制度以及各种行政控制等活动中；在政府过度干预经济事务，如特许经营权、优惠地价、优惠利率税率等权力行使范围内；以及在政府官员具有资源支配权和法规裁量权但监督信息不完备的情况下，都容易导致体制性腐败。政府的体制性腐败极大地阻碍经济社会发展，毒化社会风气，侵蚀和消解政府的合法性基础，因而是政府失灵最典型的表现之一。

4.3.3 政府失灵的矫正

市场经济的良性运行和社会公共事务的有效管理，不能没有政府的介入、干预或调节，而这种干预调节行为又存在种种固有的缺陷，即政府失灵。因此，必须采取如下一系列对策，来克服或矫正政府失灵。

1. 市场化改革

由于政府部门、政府官员特别是部门负责人的自利倾向，使得政府机构大幅度扩张，挤占大量公共财政，而政府机构的常设性及对信息的垄断使得政府的激励机制和竞争机制较之非政府组织处于劣势地位。因此，应当借助市场的力量打破政府管理的垄断性和低效率，以遏制和矫正政府失灵。权威和强制是政府行为的基础，竞争和交换是市场行为的基础。政府市场化改革的实质是政府与市场功能的重新选择和优化配置。政府市场化改革就是引入市场竞争机制，通过市场竞争和交换制度的运作而不是完全依赖政府权威制度的运作来实现政府功能输出。实现政府市场化改革，政府可以在公共服务市场化、政府人员雇员化两个方面有所作为。

（1）公共服务市场化

在政府公共服务中引入市场机制，把竞争注入政府工作当中，有助于促进政府服务走出高成本低效率的困境。同时,这也是满足公众需求,提高服务质量,打破政府垄断的有效途径。政府公共服务中引入竞争机制,主要有三种形式。一是政府内部的竞争。在政府同类部门中政府雇员以及为政府服务的机构,如印刷、会计、采办、通讯数据处理、车队、修理等之间开展竞争,可以解开官僚主义的死结。二是政府与私营部门的竞争。在一些过去由政府垄断的服务,如在交通、电信、邮政和能源、供水等行业引入竞争机制,能打破政府垄断,给政府形成竞争压力,促使其提高服务质量。三是私营部门之间的竞争,把一些政府不必一定直接插手的服务,诸如城市环卫和职业培训等,通过招标方式让私营部门承包或租赁相关设施提供服务。通过引入市场机制,既可改善公共服务的效率和效能,也可减少轻政府负担,以使政府能更好地集中精力去做它应该和能够做好的事情。

政府在推进公共服务的市场化过程中要把握好以下几个方面。一是公共服务的供给者要多元并存,竞争发展,充分利用各方资源,实现政府以较少资源与较低成本为公众提供数量更多与质量更好的公共服务。这种方式主要是通过政府招标来实现,即政府有关部门确定某种公共服务的数量和质量标准,让提供公共服务的政府相关机构、私营部门和半私营部门参与政府招标,中标的承包商按合同提供公共服务。这样,政府便无法进行垄断性控制。招标要有相应的法律进行制约和调节,还要有严格的审计监督,杜绝违规违法现象。二是决策与执行分开。政府确立公共目标,但实现公共目标不一定非得靠政府部门事必躬亲,而是可以通过非政府部门去完成,即政策的制定与执行可以分开。政策制定由政府承担,政策执行可以由公共部门、私营部门、非营利部门共同承担。决策与执行的分开,有助于解决政府普遍存在的部门利益驱动、多头执法问题。政府职能部门自己决策、自己执法,往往容易形成部门利益的封闭循环。决策与执行相对分开,决策部门则容易相对超脱,执行部门则可相对统一。三是让消费者拥有对公共服务的选择权,即让公共服务的消费者拥有在多方供给者之间选择的权力,以及用以选择的资源。

政府公共服务市场化的实现形式主要有两种。①付费制,即通过付费把价格机制引入到公共服务中来,克服政府免费提供公共服务所导致的对资源的不合理配置和浪费,还可以增加政府的财政收入,缓解政府的财政压力。一般认为,对于使用者或公众可以自由选择服务项目的服务领域,采用付费制比较合适。按照罗斯的预言,大约75%的公共服务可以采取付费的办法。②合同制,即由公共部门和政府作为顾客与委托人,同代理人即那些真正提供服务的组织(公营的或私营的）签订合同。政府的职责是确定需要提供服务的类别项目，与有关机构签订合同并监督其绩效，具体的服务则由缔约的另一方来提供，这样政府就成为真正的管理者，而不再是提供者。合同制可以对政府起到"卸载"作用。

（2）政府人员雇员化

政府人员雇员化的根本要义在于促使政府工作人员对结果负责，而不是仅仅对过程负责。换言之，这样做就是要改变目前仍存在的"无过便是功"导向的管理模式和方法，在政府官员的人员录用和任期上引入优胜劣汰的竞争机制，如以短期合同取代常任制，实行不以固定职位而以工作实绩为依据的绩效工资制等，创造一种激励政府工作人员努力工作以获得优异绩效的工作机制。政府部门的管理职位，不同于社会分工中的其他具有普遍性的岗位，并非任何人都能够胜任。它是一种专业性很强、门类很细的职业，处于这样职位的人必须具备与所处位置的专业要求相匹配的职业条件，因而，在其任用上应体现专业性和流动性的特点。可以首先在高级文官尤其是执行局主管的任用上，采用业绩合同制、职位开放制（可从私营企业和非营利机构管理层中甄选）；视绩效而设定有弹性的酬金与业绩奖励制度；改变政府工作官员无大错不得辞退免职的传统做法，强化政府官员在入选、考核、晋升、人事任免上的竞争机制，强化绩效导向；在一般公务员的录用、报酬方式和水平、职位分类、对现在和未来管理者培训和培养方面注重灵活性，执行主管可以以契约方式雇佣临时人员，竞争上岗，根据绩效评估发放薪金和奖励，并决定去留。这些措施能极大改变传统的职位永续性、等级制工资和晋升制度，有助于提供改善效率效能的诱因。

为了实现上述目标，在管理上应逐步建立以结果为本而不是规则为本的管理模式。这一模式的建立至少应该以下列几条措施为辅佐：淡化职位分类与工资级别；薪金市场化；根据表现而不是根据资历提升和解雇；简化辞退申诉手续；在合同的原则下，允许部门管理人员录取合适的人才。政府人员雇员化应当成为克服政府失灵的一个重要途径，但具体的操作方法还有待于在实践中不断探索。需要指出的是，政府人员雇员化只是提高政府绩效的必要条件，而不是充分条件。政府人员雇员化取向的改革能否取得成功，还取决于政府能否建构一种切实有效的政府责任机制。

2. 分权

公共权力是政府最为重要的一种政治资源，对这一政治资源进行合理的配置和行使，在很大程度上影响着政府功能的实现与政府的权威和公信力。虽然从理论上看，政府公共权力的集中有其存在的优势，舍此，难以确保有效地制定和执行法律法规和公共政策，难以以更大的可能性实现较大规模的社会经济变革和制度创新，难以集中有限的资源使用于最重要的领域，难以做到在政府管辖范围内规制统一令行禁止从而导致交易成本不必要的增加。但是，这种优势的体现必须有约束条件，如政府拥有完备的信息，政府存在一致的利益结构和坚持符合公众意愿的利益取向，政府具有高度的责任性且厉行有效的责任追究机制等。然而，现代社会发展具有非均衡性，价值和利益的多元性和分散性日益凸显；公众的民主理念日益增强，对于公共利益、公共事务管理方面的参与诉求日益强烈；信息不对称的普遍存在；社会变革加速；加之前面所指出的政府自身固有的缺陷，使政府集权面临着种种挑战甚至危险，这就使得分权和政府职能的转变成为必然。正如英格拉姆所说："（彼得斯）提出分权实践迎合了塑造改革的两种理论传统的要求[①]……认为（分权）是解决问题的最新最易被接受的方法。……在管理主义理论中，分权对那些主张把政策交给人民（或者是市场）是解决问题最有效方法的保守主义思想家有吸引力。分权可以提高效率，提高官员接触民众与获取信息的机会，从而更好地控制以提高责任感。"[②] 分权是解决组织官僚化的有效途径，能在一定程度上克服行政低效，增加官员与公众获取信息的机会，使社会系统减少或免受政府决策失误的影响，从而，在一定程度上可以矫正政府失灵。考察20世纪80年代以来西方政府改革的实践可以看到，分权构成了国家意识形态变奏的主旋律。

综观西方各国的分权实践，主要包括政府向社会组织分权，政府体制中自上而下的分权，即纵向分权以及政府系统内部的分权，即横向分权。政府向社会组织分权具有首重地位。政府向社会组织分权能创造更多的市民空间，更好地发展公民社会，能为民主治理的发展及公民技能的提高提供大量的实践机会，能为公民寻求来自政府的积极反应提供更大的选择范围，并促成责任制政府的形成和有效运行。具体而言，政府应将社会可以自我管理与调节的社会性事务，转移给社会中介组织或非政府组织承担。政府各部门举办的各类咨询、会计、审计、律师、公证和评估等社会中介服务机构要与政府彻底脱钩，成为相对独立的企业法人主体。政府所承担的社会管理职能，不应该也不可能是全部社会事务的管理职能，而只能是其中的一部分，大量社会性、群众性、公益性和服务性的职能要从

[①] 即民主理论与管理主义理论。
[②] 国家行政学院国际合作交流部：《西方国家行政改革述评》，北京，国家行政学院出版社，1998，第50页。

政府职能中分离出来,授权或委托和下放给相应的社会组织。这些组织往往具有更大的灵活性,它们对于新情况、新问题和公众的利益需求能迅速地做出反应,效率更高,责任心强,由此也有助于在很大程度上分散和降低政府行为无效或失效所导致的经济和社会风险。

从政府管理的视角看,严格意义的分权更多地体现为中央政府向地方政府分权。当今,西方各国地方政府的权力在增加,每一层级的政府在本区域内拥有了更多的自主管理权力,能相对独立地决定本地的地方事务。西方学者曾对地方政府自主管理权的重要性进行过经典论证。例如,J. S. 密尔在《代议制政府》中指出:第一,(代议制)地方政府扩大了公民政治参与的机会,同时对于培养公共精神和发展才智起着重要的作用;第二,地方政府能够根据对地方的了解、利益以及专门知识来管理地方事务,并使之比任何其他机构,当然还有遥远的中央政府更有可能提供有效公正的服务。[1] 边沁强调更多的是代议制民主的三个特征——责任性、反应性和代表性。他认为,在这些方面地方政府显然要比中央政府获得更高的评分,从责任性的角度来说,地方政府明显比地方政府做得更好。而斯密还将选举组成的地方政府视为对抗中央集权的一个重要堡垒。[2] 显而易见,赋予地方政府较大的自主权,不仅能充分发挥地方政府在地方治理中的主体性、积极性和责任性,而且能使其在开放的系统环境里,依据区域实际的社会经济发展制定更符合地方情况的政策,权变应对各种现实挑战和问题。纵向分权也包括各层级政府体系中的权力下放,这也是改善政府决策和政府管理运行的一个重要方面。

政府体制中自上而下的分权,在一定意义上是解决许多政府问题的关键。然而,政府系统中的横向分权也不可忽视。除了一般性的横向分权强化制衡关系,一个可以尝试的路径,是把政府部门内的中下层组织转变为具有独立性质的单位,实行经理负责制——经理被赋予在机构设置、编制、人事管理和财务等方面的诸多自主权。这样的做法有利于充分发挥各部门机构和人员的主动性、积极性、创造性和责任感,实现政府管理由规则为本与程序为本转变为成果导向与绩效导向,也有利于打破权力过度集中带来的对回应性与灵活性的桎梏,并加强对

---

[1] 〔英〕J. S. 密尔:《代议制政府》,汪瑄译,北京,商务印书馆,1997,第 207~221 页。
[2] 参见〔英〕卡洛林·安德鲁、迈克·戈登史密斯《从地方政府管理到地方治理》,原载《国际政治科学评论》1998 年第 19 卷第 2 期,转引自俞可平主编《治理与善治》,北京,社会科学文献出版社,第 189~196 页。

行政权力的制衡。

(3) 厉行法治和道德教化

如前所述，政府在很大程度上也是一个经济人，也会追逐自身利益的最大化。正如霍布斯所指出的，政府公职人员"在政治身份方面虽然留意谋求公共福利，但他会同样谋求他自己以及他的家属和亲友的私人利益。在大多数情况下，当公私利益冲突的时候，他就会先顾个人的利益，因为人们的感情的力量一般来说比理智更为强大"。[1]因此，如何使政府部门机构及其官员的理性经济人本性不逾越一个可控的良性范畴，就成了一个很具挑战性的问题。理想的低成本的方式当然是各级政府能有效管理控制其机构和官员。然而，政府管理者由于受自利动机的驱使和截留权力的方便，内在的自身控制和约束并不具备较强的强制力和主动性。克服政府行为的自利性、避免政府失灵的关键之一是建设法治政府，依法对政府机关及其工作人员的职务行为进行权力限制，依法实施有效的监督和制约。法治政府指的是在政府机构的设立与运作，包括政府行政立法、行政决策与行政执法的一整套过程中贯穿法治原则。戴雪认为，法治原则由三部分内容构成：第一，法治原则意味着法律而非专横权力的绝对统治或优越性，它排斥政府权力的任意、特权甚至宽泛的自由裁量权的存在；第二，法律面前人人平等；第三，宪法并不是个人权利的源泉，而是普通法院所确定和保障的个人权利的结果。简言之，宪法是普通法的结果。[2]由此可见，法治政府实际上就是受到法律限制，必须依法行政的政府。通过法律限制可以在很大程度上防止政府及其工作人员自利性的膨胀，在管理实践中能有力地制止公共权力被滥用的状况以及由此而导致的腐败。

有效地发挥法律的限制作用，关键是要从宏观到微观，从实体到程序进行一系列有针对性的制度设计和规范调控。具体而言，需要从以下方面做出努力。

(1) 制约行政立法权，防止政府不当行为合法化。政府经常利用一些特殊事件设定行政法规，自我授权设立审批项目，以政策的名义擅自更改法律规定的基本制度，从而形成了政府部门滥用权力或权力过大不受控制的局面。正是因为政府拥有一定的立法权，政府的自利倾向往往能借行政立法体现出来。现实生活中，有过多过滥的政府行为，如行政许可、行政收费、行政处罚、检查、认证、

---

[1] 〔英〕托马斯·霍布斯：《利维坦》，黎思复、黎廷弼译，北京，商务印书馆，1986，第144页。
[2] Dicey, A. V. (1952), *Introduction to the Study of Law of Constitution*, Houndmills, Basingstoke, Hampshire: Macmillan and Co. Limited, pp. 202-203.

奖励、垄断性经营、利益保护、不当干预等，政府为了使这些行为正当，就会找寻一个可以使其"合法"的法律依据，其结果就会出现行政立法泛滥。正如奥斯特罗姆所言，"规则和条例到处出现。任何维持法律规则的理由均能被抛弃。当贿赂变成铺平自己道路的代价时，法律就会变成临时性索钱器"。[1] 政府腐败在很大程度上来自于行政立法腐败，因而制约行政立法权，规定其立法权限和制定程序，并建立行政立法监督机制，就成为亟须解决的问题。

（2）强化行政程序公开，限制政府的自由裁量权。现代社会的政治关系、经济关系等日益复杂，法律很难对行政机关和行政人员的行为做出可以包容一切的严密规范，因而实际上会给他们的行为留下相当宽泛的自由裁量空间。行政机关和行政人员正确运用自由裁量权，可以为社会、公民提供更多、更灵活、更有效的服务。但是，这种权力如果被滥用，就会有悖法律授权的原意，形成对依法行政的干扰和破坏；会增加执行过程中相对人权利义务的变数，使相对人的权利义务被任意增减；还会使政府在执行决策和实施政策与法规时发生懈怠，回避管理的责任和义务；甚至会导致政府权力的异化和行政腐败产生，使自由裁量权成为滋生腐败的源泉。因此，自由裁量权不应是一种绝对自由的权力，而必须加以限制。而限制政府自由裁量权滥用最有效的办法，是在具体的行政执法程序中强调民主、透明和公开。"阳光是最好的防腐剂。"以我国行政处罚法为例，它确定了执法公开、公正的原则，并相应确立了听证、调查、回避、合议、审裁分离、公开身份、告知、说明理由与咨询等制度。这些规定如若能真正有效实施，就能够在很大程度上有效制止自由裁量权的滥用，制约政府的自利行为。

（3）加快行政合同立法，规范政府在合同中的特权。行政合同与一般民事合同不同，在行政合同签订和履行的过程中，政府可以以公共利益为由，享有行政优益权，包括监督和指挥合同履行权、单方变更或解除合同权、对违法或违反合同的对方当事人的制裁权，等等。从理论上说，这些权力或支配力有其存在的必要性。但如果政府行为因这种必要性而失当，那么任何契约实际上都很难被执行。如果政府在这种合同的确定和履行过程中出现行为失当，就会大大贬损政府的公信力，削弱其合法性基础。为了防止合同中享有特权的政府一方在行政合同这一庇护伞下以隐蔽、"合法"的形式维护和扩张其自利性，导致腐败滋生，必须确立强有力的行政合同立法，以规制政府行为，维护社会公共利益。

---

[1] 〔美〕文森特·奥斯特罗姆：《复合共和制的政治理论》，毛寿龙译，上海，上海三联书店，1999，第210页。

第4章 政府职能与政府失灵

毫无疑问,厉行法治对于矫正政府失灵具有根本性的意义。但是,如果政府的有效运行仅靠强调法治的支撑,政府官员的行为仅靠法律法规等正式的制度安排来约束并不能解决所有问题。从根本上说,应当确立这样的理念,即对于政府官员行为的引导,劝善应重于惩戒。因为,人们的行为最终要靠内心信念的指引,而不能仅仅依赖于对法律的恐惧。更不必说,如若一个政府机关普遍缺乏道德伦理的约束,或者说政府官员的自我道德约束力不强、行政伦理失守,厉行法治与实施良好的社会治理就只能是一句空话。

应当认识到,政府官员的工作在如下两个方面拥有自主性:一是无论有多少法规制度来规制约束官员们的行为,他们在其具体工作中总会不同程度地握有行使其相应权力的自由裁量权;二是他们还有对自己在工作中投入智力、精力、创造力和体能的程度,以及负责和尽责程度的主动权。因此,各级政府官员自身的正义感、责任心、奉献精神等伦理良知的水准,与他们的工作表现和工作成效密切相系。政府官员道德伦理素养不足或低下不仅会导致工作的低效率和低效能,还有可能使他们的行为偏离公共利益,趋向权力寻租,以权谋私。

正如麦金太尔所指出,规则只有在和美德联系时才有意义。因为,"规则作为自然法的消极戒律,仅仅起着对某种类型的生活划定边界的作用,而这么做,只能部分地定义所追求的善的种类"。[1]弗朗西斯·福山认为,"法律、契约和理性经济为后工业社会的稳定和繁荣提供了必要的基础,但还必须用相互关系、道德义务、对群体的责任以及信任来激活它们";这样的道德伦理"不是现代社会的过时现象,而是现代社会成功的先决条件"。[2]

因而,矫正政府失灵的一个重要举措,是必须在政府机关内部加强道德素质教育,从以下两个方面进行坚持不懈的努力。①加强对政府工作人员在道德义务、伦理良知、荣誉方面的教育。对道德义务、伦理良知及荣誉的认识和感悟能促进和发扬符合道德要求的情感、意志和信念,同时遏制和防止违背道德要求的情感、欲望和冲动。人所共知,不同的道德伦理和荣誉观念直接决定人们的道德水准、道德情操和信念之高下。②利用舆论工具对政府机关及其工作人员的不法行为和不符合道德伦理要求的行为予以披露和抨击,形成一种维护正义和高尚道

---

[1] 〔美〕阿拉斯太·麦金太尔:《三种对立的道德探究观》,万俊人等译,北京,中国社会科学出版社,1999,第140页。

[2] 〔美〕弗朗西斯·福山:《信任、社会美德与创造经济繁荣》,彭志华译,海南,海南出版社,2001,第14页。

德情操的意识形态和道德环境,使政府工作人员的选择偏好体系不断得到升华,从而自觉追求和实践美德,严于律己,恪尽职守,自觉放弃和抵制腐败行为。

(4)促进政府与公民社会的互动与合作

如前面所述,政府市场化改革,对于矫正政府失灵,改善政府管理机制,对于缓解政府财政预算压力,提高政府绩效,改善公共物品与公共服务供给的效率与质量,无疑有重要助益。但是,我们不能简单地把市场竞争机制或工商企业管理方法移植到政府部门,将"市场机制"、"个人选择"、"效率至上"的企业型政府视为一种绝对的信仰。这些理念和方法尽管可以在某种程度上遏制或矫正政府失灵,却有可能容易扭曲政府公共性、服务性的特质。再者,公共物品也很难全部由企业来经营,因为这样会产生某些公共物品无法提供的"真空"。无论政府通过什么市场化改革措施来弥补政府运行的缺陷,某些领域的"失灵"仍然存在。从根本上说,市场和政府毕竟不是完全性的互补关系。因此,寻求政府与市场之外的第三条道路,即寻求政府与公民社会互动合作的治理越来越有着重要的意义。这种互动合作治理指的是一种由共同目标支持的活动,这样的管理活动的主体既可以是政府,也可以是公民社会。公民社会主要指非政府组织、公民志愿性社团、协会、社会组织、利益团体和公民自发组织起来的运动等,是处于国家与市场之间的社会领域。这一领域由同国家相分离的组织所占据,这些组织是以公共利益为使命,不以营利为目的,不作盈余分配,并由社会成员自愿参与而形成的以保护或增进公民权利的正式性自治组织。政府与公民社会的互动与合作,无疑提出了一条在维持一定职能和服务水平的前提下实现政府机构和人员精简的有效途径,并且对提高政府效能,降低财政支出,增进政府与公民之间的对话沟通、协商与监督,有着十分重要的意义。有论者指出,"公民社会的形成不仅在削弱权威主义政府和帮助建立和维持民主政体方面发挥着关键的政治作用,而且在改善民主政体的治理质量方面发挥着关键的政治作用,"[1] 因而成为弥补政府失灵的有效途径。

公民社会的首要功能是促进公民参与。公民社会不是相对于自然状态的"文明社会",也不是消极地保护个人免遭政府权力侵害的"市民社会",而是每一个人作为公民都享受政治国家无权侵犯和剥夺的基本人权,同时也享有公民参与国家政治事务的参与权的"民主社会"。因而,政治参与公共管理参与实际上已

---

[1] 〔英〕戈登·怀特:《公民社会、民主化和发展》,何增科编译,《马克思主义与现实》2000年第1期,第33页。

经成为民主社会的主旋律。政治活动的主体除了政府部门及其官员之外,各种非政府组织、公民志愿性社团、协会、社会组织、利益团体和公民自发形成的组织也广泛地参与到政治活动之中,这对现实的政治与行政管理产生了强大冲击。政治与行政管理不再是服从与被服从的单向关系,而演变为协商、对话、合作等多重关系以及多层组织的双向互动过程。这种演变与公民社会中公民的积极参与是分不开的。公民参与主要包括政治参与和行政参与。政治参与主要由投票选举、政治讨论、上访、请愿等直接参与和向报刊投书、撰文评论、私下议论等间接参与构成。行政参与是公民对公共利益选择和维护、公共事务管理等方面的参与。在当代社会,随着参与式民主和协商式民主理论与实践的发展,公民在公共行政活动中的决策参与以及公共事务管理的参与日益成为民主行政的主要内容,其深度与广度不断得到拓展。

公民社会的另一重要功能是实现公众监督。政府的公共权力作为国家权力的重要组成部分,产生于人民直接或间接的授权,它是人民权利的一种特殊转化形式。因此,政府的公共权力本质上是人民意志的执行形式和人民意愿的实现手段。因而,政府的管理形式、管理方法和运作程序,理应在公众的监督之下。可以说,公众监督是所有监督机制的基础和力量源泉,是一种最根本、最直接的监督主体。公众监督将分散的、自发的群众监督组织起来,能很好地解决专门监督机构人员不足和群众监督软弱无力的问题。而公民社会"制约国家权力,从而为实现社会对国家的控制以及作为这种控制最有效民主方式的民主制度提供了基础"。[1] 公民社会能将分散的、零碎的个人资源和能量聚集在一起,把单个人拥有的自然权利汇合成公众权利,使民间的零散呼声转变为团体的诉求,从而对政府权力机关及政府官员形成强大的压力,使之必须对法律和公众的意愿负责。因此,公民社会是横亘在国家权力与公众个人权利之间,并有效制约权力滥用,防止腐败泛化,保障公民权利的重要力量。

[重要概念]

(1) 政府。一般而言,是指国家权力机关中的执行机构,即国家权力的执行系统,包括中央和地方行政机关,例如中国的国务院(中央人民政府)和地方各级人民政府。广义而言,政府泛指一切国家政权机关,如立法机关、行政机

---

[1] Huntington, S. P. (1984), Will More Countries Become Democratic?, *Political Science Quarterly*, No. 99, p. 204.

关、司法机关以及一切公共权力机构。

（2）政府职能。指以政府为核心的公共组织，在社会公共事务管理中应当承担的功能和作用。政府职能必须适应时代变化的要求，在不同的时期依据社会和经济的发展需要与公众的意愿确定其工作方向、方式和基本任务。政府职能要素的稳定是相对的，而其不断发展和演进是必然的。

（3）政府失灵。指政府对经济社会事务干预过多或干预不力，或实施了错误的干预，不但没有很好地促进经济和社会发展，反而由于这样的管理失效或低效导致或是社会交易成本加大，或是寻租活动增多，或是政府规模扩张，社会资源难于整合和实现优化配置，社会经济运行效率低下。

（4）权力寻租。寻租活动是指寻求直接的非生产性利润的活动，或者旨在维护既得经济利益或是对既得利益进行再分配的非生产性活动。寻租活动不能增加任何新的公共产品或公共财富，只是改变生产要素的产权关系。权力寻租是政府部门通过对经济社会活动的介入以获得政府部门或官员利益的腐败行为。寻租活动可以采取合法的形式，也可以采取非法的形式。合法的寻租活动，如企业向政府争取优惠待遇，利用政府的特殊政策维护自己的垄断地位；政府通过政策干预和行政管制，如进口配额、生产许可证发放、价格管制，乃至特定行业的特殊管制包括对从业人员数量的限制等，造成人为的生产要素的稀缺，从而寻求权力租金等。非法的寻租活动如以行贿受贿的方式增加或维护自己的既得利益。权力寻租所带来的利益成为权力腐败的原动力。权力寻租通常意味着社会强势集团对弱势群体的掠夺，必然会导致和加剧社会的不平等和利益分配的矛盾，并导致资源的浪费和资源配置的低效或无效。

[思考题]

1. 如何理解政府职能的基本内涵？
2. 理解政府职能中的程序性职能构成与任务性职能构成及其意义。
3. 试分析政府职能发展演变主要进程、原因及其影响。
4. 现代政府职能的作用边界如何划定？在市场经济条件下现代政府职能如何定位？
5. 试分析政府失灵的原因、表现及矫正措施。

[参考文献]

〔美〕戴维·H. 罗森布鲁姆：《公共行政学：管理、政治和法律的途径》，张成福等译，北京，中国人民大学出版社，2002。

〔美〕詹姆斯·Q. 威尔逊：《美国官僚政治——政府机构的行为及其动因》，张海涛译，上海，上海译文出版社，1990。

〔美〕杰伊·M. 沙夫里茨、艾伯特·C. 海德：《公共行政学经典》（英文），北京，中国人民大学出版社，2004。

〔美〕B. 盖伊·彼得斯：《政府未来的治理模式》，吴爱民、夏宏图等译，北京，中国人民大学出版社，2001。

〔美〕麦克尔·巴泽尔：《突破官僚制》，孔宪遂等译，北京，中国人民大学出版社，2003年1月。

〔美〕查尔斯·沃尔夫：《市场或政府——权衡两种不完善的选择》，谢旭译，北京，中国发展出版社，1994。

〔美〕丹尼斯·C. 缪勒：《公共选择理论》，杨春学等译，北京，中国社会科学出版社，1999。

〔美〕戴维·奥斯本、特德·盖贝勒：《改革政府：企业精神如何改革着公营部门》，上海市政协编译组东方编译所编译，上海，上海译文出版社，1996。

〔英〕克里斯托弗·波利特等著《公共管理改革：比较分析》，夏镇平译，上海，上海译文出版社，2003。

方福前：《公共选择理论——政治的经济学》，北京，中国人民大学出版社，2000。

乔耀章：《政府理论》，苏州，苏州大学出版社，2000。

丁煌：《西方行政学说史》，武汉，武汉大学出版社，1999。

黄健荣等：《公共管理新论》，北京，社会科学文献出版社，2005。

黎民：《公共管理学》，北京，高等教育出版社，2003。

夏书章：《行政管理学》，广州，中山大学出版社，2004，第3版。

施雪华：《政府全能论》，杭州，浙江人民出版社，1998。

陈振明：《公共管理学》，北京，中国人民大学出版社，1999。

曹沛霖：《政府与市场》，杭州，浙江人民出版社，1998。

第5章
公共政策

PUBLIC MANAGEMENT

[学习目标]

通过本章的学习，能够较全面地理解公共政策和政策过程的基本理论、基本知识和分析方法；深刻认识现代社会中公共政策与公共管理的关系以及通过制定和执行公共政策实现公共管理价值的路径和方式；认识和理解公共政策形成、执行和嬗变过程的基本规律；能够运用相关理论和方法来观察、分析政策过程实践中的各种问题，并提高解决实际问题的能力。

[重点难点]

公共政策是学科交叉性和应用性都很强的学科。本章学习的重难点是公共政策问题的界定和议程建构，公共政策隐蔽议程和"不决策"问题，政策工具的选择、运用与公共政策目标的实现，制约政策输出的各种变量及其关系，公共政策的评估标准，公共政策分析的性质和方法，公共政策变迁与发展的动力。

作为当代公共管理运行的核心平台和主要工具之一的公共政策，其重要性正日益深刻地被人们所认识。无论是政府官员、学者，还是社会公众，都对公共政策问题给予了愈来愈多的关注。处于改革和社会转型时期的中国，尤为如此。从全球范围看，现代经济社会的发展使社会公共事务日益复杂多变，而民主化浪潮的推进对公共政策的运行在公平、规范、法治和效率诸要素方面不断提出了更高

要求，公共政策在公共管理运行中的地位和作用日益凸显。从根本上说，公共管理的实施及其价值的实现主要是通过适时地制定和执行各种符合公共利益最大化价值取向的、效率与效能兼具的公共政策来完成。因此，一言以蔽之，制定和实施公共政策是实施公共管理的主要方式，公共政策过程就是公共管理运行的重要和主要过程。

5.1 公共政策概述

5.1.1 公共政策的性质与范畴

与许多其他的社会科学门类比较，公共政策学还是一门只走过半个多世纪发展历程的年轻学科。在 1943 年的一个备忘录中，美国学者拉斯韦尔首次提出了"政策科学"的概念，其后他于 1950 年在与卡普兰（A. Kaplan）合著的《权力和社会：政治研究的框架》一书中正式提出了这一概念。1951 年他在与拉纳（Daniel Lerner）合编的《政策科学：范围和方法的新近发展》一书中对政策科学的研究对象、性质和研究任务等做了比较具体的界定。这本书的出版被认为是公共政策学或政策科学诞生的标志。然而，长期以来，关于公共政策的性质和范畴的界定一直存在着较多争议。这与历史的发展进程相联系。在中古时期的西方，"政策"是政治学领域的重要范畴，在行政学产生的早期，"政策"又曾与"法律法规"相等同。随着西方社会的发展及社会问题的增多，政治学研究中行为主义的兴起，"政策科学"于上世纪 50 年代作为一门独立的学科产生。其后，政府成为公共政策过程最重要的主体，而公共政策的涵义、范畴和方法的嬗变与公共管理的发展紧密联系。

1. 不同视角下的公共政策

对公共政策的性质和范畴的论析，反映了人们对公共政策的认知程度、公共政策学科的科学化程度及政治学与行政学的发展方向。从词源上考察，在英语的传统中，"政策"曾被用于表示"策略"、"计谋"、"权宜之计"等，可见"政策"一词在英语语境中最初与权术相关。在欧洲大陆一些国家的语言中，如法语和意大利语中，"政治"与"政策"甚至使用同一个词（politique）表征，政策更多地从属于政治的范畴。西方传统政治学用历史的、法律的与制度的方法研究政治生活。"如果政治由于法律的性质而颇具特点，那么政治学家特别重视政治

公共管理学

系统中法律方面的研究是合乎情理的。"[1] 基于这样的认识，许多学者认为政策与法律法规相等同。譬如，W. 威尔逊曾提出："公共政策是具有立法权的政治家制定出来的由公共行政人员所执行的法律和法规。"[2] 这可以视为对公共政策的性质和范畴的最初的比较明确的界定。在这一政治与行政两分时期，政策的制定权被赋予立法机构，作为行政机构的政府对于公共政策只承担执行的使命。显然，这一时期公共政策成为介于政治与法律之间的次级领域，虽然它没有形成独立的研究体系，却已在学科交叉中受到相当的重视。

一战后行为主义的兴起使政治科学由制度研究转向对政治行为和行为者的研究，倡导实证与经验的研究方法，这触发了政治科学的政策倾向。社会科学的各门学科关注现实生活中的社会、经济和政治问题如何得以认识、解释和解决的过程，这实质上是关注应对这些问题并求得解决之道的公共政策得以提出、形成和实施的路径和方式。自 20 世纪 50 年代，政策科学的研究渐成气候。在政策科学形成和发展的过程中，如何界定公共政策一直是学者们关注的重要问题。半个世纪以来，研究者诸说纷纭，见仁见智，其中主要的观点可见于如下几个方面。

价值分配论 D. 伊斯顿从对政治活动的研究切入，从动态的政治系统角度考虑权力、价值等政治因素，将公共政策界定为："对全社会的价值所作的权威性分配。"[3] 他认为，"政策是由决定和行动组成的网络，并以此分配价值"。[4] 这就是说，制定政策是要通过有关的决定和行动，在政策适用的范围内，例如一个群体、社区、社会或国家，进行直接或间接的价值分配，比如社会福利政策、工资政策、税收政策，等等。

目标方法选择论 与价值分配论不同，一些学者强调公共政策是对目标与实现目标的方法的选择。H. 拉斯韦尔认为："公共政策是具有目标、价值与策略的大型计划。"[5] W. I. 詹金斯的说法则进一步明确：政策是"一系列互相联系的决定。这些决定与选择目标和在一定的形势下为实现目标所需的方法相关"。[6] L. 莱恩的看法与之相似："公共政策是关于目标的声明、目标的计划、关于将来的

---

[1] 〔美〕艾伦·C. 艾萨克：《政治学：范围与方法》，郑永年等译，杭州，浙江人民出版社，1987，第 42 页。
[2] 转引自伍启元《公共政策》（上），台湾，商务印书馆，1985，第 4 页。
[3] Easton, D. (1953), *The Political System*, New York: Knopf, p. 129.
[4] Easton, D. (1953), p. 130.
[5] Lasswell, H. D. and Kaplan, A. (1963), *Power and Society*, N. Y.: Mc Graw-Hill Book Co., p. 70.
[6] Jenkins, W. I. (1978), *Policy Analysis*, London: Martin Robertson, p. 36.

重要的政府决策行为的一般准则、可选择的行动路线或方针、采取或不采取行动的结果甚至政府的所有作为。"①

立场论 公共政策被认为是表明一种立场。J. K. 弗兰德等人认为,"政策实质上是一种立场。一项政策一旦宣示,即可以此为依据来作出一系列相关的决定"。② T. R. 戴伊认为,"公共政策是政府决定做的或不做的事情"。③显然,在这里,政策被视为体现决策者对所面临事务的态度和立场,是具体的政治或管理决定的出发点。

过程论 更多的学者将公共政策视为一种动态过程。C. 弗里德里奇认为,"公共政策是在某一特定的环境下,个人、团体或政府有计划的活动过程,提出政策的用意就是利用时机,克服障碍,以实现某个特定的目标,或达到某一既定的目标,或达到某一既定的目的"。④ J. 安德森指出,"公共政策是一个有目的的活动过程,而这些活动是由一个或一批行为者,为处理某一问题或有关事务而采取的"。⑤ H. 海克洛甚至直截了当地指出,政策"通常可以被看作一个行动或无行动的过程,而不是一种特别的决定或行动"。⑥海克洛这里所说的行动或无行动,是指对某一面临的问题做出反应或不反应。实际上,对一个事件或一个已出现的问题有意识地做出回应或不回应,采取或是不采取行动,以及确定何时采取行动,即是一种策略。

政治合法性实现论 上世纪 90 年代以来,随着政策研究作为一门独立学科的地位日益凸显,对公共政策的研究更多地关注它与公共管理的结合及其对实现政治合法性的意义。W. 帕森斯认为,政策是一种政治合理性的表述和表现。"制定一项政策就是要使某种理由或主张合理化。这些理由或主张包括两方面:即对一个所面临的难题的认识和解决这一难题的方案。政策界定问题并指出应该如何去做。一项政策是提出一种理论或原则,基于这些理论和原则,某种需要取得合法性的要求得以实现。"⑦这一认为政策是某种政治合理性的表述和表现的

---

① Lynn, Laurence (1987), *Managing Public Policy*, Boston: little, Brown, p. 28.
② Friend, J. K., Power, J. M. and Yewlett, C. J. L. (1974), *Public Policy: the Inter-Corporate Dimension*. London: Tavistock Publications, p. 40.
③ Dye, T. R. (1987), *Understanding Public Policy*, Englewood Cliffs, N. Y.: Pretic-Hall, Inc., p. 3..
④ Friedrich, Carl J. (1963), *Man and His Government*, N. Y.: Mc Graw-Hill Book Co., p. 79.
⑤ 〔美〕詹姆斯·E. 安德森:《公共决策》,唐亮译,北京,华夏出版社,1990,第 4 页。
⑥ Heclo, H. (1972), Review Article: Policy Analysis, *British Journal of Political Science*, No. 2, p. 85.
⑦ Parsons, W. (1997), *The Public Policy, An Introduction to the Theory and Practice of Policy Analysis*. Cheltenham: Edward Elgar, p. 15.

公共管理学

观点具有特别的意义，它提出了一个在更深的层次把握政策性质的视角，即不仅需要从公共管理而且要从政治层面上对公共政策的性质进行透视和界定。

从政治学视角考察公共政策的性质，研究者以不同模式对之做出阐释。[①] 制度主义认为政策是制度的输出；过程理论视政策输出为一种政治活动；理性主义确认政策输出是寻求社会效益的最大化；渐进主义把政策输出看作是过去政策的补充和修正；团体理论指明政策是团体利益的平衡；精英理论揭示政策是精英的价值偏好；公共选择理论把政策定性为自利个人的群体选择；博弈理论则强调政策是竞争状态下的理性选择。这些看法都各有其别具深意的参考价值。

我国的公共政策研究自20世纪80年代起随着政治学、行政学研究的复兴而逐步展开，对公共政策内涵的界定已有许多论述。台湾学者林水波、张世贤认为："公共政策是指'政府选择作为或不作为的行为'。"[②] 伍启元认为："公共政策是一个政府对公私行动所采取的指引。"[③] 他们对公共政策范畴的界定基本上延传了西方学者的思路。进入90年代后，大陆学者尝试从本土现实的视角对公共政策的性质和范畴予以界定。张金马认为："党和政府用以规范、引导有关机构团体和个人行为的准则或指南。其表现形式有法律、规章、行政命令、政府首脑的书面或口头声明和指示以及行动计划与策略等。"[④] 张成福等认为："公共政策是公共权威当局，为解决某项公共问题或满足某项公众需要，所选择的行动方案或不行动。"[⑤] 陈振明认为："政策是国家机关、政党及其它政治团体在特定时期为实现或服务于一定社会政治、经济、文化目标所采取的政治行为或规定的行为准则，它是一切谋略、法令、措施、办法、方法、条例等的总称。"[⑥] 这些论说主要从公共政策结果出发，强调了公共政策的主体、目标与表现形式等。黄健荣从多层面探讨公共政策的涵义，强调公共政策是"寻求能使决策者和决策者所代表的群体的利益最大化的目标的选择，或是选择为实现所追求的目标所需要的

---

① 〔美〕托马斯·R. 戴伊：《理解公共政策》（英文版），北京，中国人民大学出版社，2004，第11~29页。
② 林水波、张世贤：《公共政策》，台湾，五南图书出版公司，1982，第9页。
③ 伍启元：《公共政策》（上），台湾，商务印书馆，1985，第1页。
④ 张金马：《政策科学导论》，北京，中国人民大学出版社，1992，第18~19页。
⑤ 张成福、党秀云：《公共管理学》，北京，中国人民大学出版社，2001，第100页。
⑥ 陈振明：《政策科学》，北京，中国人民大学出版社，2003，第50页。

最适措施或手段；政策是在政策适用范围内对不同群体间的利益矛盾或冲突的协调；政策是区分不同群体的利益和利益需求，这种区分在任何有差别的社会都是不可避免的和必要的；政策是应对内外事务（包括偶发和突发事件）的策略和措施。政策为决策者的根本和长远的利益服务，为实现决策者的最终价值目标服务。如果决策者与其所领导或所代表的群体的利益相吻合，那么，其所制定的政策就应当代表后者的根本的和长远的利益"。[1]

2. 公共管理视界中的公共政策

从公共管理的视野考察公共政策，综合上述各方论述，可以将公共政策的性质和范畴作如下界定。

（1）公共政策的性质是以执政党或政府等为代表的决策主体运用被赋予的公共权力区分社会利益需求，协调社会利益矛盾与冲突的方略。这与公共管理的性质相一致。简而言之，公共政策的实质一是决策主体在其法定权限范围内采取措施以解决公共问题；二是公共政策的制定和执行是要实现社会利益的区分、分配与协调。公共政策的制定和执行是整个社会公共管理权力网络相互作用的结果。公共政策应当代表赋予决策者权力的公众的意志。在现代社会多元化利益格局下，一方面公共政策过程成为多方参与的多阶段的复杂的博弈过程，另一方面社会价值取向也在不断变化，因此通过公共政策对社会价值进行的分配是一个长期的不断修正和不断优化整合的过程。

（2）公共政策的主体是决策者。这里的决策者具有广泛的内涵。一方面，除了指向具体的决策个人外，更指具体决策机构，包括政府、执政党和社会团体等，如美国政策形成的主体就包括政府部门、总统班子、国会和利益集团；另一方面，则不仅指政策制定层面的决策者，也包括在政策沟通、政策执行等过程中的次级决策主体。事实上，一些政策主体，如地方政府和各级政府部门在政策制定、沟通和执行中都起到关键作用，成为公共政策主体的重要构成。

（3）公共政策的客体是政策问题和政策受众（政策目标群体）。"政策问题可以被定义为某种条件或环境。这种条件和环境引起社会上某一部分人的需要或不满足，并为此寻求援助或补偿"。[2] 政策问题涉及政治、军事、经济及外交等社会公共生活的各方面，有的相对而言比较容易界定和解决，如节约能源。但是更多的是涉及社会生活多个方面的问题，较难或很难研判症结或寻求解决之道，

---

[1] 黄健荣：《政策、决策及其研究》，《理论探讨》2001年第1期，第68页。
[2] 〔美〕詹姆斯·E.安德森：《公共决策》，唐亮译，北京，华夏出版社，1990，第65页。

如犯罪问题、环境保护问题、食品和药品质量监管问题、公平竞争问题等。

(4) 公共政策的适用范围。公共政策关系国计民生，涉及面很广。从横向上划分，主要包括经济政策、财政税收政策、环境政策、教育政策、健康与福利政策、刑事司法政策等。从纵向上看，不同层级的决策主体的权限范围决定了相应决策的使用层级和范围。应当注意到，各国中央与地方政府的关系对公共政策范围所形成的制约，体现在通过相应的法规供给、机构设置和经费力度等途径来确定公共政策的纵向运行框架。

(5) 公共性是公共政策的本质特征。公共政策的目标直接指向公共政策制定者所领导或代表的国家、社会或共同体的利益最大化。制定公共政策的动机必须从公共利益出发，即使在公共政策过程中出现争议，也应是基于对"公共利益"的不同理解或公共利益在各个方面的不同侧重的认识而对实现公共利益最大化的可行途径进行的探讨，并应当实现以最终目标为归依的协调整合。对公共政策的公共性的强调，体现了公共政策的本质特征及其与公共管理目标的一致性。

(6) 公共政策的核心是一种选择。这可以是从价值取向出发的目标选择，可以是从目标出发的计划选择，也可以是从问题出发的措施选择，对突发、偶发事件的应急处置原则和方式的选择，以及基于宏观的政治理念或管理思维的方法途径的选择。这些选择可以是积极的作为也可以是暂时的消极的不作为。这样的选择是基于理性的、渐进的或是综合的决策模式而产生的决策者所认为的最适宜的策略选择。

5.1.2 公共政策工具

公共政策工具研究的兴起与20世纪70年代末新公共管理运动的勃兴密切相关。在新公共管理运动的发展进程中，改革者倡导用私营工商企业的管理方法和管理工具来改进公共部门的管理，如合同出租、契约外包、公私合作、凭单制度、使用者付费等。当这些管理方式被应用于公共政策目标的实现时，实际上也就转化为政策工具。政策工具的选择直接关系到公共政策目标的实现，其选择需要综合考虑宏观政策环境的情况，如综合国力、政府能力、市场发展程度，以及中观微观层面的政策环境与政策问题本身的复杂程度等。

1. 公共政策工具研究的兴起及其价值

公共政策工具又称为治理工具或政府工具，20世纪90年代以来，政策工具的研究日渐成为西方政策科学研究的一个焦点。简而言之，政策工具研究兴起的主要原因，一是政策执行的复杂多变性以及经常出现的政策失败引发人们对政策执行工具和方式的反思；二是政府组织对于政策的制定与执行的实践知识的需求日益增长，使人们更为关注从目标和工具的视界思考如何改进政策过程的质量；三是在一些福利国家中由于政府工作的低效率以及人们对政策部门绩效的失望，使人们产生了解政策失败原因的强烈要求，这样的研究长期以来获得了来自政治和意识形态方面的支持；四是随着经济社会的发展，长期以来在经济学中盛行的工具研究渗入社会科学各个领域，更有益于促成它在政策科学领域的发展和应用。[1]

公共政策工具研究的突出意义表现在：①有助于推动政策科学这一应用性很强的学科不断发展；②有助于更新公共政策执行及其研究所必需的知识储备；③有助于探索矫正公共政策失灵的对策，提升公共政策的质量和执行绩效；④有助于矫正传统公共行政语境下认为政府组织是唯一的政策执行工具的缺失，探索和改善其他公共组织参与政策过程的方式，深化公共政策价值选择及公共政策过程的公共性和民主性。

2. 政策工具的分类及其特点

目前对政策工具的理解主要有如下三种。其一是"因果论"，认为政策工具是系统探讨问题症结与解决方案之间因果关系的过程，这种观点对于政策工具涵义的理解比较宽泛。其二是"目的论"，认为政策工具是有目的的行为的蓝图，即政策工具是目的导向的，是一套解决问题和实现政策目标的蓝图，这种观点没有将政策工具与政策方案进行严格的区分。其三是"机制论"，认为政策工具是将政策目标转化为具体政策行动的机制。这种观点比较突出政策工具的特点，认为政府在不同的场合可以运用不同的政策工具组合来实现政策目标。[2]

关于政策工具的分类，不同的学者往往依据的标准不同。最早对政策工具进行研究的荷兰经济学家科臣（E. S. Kirschen），着重研究是否存在一系列的执行经济政策以获得最优化结果的工具。他整理出64种一般化的工具，但并未加以系统化的分类。之后，西方很多学者都对政策工具的分类作出了贡献。罗威、达尔和林德布罗姆按照强制性标准将政府工具分为强制性工具和非强制性工具两大类；[3] 胡德提出了一种更为系统化的分类框架，他认为所有的政策工具通过使用

---

[1] 参见〔美〕B. 盖伊·彼得斯等编《公共政策工具》，顾建光译，北京，中国人民大学出版社，2007，第12～13页；陈振明：《公共政策分析》，北京，中国人民大学出版社，2002，第47页。

[2] 参见李允杰、丘昌泰《政策执行与评估》，台北，空中大学，1999，第163～164页。

[3] 陈振明：《政府工具研究与政府管理方式改进》，《中国行政管理》2004年第6期，第45页。

政府所拥有的信息、权威、财力和可利用的正式组织来处理公共问题。

萨拉蒙在其主编的《政府工具——新治理指南》一书中指出，每种工具的特征都包含着如下的基本要素：提供公共物品的具体类型，如产品、服务、现金、保护等；公共物品的交付方式，如贷款、税收等；公共物品的交付系统，如政府部门、非营利组织、地方政府；提供公共物品的一系列规则。基于这四种要素，萨拉蒙提出了包含15种工具的分类方法，即直接管理、社会规制、经济规制、合同、拨款、直接贷款、贷款担保、保险、税收支出、收费、债务法、政府公司、凭单制、侵权责任和矫正税。他认为，每一种工具在提供的公共物品类型、交付方式、交付系统和规则方面都存在着一定区别。[1]

加拿大学者霍莱特和拉米什在《公共政策研究：政策循环和政策子系统》一书中，依据提供公共物品和公共服务过程中政府的介入程度，在从自愿性到强制性的范畴将公共政策工具分为自愿型、混合型和强制型三种类型。这一分类框架的内涵可作如下表述。[2]

(1) 自愿型工具

自愿型工具以不受或很少受政府影响为主要特征，期望中的任务完成是在自愿基础上进行的。在政策实践中，政府经常有意识地不去介入某些公共问题，因为它们相信市场、家庭或志愿组织是解决问题的最佳渠道。自愿型政策工具是经济政策和社会政策的重要补充。进入新世纪以来，伴随着在公共生活中政府作用日渐加强，强制性政策工具次第推出，但是无论如何，许多公共问题都需要以自愿性政策工具来解决。由于私有化迅速扩展，加上这些政策工具成本低，与个人自由主义的社会文化相适应，因此政府也都比较愿意采用这样的政策工具。这种自愿性政策工具对于加强与家庭和社区的联系非常重要。自愿性政策工具包括如下三个方面。

①家庭与社区。这是政府首先可以用来作为补充性政策工具的自愿型政策工具。在所有的社会关系中，朋友和邻居提供了大量的物品和服务，如对儿童、老人和病人的关照。政府可以采取间接手段，通过减少政府服务来促进私人、社区服务来填补这个空白，也可以采取直接的手段来促进家庭和社区服务的影响范围。

---

[1] 陈振明：《政府工具研究与政府管理方式改进》，《中国行政管理》2004年第6期，第45页。
[2] 参见〔加〕迈克尔·霍利特、M.拉米什《公共政策研究：政策循环和政策子系统》，庞诗等译，北京，生活·读书·新知三联书店，2006，第141~174页。

第5章 公共政策

家庭和社区能成为公共政策工具之一，其主要优越性在于，他们不需要政府支出什么，除非政府选择对家庭和社区的这些行动进行授权或提供补贴。它的缺陷主要在于，在解决复杂的经济问题时，基于家庭和社区的政策通常显得乏力，政府集中提供服务则比由家庭和社区分散提供服务更具有规模效应。此外，依靠家庭和社区的力量来解决公共问题还有可能存在不公平，因为许多人没有可依靠的人，或者可依靠的人没有经济来源，或者可依靠的人不愿意去照顾他们。

②自愿性组织。自愿性组织是指"既不是（政府）强迫成立也不是以赢利为目的的行为组织"。从理论上说，自愿性组织是提供大多数经济和社会服务的有效工具。如果能够依靠个人自愿行动来提供社会保险或保健、教育服务，或者建设大坝、道路，无疑能节约很多成本。自愿性组织具有灵活性和反应迅速的特点，还能提供实验的机会。这些是它们优于政府组织的长处。

③市场。市场是最重要也是最具争议的自愿性政策工具。市场是消费者和生产者之间自发互动的场所，前者追求的是以有限的资金购买最多的物品，后者追求的则是利润最大化。双方相互作用的结果有可能使市场提供双方都满意的产出。至少在理论上，因为无论社会需要（有购买力的需求）什么，市场都有可能以最具竞争力的价格实现供给。所以，整个社会都将从消费者和生产者的相互作用中获利。

市场是特定社会环境下备受推崇的工具，它是有效提供绝大多数私人物品并能有效配置资源的最有效率的途径，它能保证资源按照私人支付意愿所反映出来的社会价值分配到相应的物品与劳务上。但是，在另外一些情况下，市场工具则可能是不适用的。例如，在某些领域或某些条件下，市场不适于提供公共物品，这类物品正是多数公共政策要解决的问题。因为市场失灵，市场在提供不可分割性物品和公有物品时存在困难。此外，市场实际上并不能实现充分的完全的竞争，因此它还是一个不很公平的工具。因此，完全自由的市场几乎从未被用作实践中的政策工具。当政府借助市场工具来解决公共问题时，通常都会辅以其他工具。

（2）强制型工具

强制型政策工具也称为直接工具，以强制或直接的方式作用于受体——目标个人或组织，后者在响应措施时只有很小的或没有自由裁量的余地。政府在履行其管理权威时，可以命令某些公民从事特定的活动，可以组建政府控制的公司来完成政府确定的职能，或者直接通过政府提供物品和服务。强制型政策工具有如下三种类型。

公共管理学

①规制。规制有不同的性质。经济规制是对产品的价格和数量，或投资回报，或进入或退出某一行业进行管制，其目的是纠正市场力量运行所导致的供需不平衡问题。社会规制是指那些针对涉及公众健康、安全和社会秩序方面的管理法规。具体而言，社会规制包括在消费品安全、职业危害、生态和环境保护、性别和种族歧视，以及淫秽色情活动等方面实施管制的规则。

规制作为强制型政策工具之一，具有如下优越性。首先，因为政府不必事先特别弄清政策对象的偏好，所以建构规制所需的信息比自愿型工具和混合型工具所需的信息少。规制只需要制定标准。它不同于激励措施，除非作用对象有明显偏好，规制不会导致人们做出某种特定的反应。其二，当预料之外的情形出现时，简捷的处理方式只是需要发布新的补充性规制。其三，只要政府完全掌握相关信息并且目标明确，规制的管理比其他政策工具的管理更有效率。其四，因为规制有较强的可预见性，这就使决策部门和执行部门共同颁布规制成为可能。其五，规制的明确性使得它们更适于应对危机状态及做出快速反应。其六，与补贴和税收激励措施相比，规制的政策成本更低。它所需要的只是一个管理机构来保证规制得到遵从，而不是既需要监管机构又要提供财政激励。最后，当公众或下级机构希望政府主管部门采取迅速而明确的行动时，规制还可以发挥政治动员的作用。

规制也存在缺陷。规制有可能经常扭曲自愿和私人行为并导致经济低效率。价格管制和直接分配限制了供求双方的交易，影响了价格机制，此其一。有些情况下，规制还会遏制创新和技术进步，此其二。规制往往缺乏灵活性，不允许随机应变，有可能导致决定和结果与政策目标相左，此其三。从管理角度看，不可能对任何不受欢迎的行为确定规制，此其四。

②公共企业。公共企业又称为国有企业、国家企业或准国营企业，可以把它看作是规制的一种极端形式。公共企业作为政策工具为政府提供了不少便利之处。首先，当由于资本成本过高或预期收入低的原因，使私人企业不能提供社会所需的足够的某些物品与劳务时，公共企业就是一个很有效率的经济政策工具。其次，在许多情况下，建立公共企业所需的信息成本比使用自愿性工具和规制要低一些。第三，从管理角度而言，如果规制已经被广泛使用，公共企业可能会简化管理。第四，公共企业创造的利润可以充实公共基金，并用来支付公共支出。

公共企业亦有其不足之处。首先，公共企业的管理者可以采取很多规避手段，使政府往往对之难于控制。第二，即使公共企业长期经营不善也不会导致破产倒闭，因此它们往往是低效运行。第三，很多公共企业拥有垄断地位，如电力公司和供水公司，垄断使他们得以将低效率的成本转嫁给消费者，这与那些处于垄断地位的私人公司的做法无异。

③直接提供。直接提供即由政府直接履行职能来解决政策问题，如国防、外交等。直接提供的政策工具的优点，一是与其他强制性政策工具相类似，因为信息成本低，直接提供的政策易于建构；二是能迅捷满足许多机构需要直接提供以使它们获得高效运转所依凭的资源、技能和信息的要求；三是直接提供可以避免间接提供带来的许多麻烦诸如协商议价等；四是直接提供允许交易国际化，有利于使交易成本最小化。

直接提供的政策工具之缺陷在于：官僚机构往往缺乏灵活性，它们是规则导向，强调遵从操作程序；凌驾于政府机构与官员之上的政治控制会影响到社会物品与服务的提供，使政府往往采取干预手段为政府的再次胜选服务而不是为公众利益服务；由于官僚机构不是社会经济活动的竞争主体，它们往往不会充分重视成本问题，而这些成本最终将由纳税人承担；政策项目的执行可能会因为政府内部机构和职能的交叉与冲突而陷入困境。

（3）混合型工具

混合型政策工具兼有自愿型工具和强制型工具的特征。混合型工具允许政府将最终决定权留给私人部门的同时，可以不同程度地介入非政府部门的决策形成过程。介入程度从最低程度的发布导向信息到最大程度的对不服从的行为进行惩罚性课税，介于二者之间的是对鼓励行为采取的补贴措施和在一些领域建立价格机制等。使用这些工具在某种程度上体现了自愿性工具和强制性工具所共有的优势。

①信息与劝诫。信息发布是一种温和的工具，它向公民和社会组织传递信息，希望他们依照政府的意愿改变他们的行为。信息通常具有普遍性特征，目的是给予公众更多的知识，使他们能遵照建议做出选择。劝诫或说服教育比仅是公布信息略多一些政府行为色彩，它要求付出努力改变目标主体的偏好或行为，而不只是告知并鼓励后者依照希望的方式改变行为。劝诫或说服教育不会使用诸如提供报酬、强行制裁等政策选择。

发布信息的益处是，当行为主体有足够强的动机，一旦他们获知新的信息，就会自觉采取行动达到政策目标。面对那些没有明确解决方案的问题，政府的劝诫是一个好的开始。这种工具易于建立，并且，如果问题能通过劝诫解决，就不需要再采取进一步的行动。而如果获得其他更好的解决办法，说服教育的政策就可很自然地改变或取消而不需费力。

②补贴。补贴是指在政府主导下由政府、私人、公司或组织向其他私人、公司或组织提供的各种形式的财政转移。这种转移的目的是为了对一种受到鼓励的行为进行奖励，从而影响社会主体在采取不同行动时的预计成本和收益。因为领取了补贴，个人、组织或公司最后采取政府所鼓励的行动的可能性就会增强。补贴是一种形式多样的工具，包括赠款、税收激励、票证、以优惠利率提供贷款的利差等。

补贴作为政策工具有很多优越性。第一，如果政府的愿望和民众的偏好是一致的，则很容易构建补贴工具。第二，补贴对管理者而言，是一个具有灵活性的工具，因为每一个政策作用的主体都可以根据补贴带来的条件改变信号自行决定如何做出反应。第三，因为允许个体和公司自行选择回应方式，补贴措施还可以鼓励他们进行创新。第四，管理和贯彻补贴政策的实施成本也较低，因为是否领取补贴是由潜在领取者决定的。最后，补贴政策通常在政治上更易于被接受，因为受益者集中于较小范围而政策成本却可以由辖区所有公众承担。

补贴同样也存在缺陷。第一，由于补贴（除税收激励外）需要资金支持，需从当年或结余收入中列支，这就经常使得补贴工具的建立遇到困难。第二，实现政策目标所需的补贴额度的相关信息搜集成本会比较高。第三，由于补贴是间接发挥作用的，在达到政策目标之前有时滞，因而使得这种工具不适合于在危机时期处理问题。第四，有时候即使没有补贴，人们也都已经采取了相应的行动，这时补贴就成为多余的。与此同时，因为取消补贴又会使一些人遭受损失而受到反对。

③产权拍卖。这是一种相当有益的混合型工具。基于市场是最有效的资源配置方式的假设，政府的产权拍卖就是在没有市场的领域建立了市场。通过设置固定数量的可转让消费权证，政府创造了一个市场，购买到消费权证的消费者可得到等量资源的消费权，通过创造稀缺资源消费权市场，使价格机制发挥作用。那些想要使用稀缺资源的人必须在拍卖市场为有限的供给竞价。潜在购买者会按照他们所认定的这项资源的价值出价，出价最高者便获得产权。例如，许多国家都曾通过这种方式来控制污染物的使用。

产权拍卖政策的优点之一是易于构建。政府首先确定允许存在的一定物品和劳务的最大数量，然后以此为基础确定上限，其他的事情则交由市场去处理。第二，产权拍卖还是一项具有灵活性的政策，它使得政府在需要的时候可以对上限做出调整，而市场主体的行为也必然随之做出调整。第三，拍卖政策给出了政府能够容忍的不受欢迎活动的固定数量，这种信息的确定性不可能在使用其他自愿型或混合型政策工具时得到。

产权拍卖的方式也有不少缺陷。首先，它可能鼓励投机。投机者可以通过出高价买断并独占所有产权，而后对小型公司设置进入壁垒。第二，常见的问题还有，那些没有能力购买产权的人会因为再也没有购买机会，迫于无奈去行骗；而在收费或补贴政策下，他们还可以有选择的余地。这样，为了避免灰市或黑市的出现，就要付出高昂的强制成本。第三，拍卖按照购买力分配资源而不是按照需要分配资源存在一定程度的不公平，因此会招致那些因为支付额外成本而利益受损的人们的反对。

④征税和用户收费。征税是由个人或公司依法向政府支付的强制型工具。征税的主要目的是使政府获得财政收入，以满足政府运行和服务于公众支出的需要。进而，征税还可以作为鼓励或限制一定行为的政策工具。征税可以采取多种方式，通过不同渠道发挥作用。

用户收费类似于产权拍卖，是兼有规制和市场工具特征的政策工具。这种额外成本使得公司不得不重新分析成本收益，以决定是完全停止相关活动抑或是将其维持在收益能够弥补成本的较低水平。用户收费最常见的效果是控制外部性（外部负效应）。在污染控制方面的一个例子是收取排放费。

征税和用户收费作为政策工具的优越性可见于如下方面。其一，这两种工具易于构建；其二，征税和用户收费制度对那些不受欢迎的行为而言是一种持续有效的经济刺激；其三，由于寻求更低成本的替代品与公司的利益直接相关，用户收费政策有益于促进公司创新；其四，它们是灵活的工具，为了使目标行为维持在合理的水平，政府可以不断地调整用户收费水平或税率；最后，从政府管理角度看，它们也是受欢迎的工具，因为减少或调整目标行为的责任须由作为政策受体的公司与个人承担，官方机构则不必过多地发挥强制作用。

征税和用户收费的缺陷表现在：首先，政府需要基于大量的可靠信息来确定适宜的征税率与用户收费水平；第二，在寻求适度收费水平的试验中，资源配置可能被扭曲；第三，面临危机需要快速反应的时候，这两种政策工具的效果不好；第四，由于政策效果依赖于私人决策，这一政策工具也不适于安排计划；最后，执行这样的政策工具并不方便，有可能导致管理成本过高。

3. 政策工具的选择及其应用

政策工具的选择和应用是履行政府职能实现政府使命的核心途径。政策工具的选择复杂性，要求决策者在政策制定时必须充分了解自己可能采取的政策工具的范围，及可供选择的不同政策工具的差异。政策工具选择受到各种主客观因素的制约。胡德提出依据四项原则来进行工具选择：只有在充分考虑其他可替代方案时，才能确定某种工具被选择；工具选择必须与工作相匹配，没有哪种工具能够适应所有环境，因此政府需要针对不同的环境选择不同的工具；工具的选择必须符合一定的伦理道德；有效性并不是唯一追求目标，理想结果的达成必须以最小的代价来换取。[①]

R.巴格丘斯在《在政策工具的恰当性与适配性之间权衡》一文中提出政策工具选择最佳配置的四个条件。他认为，政策设计不仅需要具备有关不同政策工具的知识，而且需要具备这些政策工具得以被挑选和应用的政策环境知识。依据政策环境的情况，一些政策工具要比另外一些政策工具更为有效。于是，需要追问："在什么样的环境下，政策工具会带来有效的干预？"或者说："在特定的政策环境下，什么样的政策工具是无效的？"简言之，政策设计是针对那些能够与具体的政策环境相"匹配"的政策工具。因此，R.巴格丘斯指出，有四个条件在有效的政策工具设计中发挥核心的作用，即政策工具的特征、政策问题、环境因素以及目标受众的特征。依据这样的理念，一种政策工具只有在以政策工具特征为一方，以政策环境、目标和目标受众为另一方之间匹配的时候才是有效的。在这样的情况下，有关的政策工具被称为有效的政策工具，同时以上四个条件才得以满足。[②]

从根本上说，政策工具的选择是一种理性行为。理性是人类自主选择并为此调节自我行为的能力，即"阐述行为的理由并依此行动的能力及其运用"。[③]政策工具的选择是一种以公共理性为主导和优先取向的多元综合理性。这种选择并不排斥经济理性，也不拒绝社会理性。经济理性是追寻个人效用的最大化的选择，社会理性是在社会构成和社会制度的框架之下寻求社会参与和社会共享的选择，而公共理性则是以政治正义为主导的维护和增进社会平等、自由和权利的选择。[④]因此，概而言之，政策工具的选择需要考虑如下方面内容。①应基于以公共理性为主导的多元综合理性的原则；②应与政策环境相适应：③应能有利于协

---

① 转引自陈振明《政府工具研究的新进展》，《东南学术》2006年第6期，第22页。
② 〔美〕B.盖伊·彼得斯等《公共政策工具》，顾建光译，北京，中国人民大学出版社，2007，第49页。
③ 〔英〕D.米勒、W.波格丹诺主编《布莱克威尔政治学百科全书》，邓正来等编译，北京，中国政法大学出版社，1992，第630页。
④ 黄健荣、叶芬梅：《知识公务人：政府官员角色跃迁的新愿景》，《公共管理学报》2006年第4期，第8页。

调政策目标群体,即政策受众的当前利益、中期利益和长远利益;④政策工具的选择应具有灵活性,针对某一政策问题是选择使用单一的政策工具抑或是综合应用多种政策工具,或是以一种为主其他为辅,取决于对以上三方面的条件要求满足的程度。⑤政策工具的性质和效用在实际应用的过程中受到环境和目标群体变化的影响有可能发生变化,因此对有关工具的使用的方式或使用的力度应及时予以调整。

为便利于政策工具的选择和应用,霍莱特和拉米什通过设置两个变量来构建政策工具选择模型。一个变量是国家能力,或者说是国家影响社会行为者的组织能力;另一个变量是政策子系统的复杂程度,特别是政府在执行政策时面对的行为者的类型和数量。他依据这两种变量的变化程度而区分的如下四种关于政策工具的选择和应用模型有借鉴意义。①

一是国家能力强,政策子系统高度复杂。当政府面对的社会行为者的类型和数量很多而且彼此相互冲突时,政府很难辨别孰优孰劣。在这种情况下,如果政府具有较强的管制能力,可以利用市场工具实现自由竞争,通过市场来配置资源。

二是国家能力强,政策子系统低度复杂。当政府的管制能力比较强,而面对的社会行为者的类型比较单一、数量不多时,决策者可以采用管制、公共企业、直接提供等强制性政策工具。

三是国家能力弱,政策子系统高度复杂。在这种情况下,政府没有足够的能力进行管制,较好的选择是采取自愿型工具,如家庭与社区、志愿组织,借助民间力量来实施政策。

四是国家能力弱,政策子系统低度复杂。在这种情形下,决策者可以根据实际情况选择混合型政策工具,如信息和规劝、补贴、产权拍卖、税收和使用者付费等。

5.1.3 公共政策的研究主线

由于公共政策学科发展的复杂历程,其研究涉及多个与政治、行政有关的视角。尼古拉斯·亨利考察与公共行政有关的公共政策文献,将其分为两类。第一类旨在分析制订和实施公共政策的过程。这种分析的基调是描述性的而不是诊断

---

① 参见〔加〕迈克尔·霍利特、M. 拉米什《公共政策研究:政策循环和政策子系统》,庞诗等译,北京,生活·读书·新知三联书店,2006,第 281~289 页。

性的。第二类旨在分析公共政策的输出和效果，评论多于描述。[①]迈克·希尔则认为，有关公共政策的研究应包括以下七个方面：政策内容、政策过程、政策输出、政策评估、政策制定信息、政策过程倡导和政策倡导。其中政策内容、政策过程、政策输出、政策评估属于政策研究的范畴，政策评估、政策制定信息、政策过程倡导、政策倡导则可归为政策分析。[②]这样的一种分类方式，显然更为清晰和周延。概而言之，公共政策的研究主线，至少覆盖以下三个方面。

1. 制定公共政策的主体的权力结构、权力运行机制与决策机制

从政治科学中分离出来的公共政策研究，在决策权和决策机制方面的研究与传统政治学中对权力结构与运行的研究有诸多相似之处。现实生活中的某个政治过程，既可看作（作为特定政策展开过程的）政策过程，又可看作（特定行为者间的）权力过程。[③] 权力结构、权力运行机制与决策机制作为影响公共政策的框架性基础，成为公共政策研究的主线之一。

公共政策过程离不开由执政党、政府各部门以及利益集团等所构成的权力体系，其中每一个环节在体现权力运用的同时，也体现了权力的张力和限度。一个国家现行的权力结构是宪法与法律框架下选择的产物。权力结构首先通过对不同的决策参与者的权力范围的规制及其相互的制衡关系对重大政策产生影响，包括确定由谁获得正式的权力做出政策抉择，做出决定前应遵循哪些程序，以及人们能否以及如何以合法的方式影响那些拥有正式权力的人们来进行利益分配。

在既定的权力结构下，权力运行的动态过程是相关主体运用权力的过程。权力运行机制所构筑的政治选择框架对公共政策的制定必定产生重大影响。公共决策机制，可分为按最高决策权的人数划分的首长制与委员会制，按决策权力分配关系划分的集权制与分权制。在一国现行权力结构及其运行机制基础上的决策权力的制度设计，直接影响到决策的程序及其结果。公共政策作为一种政治输出与社会环境密切相关，如与政策有关的经济、文化、技术环境，现有的权力结构和政策制定者、决策者的构成，进行决策所需的各种必要的资源，以及这些资源的可获得程度等。因此，通过对诸如利益集团、民主方式、宪政机制、治道变革等与公共政策关系的研究，可以了解这些方面与公共政策过程的内在关联，从而更

---

① 〔美〕尼古拉斯·亨利：《公共行政与公共事务》，项龙译，北京，华夏出版社，2002，第292页。
② Hill, Michael (1997), *The Policy Process in the Modern State*, London: Prentice Hall/Harvester Wheatsheaf, pp. 2–5.
③ 〔日〕大岳秀夫：《政策过程》，傅禄永译，北京，经济日报出版社，1992，第125页。

有利于增强公共政策制定的民主性与科学性。

2. 公共政策的过程与程序

虽然公共政策的最终形式是法律法规、计划、决定和措施等，对公共政策的研究却需要特别关注和分析其静态和动态的运行过程。静态研究是以系统理论为基础，探讨公共政策过程的科学化。它从宏观上强调社会学、经济学、统计学等多种学科方法的应用，运用模型解释公共政策运行系统中的现象，并探讨其一般性的规律。模型的分析有助于更好地阐明和理解公共政策，解释公共政策并预测政策结果。以下典型的政策分析模型从不同的视角来观察和诠释政策，各有其独到的解释力。制度主义模型——认为政策是制度的输出；过程理论模型——将政策视为政治活动的过程；理性主义模型——政策是寻求社会效益的最大化；渐进主义模型——政策是过去政策的补充和修正；群体理论模型——政策是群体利益的平衡；精英理论模型——政策是精英的价值偏好；公共选择理论模型——政策是自利个人的群体选择；博弈理论模型——政策是竞争状态下的理性选择等。①

公共政策的动态研究聚焦于有关公共政策的某一具体事件或特别领域，也可关注某一组织内的政策过程或社团、社区影响政策的过程，或是关注微观的政策信息、政策沟通、政策倡导等公共政策过程中的某一环节。这样的观察、分析试图通过对如何优化政策过程具体环节的研究，改善公共政策过程。动态研究在分析方法上通过研究相应实际政策过程中各种变量的性质、影响及其相互关系，探讨其对政策过程的制约作用。这一研究需要收集各类统计数据，进行定性或定量研究，或运用对比分析、回归分析等统计方法分析政策实际运行过程。这一研究方式对公共政策研究的学科化系统化深入发展起了重要的推动作用。

3. 公共政策的内容与输出

一项公共政策通常有具体的相关领域，涉及社会生活的具体层面，如社会保障、教育、就业、环境保护等。政策内容研究针对某一具体领域，探寻政策的起源、历史发展与演变，分析政策的过去、现在和将来，并研判政策发展变化的原因。政策输出则考察不同国家或地区政府的费用水平与提供的服务的现状、变化与差异，并将政策视为一种因变量，从社会、历史、政治、经济、技术等因素解释不同国家与地区间不同政策输出的原因。针对引起政策变化与差异的变量，许多学者进行了深入的探究。如伊斯顿从动态政治系统出发，研究输入、决策、输

---

① 〔美〕托马斯·R. 戴伊：《理解公共政策》（英文版），北京，中国人民大学出版社，2004，第12~27页。

| 公共管理学

出、反馈的不同过程；阿尔蒙德研究政治文化，即政治系统成员的行为取向或心理因素；戴伊则试图通过对社会、经济、技术等多种因素的分析，比较各国政策输出，特别是分析影响发展中国家政策输出的原因。总体而言，影响政策输出的变量主要有：政治生态变量（地理位置、人口、文化、历史等）、政治结构变量（权力结构、政府效能、治理方式等）、社会经济变量（经济竞争力、产业结构、市场发育水平、现代化程度等）。这类研究通过对既定政策或将要制定的政策的影响因素的分析与评价，为优化决策和改善政策输出提供智力和信息支持，并为其他相关政策的发展改善提供参考。

5.2 公共政策过程

研究公共政策必须充分认识和理解公共政策过程。公共政策过程是由一系列相互关联的环节所构成的一个实际运作过程。因此，我们"必须持续努力致力于把理解政策过程视为将政策过程置于控制之下的关键性的第一步，无论这一过程看起来是怎样的非理性和无法控制"。①

5.2.1 公共问题与公共政策问题

公共政策的重要特征之一是问题取向性。公共政策问题的确认和建构是公共政策过程的起点，也是现代政策分析的中心环节。这一问题需要政策分析人员"在不同的利益相关者所持的相互分歧的意见中连续地、反复地探究"，因其直接影响到后续的政策分析阶段能否成功。② 公共政策问题泛指实际状态与社会期望之间的差距，这种差距往往是产生社会紧张状态的原因。③ 公共问题的基本特征是公共性，它超越了社会某一个体特定的环境和范畴，而与一定社会的公共生活、制度和全部历史相关，同时也与该社会中大众的价值、观念和利益相关。这些也是公共政策问题的基本特征。安德森认为，"政策问题可以被定义为某种条件或环境。这种条件和环境引起社会上某一部分人的需要或不满足，并为此寻求

---

① Hill, Michael (1997), *The Policy Process in the Modern State*, London: Prentice Hall/Harvester Wheatsheaf, p. 5.
② 〔美〕威廉·N. 邓恩：《公共政策分析导论》，谢明等译，北京，中国人民大学出版社，2002，第156页。
③ 张金马主编《政策科学导论》，北京，中国人民大学出版社，1992，第133页。

援助或补偿"。①

但是，公共问题不等于就是公共政策问题，公共政策问题只是诸多公共问题中的一部分。公共问题成为公共政策问题的条件是：公共问题促使人们行动，特别是向政府及公共部门表达，同时该问题又在特定政府权限范围之内，在特定时期被列入了政府政策议程。可见，政策问题是通过公共活动能得以实现的未实现的需要、价值或改进的机会。② 从这个意义看，政策问题具有选择性、动态性和时效性。由于公共机构所拥有的解决社会公共问题的资源，包括政府的治理能力是有限的，因此在一定的社会发展阶段、时期或时段能成为被政策所关注和介入的问题只是大量社会公共问题中的一部分。

公共政策问题的提出，与社会中一定的政策资源、政策要素密切相关。因此，进而言之，公共政策的选择性体现在如下两个方面。其一，人们所关注的一个公共问题如果没有必要的可以对其处置的政策资源和政策要素，这一问题也不能成为政策问题，因而对公共政策问题的确定需要依据可获得的政策资源来进行选择。此外，同一领域中或不同领域之间的政策问题常常是相互联系，因此在进行政策分析时需要将政策问题放在整个社会系统中考察，用系统思维的方式寻求和选择解决问题的途径。其二，政策问题是人们对客观的问题情境进行分析和选择的结果，是那些由社会公众与政策制定者从诸多社会公共问题中筛选出的被认为最有普遍性、严重性或紧迫性的问题。因此，政策问题的产生与一定时期内人们的认知能力与价值取向密切相关。这样的认知能力与价值取向在很大程度上决定了对可能进入政策议程的公共政策问题的抉择。

公共政策问题还具有动态性。公共政策问题的动态性来源于问题的性质与解决方案的变化。一方面，在某一时段彰显的社会问题有可能发展成为政策问题，而政策问题的状态在政策过程中会发生变化，它有可能趋于缓和以至于得到解决，也可能由于处置不当而激化。另一方面，由于政策环境与政策条件的变化以及人们对政策问题的认识的深化，对于政策问题性质和状态的界定和评估也会发生相应的变化，从而导致对既定政策的修正，或是提出新的解决方案即新的政策。从这一意义上看，对政策问题的研判处置，即界定问题→形成决策→执行政策，是一个持续不断的过程。

公共政策问题的时效性体现为，一方面，政策制定者必须善于体察民情，审

---

① 〔美〕詹姆斯·E. 安德森：《公共决策》，唐亮译，北京，华夏出版社，1990，第65页。
② Adams, James L. (2001), *Conceptual Blockbusting: A Guide to Better Ideas*, Perseus Books Group.

公共管理学

时度势,对于那些民意要求强烈需要及时处置的公共问题及时以政策措施迅速有效地予以回应和解决,不可错失时机,否则这样的公共问题就有可能酿成难以治理的社会矛盾甚至成为社会动荡的根源。另一方面,任何政策,只能适用于一个特定的时期或时段。公共政策的时效,可以是明确规定的,也可以是未予明确规定的。政策的时效取决于它与政策受众和政策环境的适应性。公共政策只有与政策受众的需求和政策环境的条件相适应才能存在。一旦这样的相适应性不复存在,原有政策就应当被原来的或者新的政策制定者所终结。

5.2.2 公共政策问题的确认与建构

公共政策问题的确认是公共政策过程的基础,而公共政策问题的建构则是政策分析的起点。公共政策问题的确认,是在特定的"政策问题情境"中了解与政策问题相关的社会变化过程中的权力关系、利益群体及资源配置等方面因素,从而对问题的性质、领域、范围和程度做出基础性判断。一般而言,一个国家的政策问题按问题的类型可分为内政问题和外交问题;按其领域和性质界限可分为政治问题、经济问题、科技问题、文化问题、教育问题、民生问题和军事问题等。政策问题的范围是政策问题在空间维度上的纵向或横向区域的覆盖面,即政策问题涉及的社会层面、行政区域、部门或群体。

公共政策问题的建构是对政策问题的理性分析。政策问题的建构需要首先对政策问题进行分类。威廉·邓恩按照决策者、备选方案、价值、结果、概率等要素的构成状态将政策问题分为三类:结构优良、结构适度与结构不良。[1]结构优良的问题涉及一位或数位决策者,在少数几个备选方案中选择,制定者的价值取向趋于一致,政策结果有确定性并且不存在多大风险,可事先测量或计算。公共机构中较低层面的部分操作性问题可视为结构优良的问题。结构适度的问题涉及一位或数位决策者,在数量相对有限的备选方案中选择,制定者的价值取向也趋于一致,但政策结果既不确定又无法在可接受的误差范围内计算风险。这类问题的原型类似于"囚徒困境"的政策模拟或博弈。结构不良的问题涉及许多不同的决策者,由于其价值取向不可知,所要实现的目标之间存在争议或冲突,政策结果有风险和不确定性,并且无法进行评估,因此难以在所有决策备选方案中做出抉择。

---

[1] 〔美〕威廉·N.邓恩:《公共政策分析导论》,谢明等译,北京,中国人民大学出版社,2002,第163~164页。

对于结构优良的问题通常有常规性的可选用的分析方法,政策问题的建构着重于结构不良问题。政策问题的建构有四个相互衔接的步骤:问题搜索、问题界定、问题详述和问题感知。整个过程是在认识或"感知"问题情势的前提下,搜索出问题网。对于结构不良的问题,只能找出"元问题"——一个问题的问题,接着需要对元问题进行界定,即在一定观念指导下,从最基本的或一般的方面确定问题。在这样将元问题转化为实质问题后,进而把实质问题进一步明确化,成为更详细更具体的规范问题。

5.2.3 公共政策议程

公共政策议程建构是公共政策过程一个至关重要的实质性阶段,是公共政策决策的起点。如上所述,社会的现实生活往往面临着各种各样的公共问题,但并非所有的公共问题都能进入政府的决策视野,进入政府的议事日程。由于政府对公共问题的回应能力受制于其对政策资源——包括财政资源、智力资源、人力资源、技术资源、信息资源和时间资源等所拥有的程度,因此政府需要做出抉择,对其所面临的公共问题的优先性进行排序,甚至有所取舍。

1. 公共政策议程的涵义、类型与政策议程建构的主体

在社会公共事务的管理运行中,公众总是希望政府能及时采取政策措施,尽可能多地解决他们所面临的各种问题。但是,政府或是限于政策资源或是限于决策能力往往只能对一部分政策问题做出回应。于是,"那些被决策者选中或决策者感到必须对之采取行动的要求构成了政策议程"。[①] 公共政策议程与政策规划密切相连,它意味着当局对某一公共政策问题性质的确认。不同的政策主体往往会从不同的利益和价值观念出发对同一政策问题做出不同性质的界定,而对问题性质界定的不同则会导致决策主体在一定的时限内决定是否采取行动以及如何采取行动。帕森斯通过处置街头露宿问题的案例描述了政策议程建立的逻辑顺序及其重要性:问题(issue—露宿街头者)→问题的性质(problem—无家可归)→政策(提供更多住房)。然后他指出,"问题是什么,我们可能形成一致的意见。但是问题的性质(problem)是什么,以及应该制定怎样的政策来解决问题,则无法形成一致的意见。如果我们将露宿街头者看成是一个流浪问题,那么有关的

---

① 〔美〕詹姆斯·E. 安德森:《公共决策》,唐亮译,北京,华夏出版社,1990,第69页。

政策反应可能是运用法律手段，动用警察"。[1]

查尔斯·琼斯从政策活动的功能方面，将公共政策议程分为四类：①为使问题得到积极、严肃的研究和认可而提出的问题确认议程；②能确定从问题进展到发现解决办法的提案议程；③使提案得到支持和发展的协议议程或讨价还价议程；④使问题得到持续检验的持续议程。[2]

科布和埃尔德区分了两种基本的政策议程——系统议程和正式议程。[3] 系统议程即公众议程，是指某个社会问题已经引起社会公众和有关团体的普遍关注，他们向政府提出政策诉求，要求采取措施予以解决的一种政策议程。从本质上说，公众议程是一个公众参与的协商对话过程，是一个问题从与其具有特殊联系的群体逐渐扩散到社会普通公众的变化过程。一个问题要成为或到达公众议程应具备三个条件：一是该问题必须在社会上广泛传播并受到广泛关注，或者至少必须为公众所感知；二是大多数人都认为有采取行动的必要；三是公众普遍认为，这个问题是某个政府职能部门权限范围内的事务，而且应当给予适当关注。[4]

正式议程又称政府议程，指某些社会问题已经引起决策者的密切关注，他们认为有必要对之采取相关行动并将这些社会问题纳入政策范围的过程，进而进入决策议程。

在政策议程建立的过程中，公众议程一般由一些较抽象的项目组成，主要是发现问题和提出问题，它可以不提出具体的解决办法，往往表现出众说纷纭的特点。而政府议程基于公共权力的运用，它的建立是对政策问题进行认定或陈述的最后阶段，一般比较具体。一个政策问题得到确认的过程通常需要经历如下环节：某一社会问题首先进入公众议程，被公众关注和讨论；然后，由于该问题自身的特殊性、重要性和紧迫性，引起政府决策者的关注，由公众议程进入政府议程，或者政府组织系统内部发现问题，直接建立政策议程。[5]

公共政策议程总是由一定的政策行为主体提出并促成其最后确定，这一过程

---

[1] Parsons, Wayne (1997) *Public Policy: An Introduction to the Theory and Practice of Policy Analysis*, Cheltenham: Edward Elgar, p. 87.

[2] Jones, Charles (1984). *An Introduction to the Study of Public Policy*, 3rd. ed. Belmont, Calif.: Wadsworth.

[3] 参见〔美〕詹姆斯·E. 安德森《公共决策》，唐亮译，北京，华夏出版社，1990，第 69~70 页。

[4] 林水波、张世贤：《公共政策》，台湾，五南图书出版公司，1997，第 117 页。

[5] Jones, Charles O. (1977), *An Introduction to the Study of Public Policy* (2nd ed.), North Scituate, Mass.: Duxbury Press, pp. 40-41.

就是政策议程的建立过程。依据这些主体推进议程建构的行为方式,政策议程建构主体可以分为四种类型:政治主导型、外部压力型、内部促成型和合力推进型。

(1) 政治主导型议程主体。政策议程建构的主要参与者是执政党或政府的各级领导群体和核心人物,以及各级立法机构中的常设委员会、各专门委员会主要负责人。这些机构和人员或由集体或由个人提出议案,并形成关于制定某方面政策的推动力,使政策问题进入议程。

(2) 外部压力型议程主体。政策议程建构的主要参与者可以是个人,但更多的是群体。政策创议先是由社会上一些分散的个人或群体提出,然后经由媒体或其他舆论方式传播扩散,从而引起公众注意,进入公众议程;再通过公众诉求并形成公众压力的途径引起决策部门的重视,最终使政策创议进入政府议程。

(3) 内部促成型议程主体。政策议程建构的参与者主要是各级立法机关中的代表、委员,政府机构中的部门负责人以及公务员。在公共政策过程的现实运行中,这些官员、委员或代表能直接在体制内提出某项公共政策的创议,并推动其进入政府议程。

(4) 合力推进型议程主体。政策议程的建构由上述主体中的两方或三方通过互动协商的方式,提出政策创议,形成合力促使其进入政策议程。

2. 公共问题进入公共政策议程的触发机制

公共问题要成为政府决策者着手解决的政策问题,往往需要相应的"催化剂",那些诱发公共问题进入政策议程的因素和条件构成了政策议程建立的触发机制。拉雷·格斯顿认为:"在政治过程的背景中,一种触发机制就是一个重要的事件(或整个事件),该事件把例行的日常问题转化成一种普遍共有的、消极的公众反应。公众反应反过来成为政策问题的基础,而政策问题随之引起触发事件。当一个事件把一种消极状况催化为要求变化的政治压力时,就会因触发机制的持久性而发生性质改变。"[1]格斯顿将公共问题进入政策议程的因素分为国际和国内两个方面,国内的因素包括自然灾害、经济灾害、技术突破、环境变化和社会演进等;国际方面的因素包括战争、间接冲突、经济对抗、军备升级等。

詹姆斯·安德森的分类方法别具特色。他把公共问题进入政策议程的机制分为如下四种触发机制。[2] 一是政治领袖的触发。政治领袖可能是决定政策日程的

---

[1] 〔美〕拉雷·格斯顿:《公共政策的制定——程序和原理》,北京,商务印书馆,1990,第23页。
[2] 〔美〕詹姆斯·E.安德森:《公共决策》,唐亮译,北京,华夏出版社,1988,第72~75页。

一个重要因素,无论是出于政治优先权的考虑,还是因为对公众利益的关切,或者两者兼而有之,政治领导人可能会密切关注某些特定问题,将它们告知公众并提出政策问题的解决方案。由于可以控制丰富的政治资源,他们能扮演政策议程主要决定者的角色。

二是危机事件。某种危机事件或突发事件会使某些社会问题加快进入政策议程,如突发性自然灾害、公共安全或公共卫生危机事件等。危机事件会使公共问题迅速升温激化,迅速引起公众广泛的关注,从而迫使政府当局做出回应。危机事件的发生有可能促使一些过去没有引起充分重视的公共问题很快被推入政策议程。

三是抗议活动。抗议活动(包括暴力事件)是促使公共问题引起决策者注意并提上政策议程的另一种手段。如20世纪60年代,在美国不少城市中由于种族歧视而引发的大规模抗议活动和动乱促使黑人人权问题被提上政府的议事日程。

四是新闻媒体的特别关注。当一些社会问题进入新闻媒介的视界并予以突出的持续报道后,这些问题就很可能进入政策议程。而那些已被提到议程的问题,则能获得媒体更为积极的介入。无论新闻媒介报道的动机如何,作为重要的舆论导向工具,新闻媒介的作用有助于政策议程的建构。

政策议程建构的影响制约因素很多,从参与政策过程的相关主体的角度看,包括问题当事人、利益集团或相关组织、政党、政治领导人、大众传媒、专家学者等等。公共问题能否进入政策议程,也与政府系统的决策体制和一个社会的开放度密切相关,二者能起到对公共问题的过滤作用。在现实生活中,公共问题能否进入政策议程并使决策者最终采取行动,是多元政策诉求主体竞争博弈和多种因素影响的结果。

3. 公共政策议程建立的模型

关于公共政策议程的建立方式,科布在区分公众议程和政府议程的基础上,依据政策诉求主体的不同提出建立政策议程的三种模型,即外在创始型、政治动员型和内在创始型。[①] 外在创始型即政策诉求由政府系统以外的一些问题当事人和团体最先提出,随后扩散到更大的范围,引起公众注意,进入公众议程;之后再通过公众诉求引起决策者的注意,最终进入决策视野。政治动员型即政策诉求

[①] Cobb, Roger. W, & J-K. Ross et al. (1976) Agenda Building as a Comparative Political Process, *American Political Sciences Review*, vol. 70: pp. 126-138.

主要是由政治领导人最先提出并使政策问题直接进入政府议程。内在创始型即政策诉求由政府系统内部的人员或部门提出。这种模式的特点是,一般只有那些政府内部的各级官员或接近决策者的人员才能提出政策问题,并促使其不经公众议程而直接进入政府议程。本章 5.2.3.1 所列举的政策议程建构主体的四种类型与此有诸多相似之处。

金登深入分析政策议程的建构过程,并基于科恩等人所提出的"垃圾桶"模型构建了议程建立的多源流分析模型。在他的分析模型中,"政策之窗"在问题流、政策流和政治流三种信息流汇聚的基础上打开。金登在 1984 年提出的关于政策议程的多源流分析模型[1]既不同于传统的理性决策模式,也不同于渐进决策模式,而是对组织选择的科恩—马奇—奥尔森的"垃圾桶"模型的修正形式。他所提出的议程建构的三大源流彼此独立,具有各自的动力机制和特点。

(1) 问题溪流。问题之所以能够引起人们的重视首先在于指标,正是指标表明了这些事情的重大意义。譬如,如当一国的基尼系数超过 0.4 时就表明这个国家的贫富差距问题达到了警戒状态。其次是焦点事件、危机以及符号使得问题被凸现出来。最后,根据现行项目运作的反馈,问题可能被意识到。当然,在问题界定的过程中,价值观以及对问题的分类也发挥重要的作用。

(2) 政策"原汤"(政策源流)。问题能够引起重视并不能保证能进入决策者的政策议程,这还需要由特定领域的专业人员来完成有足够吸引力的备选方案和政策建议。在这个过程中,备选方案和政策建议并非能够一次性完成,它需要一个不断提出议案、讨论、修改,然后再提出的反复过程。其间,这些专业人士要试图"软化"议案的反对者以及普通公众,这个"软化"过程就是使这些人习惯新的思想并接受他们的建议。[2]而方案要想获得人们的接纳就必须符合技术可行性和价值可行性标准,整个过程犹如一种生物自然选择的过程。

(3) 政治源流。政治源流由国民情绪、利益集团、政府的变更、国会议席的重大变化、行政机构的重大人事调整等因素构成。国民情绪可以让某些问题进入政策议程,甚至可以让这些问题处于议程的显著位置。国民情绪并不如我们所理解的那样一定存在于公众之中。作为一种模糊的但又实实在在存在的国民情

---

[1] Kingdom, J. W. (1984), *Agenda, Alternatives, and Public Policies*, Little Brown, Boston, Massachusetts.

[2] 〔美〕约翰·W. 金登:《议程、备选方案与公共政策》,丁煌、方兴译,北京,中国人民大学出版社,2004,第 160 页。

绪，在金登看来，这往往可能在政治精英那里寻得。政治源流中的各种力量在寻求平衡的过程时并不是依靠科学和理性的说服来达成，而是通过政治的艺术——妥协和讨价还价来完成。

这三股独立的溪流最后在政策窗口汇聚，当政策窗口打开时，政策问题就会被提上政策议程。政策之窗打开时是政策建议的倡导者们提出其最得意的解决办法的机会，或者是他们促使某一特殊问题受到关注的机会。[①]政策之窗打开后会很快关闭，如果不能把握住这次机会，参与者就只能等待下次的开启。金登的政策之窗类似于拉雷·N.格斯顿的触发机制，触发机制就是公共政策的催化剂。在政治过程中，一种触发机制就是一个重要的事件。该事件把例行的日常问题转化成一种普遍共有的、消极的公众反应，公众反应反过来成为政策问题的基础，而政策问题随之引起触发事件。但并不是所有的重大事件都可以起到催化作用，这种催化剂的作用还取决于三个因素的相互作用：范围、强度和触发时间。[②] 政策之窗的开启在很大程度也是因为问题源流和政治源流的重大事件，正是一系列的政治事件的出现导致政策之窗打开。而这些政治事件有些是可以预测的，如政府的更替、国会的选举，而有些则是不可预测的。因此，政策之窗的开启有些是可以预测，有些则不然。参与者要能把握住机会还需要政策"原汤"中漂流的合理的政策建议。缺乏政策建议的问题往往难以受到重视，也难以进入政策议程。因此，将这三股独立的溪流汇聚，冲开政策之窗就需要政策企业家的努力。政策企业家是指那些愿意投入自己的资源从而促进某一政策主张以换取表现为物质利益、达到目的或实现团结的预期未来收益的倡导者。[③]政策议程的多源流分析及其关系可见图5-1。

金登提出的政策议程多源流分析模型具有较强的解释性。安里·泰尔曼（Anne Tierman）和特锐·柏克（Terry Burke）用这一理论分析澳大利亚房屋政策制定过程中的复杂现象[④]，扎哈里尔迪斯（Nikolaos Zahariadis）和艾伦（Christopher s. Allen）则以这一模型为模本分析英国和德国的私有化过程，并在此基础

---

① 〔美〕约翰·W.金登：《议程、备选方案与公共政策》，丁煌、方兴译，北京，中国人民大学出版社，2004，第209页。
② 〔美〕拉雷·N.格斯顿：《公共政策的制定—程序和原理》，北京，商务印书馆，1990，第23~25页。
③ 〔美〕约翰·W.金登：《议程、备选方案与公共政策》，丁煌、方兴译，北京，中国人民大学出版社，2004，第2269页。
④ Tierman, Anne and Burke, Terry (2002), A load of Old Garbage: Applying Garbage-Can Theory to Contemporary Housing Policy. *Australian Journal of Public Administration*. 61 (3), pp. 86 - 97.

上拓展了多源流分析的适用范围。他们的研究工作证实，不仅在政策议程过程中多源流分析模型是适用的，而且在其他阶段的政策过程同样适用。在进行政策比较的过程中，他们还证明了在其他国家这一理论依然具有解释性。[1]

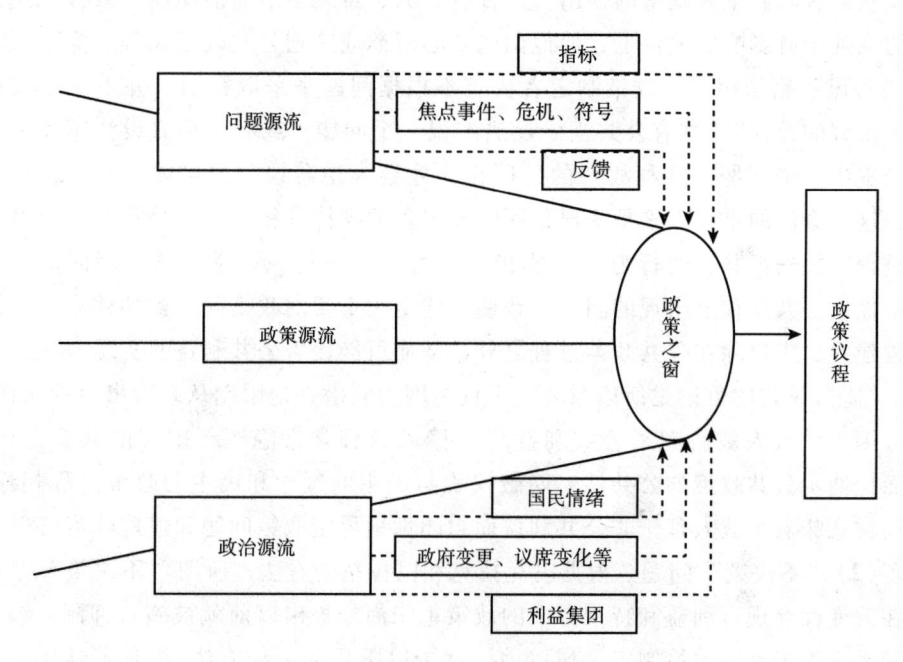

图 5-1　金登政策议程多源流分析示意图

4. 政策议程建构中的其他问题

（1）公共政策隐蔽议程。公共政策议程的建构过程可能是开放的，也可能是封闭的，封闭的议程建构过程即"隐蔽议程"。格斯顿认为，隐蔽议程意味着政策问题受到了社会和政府主要领导人的扼制，这种议程包含着某些对公共政策当局最具潜在激发性的问题，而这些问题却很少能被提出来。隐蔽议程作为公共政策研究中的一个重要概念，它对政治过程具有诸多潜在的影响，直接关涉到公共政策的民主性、合法性、可接受性与政策品质。"人们相信隐蔽议程存在的程度，可能对公共机构和执行者的合法性有相应的负面影响。如果人们普遍认为政府之外的决定是规避政府的行为，或使政府的行为无效，则公共政策的制定就丧

---

[1] Zahariadis, Nikolaos and Allen, Christopher S. (1995), Ideas, Networks, and Policy Streams: Privatization in Britain and Germany, *Policy Studies Review*, pp. 71-98.

失了实质上的可靠性。"①

　　隐蔽议程产生的途径,一是来自政府体制之外利益集团的操纵,二是来自政府决策者本身的行为。为了减少资源或政治威望的重新分配,强势的利益群体就要左右或者阻碍重大政策的提出。这种有意的、持续不断的活动使少数被挑选出来的人处于有影响的地位上,使他们能随心所欲地策划公共政策议程。隐蔽议程与"密谋"密切相关。政策制定者决定不根据问题来采取行动,并不一定支持隐蔽议程的存在。"惟有公共当局设法忽视一个问题,或有人想方设法阻碍公共当局提出一个问题,这种故意的无所作为才会为隐蔽议程提供体制基础。换言之,这一看法的重要因素是密谋,而隐蔽议程的支持者相信,这是那些与公共政策过程有关的人共有的行为。"② 密谋意味着"一小群人"能够通过封闭的议程环境控制公共议程上出现的问题,致使一些至关重要的政策问题被那些私下控制议程建立的人排除在公共政策过程之外,从而可能侵害公共利益的实现。

　　"隐蔽议程的争论之所以重要,不仅是因为它潜在地限制从政府出台的东西,而且因为少数人威胁到了公共利益。"③ 隐蔽议程常常隐匿于虚假的共识之中,从而扭曲了公共政策的公共性。隐蔽议程与民主的理念和民主的政策过程相悖,它通常意味着少数人基于非公共利益而封闭性地界定政策问题和建构政策议程。

　　(2)"不决策"问题。根据巴克拉克和巴拉兹的看法,所谓"不决策"是指旨在改变社会现行利益和特权分配的政策主张尚未提出以前就被施行抑制,或在这种需求尚未到达政策制定领域以前,就予以阻止的一种方法。④ 他们认为,权力不仅仅掩盖关键性的决策和实际行为,而且排斥对权力不利的决策。"当A运用自己的能量,去创造或加强社会政治价值和制度规范,从而限制了政治程序的范围,使只有那些对A相对无害的问题能够列入决策程序加以解决时,A也行使了权力"。进而,他们对"不决策"作了更为深入的分析,将"不决策"(non-decision-making)界定为"通过控制共同体占主导地位的价值、理念、政治制度和程序,从而将实际决策的范围限制于'安全'问题的实践"。基于此,他们指出,当"占主导地位的价值、人们所接受的游戏规则、团体间现存的权力关系和

---

① 〔美〕拉雷·N. 格斯顿:《公共政策的制定——程序和原理》,北京,商务印书馆,1990,第72页。
② 〔美〕拉雷·N. 格斯顿:《公共政策的制定——程序和原理》,第72页。
③ 〔美〕拉雷·N. 格斯顿:《公共政策的制定——程序和原理》,第74～75页。
④ Bachrach, Peter and Baratz, Morton (1970), *Power and Poverty*, New York: Oxford University Press, p. 44.

暴力工具等单独或共同地有效限制一定的不满发展成为要求决策的成熟问题时，"就存在不决策的问题。① 以此观之，如若公共政策过程中出现这种迹象便表明"不决策"问题的存在。显而易见，巴克拉克和巴拉兹的分析可以明晰地把不决策和政府决定不采取行动和决定不做出决策等消极决策进行区分。

卢克斯对这一问题的看法别具深意。他认为，所谓的"规则"蕴涵着内在的排斥性假设："宪法、法律、契约和政治中的习惯性规则使得许多潜在的行动和考虑变成非法的，或不被注意；一些可选择的方案在政治开始之前就被排除于议程之外……这些制约因素并非全部来自外部的社会系统；它们是在政治制度的背景中发展起来的。"② 在这样的背景之下，卢克斯将权力定义为："当 A 以违背 B 的利益的方式对 B 实施影响时，A 就对 B 运用了权力。"据此，卢克斯指出，合意的存在并不表明没有行使权力，因为当权者会尽其所能运用最为巧妙诱人的权力行使方式来防止人民产生不满情绪。他们通过塑造人民的观念、认知和偏好，使他们感到接受在现行秩序中他们的角色和地位是不可选择的，是自然的和不可改变的，或是命中注定的和是有益的。③ 不决策问题的存在，就是这样一种政治控制和操纵。

综上所述，在很大程度上，隐蔽议程和不决策有相似之处，它们都是决策者或对决策具有重要影响力的权势集团对公共政策议程建构的操纵和控制。所不同的是，前者主要体现为这些决策话语权主导者或影响者基于非公共利益而封闭性地界定政策问题和建构政策议程，而后者则更多地体现为压制、消解和排斥对决策者或现行政策受益者不利的政策主张。

公共政策议程的建构是政策相关各方或是积极或是被动参与博弈，并受到多种环境因素制约的复杂过程。从根本上说，公共政策议程的建构和政策问题的优先秩序都应基于维护和促进公共利益的立场。但是，在现实的政策过程中存在着大量的隐蔽议程和"不决策"现象，这些问题及其影响亟待深入研究和予以有效遏制。

---

① See Hill, Michael (1997), *The Policy Process in the Modern State*, Third edition, Prentice Hall/Harvester Wheatsheaf, London p. 38.
② See Hill, Michael (1997), *The Policy Process in the Modern State*, Third edition, Prentice Hall/Harvester Wheatsheaf, London p. 89.
③ Hill, Michael (1997), *The Policy Process in the Modern State*, Third edition, Prentice Hall/Harvester Wheatsheaf, London p. 41.

5.2.4 公共政策制定

公共政策制定是指包括从政策方案规划设计、政策形成到政策合法化在内的一系列步骤的过程。这是整个公共政策过程中的重要阶段。

1. 公共政策制定、公共决策与行政决策

狭义的公共决策与公共政策制定类似。在西方政治实践的传统中，公共政策是公共决策的产物，而其他行政领域的普通决策则是行政决策。但在现代社会，两者的边界已很难分清，以政府为核心的公共机构事实上已成为公共政策制定和实施的重要主体。公共决策与行政决策之间的界线日益模糊，都包含在公共管理的范畴之内。不同的是，公共决策更多的是层次较高、涉及重大原则性根本性问题的抉择，并且其中相当部分是在立法层面进行；而行政决策层次相对较低，主要涉及在政策执行过程中和常规性管理中处置方案的抉择。

2. 公共政策制定的流程

公共政策制定的流程包括宏观的政治体系中的政策制定流程和微观政策规划与设计的流程。公共政策制定的宏观流程是以伊斯顿对政治生活的系统分析为基础，将政策制定视为政策信息、资源、行为的输入加工与政策产品的输出反馈的过程。当政策诉求产生以后，公共事务管理的决策者意识到要对之采取行动，使之通过特定的政策渠道进入政策议程。这种议程可能是立法层面的制定法律法规的议程，也可能是行政层面的一般性议程，还可能是针对偶发和突发的特定情境和事件而产生的议程。这些在政策制定系统中经过加工，产生政策建议或政策决定的政策产品。在这一过程中，政治体系内的立法者、公共管理者和利益团体等扮演重要的角色。这样的政策产品包括作为与不作为。"公共政策不仅取决于政府实际采取的行动，而且取决于政府没有采取的行动。"[1]政策产品经过公布和合法化过程后，输出到社会环境中得以贯彻实施，其实施的结果得到评估后，相关信息又重新输入政策制定过程系统中。如此循环，政策不断得到调整更新。

公共政策制定的微观流程是从决策的视角对政策的规划与设计。遵循决策的一般路径，它包括发现问题——确立目标——方案拟订、评估与抉择——政策合法化几个阶段。

（1）确立政策目标。在政策问题产生并纳入政策议程后，确定公共政策目标成为公共政策制定的第一步。由于政策具有延续性，对原有政策的评估和分析

---

[1] 〔美〕詹姆斯·E. 安德森：《公共决策》，唐亮译，北京，华夏出版社，1990，第76页。

是制定后续政策的重要依据。由于公共政策具有关联性，政策目标也不可能是孤立的。所以政策目标的确定需要全面考察现有的政策环境和政策资源，形成相关的政策目标体系，从而确定具有针对性、系统性、前瞻性和可行性的政策目标。

（2）政策方案拟订、评估与抉择。拟定政策方案是政策制定的中心环节。拟定可供抉择的备选方案体现了决策的科学性。拟订方案的过程也是通过调查研究提出科学的假设的过程。对政策方案的评估是对已拟订方案的科学性、可行性及可能产生的实施效果的评定与预测。西蒙的有限理性决策理论认为，决策者无法寻求全部可能的备选方案，决策者也无法完全预测和评估全部备选方案的后果，并且决策者难于建构一个明确的、完全一致的选择偏好体系，以使它能在多种多样的决策环境中选择最优的决策方案。因此，他提出了决策选择的满意标准，即首先进入决策备选的方案应有需要达到或超过的一定标准的最低限度的要求，然后在纳入研究的备选方案中选择能达到满意程度者。西蒙的"有限理性"决策模式与"满意原则"具有重要意义，使决策者注意到人类决策的性质与局限性。认识这样的局限性，就需要在拟订方案的过程中，既要注重信息资料的完整、及时和可靠，运用科学的方法进行预测，又要结合政策问题的实际确保所拟方案的可行性。[1] 对政策方案的评估要在充分论证的基础上，对政策方案实施的环境、条件、可能出现的困难和副作用、可能出现的后果等做具体分析和综合评价，经过分析比对，最后确定最满意的方案。

（3）政策合法化。政策合法化是经过抉择的政策方案通过法定的程序获得法律地位和法定效力的过程。政策合法化要经过一系列政策审查、通过、批准、签署和发布的过程。政策合法化的主体是相应的获得法定授权的国家权力机关。政策合法化除了包括通过立法程序的政策法律化或法规化的形式外，还包括以政府为核心的公共管理主体实施的政策合法化过程。

5.2.5 公共政策沟通

"沟通"的概念源自系统论和控制论，在应用于政治科学领域时，人们将其与决策和控制联系在一起。政策沟通是在公共政策制定和实施的过程中，决策系统内部及其与外部环境之间的信息传播与互动的过程。政策沟通强调通过政策相关主体的积极互动，促进政策过程的有序和有效推进。政策沟通的根本意义在

---

[1] 黄健荣：《决策理论中的理性主义与渐进主义及其适用性》，《南京大学学报》2002年第1期，哲学社会科学版，第56~57页。

于，一方面通过决策信息各子系统中信息收集、加工处理、传递过程的运行促进公共决策的科学化，另一方面通过公共决策的公开化透明化，扩大整个政策过程的公民参与，从而促进公共决策的民主性并增强公共政策的公共性。

1. 内部沟通与外部沟通

公共政策沟通依据其沟通的范围可分为内部沟通和外部沟通。内部沟通是决策系统内部的与政策相关的信息传播和互动，即组织内部通过各种现代信息载体和通讯工具以正式或非正式的渠道和方式，实现信息的传播与交流。这样的沟通包括纵向与横向两个方面。纵向沟通是决策体系中不同层级之间的沟通，横向沟通则是在同一层面中相关部门机构及其参与人员的沟通。由于相关机构与人员的价值取向、利益关系以及知识水平、经验和性格等方面的差异，对需要决策的问题的看法会有分歧，甚至会产生矛盾冲突，如果不及时进行有效的沟通与协调，就有可能导致歧见加深，决策难以推进，甚至无法整合组织资源，使公共政策制定的效率和效能受到制约。无论是纵向或横向的沟通都有赖于决策体系内部建构一个平等、民主和宽松的组织环境和制度化沟通渠道，使不同层面的决策参与者和决策相关人员都能通过平等的方式实现有效的沟通，从而有益于改善和优化决策效率与决策质量。

外部沟通是决策系统内与外部环境之间直接的或通过媒介间接进行的信息传播与交流。外部环境主要指决策系统以外的个人及各类社会组织。对政府而言，外部环境就是公众、媒体和各类工商企业组织、非政府组织或私人组织，以及国际组织等。从根本上说，公共政策的有效性取决于它是否能和在多大程度上体现公众的愿望和要求，体现、维护和增进公众的利益。因此，在决策过程中充分实现政府与公众和各种社会组织的有效沟通与互动，使决策者能真正体察民情，把握舆情，是至关重要的一环。

2. 公众与政府之间政策沟通的途径及其障碍

传统体制下政府是社会管理的唯一权威，其权力运行方向总是自上而下的。政府与公众之间只是管理与被管理、控制与被控制的关系，因此政府往往通过发号施令的方式推行其政策，对社会公共事务实行单向度的控制式管理。依据现代公共管理理念，公众与政府是委托人—代理人关系，政府应由过去以俯视姿态发号施令者转变成为必须与公民社会平等合作的具有高度责任意识的公共服务与公共产品的提供者。因此，如前所述，政府与公众之间的政策沟通具有十分重要的意义。现代信息技术的发展为这样的沟通提供了良好的技术平台，从而使沟通的方式和途径趋向多元化，更为方便快捷。依据沟通的信息流向，公众与政府间的政策沟通可分为如下三种类型。

一是政策发布和信息发布。政府角色定位的转变要求政府以积极负责的方式处理与公众切身利益密切相关的公共决策。这就要求政府必须及时进行信息发布和政策发布。这一工作应基于以民为本和服务为本的理念，运用现代技术并采取多样化的方式实施。我国各地近些年来先后出台的政府发言人制度，人大常委会和政府政务会议的旁听制度等等，都是有利于改善政府形象，促进政府与公众沟通与互动的信息发布和政策发布方式。

二是政策反馈和信息反馈。这是公众向政府有关部门，政府中的下级执行部门向上级主管部门进行的反馈。反馈的主要内容是对政策内容、政策执行方式和政策执行后果的意见或建议，以及与政策过程有关的其他信息。我国过去由于传统管理模式的桎梏，政策反馈的方式和渠道受到诸多限制或阻滞，其结果是造成许多负面影响。公共管理理念的转变和现代社会信息技术的发展使这种状况得到了很大改善。如电子政务的实施，多媒体和网络技术的广泛应用，都使得公民个人或群体向政府相关职能部门，政府体系中下级对上级的政策信息反馈日益便利快捷。此外，以各类媒体和公私组织为依托的形式多样的政策访谈调查的开展更为政策反馈提供了多维通道。

三是双向互动的政策沟通。随着现代社会民主化进程的不断发展，在政策发布和政策反馈的政策沟通途径不断健全和发展的同时，一种新的政策沟通形式——双向互动式的政策讨论成为新的重要的沟通途径。这是现代参与式民主和协商式民主发展的重要体现。现代政治民主和管理民主发展的大趋势要求作为代理人的政府及其机构明确公众委托的使命，充分尊重人民的意愿，并理性地运用公众授予的治理权力服务社会。双向互动式的政策沟通提供了现代社会实现这一民主愿景的新模式，成为现代民主社会政府与公众之间的重要沟通途径。双向互动的政策沟通可以通过建构双方平等对话的平台，直接而迅速地传递政策信息、解答政策疑问、表达政策意愿和化解政策矛盾，以便于及时调整政策或政策实施方式以适应政策的现实环境。双向互动的政策沟通可以采取基于网络的多种方式，或有关公共政策的听证制度，以及电子政务等。公民社会的兴起和第三部门的成长，以及基层社区建设的发展，正在不断增强公众与政府进行有效政策沟通的社会基础。

政策沟通途径的多元化发展提高了公民的政策参与程度，进一步增强了公共决策的科学化、民主化及政策合法化的基础。然而，在现实生活中由于种种因素的制约，政策沟通也会出现诸多障碍。

公共管理学

沟通的技术障碍。政策沟通的技术障碍可见于以下两个方面。其一，是指政策信息传递过程中由于难以克服的技术因素而造成的信息的耗损或失真等问题。这一障碍在网络时代尤为突出。例如，网络的虚拟空间导致信息来源的隐蔽性、信息传递的无序性甚至欺诈性。如何在繁杂的信息中准确了解信息源、获取和传送高质量的准确的信息以及如何规范信息传播通道成为实现有效政策沟通的新课题。其二，政策沟通的技术障碍是指由于受到技术发展和经济条件的限制，公众参与沟通的方式还不同程度地受到限制甚至无法实现。例如部分公民还没有上网的条件或便利，或者没有形成通过网络进行信息沟通的愿望和习惯；一些基层政府电子政务的"硬件"建设与"软件"建设脱节，或是在形成一定规模与设备支持的基础后，缺乏掌握计算机网络技术的管理人员，或是网络系统不注意进行有效维护和及时更新，网络信息也不能及时更新，使电子政务或是有名无实，或是低效运行，影响了公众参与政策沟通的成效。

沟通的心理障碍。现代政治理论认为，公众与政府的关系是委托—代理关系，从根本上说，政府的政治合法性取决于公众对其接受与认可的程度。政府及其官员的行为不能逾越授权给他们的委托人所赋予的使命和权力范围；同时，他们要时时受到作为委托人的公众的监督与检视。这样的委托—代理关系存续的基础是政府与公众之间的互信和良性互动，而互信也正是政策沟通的心理基础。然而，传统政治体系的权力本位、官本位、管制本位与等级观念以及政策信息的封闭性增强了决策者及其决策过程的神秘性，以及公众对政府的隔膜感，由此又强化了部分公众对政府的盲从。此外，传统的控制式的政府管理模式所导致的政府决策者在决策过程中的专断性和随意性，以及政策过程透明度的缺失，不仅对政策形成带来不良后果，而且也削弱了公众对政策过程的信任基础。这种长期以来形成的沟通隔膜难以在短时间内清除。公众作为政策目标群体对政府部门和公共政策体系认同感的缺失或缺乏将可能诱发非常规性的逆向反应，使其拒绝接受甚至排斥正常的政策信息传递，产生政策沟通的心理障碍。公众对于政策沟通心理障碍包括畏惧沟通、不愿沟通、沟通能力缺失或对沟通的信任缺失等。

沟通渠道的阻塞。市场经济条件下利益格局呈现多元化发展趋势，公众对于社会各种利益的形成及其关系日益关注，对公共利益或自身利益表达和维护的愿望日益增强，这些都直接构成政策沟通的迫切意愿。但在开放性社会治理体系尚未完全建立的背景下，政策沟通渠道受阻的现象还比较突出。沟通渠道阻塞的原因一是由于制度的缺失，一些相关的法律法规有待于建立和健全；二是政府与社会之间的良好协调互动关系还有待于发展推进，政府与公民社会合作治理的格局尚未形成；三是由于信息、技术、人力和物力等各种资源的限制，传统决策体制与观念的影响，以及一些政府、政府部门或官员对既得利益的维护等原因，可能造成政策信息的流动被阻塞、截流或扭曲的严重状况。例如，公众的意愿表达受到压抑，弱势群体上访无门或受阻，电子政府运作迟缓，听证过程受权威部门的导向控制等。

上述种种沟通渠道阻塞的情况，需要从根本上进行治理。一是通过多种力量推动和加强对政府及政府部门的有效监督与制约，促使其转变观念，增强以民为本和以服务为本的意识，消除部分公众的沟通心理障碍，促进公众对公共政策的认同和支持，增强政府的合法性基础。二是要加强政策沟通的制度建设，特别是制定相关的法律规范，不仅使政策沟通的制度规范成为政府与公众的共识和共同的价值，而且使政策沟通的渠道和方式得到法律的保障。三是要促进社会自治团体与第三部门的发育和成长，使之成为与政府进行政策沟通之桥梁。四是要不断提升和改善政策沟通所依凭的信息技术和相关设施，使政府与公众之间的政策沟通能真正实现畅通无阻。

5.2.6 公共政策执行

公共政策执行是将已取得合法化的政策方案付诸实施，将政策内容转变为实践，以解决实际问题的过程。或换言之，政策的执行是政府相关部门将来自政策制定主体的合法政策或是直接执行以实现政策目标，或是依据现实需要将其具体化、细则化，用以解决或处理相关的公共事务问题。因此，政策执行既是整个公共政策过程的重要阶段，也是政府公共管理活动的中心环节。

1. 公共政策执行的一般理论

在公共政策研究兴起初期，政策执行只被认为是政策制定与政策评估之间的过渡阶段，因此在政策研究中也缺少执行研究这一环节。对政策执行关注的缺失，是由于长期以来人们的认识误区，以为政策一旦制定，政策目标的圆满实现就是水到渠成的自然结果，而其间可能出现的阻滞和变数被完全忽视。20世纪70年代后，西方学界政策研究领域的"执行运动"发轫，政策执行研究得以勃兴。政策执行研究不仅是政策分析领域的重大进步，也为重新探索公共政策与公共管理关系提供了新视角。

西方政策学者从不同角度对政策执行过程进行分析，其研究主要围绕两条途径展开。

一是"自上而下"途径，或称为"政策制定者透视"途径。这一途径以

"有限行政"为基础,以政策制定者为中心,认为政策执行是下层行政人员遵循既定政策方案与原则,完成政策的具体指令的过程。因此,这一方法是在对政策本身不存异议的前提下,聚焦于研究如何圆满完成执行任务。这其中需要探讨政策执行的前提和条件,包括如何准确把握政策内容和实质,如何健全和完善政策执行组织,如何对政策执行者实施有效的控制以及如何优化政策执行组织的内外环境等。以这一途径进行执行研究的学者主要有这一方法的奠基人杰弗里·普雷斯曼与艾伦·怀尔德斯基(Jeffrey Pressman 和 Aaron Wildavsky),提出可以对执行过程进行分析的模型、建构执行分析系统的纳尔德·范米特与卡尔·范霍恩(Donald Van Meter 与 Carl Van Horn),研究执行中的博弈控制的尤金·巴达奇(Eugene Bardach),探讨执行过程模型的萨巴蒂尔和马泽曼尼恩(Paul Sabatier 与 Daniel Mazmanian),以及提出从执行的视角应给予政策制定者何种建议问题的布莱恩·霍格伍德与刘易斯·冈恩(Brian Hogwood 和 Lewis Gunn)等。

二是"自下而上"途径。这一途径从确认执行网络中组织成员的目标、战略、行动的差异及其联系为出发,抛弃"自上而下"途径对政策制定与执行之间因果关系的预设,认为政策成败的关键是参与执行的组织及其成员的适当选择、协调与互动。其研究的焦点是政策执行的行为者及其机构本身对政策的再创造过程,如选择政策问题的中心、政策执行的规则与程序以及政策执行的适宜方式与适宜的政策目标等。以"自下而上"途径研究政策执行的学者主要有其创始者迈克尔·利普斯基(Michael Lipsky),执行结构的提出者本尼·杰恩(Benny Hjern),以及探究政策与行动的关系的苏珊·巴雷特和科林·富奇(Susan Barrett 和 Colin Fudge)等。

先后出现的这两种政策执行的研究途径都对政策执行的分析产生了很大影响,同时也受到了一定程度的批评。例如,一些学者指出,"自上而下"途径忽略了基层行政人员及政策执行机构等次级政策系统的能动性和战略地位;"自下而上"途径则创造了分散化的政策制定环境,只适用较为复杂的政策问题等。进入20世纪80年代后期,两种途径也出现了一定的综合趋势。在这些政策执行途径研究的基础上,人们还力图通过理论模型的设计指导执行过程,保证有效的政策执行。他们提出了多种执行模式,如过程模式、互动模式、调适模式、博弈模式、循环模式、系统模式和综合模式等。

2. 公共政策执行失控及其矫正

政策执行是整个政策过程的关键环节。受制于执行过程中诸多因素,公共政策执行的效果可能与原先的政策预期产生不同程度的偏差,甚至可能出现政策执行的失控。政策执行的失控不仅影响政策目标的实现,而且有可能导致经济、政治和社会生活的运行失衡和社会动荡。政策执行的失控也与公共管理中存在的问题相关。

从以政府为核心的公共管理组织的角度考察,公共管理组织可以在以下几方面影响政策执行。一是对政策执行的总体力度及推进速度、进度实施控制和管理的权力;二是以组织的变更体现对政策取向和政策执行的影响,如某些行政部门的撤并、重组或设置会带来相应的加快、加强或迟缓、弱化政策执行的后果;三是行政部门内部组织运行机制的调整可能影响政策实施;四是行政机构与政策目标群体之间的关系与沟通程度会影响政策执行的效果。

传统的行政管理强调规则与程序,强调层级关系和自我约束,依靠政策自身的权威实施管理,忽视价值认同和导引、民主参与和外部监督,这不仅不利于提高管理的效率,也给政策执行带来诸多障碍。在传统行政管理向现代公共管理嬗变的进程中,传统管理方式遗留的弊端在新时期社会利益矛盾和冲突的平台上会进一步放大并对政策执行产生不利影响。这一时期政策执行失控状况显得尤为突出和多样化,其主要表现如下。

(1) 政策敷衍。政策执行者对需要执行的公共政策只是做表面上的应付和宣传,并未采取具有可操作性的具体措施去落实。这样做是对政策的阳奉阴违,使政策成为一纸空文,无法得到真正贯彻执行。

(2) 政策附加或阻截。在政策执行过程中没有真正依照政策规定的实施对象、范围、目标和力度进行,而是受制于某些利益诱因,例如地方政府利益、部门利益、官员自身利益或其权力寻租对象利益,由此导致在政策执行中出现政策附加或阻截。这样的政策执行使政策的完整性、合理性甚至合法性受到破坏,使既定政策不能达到预期的效果,甚至造成恶果。

(3) 政策扭曲。政策执行者对政策精神或部分内容故意曲解,为己所用,以对自身有利的方式解释政策,或以扭曲的方式执行政策。这样做会导致从公共利益出发制定的政策成为满足政府部门、局部或群体利益的工具,违背了公共政策的根本宗旨。

(4) 政策抵制。政策执行者从局部或自身利益出发对某些政策有意不执行或变相不执行。由于缺乏强有力的内部和外部监督制约力量,这样的抵制在很多情况下能大行其道。这样的政策抵制使得国家政令不畅,政策无法实施,影响极为恶劣。

矫正公共政策执行失控,需要完善和优化公共政策执行体系,改善和优化公

| 公共管理学

共管理体制。公共管理体制对公共政策执行体系具有很大的制约作用，因此两者的改革应并行不悖。从改善公共政策执行体系的视角考量，需要在如下几个主要方面做出努力。

（1）加强公共政策执行体系的组织建设。一方面是要减少政策执行机构的组织结构层级，使之扁平化、网络化，简化政策执行程序，防止和减少政策执行中的失控；另一方面是要理顺政策执行机构组织内部及其与其他组织机构的关系，加强相互间的交流互动，使执行体系运转得更为协调，政策执行获得制度保障。

（2）提高公共政策执行者的素质。这主要通过建立一个完善的、规范的、法治严明的公务员制度和公务员体系来实现。必须从制度和实践的结合完善公务员的选拔任用、培训开发、绩效评估和考核晋升各个环节，同时加强对公务员的职业伦理教育和美德教育，使得正确的价值观和道德理念能内化成为他们的行为准则，从而不断提高他们的综合素质。

（3）强化对公共政策执行体系的监控。对政策执行体系的监控是通过对政策执行全过程的科学预测和对实际执行状况的及时跟进督查来实施的。对于这两方面，都需要有相应的政策预案或应对措施，以利于在政策执行中依据客观情况及时调整和完善政策，或及时调整和完善执行的方式，防止政策失控。实施对政策执行体系的监督包括体制内外两个方面的监督，而重点是加强来自政府体制外的监督。要特别加强执行体系与公众及各种社会团体的沟通，保证政策执行公开透明，以利于全社会对政策执行的监督。此外，还必须加强责任机制建设，加强对政策执行者的监督和控制，建立有效的风险预警机制，防止政策执行失控，一旦出现失控的可能即时补救纠偏，从而将损失降至最低。

（4）促进公共政策执行的法治化和民主化建设。政策执行的法律体系的建立是执行法治化的前提。政策执行的法律体系的完善有利于执行过程的规范化，防止官员因其自利性而导致滥用自由裁量权，即在执行过程中出现主观随意性，甚至不受政策法律制约的特权。政策执行民主化的核心是扩大公众参与，这不仅有利于公众对政策的认同，更有利于政策受体对政策执行过程实施监督，防止政策价值偏移和政策目标错位。

5.2.7 公共政策评估

公共政策评估是依据一定的标准和程序，对政策过程的运行方式、效果、效益、效率和公众回应等进行绩效分析和价值判断的活动。公共政策评估在公共政策过程中占有重要地位。

1. 公共政策评估的类型

政策评估是政策分析的一种应用活动,旨在为改善公共政策质量、改善公共政策制定和执行的方式提供必要的信息。政策评估可以分为如下五种类型:①聚焦于政策或项目的结果(结果评估或影响评估);②评估政策项目形成与实施的过程(过程评估);③对政策预期效果的评估(事前评估);④对政策执行结果的评估(事后评估);⑤在决策的各个阶段对公共政策进行评估,如政策问题的提出、用于抉择的备选方案、既定政策方式的实施及政策后果的影响,等等。[①]一般而言,政策评估强调用某种价值观念来分析政策运行。"更为确切地说,评价提供政策运行结果所带来的价值方面的信息"。[②]如上所析,从功能的角度上说,政策评估发生在整个政策过程中,而不仅是在其最后阶段。作为政策过程最后阶段的政策评估主要指政策绩效的评估,它不仅是对先前支持的政策过程的总体价值评价,更为修正完善或中止现行政策提供依据,以开始新一轮政策过程。

2. 公共政策评估标准——价值理性与工具理性的选择

拉斯韦尔认为:"政策科学的研究方法不仅强调基本问题和复杂模型,而且在相当大的程度上需要澄清政策中的价值目标。"[③]在政策评估中,也同样需要协调工具理性与价值理性取向的关系。在实践中,会出现两者既相互补充又相互冲突的状况。在较多情况下,两类政策评估标准常常难以统一,形成工具理性和价值理性的两难。

(1)注重政策效率与效果——以工具理性为主的政策评估。这样的工具理性取向主要是关注政策实施后所产生的各种实际结果与影响,以及政策过程中各种投入与效果间的对比关系。这类评估有赖于量化统计分析等社会科学方法。这些社会科学方法能应用于政策评估的原因在于:在某种程度上为可解答问题的形成提供了可能性(形成假设);能提出收集答题信息的策略(研究设计);为确定答题信息以及如何收集这些信息提供指导方针(测量和收集数据);提供适当

---

① 〔美〕弗兰克·费希尔:《公共政策评估》,吴爱明、李平等译,北京,中国人民大学出版社,2003,第2页。
② 〔美〕威廉·N. 邓恩:《公共政策分析导论》,谢明等译,北京,中国人民大学出版社,2002,第435页。
③ Lasswell, Harold. D. (1951), The Policy Orientation, in *The Policy Sciences: Recent Developments in Scope and Methods*, ed., Stanford, CA: Stanford University Press., pp. 9-10.

的数据分析技术（统计分析）。①

（2）注重政策价值效应——以价值理性为主的政策评估。这样的价值理性取向的政策评估主要是关注政策实施后对社会产生的影响，如对促进社会生产力发展、社会公平、公众回应性和促进社会和谐等方面的作用。这类标准与公共管理及公共政策的价值预设有关，因此更多地强调公共政策过程中的公民参与、利益协调，以及公共利益目标实现的程度。单纯的经济考量和量化分析难以成为这类标准导向的政策评估方法。

3. 工具理性、价值理性与公共管理

工具理性与价值理性取向反映到政策评估领域就成为实证评估与规范评估的统一问题。在大多数情况下，这一问题与公共管理领域中效率和公平的争论相对应，成为公共政策与公共管理共同面临的重大问题。

回顾行政学发展历史，价值理性与工具理性也是评价公共管理的两个重要尺度。行为主义研究盛行时期对公共政策的评价主要从技术和事实层面，主张用实证的技术方法来考察公共政策过程，特别强调行为与结果、成本与收益之间的对比。这一时期关注的焦点是效率、效能和效益等。而到了后行为主义时期，随着政治哲学的复兴，人们认为"政治学家应该对公共政策的基本方向作公开的建议，这里并不是指手段的建议，而是指对目标本身的建议"。② 相应的，公共政策的价值取向，如公平、正义和社会关怀等理念得到应有的强调。

"二战"后政策分析的迅速发展主要来自于操作研究、系统分析和应用经济学的驱动，这些对价值因素有所抵制。在实证主义科学的基础之上，政策评估强调一系列实证—分析技术的结合：成本—效益分析、准实验研究设计、多元回归分析、民意调查研究、投入产出分析、运筹学、数学模拟模型和系统分析。公共政策评估日益受到技术支持，强调工具理性。

在近几十年公共管理实践中，人们日益关注政策评估中的价值取向问题。研究者认为，在政治与行政两分、专家治国的决策模式基础之上，强调管理者与评估者的价值中立，偏重效率原则以及官僚制体系中信息的相对封闭等都可能带来"价值危机"。正如威廉·邓恩所指出的，如果评估者将自以为是的价值标准等

---

① 〔美〕苏珊·韦尔奇、约翰·科默：《公共管理中的量化方法：技术与应用》（第三版），郝大海等译，北京，中国人民大学出版社，2003，第1版，第5~6页。
② 〔美〕艾伦·C. 艾萨克：《政治学：范围与方法》，郑永年等译，杭州，浙江人民出版社，1987，第52页。

同于社会公认的价值观并应用于政策评估，那么，即使评估广泛使用了诸如实验设计、数学统计、随机抽样、问卷调查和社会审计等计量化的评估方法，评估依然只是一种"假评估"，其引导政策实践的功用是十分有限的。[①] 于是，人们开始试图将事实与价值整合，将实证评估与规范评估相统一，使政策评估成为更加系统的分析模式。公共管理所倡导的4E（经济、效率、效果和公平）原则和公民导向理念等，为政策评估的规范评估提供了有益的启示。在技术性的政策方案与项目评估的基础上，引入社会公众对政策的价值选择，引入社会公平与发展的标准等，使政策评估能更好地为公共管理与公共政策实践服务。弗兰克·费希尔尝试从如下诸方面勾勒两个层面的政策评估的逻辑框架。在第一顺序评估中，包括技术—分析论点：项目验证（结果）；组织问题：按照经验该项目是否达到了既定目的；相关论点：情景确认（目的）；组织问题：项目目的与问题情景的相关性。在第二顺序评估中，包括系统论点：社会论证（目标）；组织问题：政策目标对社会整体是否有方法性或者贡献性的价值；意识形态论点：社会选择（价值）；组织问题：（构成社会顺序的）组织的基本理念（或者意识形态）是否为冲突的解决提供了合理的基础。[②] 应当说，这一框架的建构对开辟一条在政策评估实践中将专家和普通公众联系起来的通道，以及提供工具理性与价值理性相统一的渠道具有积极的理论和实践意义。

5.3 公共政策分析

公共政策分析是一个复杂的系统过程，它需要科学的分析方法作为支持。在政策分析中，定量与定性分析方法是两种最基本的方法类型。按照克朗的说法，系统分析可以被视为由定量和定性分析方法结合起来而组成的一个集合体。其中，定量分析方法侧重于用数字来描述、阐释和揭示问题；而定性分析方法则侧重于对研究对象进行"质"的方面的分析，它的任务主要是解决研究对象"有没有"某种事物的特征或者"是不是"某种事物的问题。从科学认识的过程来看，任何研究或分析一般都是从研究事物的质的差别开始，然后再去研究它们的量的规定，在量的分析的基础上，再做最后的定性分析，从而得出更加可靠的分

---

① 转引自张国庆《现代公共政策导论》，北京，北京大学出版社，1997，第212页。
② 〔美〕弗兰克·费希尔：《公共政策评估》，吴爱明、李平等译，北京，中国人民大学出版社，2003，第17～18页。

析，政策分析过程中往往需要定性分析与定量分析方法的有机结合。

5.3.1 公共政策分析的性质和意义

政策分析在"二战"后迅速发展主要是由于工程师、一线研究人员、系统分析专家和应用数学家活动的推动，这些人受过社会科学领域外的正规训练，对政策问题的定位常是狭义的，"分析"这一想法往往与把问题分解成基本成分的尝试联系在一起。[1]随着政策科学的发展，学者们对"政策分析"的性质提出了不同的看法。

派伊认为，"政策分析者所希望发展的理论，绝不仅仅是适用于对某一项政策或个案的解释，而是要能适用于对不同时间、不同空间的政策进行解释"。[2]

奎德认为，公共政策分析是一种分析形态，其功用在于产生与提出信息，用来改进决策者进行判断的基础。[3]

怀特认为，政策分析的目的不是产生某种一锤定音的政策建议，而是帮助人们对现实可能性和期望之间有逐渐一致的认识，产生一种新型的社会相互关系与"社会心理模式"。这种模式使人们对政府的职能有了新的共同认识，其结果是使政治集团之间的活动或行为更趋一致，冲突逐渐减少。[4]

帕顿和沙维奇认为，政策分析是一种时常从问题界定而不是从所有广泛内容的规划阶段开始的过程。它也提出选择性方案，但最终的文本形式可能是一份备忘录、论文或者立法草案。它有一个特定的客户和一种单一的观点、一个短暂的时间限度和一个公开的政治上的处理办法。这一过程的最终成果就称作政策分析。[5]

戴伊将政策鼓动和政策分析放在一起进行了比较，他认为政策鼓动需要修辞、劝说、组织和积极行动。政策分析则鼓励研究者运用系统研究的方法，对一些关键性的政策提出批评。他认为，"政策分析的一个隐含前提，即关于形成公共政策的各种力量，以及对公共政策后果的科学知识的增长，本身就是与社会紧

---

[1] 〔美〕威廉·N. 邓恩：《公共政策分析导论》，谢明等译，北京，中国人民大学出版社，2002，第49页。

[2] Dye, T. R. (1975), *Understangding Pubulic Policy*, Englewwood Cliffs, N. J.: Prentice-Hall, Inc., pp. 5–7.

[3] Quade, E. S. (1975), *Analysis for Public Decision*, N. Y.: American Elsevier Publishing Co., p. 4.

[4] 转引自陈庆云《公共政策分析》，北京，中国经济出版社，1996，第45页。

[5] 〔美〕卡尔·帕顿、大卫·沙维奇：《政策分析和规划的初步方法》，孙兰芝等译，北京，华夏出版社，2001，第2版，第19页。

第5章 公共政策

密相关的活动,是开出处方、政策鼓动和积极行动的前提条件"。[①] 具体而言,戴伊认为,政策分析主要关心的是解释而不是开处方,理解是开处方的前提;政策分析是对公共政策产生的前因后果进行严格的研究,以及大胆地提出并小心地验证有关公共政策前因后果的一般性命题。

克朗根据德洛尔的政策科学构想,从方法论角度认为政策分析是政策科学的主要基本范畴之一。[②] 这里作为政策科学主要内容之一的政策分析,是指依照政策方案与政策目标之间的关系及其可能产生的多种原因,根据一定的标准在备选政策方案中选取一个最好方案的过程。

威廉·N. 邓恩指出,"政策分析,从最广泛的意义上讲,包括政策过程和政策过程中的知识提供"。"在历史上,政策分析的目的是给政策制定者提供信息,并以此为依据运用推理判断发现和解决政策问题"。"政策分析建立在目标是描述性、评价性和规范性的一系列学科和专业基础上的"。[③]

上述学者对公共政策分析性质的探讨,从或宽泛或狭窄的视域做了见仁见智的界定。归纳起来,主要可分为政策选择论、政策解释论、决策判断改进论、政策共识促进论、政策方案建议论、政策形成因果关系分析论和政策过程知识与决策信息供给论。其中,有的更多强调其综合性分析功能,有的则特别突出其技术性,各有其长短。概而言之,可以对公共政策分析的性质定义如下:公共政策分析是通过运用一定的技术手段和分析方法来进行的,旨在认识政策形成原因、理解政策内容和价值、深化对政策过程的认知、研判和评价现有政策得失、寻求改进决策效率和质量的方法路径、改善公共政策运行效率和效能的一种研究方式和研究工作。

公共政策分析是一个跨学科的应用性研究领域。公共政策分析的方法论与政治学、社会学、经济学、哲学、数学和系统分析以及运筹学等的理论与方法都有渊源关系。政策分析与传统学科不同的是,它是一门旨在创造与政策相关的知识,关注社会问题并寻求解决之道,帮助决策者做出更好的抉择以提高决策效率的学问。公共政策分析的主要目的不是对政策过程做出精准的描述,而是要更好地认识和解决现实的政策问题。作为应用性很强的一个研究领域,公共政策分析

[①] 〔美〕托马斯·R. 戴伊:《理解公共政策》(第十版),彭勃等译,北京,华夏出版社,2004,第5页。
[②] 参见〔美〕R. M. 克朗《系统分析与政策科学》,陈东威译,北京,商务印书馆,1986,第31页。
[③] 参见〔美〕威廉·N. 邓恩《公共政策分析导论》,谢明等译,北京,中国人民大学出版社,2002,第2版,第60~61、72~73页。

公共管理学

与经济社会的发展密切相关。一方面，政策分析技术和方法的发展得益于科学技术的进步和其他相关社会科学的发展；另一方面，政策分析技术和方法的发展又有利于改善决策，提高政策质量，以便更有效地解决各种社会问题，从而服务于维系社会的和谐稳定与推动经济的持续发展。

5.3.2 公共政策分析的内容

政策分析是分析、评价、创造和交流政策过程中的相关知识的活动，其目的在于利用这些活动的成果改善公共政策的制定和执行的绩效。政策分析者对政策分析关注的重心有所不同，譬如有的倾向于分析如何理解政策（analysis of policy），有的致力分析如何改进政策质量（analysis for policy），有的把这两个方面结合起来作分析，还有的关注于分析政策制定的目的和方式，等等。霍格伍德（Hogwood）和冈恩（Gunn）在借鉴戈登（Gordon）早期分析的基础上，提出了以下7种主要的政策分析类型。[①]

（1）对政策内容的研究（studies of policy content）。致力于描述和解释所研究政策的起源和发展，通过案例分析，检视政策形成的原因、执行情况及其结果。

（2）对决策过程的研究（studies of policy process）。探讨在政策形成（即决策）的过程中，何种因素产生和如何产生对决策的影响。这些影响表现于决策过程的各个阶段。对决策过程的研究可涉及某一特别的政策领域，或是聚焦于一个组织、社区或社会中决策过程对政策形成的影响。这是对实然或已然状态的研究。

（3）对决策输出的研究（studies of policy output）。致力于解释不同国家或地区政府的费用水平或所提供的服务不同的原因。在这里，政策被看作是一种因变量，研究者试图从社会、经济、技术和其他要素诸方面来理解和解释政策。对决策输出的研究在美国受到特别的关注，在英国和其他西欧国家也日益为人们所重视。大量的研究文献表明，这一方式被应用于一个特别复杂的领域，即人们致力于探讨和解释各国社会福利政策形成和发展的差异及其原因。

（4）对政策的评估（evaluation studies）。介于政策分析（analysis of policy：furthering understanding of policy）和为改进政策而做的分析（analysis for policy：

[①] Hill, Michael (1997), *The Policy Process in the Modern States*, London: Prentice Hall/Harvester Wheatsheaf, 3rd edition, pp. 2–5.

seeking for improving the quality of policy）之间的研究，旨在探讨政策的效用和影响。对政策的评估可包含描述性和规定性两方面的研究。

（5）对决策信息的研究（information for policy making）。探讨决策信息如何汇集、整理和分析以支持决策。决策信息可来自政府部门常规的信息监测系统、决策支持部门，亦可来自学术界对研究实际问题有兴趣的分析人员。

（6）对决策过程倡导的研究（process advocacy）。这是为改进政策所作的政策分析（analysis for policy）的一种变式，致力于探寻如何改进决策系统的机能；研究如何通过重新分配功能和职责来改进政府机制，通过发展计划规划体系和完善新的对备选政策方案评估方法来增强和改善决策选择的基础。

（7）对政策倡导的研究（policy advocacy）。探究如何通过政策分析人员个人，或联合有关人员，或通过压力集团的作用，推动某项特别的政策方案或某种政策观点在决策过程中被吸纳或采用。

5.3.3 公共政策定量分析方法

定量分析方法是运用现代数学方法对数据资料进行加工处理，据以建立能够反映有关变量之间规律性联系的各类预测模型的方法体系，它侧重于并且较多地依赖于对研究对象的测定和计算。定量分析方法种类很多，克朗依据决策类型的不同将定量分析技术分为确定型分析技术和随机型分析技术。[1]

1. 确定型分析技术

确定型分析技术是指那些可用于只有一种态势，并在做出可接受的假定之后，其变量、限制条件和不同的选择都是已知的，可以按一定的统计置信度预见问题的方法或技术。主要的分析技术和方法有以下四种。

（1）线性规划（Linear Programming）。线性规划的思想起源于经济学家列昂捷夫在1936年提出的"投入—产出"方法，最早被称为线性结构相关活动的规划，是运筹学的一个重要分支。线性规划是辅助人们进行科学管理的一种数学方法。一般而言，求线性目标函数在线性约束条件下的最大值或最小值的问题，统称为线性规划问题。公共政策的线性规划分析模型的结构有三个基本构成要素：一是决策变量，在给定的政策问题中，每个政策问题都将对应着一组未知数，这组未知数与问题的目标和从事的活动有关，是非负数变量；二是目标函数，这是决策目标的数学表述，主要目的是为了求得政策目标的极值；三是约束条件，即

---

[1]〔美〕R. M. 克朗：《系统分析与政策科学》，陈东威译，北京，商务印书馆，1986。

实现政策目标的客观条件和限制因素，对模型中的决策变量起约束作用，可分为资源、需求、结构和边界约束等。利用线性规划在所求得的解中，满足线性约束条件的解叫做可行解，由所有可行解组成的集合叫做可行域，使目标函数达到极大的可行解，称为最优解。

线性规划的方法在政策制定中有广泛的应用，尤其在经济管理、交通运输、工农业生产等经济活动中。它的局限性主要是目标函数的确定并非易事，尤其是在公共决策中。公众对公共决策的政策目标往往有不同的效用追求，这就难免出现选择偏好的冲突。因此，在公共决策中一般只能实现满意而很难做出最优的方案选择。

（2）排队论（Queuing Theory）。排队论起源于20世纪初丹麦数学家埃尔朗（A. K. Erlang）用数学方法研究电话作业，肯德尔（D. G. Kendall）在20世纪50年代从理论上进一步推动了排队论的发展。排队论是数学运筹学的分支学科，是用来研究服务系统工作过程的一种数学理论和方法。其研究内容主要有三个方面：统计推断，即根据资料建立模型；系统的形态，即和排队有关的数量指标的概率规律性；系统的优化问题。排队现象在生产和生活中广泛存在，当顾客的数量超过了"服务台"的容量，即当到达的顾客不能立即得到服务时就形成了排队现象。排队会造成资源的浪费，公共政策和各种规划应寻求有效的途径，尽力避免排队现象的产生。但是在等候时间与服务能力关系尚未明确时，盲目增加服务设置又会带来新的浪费。排队论就是通过对每个随机服务现象的统计研究，找出反映这些现象的平均特性规律，从而改进服务系统的工作状态。排队论广泛应用于计算机网络、生产线、运输、库存等资源共享的随机服务系统之中，其目的是正确地设计和有效地运行各个服务系统，使之发挥最佳效益。

（3）马尔可夫预测法（Markov-chain Forecasting Model）。以俄国著名数学家马尔可夫命名的马尔可夫预测法是一种利用某一系统的现在状态及其发展去预测该系统未来状况的一种分析技术和方法。人们知道，事物的发展状态总是随着时间的推移而不断变化，在一般情况下，要了解事物未来的发展状态，不但要看到事物现在的状态，还要看到事物过去的状态。马尔可夫认为，还存在另外一种情况，即人们要了解事物未来的发展状态，只需知道事物现在的状态，而与其之前的状态并无关系。例如，A产品明年是畅销还是滞销，只与今年的销售情况有关，而与往年的销售情况没有直接的关系。后者的这种情况就称为马尔可夫过程，即一个系统由一种状态转换至另一种状态的过程中，存在着转移概率，且此概率可依据其紧接的前一种状态推算出来，即第 n 次转移获得的结果取决于第

第5章 公共政策

n−1次转移的结果,而与该系统的原始状态和此次转移以前的有限次或无限次的转移无关。系统的一系列马尔可夫过程的整体称为马尔可夫链,马尔可夫分析就是对作为预测对象——马尔可夫过程或马尔可夫链的运动、变化进行研究分析,进而推测对象的未来状况和变化趋势的工作过程。系统状态转移的概率,也许会更多受到系统的前一个状态的影响,但在不同程度上总会受到该系统前若干个状态的影响。对此,马尔可夫做出了层次性的规定,通常用"阶次"表示其深入的程度。一阶马尔可夫过程是指假定系统转移至次一状态的概率,仅取决于该系统前一状态的结果;同理,n阶马尔可夫过程是指假定系统转移至次一状态的概率,仅取决于该系统前n次状态的结果。

科学的预测方法不仅有利于避免和防止公共政策非预期的、消极的后果,而且有利于总结历史经验和教训,避免公共政策失误。公共政策分析的预测方法十分丰富,马尔可夫预测法只是其中的一种。马尔可夫分析在满足公共政策分析需要的基础上,主要是应用随机状态事件各状态的转移概率矩阵来进行推算,它不需要大量的历史数据,既可用于短期的预测,也可用于对长期趋势的研究。

(4)成本—效益分析(Cost-benefit Analysis)。成本—效益分析通过将公共政策的货币成本和货币收益进行量化比较并提出政策建议。成本—效益分析既可用于建议政策的分析,也可用于政策执行后的评估。用于备选方案的择取是一种前瞻性的运用,政策执行后的运用则是一种回溯性的分析。当收益大于成本时,一般认为政策是有效的;当收益等于或小于成本时,则政策还有进一步改进的余地。成本—收益分析试图衡量一个公共项目可能对社会产生的所有成本和收益,包括很多难以货币化的成本和收益,集中体现了经济理性的特征。成本—收益分析的优势主要体现在成本和收益都以货币作为共同的计量单位,因此容易对成本和收益进行客观比较,使分析人员能够在广泛的政策领域间进行比较。但是,公共决策不同于市场中的私人决策,成本—收益分析在公共政策分析中也存在诸多局限:绝对的强调经济效率意味着对公平价值的忽视甚至否认;货币价值不能对政策回应性做出估量,因为收入的实际价值因人而异;当重要物品不存在市场价值时,分析人员常常被迫去主观估计公众愿意支付的价格,即影子价格,这一主观判断可能随分析人员的价值观而定。因此,成本—收益分析有可能让我们知道"每一件东西的价格,同时却对其价值一无所知"。[1] 因此,在应用成本—收益方

---

[1] 参见〔美〕威廉·N. 邓恩《公共政策分析导论》,谢明等译,北京,中国人民大学出版社,2002,第318~319页。

公共管理学

法来分析公共政策时，应当区分不同政策的属性和特点，它不适用于不能用收入性收益来表达的情况。在这种情况下，应辅之以成本—效益分析，既要看到政策的经济效益，也要看到政策的社会效益。

2. 随机型分析技术

与确定型分析技术相对应，随机型分析技术是指应用于不确定型或风险型决策的分析技术和方法。当需要估计和确定不同情境中每一种可能的决策情境时，便会碰到随机模型问题。同时，随机分析技术和方法还要确定和计算不同的政策选择将会产生的影响和结果，以求最大限度地减少不确定性。随机型分析模型和技术主要有动态规划、决策树、计算机模拟、随机库存论、贝叶斯定理等。下面列举动态规划、决策树法和灵敏度分析等三种随机型分析技术和方法。

（1）动态规划（Dynamic Programming）。动态规划是运筹学的一个分支，是求解决策过程最优化的一种数学规划方法。20世纪50年代初，美国数学家贝尔曼等人在研究多阶段决策过程的优化问题时提出了著名的最优化原理，把多阶段过程转化为一系列单阶段问题，逐个求解，从而创立了解决这类决策过程优化问题的新方法——动态规划。动态规划技术是通过建立动态规划的随机模型来分析如何以最短的时间和最少的投资消耗来完成整个系统的预期目标，以取得良好的经济效益。"时间"因素是动态规划考虑的中心，同时综合考虑费用、劳力分配问题以及多个项目并列的问题等。因此，动态规划适用的对象是含有时间因素的决策问题，即动态决策问题。对于静态决策问题，我们可以人为地引进"时间"因素，将其划分为阶段，作为多阶段决策过程用动态规划去处理。如果在多阶段决策的每个阶段中含有随机因素的影响，那么决策就不可能用一个确定的数值来表示，而需要用一些可能的值及相应的概率来描述。

（2）决策树（Decision Tree）。决策树也称为分层决策图，是用两叉树形图来描述决策问题，它将各种方案以及这些方案可能性的大小以及可能出现的状态和可能产生的结果都绘制在一张树状结构图上，其决策标准可以是损益期望值或经过变换的其他指标值。决策分析面对的是大量结构不良的社会问题，一般的决策方法难以适用，而决策树法则有利于对复杂的政策问题进行决策分析。决策树法通过把待决定的问题以决策树的形式绘出图形，表示出具有一定顺序的决策和机会事件，显示可能发生的所有情形和在决策点可供选取的所有方案，并将方案可能产生的结果标在决策树的节点上，同时标出每一状态可能出现的概率值。因此，决策树就是描述决策问题的逻辑结构的流向图，它能直观地显示整个决策过程可能走向——在不同时间和阶段可能出现的问题及其概率、相应的备选方案及其可能的结果等。特别是在应用于复杂的多阶段决策时，决策树可以比较直观、清晰地表达加工的逻辑要求，以便于进行决策分析。

（3）灵敏度分析（Sensitivity Analysis）。在公共政策分析中，如果在政策方案被选定后，与政策问题有关的某些因素或者所构造的模型中的系数或参数发生了变化，这就表明需要进行灵敏度分析，以确定其何为最敏感的因素、可能出现的偏差以及结论的可信度。在风险型决策中，实际所运用的概率基本上是估计的，灵敏度分析是在主观概率可能的估计误差范围内，选取许多不同主观概率值进行试算，据此研判何种因素的变动不会影响最优方案的选取。相反，何种因素稍加变动，最优策略就会变化，从一个策略变为另一个策略。在这种情况下所提供的数据称为灵敏度数据。可以说，在某种程度上，这样的灵敏度数据可以起到蝴蝶效应的作用。因此，一旦获得这样的灵敏度数据，就需要重新审查原来估计的主观概率是否正确，是否有偏差，以便能做出满意的政策选择。

5.3.4 公共政策定性分析方法

政策过程是一个复杂的系统过程，受到诸多因素的影响，有的能进行量化分析，通过建立模型来择取最优的策略，而其他很多影响因素则无法予以量化来进行分析。在政策分析中，也不是量化越多政策就越可靠，政策分析是一个复杂的思维活动过程，在进行政策分析时需要充分运用决策者的经验、智慧和胆略，需要政策制定者对政策问题进行综合判断。定性分析方法着重对研究对象进行"质"的研究，即运用归纳和演绎、分析与综合以及抽象与概括等方法，对所获得的各种信息和材料进行思维加工，通过去粗取精、去伪存真、由此及彼、由表及里的方式认识事物的本质和揭示事物的内在规律，从而把握问题的实质和决定选取有效的解决方案。在政策分析中，定性分析方法主要依靠专家的经验和智慧来进行政策判断。以下列举头脑风暴法、德尔菲法、交叉影响分析和脚本写作四种主要的方法。

1. 头脑风暴法（Brain Storming）

头脑风暴法又称智力激励法、BS法，是通过专家微观智能结构之间的信息交流和相互启发所引起的"思维共振"来获取决策的信息和意见，故又名专家会议法。在群体性决策中，群体成员之间心理的相互作用易使决策屈从于权威或大多数人的意见，形成所谓的"群体思维"，从而削弱了群体的批判精神和创造力，损害决策质量。运用头脑风暴法旨在保证群体决策的创造性，提高决策质量，是改善群体决策的一个典型方法。

头脑风暴法又可分为直接头脑风暴法（通常简称为头脑风暴法）和质疑头脑风暴法（也称反头脑风暴法）。前者是在专家群体决策时尽可能激发创造性，产生尽可能多的设想的方法；后者则是对前者提出的设想、方案逐一进行质疑，分析其现实可行性的方法。采用头脑风暴法组织群体决策时要集中有关专家召开专题会议，主持者应以明确的方式向所有参与者阐明问题，说明会议的规则，尽可能创造融洽轻松的会议气氛。主持人一般不发表意见，以免影响会议的自由气氛，而让专家们自由地提出尽可能多的方案。

头脑风暴法应遵从如下一些基本原则。一是应严格限制预测对象的范围，尽可能将参加会议的专家们的注意力集中在力求探讨的问题上。二是需要认真对待任何一种设想，而不管其是否适当和可行。对专家提出的各种意见、方案的评判必须放到会议的最后阶段，此前不能对别人的意见提出批评或评价。三是讨论应各抒己见。鼓励参加者对已经提出的设想进行补充、改进和综合，以取长补短，集思广益。专家们提出的设想越多，产生好意见的可能性越大。四是需要为讨论提供一个良好的创造性思维环境，确定专家会议的最佳人数和会议进行的时间。经验表明，专家小组规模以 10~15 人为宜，会议时间一般以 20~60 分钟效果最佳。五是参加讨论的专家的人选应严格限制，以便于参加者把注意力集中于相关问题。甄选专家应依照下述三项原则。①如果参加者相互认识，要从同级职位（职称或级别）的人员中选取。领导人员不应参加，否则有可能对其他参加者形成压力。②如果参加者互不认识，可从不同职位（职称或级别）的人员中选取。这时不应宣布参加人员的职称职衔，不论成员的职称或级别的高低，都应予以同等对待。③参加者的专业知识应力求与所论及的决策问题相一致。同时，专家中最好有一些学识渊博，对所论及的问题具有较深理解的其他领域的专家。头脑风暴法专家小组应由下列人员组成：方法论学者——专家会议的主持者；设想产生者——专业领域的专家；分析者——专业领域的高级专家；演绎者——具有较高逻辑思维能力的专家。

头脑风暴法的主持工作最好由对决策问题的背景比较了解并熟悉头脑风暴法处理程序和处理方法的人担任。头脑风暴法的所有参加者，都应具备较高的联想思维能力。在进行"头脑风暴"（思维共振）时，应尽可能提供一个有助于把注意力高度集中于所讨论问题的环境。有时某个人提出的设想，可能正是其他准备发言的人已经思维过的设想。其中一些最有价值的设想，往往能在已提出设想的基础之上，经过"思维共振"迅速发展起来，或者是对两个或多个设想进行综合的基础上形成。会议中所提出的各种设想和意见应由专人简要记载下来或录在磁带上,以便由分析组对会议产生的设想进行系统化处理。

质疑头脑风暴法即对直接头脑风暴法中的设想或方案一一提出质疑,进行全面的论证。质疑头脑风暴法可以分为以下三个阶段。

第一阶段要求参加者对每一个提出的设想都要提出质疑,并进行全面评论。评论的重点是研究有碍设想实现的所有限制性因素。在质疑过程中,可能产生一些可行的新设想。这些新设想,包括对已提出的设想无法实现的原因的论证,存在的限制因素,以及排除限制因素的建议。质疑的逻辑结构通常是:"XX设想是不可行的,因为……如要使其可行,必须……"质疑过程一直进行到没有问题可以质疑为止。

第二阶段是对质疑过程中抽出的评价意见进行估价,以便形成一个对解决所讨论问题的实际可行的最终设想一览表。对于评价意见的估价与对所讨论设想的质疑一样重要。因为在质疑阶段,重点是研究有碍设想实施的所有制约因素,而这些制约因素即使在设想产生阶段也应是放在重要地位予以考虑。质疑头脑风暴法应遵从的基本原则与直接头脑风暴法一样,不同的只是禁止对已有的设想提出肯定意见,而鼓励提出批评和新的设想。

第三阶段是由分析组负责处理和分析质疑结果。这一阶段分析组要吸收一些有能力对设想实施作出较准确判断的专家参加。如果需要在很短时间内就重大问题做出决策时,吸收这些专家参加尤为重要。在处理和分析质疑结果的过程中,应尽可能对每一组或每一个设想编制一个评论意见一览表,以及可行设想一览表。

实践经验表明,头脑风暴法可以排除折中方案,对所讨论问题通过客观、连续的分析,可以找到一组切实可行的方案,因而头脑风暴法在政策实践中得到较广泛的应用。头脑风暴法能够发挥专家的共同智慧,产生专家智能互补效应。它容易经过"思维共振"产生出创造性的解决方案。头脑风暴法实施的成本(时间、费用等)较高,对参与者的素质要求也比较高,这些都是应用头脑风暴法的制约因素。

2. 德尔菲法(Delphi Method)

德尔菲是借用Delphi,即古希腊神话中的神谕之地来命名的一种政策行动预测方法。德尔菲法依据系统的程序,采用匿名发表意见的方式,即专家之间不得互相讨论,不发生横向联系,只能与调查人员发生关系,通过多轮次调查专家对问卷所提问题的看法,再经过反复征询、归纳、修改,最后汇总成专家基本一致的看法来作为预测结果。德尔菲法从一定意义上说也是一种专家分析方法,只不过它不是直接的专家分析，而是间接性的。它的主要特点一是匿名性，被征询意见的专家在不公开的情况下提出自己的见解或修改自己的看法；二是巡回反馈，专家的个人意见经过汇总传递给参加讨论的所有专家，这个过程要经历多轮，汇总的意见是以调查表的形式在专家之间进行传递。德尔菲法应用于公共政策分析的具体实施包括如下主要步骤。

（1）组成专家小组。根据所要函询的政策问题所需要的知识范围，确定专家。专家人数可依据具体政策问题的大小、范围的宽窄和专业性程度而定，一般应不超过20人。

（2）在政策方案确认后精心设计问卷，明确所要预测的问题及有关要求并附上问题有关的所有背景材料。

（3）各专家基于其所收到的材料，以独立和匿名的方式填写调查表，提出自己的预测意见，并说明自己是如何利用这些材料并提出预测值。

（4）将各专家第一次填写的问卷汇总，列成图表，进行对比，再分发给各专家，让专家们比较自己同他人的不同意见，修改自己的意见和判断；也可以把各专家的意见加以整理，或请身份更高的其他专家加以评论，然后把这些意见再分送给各专家，以便他们参考后修改自己的看法。

（5）专家们在看过第一次汇总的意见后再次发表对政策执行前的预测意见。逐轮收集意见并为专家反馈信息是德尔菲法的主要环节，收集意见和信息反馈一般要经过三、四轮。在向专家进行反馈时，只给出各种意见，但不说明发表各种意见的专家的姓名。这一过程经过多轮重复，直到每一位专家不再改变自己的意见为止。

（6）对专家的意见进行综合处理。德尔菲法的采用是为了避免委员会、专家小组等群体性决策方法中个人意见受制于某些人的地位和权威压力，而让个人可以充分地、真实地发表自己的意见，为决策提供多方面的有效信息。德尔菲法的收集—反馈可能花费较长的时间，故不适宜于特别受到时限制约的决策。

3. 交叉影响分析（Cross-impact Analysis）

交叉影响分析又称交互影响矩阵法。1968年，美国兰德公司的研究人员戈尔顿和海华德发表论文指出，德尔菲和其他预测技术的缺陷是被预测事件之间的关系往往可能被忽视，预测也很可能包含相互强化或相互排斥的因素，交互影响分析试图建构一种新方法以使在一个预测集之中的一个事件的概率可以根据与被预测的事件之间的潜在相互作用相关的判断而加以调整。① 交叉影响分析是根据事件发生或不发生来对未来事件的发生概率进行判断，其目的在于对那些促进或阻碍其他相关事件发生的条件加以确认，通过考虑事件的相互作用来预测事件发生的概率，它依据的是条件概率原则（条件概率认为，一个事件发生的概率依赖于其他事件，也即两个事件不是相互独立的）。

交叉影响分析的预测程序是：首先是利用专家的经验估计应该考虑的事件及其概率，并确定事件之间的相互作用；其次是用矩阵的形式来描述各事件之间的逻辑关系，用概率的变化表示各事件相互影响的强度，并分析各事件之间相互发生作用的时间；最后，依据事件之间相互影响的结果修正各事件发生的概率并作出最后的预测。

交叉影响分析的优势主要在于能够使分析人员注意到在其他情况下会被忽略的事件之间的相互关联，也使分析人员能根据新的假设或证据对以前的概率进行修正。其主要局限性是分析人员不能保证在分析中将所有潜在的相互关联的事件都包括进去，这会影响预测的准确性。同时，即便使用计算机软件包和先进的计算机技术性能，建立并运行矩阵也很耗费时力。尽管在现实应用中已经解决了许多难题，矩阵计算仍然存在一些技术难题（例如总是不能对未发生的情况进行分析）。交叉分析的应用有着德尔菲法同样的弱点，即不现实地强调专家意见的一致性。最适合运用交叉分析的是那些出现冲突而非一致性较为分散的问题。这样，就需要用问题构建法来发现并讨论支持主观条件概率的那些不同的假设和意见。②

4. 脚本写作（Script Writing）

脚本即政策研究者对有些将要发生的情况进行描述或预言，而这些情况与研究者所要分析、设计和评估的系统或政策密切相关。脚本写作是通过对从现在到未来某个时间的假定（例如 5 年、10 年）来编写脚本，将有关信息和对未来的假设等材料进行组织，以得到对未来的预测描述。脚本本身包括很多定量和定性的情景描述，按照发生事件的逻辑顺序进行排列。脚本写作是用于政策分析的一种重要方法，其主要特征一是以一系列的假设作为基础，而不是以某一假设作为

---

① 转引自〔美〕威廉·N. 邓恩《公共政策分析导论》，谢明等译，北京，中国人民大学出版社，2002，第 269 页。
② 参见〔美〕威廉·N. 邓恩《公共政策分析导论》，谢明等译，北京，中国人民大学出版社，2002，第 270~271 页。

基础，这些假设是对未来的特定时间内（一般分 3 年、5 年、8 年或 10 年等），系统或政策及环境的发展趋势或状况的描述和预测；二是由于未来环境中存在很多的不确定性，而任何脚本又只能描述一种可能的未来情景，因此在写作脚本时必须按照概率分布同时编写几个可供选择的脚本，而不只是编写一个脚本，这是脚本写作与其他政策分析方法根本不同的地方。这种方法的优点在于可以降低对未来判断的不确定性，提高对所要的处置问题的认知水平和决策能力。脚本写作的典型运用范畴是探索潜在的军事和外交上可能出现的危机情况。脚本写作可以与专家讨论、德尔菲法结合使用，它通过提供一个未来的偶发事件的样本和一系列脚本可以警示未来可能出现的危险，从而使决策者能防患于未然并从容应对。

公共政策分析既是一门科学，也是一门艺术。广义而言，"政策分析作为解决社会问题的一种方法产生于这样一个历史阶段，即有意识地积累知识，从而能够对联系知识与行动的可能性进行清晰和深入的检验的阶段"。[①]公共政策分析突出的实践性和应用性，使它的重要性日益彰显，政策分析的方法不断发展丰富。公共政策分析中的定量分析与定性分析方法并非相互排斥，而是各擅所长，相辅相成。进行公共政策分析必须依据具体情况，有针对性地灵活应用和综合应用，以利于推进公共政策过程的有效运行。

5.4 公共政策发展

公共政策是政治系统对社会价值与资源的权威性分配，其发展必须遵循公共性、合法性和有效性的价值诉求。公共政策的发展需要适宜的政策生态环境，同时公共政策发展应能发挥其对环境变迁的导引和建构作用。公共政策发展对于实现公共管理的价值至关重要。

5.4.1 公共政策发展的价值取向

1. 公共性

"公共性"是现代公共政策首要的规范性价值取向。从根本上说，制定和执行公共政策旨在整合和优化社会资源配置以实现、增进和维护公共利益。尼古拉斯·亨利借助本恩和高斯的关于"公共性"与"私人性"的结构理念，从行为

[①] 〔美〕威廉·N. 邓恩：《公共政策分析导论》，谢明等译，北京，中国人民大学出版社，2002，第 62~63 页。

者（agency）、利益（interest）、可进入性（access）三个维度对公共性进行了分析，提出了理解公共性的三种递进的界定，即制度性的、规范性的、组织性的公共性。[①]公共政策的公共性体现为政策制定的公共利益取向、政策运行的公共服务导向以及政策过程的公共参与性。

2. 合法性

公共政策的合法性可体现在两个方面：一是形式上的合法性，即合法律性；二是实质上的合法性，即政治学意义上的合法性——公共政策得到公众出自内心的认可和接受。在现实生活中，在很多情况下，后一种合法性更需要予以特别的重视。合法性与公共性密切相关。现代意义的法律是调节和维系公共生活秩序的准则，合法律性本质上即是要符合公共性——当然，这样的法律就应当是"良法"而不是"恶法"。公共政策发展的实质性的合法性应符合以下规范：价值的正当性、目标的可理解和可接受性与绩效。

3. 有效性

公共政策的发展应当体现有效性。这就意味着，公共政策规划、制定和发展在满足公共性和合法性要求的基础上，还必须实现有效性——即正确合理的公共政策能够得到及时、完全和有效的执行，能真正实现政策目标。应当注意的是，有效性不仅是指向政策实施的效率，更重要的是指其实施在道德伦理上的可接受性。正如登哈特所指出的，不应认为有效率的才是合道德的，而是合道德的才是有效率的。从这个意义上说，只有当公共政策目标在公共领域中经受伦理检验后，才能说"效率在价值观念系统中是第一位的"。[②] 公共政策的效率可以体现在两个方面，一是组织取向，二是结果取向。前者称为组织效率，后者称为管理效率。组织效率是指公共组织如何通过内部管理和资源的内部配置而实现的政策效率，它为公共政策高效分配和整合公共资源创造了可能性前提。管理效率注重结果导向，强调政策所取得的绩效而不是政策资源的投入，结果取向的检验标准是推动公共政策发展的强劲动力。

公共政策过程作为政治与技术过程的统一体，在公共政策的发展过程中不可避免地会产生民主与效率、目的与理性、权威与合作参与等之间的矛盾，这些矛

---

① 〔美〕尼古拉斯·亨利：《公共行政与公共事务》，张昕等译，北京，中国人民大学出版社，2002，第71~75页。

② 〔美〕蒙哥马利·范瓦特：《公共管理的价值根源》，《经济与社会体制比较》2002年第4期，第27页。

公共管理学

盾中的任何一方都不可能单独作为公共政策的评价标准，它们是相互竞争和制约的规范。但是，公共政策的本质特征决定了公共政策发展必须以公共性作为首要的价值导向，在公共性价值目标的导引下追求合法性和政策资源分配的高效率。

5.4.2 公共政策环境与公共政策发展

公共政策的价值实现及其变迁与发展会受到整个政治系统与社会环境的影响，政策问题归根到底是从政策的生态环境中产生出来的，政策运行的条件和资源都离不开相应的政策生态环境。如果政策生态环境发生的变化已经对现有的政策价值实现产生了制约或新的要求，那么决策者就应当依据这样的变化适时对政策做出调整或发展。

政策生态环境可以分为两类。一类是社会总环境，包括经济资源环境、政治法治环境、社会文化环境和国际环境等。另一类则是与特定的公共政策过程直接相关，与决策和政策执行直接相联系的输入—输出环境，即工作环境。

社会总环境是政策过程的大环境，是政策过程的根本条件和基础，它直接影响到公共政策的总体趋势和基本走向。社会总环境中的价值观、意识形态、利益结构和利益关系、文化历史传统、权力结构和权力运行机制等要素能对政策的变迁和发展产生重大影响。公共政策的变迁和发展必然涉及与利益博弈相关的竞争性价值体系，这些不同的体系被利益群体予以系统化，成为影响公共政策发展方向的"意识形态"；历史上形成的一定社会中的文化传统与社会生活模式构成了人们对国家介入与干预的程度与形式的看法，从而形成了影响政策体系的社会观念；一定社会中的利益结构和利益关系形成的利益分配态势和格局，会直接影响公共政策的制定和执行；一定政治体制基础上的权力结构与运行机制，通过对政策过程参与者及其参与方式、程度、程序的设计影响着政策的走向和前景。

工作环境是一定时期、一定区域内公共决策和政策执行面临的具体环境，也是政策制定和执行的现实条件。工作环境实际上是社会总环境在一定时间与空间上的分布状态。同一社会总环境下，工作环境可能产生很大差异，其原因是多方面的，如各种政策资源在时间、空间上分配不均匀，现存政策基础的不同，突发事件的发生等。对公共政策工作环境的忽视易于导向公共政策的失败，在政策制定前没有对与该政策相关的经济社会状况、可利用资源的状况及其可持续性做充分的调研和分析，政策制定过程中忽视政策的可行性研究，政策执行过程中机械化地照搬照抄、缺乏灵活性等，都会影响政策目标的实现。公共决策需要高度重视决策过程以外的信息输入与输出，关注决策体系中影响投入与产出关系的环境，以利于有效实现公共政策的预期价值目标。

应当指出，公共政策发展需要适应和顺应其生态环境，并不只是一种被动的回应，而是还需要从多方面体现公共政策引领时代的创新性和开拓性。因为，如前所述，公共政策不仅具有对社会公共生活的调节功能和分配功能，还具有规制功能、建构功能和导向功能。

5.4.3 公共政策发展与公共管理价值的实现

公共政策作为公共管理的重要组成部分，是公共组织管理公共事务实现价值目标的主要方式。公共管理包括一系列的价值取向——公共性、公平正义、民主与法治、责任与效率等。而公共政策是实现这些价值的重要方式和途径。

1. 公共政策发展与公共管理的价值相关性

（1）学科渊源

在传统公共行政时期的欧美国家中，市场经济已有较充分的发展，对公共行政的研究偏向于将其作为一种管理手段，而公共政策则更多地作为传统政治学视角中的立法、司法、行政和政党等组织运行输出的产物，较多地体现其法律性、普适性和强制性。换言之，传统公共政策研究比公共行政更多地偏向政治。随着政策科学的兴起，人们对公共政策的重要性的认识日渐清晰，政策分析更关注分析的方法与数据，更关注公共政策的建构及其对社会的实际影响。而自20世纪40年代起，公共行政学发展最为重要的变化是价值反思的出现。从赫伯特·西蒙和罗伯特·达尔对传统行政的批判到60年代末新公共行政标树旗帜宣示其对政治—行政二分和效率至上的批判，以及强调对民主行政和公共行政价值伦理的关怀，公共行政与公共政策所关注的价值日益相近。进入20世纪80年代以来，新公共管理的发展使政策科学与行政学有了更为一致的发展趋势。公共政策的伦理、价值再次成为公共政策科学的主题之一。公共政策在公共管理中的作用以确认公共管理存在政治过程为基础，成为现代公共管理的重要组成部分。同时，公共政策与公共管理的关系已在更深和更广的层面上引起人们的关注，人们需要更多地从理论和实践的结合去探讨前者对于后者的重要支撑和实现作用，以及如何实现这样的作用。

（2）公共政策发展在公共管理中的功能与地位

如上所述，公共政策与公共管理具有密切的相关性。公共政策功能的实现既受制于特定时空范围内的政治、经济、文化等环境要素，也能对这样的环境要素起到重要的反作用。随着现代社会的发展，一方面政府作为公共管理的主体，不

| 公共管理学

再是传统的"守夜人"或全能政府的角色,而是积极地执行公民意愿的"掌舵者"。政府在建构公共生活的制度框架、进行宏观经济调控、保障和促进良性的市场竞争、协调和解决社会矛盾和群体冲突的过程中,离不开制定和实施相应的公共政策这一重要途径。另一方面,由于传统的国家中心主义已发生动摇,社会利益的分层化和多元化与公众利益诉求意愿日益增强的格局更为凸显;同时,社会自治力量不断发展,公民社会勃兴,社会公共生活由以国家为中心转向以社会为中心。在这样的时代背景之下,公共政策的制定实施不再是以往的强制性的国家控制手段,而是以政府为核心的社会多元主体互动合作的结果。当代社会矛盾尖锐复杂,日益彰显的社会不可治理性问题挑战各国政府,公共政策问题更为复杂,公共政策的内容更为丰富,公共政策制定与实施的方法必须与时俱进,变革创新,以回应时代需要,实现现代公共管理的目标和价值。从根本上说,公共政策的发展在现代公共管理中应能发挥以下几方面的主要功能。

1)公共政策的行为导引功能。公共政策是在公共领域中以社会、群体和个人为对象制定并实施的具有约束导引性的规范和准则。公共政策是现实社会条件与环境的产物,是公众利益的体现,同时公共政策目标也指出整个社会生活的发展方向。公共政策能够针对特定的公共问题,通过政治的、道德的、文化的和法律的等诸多公共管理途径或以这些方式为载体,不断推进和实现对社会价值的引导和对社会行为的规范。

2)公共政策的利益协调与分配功能。随着现代社会中利益多元化和分层化加剧,利益冲突与矛盾日益尖锐复杂,公共政策的发展需要在建构于良好制度之上的、透明公正的公共平台上对社会利益进行合理的区分与协调,并通过一定的分配与再分配手段实现效率与公平,维护社会正义。从公共管理的视角看,公共政策过程也是以公共价值为导向协调相关公共管理机构运行的过程,通过既定公共政策的实施,公正有序地实现对社会利益的分配、协调和整合。

3)公共政策的调控和规制功能。公共政策过程以公共问题为起点,而公共问题则是社会公共生活领域(包括政治、经济、社会、文化和宗教等各个领域)中的非平衡状态。在不同的时期,这种非平衡状态有可能出现在上述某个或某些领域中,或者在某一或某些领域中的某些方面。公共政策过程就是要通过对局部或整个社会的资源配置方式和状态进行调控,从而使相关领域或范围的非平衡状态得到调整或能控制在一定程度之内,或逐步缓和达到平衡,实现社会机体的协调和社会运行的和谐稳定与发展。

第5章 公共政策

2. 通过公共政策发展实现公共管理价值的途径

公共政策发展对实现公共管理的价值具有重要意义。具体而言，其实现途径主要体现在实现公共管理价值导向与建构公共管理运作平台两个层面。

（1）实现公共管理的价值导向

公共政策的价值是公共政策主体对公共政策价值关系、价值创造活动及其预期结果的感知和确认，并由此形成较稳定的心理取向、评判标准和行为定势。公共政策的价值应与公共管理的整体价值相一致。公共政策通过外化的形式使公共管理的整体价值得以具体的体现和实现，因此，公共政策过程通过价值规范和价值导向行为的实施实现公共管理的价值。

公共管理的价值观是公共管理的主体及对象在情感上和认知上对某种价值目标的认同与追求。公共性、服务性和合作共治性是现代公共管理的本质特征。公共管理的价值理念具体来说就是人们认可的公共管理的方向、原则和标准，也就是在公共管理过程中人们对正义、公平、责任性、回应性、服务性和民主参与性等基本理念的认同和实践。对公共政策主体而言，通过公共政策的实施实现公共管理的价值，需要对上述价值和理念有正确的认知、情感和态度，并把这些价值和理念体现于公共政策之中。对社会公众而言，公共管理的价值观体现在具体的政策实施过程中公众心理与行为对公共政策认可和支持的程度，并由此直接影响到他们对公共管理主体（特别是政府）的认可、支持和信任的程度。价值领域是公共管理必须正视与反思的重要领域。公共管理的价值观在公共管理过程中居于核心地位，它必然会对政府公共政策规划的目标和方向产生基础性和规定性的影响。

进而言之，公共政策发展的价值导向首先建立在对政策的价值分析的基础之上。政策的价值分析是贯穿政策过程始终的重要主线。价值性规范既是公共政策制定、执行的总体导向，是影响公共政策正确性、有效性的一个重要指标，也是评价公共政策质量优劣得失及其执行结果的关键性因素。随着政策研究的深入，这种对具体政策的价值分析，必然会促进政策主体与公众对公共管理价值的深层思考，从而有利于在宏观上引导公共管理运行的方向。

在对具体政策的价值分析的基础之上，现实公共管理过程中公共政策的价值导向作用还表现在对价值观的整合上。公共政策主体与公共管理主体在相当程度上是一致的，价值观整合的过程是公共政策主体通过决策这一公共管理的重要机制，为整体和具体的公共管理活动提供指导性思路。公共政策过程通过制度性规范实现公共管理价值观的整合，整合的主要方式包括：协调、说服与强制。协

公共管理学

是两个或两个以上的公共生活主体（利益群体、族群或阶层）彼此调整立场或态度以适应双方和公共利益的需要，从而达成协议。这一过程是博弈的结果。说服是一方主体通过劝说获得另一方或多方的理解与支持。强制是运用公共权力与公共资源迫使相应的社会主体接受或遵从某一立场。通过这些方式的整合，公共政策及公共管理的价值得以实现。

（2）建构公共管理稳定的运行平台

公共政策是公共管理的重要和主要的组成部分。公共管理系统性的运行活动，包括计划、组织、指挥、控制和协调等多个功能环节，而所有这些都是公共事务决策和实施决策的过程。因此，从这一意义上看，西蒙说："管理就是决策"。[①] 公共政策过程，即公共政策制定、执行、反馈和评估的过程构建起使公共管理这些功能得以发挥作用的稳定平台。

1）公共决策是公共管理的起点。整个公共政策过程构成公共管理的重要路径。政策问题的产生、政策制定、政策沟通、政策执行、政策评估的过程是公共决策的系统工程。通过这一过程，公共组织与外部环境（政策受众与政策环境）之间进行信息交换与互动，不断地进行政策输入与输出、再输入再输出的循环。依据这一路径，公共管理不同领域中的目标在公共政策过程中的不同阶段被分解为具体的管理目标，形成可操作性的管理活动，以实现公共利益。

2）公共决策贯穿公共管理过程的始终。公共决策不仅为公共管理的展开提供了起点，而且公共管理的其他环节也包含着决策活动，从而构成了行政决策。在现代社会，两者的边界已很难明确区分，公共决策和行政决策已经渗入公共管理的细节之中。如在公共管理过程中某一方案的执行过程，一旦由于实际环境的变化出现与预期相偏离的情况，要及时进行纠正，这本身就是再决策的过程。从这个意义上说，公共管理与公共决策存在互相渗透的密切关系，公共管理的实际运行是一系列公共决策的结果。

3）公共政策是公共管理履行各项功能的基础。公共管理要为有效实现其经济管理、社会管理、文化教育和公共卫生管理、国家安全和公共安全管理等管理功能，需要制定各方面的远期、中长期和短期目标和计划，需要为实现目标动员整合资源，需要在管理过程中实现不同管理部门机构、人员之间的分工合作和协调，需要对所有管理行为实施有效控制。所有这些功能的履行都要以公共决策为

---

① 〔美〕赫伯特·A. 西蒙：《管理决策新科学》，李柱流等译，北京，中国社会科学出版社，1982，第33页。

基础，通过公共政策制定和执行形成系统的公共管理功能实施过程。

4）公共政策过程构建了公共管理的运行平台。从根本上说，实际上，在现代社会公共生活的生产和再生产的过程中，即人类生活的社会性和生物性的生产和再生产的过程中，人们对于所需资源的获取、生产、分配或交换过程中会在不同范围和层面产生矛盾和冲突，需要必要和适当的公共政策对之进行规制和调节，从而实现对社会资源配置的整合和优化。而正是这样的所有公共政策形成和实施的过程，这样的通过公共政策发展实现对社会资源配置的整合和优化的过程，构建了公共管理的运行平台。

[重要概念]

（1）公共政策：公共政策是政府或执政党依据人民的意志对社会的价值或利益所做的权威性分配或调节。在现代社会公共生活生产和再生产的过程中，即社会成员的社会性和生物性的生产和再生产的过程中，人们对于所需资源的获取、生产、分配或交换会在不同范围和层面产生矛盾或冲突，需要适当的计划、规则、标准和方法，即公共政策来对社会价值或利益进行协调、导引或规制，以促进社会的和谐与发展。公共政策是理论与实践的中介，具有公共性、规制性和动态性的特征。公共政策的制定和执行构建了公共管理运行的基本平台。

（2）公共政策问题：公共政策问题是政策过程的起点，它表征为政策相关者的一种不满状态。一个社会或公共问题上升为公共政策问题，需要具备如下几个条件：一是该问题经由各种渠道被人们所感知；二是该问题通过各种途径被广泛传播；三是多数人认为政府有必要采取行动来解决问题；四是具备必要的可以处置该问题的政策资源或政策要素。公共问题上升为公共政策问题即进入了政策议程。

（3）公共政策工具：又称政府工具或治理工具，是指政策制定者实现公共政策目标所应用的方式或机制。对政策工具的界定一般有三种观点："因果论"认为政策工具是系统探讨问题症结与解决方案间因果关系的过程；"目的论"认为政策工具是有目的的行为的蓝图，是一套解决问题和实现政策目标的蓝图；"机制论"认为政策工具是将政策目标转化为具体政策行动的机制。公共政策工具可以分为自愿型、混合型和强制型三种类型。

（4）"政策之窗"：这是金登的政策"多源流"分析模型的一个核心概念，即当问题流、政策流和政治流汇聚时，政策问题就会被决策者提上政策议程，这犹如打开政策之窗。依据金登的这一分析模型，问题流是通过各种指标、焦点事件和现行政策运行的反馈等来表征各种政策问题的过程;政策流是各种备选方案和政策建议不断被提出、讨论、修改和再提出的过程;政治流主要由国民情绪、利益集团、政府的变更、议会议席的重大变化、行政机构的重大人事调整等因素所构成。

(5)政策合法化:指经过抉择的政策方案通过法定的程序获得法律地位和法定效力的过程。政策合法化要经过一系列政策审查、通过、批准、签署和发布的过程,其主体是相应的获得法定授权的国家权力机关。政策合法化包括通过立法程序的政策法律化或法规化和通过行政程序的政策合法化。

(6)公共政策沟通:指在公共政策制定和实施的过程中,决策系统内部及其与外环境之间的信息传播与交流互动的过程。公共政策沟通基于公共政策过程必须实现公开透明、公民参与和有效监督的理念,通过政策相关主体的积极互动,促进政策过程的优化和有效推进,促进公众对公共政策的认同和支持,从而增强公共政策的公共性、民主性、科学性和合法性,以利于公共政策目标的实现。

(7)公共政策分析:指通过运用一定的技术手段和分析方法来进行的,旨在认识政策形成原因、理解政策内容和价值、深化对政策过程的认知、研判和评价决策机制和方式与既定政策之得失,以寻求改进决策效率和质量的方法路径、改善公共政策运行效率和效能的一种研究方式和研究工作。总体而言,公共政策分析涵盖政策内容分析、决策过程分析、决策输出分析、政策评估分析、决策信息分析、政策过程倡导分析和政策倡导分析等七个方面。

[思考题]

1. 如何理解公共政策的性质和范畴?
2. 政策工具的涵义,自愿型、强制型和混合型三种政策工具的特点及其应用性。
3. 公共政策研究需要关注的主要问题。
4. 影响和制约决策的主要变量及其原因,如何改善和优化公共政策决策?
5. 公共政策沟通的重要性及其主要方式,如何克服政策沟通的各种障碍?
6. 公共政策执行失控的主要表现、原因及矫正的方式。
7. 公共政策分析的主要内容及方式。
8. 公共政策发展与实现公共管理价值的关系。

[参考文献]

〔美〕艾伦·C. 艾萨克：《政治学：范围与方法》，郑永年等译，杭州，浙江人民出版社，1987。

〔美〕赫伯特·A. 西蒙：《管理决策新科学》，李柱流等译，北京，中国社会科学出版社，1982。

〔美〕詹姆斯·E. 安德森：《公共决策》，唐亮译，北京，华夏出版社，1990。

〔美〕卡尔·帕顿、大卫·沙维奇：《政策分析和规划的初步方法》，孙兰芝等译，北京，华夏出版社，2001，第2版。

〔美〕托马斯·R. 戴伊：《理解公共政策》，（第十版），彭勃等译，北京，华夏出版社，2004。

〔美〕苏珊·韦尔奇、约翰·科默著《公共管理中的量化方法：技术与应用》，（第三版），郝大海等译，北京，中国人民大学出版社，2003。

〔美〕B. 盖伊·彼得斯等编《公共政策工具》，顾建光译，北京，中国人民大学出版社，2007。

〔美〕弗兰克·费希尔：《公共政策评估》，吴爱明、李平等译，北京，中国人民大学出版社，2003。

〔美〕约翰·W. 金登：《议程、备选方案与公共政策》，丁煌、方兴译，北京，中国人民大学出版社，2004。

〔加〕迈克尔·霍利特、M. 拉米什：《公共政策研究：政策循环和政策子系统》，庞诗等译，北京，生活·读书·新知三联书店，2006。

〔日〕大岳秀夫：《政策过程》，傅禄永译，北京，经济日报出版社，1992。

〔美〕威廉·N. 邓恩：《公共政策分析导论》，谢明等译，北京，中国人民大学出版社，2002。

〔美〕拉雷·格斯顿：《公共政策的制定——程序和原理》，北京，商务印书馆，1990。

张金马：《政策科学导论》，北京，中国人民大学出版社，1992。

李允杰、丘昌泰：《政策执行与评估》，台北，空中大学，1999。

陈振明：《政策科学》，北京，中国人民大学出版社，2003。

张国庆：《现代公共政策导论》，北京，北京大学出版社，1997。

林水波、张世贤：《公共政策》，台湾，五南图书出版公司，1982。

伍启元：《公共政策》（上），台湾，商务印书馆，1985。

Easton, D. (1953), *The Political System*, New. York: Knopf.

Lasswell, H. D. and Kaplan, A. (1963), *Power and Society*, N. Y.: Mc Graw-Hill Book Co.

Jenkins, W. I. (1978), *Policy Analysis*, London: Martin Robertson.

Lynn, Laurence (1987), *Managing Public Policy*, Boston: Little Brown.

Friend, J. K., Power, J. M. and Yewlett, C. J. L. (1974), *Public Policy: the Inter-Corporate Dimension*. London: Tavistock Publications.

Dye, T. R. (1987), *Understanding Public Policy*, Englewood Cliffs, N. Y.: Pretic-Hall, Inc.

Friedrich, Carl J. (1963), *Man and His Government*, N. Y.: McGraw-Hill Book Co.

Heclo, H. (1972), Review Article: Policy Analysis, *British Journal of Political Science*, No. 2.

Parsons, W. (1997), *The Public Policy, An Introduction to the Theory and Practice of Policy Analysis*. Cheltenham: Edward Elgar.

Hill, Michael (1997), *The Policy Process in the Modern State*, Third edition, London, Prentice Hall/Harvester Wheatsheaf.

Quade, E. S. (1975), *Analysis for Public Decision*. N. Y.: American Elsevier Publishing Co.

Lasswell, Harold. D. (1951), The Policy Orientation, in *The Policy Sciences: Recent Developments in Scope and Methods* (ed.), Stanford, CA: Stanford University Press.

Bachrach, Peter and Baratz, Morton (1970), *Power and Poverty*, New York: Oxford University Press.

Anne Tierman, Terry Burke (2002), A load of Old Garbage: Applying Garbage-Can Theory to Contemporary Housing Policy, *Australian Journal of Public Administration*·61 (3), pp. 86 – 97.

Nikolaos Zahariadis, Christopher S. Allen (1995), Ideas, Networks, and Policy Streams: Privatization in Britain and Germany, *Policy Studies Review*, pp. 71 – 98.

Cobb, Roger W., & J-K Ross et al. (1976), Agenda building as a comparative political process, *American Political Sciences Review*, vol. 70: pp. 126 – 138.

Kingdom, J. W. (1984), *Agenda, Alternatives, and Public Policies*, Little Brown, Boston, Massachusetts.

Jones, Charles (1984), *An Introduction to the Study of Public Policy*, 3rd. ed. Belmont, Calif.：Wadsworth.

Adams, James L. (2001), *Conceptual Blockbusting：A Guide to Better Ideas*, Perseus Books Group.

黄健荣：《政策、决策及其研究》，《理论探讨》2001年第1期。

陈振明：《政府工具研究与政府管理方式改进》，《中国行政管理》2004年第6期。

陈振明：《政府工具研究的新进展》，《东南学术》2006年第6期。

黄健荣、叶芬梅：《知识公务人：政府官员角色跃迁的新愿景》，《公共管理学报》2006年第4期。

黄健荣：《决策理论中的理性主义与渐进主义及其适用性》，《南京大学学报》（哲学社会科学版）2002年第1期。

〔美〕蒙哥马利·范瓦特：《公共管理的价值根源》，《经济与社会体制比较》2002年第4期。

第6章
公共部门人力资源管理

PUBLIC MANAGEMENT

[学习目标]

通过本章学习,掌握人力资源、人力资源管理特别是公共部门人力资源管理的涵义、性质和功能;认识公共部门人力资源管理兴起的原因、目标任务和主要职能,公共部门人力资源开发的重要性和主要路径;中国公务员制度的建立和发展的进程,其基本原则与制度建构。

[重点难点]

公共部门人力资源管理的性质及特点;从人事管理到人力资源管理之嬗变的原因和意义;公共部门人力资源管理的目标和基本职能;公共部门人力资源开发的主要方式;中国公务员制度创新与优化之路径。

随着人类社会由工业经济时代走向知识经济时代,人力资源日益成为决定一个国家、一个组织存续发展、获取竞争优势的关键性因素,人力资源管理的重要地位日益彰显。公共部门人力资源管理,是保证公共管理能够良好运行以实现其管理目标的前提和基础。当代各国公共部门在促进社会政治经济的稳定与发展,协调、整合各种利益关系,解决群体矛盾冲突,维护社会公正与公平,应对全球化时代日趋激烈的国际竞争等方面都面临重大挑战,因而迫切需要以政府为核心主体的公共部门不断提高其管理能力和管理效率。实践表明,公共部门的管理能力和管理水平在很大程度上取决于公共部门人力资源的质量，而要获取和维系高质量的人力资源也就取决于公共部门人力资源开发和管理的效率和效能。因此，在全球化和知识经济时代的背景下，高度重视公共部门人力资源管理与开发无疑具有特别重要的意义。

6.1 公共部门人力资源管理概述

人力资源管理理论产生于并首先应用于企业管理领域，但这并不意味着人力资源管理的理念只适用于企业管理领域，其基本精神和方法同样也适用于公共部门的人事管理。在当代，随着人力资源管理的理念及模式引入并应用于公共部门，在公共部门相应地出现了由传统人事管理到人力资源管理的嬗变。

6.1.1 人力资源的含义及其特点

人力资源（Human Resource）这一概念，最早可以追溯到被马克思誉为"政治经济学之父"和"最有天才的和最有创见的经济研究家"的17世纪英国古典政治经济学家威廉·配第。配第将人视为创造劳动价值的生产要素中第四个特别重要的要素。其后，亚当·斯密在《国富论》中，将人工技能的增强视为促进经济进步和福利增长的基本源泉。然而，这些有关人力资源的概念和思想被当时的主流经济学思想所湮没。1954年，管理学家彼得·德鲁克在《管理的实践》一书中提出管理的三个更广泛的职能：管理企业、管理经理人员和管理员工及其工作。在讨论管理员工及其工作时，德鲁克引入了"人力资源"这一概念。经济学家西奥多·W.舒尔茨在20世纪50年代末提出人力资本的概念，说明人力资源质量的改进对高速经济增长的作用，随后比较全面系统地提出了人力资源发展的理论，奠定了现代人力资源管理的基础，并因此获得1979年诺贝尔经济学奖。舒尔茨特别强调人力资本投资的重要性，认为这是经济迅速增长的主要原因。他指出，人类的未来不取决于空间、能源和耕地，它将取决于人类智力的开发。[①]之后，贝克尔和哈比森又将人力资本理论推向一个新的发展高度。时至今日，"人力资源"已经成为管理科学研究领域的一个重要概念。一般来说，人力资源是一个与自然资源或物质资源相对应的概念，有广义和狭义之分。广义的人力资源是指一切可能成为生产性要素的人口，即有工作能力或将会有工作能力并

---

① 参阅〔美〕西奥多·舒尔茨《人力投资》，贾湛、施炜译，北京，华夏出版社，1964。

公共管理学

愿意为社会工作的人。狭义的人力资源则是指一个国家、一个地区乃至一个组织在一定时期能够作为生产性要素投入到社会财富创造过程中的所有具有劳动能力的人的总和。在宏观意义上，人力资源由数量和质量两个基本方面构成。人力资源的数量是指具有劳动能力，能从事一定体力或智力劳动的人口的数量构成。较之于人力资源的数量，人力资源的质量则具有更为重要的意义，它集中体现了人力资源的质的规定性，反映一个国家、地区或组织人力资源的体力、智力，以及知识、能力的一般状况。

相对于自然资源或物质资源，人力资源具有以下特点。

（1）社会性。人力资源以有生命的自然人为载体，但人具有社会的属性。一个社会特定的政治、经济、文化背景不仅会影响、制约这个社会人力资源的总体状况，而且也必然会影响、制约每一个具体的个人。这意味着人力资源的形成、配置、使用、开发等必须要通过社会，依赖于社会，同时受制于社会。

（2）能动性。人具有主观能动性，人不仅能被动地适应环境，而且能主动地改造环境。在社会生产过程中，其他的物质资源，只有通过人，才能发挥其作用，为人所用。人力资源能动性最突出的表现就在于人具有创造性，人的创造能力是促使人类不断发展、进步的根本动力。

（3）时效性。人力资源以有生命的人为载体，因此人力资源的形成、开发、使用必然受到人的生命周期的制约。另外，构成人力资源主要内涵的知识技能也具有时效性。在当代，由于知识、科学技术更新的速度不断加快，人力资源的时效性尤为突出。

（4）再生性。人力资源属于再生性资源。一方面，基于人类种族的繁衍，人力资源可以不断地再生产出来；另一方面，人的体能在消耗后，可通过休息和补充能量得到恢复；同时，人的知识、技能也可以通过不断的学习、培训得到更新。

（5）资本性。人力资源作为一种经济资源，具有资本的属性。人力资源首先是投资的结果，是资本运作的产物，另外作为资本，人力资源的投入能给投资者带来回报，人力资源在使用过程中也会出现磨损。当然，由于人力资本是一种活的资本，是劳动者自身能力、价值的资本化，因此它也有其特殊性，可以自我利用，自我增值，并且相对于一般实物资本所表现的收益递减规律，人力资本往往呈现出收益递增的规律。

6.1.2 人力资源管理与公共部门人力资源管理

人力资源管理（Human Resource Management，简称HRM）可以区分为宏观与微观两个层次。宏观人力资源管理是政府对整个国家或地区所拥有的人力资源进行宏观意义上的管理活动，即全社会的人力资源管理。它是政府的一项重要管理职能，主要指政府通过制定一系列制度和政策，采取必要的措施为人力资源的形成和开发利用提供条件，对整个社会范围内的人力资源配置进行协调和调控，从而使人力资源的开发利用满足社会经济发展和公共生活有效运行的要求。宏观人力资源管理的内容主要包括：宏观的人力资源状况预测、规划，就业政策的制定与就业管理，社会人力资源投资与投资政策制定，收入政策及其调节机制的设定，劳动与社会保障，组织并协调劳务输出与输入，人力资源管理法规的制定与实行等。微观人力资源管理主要指公共组织、企业或事业单位对其内部人力资源所进行的开发、配置和使用等管理活动。

本章所涉及的人力资源管理主要是微观层次的，即以政府部门为主体的公共部门的人力资源管理。公共部门是履行管理社会公共事务职能的组织实体。因此公共部门人力资源就是指在公共部门中履行管理社会公共事务职能和提供公共服务的所有工作人员的总和。迄今为止，由于政府一直是履行公共管理职能的核心主体，因此政府工作人员尤其政府公务员无疑是构成公共部门人力资源的最重要的组成部分。

人类的活动只要是以组织的形式存在，就必然需要对组织成员进行协调与管理。人力资源管理最根本的理念，就是要求组织把员工视为一种维系组织生存和发展的关键性资源来进行其管理活动。在现代社会，人力资源管理已经成为组织管理活动中的一项基本的管理职能，也是组织实现其目标的基本前提。从一般意义上说，人力资源管理就是指组织为实现管理目标而对其内部人力资源所进行的规划、获取、维持、开发、激励和评估等一系列管理行为。因此，公共部门人力资源管理就是指公共部门为了履行公共管理职能，实现和维护公共利益，而根据国家相关法律政策的规定，对公共部门人力资源所进行的规划、获取、维持、开发、激励和评估等一系列的管理活动和过程。由于公共部门、尤其政府部门是一个由多层级和多元体系的部门机构组成，是纵横管理幅度都很大的复杂的有机整体，公共部门的人力资源管理同样可以区分为宏观和微观两个层面。从宏观方面来说，政府需要对整个公共部门的人力资源状况进行预测、规划，制定和实施相关的法律、法规和政策。微观层面的公共部门人力资源管理则是指具体的政府工作部门、行政组织，以及其他公共组织，依法对其所需的人力资源所进行的开发和管理活动。当然，在实践中宏观与微观两个层面的公共部门人力资源管理并非截然分开，而是需要有机结合，共同构成能够有效运行的公共部门人力资源管理系统。

公共部门人力资源管理具有一般人力资源管理的共性，但由于公共部门自身的特点，公共部门人力资源管理更有其特殊性。这些特殊性主要表现在以下五个方面。

第一，利益取向的公共性。公共部门具有公共性，其存在的理由在于履行公共职能，管理社会公共事务，满足社会公共需求，实现社会公共利益。如果说私人部门，或者企业的人力资源管理，其主要目标是追求企业自身利益的最大化，那么公共部门的人力资源管理，则不允许谋求公共部门的自身利益。公共部门不应当有自己的私利，而应当服务于社会公众，致力于实现社会公共利益的最大化。因此，公共管理，包括公共部门人力资源管理，必须以公共利益为其最根本的价值取向。

第二，管理行为的政治性。以政府为核心主体的公共部门掌握社会公共权力，在社会价值的权威性分配中起关键性作用，因此较之于私人部门的人力资源管理，公共部门人力资源管理不可避免会具有显著的政治性色彩。对于公共部门而言，人力资源管理不仅仅是一项纯粹的技术性工作，在很多时候、很多方面它实际上直接涉及公共权力等政治资源的分配和调整，而这本身就是一种政治行为。

第三，管理内涵的复杂性。由于现代社会公共生活的要求，公共事务的管理日益细化和复杂化，这使得以政府为主体的公共部门的组织结构日益成为一个功能繁复、条块层级交错，节制关系复杂的庞大体系。这就决定了公共部门在人事管理权限的划分，人力资源的获取、开发、配置、使用和评估激励等方面都具有与工商企业组织等政府体制之外的各种组织无法相比的复杂性。

第四，绩效管理的困难性。公共部门的产出是公共物品和公共服务，大多数这样的公共物品公共服务具有非竞争性、非排他性的特点，无需通过市场就可以消费。而且，一方面，这样的产品供给的价值取向是多元的，另一方面这些产品往往难以量化，甚至难以确定个人甚至部门机构在其中贡献的份额。因此，对公共部门的人力资源进行绩效管理存在较多的困难。

第五，法律法规制约的严格性。公共部门人力资源掌握公共权力，而公共权力是一柄双刃剑，它既可以用来实现公共利益，也可以用来谋取个人私利。为防止公权私用、权力寻租或权力滥用，从而损害公共利益，就必须高度重视对公共部门人力资源的监督制约。为此，需要构建一系列完整严格的法律法规对公共部门人力资源严加约束管理，并建构和强化公务人员责任制和问责机制。同时，在公共部门人员的招聘、选拔、任用、考评和晋级各个环节上，都必须严格依法管理，严格把关，确保选贤任能，公正公平，防止和惩治腐败，从而维护公共部门的权威性和合法性。

6.1.3 由传统人事管理到现代人力资源管理的变迁

人类既是生物性的存在，更是社会性的存在。人类共同的社会生活决定了人类要协调、整合人与人、人与事之间的关系，必然需要相应的组织管理行为，这构成了人类管理活动的最初起点。但在相当长的一段时间里，人类有关人事关系的管理，一直停留在经验主义的、非科学的层面。

18、19世纪西方资产阶级工业革命以后，随着资本主义机器大工业的出现，资本主义工商业规模的不断扩大，客观上就需要有科学的、系统化的管理理论和管理模式来指导现实的生产实践活动，以提高生产效率。因此，在19世纪末20世纪初，人事管理作为一种重要的管理行为正式进入企业的管理活动领域，许多学者都把这一时期作为现代人事管理的开端。20世纪初，出现了泰勒的科学管理理论。泰勒在一系列试验的基础上，提出了"劳动定额"、"工时定额"、"工作流程图"和"计件工资制"等一系列科学管理制度和方法，第一次把科学管理的理念引入到人事管理中，揭示了人事管理与劳动生产率及工作绩效之间的关系，由此导致了现代人事管理理论与实践上的一次革命。一般说来，这一时期人事管理的主要目的是激励、控制和提高员工尤其是新员工的劳动生产率水平。

20世纪30年代梅奥等人的霍桑实验，为人事管理的发展进一步开拓了新的方向。霍桑实验证明，员工的生产率不仅受工作设计和员工报酬的影响，而且受到许多社会和心理因素的影响。因此，有关工作中的人的假设发生了变化，工业社会学、人际关系学、工业关系学和行为科学等新兴学科应运而生，大量的研究成果在人事管理领域得到了广泛的应用，并推动了人事管理的迅速发展。到20世纪中期，传统的人事管理理论及其模式逐步发展成熟，其主要内容包括员工招聘、上岗培训、工时记录、报酬支付、在岗培训和人事档案管理等。人事管理的职能不断拓展，人事管理的地位不断上升。但是总的来说，传统的人事管理依然没有形成完整而严密的理论体系，仍是一系列对人的管理活动的集合。

从20世纪50年代开始，随着人类经济社会的不断进步以及现代科学技术的飞速发展，人事管理的内容也不断得到扩充，工作重点逐步发生转移。在此过程中，人们逐渐意识到，劳动者不仅仅是一种成本，更是一种创造社会财富的资源，甚至是第一资源。于是，从传统的以人力为成本的管理到以人力为第一资源的管理的嬗变应运而生。人力资源管理逐渐成为一种发展趋势并越来越多地受到人们的关注。1954 年，彼得·德鲁克（Peter F. Drucker）在其《管理的实践》一书中首次提出"人力资源"这一概念。在这部著作中，德鲁克提出管理的三个更为广泛的职能，即管理企业、管理经理人员和管理员工及其工作。而在讨论管理员工及其工作时，德鲁克引入了"人力资源"的概念。怀特·巴克（E. Wight Bakke）于 1958 年出版了《人力资源功能》一书，详细阐述了人力资源的问题，并把管理人力资源作为管理的普通职能进行探讨。根据巴克的观点，人力资源职能包括人事行政管理、劳工关系、人际关系以及行政人员的开发等各个方面。1964 年，皮格尔斯（Pigors）等人出版了《人力资源管理：人事行政管理读本》一书。该书强调这一观点：管理人是管理的中心，是第一位的。他们把"人力资源管理"看成是比人事管理更广泛和更全面的一个概念。从 20 世纪 50 年代到 60 年代初，人事管理开始向人力资源管理转变。70 年代，"人事管理"广泛地被"人力资源管理"所取代。这种取代不仅是术语的变化，更具有十分丰富的实质性意义。1984 年，亨特提出了人事管理重点转移的设想，引起人事管理有关人员的广泛注意，并最终导致了人事管理向人力资源管理的转变。[1]

从一般意义上说，传统的人事管理（Personnel Management，简称 PM）是指在特定的组织中，对"人"及"人与事"、"人与人"关系的管理，是在一定的管理理念和管理原则的指导下，通过组织、协调、控制和监督等方式，进行人与事、人与人之间的协调，以实现组织管理目标的活动。尽管传统的人事管理是对"人与事"、"人与人"之间关系的管理，但是在很大程度上它关注的重心是事，而不是人；而且即便是对人的关注，也是把人视为达成目标需要付出的成本。因此，这种管理模式的局限性主要是对人的主观能动性的忽视和对人这一宝贵资源开发的忽视。人类社会的各种管理理念和管理模式的产生发展归根到底是由社会经济生产和生活方式的需要所推动的，经济发展形态和社会生活形态的变化必然导致它们发生相应的改变。传统的人事管理模式是与工业化大生产相适应的工业经济时代的产物，而正在取代传统人事管理制度的人力资源管理模式则是全球化时代知识经济兴起的必然结果。

人力资源管理由传统的人事管理发展而来，前者是对后者的承继、拓展、深化与超越。人力资源管理较之于传统的人事管理主要有以下几方面区别。第一，

---

[1] 赵曙明：《人力资源管理研究》，北京，中国人民大学出版社，2001，第 7~10 页。

管理理念。人事管理往往把人视为达成组织目标的工具，把人视为产出前所必须付出的成本；而人力资源管理则把人视为一种资源，并且是最重要的、最宝贵的第一资源。由此又进一步导致二者在管理重心上的不同，人事管理以"事"为中心，人力资源管理则以人为中心。第二，管理视野。人力资源管理更具有战略性和前瞻性，更关注组织的长远发展，重视人力资源的规划与开发；而人事管理则更注重当前的事务性工作，一般是短期导向而不是关注全局性的发展战略。第三，管理内容。传统人事管理的内容主要包括人员的招聘、录用、考核、奖惩和薪酬等活动；人力资源管理的内容则更为丰富，不仅包含了人事管理的基本内容，而且还需要进行人力资源的规划、开发和激励等重要活动。第四，管理体制。人力资源管理体制更具有灵活性和适应性，采取人性化的平等互动的管理方式，并注重培育和激发员工对组织的认同感、归属感、使命感和责任感，强调发挥员工的主动性和积极性；而人事管理则往往把员工视为规制、支配和监控的对象，管理体制僵化，缺乏灵活性和回应性。

时至今日，公共部门在人力资源管理方面也正在发生这样的重大转变，并在全球范围迅速发展。从以下美国和中美洲国家公共人事管理历史发展变迁的进程可窥一斑（表6-1、6-2）。

表6-1 美国公共人事管理历史的演进

阶　　段	支配性价值	占统治地位的人事制度	变革的压力
一 (1789~1883)	回应性	恩赐制度	现代化 民主化
二 (1883~1933)	效率个人权利	公务员制度	回应有效的政府
三 (1933~1964)	回应效率个人权利	恩赐制度 公务员制度	个人权利 社会公平
四 (1964~1992)	回应效率 个人权利 社会公平	恩赐制度 公务员制度 集体谈判制度 肯定性行动制度	四个相互竞争的价值和制度之间的动力均衡
五 (1992~现在)	个人责任 分权的政府 社区责任	可选择的组织和机制 有弹性的雇佣关系	反政府价值的出现

资料来源：Freedman, A. (1994), Commentary on Patronage, *Public Administration Review*, v.54, 313; Nalbandian, J. (1981), From Compliance to Consultation: The Role of the Public Personnel Manager, *Review of Public Personnel Administration*, 1, 37-51.

表 6-2 中美洲国家公共人事管理的发展

阶段	支配的价值	占统治地位的人事制度	变革的压力	转型的里程碑
一	回应	恩赐制度	现代化 民主化	
二	效率 个人权利	公务员制度	现代化 民主化	公务员法的通过 公务员管理机构 建立有效的人事政策与程序
三	回应效率 个人权利	恩赐制度 公务员制度 集体谈判制度	三个相互竞争的价值和制度之间的动力平衡	在适当的水平上的公共雇佣；政策在权利与效率、中央与地方、弹性与正式制度之间的平衡；三个相互竞争的价值

资料来源：Kearney, R. (1986), Spoils in Caribbean: The Struggle for Merit-based Civil Service in the Dominican Republic. *Public Administration Review*, 46, 144-151; Ruffing-Hilliard, K. (1991), Merit Reform in Latin America: A Comparative Perspective in a Faramand (Ed.), *Handbook of Comparative and Development Public Administration*. New York: Marcel Dekker.

从以上国家公共人事管理历史的演进和发展中可以看出，公共人事部门正积极谨慎地迈入现代人事行政的新时代。随着人事管理部门之功能越来越被视为人力资源制度的发展与管理——这涉及不同价值的相互协调，它们需要逐渐克服那种传统的固执，突破以往公务员制度的种种局限。

6.1.4 公共部门人力资源管理的目标和任务

有效的人力资源管理是实现组织管理目标的根本前提。人力资源管理必须服务于组织的发展战略，其最终目的是要运用各种管理手段、各种管理的方式方法实现人与人，人与事之间的相互协调，最大限度发挥人的潜力，使组织获取更大的竞争优势，从而更有成效地实现组织的管理目标。公共部门致力于管理社会公共事务，提供公共产品，实现公共利益，因此公共部门人力资源管理核心使命就应当是为公共部门实现其公共服务职能提供人力资源保障。其基本的目标定位应当是：获取和开发公共管理运行所需要的各类人才，为公共部门的高效运行提供充足、合格的人力资源支持；建设廉洁高效的公共部门人力资源队伍，满足经济社会发展对公共事务管理运行的需求；不断深化公共部门人力资源管理体制和管理方式的改革创新，创造有利于人才成长，有利于公务人员自身发展和价值实现的组织环境。

定位于这样的基本目标，公共部门人力资源管理需要从如下六个方面作出努力。第一，建立和完善公共部门人力资源的管理体制和管理机制，这样的体制和机制应有利于通过正强化和负强化的方式，激励公务人员奋发有为，使能者上，庸者下，失职和渎职者受到责任追究，创造一个让优秀人才脱颖而出的制度环境。第二，广开渠道，选贤任能，不拘一格选拔适合公共部门需要的各级各类德才兼备的人才，及时为公共部门补充新鲜血液，从而为组织的未来发展提供充分的高质量的人力资源保障。第三，合理配置、使用公共部门人力资源，优化人力资源结构，努力做到事得其人、人适其事、人尽其才、才尽其用，实现公共部门人力资源效用的最大化。第四，建立、健全公务人员的培训开发体系，实施对公务人员的系统的定期的培训教育，不断发现人才，培养人才，不断促进公务人员的专业知识和专业理论学习，促进公务人员职业道德操守的完善，全面提高公务人员的综合素质。第五，确立以人为本的公共部门组织文化。强调以人为中心，尊重人，关心人，信任人，不断增强公务员队伍的凝聚力和使命感，激发员工潜能，最大限度地调动员工的主动性、积极性和创造性。第六，建立和强化监督和问责机制。防止公务人员在执行公务中越位错位和以权谋私至关重要。因此，必须建立和强化对公务人员的监督和问责机制，特别要引入体制外的监督和问责力量，促使公务人员能恪尽职守，廉洁奉公。

6.2 公共部门人力资源管理职能

如前所述，公共部门人力资源管理是公共部门的一项重要管理工作，它有其自身特定的职能任务。罗纳德·克林格勒和约翰·纳尔班迪认为，在公共组织中，人力资源管理的基本职能有四项：人力资源规划（planning）、人力资源获取（acquisition）、人力资源开发（development）和纪律与惩戒（sanction），简称PADS（表6-3）。

具体而言，公共部门人力资源管理主要包括以下一些基本职能。

表6-3 公共人事管理的职能

职能	目标	层次		
		选举和任命的官员	直线管理者及其上级	人事主管和人事专家
人力资源规划	预算准备和人力资源计划；在政府雇员之间划分与分配工作任务（工作分析、职位分类、工作评估）；决定工作的价值（工资或薪酬）	评估收入，确定项目优先性	在预算计划内，成功完成任务	描述工作，执行报酬和福利计划

续表 6-3

职能	目标	层次		
		选举和任命的官员	直线管理者及其上级	人事主管和人事专家
人力资源获取	招募、选录、甄选政府雇员	对指导选录进程的价值施加影响	雇佣和解雇雇员	制定雇佣规划和程序
人力资源开发	适应、培训、激励及评估雇员，提高其知识、技能与能力	确定机构、项目目标和优先性	确保雇员有明确的目标、技能、沟通反馈和奖励	制定人力培训和评估系统
纪律与惩戒	确立、保证雇员和雇主之间的期望、权利与义务的关系；建立惩戒途径与雇员申诉程序、健康、安全以及雇员宪法权利等	制定恰当的人事制度	建议、训导雇员与相关政策	制定违禁药物测试政策和项目，惩戒

资料来源：Donald E. Klingner, John Nalbandian (1998), *Public Personnel Management: Contexts and Strategies (Fourth Edition)*, Prentice Hall, INC. pp. 3-41.

6.2.1 公共部门人力资源规划

公共部门人力资源规划就是公共部门依据其管理目标，对组织在一定时期内有关人力资源的需求、配置、使用、培训，以及经费预算等内容所做出的职能性的预测和规划。简而言之，人力资源规划就是对组织在未来一段时期内的人力资源工作所做的事先设计。在人力资源管理的各项职能活动中，人力资源规划是一项极具战略性和前瞻性的工作，它的引入和应用，意味着人力资源管理理念的更新，表明现代人力资源管理更加关注组织的战略目标和持续发展，立足于组织的长远发展。公共部门人力资源规划是保障公共部门顺利履行其职能，实现其目标的一个重要前提。一项有价值的人力资源规划应当具有内部和外部的两个一致性。内部一致性是指属于人力资源管理范畴之内的所有职能活动，诸如人力资源的招聘、甄选、配置、培训和薪酬等，在规划时就必须相互契合，彼此协调；外部一致性，则是指人力资源的规划应当是整个公共组织总体规划、总体战略的一个有机组成部分，并能有效地为实现后者所确定的目标服务。

较之其他类型的组织，公共部门人力资源规划有其特殊性。在公共部门人力资源规划过程中，需要与三个方面的制约因素协调：财政制约、政治理念与治理

第6章 公共部门人力资源管理

目标的制约、公共部门外部环境的制约。①财政制约。由于一个公共部门预算的70%通常被工资、福利等支出所占据，因此，最重要的预算项目往往是与人事和人员雇佣相联系的费用，人力资源管理是一种公共官员与预算方法在竞争优先者和项目之间分配资源的协调过程。②政治理念与治理目标的制约。依据现代的政治理念，从根本上说，公共部门之所以被建构和得以存续，是因为需要它通过行使公共权威并整合和优化公共资源的配置，来实现社会成员个体或分散的社会组织不能完成或不能很好完成的公共目标，如国防、基础设施、环境保护、公共教育、公共卫生，以及经济发展的宏观调控与社会收入的调节等。如若这些目标不能被很好地实现，公共部门存在的合法性就会受到质疑。因此，公共部门人力资源规划必须为实现公共部门的政治理念与治理目标服务，并与之协调。③公共部门外部环境的制约。公共部门人力资源管理的重要目标之一是使对雇员的需求与供给相一致，因此，人力资源规划还受到公共部门外部环境的约束。当公共部门的人力资源需要补充更新时，能够在人才市场上获取所需要的具备在公共部门工作的综合素质包括道德水准、专业知识、技术和能力等的雇员。

公共部门人力资源规划，按照不同的标准可以分为不同的类型。①按照规划的期限，可以分为短期、中期和长期三种。短期规划通常指6个月至1年的规划，短期规划的重点在经费预算与招聘方面，以保证目前的需要。中期规划一般指3~5年。长期规划一般在5年以上，有的可达二三十年甚至更长。长期规划侧重于组织的战略发展。②按照规划的性质，人力资源规划可以分为战略性人力资源规划与战术性人力资源规划。战略性人力资源规划从国家宏观调控和国家发展战略的高度出发，需要综合考虑人口、资源、环境、经济与社会发展等各方面因素。战术性人力资源规划一般指具体的短期的规划。③按照规划的范围，人力资源规划可以分为宏观人力资源规划和微观人力资源规划。前者是基于对公共部门人员整体结构和总量的考察，以及对组织结构和预算状况的分析，确定一个时期内对人员的总体需求，以求组织的职位与在职人员数量、素质结构在总体上达到平衡。微观人力资源规划是指各公共部门根据本部门工作岗位的需要和部门预算情况及发展方向，在工作分析的基础上，确定本部门在一个时期或财政年度内对人力资源的需求，制定出人力资源获取与配置的计划，并为公共部门总体人力资源的规划和管理活动提供支持的过程。

公共部门人力资源规划的内容如图6-1所示。

公共管理学

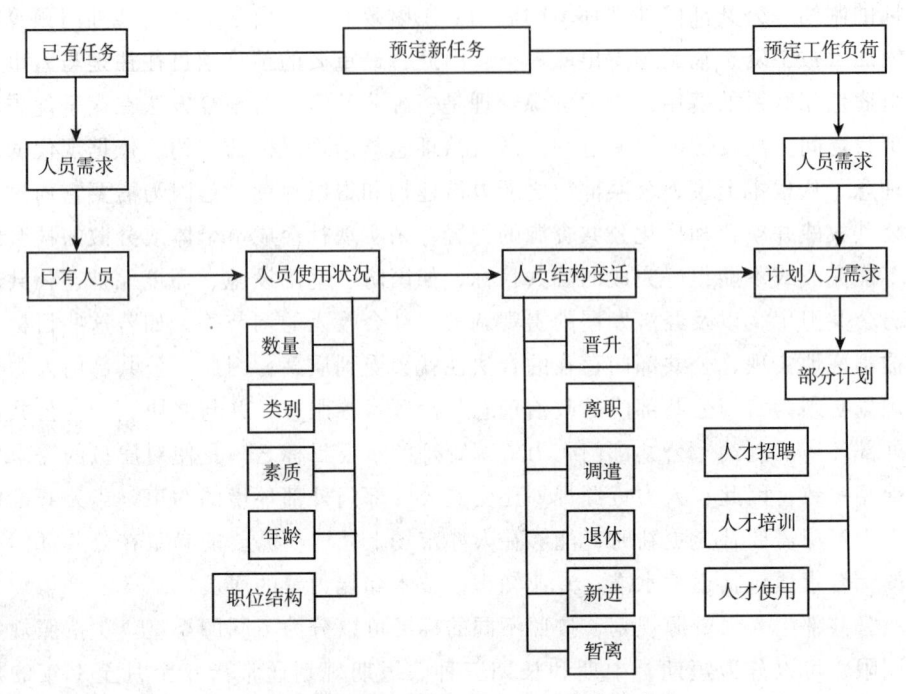

```
已有任务 ──→ 预定新任务 ──→ 预定工作负荷
   │              │              │
   ↓              │              ↓
人员需求           │           人员需求
   │              │              │
   ↓              ↓              ↓
已有人员 → 人员使用状况 → 人员结构变迁 → 计划人力需求
              │              │              │
              ├─数量         ├─晋升         ↓
              ├─类别         ├─离职       部分计划
              ├─素质         ├─调遣         │
              ├─年龄         ├─退休         ├─人才招聘
              └─职位结构     ├─新进         ├─人才培训
                             └─暂离         └─人才使用
```

图 6-1 公共部门人力资源规划的基本内容

资料来源：参见卢文刚主编《公共部门人力资源开发与管理》，北京，社会科学文献出版社，2006，第 96 页。

公共部门人力资源规划大体包括如下一些基本程序。①明确组织目标。人力资源规划必须明确并服从服务于组织的战略目标，为组织的有效运行和长远发展提供充分的人力支持和保障。唯有明确组织战略目标，人力资源规划才会有针对性和前瞻性，才有现实意义。②环境分析。任何组织总是在特定的环境中活动，组织的内外环境与组织的运行有千丝万缕的联系并对后者有重要的制约作用。因此，组织环境的分析是人力资源规划的基础条件。③人力资源存量分析。人力资源规划不仅要分析组织的外部环境，同时也必须对组织内部人力资源的存量状况，如数量、质量和结构等进行全面系统分析。分析的目的，一是充分挖掘组织现有的人力资源潜力，二是明确在多大程度上需要和如何改善组织人力资源的现状，优化组织人力资源结构和素质，以适应组织的当前运行和未来发展的要求。④人力资源预测。在明确组织目标，对组织外部环境及内部人力资源存量做出分析的基础上，需要进一步对组织人力资源的未来发展状况，特别是人力资源的需求和供给做出分析和判断,即做出人力资源需求的预测。⑤规划制定。人力资源规划的制定实际上就是把环境分析、人力资源存量分析以及人力资源预测所得出的判断和结论以书面形式加以表述和确认,形成规定性的计划方案,为后续的人力资源管理活动提供依据。规划的制定需要注意总体规划与各项业务计划之间及各业务计划之间的统一和协调。⑥人力资源规划的实施和评估。人力资源规划是组织实施公共部门人力资源管理行为的依据,人力资源规划只有付诸实施才有意义。由于公共部门组织内外部环境总会存在诸多不确定性,规划本身也不一定完全符合客观现实,因此需要在规划实施的过程中不断对实施结果予以评估,以便及时修正规划和实现规划目标,并为下一阶段人力资源规划的制定提供相关信息。

6.2.2 工作分析与职位分类

工作分析与职位分类是公共部门实施人力资源管理的一项基础性工作。人力资源管理的其他一些环节,如人力资源的获取、使用、晋升、培训、评估、薪酬等都必须以工作分析和职位分类为前提和依据。否则,人力资源管理就会流于主观随意性,其科学性和规范性就无从说起。公共部门机构众多,事务繁复,尤其需要通过工作分析和职位分类,对每个职位的职责权限做出明确规定,以保证公务人员在行使职权时有法可依,有章可循,能够各司其职、各尽其责而又能协调合作,从而有效防止公共部门运行中由于权责不清造成的扯皮推诿、人浮于事或互相掣肘的弊端,提高工作效率。

如上所述,一个组织要达成既定目标,需要组织成员既明确分工又协调合作。工作分析是对每一位职员的工作职位进行信息收集、记录的过程。工作分析的目的就在于确认一项工作的性质和任务,以及应由具备何种资质的人担负该项工作最为合适。工作分析主要包括两方面的内容:一是构成一项工作本身所包含的要素,如该项工作的使命和职能,实施该项工作的方式、方法和程序,以及所需要的工具、设备与工作环境等;二是从事该项工作者的资格条件,如专业理论和专业知识的储备、独立解决问题的能力、团队精神、道德水准、工作经历和经验、心理素质和身体条件等。工作分析的结果是职位说明书——对一项工作的性质、任务、责任、权限、条件、方法、程序和环境,以及任职者的资格条件等以文本形式做出明确规定。职位说明书应该包括以下信息:①任务;②工作条件;③绩效标准;④知识、技能和能力;⑤资格。职位说明书应对完成该职位责任的最低知识、技能和能力及资格条件(教育、经验或其他方面)做出说明,如表6-4所示。

公共管理学

表6-4 职位说明书

打字员/接待员		
运营支持部门		
职位编码：827301-2		
工资等级：GS-322-4		
责任：在部门主管的指示下工作，属操作支持部门		
任 务	工作条件	绩效标准
打印信件	配置IBM的PC机、软件及机构工作手册	两小时之内，打完所有信件，无错误
接待来访者	部门主管会见日程安排	不出现预约来访者抱怨等待太久等情况，前提是主管准时约见
整理文档	使用DBM应用软件，接受主管的指令	每周更新档案，必须准确、完好
所要求的知识、技术及能力条件		
打字速度达到40单词/分钟；		
有礼貌；		
熟练使用Word perfect, Lotus 1-2-3等软件。		
最低资历要求		
高中或同等学力		
两年文字处理经验，特别是能应用Word perfect软件；		
一年数据库管理经验，特别是有使用Lotus 1-2-3软件的经验。		

资料来源：Klingner, Donald E., John Nalbandian (1998), *Public Personnel Management: Contexts and Strategies*, 4th Edition, Prentice Hall, INC. p. 112.

在工作分析的基础上，还需要进行职位分类。职位是组织结构中的基本元素，它是根据组织目标需要而设置的具有一个人工作量的单元，是职权和责任的统一体。职位的存在是由组织的任务和目标所决定的。职位的设置以"事"为中心，而不以"人"为中心，也就是说，一个职位在不同时间可以由不同的人担任。人事管理的历史也可以看作是工作分类发展的历史。起初，工作分类有双重目标：对政府的人事管理实施外部控制，同时在内部实施机械的管理运作。此二者均起源于对科学管理和行政科学的应用。在这里，层级控制意味着所有职位即是被分类之标的，这个新领域的名称就是职位分类。从这样的背景来看，职位分类就是根据职业类别（occupation）或职责水平（level of responsibility）的不同，而对组织职位进行分类管理的过程。可见，职位分类就是将所有的工作岗位，按工作种类和业务性质横向划分为职系、职组和职位，然后再把各职系中的职位按职权范围、责任轻重、工作难易、资格条件等纵向划分为若干职级，以及把不同职系中的相应职位统一职等。职位分类是实现科学的人力资源管理不可或缺的环节。基于职位分类制，原则上凡属同一职级的所有职位均可在考试、任用、考核、晋升和薪酬等各方面适用于相同的管理标准和管理办法。由此，可以使公共部门的人力资源管理达到公开、公平和简化的目的。

罗纳德·克林格勒和约翰·纳尔班迪将工作分析与职位分类的方法归纳为以下四种。

（1）要素评分工作评估法（point factor method）。这是迄今最为通用的方法，它以工作难度这种绝对标准对工作进行比较，其中包含几个预先确定的工作价值因素（job worth factors），从而能够定量化地、更为简易地进行工作比较。该方法运作的要点包括：对其组织内的所有工作进行分析；挑选一些能够测评所有职位工作价值的要素；测评这些工作因素各自所占的比重，如某项工作的最高价值可以设为100；为每项工作价值要素测定与定义不同的质量层次标准（quality level），并在此要素内为每一质量层次分配分值；测评每项工作因素的价值分值，并计算出总的分值；在与其他地方相似职位进行比较的基础上，为其标杆职位设置较为实际的工资幅度；以市场比率为准，确定标杆工作职位的工资，对于其他工作则依据相对总分值给付工资。如表6-5。

表6-5 要素评分工作评估范例

工作价值因素：技术（30分），工作条件（30分）以及职责（40分），总计100分。
质量层次
技　　术：30——具备专业知识与独立的判断能力
20——具有技术知识，需在监督之下工作
10——具有某些技术知识，需要在高度的监督之下工作
工作条件：30——长期在不愉快或危险的环境之下工作
20——偶尔在不愉快或危险的环境之下工作
0——办公室工作
职　　责：40——做出能够影响一项主要的计划领域的决策
25——做出能够影响一个部门之决策
10——做出的决策可能影响到对个别顾客提供的服务

薪酬的因素						
职　位	技　能	工作条件	职　责	总　计	薪金（美元）	
市　　　长	30	0	40	70	35000	
警察局局长	30	0	25	55	27500	
副 队 长	30	10	25	65	32500	
警　　官	20	10	10	40	20000	
警　　员	10	30	10	50	25000	

公共管理学

（2）品位制度。传统上，品位制度适用于军队、某些准军事组织以及大专院校。品位制度不同于传统工作分类与评估（职位分类制度），因此，其中心不再是某个职位的职责，而是雇员的知识、技能和能力。在职位分类制之下，所有雇员均依照职位类型与职责水平进行分类，这些要素与工作分析、职位分类和评估紧密联系在一起。在品位制度下，雇员升迁的依据是他们所具有的技术、知识、经验及教育背景。由于在品位制度下，等级是根据人而非职位划分的，因此，雇员可以在部门内部自由流转而不影响其工资或地位。同时，它还使根据工作所需要的特定技能来配置人员成为可能。这些特征为组织运用品位制度提供了灵活性，并且，它能更有效地利用丰富多彩的人力资源，真正做到"人适其才，位得其人"。

（3）市场模式。这是一种在小型的私人企业中应用最为广泛的方法，它的核心在于预算管理（management to budget）。也就是说，为了完成机构任务，管理者可以根据其需要雇佣的雇员的数量，来由他们决定工资水平。雇员（以及管理者）全部基于短期绩效合同得到聘用。因此，成功的管理者是那些能够招聘到合适的雇员、付给他们恰当的工资、能够利用他们高效地达到机构使命的人。而成功雇员的标志则是，能够签订一份任务导向合同，在劳动力市场上正确地评估自己的价值，并能把自己"推销"给雇主。这项制度的有效性建立在雇主的财政能力之上。这一模式常用于私人部门，还常与职位评估制度一并使用，以保证其有效实施。尽管私人部门不像公共部门那样，有来自外部的行政和立法的控制，但不管政治性质的职位还是合同性质的职位，都要以此为基础，即有关工资或合同的条款能够通过个体的政治任命或合同的批准过程得以确立。

（4）宽带制（grade banding）。这一制度是近年来刚出现的一种管理方式，它创设于20世纪80年代，最先由美国的一些私营公司，如花旗银行、通用电器、施乐公司、美国电话电报公司所采纳。1981年，作为一项经文官改革法案授权的研究革新措施，宽带制被联邦政府引入。在一个拥有数十个薪等及上百个职业分类的组织，宽带制将职务安置在宽幅的职业分类表和少数的薪资带中，如分为"训练层"（training level）、"完全绩效层"（full performance）及"专家绩效层"（expert performance level）三种。在此宽泛的区分区域之内，管理者拥有自主处置权限，而不必就无休止的重新分类等要求取得人事部门之批准。同时，它还减少了雇员的职业流动层阶，从而使其职业发展更为清晰。[1]

---

[1] Klingner, Donald E., John Nalbandian (1998), *Public Personnel Management: Contexts and Strategies*, 4th Edition, Prentice Hall, INC. pp. 113-119.

6.2.3 公共部门人力资源获取

公共部门人力资源获取是公共部门为实现组织目标，通过招募、甄选和录用等程序，吸收适当人选补充组织职位空缺的运作过程。人力资源的获取，实际上是对录用人员所拥有的专业知识、技能和能力的获取。人力资源获取是人力资源的入口管理，即对进入组织的人员进行选择把关，因此它是构成公共部门人力资源管理的一个重要环节，直接关系到组织人力资源的质量。有效的人力资源获取工作能够确保组织得到合格的、高质量的人力资源，从而有助于提高组织的效率和效能，降低组织的管理成本，并为组织的长远发展奠定坚实的基础。公共部门掌握和行使公共权力，肩负管理社会公共事务、增进和维护国家利益与公众利益的重任，这对公共部门人力资源的素质提出了非常高的要求。因此，公共部门人力资源的获取工作必须坚持公开公平、竞争择优的原则。只有这样，才能保证公共部门获得真正德才兼备的优秀人才，并防止公共部门在招聘任用方面的腐败。

由于组织需补充人员的数量以及人员配置功能发生作用的条件，都可能是变化的和有差异的，因此，公共部门人力资源获取的模型也因环境的不同而各异。罗纳德·克林格勒和约翰·纳尔班迪将公共部门人力资源获取的模型归纳为四种：集中型、分散型、电子化型和合同外包型。①集中型。如果一个机构有好几千个雇员，如果不同的部门要雇佣大量办事员或相同性质职位的技术人员的话，那么，采用集中型招聘就比较有效。中央人事机构将有责任要求各机构的人事管理者对组织未来（下一季度或财政年度）所需的新雇员的种类和数量做出周期性的预测或估计。所有机构的人事需求，在进行职业代码和工资级别的分类之后都输入计算机，由此得出一个规划性的新雇员需求情况的总表。而后，中央人事机构将发布一个有关职位的公告，向潜在的工作申请者正式公布机构中所存在的职位空缺。[①] ②分散型。传统上，分散型招募可能发生在规模相对较小的机构中，因为，在这类机构中招募需求的数量有限，而且每个机构雇佣的是不同类型的雇员。在一些较大的单位中则经常被用于一个特定机构中所特有的专业性、科研性和行政性职位的人员招募。如果招聘是分散地进行的，除了与中央人事机构打交道是个限制因素之外，各个公共机构所经历的阶段，实质上和集中化招募所

---

① Klingner, Donald E., John Nalbandian (1998), *Public Personnel Management: Contexts and Strategies*, *4th Edition*, Prentice Hall, INC. pp. 197-198.

公共管理学

要求的阶段基本是相同的。机构的人事管理者将同机构的管理者直接合作,制定阶段性的招聘需求评估。在评估了对新雇员需求状况和机构的多样化目标之后,机构的人事主管将决定要进行什么样的招聘。分散型的招募可以使个体的机构能更多地控制招聘过程,并对口头招聘技术有更多的依赖。目前,一些机构使用的是分散型招募和集中型招募相结合的方式。① ③电子化型。互联网的发展使得机构和协会能够通过"职业银行"来为其空缺职位做广告,并且能够使申请者通过一个事实上存在的电子"招聘大厅"来投递简历并接受资格审查。例如,"美国职业银行"(American Job Bank)是可以建立联系的"职业银行"之一,它由美国劳工部与2000个州立就业服务机构共同合作建立。工作职位按照类别、州以及其他的方式被分类列举。职业银行还同许多其他网址进行了链接,其中包括州立的职业银行的链接。④合同外包分包型。在不牺牲组织核心能力的情况下,使用合同签订以获得规模经济的管理方式的不断增加,已经意味着各种部门机构正越来越多地选择和使用合同外包或分包作为一种招聘工具。尤其是,他们更有可能通过就业服务机构来雇佣临时性雇员,或者通过搜寻主管的公司("猎头公司")来招聘专业管理型的雇员。合同外包或分包的目的是为了节省招聘费用,同时,它也使组织能够将注意力集中于其独特使命的完成。将招聘和选录的职责交给临时的就业服务机构,使得这一过程被显著地缩短了。

基于人力资源需求预测及人力资源规划,一般而言,公共部门人力资源获取包括如下三个基本程序。①招募。人力资源招募是组织通过各种途径和方法获取候选人的过程,根据招募对象的来源可以分为内部招募和外部招募。内部招募主要是两种形式:一是提升,即将公共部门内符合条件的人员从低级职位提升到高级职位;二是调职,就是指职务级别不发生变化,把机构内部的人员从其原岗位调换到另一岗位。外部招募是指根据一定的标准和程序,从组织外部获取候选人的一种招募形式。②甄选。甄选是公共部门用人单位在招募工作完成以后,根据用人条件和用人标准,运用适当的方式,对所有候选人进行审查和选择的过程。公共部门人力资源的甄选需要坚持人必适岗、唯才是举和任职回避的原则。这里所说的"才"是德才兼备的人才,而不是仅指才能。③录用。甄选阶段之后,就进入录用合格人选的程序,这主要包括签订合同、试用、正式任用等环节。

国家公务员是公共部门人力资源最重要的组成部分,因此对于公共部门人力

---

① Award Winning Programs-interviews with the Winners (1993), *Public Personnel Management*, 22, 1-5.

资源的获取来说，最重要的任务就是国家公务员的考试录用。国家公务员制度发展至今，已经形成了一套比较完善的考试录用制度。在中国，根据《中华人民共和国公务员法》的规定，录用担任主任科员以下及其他相当职务层次的非领导职务公务员，采取公开考试、严格考察、平等竞争、择优录取的办法。主任科员以上职位的录用则不一定通过考试录用，而主要靠推荐、选拔、调配。此外，录用特殊职位的国家公务员，可以简化程序或采用其他测评方法。从中国目前公务员考试的实践来看，公务员录用考试大致有三种类型，即分级考试、外部竞争和内部竞争考试与双轮制考试。具体的考试形式主要有笔试、面试、模拟测试和技能操作测试等，其中，较为重要的是笔试和面试。从考试录用的一般程序来看，中国国家公务员的考试录用大体包括六个步骤，即编制录用计划、发布招考公告、对报考者进行考前资格审查、公开考试、对考试合格者进行录用考核、审批录用等。

6.2.4 公共部门人力资源绩效考核

公共部门人力资源的绩效考核是指公共部门依据一定的原则和标准，对其工作人员的工作能力、工作表现和工作效果所进行的考查与评价活动。绩效考核是公共部门人力资源管理的一个重要环节。通过考核，对员工的工作绩效做出考评结论，可以为公共部门人力资源管理的其他活动，如薪酬发放、职务调整以及奖惩和培训等提供客观依据。同时，考核本身也是一种激励因素，通过考核，让员工知道其成绩与不足，有利于强化其责任意识，明确努力方向，改进工作作风，这无论是对员工自身的工作与发展，还是对于组织运行的改善，都具有十分重要的意义。一般来说，管理层希望通过绩效考核过程达到如下目的。①促进与雇员的沟通，使其明确管理层的目标。绩效考核强化管理层的预期。在指导雇员明确目标之后，管理层的职责就是如何通过反馈过程使绩效与提出的标准相匹配。②激励雇员改进绩效。提供反馈或建设性批评的目的是为了改进绩效，那么绩效考核就应该鼓励雇员维持或者改进目前的工作绩效。③公平地分配诸如工资和晋升这样的组织奖励。组织的公正性和雇员工作生活质量的主要评判标准之一就是组织的奖励是否被公正地分配。④促进人事管理研究。如果工作已被准确地分析，如果以与工作相关的技能、知识和能力来选录人员，那么，他们最终的工作绩效就应该是令人满意的或更好。否则，就有理由质疑工作分析、选拔或者晋升的标准，或评价绩效考核体系本身是否存在缺陷。

绩效考核的实施需要一套考核指标体系，对于公共部门来说，由于不同的部

公共管理学

门工作性质和产出形态的复杂性，要设定一套科学、客观、具有可操作性的考核指标体系有很大难度。但就其基本的方面而言，主要包括德、能、勤、绩等内容。"德"主要指人的职业道德和伦理素质；"能"指人的能力素质，包括专业理论业务水平、分析和解决问题的能力等；"勤"指勤奋敬业的精神，包括出勤率、工作态度、工作作风等；"绩"指员工的工作绩效，包括工作的数量、质量，及其经济效益和社会效益等。要使绩效考核公平公正并具备可操作性，还必须对上述四方面考核内容的指标体系进一步细化，并建构和完善相关的方法和程序。本书的公共部门绩效管理一章中已对公共部门绩效管理问题做了较为详尽的讨论，公共部门人力资源的绩效考核的一些具体问题可以参考其中的相关部分。

6.2.5 公共部门人力资源激励

人力资源具有主观能动性的特点，如何充分发挥人的主观能动性，调动人的积极性，最大限度发掘人的潜力，激发人的工作热情，是人力资源管理的重要目标。影响员工工作表现的因素既有社会环境、工作条件等客观因素，也有知识积累、能力水平和个性心理等主观因素。此外，人的行为动机更会直接影响其工作积极性及努力的程度。因此，对员工工作的激励包括改善工作环境和工作条件，改善薪酬待遇，对员工予以培训提高，进行必要的心理辅导，以及激发和强化其工作动机等诸多方面。而所有这些，从根本上说，都是为了激发和增强员工进行积极和创造性工作的动机。所以，简而言之，公共部门人力资源管理过程中的激励就是指组织通过采取一定的措施激发和强化公务人员的行为动机，使其奋发有为以充分发挥其潜能的过程。

奖励和惩罚是公共部门人力资源管理所实施的两种主要的激励方式。奖励是指公共部门组织依据一定的标准、条件和程序，对在公务活动中成绩突出的工作人员给予物质或精神上的鼓励和嘉奖，而惩罚则是对失职、渎职或不负责任的工作人员实施处罚和制裁的活动。依据美国心理学家斯金纳的强化理论，强化可以分为正强化和负强化。奖励是正强化行为，可起直接激励作用，通过奖励员工符合组织目标的行为，可以使这种行为得到加强，从而更好地调动其积极性。惩罚则是负强化行为，起间接激励的作用，通过对不符合组织目标的行为实施惩罚，可以达到约束员工行为并以儆效尤的作用。奖励和惩罚作为公共部门人力资源管理的必要环节，它对于建设公共部门良好的组织环境，促进良性竞争与发展，调动公务人员的工作积极性，具有十分重要的意义。在实践中要有效发挥奖励和惩罚应有的激励功能，必须坚持公平公开、合理适度、奖励和惩罚相结合、惩罚与教育相结合等原则。

6.2.6 公共部门人力资源的薪酬福利

薪酬福利是人力资源管理的重要环节之一，是人力资源保障的基本措施，它与公共部门人员的激励与发展，及组织战略和组织目标的实现密切相关。公共部门的薪酬福利通常都要经由法律法规予以明确规定，管理的确定性相对较大。传统上，公务员薪酬制度的设计有一些前提性假设，即认为一个人的职务是一个最基本的测评单位；其职务与他人职务之间的关系是可以确定的；该职务的价值能够脱离占据该职位的人而得到评估。良好的薪酬福利制度是满足员工物质、精神需要的主要手段，它对于稳定公共部门人力资源队伍，增强公职人员对组织的认同感和归属感，激发公职人员的工作积极性，提高公共部门的工作效率具有重要意义。同时，在某种程度上，较好的薪酬福利待遇也是促使公共部门工作人员廉洁奉公的一种物质保障手段。

薪酬，又称工资和薪俸，是组织以货币形式对员工的工作付出，包括知识、技能、精力、体力和时间的补偿或报酬。在中国，公共部门的薪酬是指用人单位根据国家有关规定或劳动合同的约定，以货币形式直接支付给本单位员工的劳动报酬。由于经济发展水平、生活水平和风俗习惯的不同，各国的薪酬构成差异很大。但一般而言，薪酬的构成大致包括基本工资、奖金、津贴和补贴四个部分。基本工资是员工收入的主要部分，较全面地体现薪酬的功能，通常依据员工所在部门、职位、职务、职级以及员工的资历等条件计付。奖金是依据员工的工作表现所给予的效率工资，用以奖励和激励员工。津贴是对员工在特殊工作环境下工作所付给的附加工资，用以补偿员工在特殊环境下工作所造成的健康或精神等方面的损失或损害。补贴则是用以保障员工实际工资和实际生活水平在外部环境发生变化时不会导致实质性的下降，或是为了鼓励员工长期在本部门工作而设置的补助性工资，如物价补贴、工龄补贴等。

公共机构中的工资和薪金是由一系列的程序确定的，并取决于人事管理制度的类型以及法律和历史习惯的相互影响。对于公务员系统内的大多数职员而言，工资是由薪金调查所获得的信息而确定的，这种调查的目的是确立外部平等性。在美国，工资调查被用来作为就工资结构向立法机关提出建议及获得批准的基础。然而自20世纪80年代以来，由于人们不断质疑政府解决公共问题的能力，导致公共部门采取规模缩减及民营化等一系列改革措施来缓和公众情绪，公共部门使用以功绩制为基础的工资制度就直接产生于这场运动。塞格尔将现代公务员

公共管理学

制度模型中的"从注重长期（资历）视角向短期视角的转换"、"薪酬报酬中的绩效价值取向"和"各层次、类型福利的缩减"特征看作是影响未来文官薪酬政策与实践的主要因素,[①] 并将以上因素对公共部门薪金福利政策与实践的冲击用术语"新工资"（new pay）来概括。新工资制是后来私营部门普遍应用的做法。这个新出现概念的特征在哈罗德·雷舍尔所描述的模型中初见端倪：①日常薪金管理的职责由人力资源管理工作人员转移到管理者或监督者手中；②传统工资等级与幅度结构被更为广泛的宽带等级和幅度所代替；③"以职务定薪"（paying the job）让位于"以人定薪"（paying the person）；④绩效评估标准的多元化发展，侧重从更广泛的视角，包括同级、下属以及委托人/顾客等视角对当事人进行评估；⑤传统的针对个人的工资制，如今遭到强调团队精神和集体激励制度的挑战；⑥人们更乐于接受针对具体工作而"量体裁衣"式的工资制度，而不是传统上那种"一刀切"式的观念。[②] 这种新工资的基本构成因素可以通过"总工资包"（total compensation package）来解释，如图 6-2。

"总工资包"中还包含着各种福利。福利可以从广义和狭义两个方面理解，广义的福利几乎包括了人们所享受的一切物质待遇，其中也包括社会保险、社会救助和社会优抚等内容，涵盖了所有有关改善员工生活质量的公益性事业及所采取的措施。狭义的福利则专指社会保障体系中除社会保险、社会救济和社会优抚之外改善员工生活质量的各种措施。为了分析的方便，福利也可以被分为两类，即法定或强制性的福利和自由裁量的福利。所谓法定福利是指由法律赋予雇员的福利。裁量性福利则是指法律未明确规定，但雇主为了吸引或留住雇员而向其提供的某些福利项目。公共部门人力资源的福利是指公共部门为改善和提高公职人员生活质量而采取的各种措施，包括法定福利和裁量性福利。可见，由于公共部门人力资源的福利很多是由各单位根据自身经济实力、管理目标和员工的实际需要所自主建立，因此不同单位之间的福利内容可能会有很大差别。一般而言，公职人员福利大致包括带薪节日与假期、各种补贴或补助、各种优惠服务等。中国目前公职人员的福利措施主要有福利补贴和补助、探亲制度、休假制度、集体生活福利设施以及保险制度等。

---

① Siegel, G. B. (1992), *Public Employee Compensation and Its Role in Public Sector Strategic Management*, New York: Quorum, p. 161.
② Risher, H. (1994), The Emerging Model for Salary Management in the Private Sector: Is It Relevant to Government? *Public Personnel Management*, winter, 23: 649-665.

第6章 公共部门人力资源管理

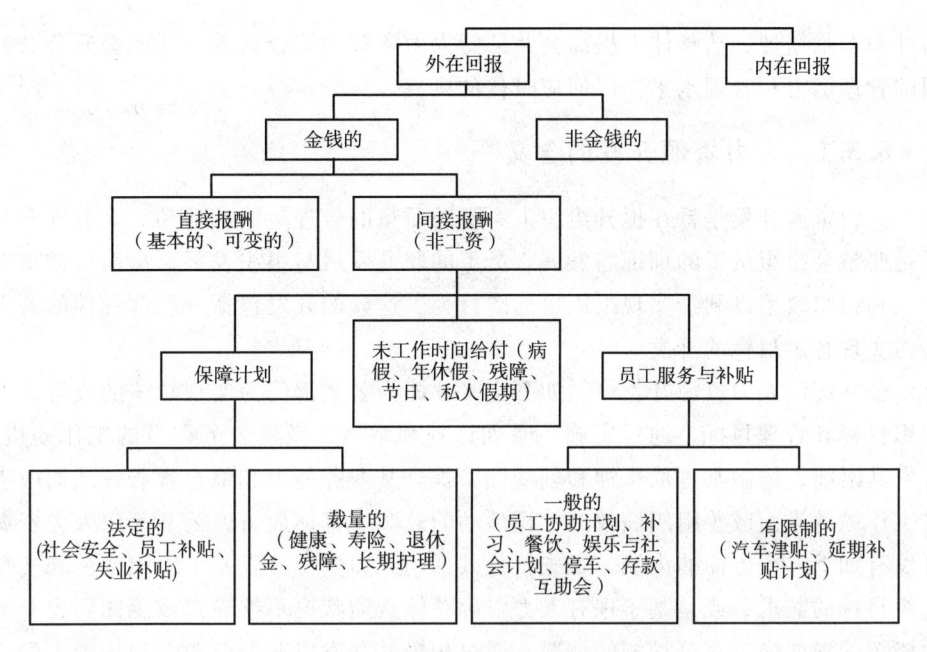

```
                          外在回报                    内在回报
                         /        \
                    金钱的          非金钱的
                   /      \
          直接报酬          间接报酬
       （基本的、可变的）    （非工资）
                         /    |    \
                        /     |     \
                  保障计划  未工作时间给付  员工服务与补贴
                          （病假、年休假、
                          残障、节日、
                          私人假期）
                  /    \              /    \
             法定的    裁量的        一般的    有限制的
         (社会安全、  （健康、寿险、  （员工协助   （汽车津贴、
         员工补贴、  退休金、残障、  计划、补习、  延期补贴
         失业补贴）  长期护理）    餐饮、娱乐与   计划）
                                 社会计划、
                                 停车、存款
                                 互助会）
```

图 6-2　总工资包

资料来源：美国工资协会（ACA）编著 T1-Total Compensation Management，14040N. Northsight Blvd，Scottsdale，AZ 85260；602-951-9191。

6.3　公共部门人力资源开发

20世纪90年代及90年代以后，增强对公共雇员开发的投资需求，已经得到了广泛的认可。注重人力资源的开发是现代人力资源管理与传统人事管理的一个重要区别。高素质的人力资源并非自然形成。人力资源素质的提高，一方面取决于个体的主观努力，另一方面更是有计划、有组织地积极开发的结果。在当代社会，科学技术的发展日新月异，知识更新和技术更新的周期越来越短，任何一个组织要想获得持续的竞争优势，在激烈的竞争中立于不败之地，都必须高度重视人力资源的开发工作。由于公共部门所面临的挑战，公共部门人力资源开发的重要性并不亚于或是说更甚于一般工商企业组织。因为，一个国家的综合竞争力中，一个关键的要素是政府竞争力。而政府竞争力的核心体现是公共部门人力资源的整体素质。因此，必须通过对公共部门人力资源的有效开发，不断更新公务人员的管理理念和知识结构，不断增强其创新精神和进取精神，不断强化其责任精神和奉献精神，从整体上提高公共部门人力资源的综合素质，从而提升公共部门的管理能力和管理水平，以回应时代的挑战。

6.3.1　人力资源开发的含义

人力资源开发是旨在提升组织人力资源质量的管理战略和活动。人力资源开发是要整合组织员工的训练与发展、员工的职业发展与组织发展，从而增进员工个人和组织效率以利于实现组织目标的行为。这样的开发包括一般常规性的开发和为实现特定目标的开发。

公共部门人力资源开发可做如下定义：即为公共部门为实现总体的或特定的组织目标和管理目标，通过实施一系列计划和举措，激发公务人员的工作动机，开发其潜能，增强其进取精神和创造性，提升其业务能力和综合素质，从而改善其工作绩效进而改善组织绩效的管理活动的总和。具体而言，公共部门人力资源开发有如下五个方面的内涵。首先，公共部门人力资源开发基于组织发展和实现组织目标的需求，或是基于现有人力资源总体素质状况不够满意或感知到现有人力资源的潜能尚未充分挖掘的情况，通过积极的开发以开掘、激发和拓展人的潜能，从而实现人力资源队伍总体素质的提升和组织绩效的改善。其次，公共部门人力资源的开发需要有系统的计划，通过有效的组织机制进行，是一种规划性的开发活动。第三，公共部门人力资源开发的核心是学习。通过学习培训促成组织成员在观念、认知能力和思维能力或行为能力等各方面的改善。这种学习包括个人学习和组织学习。公共部门人力资源的开发方式主要是教育、培训和激励等。第四，公共部门人力资源开发不是一劳永逸的一次性活动，而是需要不断推进、发展和深化的持续的系列活动。由于经济社会的发展和内外环境的变化，公共部门组织和个体的目标也会不断发生调整和变化，因此公共部门人力资源的开发工作必须与时俱进，以回应这些变化带来的挑战。第五，公共部门人力资源的开发，必须整合组织的当前目标与战略目标，整合开发与组织运行、开发与组织稳定、个人发展与组织发展等各种关系，实现组织目标协调、组织发展与个人发展协调，从而达到组织与个人双赢，共享组织发展成果。

6.3.2　公共部门人力资源开发的主要内容

公共部门人力资源开发的内容主要包括增量开发和质量开发两个方面。增量开发是指公共部门组织以招聘、引进和调动等方式满足组织发展对人力资源的增量需求。质量开发则是指组织通过各种教育和培训方式改善和增强员工素质与组织运行和发展的适应度,满足组织对人力资源的质量需求,这是公共部门人力资源开发的重点。统而言之,公共部门人力资源质量开发主要包含如下三方面。

1. 价值与伦理开发

公共部门受命于公众,为社会执掌公权,为公共利益服务,是明显区别于其他社会组织的需要完全以公共利益为价值导向的一个部门。因此,对于在公共部门的从业者,即公职人员来说,秉持和坚守公共精神和服务奉献理念,就成为十分重要的前提。公共部门人力资源质量开发的首重方面,就是对公务人员进行价值与伦理方面的教化开发。价值与伦理,二者既有密切的相关性又有区别,都会对公职人员的工作态度和工作行为产生直接影响。对公共部门人力资源进行价值和伦理开发,就是要通过各种途径、采取各种措施促进公职人员树立正确的世界观和人生观,确立以服务社会公共利益、服务国家利益为荣的价值取向,培育公职人员正确的道德信念、道德情感和道德行为,使他们能遵从道德规范和公共管理的职业伦理,廉洁奉公,恪尽职守,正确执行法律法规和公共政策,认真履行公共职责,从而为实现和维护公共利益不断作出贡献。

2. 心智与心理开发

一般而言,心智是人的心理与智能的表现。进而言之,一方面,心智模式是指人们的思想方法、思维习惯、思维风格和心理素质的反映,可以把心智作如下定义:即人们对已知事物的沉淀和储存,通过生物反应而实现动因的一种能力总和。另一方面,改善心智模式本身就是一种学习,是关于如何学习的一种学习。当心智模式存在缺陷时,无论个人还是组织的学习能力都会受到损害;相反,当心智模式得到改善,其学习能力就能获得提高。因此,在公共部门人力资源开发中,对公务人员的心智开发关系到提升其学习能力、发现和接受新事物的能力,对在公共部门中激发公职人员的创新精神,提高工作效率和效能具有十分重要的意义。

当代心理学的创始人之一詹姆斯(William James)在1890年给心理学下的定义是"精神生活的科学"。人的巨大潜能,首先表现为心理潜能,因此要通过心理开发诱导来开掘。公共部门人力资源的心理开发正是基于这样的要求,对公务人员的心理需求和行为动机进行诱导、调节和激励,以调动其积极性和创造性,激发其潜能,从而提高工作效率。

对公共部门人力资源进行心智和心理的开发,需要对公务人员进行全方位、深层次的教育培训和心理辅导,使其心理素质在调适能力、应变能力、抗压能力与竞争能力诸方面,其心智模式在学习能力、分析判断能力、决策能力、团队精神与创新能力诸方面都得到提升和改善，以适应公共部门所面临的日益复杂和繁重的工作之需要。

3. 技能与体能开发

公共部门人力资源的技能和体能开发是一个综合概念。技能的内涵是指广义的包括理论和实践层面的专业技术和能力，即公共部门中不同岗位的公职人员胜任其工作所需要的专业理论和专业知识，以及实际岗位的业务技术和能力。体能则是指公职人员的综合身体素质，即身体健康和强健的程度，良好的员工体能是公共部门的工作能有效和持续开展并取得预期成果的重要保障。

公共部门人力资源的技能开发要通过基于全面职业教育的专业培训来实施。这样的专业培训必须注重理论与实践的结合，并注重培养一专多能的复合型专业人才。公共部门人力资源的体能开发是实现人力资源的生物性能量和能力的提升和强化，或再生与复壮。这是一项系统工程，只有通过对员工的福利卫生、保健休闲和心理调适等全方位的介入，采取强有力的措施并持续努力，才有可能取得预期的效果。

6.3.3 培训是公共部门人力资源开发的重要环节

公共部门人力资源培训是公共组织采用各种方式对公职人员进行有目的、有计划的培养训练的管理活动，其目标是使员工得以不断更新知识，提升技能，改善其工作动机、态度和行为，使之能适应新的要求，能更加完美地胜任现职或能承担更高层次或更重要的职务，从而促进公共组织效率的提高和组织目标的实现。培训与开发是两个内涵不尽相同的概念。培训一般是对明确的员工对象而言，往往是针对培训对象为获得目前工作所需的知识、技能和能力而进行，时间相对较短，阶段性较清晰。而开发一般是对人力资源整体队伍而言，它则不仅要使开发对象掌握目前工作而且还要掌握未来工作所需的知识、技能和能力。此外它是对开发对象的潜能禀赋进行的深层次的和持续的激发、激活、诱导、提升或塑造。它着眼于长期和持续的目标，时间较长，阶段性较模糊，是一个持续的过程。人力资源开发与人力资源培训密切相关，同时也与人力资源管理的其他职能，如人力资源的配置、激励、绩效评估等相关。由此观之，培训的职能范围相对较小，而开发的内涵则较宽泛和丰富。可以说，在公共部门人力资源管理活动的实践中，二者在实施的目的、内容与方法等方面有诸多内在的一致性；但是，二者不是同一层次的概念，培训是公共部门人力资源开发的重要方式之一。

公共部门人力资源培训是一种在职教育，其类型多样，形式具有较强的弹性。从培训与工作的关系看，有在职培训和脱产培训；从培训的层次看，有高级、中级和初级培训等。目前中国公共部门所进行的公务员培训，主要有如下四种类型。

（1）初任培训。初任培训也叫入门培训、岗前培训等，是指国家行政机关对新录用担任主任科员以下非领导职务的公务员在正式上岗前所进行的理论和实践教育培训。它是公务员被录用后在试用期内的必经环节，其目的在于使新录用人员适应职位要求，掌握所要承担工作的必要知识和技能，为正式上岗做好准备。初任培训一般采取两种形式，即工作实习和集中培训。工作实习是有经验的员工指导新录用人员在工作的过程中学习，使他们获得对即将从事工作的性质、特点和环境感性认识，并积累经验；集中培训是将所有新录用人员集中在一起，学习国家的相关政策、方针、法律与法规，使他们认识其职位的使命与任务。

（2）任职培训。任职培训也叫资历培训、晋升培训等，是国家行政机关对将要晋升领导职务的公务员按照拟任职务的要求所进行的培训，其目的在于提高将要晋升职务的公务员的政策水平、行政领导能力和组织管理能力，拓展、补充拟晋升职位的公务员必要的知识、技能等，为其履行和胜任新职做好准备。任职培训一般在到职前进行，是公务员晋升的必要条件，时间一般不少于30天。如遇特殊情况，经任免机关批准，也可先到职后培训，但培训必须在到职后一年内完成。任职培训的对象主要包括两类人员：一是行政机关以外调入国家行政机关担任领导职务的国家公务员；二是在行政机关内晋升一定层次领导职务的在职公务员。

（3）专门业务培训。专门业务培训是指国家行政机关为公务员在从事某项专门性的业务工作或临时性的业务工作之前所进行的专门知识和技能培训。培训对象可以是新录用人员，也可以是有一定工作经验的公务人员。培训的目的是使公务员掌握专业工作所要求的特殊知识、技能和相关信息等。

（4）在职培训。在职培训也称更新知识培训、轮训或深造培训，是指国家行政机关有计划地对在职公务人员所进行的旨在增加、补充、拓宽其知识面，提高其工作能力的培训。随着知识经济时代的到来，全球化、信息化和政务电子化的发展，使得公共部门人力资源所处的外部和内部环境在不断变化，全方位行政管理体制改革的深化也使得我国公共部门及其所属机构的职能在不断改变，这些变化客观上就要求公共部门必须通过在职培训以不断更新公务员的知识结构，提高他们的工作能力，从而改善公共部门的服务质量，提高公共部门的管理绩效。在职培训的内容主要根据公务人员的职位确定，注重前瞻性和应用性，强调培训与实际工作相结合。培训的方式主要以离职学习为主。根据有关规定，我国公务

公共管理学

员每人每年在职培训时间一般不少于7天，以公职人员补充、更新知识和拓展专业知识为目的。培训的形式多种多样，既可将公务员派往各级行政学院接受正规培训，也可以委托高等院校或者专门的教育机构实施培训。人事部每年还会提出知识更新培训科目，供各地各部门选择。

6.3.4 目前公共部门人力资源开发中存在的问题

公共部门人力资源开发的重要性日益引发人们的关注。从全球范围看，这项工作的发展日益深化，成效彰显。但是，也存在一些突出的问题需要解决。科林格纳等人所提出的如下五个方面的问题给人们以启示，很值得思考。[①]

（1）无论我们关心的焦点是培训、教育还是人员开发，人力资源开发功能通常都是依据其活动和成本，而不是运作的结果来评价的。更进一步地说，有限的培训经费是应该投入在通过培训和现有技能的提高来使事故责任最小化，还是应该投入在长期员工发展方面。在这个问题上，组织存在着持续的冲突。

（2）负责人力资源开发的工作人员通常对他们提交计划的内容和数量，而不是计划本身的影响负有责任。这使得组织愿意购买成套的培训计划，这种计划可能适应，也可能不适应购买组织或单位的需要。

（3）多数组织并没有很好地理解从组织发展角度到具体工作职位上转化知识、技能和能力的动力机制。培训雇员个人和工作群体的努力很少被综合地纳入到日常工作中去。结果，除了以非个人的方式外，在开发功能与组织或机构的战略目标之间通常很难建立联系。

（4）负责人力资源开发的工作人员和直线管理者之间共同拥有的开发职责，在很大程度上还未得到深入的探讨。如果没有重点的讨论，那么，组织也不会使有关政治任命官员绩效、临时性雇员的绩效或者通过合同分包提供公共服务等方面存在的问题得到有效的解决。

（5）虽然经常能够听到雇主抱怨雇员缺乏有关基本技能，但是，在雇员具有流动性的情况下，个体雇主没有什么动力在改进员工基本技能方面予以投资。同样的，虽然实行合同外包或分包服务的一个原因是要削减培训成本，但是在许多情况下，以更低成本提供的服务往往是由那些没有受过什么培训的雇员提供的——无论公共组织的雇员还是私营组织的雇员，情况都是如此。

---

① Klingner, Donald E., John Nalbandian (1998), *Public Personnel Management: Contexts and Strategies*, 4th Edition, Prentice Hall, INC. p. 262.

在一个行政世界中，专业化知识带来的是尊重和影响，开发功能常常被赋予较低的优先性，因为，实施这一功能的人员并不能令人心悦诚服地为其他部门的工作增加价值。对人力资源开发功能的投资远远超过传统的培训，在扩展的教育和人员开发领域中，雇主表明了他们对雇员进行长期投资的意愿。在一定程度上说，这依赖于公共雇主是否能把他们的雇员看作资产而不是成本，以及雇员是否也愿意接受这一点。

6.4　中国公务员制度

公务员是公共部门人力资源的重要组成部分，公务员制度是公共部门人力资源管理的重要制度，并与一定的政治制度联系在一起，是一个国家政治制度的重要组成部分，在政府的实际管理与运行过程中起举足轻重的作用。中国的公务员制度是在总结和吸收十一届三中全会以来干部人事制度改革的经验，并借鉴其他国家公务员管理的实践经验的基础上逐步形成和确立的。目前，中国的公务员制度在实践中已经表现出相当的活力与创造性，但它的进一步完善与发展还需要一个较长的过程。

6.4.1　公务员和公务员制度

在现代国家，公务员一般是指那些经过公开竞争考试被择优录用，其职业受法律保障，在政府部门长期任职并不受任期限制的国家工作人员。在不同国家，"公务员"的内涵和外延不尽相同。在英国，公务员被称为"文官"（Civil Servant），一般是指中央政府行政部门中除政务官（即由选举产生或经政治任命而产生的政府官员或政府工作人员）以外的所有工作人员，但不包括政府经营的企事业单位的工作人员和地方当局的工作人员，也不包括法官和军人。而在法国，凡在国家部门供职的人员都统称为公务员，主要包括中央和地方政府行政系统的工作人员，立法、司法和检察机关的工作人员，军职人员以及在公共企事业单位供职的人员。在美国，则不存在对公务员进行专门法律定义的问题，因为美国政府和公务员的法律关系是雇主同雇员的关系，由民法合同调整，而不是由行政法规调整，尽管美国是行政法规最系统、最完善的国家之一。因此，美国通常意义的公务员被称之为"政府雇员"（Governmental Employee）。西方国家的公务员制度是其社会经济、政治和社会发展的必然产物。它是适应社会化大生产和现代行政管理的需要，在资产阶级反对封建制度、推进和实现资产阶级民主的过程中，

公共管理学

在否定封建君主的"恩赐官职制"和克服"政党分肥制"的基础上逐步形成和完善起来的。应当指出,现代西方公务员制度的建立和发展受到了中国古代科举制的直接而深刻的影响。曾任美国联邦人事总署署长的艾伦·坎贝尔教授在来华讲学时曾说,"当我接受联合国的邀请来中国讲授文官制度的时候,我深感惊讶。因为在我们西方所有的政治学教科书中,当谈及文官制度时,都把它的创始者归于中国"。[①]

在中国,1993年8月国务院颁布的《国家公务员暂行条例》规定,国家公务员是指各级行政机关中除工勤人员以外的工作人员,他们是行使国家行政权力,执行国家公务的人员。此外,有一部分单位,包括中国共产党的机关、全国人大、全国政协、司法机关、检察机关、工会、共青团、妇联、科协、侨联、宋庆龄基金会、各民主党派和全国工商联、全国台联、黄埔军校同学会等部门都属于参照《国家公务员暂行条例》进行管理的范畴。国家事业单位则属于依照管理的范畴。根据多年来我国干部管理的实践,从有利于保持各类机关干部的整体一致性,有利于统一管理,也有利于党政机关之间干部的交流使用出发,2005年颁布的《中华人民共和国公务员法》(以下简称《公务员法》)扩大了公务员的范围。中国《公务员法》第一章第二条明确规定:公务员"是指依法履行公职、纳入国家行政编制、由国家财政负担工资福利的工作人员"。这实际上规定了中国公务员必须同时具备的三个条件:一是必须依法履行公职;二是使用国家行政编制;三是由国家财政负担工资福利。因此,中国现在的公务员不再局限于国家行政机关的工作人员,凡符合上述三个条件的人员,都属于公务员的范畴。同时,中国《公务员法》第十八章第一百零六条还规定:"法律、法规授权的具有公共事务管理职能的事业单位中除工勤人员以外的工作人员,经批准参照本法进行管理。"因此,中国公务员主要包括中国共产党机关、政府行政机关、人大机关、政协机关、审判机关、检察机关、民主党派机关的除工勤人员以外的所有工作人员。此外,具有公共事务管理职能的事业单位中除工勤人员以外的工作人员,经批准参照公务员法进行管理。公务员法扩大了公务员的范围,这符合中国的实际情况,有利于维护和发展中国特色社会主义的政治体制;符合中国干部人事管理工作的特点,有利于加强执政党对机关干部队伍的统一领导,也有利于推进依法治国,建设社会主义法治国家。

[①] 艾伦·坎贝尔1983年在北京"比较文官制度研究班"上的讲话。转引自房宁《科举制与现代文官制度——科举制的现代政治学诠释》,《战略与管理》1996年第6期。

国家对公务员进行规范性管理的一系列规章、制度的总和就是公务员制度，其内容主要包括公务员的权利义务、职位分类、考试录用、考核奖惩、职务任免与职务升降、培训、交流回避、工资保险福利、辞职辞退、退休、申诉控告、管理机构和法律责任等各种规定与实施措施等。尽管世界各国所实行的国家公务员制度不尽相同，但一般都具有如下特征。其一，公务员制度的法治化。国家通过制定相关法律，对公务员的地位、权力、责任、权利、义务，以及公务员的分类、考试、录用等做出明确规定，并依法对公务员进行管理。公务员行使权力、执行公务必须以法律为依据，其公务活动必须严格受到法律、法规的限定和约束。其二，科学的管理体系。各国普遍把公务员的管理作为一项系统工程，通过建立统一的人事管理制度和统一的公务员管理机构，引入科学的管理方法等加强对公务员的综合管理。其三，实行相对公平、公开的考试、录用制度。"公开考试，择优录用"是近代公务员制度确立的根本性标志之一，也是现代国家推行公务员制度所普遍采用的一项重要制度。考试录用制对于公共部门选贤举能、广开才路，不断提高公务员队伍的素质，进而提高公共部门的工作效率具有重要意义。其四，公务员的职业化和专业化。在现代社会，公务员被认为是一种职业，一旦任用即取得法定身份，受国家法律保护，享有国家法律规定的一切权益。现代社会公共事务日益复杂化和多样化，因而对公共部门管理活动的规范化和专业化的要求日益提升，公务员必须要具备胜任其职位的专业知识和专业技能。其五，能力和业绩取向的功绩制。定期对公务员的工作实绩、工作表现进行考核，依据考核结果的等级，决定公务员的奖惩与职位升降。这样的严格考核，赏罚分明，能够建立和强化有效的激励机制，以促进公务员的素质和工作效率的提升。

在当代社会，政府管理的正常运行，政府公共职能的有效履行，需要以高素质的政府工作人员为保障。依法实行公务员制度，可以在很大程度上优化政府部门人力资源，造就一支素质优良、相对稳定的公务员队伍。实行公开考试、平等竞争、择优录用，能够保证公务员的基本政治素质和业务能力；建立正规的公务员培训制度，加强对公务员的培训工作，有利于不断更新公务员的知识结构，使他们及时掌握新的专业技术，适应社会发展对政府管理工作提出的新要求；根据科学的职位分类，依照不同岗位、职务资格条件的要求选任具有专业才能的合适人员，能够保证人适其事、事得其人；通过明确的法律制度规定公务员考核、晋升、任免、辞退、奖惩和工资福利等方面的标准和程序，有利于保障公务员队伍不断优化和相对稳定，有利于公务员队伍的管理。概而言之，现代政府管理的实施必须以公务员制度为支撑，公务员制度对于保障政府管理的有效运行具有至关重要的意义。

6.4.2 中国公务员制度的建立和发展

中国传统的干部人事制度，是基于民主革命时期和人民军队的干部制度而建立和发展起来的。其特点是，无论党政机关工作人员、还是企业单位的管理人员，以及教科文卫等事业单位的工作人员都称为"国家干部"，都用统一的方式进行管理。这种集中统一的管理模式，与传统的高度集中的政治经济体制相适应，并曾发挥积极的作用。但是，随着改革开放的发展和经济社会环境的变化，其弊端日益凸显。一是"国家干部"概念模糊，缺乏科学分类。忽视国家机关、企业、事业单位的不同特点，导致管理干部党政不分、政企不分、政事不分，不利于对不同类型和性质的工作人员进行对口管理。二是管理权限过于集中，权责分离，管人与管事相脱节。凡是国家干部，都由各级党委统一管理，管得过多，统得过死，用人单位特别是企事业单位缺乏用人自主权。三是管理方式陈旧单一，不利于各类人才的成长。所有"国家干部"，不论其工作性质、职业特点，都套用党政干部的管理模式，使得干部管理体制严重僵化，不利于在干部管理中形成鼓励竞争和择优汰劣的机制，以激发和维系干部队伍的生机和活力。四是管理制度不健全。干部的录用、任免与升黜缺乏科学规范的标准和程序，由此导致用人的主观随意性甚至暗箱操作，不利于公平竞争，不利于调动干部的积极主动性和创造性。

上述传统干部人事制度的种种弊端，是造成长期以来政府机构臃肿，"家长制"作风盛行，官僚主义泛滥，行政效率低下的重要原因之一。因此，对传统的干部人事制度进行改革势在必行。1978年党的十一届三中全会以来，为了适应工作重心的转移，中国开始对原有的干部人事制度进行改革，并取得了一系列显著进展，如废除领导干部职务终身制，建立和实施干部离退休制度；确立和贯彻干部的"四化"方针，逐步实现干部队伍的革命化、年轻化、知识化和专业化；改革干部管理体制，下放干部管理权限；改革干部任用制度，实行通过考任、聘任、民主推荐等多种形式选拔干部；建立合理的人才流动机制，等等。这些改革探索富有成效，积累了很多重要的经验。但是，总体而言，改革还是初步的和局部的，还缺乏系统性。要从根本上解决问题，必须对原有的干部人事制度进行全面系统的改革，建立科学的现代干部人事管理制度。此后，随着改革开放的深化和市场经济体制的逐步建立，在干部管理中实行科学的职位分类管理办法，建立国家公务员制度，就成为推进干部人事制度改革的一个重要目标。

1987年，党的十三大在深入分析国家干部人事制度存在的弊端和缺陷的基础之上，明确指出建立和推行国家公务员制度是干部人事制度改革的重点。1993年4月，全国人大八届一次会议通过了推行国家公务员制度的决定。同年8月，国务院颁布了《国家公务员暂行条例》，并于1993年10月1日起开始实施。《国家公务员暂行条例》的颁布和实施标志着中国公务员制度正式诞生。从1993年10月实施《国家公务员暂行条例》至2000年，中央和省、直辖市、自治区政府机关的公务员制度基本建立起来，市、县、乡（镇）政府机关也逐步建立许多单项的公务员制度。这表明，中国已经初步实现了由传统的人事制度向现代公务员制度的转变，建立起国家公务员制度的基本框架。

《国家公务员暂行条例》是国务院根据全国人民代表大会及其常委会有关决定制定的一部行政法规，是授权立法。根据我国的《立法法》规定，授权的立法事项，经过实践检验，在制定法律的条件成熟时，可由全国人民代表大会及其常务委员会及时制定法律。2005年4月27日，历经4年和10余次修改的《中华人民共和国公务员法》在第十届全国人大常委会第十五次会议获得通过，并于2006年1月1日开始施行。《公务员法》实施后，《国家公务员暂行条例》随之废止。《公务员法》是中国第一部具有干部人事管理总章程性质的重要法律。它的出台，使中国有了一部干部人事管理的综合性法律，为中国建设一支高素质的公务员队伍提供了强有力的法律保障，标志着中国公务员制度建设和中国干部人事管理的法制化、科学化和规范化建设进入一个新阶段。

6.4.3 中国《公务员法》的主要制度创新

在《国家公务员暂行条例》的基础上，中国《公务员法》总结吸收十多年来中国干部人事制度改革的新成果，同时适应公务员管理的新情况，在很多方面有了新的突破，体现了与时俱进的改革精神。

第一，职位分类制度的创新拓展了公务员职业发展的渠道。实行职位分类，是对公务员实施科学管理的基础与前提。中国《公务员法》从实际管理需要出发，把公务员职位类别按照职位的性质、特点、管理需要以及人才成长规律的不同，横向划分为综合管理类、专业技术类和行政执法类等类别，对不同类别采用不同的管理办法。从事专业技术工作的公务员走专业技术职务，为从事专业技术工作的公务员提供了职业发展阶梯，有利于吸引和稳定公共部门不可缺少的专业技术人才，激励他们立足于本职岗位，成为本职工作的专家。行政执法职务的设置，主要体现向基层倾斜的指导思想，解决基层执法部门公务员职业发展空间狭小、职务晋升困难的问题,激励一线执法公务员更好地做好本职工作,同时也有利于加强对一线执法公务员的管理和约束。在职位分类的基础上对公务员进行分级,这是我国公务员分类制度的又一特色。依据公务员法的规定,公务员的级别根据所任职务及其德才表现、工作实绩和资历确定。确立职务和级别相结合的制度,有利于拓展公务员晋升的空间。除了职务晋升以外,级别晋升也是公务员职业发展的重要途径。由于工资待遇与职务和级别挂钩,有利于增强公务员的责任心,激励他们努力工作。

第二,聘任制度的有关规定完善了公务员制度的更新机制。《公务员暂行条例》曾规定"部分职位实行聘任制",但对于具体的适用范围和实施办法并未做任何进一步的规定,因而在实践中难以操作。"职位聘任"是《公务员法》第十六章专门增设的一个内容,其中规定:"经省级以上公务员主管部门批准,可以对专业性较强的职位和辅助性职位实行聘任制"。可见,这一制度设计是对《公务员暂行条例》的突破,有利于拓宽公共部门选人、用人的渠道。与选任制、委任制相比,聘任制引入了市场机制,具有开放灵活的特点。作为公务员任用的一种补充方式,聘任制可以满足公共组织对一部分较高层次专业技术人才的需求。有些职位需要具有特殊技能、经验或资历的人才,而公共部门一时难以培养,就可以采用较灵活的工资报酬直接招聘相应人才。另外,聘任制还可以为政府部门使用辅助性、操作性的人员提供一种灵活、便捷的方式,可以降低政府机关的用人成本。

第三,把"公开选拔"与"竞争上岗"确立为法定的职务晋升方式之一使公务员制度的竞争机制得到进一步完善。《公务员法》第四十五条规定:"机关内设机构厅局级正职以下领导职务出现空缺时,可以在本机关或者本系统内通过竞争上岗的方式,产生任职人选";"厅局级正职以下领导职务或者副调研员以上及其他相当职务层次的非领导职务出现空缺,可以而向社会公开选拔,产生任职人选"。公开选拔、竞争上岗的制度设计,改变了职务晋升单纯由领导研究决定的单一方式,把竞争机制引入到公务员职务晋升中来,增加了公共部门人力资源管理的透明度,促进了民主管理的进程,并使公众的知情权、参与权、选择权、监督权得到进一步保障;实行德才兼备的用人标准与科学全面客观的评价方法的有机统一,有效地避免了个人主观因素的影响,有利于公正公平地选拔人才;实行坚持任人唯贤的原则与社会化选拔方式的有机统一,拓宽了选拔人才的范围和吸纳贤能之路,是对传统委任制的重大改革,有助于克服"少数人选人,选少数人"的人事弊端。在制度建设上明确选贤任能、能上能下的措施,是公务员职务晋升制度的重大突破。

第四，关于公务员中领导成员引咎辞职、责令辞职的规定使公务员制度的责任追究机制得到进一步完善。《公务员法》把党内法规中关于党政领导干部辞职的规定转为法律形式，使公务员辞职的内涵更加丰富，制度更加完备。《公务员法》第八十一条规定："领导成员因工作严重失误、造成重大损失或者恶劣社会影响的，或者对重大事故负有领导责任的，应当引咎辞去领导职务。领导成员应当引咎辞职或者因其他原因不再适合担任现任领导职务的，本人不提出辞职的，应当责令其辞去领导职务"。由此，责任追究制度上升为公务员管理的一项基本法律制度。这两种法定的辞职形式，分别从自律和他律方面强化了有效的责任追究机制。引咎辞职强调的是自查、自责，重点在自律，而责令辞职强调的是组织追究，重点在他律。这样的规定体现由"权力问责"转向"制度问责"，突出了依法治吏的刚性法治力量。确立领导成员的引咎辞职和责令辞职制度，有利于培育和强化领导干部良好的为政道德和责任意识，促使其更好地履行职责；有利于打通领导干部能上能下的渠道，完善公务员制度；并且对于防止和遏制公务员"不作为"和滥用职权"乱作为"具有重要意义。

第五，关于下级对上级决定或命令如何执行的规定有利于增强公务员的责任意识，促进责任政府建设。《公务员法》一方面规定，服从和执行上级依法做出的决定和命令是公务员的基本义务，公务员不得拒绝执行上级依法做出的决定或者命令。这是保证令行禁止、政令畅通和增强管理效能的要求。但另一方面，《公务员法》还规定：公务员执行公务时，如认为上级的决定或者命令有错误的，可以向上级提出改正或者撤销该决定或者命令的意见；上级不改变该决定或者命令，或者要求立即执行的，公务员应当执行该决定或者命令，执行的后果由上级负责，公务员不承担责任；但是，公务员执行明显违法的决定或者命令的，应当依法承担相应的责任。这一法条有三层含义：一是下级执行上级的决定或命令时，认为上级有错误的，可以向上级提出意见；二是上级如果仍然坚持决定或命令，下级公务员则必须执行，执行后果由上级承担责任，下级免责；三是如果上级的决定或命令明显违法，下级不得执行，如果下级执行此决定和命令，也必须承担相应责任。明显违法主要是指"法律"有明文规定，不存在歧义或者法理上理解的不同，而上级的决定或者命令与法律的明文规定相冲突和矛盾。该法条的意义在于，它明确了上下级之间的职责关系，既体现了机关首长负责制的原则，又为下级向上级提出意见和建议，避免由于上级的决定或命令造成损失开通了法律保障的渠道。这是增强公务员的责任意识，促进责任行政和责任政府建设的一个积极举措，在一定程度有助于解决由垂直权力关系所形成的层级节制制度"服从命令"与"依法行政"的冲突。

第六，关于公务员离任回避的规定有助于规范公务员的行为，遏止以权谋私。公务员的离任回避制度是公务员制度的重要内容，《公务员法》第一百零二条对公务员离职从业做了严格的回避规定：公务员辞去公职或者退休的，原系领导成员的公务员在离职三年内，其他公务员在离职两年内，不得到与原工作业务直接相关的企业或者其他营利性组织任职，不得从事与原工作业务直接相关的营利性活动。这样的制度设计不仅有利于规范公务员的行为，也有利于维护公平的市场秩序。如果公务员离职后到了某个原来受其管理的单位利用剩余权力资源从事赢利性活动，这对那些没有这种人事资源的行业竞争对手来说是不公平的。近年来，中国出现了一种新的腐败形式，即"期权腐败"，一些政府官员在职时往往利用职务上的便利给予某些企业"好处"，但并不谋求即时回报，而是在离任后再通过被这些企业聘用等方式来取得回报，从而规避风险。公务员离任回避制度的出台为遏止官员的"期权腐败"提供了有力的法律武器。《公务员法》不仅对辞去公职或退休后的公务员提出回避的要求，而且明确了相应的追究措施："公务员辞去公职或者退休后有违反前款规定行为的，由其原所在机关的同级公务员主管部门责令限期改正；逾期不改正的，由县级以上工商行政管理部门没收该人员从业期间的违法所得，责令接收单位将该人员予以清退，并根据情节轻重，对接收单位处以被处罚人员违法所得一倍以上五倍以下的罚款"。这对于强化官员在职时的权力制约和监督，铲除权力投资的温床和土壤，保持行政机关和公务员公正廉洁的形象，维系政府的公信力与合法性，都具有重要意义。

第七，工资制度的进一步完善强化了工资的保障、激励和调节功能。公务员法对公务员工资制度的规定主要包括如下四方面的内容。一是在公务员的工资制度上，规定了公务员实行国家统一的职务与职级相结合的工资制度。同时，明确公务员工资制度贯彻按劳分配原则，体现工作职责、工作能力、工作实绩、资历等因素，保持不同职务、级别之间的合理工资差距。二是在公务员工资的构成上，规定公务员工资包括基本工资、津贴、补贴和奖金，对各项构成也做了原则规定。同时，规定公务员工资应当按时足额发放。三是在公务员工资水平上，明确了应当与国民经济发展相协调、与社会进步相适应。同时规定，国家实行工资调查制度，定期进行公务员和企业相当人员工资水平的调查比较，并将工资调查比较结果作为调整公务员工资水平的参考信息。四是在工资管理上，规定任何机关不得违反法律和国家规定自行更改公务员工资和福利保险政策，擅自提高或降低公务员的工资福利保险待遇；任何机关不得扣减或拖欠公务员的工资。公务员工资制度的改进，工资结构的调整，正常增资机制的明确等对于保障公务员正常的生活需要，调动其工作积极性，稳定、优化公务员队伍具有重要的意义。

第八，对特定情况的公务员不得辞退以及公务员权利救济方面的规定等进一步加强了公务员合法权益的保障。以往对公务员的管理，往往注重强调公务员的义务而忽略对其合法权益的有效保障。《公务员法》提出了对公务员的管理坚持监督约束与激励保障并重的原则，对保障公务员合法权益做了许多规定。《公务员法》第一章第一条在阐述制定《公务员法》的目的时，就特别强调了"保障公务员的合法权益"，并且明确规定了公务员拥有的8项基本权利，有些内容还做了明确的细化。从保护公务员的合法权益出发，很多国家对公务员的辞退有专门的限制性规定。根据中国情况，《公务员法》规定了对以下四种情形之一的公务员不得辞退，分别是：因公致残，被确认丧失或者部分丧失工作能力的；患病或者负伤，在规定的医疗期内的；女性公务员在孕期、产假、哺乳期内的；法律、行政法规规定的其他不得辞退的情形。《公务员法》还对普通公务员的权利救济做出了更加详细和可操作的规定：公务员对涉及本人的人事处理不服的，可向原处理机关申请复核；对复核结果不服的，还可以向同级公务员主管部门或者作出该人事处理的机关的上一级机关提出申诉，受理的机关必须在法定期间内作出处理决定；属于行政机关的公务员，还可以依据《行政监察法》的规定，向行政监察机关提出申诉；而公务员如果认为机关及其领导人员侵犯其合法权益的，可以依法向上级机关或者有关的专门机关提出控告，受理控告的机关应当按照规定及时处理。《公务员法》关于公务员权益保障的各种规定，体现了以人为本的价值理念，使公务员的合法权益得到更为明确和有力的保障。

[重要概念]

（1）人力资源：指一个国家、一个地区乃至一个组织在一定时期能够作为生产性要素投入到社会财富创造过程中的所有具有劳动能力的人的总和，它具有社会性、能动性、时效性、再生性、资本性等特点。

（2）人力资源管理：分为宏观与微观两个层次。宏观人力资源管理是指政府对整个国家或地区所拥有的人力资源进行的宏观意义上的管理活动；微观人力资源管理主要指公共组织、企业或事业单位对其内部人力资源所进行的规划、开发、配置和使用等管理活动。

（3）公共部门的人力资源管理：从宏观方面看，是指政府对整个公共部门的人力资源状况进行预测、规划,并制定和实施相关的法律、法规和政策,从而实现对公共部门人力资源的管理。从微观层面看,公共部门人力资源管理则是指具体的政府部门,以及其他公共组织,依法对其内部人力资源所进行的管理活动。

(4) 公共部门人力资源管理职能:指实现公共部门人力资源管理使命的所必需的功能,主要包括人力资源规划、工作分析与职位分类、人力资源获取、人力资源绩效考核、人力资源激励、人力资源薪酬福利、人力资源开发与培训等方面。

(5) 人力资源开发和公共部门人力资源开发:人力资源开发是指开发者为了实现既定目标,有计划、有组织地运用各种开发手段,使人力资源素质得到改善、能力得到提升的一系列管理活动。公共部门人力资源开发是指公共部门为了实现其管理目标,通过采取一系列措施和手段,提升人力资源队伍的综合素质,激发其积极性和创造性,改善其业务能力和工作绩效的所有人力资源管理活动的总和。公共部门人力资源开发主要包括数量开发和质量开发两个方面,其中质量开发旨在改善员工的价值伦理取向、心理与心智、技能与体能等,是一种综合性的素质开发。

(6) 公务员:一般是指那些经过公开竞争考试,被择优录用,其职业受法律保障,在政府部门长期任职而不受任期限制的国家工作人员。在中国,公务员涵盖的范围主要包括中国共产党机关、行政机关、人大机关、政协机关、审判机关、检察机关、民主党派机关等除工勤人员以外的所有工作人员。

(7) 公务员制度:指国家对公务员进行规范性管理的一系列规章、制度的总和,其内容主要包括公务员的权利义务、职位分类、考试录用、考核奖惩、职务任免与职务升降、培训、交流回避、工资保险福利、辞职辞退、退休、申诉控告、管理机构和法律责任等各种规定与实施措施等。

[思考题]

1. 如何理解人力资源的含义?它有何特点?
2. 公共部门人力资源管理有何特点?它的目标和任务是什么?
3. 人力资源管理与人事管理有何区别?
4. 公共部门人力资源管理主要包括哪些职能环节?
5. 公共部门人力资源开发的内涵及主要内容。
6. 公共部门人力资源培训的主要类型及其意义。

7. 理解公务员和公务员制度的含义，试比较各国公务员制度的异同。
8. 中国《公务员法》主要有哪些制度创新？其意义何在？

[参考文献]

廉茵编《公共部门人力资源管理》，北京，对外济济贸易大学出版社，2006。

赵曙明：《人力资源管理研究》，北京，中国人民大学，2001。

藤玉成、俞宪忠：《公共部门人力资源管理》，北京，中国人民大学出版社，2003。

孙柏英、祁光华：《公共部门人力资源管理》，北京，中国人民大学出版社，1999。

李文良：《公共部门与人力资源管理》，长春，吉林人民出版社，2003。

谭融：《公共部门人力资源管理》，天津，天津大学出版社，2003。

吴江、胡冶岩：《公共部门人力资源管理》，北京，中共中央党校出版社，2003。

崔毅编《人力资源管理》，上海，上海人民出版社，2002。

吴志华、刘晓苏：《公共部门人力资源管理》，上海，复旦大学出版社，2007。

萧鸣政：《人力资源开发与管理——在公共组织中的应用》，北京，北京大学出版社，2005。

李和中：《21世纪国家公务员制度》，武汉，武汉大学出版社，2006。

黄学贤：《国家公务员制度研究》，北京，中国人事出版社，2002。

王武岭、周俊英、沈计岭：《国家公务员制度概论》，北京，中国人民公安出版社，2000。

萧鸣政：《人力资源开发学：开发组织内人力资源的理论与方法》，北京，高等教育出版社，2002。

梁裕楷、袁兆亿、陈天祥：《人力资源开发与管理》，广州，中山大学出版社，1999。

吴春华、温志强：《人力资源开发与管理》，北京，北京理工大学出版社，2005。

第7章
公共部门信息资源管理

PUBLIC MANAGEMENT

[学习目标]

通过本章学习，认识公共信息、公共信息资源管理、政府信息公开制度、电子政府等概念的基本内涵；理解公共信息资源的重要性，政府信息公开的重要意义；把握信息时代公共信息资源管理的基本方式和要求。

[重点难点]

信息时代公共信息资源管理；公共信息传递与共享的性质与基本方式；电子政府与电子政务的建构与运行方式。

人类社会已进入全球化的信息时代。人们比过去任何时候都更为深刻地认识到，信息是人类生存和发展的重要资源，公共信息资源是社会公共生活得以有效运行和不断改善其质量所依凭的不可或缺的重要资源。进而言之，信息是获得竞争力所必需的资源，信息是一种需要管理的资源。公共信息是公共物品，公共信息资源管理既是公共管理的基础性工作，也是公共管理的重要内容。从根本上说，作为公共管理核心主体的公共部门所进行的信息管理就是对公共信息资源进行管理。人类社会进入信息时代，极大地推动了公共管理的发展。公共管理信息化和公共信息资源管理的现代化既是现代信息技术发展推动的结果，也是当代社会公共管理发展的必然趋势。适应经济全球化和政治民主化的发展趋势以及现代科学技术和管理发展的要求，在公共管理中充分应用信息技术和实现信息资源的高效管理不仅是信息社会建构和公共管理改革创新的重要内容，也是推进社会信息化和构建服务型政府的重要路径。现代信息技术为公共信息资源管理提供了强有力的技术支撑，优化公共部门信息资源管理既需要充分利用信息技术的条件，也需要在观念和制度等技术之外的其他层面提供更多更充分的支持。

7.1 公共信息在公共管理中的重要性

7.1.1 公共信息的概念

人类生活离不开信息，就像离不开阳光和空气一样。作为与物质、能量并列构成世界的基本要素，信息与人类的生存和发展密切相关，并随着人类实践领域的拓展而得以不断丰富。人们对信息的认识，也随着信息在人类社会生活中作用的日益凸显和信息技术的发展逐步深化。

从词源角度看，"信息"一词，中国早已有之，但中国古代的"信息"主要指"音讯"和"消息"，和现代信息社会的"信息"意思上有很大差别。现在人们使用的"信息"一词，在英语中对应"information"，在日语中对应"情报"。过去，我国学者在研究著述中大量地直接使用"情报"一词，20世纪90年代以后，国家和政府统一使用"信息"一词。

学者对信息涵义的理解见仁见智。据不完全统计，关于信息的定义有100多种。由于信息本身的普遍性、抽象性和复杂性，这一概念的内涵难以界定。研究者从不同的学科领域出发对信息的涵义进行探讨，长期以来都是诸说纷纭，迄今尚无定论。比较有影响的有哈特莱（R. Hartley）、香农（Claude Shannon）、维纳（Norbert Wiener）和克劳斯（George Klalls）等人对信息的界定。1928年，哈特莱在《贝尔系统电话杂志》上发表其论文《信息传输》，他把信息理解为选择通信符号的方式，并用选择的自由度衡量信息的大小。20年后，1948年，香农在《贝尔系统电话杂志》上发表的论文《通信的数学理论》中指出，信息是可以减少或消除不确定性的内容。同年，控制论的创立者维纳出版专著《控制论——动物和机器中的通信与控制问题》，维纳认为："信息是人们在适应外部世界，并使这种适应反作用于外部世界的过程中，同外部世界进行相互交换的内容的名称。"他强调，"信息就是信息，既不是物质也不是能量"。1961年，德国学者克劳斯在《从哲学看控制论》一书中指出:"信息是由物理载体与语义构成的统一整体。"① 我国学者钟义信在《信息科学原理》中考察并比较了三十多种信息的定义后提出,"某事物的本体论层次信息,就是该事物运动的状态和状态变化方式的自我表述/自我显示"。②

综合国内外学者对信息这一概念的阐释,可以看到,信息涵义包括如下广义、中义和狭义三个层次。①信息普遍地蕴涵于人类社会和自然界,与物质、能量一起构成物质世界的三大基本要素。信息是客观世界及其组成要素的自我表述(自我显示),它表明自然、社会和人类思维的性质、运动状态和方式,以及事物之间的关系。"信息是事物运动的状态和方式,具体地讲,是事物内部结构和外部联系运动的状态和方式"。③ 这是本体论意义上的信息含义,也是最广义的信息含义。②信息是认识主体所认识或表述的事物的运动状态和状态变化的方式。比如,美国联邦政府与预算局在2000年修订的A-130号通报《联邦信息资源管理》中指出,"信息(information)是指对诸如事实、数据或观点之类的知识的传递或描述,这些知识可以存在于任何的媒体或形式之中,包括文本形式、数字形式、图表形式、图形形式、叙述形式或视听形式"。④ 这是认识论意义上的信息含义,也是中义的信息含义。认识论层次的信息受本体论层次的信息的约束,没有本体论层次的信息就没有认识论层次的信息。③信息是主体感知和表述的有新内容的事物的运动状态和状态变化的方式,是客观事物运动状态和状态变化方式的最新反映。这是狭义的信息定义。在定义行政信息时,夏书章认为,"从实用意义上看,信息是指有新内容的消息、情报等,通过符号、信号等形式表现出来。从哲学意义上看,信息是客观世界中事物的变化、特征的最新反映,是事物的客观状态经传递后的再现"。⑤ 人类实践范围总是在不断拓展和深化,同时,人类对外部世界的感知也是在不断深入。因此,人类的已知信息的总量处于积累和递增的状态。一般而言,人类积累的信息越丰富,人类对外部世界认识的不确定性就越少。

关于公共信息(public information),迄今亦未有被学界所公认的定义。人们

---

① 崔保国编著《信息社会的理论与模式》,北京,高等教育出版社,1999。孟广均等著《信息资源管理导论》,北京,科学出版社,1998。
② 钟义信著《信息科学原理》,北京,北京邮电大学出版社,2002,第50页。
③ 孟广均等著《信息资源管理导论》,北京,科学出版社,2003,第7页。
④ 转引自谢阳群《美国联邦政府的信息资源管理》,《国外社会科学》2001年第5期,第58页。
⑤ 夏书章主编《行政管理学》,广州,中山大学出版社,1998,第263页。

通常从不同角度界定公共信息。其中，比较典型的有如下几种。

（1）美国图书馆学与情报学全国委员会：公共信息是指联邦政府所创造、搜集以及管理的信息，公共信息的所有权属于民众，政府受民众的信赖而进行管理，民众可以获得除法律限制的其他任何信息。

（2）联合国教科文组织通讯与信息部信息社会分部的主任 Elizabeth Longworth：公共信息是指公众不受版权限制或者不侵犯隐私权而可以获取的信息。这样的信息可分为两类：第一，任何人可以不经过任何授权就可以被使用的相关权利的著作与客体；第二，由政府或者国际组织产生并提供的公共数据和办公信息。

（3）保加利亚政府："所有具有公共意义的信息，在……国内与公共生活密切相关，根据法案给予了公民形成他们自己观点的那些行动的信息。"

（4）台湾学者谢青俊："国民在现代社会中求生存时，在民生方面，诸如食、衣、住、行、育、乐、就业、医疗和各种生涯规划等，所必需的资讯。"[①]

基于上述阐释，可以进一步把公共信息的定义概括为：公共信息是与公共生活相关联的信息。直而言之，公共信息是指产生于人类公共生活、反映人类公共生活内容并为公共生活所需要的信息。具体而言，公共信息指的是人类公共生活领域中关于主体和客体状况、主体之间与主客体之间关系、主体与客体运动方式及状态的信息，以及公共领域外部与公共生活相关联的信息。它涉及公共领域的各类主体与客体、公众事务、公共生活、公共利益的状况及其变动原因、方式与状态的所有信息。人类社会的公共领域是一个复杂的大系统，公共信息包括公共环境信息、公共系统信息、公共结构信息、公共主体信息和公共事务过程信息。公共性是公共信息最本质的特征。公共信息之公共性的内在表现是指其所反映公共领域的信息，与公共权力的配置与运行、公共资源的配置与使用、公共事务的协调与处置、公共利益的实现与维护密切相关。公共信息公共性的外在表现是公共主体能够共享公共信息资源。公共主体有平等的权利获得、占有和使用公共信息资源。然而，在实然层面，由于不同的公共主体在公共领域的地位和职能分配的不同，有些主体可以获得、占有和享用更多的公共信息资源。因此，如何在公共生活中寻求更为公平、公正和公开的信息资源共享的机制成为公共领域的重要议题。

---

① 转引自夏义堃《政府信息资源管理与公共信息资源管理比较分析》，《情报科学》2006 年第 4 期，第 532 页。

公共管理学

在公共信息资源中，与政府公共权力及其运行相关的信息是其中最重要的内容，这些信息被称为"政府信息"、"政务信息"或"行政信息"等。关于这些概念，以下国内一些学者的界定有很好的参考价值。①行政信息"是指反映行政管理活动及其对象的状态发展与变化对行政主体有新意义的消息、情报"。[①]②政务信息"是反映政府工作运转情况的信息以及政府领导决策指挥工作所需要的信息"。[②] 它包括政府自身产生的信息和政府从外部获得的与政府管理活动有关的信息。政府自身产生的信息如各种条例、规定、办法、章程、命令、指示、批复、议案、通告、通知、公函、会议纪要、合同、协议书等；政府从外部获得的与政府管理活动有关的信息如新闻报道、消息资料、群众信访、提案议案、社会调研信息等。③政府信息：包括政治信息、军事信息、经济信息、文化信息和科技信息等内容。从信源类型上看，政府信息包括内源性信息（政策、法律、指令、规范、计划等，各级政府之间交换的公用函件、下级政府向上级政府部门递交的请示、报告等）、外源性信息（指政府系统外的社会环境所产生的信息，包括民间信息、私人信息、环境信息、国际交往或地区之间交往中外国政府或外部地区发出的信息）。从传播范围看，政府信息资源包括公开信息、内部信息和保密信息等。[③]

一般而言，行政信息指行政机构在处理行政事务过程中产生的信息，包括静态的、已经收藏的信息与在行政机构运行过程中不断产生和消亡的信息。政府信息的概念要更宽泛，不仅包含行政信息，也包括在政治、军事、经济、文化等方面政府权力运行需要获得、使用、介入和传递的信息。政务信息所覆盖的范围或其包容性则处于上述两个概念之间，并且更多地体现一种动态的政府行为的信息。

如上所述，政府信息只是公共信息的一部分。公共信息除了政府信息，还包括所有那些与公共生活相关的政治、经济、科学技术、教育文化和社会生活信息。或换言之，还包括那些由政府体制之外的公共或私人组织，包括市场组织和非营利组织，以及由公民个体所产生、拥有或传递的与社会公共生活有关的信息。公共信息的基本特点是公共性、公益性和共享性。

[①] 夏书章主编《行政管理学》，广州，中山大学出版社，1998，第263页。
[②] 周晓英、王英玮主编《政务信息管理》，北京，中国人民大学出版社，2004，第36页。
[③] 王芳著《阳光下的政府：政府信息行为的路径与激励》，天津，南开大学出版社，2006年9月，第24~25页。

7.1.2 公共信息在公共管理中的重要性及其与现代信息技术的相关性

公共信息在公共管理中的重要性体现为如下四个方面。①从公共管理的系统看，公共信息是公共管理系统的基本构成要素之一和实现有机联系的介质。离开公共信息，公共管理系统就无法存续，公共管理也就无法运行。②从公共管理的组织看，公共信息是各公共管理各部门之间、各管理层级之间、各管理环节之间、政府与公民社会之间以及政府与体制之外的社会组织之间沟通联络、协调行动的桥梁和纽带。公共信息是各项公共管理职能得以发挥作用的重要前提。③从公共管理的实际过程看，整个公共管理过程实际上就是公共管理主体之间、公共管理主体与客体之间以公共信息为媒介进行互动，表现为公共信息的不断输入、交换、输出和反馈的过程。④从实现公共管理的目的看，公共信息的开发利用是改善公共管理、提高公共管理运行绩效的重要途径。

20 世纪 80 年代以来，现代信息技术迅猛发展，强劲驱动人类社会从工业社会进入到信息社会。信息社会的兴起对公共管理形成巨大的冲击，公共信息在信息社会的公共管理中重要地位更加凸显。人类社会依凭公共信息的交换、沟通和共享进行公共生活。公共信息的交换、沟通和共享必须借助于信息技术和公共信息媒体。人类在公共生活中创造并发展了信息技术和信息媒体，信息技术和信息媒体的发达程度反过来又极大地影响了人类的公共生活。

如果说，工业社会的核心资源是能源，那么信息社会的核心资源就是信息。信息社会公共信息的重要性可以归结为以下方面。

(1) 公共信息成为政府管理的战略性资源，公共管理对公共信息的依赖性日益增强。公共管理主体能否迅速、准确和充分掌握和处理公共信息不仅决定管理的效率，而且是衡量政府是否具有回应性的重要标尺。传统的政府管理是以官僚制组织为基础的封闭式管理，它强调行政对政治的执行和责任，忽视了政府管理应随着环境的变化而进行相应调整并对其管理的结果负责，因而具有明显的缺陷。如前所述，从信息理论的视角看，公共管理过程实际上是公共信息不断输入、转换、输出和反馈的过程。传统的封闭式政府管理，在很大程度上管理主体对外界信息的接收是间接的和不完全的。政府关注的重心是政治决策执行，其管理系统对外部环境变化缺乏敏感性，而对外部变化反应迟钝的政府运行必定是低效率。因此，面对信息社会环境复杂信息涌流多变的挑战，建构基于充分开发和利用信息资源这一战略性资源的，全方位多层面开放的回应型政府管理是必然的

公共管理学

选择。

(2) 公共信息力成为一个国家综合竞争力的重要组成部分，并且其地位日趋凸显。公共信息力是指一个国家的公共信息生产和供给的能力。它主要包括一个国家信息技术的创新和应用能力，政府、企业和公民对公共信息的获取、加工、转换、传输、供应和保护其安全的能力，信息经济的生产力与发展空间，公共信息生产和供给的制度安排的有效性等方面。众所周知，全球公共信息资源网络化和全球公共信息资源共享是信息社会的一大重要特点。但是，作为硬币的另一面，在信息时代各国之间公共信息力的竞争也日趋激烈。因此，提升公共信息力成为信息社会各国政府的战略目标和公共管理的重要内容，需要予以高度重视。

(3) 公共信息资源的开发、生产、交换、使用和管理在政府管理职能体系里处于更为重要的地位。政府必须与时俱进整合和优化其相关内外资源的配置以达到优化公共信息资源管理的目标，这些相关资源包括组织资源、资金资源、人力资源和技术资源等。比如，建立专门性的政府信息化领导机构；建立公共信息管理机构；建设电子政府发展电子政务；投入更多的资金更新和加强信息设施；对政府公务员实施信息技术培训以推进其在公共管理实践中的应用；对公民进行信息技能的培训；制定并实施缩小"数字鸿沟"的计划等。政府必须对提升公共信息力起到主要推动作用，通过制定相关政策和实施有效管理调控，引导、推动信息技术创新与应用，发展信息产业和信息经济，促进信息经济生产力的提高并为其提供更为广阔的发展空间。

公共信息在公共管理中重要性的极大增强，反过来又要求在公共部门的信息资源管理中不断推进信息技术的应用以增强其效用。如此，又必然带来一系列的变化和进步。信息技术在政府管理中应用的深化正在改变政府的权力结构和组织形态。信息社会权力结构的变化表现为部分权力从中央政府向地方政府转移，从官僚体制顶端和中枢向体制的下层和外围转移，从政治形态的权力机制向社会形态的权力机制转移。人们已经注意到，电子技术、数字技术和网络通信技术的广泛应用正在侵蚀和削弱集权式的政府组织架构，催生扁平化网络式的政府组织结构。此外，网络技术在政府管理中的应用，还可以实现政府不同业务部门职能的重组和管理流程的再造。现代信息通讯技术的发展及其在政府管理中的应用，对政府治理的结构和政府职能程序的改善都起了推动作用。西方各国20世纪80年代初以来勃兴的新公共管理运动强调政府再造，其中重要内容之一正是特别重视对现代信息技术的应用。其主要体现即是应用信息技术改变传统的层级化的公共组织架构，建立网络型组织，改变政府工作流程，建构一个无缝隙的政府①。

现代信息技术在公共管理中的广泛运用，为建设公开透明的阳光政府提供了技术支撑，有利于进一步促进政务公开，提升公共管理的透明度。人们知道，正是由于网络的多通道和信息分散性和渗透性的特点，使得任何主体要想控制信息的传输都变得十分困难。传统的政府集权式管理就是建立在信息控制的基础上。信息社会的到来促使公共事务管理公开化和民主化的发展趋势更加不可阻挡。正如尼古拉·尼葛洛庞帝所指出的，"每个信息可以经由不同的传输途径，从甲地传送到乙地。正是这种基于分散性的体系结构的互联网络能像今天这样三头六臂。无论是通过法律还是炸弹，政客都没有办法控制这个网络"。②

信息时代的出现及公共管理引入现代信息技术对公共部门的人员素质提出了更高的要求。首先，公务员要具备计算机操作和网络应用能力，能将信息技术与工作业务密切结合起来。其次，政府工作流程的再造要求公务员具有与之相适应的知识结构。传统官僚制条件下要求公务员具备专业化的素质成为技术官僚，而当代电子政府的建构和电子政务的运行以及各级政府部门"一站式"服务的出现更要求公务员具备跨专业的知识和业务素养。其三，由于大量政府管理的常规性工作趋向自动化，从而要求公务员在其服务公众服务社会的工作中更具创新性、主动性和回应性。其四，信息时代的公共管理更强调公务员的参与管理和自我管理，要求公务员具备更好的沟通技能和团队精神。最后，信息社会对公务员的学习意识和学习能力提出了新的挑战。处在信息不断涌流变化迅速的信息社会，公共部门如要成为一个成功的能有效履行其使命的公共组织，就必须成为一个学习型和创新型组织。公共部门的工作者在其管理实践和其职业生涯中必须与时俱进，善于学习、不断学习、全程学习、终生学习，以适应公共管理发展的需要。

7.2 公共信息资源管理概述

7.2.1 公共信息资源

确认信息是一种独立的重要资源只是近几十年来的事情。关于与人类生活密

---

① 〔美〕拉塞尔·M. 林登著《无缝隙政府》，汪大海等译，北京，中国人民大学出版社，2002，第1版，第41~62页。
② 〔美〕尼古拉·尼葛洛庞帝著《数字化生存》，胡泳、范海燕译，海口，海南出版社，1997，第74页。

切相关的主要资源的类型,美国哈佛大学的研究小组给出了著名的资源三角形。他们认为,材料、能源和信息是人类生存和发展的基本资源。他们认为,没有材料,什么也不存在;没有能源,什么也不会发生;没有信息,任何事物都没有意义。作为资源,物质提供材料,能源提供动力,信息提供知识。物质、能量是硬资源,信息是软资源。

"信息资源"是"信息"和"资源"两个概念整合衍生的概念,是人们从"资源"范畴的视角对信息进行考察的结果。把信息称为资源首先表明,信息只是相对于人类的需要才具有意义。因此,信息资源是一个基于人类主观判定的价值观念。其次,信息资源概念的提出表明人类对信息的认识有了质的飞跃,是人类文明的又一次重要和巨大的进步。虽然信息资源随着人类文明的发展早已形成,但是长期以来人们并没有明确地视之为一种资源。只有当信息资源的量的积聚发展达到一个临界点时,人们的认识才可能发生质的变化。在激发其产生质变的诸多因素中起关键作用的是现代信息技术,尤其是综合性的信息系统技术和网络技术。这些技术不仅促成类人类观念的质变,而且还直接促成了各类信息资源管理活动的集成发展。[①] 第三,信息资源概念还表明,由于现代信息科技的迅猛发展,现代社会的运行日益复杂多变,人们活动范围的扩大与联系日趋紧密,信息已成为重要的战略性因素,能否充分开发信息资源已成为关系到国家、社会、组织或个人生存发展的重要问题。公共部门能否充分开发和利用信息资源直接关系到公共部门的存续及其运行的效能。

信息资源是重要的,但是信息是一种无形的客观存在,只有通过一定的媒介和一定的符号标志传播时,才表现为一定的形态。媒介、符号是构成信息的不可缺少的要素,也是信息的载体,人们对信息的认识和利用离不开信息的符号与媒介。人们对信息资源的认识与信息的前述特点相关联。中国的一个成语"文以载道",其中"文"是信息的载体和媒介,"道"就是信息本身。由于"文"和"道"之间的紧密联系,学界有从"文"的角度对信息资源的含义进行归纳的,认为"文"就是信息资源。比如,认为信息资源就是文献资源,信息资源就是数据。这种界定揭示出了信息与载体之间的紧密联系,但没有揭示出信息资源的本质。也有学者把"文"与"道"二者结合起来进行阐释,认为信息资源是"文"与"道"的统一。譬如,认为信息资源就是多种媒介与形式相结合的信息(包括文字、图像、声音、印刷品、电子信息、数据等)。这样的界定立足于信息,

---

[①] 孟广均等著《信息资源管理导论》,北京,科学出版社,2003,第43页。

既反映出信息资源的本质,又体现了信息与载体之间的联系,较之前者,在认识上是一大进步。

因此,信息资源概念有两种不同的理解,即狭义的信息资源概念和广义的信息资源概念。狭义的信息资源概念是指信息本身或信息内容,即是人们所开发的经过必要加工处理的,能够对决策者有效用或效益的资讯和数据。人们开发利用信息资源的目的,就是为了充分发挥信息的效用,实现信息的价值。广义的对信息资源的理解,是将信息资源视为一个系统的总合概念,即认为信息资源是指信息活动中各种要素的总称(包括信息、技术、设备、资金和人等要素);上述要素相互联系相互作用,共同构成了具有统一功能的信息资源的有机整体。

依据广义的信息资源概念,信息要素是信息资源中的核心部分,其他要素则是其支持部分。前者可以称之为核心资源,后者可以称之为支持资源。此外,还有信息资源赖以存续和发展的环境因素,可称之为环境资源。核心资源、支持资源和环境资源构成了完整的信息资源体系。基于这样的理念,广义而言,现代社会中的信息资源主要构成体现在如下方面:①核心资源(信息要素)——数据及其存储介质,非计算机信息及其存储介质;②支持性资源——计算机和通讯设备,计算机系统软件和应用软件,相关的技术,可用资金,信息活动的从业者;③环境资源——相关的规章、法律制度等。一般而言,信息资源的基本要素是信息、技术和信息生产者。

相应的,公共信息资源也有广义和狭义两种界定。狭义的公共信息资源指公共信息本身或信息内容,是能够对公共决策者有效用的数据。广义的公共信息资源是指公共信息要素的组成的有机整体。从公共管理的角度,人们主要从广义的内涵使用公共信息资源的概念,其中,信息资源的信息内容是核心。一般而言,公共信息资源主要包括政府部门信息资源和公益部门的信息资源。

7.2.2　信息资源管理

"信息资源"这个术语最早是由罗尔科(J. O. Rourke)1970年在其论文《加拿大的信息资源》中提出。① 霍顿(F. W. Horton,JR)进而在1974、1975、1985和1986年多次提出并探讨信息资源的定义。② 一般认为,霍顿是信息资源

---

① Rourke, J. O. (1970), Information Resources in Canada, *Special Libraries*, Feb. 1970, vol. 61, issue 2, pp. 59-65.

② 转引自赖茂生主编《信息资源管理教程》,清华大学出版社,2006年10月,第1版,第3页。

管理（IRM，Information Resource Management）理论的奠基人，同时又是 IRM 的积极实践者。他最早使用了 IRM 这一术语。[①] 霍顿认为，信息资源管理是对一个机构的信息内容及其支持工具的管理。把这样的概念扩大，同样适用于对一个系统、一个社会或国家的信息资源管理的阐释。

前文已指出，信息是普遍存在的，但是从信息利用的角度看，只有满足一定条件的信息才能称之为资源。因为，并非任何信息都有用，过时的信息、不真实的信息以及垃圾信息都是无用甚至是有害的，而传播这样的信息则是不同程度的信息污染。从一般意义上说，这些信息都不能成为资源。进而言之，同类型的用户，在不同的时间和不同的地点，或面临不同的问题和任务，对信息的需求会有差异；反之，不同类型的用户，在同样的时间和不同的地点，或面临同样的问题和任务时，对信息的需求也会有不同，而同样的信息对他们的效用性和价值也可能不相同。所以，信息能否成为资源会受到上述因素影响。可称之为资源的信息，即是"有效用的信息"或"可以利用的信息"。据此，信息资源也就是有价值的可以利用的信息的集合。信息成为资源的必要条件是信息的加工、处理和有序化活动。信息是被动的，它不可能自动成为资源，只有经过信息管理，信息才能真正成为信息资源。没有管理，信息资源就不可能得到充分的开发利用。

从信息管理科学的角度看，F. W. 霍顿定义的信息是按照用户决策的需要经过加工处理的数据。简而言之，信息就是经过加工的数据，或者说，信息是数据处理的结果。从信息管理的角度看，信息依照其加工深度可以分为一次信息（原始信息）、二次信息（对原始信息加工处理后的信息）和三次信息（管理决策信息）。原始信息是无序的、无规则的，无法进行分类存储、检索、传递和使用；二次信息是有序的、有规则的，易于存储、检索、传递和使用；三次信息是经过深度研究的结晶，是为进行管理决策所提供的信息。从根本上说，进行信息资源管理就是要为管理决策服务。

综上所述，信息资源管理是以信息资源为对象的管理，是为了确保信息资源的有效利用，以现代管理方式和现代信息技术，对信息资源实施计划、预算、组织、配置、整合与控制协调的一种管理活动。这样的信息资源的系统集成管理，是由过去的文书管理和信息内容管理发展而来的。在这一发展进程中，信息资源的内涵得以不断扩展。

信息资源管理（IRM）是管理科学的一个新兴领域。这一新的管理思想和管

[①] 杜栋编著《信息管理学教程》，北京，清华大学出版社，2004 年 9 月第 2 版，第 30 页。

理模式发轫于20世纪70年代。由于当时计算机和通信技术迅速发展，信息量骤增，在使用和管理中出现了混乱局面，因而很快在管理科学中出现了信息资源管理的分支。IRM最初在美国的政府部门出现，随后迅速发展到工商企业、科研机构和高等院校等部门。经过多年的发展，IRM的理念和模式广为传播，被世界上许多国家、地区和部门所接受。由于政府、工商企业和学界的共同努力，IRM作为一个管理的专业领域和学科的地位已经基本奠定。

我国对IRM的研究始于20世纪80年代初，其直接原因是我国改革开放推动经济建设的快速发展使得我国对于信息资源管理的意识逐渐增强。在实践方面，我国自从80年代中期开始逐渐在政府部门内部组建各种信息系统以管理政府信息资源，同时也开始在企业中建立基于计算机的信息系统以管理企业信息资源。目前，我国的IRM领域虽然已经成为一个热点，但是建立新型的IRM体制还需要做很大的努力。

7.2.3 公共信息资源管理

公共部门只有在对公共信息充分获取和利用的基础上才能够有效实施和参与公共管理，从而实现和维护公共利益。公共主体为了更好地利用公共信息资源，必须重视公共信息资源的管理。公共信息资源管理是介于公共信息资源生产和公共信息资源消费之间的一种管理活动，广义而言，只要有公共信息资源的生产和消费，就有公共信息资源的管理。公共生活的主体，包括政府、社会组织和企业，都在不同的层面上管理公共信息。但是，作为一种专门性的管理活动，公共部门信息管理产生于20世纪40年代，其最早的生长领域是美国政府部门的文书管理领域。从这个意义上说，政府信息资源管理是信息资源管理的出生地。

公共信息资源管理的界定可以借鉴信息资源管理的定义。英国学者马丁（W. J. Martin）认为，"信息资源管理等同于信息管理，是与信息有关的计划、预算、组织、指挥、培训和控制过程"。[①] 博蒙特和萨瑟兰认为，"信息资源管理是一个集合名词，它包括所有能够确保信息利用的管理活动"。[②] 借鉴学者对信息管理和信息资源管理的定义，公共信息资源管理可以界定为以政府为核心的公共部门为了有效开发利用公共信息资源，依据现代管理方式和应用现代信息技术，对公共信息资源实施计划、预算、组织、指挥、控制和协调的一种管理活动。有

---

① 转引自孟广均等著《信息资源管理导论》，北京，科学出版社，2003，第41页。
② 转引自孟广均等著《信息资源管理导论》，北京，科学出版社，2003，第41页。

公共管理学

论者认为,信息资源管理作为一种普遍的人类活动,主要是在如下三个层面上展开。在社会组织的微观层面,信息资源管理活动主要体现为一种过程管理;在社会组织体系的中观层面,信息资源管理主要体现为一种网络管理;而在社会组织系统的宏观层面,信息资源管理活动主要体现为一种政策法规引导的调控管理。[①] 公共信息资源的管理也可以从微观、中观和宏观三个层面来进行观察和分析。

微观层面的公共信息资源管理活动服务于具体的公共信息资源的消费者(个人或组织、机关),主要是公共部门的信息资源管理。这种管理主要表现由为一系列前后相继、循环往复的管理环节形成的完整的管理过程。该过程以用户需求及相关因素分析为起始,继之以寻求和确定信息源、信息采集和转换、信息组织、信息检索、信息资源开发等环节生产出信息产品,最后以信息资源的传播和利用为结果。之后,又进入新的循环,由此不断满足信息用户的需求。

中观层面的公共信息资源管理活动着眼于多个公共信息资源用户之间的信息沟通网络,目标在于用户之间共享公共信息资源。"由于单个信息系统的输入、存储和输出能力总是有限的,用户的信息需求却总是全面的和近乎无限的,所以单个信息系统必须同其他的信息系统进行协调与合作。"[②] 通过对信息网络的管理,使众多的信息系统整合为一个整体,通过网络连接起来的用户可以共享公共信息资源。信息沟通网络受通讯技术发展水平的制约较大,现代通讯技术的发展使得分散的信息系统真正得以连接构成集成化的系统,为实现全面的公共信息资源共享提供了技术支持。

宏观层面的公共信息资源管理的活动是从整体和全局的角度对公共信息资源的开发配置及其管理进行的宏观调控,管理主体是作为社会共同体合法代表的政府。一般而言,宏观层面的信息资源管理活动主要包括以下几个方面的内容。"(1)通过信息政策和信息法规对信息资源的生产、交换、分配和消费实现宏观调控与规范。(2)通过培育和完善信息市场来加速信息商品化和信息生产的社会化,从而进一步发展信息生产力。(3)通过建立集中统一的管理组织来协调信息资源管理行业内部和信息资源管理行业与其他行业的关系,为信息资源管理发展提供组织保证。(4)通过基础设施建设和信息资源管理教育等途径支持信

---

① 霍国庆:《信息资源管理的三个层次》,《中国图书馆学报》1996 年第 5 期。
② 孟广均等著《信息资源管理导论》,北京,科学出版社,2003,第 53 页。

息资源管理行业的发展。"① 可以说，在很大程度上，宏观层面的公共信息资源管理的主要内容与此类似。所不同的是，较之一般意义的宏观信息资源管理，宏观层面的公共信息资源管理更需要对公共信息资源进行开发、配置和整合，更需要全力促进公共信息生产力的发展，而不仅是要推进一般意义的信息资源和信息生产力的开发和发展。

从国外的大量研究中可以看到，不同组织层次的信息资源管理受到高度重视。一般来说，IRM 可分为三个层次：个人的，组织的和社会的。但是 IRM 突出了组织机构层次的信息资源管理或者面向组织的信息资源管理。一般社会组织所开展的信息资源管理活动主要是以满足组织的信息需求为目的，对其内外部信息资源实施有效的管理。

7.2.4 政府信息资源管理

公共部门是指以政府部门为核心主体的主导或参与公共事务管理的社会公共组织。一般而言，公共部门信息资源管理可以分为政府信息资源管理和公益性组织信息资源管理。

1. 政府信息资源管理出现的背景

20 世纪 70 年代起，公共管理领域发生了一系列变革，后工业社会理论的兴起，政府文书工作负担加重，促使政府信息资源管理的出现。政府职能扩张导致了政府记录爆炸式增长。公文旅行、文山会海、信息爆炸等现象大大增加了政府运作成本，降低了政府工作效率，助长了官僚主义，影响了政府形象。

政府部门的激增在"二战"后的美国就已表现得十分突出。记录管理日益成为令政府部门头痛的问题。1974 年，为了回应联邦文书工作负担过重的问题，美国国会设立了联邦文书工作委员会，对联邦政府文书负担过重问题进行了为期两年的调查研究，并于 1977 年向国会和总统提交了题为《信息资源管理》的报告。其中 650 条建议涉及诸如卫生、教育和能源等领域中的记录保管，并要求削减强加于联邦、州和地方政府官员的文书以及官样文章（red tape）负担，另外 150 条建议是关于联邦信息政策制定过程的具体改革措施。报告引入"信息资源管理"的概念，认为"对于数据和信息资源，现在没有一种集中的、连贯一致的学说（政策）；甚至没有优良的信息、建议或指导性意见提供给最高管理层"。1980 年，美国国会通过了《文书工作削减法》（Paperwork Reduction Act），首次

---

① 孟广均等著《信息资源管理导论》，北京，科学出版社，2003，第 53 页。

公共管理学

在国家成文法中提出"信息资源管理"的概念,这一法令还要求将信息资源的费用列入预算之中。法令的颁布标志着美国政府信息资源管理正式列入政府管理的范围。

2. 政府信息资源管理的基本职能、主要任务和重要意义

政府信息资源管理的基本职能是对政府机构的信息采集、生产或加工处理、存储、传播和利用等活动进行规划、预算、组织、指导、培训、促进和控制过程。

政府信息资源管理的主要任务是:研究、制定和实施政府信息资源开发利用计划;研究、制定和实施相关政策法规;政府信息资源的基础设施的管理;政府信息资源应用系统的开发、维护和管理;政府信息技术管理;政府信息安全管理。

实施政府信息资源管理的重要意义,主要体现在如下五个方面。

(1) 政府信息资源在全社会信息资源中不仅占有很大比重,而且对国计民生具有重要影响。因此,实施政府信息资源管理对于提高全社会信息资源的配置效率至关重要。

(2) 政府信息资源管理制度对于保障一个民主社会公民所享有的对公共管理的知情权、监督权、批评权和参与权具有重要意义。

(3) 由于政府所承担在政治、经济、科技、文化教育和社会管理等各方面公共政策的决策和管理的主导作用,必须以有效的政府信息资源管理作为履行这些职能的保障。

(4) 政府信息资源管理是政府实现其服务社会的目标的前提,政府信息资源管理的效率是政府服务效率的重要标志之一。

(5) 政府信息资源管理的水平和成果是衡量政府公共管理绩效的重要指标,而政府信息资源管理能力更是衡量一个国家政府竞争力的一个重要方面。

3. 政府信息资源管理研究的维度

研究政府信息资源管理,主要可以从过程、技术、经济和社会四个维度进行。[①]

(1) 过程的维度。依据霍顿的研究,基于人类需求的信息生命周期,由需求定义、收集、传递、处理、存储、传播和利用七个阶段组成。政府信息资源管

[①] 参阅冯惠玲主编《政府信息资源管理》,北京,中国人民大学出版社,2006年5月,第19~33页。

理研究的过程维度是从政府信息生命周期出发，以政府信息生成后收集、加工处理、组织、传播和服务的一系列环节为主要对象，研究如何高效优质地实施政府信息资源管理。这样的研究，主要与信息管理科学、情报学和传播学等学科的内容相关。

（2）技术的维度：研究如何在政务信息的获取、传输、存储、处理和检索，以及在利用政务信息进行决策、控制、指挥、组织和协调等各方面充分运用现代信息技术，从而实现有效开发和利用信息资源的目标。政府信息资源管理的技术应用领域主要包括电子政府信息系统建设、电子政务网络系统建设和数据库建设等，它与管理信息系统、应用信息技术等领域的研究密切相关。

（3）经济的维度：将政府信息资源视为一种无形资产和无形资本，研究政府信息资源供求规律、配置或供给政策、政府信息化的经济效益与社会效益以及政府信息系统研发和管理的经济手段等问题，它与信息经济学、政府经济学等领域的研究密切相关。

（4）社会的维度：研究政府信息资源管理活动中管理者与被管理者的行为方式、心理及其相互关系，政府信息资源管理相关政策、法律及管理行为中所涉及的伦理问题及其对社会的影响，政府信息资源管理的用户需求以及供求双方的关系问题等。

7.2.5 公益性机构信息资源管理

公益性机构是为社会公众提供公益性服务的机构，其设立和运营所需的资源来自国家财政预算或社会捐赠。其主要类型有公益性信息机构、公益性研究机构、公办文化教育机构和公共服务机构，以及公共图书馆、博物馆、展览馆和科技馆等。

公益性机构所产生和管理的信息资源即公益性信息资源，是进入公共流通领域由社会公众所共享的信息资源。这样的信息资源的主要类型包括图书、期刊、会议文献、学位论文、专利文献、政府出版物、研究报告、标准文献、产品图样、科技档案、经济数据、科技数据、商业性资料、休闲娱乐性资料、教育和学习性资料及相关的网络信息资源。公益性资源面向社会公众，是服务于提高全民素质和公共生活质量以实现社会效益为主要目标的信息资源，具有公益性、公开性和共享性的特征。毫无疑问，由于公益性信息资源的这些特征，政府部门对公益性信息资源的管理负有重要责任。[①]

7.3 政府信息公开与透明政府

政府是国家的管理者和社会的服务者,自从政府产生,就开始有了实际的管理公共信息的政府活动。但是,政府信息公开透明的理论和实践,是现代社会随着政治民主化进程的发展和信息资源的重要性日益凸显而出现的。时至今日,政府信息公开和透明政府的理念已经成为全球公众的共识和强烈诉求,从而不断推动政府朝着这一方向努力。

7.3.1 政府信息公开的内涵与意义

政府信息公开是公共部门信息资源管理的一项重要内容。随着民主政治的发展和公共信息在公共生活中的影响不断增强,人们对政府信息公开的重要性的认识日益深化。人民是政府权力的授权者和委托人,政府是公共权力的代理人和公共利益的服务者。所有政府信息都是与政府行使公共权力、履行政府使命、服务公共利益相关的信息。因此,政府信息必须向其授权者和委托人报告和公开。一方面,公众参与公共管理必须以知情为前提,只有在充分知情的前提下,公众或和公民组织才能做出正确的判断。另一方面,为了监督政府,公众必须获得有关政府活动的公共信息。此外,有许多政府信息是工商企业和社会公众在经济社会活动进行决策的重要依据或参考,只有在政府信息公开的前提下,政府信息资源管理的效用才能充分发挥,从而更好地实现政府服务社会公共利益的宗旨。相关研究资料显示,80%的社会信息资源掌握在政府手中,政府是重要的信息生产者、消费者和发布者。既然作为一种重要的公共资源的政府信息是以公共性为其主要特征的,政府信息的公开就是建设透明政府,保障政府正确行使公共权力、接受公众监督和服务公共利益的逻辑起点。

政府信息公开,是指作为公共权力行使者和社会管理者的各级政府及政府部门,必须依据公共生活的需要以及公众的要求,公开其获得和掌握的公共信息。具体而言,政府信息公开的重要性主要体现在如下方面。

(1) 政府信息公开是人类社会进入信息时代和知识经济时代的必然选择。信息社会和知识经济社会的到来,使信息的价值得到极大的提升,人们对信息价

[①] 参阅赖茂生主编《信息资源管理教程》,北京,清华大学出版社,2006年10月,第156~187页。

值的认识出现前所未有的深化,政府信息的重要性更为凸显。如果一个国家的政府信息透明度不够,政府信息供给的数量不足和质量低下,政府信息与公众沟通的渠道缺失或堵塞,必然会极大地制约政府管理的效率、贬损政府的公信力,以至会影响政府的合法性。

(2) 政府信息公开是建设民主政府的前提条件。首先,如上文所述,依据民主政府的核心理念,公众是公共权力的授权者和委托人,政府是公众的代理人,政府必须为实现公众意志和利益服务,因此,公众有权利获得和使用政府信息。其次,为实现对政府的有效监督和制约,公众也必须拥有对政府活动的知情权,而政府有义务向公众提供其相关信息。美国前司法部长克拉克认为,"没有什么东西比秘密更能损害民主,公众没有了解情况,所谓自治,所谓公民最大限度地参与国家事务只能是一句空话"。[①] 公众享有寻求、获得和传播信息的权利是现代民主政府的当然内涵。实现政府信息公开,建立透明的阳光政府,保证公众可以便利和低成本的方式获得政府信息,是民主政府题中应有之义。再次,民主政府要求公众能够充分参与公共管理。政府信息公开是公众参与的前提条件,没有充分的政府信息资源,公众参与公共管理就只能是空中楼阁,即使参与也不可能取得应有的效果。

(3) 政府信息公开是建设法治政府的重要基石。法治与政府信息公开具有同一性。建设法治政府,坚持依法治国依法行政,必然要求公共权力的信息公开透明,接受社会和公众的有效监督,而这些都要以政府信息公开为前提。进而言之,建设法治政府的根本宗旨在于制约政府权力,防止政府规避监督滥用权力,以保障公民的权益。为了有效制约政府权力,就必须依法保障公民的知情权。因此,政府信息公开是建设法治政府的必由之路。

(4) 从公民权益的视角看,政府信息公开意味着对公民信息权利的尊重和维护。信息权利包括知情权和言论自由,是公民其他权利的基础。许多国际组织和绝大多数民主国家都以立法的形式确认了这样的理念。联合国在1946年召开的第一次大会上所通过的第五十九号决议确认信息自由是一项基本权利,它宣告,"信息自由是一项基本人权,也是联合国追求的其他自由的基石"。1948年,《联合国人权宣言》第十九条规定:"每个人都有自己观点和表达的自由权利,本项权利包括不受干预地拥有观点以及通过任何方式寻找、接受和传播信息与观念的自由。"联合国人权委员会设立的联合国观点与表达自由特别报告人办公室

[①] 转引自谬爱社《论行政公开化》,《地方政府管理》1997年第6期,第6页。

在2000年的报告中对作为一项基本人权的信息权的内容进行了阐明，并敦促各国修改其法律或者制定新法律，以保证公众获得的信息的权利。[①] 许多国家，例如瑞典、美国、日本、英国等都在国内的相关法律中做了相似的规定。

7.3.2 政府信息公开制度

政府信息公开制度是指政府有义务公开其所产生和掌握的信息，以及自然人、法人和其他组织依法获取政府信息的制度。其核心思想在于承认并尊重公民的知情权，并通过制定和实施有效的法规来确保政府履行信息公开的义务和保障公民的信息权益。政府信息公开包括政府自觉向社会提供信息和由公民申请被动提供信息两种情况。政府信息公开制度主要规定政府部门提供信息的义务和公民获得信息的权利。

1. 国内外信息公开的主要立法

关于政府信息公开的制度，检视国内外的一些主要的相关立法可窥概貌。[②] 1776年，瑞典制定《出版自由法》，规定了出版、阅览公共文书的权利，这是世界上最早的与信息自由相关的法律。美国是世界上对政府信息公开制度发展影响最为深远的国家。1909年，美国佛罗里达州颁布的《政府文件法》规定，除了特殊的法律豁免之外，政府在行政业务中所产生或接受的任何文件，都应该能够被获取以接受监督。1967年，佛罗里达州《阳光下的政府法案》开始实施，该法案明确了人们获取大部分政府机构会议文件的权利。

1967年，美国总统签署《信息自由法》，规定除涉及国家安全、公民隐私、商业秘密等豁免提供的九项信息外，所有的政府信息均应公开。即使属于豁免公开的事项，政府机构仍然有权决定是否公开。1996年，美国政府对《信息自由法》进行了修订，称之为《电子信息公开法》，规定从1996年11月以后，各部门的信息（部分除外）都需在一年内通过互联网等电子媒体向国民公开。

---

① 转引自周汉华主编《外国政府信息公开制度比较》，北京，中国法制出版社，2003，第2页。这些法律主要包括的原则有：公共机构有义务公开信息，每个公众都有权了解信息；信息自由意味着公共机构出版并广为传播涉及公众重大利益的文件；作为最低要求，信息自由法应该包括教育公众的内容，并传播如何行使获得信息权利的信息；不得以保全政府的面子或者掩盖违法行为为目的拒绝公开信息，信息自由法必须全面列举不得公开的例外；应要求公共机构设立公开、透明度机制以保证公众行使获得信息的权利；获得政府信息的成本不能太高，以至于申请人不敢提出申请或者扭曲法律的目的。

② 参阅王芳著《阳光下的政府：政府信息行为的路径与激励》，天津，南开大学出版社，2006年9月，第1~3页。

此外，1974 年，美国参众两院通过《隐私权法》，对 1967 年颁布的《信息自由法》中关于政府所持有的公民隐私信息的保护做了规定。1976 年，美国国会通过《阳光下的政府法案》。该法案规定，除符合该法规定的豁免公开举行会议的 10 种情况外，合议制行政机关举行的每一次会议包括其中每一部分都必须公开，公众可以观察会议的进程，取得会议的文件和信息。

1999 年，英国颁布《信息自由法草案》，2005 年 1 月正式生效。该法规定，任何人，不管是否拥有英国国籍，也不管是否居住在英国，都有权利了解包括中央和地方各级政府部门、警察、国家医疗保健系统和教育机构在内的约十万个英国公立机构的信息。要求获得信息的公众需书面（包括以电子邮件、信件或传真形式）提出咨询，并写明咨询内容和需求者姓名地址，但无需说明理由。除特殊情况外，被咨询机构必须在 20 个工作日内予以答复。

除了美国、英国和瑞典，其他许多国家也都制定了关于政府信息公开的法律。如韩国 1996 年 12 月颁布《公共机构信息公开法》；日本 1991 年 12 月发表《行政信息公开标准》，1998 年 3 月通过《信息公开法案》；芬兰 1951 年制定《公文书公开法》；丹麦 1970 年颁布了《行政文书公众使用法》；挪威 1970 年《公众使用法》；法国 1978 年发布《行政文书使用法》；荷兰 1978 年颁布《公共信息使用法》；加拿大 1978 年通过《信息获取法》和《隐私权法》；澳大利亚 1982 年制定《联邦行政机关信息公开法》；德国 1994 年制定《环境信息法》等。

我国政府信息公开的制度建设起步相对较晚，至今尚未正式颁布国家性法律。但是，我国的法规中已经有一些涉及政府信息公开与保密的问题，例如《档案法》、《保密法》和《统计法》。《中华人民共和国政府信息公开条例》已经在 2007 年 1 月 17 日由国务院常务会议通过，2007 年 4 月 5 日公布，于 2008 年 5 月 1 日起正式施行。

在我国的地方政府层面，2003 年 1 月 1 日，《广州市政府信息公开规定》正式实施，这是我国第一部地方性政府信息公开条例。其后，已有不少省区和城市颁布和实施相关条例或法规。2004 年 4 月，《深圳市政府信息网上公开办法》正式实施。2004 年 5 月 1 日，《上海市政府信息公开规定》、《成都市政府信息公开规定》正式实施。2004 年 7 月 1 日，《重庆市政务信息公开暂行办法》正式实施。2004 年 10 月 1 日，《杭州市政府信息公开规定》正式实施。2005 年 7 月，浙江下发《关于进一步推行政务公开的实施意见》。2005 年 11 月，苏州市出台《政府信息公开规定》。2006 年 1 月 10 日，《陕西省政府信息公开规定》正式实施。2006 年 2 月 1 日，《辽宁省政府信息公开规定》开始实施。

| 公共管理学

2. 我国政府信息公开的主要内容

（1）政府信息公开是政府的义务，以公开为原则，不公开为例外。各级人民政府以及政府部门除涉及国家秘密、商业秘密和个人隐私以及法律规定免于公开的信息外，都必须公开。比如，我国《政府信息公开条例》第九条规定：

> 行政机关对符合下列基本要求之一的政府信息应当主动公开：（一）涉及公民、法人或者其他组织切身利益的；（二）需要社会公众广泛知晓或者参与的；（三）反映本行政机关机构设置、职能、办事程序等情况的；（四）其他依照法律、法规和国家有关规定应当主动公开的。

第十条规定：

> 县级以上各级人民政府及其部门应当依照本条例第九条的规定，在各自职责范围内确定主动公开的政府信息的具体内容，并重点公开下列政府信息：（一）行政法规、规章和规范性文件；（二）国民经济和社会发展规划、专项规划、区域规划及相关政策；（三）国民经济和社会发展统计信息；（四）财政预算、决算报告；（五）行政事业性收费的项目、依据、标准；（六）政府集中采购项目的目录、标准及实施情况；（七）行政许可的事项、依据、条件、数量、程序、期限以及申请行政许可需要提交的全部材料目录及办理情况；（八）重大建设项目的批准和实施情况；（九）扶贫、教育、医疗、社会保障、促进就业等方面的政策、措施及其实施情况；（十）突发公共事件的应急预案、预警信息及应对情况；（十一）环境保护、公共卫生、安全生产、食品药品、产品质量的监督检查情况。

（2）公民拥有对政府信息公开的请求权，政府信息必须依公民的申请公开。依申请公开的范围包括政府应当主动公开的政府信息以外的其他政府信息。申请方式可以采取信函、电报、传真、电子邮件或口头申请等。

（3）实施政府信息公开的监督机制。这样的机制主要包括：各级人民政府法制工作机构、监察部门依照各自职责对政府信息公开的实施情况进行评议和监督检查；公民对政府机关未履行主动公开义务的，有权向监督机关投诉；公民请求政府公开而政府决定不予公开，申请人对此有异议的，可以向有关监督机关反映；政府机关有违反规定的内容、方式、程序的行为，或变相收费，或公开的内容不实的,应承担相关法律责任。

我国《政府信息公开条例》第二十九条规定,各级人民政府应当建立健全政府信息公开工作考核制度、社会评议制度和责任追究制度,定期对政府信息公开工作进行考核、评议。

第三十条规定,政府信息公开工作主管部门和监察机关负责对行政机关政府信息公开的实施情况进行监督检查。

第三十三条规定,公民、法人或者其他组织认为行政机关不依法履行政府信息公开义务的,可以向上级行政机关、监察机关或者政府信息公开工作主管部门举报。收到举报的机关应当予以调查处理。公民、法人或者其他组织认为行政机关在政府信息公开工作中的具体行政行为侵犯其合法权益的,可以依法申请行政复议或者提起行政诉讼。

3. 政府信息公开的主要方式

(1) 国外政府信息公开的主要方式

依据各国的相关法律法规,国外政府信息资源公开的主要方式主要有刊载、告知、财产申报、听证、旁听、报道和查阅等。[①] 刊载是行政机关将公共信息以文字、图表的形式在适当的载体上公开刊登。一般而言,各级行政机关正式通过的文件,特别是法律文件都应在正式刊物予以刊载,这是各国通行的做法。告知是行政机关将具体行政行为的有关事项通知或告诉相对人。财产申报是一定范围的行政官员依法申报个人财产、财产来源以及各种投资活动。听证是指行政机关在实施影响行政相对人权利义务的行动之前,听取有关行政相对人的意见。旁听是指行政机关允许公民、法人或者其他组织参加、听取行政机关的各种会议。报道是指行政机关允许各新闻媒体依照各自视角,在遵守法律的前提下报道评说其各项活动,特别是重要会议活动。查阅是指行政机关允许公民、法人或者其他组织查阅、复制其已经刊载的和尚未刊载的各种文字资料,包括会议纪要、最终裁决令、裁决意见、政策说明、行政人员手册等。

(2) 我国政府信息公开的主要方式

《中华人民共和国政府信息公开条例》第十五条规定:行政机关应当将主动

---

① 参阅周晓英、王英玮主编《政务信息管理》,北京,中国人民大学出版社,2004,第319～321页。

公开的政府信息，通过政府公报、政府网站、新闻发布会以及报刊、广播、电视等便于公众知晓的方式公开。第十六条规定：各级人民政府应当在国家档案馆、公共图书馆设置政府信息查阅场所，并配备相应的设施、设备，为公民、法人或者其他组织获取政府信息提供便利；行政机关可以根据需要设立公共查阅室、资料索取点、信息公告栏、电子信息屏等场所、设施，公开政府信息。第二十六条规定：行政机关依申请公开政府信息，应当按照申请人要求的形式予以提供；无法按照申请人要求的形式提供的，可以通过安排申请人查阅相关资料、提供复制件或者其他适当形式提供。

7.4 电子政府与公共信息资源管理

现代信息技术的应用极大地改变了人类的生存环境，为工商企业和政府改进管理提供了重要的工具。政府一直是现代信息技术发展的响应者，电子政府就是政府运用网络技术于改善政府管理的产物。现代信息技术的迅猛发展为政府公共信息资源管理提供了强大的技术支撑，正是在信息技术发展的推动下，各国政府纷纷走上政府管理信息化之路，电子政府建设迅速成为全球性的浪潮。电子政府对信息技术的运用为公共信息资源管理提供了一个新的更具操作性的平台。然而，公共信息资源管理作为一项系统工程，不仅要求政府充分利用信息技术的便利，还要求政府注重在观念和制度等其他层面提供强有力的支持。

7.4.1 电子政府建设的浪潮

现代信息技术的迅猛发展和广泛应用，以及它对世界经济和社会生活日益深刻的影响，使得世界各国的政治家们意识到，在经济全球化和信息全球化加快发展的时代，政府管理信息化的程度已经成为影响一个国家或地区的竞争力的主要因素。因此，各国政府对信息技术在政府管理中的应用普遍予以高度重视和积极回应。

电子政府就是政府管理信息化的一个积极成果。在20世纪70~80年代，一些国家的政府开始提出办公自动化（OA），利用信息和通讯技术处理办公室内部事务，其主要关注的是政府文件的制作、传送和存储。20世纪80年代以后，公共管理信息系统（Public Management Information System，简称PMIS）和决策支持系统（Decision Support System，简称DSS）又成为人们关注的焦点。公共管理信息系统和决策支持系统是为满足政府管理决策和有效履行职能的需要而建立的信息加工和处理系统，以满足政府对具有适时性、准确性和相关性的信息的需求。始于20世纪90年代，随着国际化互联网技术的发展及其在政府管理中的应用，又出现了电子化政府和网络化政府管理。自从美国1993年提出全国信息基础设施计划（NII）以来，各国纷纷在促进信息社会和政府管理信息化发展方面投入力量进行规划和建设，并展开激烈竞争。1995年2月，西方七国集团与欧盟召开了"信息社会会议"，提出了"全球信息社会"的宏伟目标，认为信息高速公路建设是"一场具有深远社会和经济意义的新的工业革命"。1996年5月，在南非召开的"信息社会与发展"大会上，发展中国家一致认为，要立足于自己国情，依靠自己的力量来推动信息化建设，以促进综合国力的提升。由于这样的一系列信息化发展计划的推动，电子政府建设的浪潮在全球范围内迅速扩展。根据联合国教科文组织在2000年对62个国家（23个发展中国家和39个发达国家）所进行的调查，89%的国家都已在不同程度上着手推动电子政府的发展。在世界各国积极倡导的"信息高速公路"建设的五个应用领域中，"电子政府"被列为第一位。

7.4.2　电子政府的涵义

对于电子政府的涵义，人们有不同的界定。联合国公众经济管理处和美国公共管理协会（ASPA）提出的定义有较好的参考价值。即：电子政府是一个使用最新的信息通信技术，从简单的传真机到无限手持设备等多方面来进行日常管理的政府；它是一个"通过提高成本效益、有效服务、信息和知识来改善市民和政府的关系，有政府承诺的永久性机构"。

通俗地说，电子政府就是通过建立政府网站而构建的网上政府。从更为严谨和科学的层面考量，可以认为，电子政府是以现实政府为基础，通过运用信息网络技术，并以之整合公共管理主体和再造公共管理流程而建构起来的虚拟的具有公共管理现实功能的公共管理和公共服务体系。电子政府是政府信息化的产物，是现实政府的数字影射，又反过来改造、支撑和优化现实政府，它是一个以现代信息载体为纽带的现实与虚拟相结合的政府。

进而言之，电子政府的涵义主要可以从如下几个层面理解。

1. 电子政府是政府管理的新型工具

政府利用电子政府作为治理手段，在公共管理中以全天候、一站式的方式处理公共事务，提供公共服务。现代信息技术的应用和电子政府的产生可以大大加强公共管理主体的行为能力和工作效能。利用信息技术可以对不同的公共管理主

| 公共管理学

体的功能和资源进行整合，实现公共管理主体的一体化，从而形成更新的系统，发挥整体的效能优势。从公共信息的收集与获取、加工与过滤到开发和整合、传输与共享，信息技术像一张无远弗届的巨网，能够把所有的公共信息"网"在公共管理系统中。电子政府的工具含义不仅体现在它可以为政府的公共决策提供及时、准确和充分的信息支持，可以处理公共事务，并且提供和改善公共信息和公共服务；更重要的是，电子政府还可以增加公民表达要求和意见的渠道，拓宽公民政治参与的空间，为公民的知情权、参与权、监督权和管理权等权利的实现提供技术支持和现实平台。

概而言之，可以说，网络能够把所有的公共主体更加紧密地整合起来，形成更加强大的系统，从而具有更为强大的能量处理公共事务，提供公共服务和实现公共利益。网络技术是超时空的，以它为技术基础的电子政府可以实现全天候、无缝隙的公共管理和服务。由于电子政府的优势，几乎所有的国家在行政改革的过程中都十分注重信息技术的运用和电子政府的建设。例如，英国于20世纪90年代中期出台《政府现代化》白皮书和《政府信息服务计划》，明确提出以政府信息化服务达到政府现代化的目标。美国政府于90年代初成立专门委员会NPR（全国绩效评估委员会），对政府的行政过程与效率、行政措施与政府服务品质进行全面评估，提出行政改革的建议与方案。1993年，NPR在直接收集了1200项具体意见与建议的基础上，完成了《创建经济高效的政府》与《运用信息技术改造政府》两份报告。报告提出：行政改革是"'应用信息技术'的工程"。1994年12月，美国政府信息技术服务小组提出的《政府信息技术服务的前景》报告进一步认为：行政改革不仅是精简人事，减少财政赤字，更需要"重塑政府"，把政府运作与运用信息技术全面、有机地结合起来，重塑信息技术框架下的政府为民服务。[1]

2. 电子政府是虚拟政府，是网上政府

"互联网掀开了人类文明新的一页。当代信息革命创造了一个数字世界。这个数字世界是我们生活的物理世界经过数字化映射的结果"。[2] 政府信息化就是将现实政府通过数字化将其变换为数字世界中的政府，数字世界的政府又反作用于现实世界。

电子政府是通过运用信息技术建构起来的虚拟政府，这个虚拟政府又是以现

---

[1] 参见楼培敏《电子政府：网络时代的政府重塑》，《改革》2003年第2期，第79页。
[2] 周宏仁：《数字世界的治理》，《新电脑》2004年第1期。

实政府为基础所建立的。电子政府建立起来之后，现实政府的许多服务和行为都可以在网上完成。譬如，公共政策在网上公布，通过网络颁发许可证，在网上签订行政合同，网上支付政府福利，政府网上采购，公民通过市长电子信箱反映意见和提出建议等。一般而言，目前电子政府的业务范围主要包括电子商务、电子采购和招标、电子支付、电子邮递、电子资料库、电子公文、电子税务和电子身份认证等方面。虚拟政府成为现实政府的重要组成部分，是现实政府的延伸，在一定领域、一定程度上和在一定范围内可以替代现实政府完成政府职能。由于电子政府是以现实政府为基础的，可以完成公共管理功能，因此可以说，电子政府既是虚拟的又是现实的。

虚拟政府拓展了公共活动范围，原来只可以在物理空间活动的公共主体，在电子政府建立之后，可以在虚拟的空间中进行互动和博弈。就好像在地球之外又出现了一个"虚拟的地球"一样，公共活动有了新的场所。政府、企业、第三部门和公民的理念、意愿和行为，通过网络，在虚拟世界中得到映射。电子政府、电子企业、电子第三部门和电子公民成为虚拟活动空间的行为者和重要组成部分。网络主体是虚拟的，但其行为效果也可能与现实世界行为的效果相同，直接影响现实的政府和社会的运行。

较之现实政府，电子政府具有更高的技术含量，在很多方面优于现实政府。例如，电子政府整合政府功能和政府资源，实现政府公共事务管理的流程再造，可以提供全天候、无缝隙和一站式的服务。因此，电子政府具有更高效率，也更为便捷。虽然电子政府是以现实政府为基础而建构的，但是它不可能完全取代现实政府，网络并非能解决所有问题。因而，在利用信息技术建设电子政府改善公共管理的同时，更应该注重利用电子政府改善和优化现实政府，实现电子政府和现实政府的良性互动。

3. 电子政府是公共电子信息库

互联网是信息积聚和互动的平台，电子政府应该是公共信息的集散地和开发中心。政府拥有天然的信息优势，如前文所指出，政府掌握着80%的信息资源，是生产、传输、使用和处理公共信息的大户。一方面，政府是公共信息的主要收集者和使用者。政府进行公共管理，需要获得政治、经济、技术、文化和社会生活等各方面的信息，并以此为基础进行决策。另一方面，政府是公共信息的主要产生者和供应者。公共信息是政府在履行其职能的过程中所产生的信息，政府制定的规章、条例、政策规定等规范性文件，以及针对具体事务做出的裁定、命令等，是公共信息的主要来源。政府应该将其所掌握的可以公开的信息公布于网上，以服务于公共生活。企业、第三部门和公民等公共主体也可以在相关网站上发布消息、发表意见，这些消息、意见也是公共信息的重要来源。公共电子信息库需要专门的主体进行维护和管理。由于公共信息资源是一种公共产品，政府无疑是电子信息库的主要管理者。政府应该不断充实和更新电子信息库的内容，维护政府电子数据库的安全，实施对公共信息库的有效管理，为公民访问公共电子信息库提供方便。

7.4.3 电子政府与公共信息资源管理

政府通过电子网络提供易于检索和利用的公共信息，可以优化公共信息资源管理，提高政府管理的质量。电子政府运行的核心是网络的应用，电子政府的网络运行为公共信息资源的沟通和共享，为政府公共信息资源管理和公共事务管理提供了强大的技术支撑。

（1）电子政府的网络可以整合公共信息资源，拓展网上公共信息的容量。政府是最大的公共信息收集、整理、生产、应用和输出的机构，其拥有的信息与公民的政治、经济、社会、文化生活息息相关。政府通过网络可以及时向公民提供其掌握的所有可以公开的公共信息。网络是政府信息公开和信息服务的方便、有效、快捷的载体。通过网络，政府可以使其内部各个职能部门的信息管理系统和决策支持系统的所有公共信息资源一体化，统筹规划，科学分类，整合成集成化的公共信息资源系统。这样，既能节约资源，避免重复劳动，又能方便公民获取和使用公共信息。

（2）电子政府的网络可以改变政府公共信息服务的方式。在没有政府电子信息网络之前，公民获取公共信息需要耗费时费力到政府机关办公室或服务窗口，通过与政府工作人员面对面的接触完成。互联网的应用使政府很大一部分服务界面转向计算机屏幕，公民只需要在自己身边的电脑点击鼠标访问政府站点，就能获得需要的信息，享受到便捷的服务。网络环境下的政府信息服务工作，还可以将一般的常规性工作或可以通过程序设计自动运行的复杂工作交给计算机完成，从而可以使公务员从很多单调乏味、重复繁琐的事务性工作解放出来。

（3）电子政府的网络可以提高政府公共信息管理的效率。网络的跨时空性能跨越以往各种信息传输的障碍，把现实政府环境下由于职能分工和空间分隔造成的分散化的公共信息资源"并联"起来。网络信息传输的重要特点之一，是网络内部信息传输的零距离和网外的无限距离。零距离的信息传输，可以缩短信息运转的周期，降低信息管理的成本，提高政府公共信息管理的效率。网外的无限距离则使政府各部门对产生于政府外部的公共信息的感知、捕捉和吸纳能力大为增强。网络环境下的信息技术智能化、高速性和海量存储的特点，大大提升了政府管理的信息功能，也大有助益于政府管理效率的改善。

综上所述，凭借互联网强大的技术支持，电子政府不仅能大幅度增加公共信息供给量并改善其质量，而且可以整合公共信息资源管理系统，变革公共信息服务的方式，提升公共信息资源管理的效率。电子政府对于公共信息资源管理具有诸多优势，要进一步完善电子政府，优化政府公共信息资源管理，提供优质的公共信息资源和服务，还需要在以下方面进行持续不懈的努力。

1. 发展电子公共信息资源数据库

公共信息数据库包括电子化数据库和传统的非电子化的数据库，二者都是公共信息管理和公共信息资源开发利用的基础。信息高速公路上如果缺乏信息就如同有路无车或有车无货。因此，政府首先需要致力于充分获取公共信息，建构先进的信息采集机制和方式，以便于在全球范围内获取各个方面为政府和社会公共生活所需的最新信息，使之能源源不断地、及时地、畅通无阻地进入政府信息系统，不断丰富、更新和充实公共信息资源。

电子化公共信息库的建设，需要统一规划，加强国家的宏观调控，以避免出现重复建设、过度建设和不当建设的问题。人们注意到，一些政府部门的信息库有相当一部分是死库，亟待采取有效措施使有价值的信息复活，进入网络流动，实现信息增值。政府应该制定有关公共信息存储、获取和传播方式一致性的法规，统一数字化信息或记录格式的标准，统一建网原则和方法，以保证公共信息资源网络运行的整体协调性。通过实施有效管理，整合分散于不同地区和部门的公共信息管理系统和公共决策支持系统，解决信息"孤岛"问题，实现信息资源的有效配置和高效配置。

信息真实性是公共信息资源数据库的生命线，也是其权威性的基础。政府必须确保公共信息资源数据库提供的信息具有真实性和权威性。为此，政府需要建立专门的获取公共信息的机构和机制，依据公共事务发生的规律和特点，以及政府公共管理的需要和公民对公共信息的需求，探寻和开发信息源，筛选、甄别和过滤信息，以形成真实的有价值的信息。政府还需要通过各种灵活机制引导社会组织建立类似的民间机构，参与公共信息数据库的建设。此外，还需要通过相关法律法规建设，规范公共信息获取、发布和传递行为，遏制信息失真和虚假信息的出现，惩处污染、干扰和破坏公共信息资源的违法行为。

公共管理学

2. 加快公共信息网络的建设和各类便民信息基础设施的建设

公共信息基础设施是实现信息化的基础。信息基础设施属于公共产品，建设信息基础设施是政府必须承担的职能。各类便民信息基础设施的建设，既是公民获取、交流和利用公共信息资源的前提，也是公共管理民主化的必然要求。

在这方面政府需要做的工作主要是建设能与国际互联网对接的、体系完整、结构合理、高速运行的网络体系。这样的网络体系应是能连接所有国际、国内的官方和非官方机构，工商企业组织和公民个体的公共信息流通网络，能为公共信息资源的传输、共享和使用提供充分便利。

电子政府建设和公共信息资源管理的目的是为公民提供更为良好的服务，这就要为公民提供容易获得和方便使用的信息化设施，使公民能有上网的方便条件。随着信息化社会的发展，公民拥有个人电脑数量和可以方便地访问网络的人数不断增加，这为公民获取公共信息提供了便利。即使是在这样的情况下，政府也还必须加大力度在公民工作场所、生活社区和公共场所等地方设置可以方便使用的信息化设备，以利于公民获取公共信息资源。以中国为例，中国互联网协会DCCI数据中心2008年1月发布的《中国互联网调查报告》显示，2007年中国互联网用户已达1.82亿，互联网渗透率达到13.8%，预计2008年中国网民数量将达到2.44亿。[①] 这一数量虽然已经很大，但是相对于中国的人口总量，仍然还有很大差距，这表明还有相当多居民没有条件或不方便使用互联网。如果这部分网络弱势群体因为基础设施不足而不能享受到政府的网上服务，无疑有违公共信息资源服务的公平性，也会影响网上公共信息来源的全面性和公共信息的有效互动。许多国家的政府或地方政府已经重视开始着手解决这一问题。例如，意大利的波哥纳市向所有居民提供免费上网和电子邮箱，加拿大和新加坡向低收入家庭提供购买计算机补助，英国利用公共图书馆、印度利用公共信息亭等让居民能方便地就近进入政府网站。

3. 以改善公共信息资源管理和服务为导向拓展和深化现代信息技术的应用

社会信息化发展推动了公共信息资源管理的进步。需要指出的是，公共信息资源管理的发展优化不应仅是技术推动的结果，而且还应当是公共信息资源管理自身演进的结果，必须适应公共管理和民主发展的要求。信息技术的应用必须符合管理本身的发展规律。因此，现代信息技术应用的拓展应该以改善公共服务和

---

① 和讯网，2008年2月18日，《2007年我国互联网用户达1.82亿》，http://it.hexun.com/2008-01-10/102732100.html，摘自《光明日报》。

公共信息资源管理为导向,把政府对现代技术的运用与改善公共管理、推进民主建设结合起来,把政府对信息技术的运用与公共信息资源管理的改善结合起来。

人们注意到,信息化的发展在管理领域取得的成果与其他领域相比大为逊色。计算机技术在经济管理领域中的应用效果,远大于其他应用领域。除了具体事务处理之外,其余许多应用项目成功的少,而遇到挫折的多。以至于美国有些论著在评价这方面的工作时,认为在人类的发展史中,还没有像今天这样付出如此重大的代价而取得如此少的成果。[1] 在公共管理领域,信息技术的应用面临同样的问题。据 Standish Group 的报告,美国 2000 年所有政府和企业的信息技术项目中,就预算、功能及按时完成三个指标衡量,大约只有 28% 算是成功的,23% 的项目被撤销,其余项目只能说是部分成功,不能完全按照上述三个指标完成。[2] 究其原因,主要是在信息技术应用过程中过多强调技术推动的因素,而忽略管理本身的内在规律以及技术用户的需求。可以说,电子政务信息化工程项目成功率不高,其根本原因是在很大程度上人们对电子政务和信息化发展的认识走入误区,即认为推进电子政务和信息化的建设仅与技术人员有关。

4. 政府公共信息资源管理必须十分注重提高人的素质

公共信息资源管理的最终目的是造福人类,提升人类公共生活的质量。公共信息资源管理的管理者是人,使用者也是人。人的因素是决定性的因素,是实现管理成效甚至是管理成败的关键。因此,改善和优化政府公共信息资源管理必须十分注重提高人——包括管理者和使用者的素质。

首先,要注重提高政府公务员的素质。良好的政府公共信息资源管理依赖于一个高素质的公务员队伍。政府要进行有效的技术培训,使每一位公务员都具备电脑操作及与其业务相关的软件应用能力,掌握信息网络的应用技术;必须建立和完善公务员培训制度,引导公务员树立终生学习的观念,并通过合理的制度安排,推进继续教育,激励公务员在德、才、学、识等各个方面持续学习和互相学习,不断提升公务员的综合素质。法国政府的公务员培训制度中,申明公务员继续培训的政策,规定各类行政机构必须支付公务员工资的 6% 用于公务员的继续教育。

第二,要注重公民的"信息素质"教育。公民是公共信息资源的最终用户。目前,公民中还有相当比例的网络文盲——根据联合国对"文盲"的定义,不

---

[1] 转引自王众托主编《信息化与管理变革》,大连,大连理工大学出版社,2000,第 3~4 页。
[2] 周宏仁:《借鉴国际经验,发展我国电子政务》,《中国电子商务》2003 年第 3 期,第 23 页。

公共管理学

能运用现代信息技术与人交流的人属于文盲之列——其"信息素质"的严重缺失是公共信息资源管理的很大制约因素。为了让更多的公民能使用公共信息设施获益于公共信息资源，政府必须尽快整合国家的相关资源配置，消除网络文盲，提升公民共享公共信息资源的普及率和使用成效。此外，政府还必须致力于推进国民教育，促进公民的科学文化水准和综合素质的提升，以及公共管理民主参与意识的增强，从而在根本上提升公民素质，促使公民对公共信息资源的开发、生产、传播和使用的参与更为自觉和更有成效。

5. 维护公共信息网络的安全和保护公民的隐私权

改善和优化公共信息服务资源管理，必须高度关注和确保网上公共信息安全。随着网络技术和网络信息的发展以及社会生活对其依赖性的不断增强，网络的复杂性与风险性与日俱增，网络运行和公共信息的安全问题已经引起各国政府的高度警觉和关注。网络安全和认证问题过去只被认为是技术问题，现今人们认识到，它们虽然与技术相关，但远非仅是技术问题，而是涉及多层面的因素，政府必须对此予以极大关注。制定和实施维护网络安全的法规制度，要通过切实努力建构各种可靠的网络认证系统并在实践中赢得公众信任；要通过制定信息安全管理的法规，对政府机关信息系统和公共信息系统的安全标准、人员管理、数据管理、实体及网络管理、应急处置和复原处理、安全稽查和考核等做出明确的规定，并建立相关网络安全维护机构，确保政府信息和公共信息系统及运行环境安全可靠。

政府网上公共信息资源管理还必须高度重视对公民个人隐私的保护。随着时代的进步，公众维护自身权益的意识日益增强，因此会更多地关心谁有权访问其个人资料信息以及这些个人信息会如何被使用。对公民个人隐私的保护既是公共信息资源管理的需要，也是民主政治的基本前提和重要内容。政府应该通过制定和实施相关政策法规保护网络环境中公民的个人隐私，维护其合法权益。有些国家已经通过了数据保护法，为网络环境中公民个人隐私保护提供了法律保障。

毫无疑问，现代信息技术在政府管理中的应用为公共信息资源管理提供了强大的技术支撑。但是，公共信息资源管理绝不仅仅是技术问题，它是一项复杂的社会系统工程，需要整合观念价值、法律制度、技术资金及人力资源等多方面要素，从而实现公共信息管理资源的优化配置和公共部门信息系统的高效运行。

[重要概念]

（1）公共信息：公共信息是指产生于人类公共生活并反映人类公共生活内

容的信息。这些信息是关于人类公共生活领域中主体与客体状况、主体之间及主客体之间关系、主体运动状态、运动或互动的方式、运动结果及其影响的信息，以及公共领域外部能对公共生活产生影响的相关信息。具体而言，公共信息包括公共事务及其管理的信息；公共部门或公共系统结构、功能及其运行方式的信息；公共环境信息与公共生活运行过程的相关信息等。

（2）政府信息：政府信息是反映政府管理运行状况的信息以及实施政府管理所需要的信息。政府信息可分为内源性信息和外源性信息。内源性信息包括政府所制定的各种政策、法律、指令、公告、规范和计划等，以及各级政府之间以及各政府部门之间公务往来所形成的请示、报告或指令、批复和通报等函件。外源性信息指政府系统之外的社会环境所产生并为政府管理运行所需要的信息，包括经济社会运行的相关信息、民情舆论信息、国际交往或地区之间交往中所产生的信息等等。

（3）公共信息资源：公共信息资源有广义和狭义两种含义。狭义的公共信息资源指公共信息本身或信息内容，是能够对公共生活和政府管理运行有价值有效用的信息。广义的公共信息资源是指由公共信息资源要素构成的资源系统，这些要素包括公共信息、公共信息载体（软件和硬件设施和设备）、可用于公共信息开发和流通的资金、公共信息的生产者与管理者、公共信息资源管理的相关法规制度，等等。一般而言，从公共信息的内容看，公共信息资源主要包括政府信息资源和公益部门的信息资源。

（4）公共信息资源管理：公共信息资源管理是以政府为核心的公共主体为了有效利用公共信息资源以服务于公共利益，应用现代管理方法和现代信息技术，对公共信息资源实施计划、预算、组织、开发、供给、控制和协调的管理活动。

（5）政府信息公开制度：政府信息公开制度是指政府有义务公开其所产生和掌握的公共信息，以及自然人、法人和其他社会组织有权依法获取政府信息的制度。其核心理念是承认并尊重公民的知情权，并通过确立和实行有效的措施来保障公民获得政府信息的合法权益。政府信息公开包括政府向社会主动提供信息和由公民申请被动提供信息两种情况。政府信息公开制度规定政府部门提供政府信息的义务与应当提供政府信息的范畴和方式，以及公民所拥有的信息请求权利。

（6）电子政府：电子政府是通过建立政府网站而构建的网上政府。从更为严格和科学的层面考量，可以认为电子政府是以现实政府为基础，运用信息网络

公共管理学

技术协调整合公共管理主体和再造公共管理流程而建构起来的虚拟的、具有公共管理现实功能的公共管理和公共服务体系。电子政府是政府信息化的产物,是现实政府的数字影射,同时它又反过来改造、重塑、支撑和优化现实政府,它是一个以现代信息载体为纽带的现实与虚拟相结合的政府。

[思考题]

1. 分析公共信息、政府信息和行政信息的涵义及异同。
2. 为什么说在信息社会的公共管理中公共信息的重要地位更加凸显?
3. 试分析研究政府信息资源管理的主要维度。
4. 政府信息公开的重要意义及其方式。
5. 如何通过建构和完善电子政府来不断优化公共部门信息资源管理?
6. 改善公共部门信息资源管理与提升公共管理绩效的关系。
5. 中国政府应当如何改善公共信息资源管理?

[参考文献]

崔保国编著《信息社会的理论与模式》,北京,高等教育出版社,1999。

孟广均等《信息资源管理导论》,北京,科学出版社,2003年7月。

钟义信:《信息科学原理》,北京,北京邮电大学出版社,2002。

谢阳群:《信息资源管理》,合肥,安徽大学出版社,1999。

赖茂生主编《信息资源管理教程》,北京,清华大学出版社,2006年10月。

杜栋编著《信息管理学教程》,北京,清华大学出版社,2004年9月。

王芳:《阳光下的政府:政府信息行为的路径与激励》,天津,南开大学出版社,2006年9月。

冯惠玲主编《政府信息资源管理》,北京,中国人民大学出版社,2006年5月。

周晓英、王英玮主编《政务信息管理》,北京,中国人民大学出版社,2004年3月。

张成福、党秀云著《公共管理学》,北京,中国人民大学出版社,2001。

夏义堃:《政府信息资源管理与公共信息资源管理比较分析》,《情报科学》2006年第4期。

楼培敏:《电子政府:网络时代的政府重塑》,《改革》2003年第2期。

李冠昌、钟昌标:《论电子政府的安全与保密》,《经济与管理研究》2002年第 6 期。

张成福：《电子化政府：发展及前景》，《中国人民大学学报》2000 年第 3 期。

谬爱社：《论行政公开化》，《地方政府管理》1997 年第 6 期。

林渊：《电子政府与信息服务职能》，《行政论坛》2002 年第 5 期。

周宏仁：《借鉴国际经验，发展我国电子政务》，《中国电子商务》2003 年第 3 期。

周宏仁：《电子政府：构造信息时代的政府》，《网络与信息》2002 年第 1 期。

谢阳群：《美国联邦政府的信息资源管理》，《国外社会科学》2001 年第 5 期。

第8章
公共部门绩效管理

PUBLIC MANAGEMENT

[学习目标]

通过本章学习,理解公共部门引入绩效管理的必要性,把握公共部门绩效管理的基本理念、内涵、运行机制以及改进绩效管理可能路径。

[重点难点]

公共部门绩效管理的涵义及其功能;成功绩效管理的制度安排;绩效管理的运行过程;公共部门绩效指标的设计;绩效评估的方法;公共部门绩效管理面临的主要困难;公共部门绩效管理的改进。

改善以政府为核心的公共部门之绩效,是当代公共管理致力于实现的一个基本目标,这已成为人们的共识。自20世纪70年代以来,各国以政府为主要代表的公共部门绩效不彰甚至每况愈下的现象普遍存在,由此受到人们日益尖锐的抨击。随着人类社会进入全球化、信息化和知识经济时代,公众在各方面都对公共部门提出了更高更多的需求。这就要求公共部门必须一方面转变管理理念,缩减规模,精简和优化职能,削减行政成本;另一方面则是要以花更少钱的方式提供更多更优质的公共物品和公共服务。面对这样的挑战,如何改善和提高公共部门的绩效管理便成为公共管理中亟待解决的一个重大而又紧迫的问题。

自20世纪80年代始,西方国家先后兴起政府再造运动,引入私营部门的管理理论、方法和技术来再造政府，绩效管理是其中一个尤为重要的改革工具。西方国家政府改革的实践表明，绩效管理对提升政府绩效起了积极的作用，成为改进公共管理的关键之一。政府改革和公共部门绩效管理运动波及全球，在许多发展中国家也产生了积极的回应。迄今，虽然各国改善公共部门绩效管理的实践已积累了许多经验，取得了一定的成绩，但也还面临着诸多困难，理论上的深入研究和实践中的不断探索仍需要继续全力推进。

8.1 公共部门绩效管理与政府再造

8.1.1 公共部门绩效管理兴起的背景

官僚制是建立在法理型支配（统治）基础上的一种高度理性化的组织形式，它具有专门化、等级化、专业化、职业化、规则化、非人格化和技术化等基本特征，因而具有精确、快速、可靠、可预期、统一、连续、严格服从、减少摩擦和减少成本等技术效率上的巨大优越性，从而成为达成目标的最有效的途径。[1] 它曾被认为是指挥和控制工业化社会最有效率、最为标准的行政管理体制，在20世纪长期处于支配地位。官僚制对促进人类社会经济的发展发挥了巨大的作用，因而被认为是"最为成功的管理理论"[2]。官僚制的效率，从20世纪二三十年代对经济危机的治理和"二战"后西方经济复兴继而高速发展的历史可窥一斑。在20世纪70年代以前，人们对政府解决社会问题的能力普遍持乐观态度，并对政府有一种很高的期望，所以那时候人们对于官僚制的争论尚未很尖锐。可以说，现代社会文明的进步与官僚制的发展完善曾经携手并进并有过蜜月期。

然而，自20世纪70年代始，情况逐渐发生了根本性的变化。随着人类步入全球化和信息化时代，"曾被认为可取得最高效率"[3] 的官僚制遭到了来自社会各方面的种种抨击和责难，如僵化、教条、腐败、低效无能等。人们普遍认为，官僚制已不再是特别有效率。首先，官僚制的封闭性，使其无法适应运行快速、

---

[1] Weber, Max (1978), *Economy and Society: An outline of Interpretive Sociology*, 2vols., Guenther and Claus Wittich, University of California, p.973.

[2] 〔澳〕欧文·E. 休斯：《公共管理导论》，彭和平等译，北京，中国人民大学出版社，2001，第2版，第27页。

[3] 〔澳〕欧文·E. 休斯：《公共管理导论》，彭和平等译，北京，中国人民大学出版社，2001，第2版，第277页。

公共管理学

复杂多变的全球化时代信息社会的需要。"在传统的行政模式中,并没有把外部关系看做是很重要的事情。关注的焦点是组织内部,是结构和过程,外部关系被认为是由政治官员处理的。"① 这在较为简单、均一、稳定的环境中容易取得成效。然而,在全球化的信息时代,公共组织面临的是一个非常复杂而多变的外部环境。在这种情况下,传统行政模式已难以有效回应外部环境变化的挑战。

其次,官僚制本身的结构和管理方面的特征又决定了官僚制不可避免地产生低效。①官僚制强调权力的集中统一、层级节制,这势必会造成管理幅度缩减而上下级层级增加,因而导致政府规模不断膨胀、人浮于事、浪费严重。而且,层级愈多,权力愈是集中,则上下级沟通愈困难,信息失真的可能性就愈大,并会加重上级对下级失控的担忧和不信任。由此,上层会进一步加强对下层的严格控制,导致更多的层级和更繁琐的规则,从而陷入管理上的恶性循环;②官僚制的专业化、职业化及神秘性会使其成为脱离社会的封闭系统;③政府常设机构的垄断性和公务员的终身雇佣制会导致政府机构因丧失竞争活力而日趋僵化;④严格照章办事和等级服从的规则会导致下属固守本分而不主动工作,从而日趋丧失进取精神和创造力,并且有可能导致"目标替代",将官僚行为应遵从的规则置于其目标之上,即把遵从规则变成了目标,而服务公众则被忽视,工具理性取代了价值理性;⑤过细的专业分工易于导向部门的"本位主义",造成沟通协调和合作的困难。

再次,官僚制作为公共组织活动的特殊性决定其难以产生高效率,而且效率也很难测定。①与私人组织追求私人利益相比,公共组织追求的是公共利益的最大化,但公共利益大多显得较为抽象模糊,不易准确厘定和具体表述。基于公共利益最大化这一终极目标,公共组织还有许多具体目标,但这些目标也常常是笼统的,难以清晰界定。而且这些多元目标之间往往还存在着诸多矛盾与冲突。在这种情况下,测定公共部门的效率就很困难。②官僚制活动缺乏明晰的成本收益计算,或更明确地说是成本—收益相分离,政府行为致力于高效能高效益的动力不强。很多时候政府只关注投入,而最终产出无论是数量或质量之优劣却会被疏于关注。因而公共部门产出的一些公共物品并非民众所真正需要或达不到公众的质量要求,因而导致社会资源的浪费。③官僚制在提供公共物品和服务时没有类似于企业的"利润"诱因机制来激励其为提高效率而努力。用经济学家的话说,

---

① 〔澳〕欧文·E. 休斯:《公共管理导论》,彭和平等译,北京,中国人民大学出版社,2001,第2版,第275页。

第 8 章 公共部门绩效管理

"他们不是'剩余权益者',不能将提高效率所获得的权益装进自己的腰包"。① 因此,政府官僚往往缺乏改进服务的动机。④官僚制在提供公共物品方面不存在竞争,是名符其实的自然垄断者,而且是合法的垄断。这种垄断地位不仅不可能促使其为提高效率而运作,而且政府部门与官僚的自利驱动会使其可能利用这种垄断地位去追求预算的最大化或权力寻租。

总之,曾被认为自然而然地会产生高效率的官僚制,现在已经陷入了其无法解决的效率困境。"无论采用何种标准,在传统的行政模式中,绩效管理都是欠缺的,这种情况对个人绩效或组织绩效都是如此"。② 由此导致了传统官僚制行政的合法性危机。在这种情况下,自 20 世纪 70 年代末以来,西方国家相继掀起政府改革浪潮。这场改革运动被冠以的不同称谓,如新管理主义(new managerialism)、新公共管理(new public management)、以市场为基础的公共行政(market-based public administration)、企业型政府(entrepreneurial government)和政府再造(reinventing government)等,基本上都表达了相同的意向和理念,即政府改革运动中贯穿着管理主义的取向。管理主义主张减少政府干预,充分发挥市场和社会的力量来解决政府所面临的困境,以及采用私营部门的管理理论、方法和技术来再造政府。"管理主义强调职业化管理、明确的绩效标准和绩效评估,以结果而不是程序的正确性来评估管理水平(换言之,管理是以输出为导向,而不是以输入为导向),看重资金的价值,对消费者而不是公民的需要保持敏感,强调公共服务的针对性而不是普遍性。"③ 以管理主义为指导的政府改革在实践中具有如下五个方面特征:①明确的责任;②产出和绩效取向;③以半独立的行政单位为主的分权结构;④引进私营部门的管理工具(如成本核算、控制技术等);⑤引入市场机制以改进竞争。④ 由此可见,绩效管理已成为西方各国实施的"管理主义"行政改革方案中的一个重要组成部分。⑤ 西方国家行政改革的实

---

① 〔美〕詹姆斯·Q. 威尔逊:《美国官僚政治:政府机构的行为及其动因》,张海涛等译,北京,中国社会科学出版社,1995,第 417 页。
② 〔澳〕欧文·E. 休斯:《公共管理导论》,彭和平等译,北京,中国人民大学出版社,2001,第 2 版,第 213 页。
③ 〔英〕温森特·怀特:《欧洲公共行政现代化:英国的个案分析》,载国家行政学院国际合作交流部编译《西方国家行政改革述评》,北京,国家行政学院出版社,1998,第 243 页。
④ Hood, Christopher (1991), A Public Management for All Seasons?, *Public Administration*, Vol. 69, No. 1.
⑤ 〔澳〕欧文·E. 休斯:《公共管理导论》,彭和平等译,北京,中国人民大学出版社,2001,第 2 版,第 213 页。

践表明，绩效管理对提升政府绩效起了积极的作用。戴维·奥斯本和彼德·普拉斯特里克在其所著的《摒弃官僚制：政府再造的五项战略》中指出，"比起其他途径而言，绩效管理改进绩效通常更为缓慢，它的实施也需要更长的时间。尽管如此，世界范围内的政府再造者都发现，使用绩效管理可以使政府的生产率获得显著持续的增长"。[①]

8.1.2 公共部门绩效管理的涵义

效率是传统官僚制行政追求的首要的和最高的价值。为了确保组织的高效率，它建构了一套面向过程、程序的管理系统。任何组织都追求效率，这是组织存在和发展的前提。但是，对于政府公共组织而言，效率并不是追求的唯一目标，还有诸如公平、公正、民主、责任和合法性等多元目标；而且，在许多时候效率甚至不是首要目标。在利益越来越趋于多元化的复杂多变的现代社会，公众对政府的需求日益增加，要求政府能不断协调和平衡来自多方面多层面的利益需求，解决各种利益冲突和矛盾；要求政府一方面缩减规模、优化职能，另一方面以低运行成本运行提供优质服务。也就是说，在现代社会，政府需要追求的是多重价值的实现，而不只是效率。显然，狭隘的单向度的"效率"概念（一般指投入与产出之间的比例，力求以最少的投入获得最大的产出，着重于数量层面）以及在这一概念基础上所形成的一套评估方法和工具，已难以系统地表征政府的活动及其成效。因此，"对公共管理而言，我们必须寻找一种衡量价值的方法"[②]，寻找一种新的综合性的能完整反映公共部门的多元目标及其成就、结果的概念。在西方各国政府管理改革的实践中，这一替代概念和方法就是绩效和绩效管理。

绩效（Performance）一词在英文中涵义比较宽泛，可解释为执行、履行、表现、完成、成绩和成就等。它最早被用于工商企业管理中，后来又被广泛应用于人力资源管理。随着新公共管理运动的兴起，绩效被引入并应用于政府管理。自20世纪80年代后期和90年代初以来，绩效和绩效管理成为管理实践中一个非常

[①] 〔美〕戴维·奥斯本和彼德·普拉斯特里克：《摒弃官僚制：政府再造的五项战略》，谭功荣、刘霞译，北京，中国人民大学出版社，2002，第146页。
[②] 〔美〕赫伯特·西蒙：《管理行为：管理组织决策过程的研究》，杨砾译，北京，北京经济学院出版社，1988，第169页。

流行的词语。① 绩效用于工商企业之中,其涵义是指工商企业管理活动的结果和成效。它比机械的效率概念更能表现出一个企业的整体表现和状况。把绩效用于政府管理之中,其含义是指政府管理经济与社会生活活动的结果、效益或效能。在这里,政府绩效不仅要求数量指标,而且更重视质量品位,要求政府提升服务水平,保证服务质量,为做好做优力尽所能。质量与公民的满意度密切相关,公民满意度是评价服务质量的重要指标。此外,对质量的检验衡量还要有差错率、合格率、优秀率、服务便利程度、反应速度等具体指标。因此,在欧美国家的一些相关研究中,绩效往往与生产力、质量、效果、回应性和责任等概念密切联系在一起。从发展趋向看,绩效愈来愈成为一个包括经济、效率、效能、质量、公平、责任与回应等在内的综合性的要素结构。

绩效需要管理,人们对此已有共识,但对于绩效管理的涵义却见仁见智②。在工商管理中,罗伯特·巴克沃(Robert Bacal)认为,绩效管理(performance management)是"一个持续的交流过程,该过程由员工和其直接主管之间达成的协议来保证完成,并在协议中对未来达成明确的目标和理解,并将可能受益的组织、管理者及员工都融入绩效管理系统中来"。③ 理查德·威廉姆斯(Richard Williams)概括了有关绩效管理的三种不同观点,认为绩效管理是管理组织绩效的一种体系;是管理雇员绩效的一种体系;是把对组织的管理和对雇员的管理结合在一起的体系。④

在公共管理中,不同学者亦有不同的理解。胡雷(Joseph S. Wholey)等人认为,绩效管理是改进公共组织和公共项目的生产力(productivity)、质量(quality)、时效性(timeliness)、回应性(responsiveness)以及有效性(effectiveness)的综合系统。⑤ 克内(Kearney)和伯曼(Berman)等人认为,绩效管理是"面向结果的公共项目管理"。绩效类似于生产力概念,但又比生产力的涵义更加广

---

① 〔英〕理查德·威廉姆斯:《组织绩效管理》,蓝天星翻译公司译,北京,清华大学出版社,2002,第1页。
② 〔英〕理查德·威廉姆斯:《组织绩效管理》,第1页。
③ 〔美〕罗伯特·巴克沃:《绩效管理:如何考评员工表现》,陈舟平译,北京,中国标准出版社,2000,第4页。
④ 〔英〕理查德·威廉姆斯:《组织绩效管理》,第13~25页。
⑤ Wholey, Joseph S. (1989), Kathryn E. Newcomer and Associates, *Improving Government Performance: Evaluation Strategies for strengthening Public Agencies and Programs*, San Francisco: Jossey-Bass Publishers, p.1. 转引自刘旭涛《政府绩效管理:制度、战略与方法》,北京,机械工业出版社,2003,第97页。

泛。生产力概念一般仅指效率、效益等，而公共部门的目标远比私人部门的目标更加复杂，因而公共绩效是多元的，在效率、效益、公正等方面同等重要。[1] 夏夫里茨和卢塞尔（Shafritz and E. W. Russell）的看法则是，绩效管理是组织系统整合组织资源达到其目标的行为，绩效管理区别于其他方面的纯粹管理之处在于它强调系统的整合，它包括全方位控制、监测、评估组织所有方面绩效。[2]

美国国家绩效衡量小组（Performance measurement study team）给绩效管理所下的定义是：绩效管理，是"利用绩效信息协助设定同意的绩效目标，进行资源配置与优先顺序的安排，以告知管理者维持或改变既定目标计划，并且报告成功符合目标的管理过程"。据此，绩效管理乃是对公共服务或计划目标进行设定与实现，并对实现结果进行系统评估的过程。[3]

中国行政学会联合课题组在其"关于政府机关工作效率标准的研究报告"中对绩效管理涵义的表述是："运用科学的方法、标准和程序对政府机关的业绩、成就和实际工作做出尽可能准确的评价，在此基础上对政府绩效进行改善和提高。"[4]

由上述可见，关于公共部门的绩效管理，学界尚未有很一致的概念。综合各家观点，可以认为，绩效管理是公共部门科学设定组织目标，系统整合组织资源以实现组织目标，并对实现结果进行持续系统评估以促成目标得以卓越实现的管理过程。绩效管理是一种面向结果的管理，其目的是为了改善和提升组织绩效。

8.1.3 绩效管理：政府再造的有效工具

西方国家20多年的政府改革的实践表明，绩效管理对提升政府绩效起了积极的作用，成为政府再造不可或缺的有效工具。正如戴维·奥斯本和彼德·普拉斯特里克（David Osborne and Peter Plastrik）所指出的，"比起其他途径而言，绩效管理改进绩效通常更为缓慢，它的实施也需要更长的时间。尽管如此，世界范围内的政府再造者都发现，使用绩效管理可以使政府的生产率获得显著持续的增

---

[1] Kearney, Richard C. and Berman, Evan M. (1999） *Public Sector Performance*: *Management*, *Motivation*, *and Measurement*, Oxford: Westview Press, pp. 1~2. 转引自刘旭涛：《政府绩效管理：制度、战略与方法》，第97~98页。

[2] 转引自张成福、党秀云《公共管理学》，北京，中国人民大学出版社，2001，第271页。

[3] 转引自张成福、党秀云《公共管理学》，第271页。

[4] 中国行政管理学会联合课题组：《关于政府机关工作效率标准的研究报告》，《中国行政管理》2003年第3期。

长"。概而言之，绩效管理从以下三个方面推进了政府改革。

1. 绩效管理为政府再造提供有力的技术支持

传统行政模式只注重投入、过程而忽视结果。这样的体制必然导致官僚主义、形式主义、浪费、低效和缺乏回应性，并进而有可能引发政府合法性危机。西方国家政府再造非常重要的一个方面就是强调结果为本，要求政府必须致力于实现结果并为此承担责任。而政府能否最终实现结果，就需要对结果进行测定，并以此为依据考量责任。政府再造的其他方面措施，如分权化、顾客导向与内部市场化等都需要通过绩效管理才能付诸实施，因为它们最终都要落实到绩效上。因此，如果中央政府"想要维持对政策执行的控制，而同时又对日常责任实行监督，那么，绩效指标就成了一个基本工具：必须集中了解有关绩效的主要方面，以便能够进行分权活动"。[1] 简而言之，若无绩效管理这一技术支持，政府改革运动便难以深入持久地开展和取得应有的成效。

2. 绩效管理有助于改善和优化公共管理

（1）绩效管理为公共管理注入了新的动力机制。任何组织管理，包括公共部门管理，都需要有一种强劲的动力或激励机制来激发人们的工作积极性、创造性和进取精神。在传统官僚制模式中，由于绩效管理的缺失，政府及其工作人员缺乏努力去实现目标或者说改进绩效的足够动力。绩效管理将绩效与奖惩联系起来，按结果而不是按投入拨款，将绩效与工资、任期、职务升降等挂钩，从而强化了组织的激励机制，促使公共部门及其工作人员为实现组织目标而努力工作。例如，在 1986~1993 年间，绩效管理使美国加利福尼亚州森尼韦尔市的生产率增长了 44%（即平均每年增长 6%）。[2]

（2）绩效管理在政府管理中引入了成本—效益分析，从而可以大大减少政府公共部门的资源浪费和资源配置失误的现象，有利于提高资源配置的效率。当政府领导者在决定加强某个领域的工作时，在缺乏关于效果的客观资料的情况下，往往不知道把新增加的资金投向何处；当他们在削减预算时又不知道削减的是"肌肉"，还是"脂肪"。绩效管理有助于科学设定目标并依据效果来配置

---

[1] 〔澳〕欧文·E. 休斯：《公共管理导论》，彭和平等译，北京，中国人民大学出版社，2001，第 2 版，第 215 页。

[2] 〔美〕戴维·奥斯本、彼德·普拉斯特里克：《摒弃官僚制：政府再造的五项战略》，谭功荣、刘霞译，北京，中国人民大学出版社，2002，第 148 页。

资源。[①]

（3）绩效管理是对公共组织计划目标的设定、实施、监控、跟踪、评估的系统过程，这一过程的运行有助于既定目标的实现。在这一系统过程中，可以及时发现计划实施中存在的问题和面临的障碍，并采取措施解决问题，排除障碍，以促进目标的实现。同时，通过评估，总结计划目标实施的经验教训，可以更好地指导以后的公共管理。因为，"如果一个组织不去测定效果，在出现成功时不能识别，那么，它怎么能从成功中学到东西呢？如果没有对结果的信息反馈，革新往往会夭折"。[②]

3. 绩效管理有助于重塑政府形象，增强公民对政府的信任

自20世纪70年代以来，西方国家的政府管理遭受了越来越多的抨击，政府面临着深刻的合法性危机。绩效管理的推行使政府显著地改善了形象，从而增强政府的公信力，使政府得以渡过难关。

（1）绩效管理强化了政府的责任机制，使政府变得更负责任。传统官僚制行政责任机制的缺陷主要体现在：政府行为强调的是程序导向规则为本而不是对结果负责；政府官员被要求在履行职责时就是要执行规则，只要照章办事，不违背规则，就是尽职尽责，至于结果的如何却不是他们需要关注的事情。绩效管理强调政府组织及其官员必须以实现结果为己任并要为此承担责任；强调公民导向，强调管理运行必须实现公平公正，并以公民的满意度作为公共组织绩效的最终评价尺度。这就使政府部门责任机制的建构和运行得到强化，责任追究机制的实施有了强劲的动力。公共部门的绩效管理强化了政府、政府部门和政府官员的责任性，增强了公众对政府的监督和制约，由此促使政府趋向更负责任。而具备高度的责任心和负责精神、完善的责任机制和可问责机制，是一个有效率和有公信力的现代政府所必需的品格及其活力的源泉。

（2）绩效管理改善了政府与公众的关系。绩效管理强调管理过程中政府与公众的双向沟通互动，实现信息公开、过程透明，有助于公众了解、参与并监督政府工作，从而增进公众对政府的支持与理解。绩效管理强调服务导向、结果导向和公民（顾客）评估，将满足公民需要置于首位，并且将行政行为与行政质量交给公众（顾客）去监督、评估。这样就进一步强化了公众对政府的监督控

[①] 〔美〕戴维·奥斯本、特德·盖布勒：《改革政府：企业精神如何改革着公营部门》，上海市政协编译组、东方编译所编译，上海，上海译文出版社，1996，第129~130页。

[②] 〔美〕戴维·奥斯本、特德·盖布勒：《改革政府：企业精神如何改革着公营部门》，第133页。

制。而政府为了能使公众满意,也必然会采取最有效的方式去更好地服务于公众,满足公众的需求,而不是因循守旧,不思进取。这样做,使政府与公众的关系由控制与被控制的关系转变为代理人与委托人的关系,转变为公共服务的提供者与消费者的关系,由不平等关系转变为平等合作关系,并由前者控制后者转变为后者监督前者。由此,也就必然极大地增强政府的合法性。

(3)绩效管理公开展示政府工作的成效与不足能赢得公众的理解和支持。政府是公众的代理人,公众有权知道政府如何花纳税人的钱,以及花钱的效果如何。传统官僚制行政的封闭性和不透明性导致政府和公众之间产生隔阂,由此易于使公众对政府产生一种不信任感。绩效评估对政府在各方面的表现情况进行全面科学的测定分析并公之于众,从而使公众能了解和监督政府工作,了解政府工作的成效,从而增进公众对政府的理解和信任。同时,绩效评估并不只是展示成功,它也揭露政府的不足和失误。但这样做并不一定会损害政府的信誉。相反,由于它向公众公开了政府所面临的困难和问题,并让公众看到了政府为提高绩效所做出的不懈努力,能够减少或消除公众对政府的偏见或不满,进一步赢得公众对政府的理解和支持。

8.2 英美等国公共部门绩效管理实践

8.2.1 英国政府绩效管理实践

政府绩效管理实施最广泛、最持久,技术上比较成熟的当属英国。20世纪70年代,英国政府面临严重的财政危机、管理危机和信任危机,1979年保守党大选获胜,撒切尔夫人主政后就开始大力推行政府管理改革。针对政府内部管理中的效率低下和浪费严重现象,撒切尔政府积极引进私营部门的管理理念、方法和技术来改善政府管理。绩效管理就是这样作为一种提高政府绩效的有效工具被引入政府管理中。

英国政府绩效管理实践可以分为两个阶段。第一阶段始于20世纪70年代末80年代初,绩效管理的主要内容是以经济、效率为中心,以解决财政危机为主要目标,主要改革举措包括"雷纳评审"、"部长管理信息系统"、"财务管理新方案"和"下一步行动方案"等;第二阶段始于20世纪90年代,主要内容调整为以质量和公共服务为中心的绩效管理行政改革,其主要改革举措包括公民宪章

公共管理学

运动、竞争求质量运动和政府现代化运动。[1]

1979年撒切尔夫人上台后,即任命著名的私营企业总裁雷纳爵士(Sir Derek Rayner)担任自己的效率顾问,并在内阁办公厅设立了一个效率小组,负责对政府部门的行政改革进行调查、研究、审查和评价,其目的是提高政府公共部门的经济和效率水平。雷纳评审历时十多年时间,评审活动数百项,涉及多个部门和管理服务工作的不同环节。通过评审,发现英国政府部门存在的许多问题,如不经济和浪费现象严重,一些机构和工作内容过时,组织设置和工作程序不合理,大量无效的工作等。[2] 针对这些问题,雷纳评审提出了许多具体的改革措施和建议,如:要解决政府效率低下的问题,就必须把服务提供和执行职能从掌管它们的集中决策部门中分离出来;必须给予服务提供和执行机构更大的灵活性和自主性;必须通过与这些机构签订绩效合同使其对服务结果负责,等等。雷纳评审对提高政府公共部门的经济和效率水平起了极大的促进作用。据统计,从1979~1985年6年间,雷纳评审小组共进行了266项调查,发现并确定了6亿英镑的年度节支领域和6700万英镑的一次性节支领域。截止1986年底,评审共支出了500万英镑,而它所带来的直接经济效益,据统计高达9.5亿英镑。[3] 但是雷纳评审小组也承认,"这些举措并未引起组织追求效率的持续改进。它们只是在花园中一小块一小块地除去杂草,却没有创建出花园中杂草无处可生的制度"。[4]

由此,撒切尔政府意识到政府浪费和低效率的背后是体制的问题。于是1982年撒切尔政府发起一场新的管理创新运动,即财务管理新方案(FMI-Financial Management Initiative)。财务管理新方案要求政府各部门为所有的管理者设置绩效目标、明确预算,并依据目标对政府支出和进展情况进行绩效评估;各部建立一个融合目标管理、绩效评估等现代管理方法和技术的管理信息系统,以便为高层提供评估和控制所需的全面信息,并为下面各层主管提供做好工作所需的信息;分权,赋予管理者更多的权力去努力实现绩效。为此,撒切尔政府投入了大量的资金来开发必备的计算机系统,并设置了1800多个绩效目标,其中绝大部分部分是针对成本和效率。[5] 财务管理新方案在提高政府公共部门的效率方面取

---

[1] Pollitt, Christopher and Bouckaert, Geert (2000), *Public Management Reform, A Comparative Analysis*, New York: Oxford University Press, pp. 275 – 277.
[2] 参阅周志忍《当代国外行政改革比较研究》,北京,国家行政学院出版,1999,第69~74页。
[3] 参阅周志忍《当代国外行政改革比较研究》,北京,国家行政学院出版,1999,第75页。
[4] 〔美〕戴维·奥斯本、彼德·普拉斯特里克:《摒弃官僚制:政府再造的五项战略》,第24页。
[5] 〔美〕戴维·奥斯本、彼德·普拉斯特里克:《摒弃官僚制:政府再造的五项战略》,第26页。

第8章 公共部门绩效管理

得明显成效。据英国经济和社会研究所的调查，从 1979 至 1984 年，公共部门的效率平均每年提高了 2~3 个百分点。[①] 但财务管理新方案对公务员行为的影响不大。"它提供了有价值的信息，却无法从根本上改变政府组织的动力机制。"[②]

针对这种情况，1986 年撒切尔夫人命令雷纳的继任者罗宾·伊布斯爵士（Sir Robin Ibbs）对这项方案进行评估并提出下一步行动方案。1988 年，伊布斯领导的效率小组在对政府各部门进行广泛深入调查研究的基础上，向首相提交了题为《改善政府管理：下一步行动方案》（Improving Management in Government: The Next Steps）的报告，即《伊布斯报告》。该报告在总结调查发现的问题的基础上，提出了下一步改革的基本原则和具体的建议及其行动计划。首先，实行决策与执行的分离，设立"执行机构"；其次，赋予执行机构在机构编制、人员录用、工资待遇、组织结构、财务管理等方面更大的灵活性和自主性；其三，各部大臣通过与这些执行机构签订绩效合同来使其对服务结果负责，同时保持外部压力以推动持续性的改进绩效。撒切尔夫人采纳了该报告的所有建议，任命彼德·肯普（Peter Kemp）负责施行下一步行动方案。从 1990 年开始，内阁办公厅几乎每年都对执行机构的绩效状况进行定期评审并将结果公布于众，以便形成有效监督，也为下一年度下达绩效指标做出参考。对于没有完成确定绩效目标的主管部门的主要惩罚措施是降低负责人和高层管理者的绩效工资。下一步行动方案使政府公共部门的效率明显得到提高，服务质量普遍得到改进。[③] 下一步行动方案使传统官僚制开始发生如下一些根本性变化：①从规则为本到结果为本的转变；②从隶属关系到契约关系的转变；③从过程控制到结果控制的转变；④分权制度化趋势。[④] 从而为绩效管理在公共部门的实施清除了组织机构和制度的障碍。

上述改革措施使公共部门运行的经济和效率有了显著改进，但是在公共服务的质量方面却还有明显不足。公众虽然关心公共部门的经济和效率，但更关心公共服务的质量。为了赢得公众对保守党政府更广泛的支持，从梅杰政府开始，英国政府改革的重点从关心经济、效率转向关注公共服务的质量。1991 年 7 月，梅

---

① Fry, G. (1988), The Thatcher Government, the Financial Management Initiative, and the New Civil Service, *Public Administration*, Vol. 66, No. 1, p. 8. 转引自周志忍《当代国外行政改革比较研究》，北京，国家行政学院出版社，1999，第 89~90 页。
② 〔美〕戴维·奥斯本、彼德·普拉斯特里克：《摒弃官僚制：政府再造的五项战略》，第 26 页。
③ 相关数据请参阅〔美〕戴维·奥斯本、彼德·普拉斯特里克《摒弃官僚制：政府再造的五项战略》，第 31~33 页。
④ 参见周志忍《当代国外行政改革比较研究》，第 112~114 页。

杰政府发起了"公民宪章运动"(The Citizen's Charter),即用宪章的形式将政府公共部门服务的内容、目标、标准、程序、时限和责任等公之于众,接受公众的监督和评判,以实现提高公共服务水平和质量的目的。在梅杰政府的大力推动下,所有公共服务部门或机构都制定了各自的服务宪章,其中吸收了来自公众的合理建言,并承诺予以满足。"公民宪章运动"使公共服务的质量有了显著改进,公民对政府的满意度不断提高,极大地改善了政府形象。因此,许多国家纷纷仿效这样的改善公共服务质量的举措。发动"公民宪章运动"仅四个月后,梅杰政府又发表了《竞争以求质量白皮书》(Competing for Quality),要求进一步提高服务质量和顾客的满意度,并明确规定政府管理活动必须通过市场来检验,做出考核和评估。通过市场检验所进行的公私部门之间的竞争,取得了提高公共服务效率、降低成本的效果。

1997年,工党在大选中获胜,布莱尔政府上台,结束了保守党连续主政英国18年的漫长时期。但是布莱尔政府行政改革的方针并没有改变。布莱尔政府基本上保持了保守党政府的改革方针和基本思路,继续推进行政改革。市场机制、竞争以及引入私营部门管理的理论和技术依然是工党政府提高公共服务水平和质量的主要手段。所不同的是,布莱尔政府提出了以"合作政府"模式来取代过去的"竞争政府"模式。1998年布莱尔政府发布《政府现代化白皮书》(Modernizing Government),其核心是提高政府绩效。依据《政府现代化白皮书》,政府现代化的目的是"打造能使人民过上更好的生活的更好的政府"。在白皮书中,布莱尔政府还提出要在10年内打造一个更加侧重结果导向、顾客导向、合作与有效的信息时代政府。在白皮书中,布莱尔政府明确提出了三个目标:一是确保政策制定的高度协调和具有战略性;二是以公共服务的使用者而非提供者为中心,确保公共服务更符合公民的需要;三是确保公共服务提供的高效率和高质量。为实现这三个目标,白皮书规定了四项主要措施:①在政策制定方面,强调结果导向和公众的广泛参与;②在公共服务输出方面,注重高质量和高回应性。把绩效评估作为监控质量的主要途径,改进评估和审查的原则,成立公民评估质量组织,加强政府与公民的互动;③在公务员制度改革方面,完善结果导向的个人绩效评估体系,把目标的完成与薪酬紧密结合,赋予管理者更多的权限以促成目标的实现,倡导公正、平等、合作等公共服务价值观;④充分利用现代信息技术,建设信息时代的政府。为了保证向公众提供高质量服务的承诺落实到实处,英国政府还采取了诸如公共服务协议和人民监督委员会等一系列具体的保障措施。

从英国政府改革的历程可以看到,绩效管理始终贯穿于政府改革的进程中,并在其中起到至关重要的作用。英国政府在推进绩效管理改革方面,其改革措施的完整性和系统性、改革力度的彻底性以及改革进程的持续性举世公认。英国政府的绩效管理改革进程具有如下四个方面的显著特点。第一,高层领导人大力倡导和持续推进。绩效管理是一种全新的管理工具或管理方式,在其推行过程中会遭遇到来自传统力量的本能抗拒,因此成功绩效管理得以实施的一个重要因素就是高层领导人对绩效管理改革所予以的坚定承诺和支持。这种承诺与支持在高层领导者亲自参与制定和主导绩效管理改革方案中表现得最为突出。第二,英国政府的绩效管理改革具有较强的延续性、持久性和系统性。从撒切尔夫人上台到1997年保守党连续执政的18年间,这一改革一直持续推进。工党上台执政后,布莱尔政府基本上保持了保守党政府的改革方针和基本思路,因而使得绩效管理得以在改革的过程中不断改进和完善,取得显著效果。第三,绩效管理改革具有系统设计的特征。绩效管理改革以新的系统管理理论为指导思想,并针对在改革的不同阶段上的不同任务(目标),设计内容完整、思路明晰、各部分密切相关而又相互增强的改革方案,并做出周密部署,步步深入,稳扎稳打。整个改革过程的推进都是基于一个清晰的具有内在一致性的构想框架。同时,政府有关部门能对改革进程予以强有力而又具体的指导。第四,绩效管理改革与其他方面的改革有机结合在一起,形成一种"制度合力",从而推动英国的政府管理改革不断深入发展,并取得显著成效。

8.2.2 美国政府绩效管理实践

美国是世界上开展政府绩效管理最早的国家之一。美国活跃的学术界早在第二次世界大战期间就着手对政府工作的衡量进行研究,其标志是克莱伦斯·雷德和赫伯特·西蒙的《市政工作衡量——行政管理评估标准的调查》一书的出版。而大规模的政府工作评估则始于20世纪70年代。1973年,尼克松政府颁布《联邦政府生产率测定方案》,力图使政府机构绩效评估系统化、规范化和经常化。有关部门据此设计了3000多个绩效指标,由劳工统计局负责收集雇员200人以上的联邦政府机构的劳工投入、劳工成本、产出等方面的信息。1974年,福特总统要求成立一个专门机构,对政府部门的主要工作进行成本收益分析。但是,由于在当时的情况下缺乏有力的技术支持和足够的政治支持(受水门事件的影响),绩效评估未能真正施行。

1978年,美国通过《文官制度改革法》,试图解决因过度规制而导致的政府运行低效。这一改革法的主要内容包括：允许在以规则为基础的模式内实行分权；开始实行灵活付酬战略的绩效工资制（适用于 GS 系列的 13～15 级）；开始着手解决解雇绩效不佳的雇员的难度问题，以减少永久任职的现象；最为重要的是，该法鼓励人力资源管理方面的创新，允许人事管理局在特定条件下进行突破现行法规的试验，共可进行 10 个改革试点项目。这些实验的内容包括淡化和简化职位分类，按绩效付酬和提升，下放权力等。其中"中国湖"的改革试点取得很大的成功。由于没有得到国会的支持，这些成功的经验未能在全国推广。这是美国联邦政府第一次尝试超越以规则为本的旧体制，建立结果导向的新的公务员体制。不过，由于缺乏科学的绩效评估体系的支持以及足够的政治支持，1978 年的改革成效有限。之后，美国联邦政府对公务员制度进行了一些微调，如适当增加合同制雇员，淡化职位分类，简化规则，改良绩效工资制等。但是也由于没有得到国会足够的支持，这些微调的成效不彰。

美国政府绩效管理的根本性突破发轫于 1993 年。是年初，克林顿总统成立"国家绩效评审委员会"，由副总统戈尔主持，任务就是如何使政府运行得更好而成本更低。该委员会于 1993 年 9 月发表《从繁文缛节到结果导向：创造一个花钱少、工作好的政府》（*From Red Tape to Result：Creating A Government That Works Better and Cost Less*）的报告，亦称《戈尔报告》，成为克林顿政府行政改革的行动指南。报告指出，美国政府绩效不佳的问题主要不在于政府职员的懒惰与无能，而在于过多的繁文缛节和规则扼杀了政府职员的创造性。[①] 因此，解决问题的出路在于必须抛弃繁文缛节，摆脱那种驱使人只对规则负责的旧体制，创立一种激励人对结果负责的新体制。[②] 报告提出了一系列的改革建议，这些改革建议集中体现于如下四大改革原则：①简化规制的原则；②顾客优先原则；③授权与结果导向的原则；④节俭效益的原则。[③]

在《戈尔报告》出台前两个月，即 1993 年 7 月，美国国会通过了《政府绩效与结果法案》（The Government Performance and Results Act，GPRA）。该法案的立法宗旨是：①要求联邦政府机构对工作结果负责，以改进美国人民对联邦政府的信心；②推动一系列设定工作目标，并围绕这些目标进行绩效测量到结果公开

---

① Gore, Al. (1993), *From Red Tape to Result：Creating A Government that Works Better and Costs Less*. Washington D. C. : National Performance Review, p. 2.
② Gore, Al. (1993), p. 6.
③ 参见江岷钦、刘坤亿《企业型政府：理念、实务、省思》，台湾，智胜文化，1999，第 181 页。

的实验计划,以改进项目的绩效;③将新的关注焦点集中于结果、服务质量以及顾客满意度之上,改进项目的效果与公共责任;④要求联邦管理人员制定实现工作目标的规划,以及提供工作结果和服务质量的信息,以改进公共服务;等等。为贯彻以上宗旨,法案要求所有联邦机构都必须制定当年的战略规划,明确组织的使命和目标;制定年度绩效计划,明确实现绩效目标所应采取的措施和绩效测定标准及其绩效指标体系;向总统和国会提交年度绩效报告,评估每一个机构的绩效状况,解释和描述绩效目标实现与否的原因,并根据这种绩效评估确定本财政年度的绩效计划。该法案成为推动美国政府再造的纲领性文件之一。

国家绩效评审委员会依据上述两个纲领性文件来推动政府再造,这一过程中的许多改革措施都与绩效管理密切相关。如:设立顾客服务标准,至1996年,联邦政府各个机构已建立了2000多个顾客服务标准;由总统与部长、各独立机构负责人签定绩效协议,而各机构又与其下属机构的官员签订类似的协议;建立政府再造实验室,尝试一些新的放松规制的试验;在联邦政府与州政府或地方政府之间签署绩效伙伴关系的协议,联邦政府通过分权来换取州政府或地方政府对结果承担更大的责任等等。[①]

小布什继任总统后,联邦政府的改革仍然持续进行,关注的重点依然是政府绩效。布什明确指出,政府应该是以结果为导向的,由绩效来引导而不是由过程来引导。为此,布什政府确立新的政府改革的三大指导原则:以公民为中心、以结果为导向和以市场为基础,并制定和着手实施如下的改革策略。①实施人力资源管理战略,改革公务员制度,建立和完善结果导向的绩效评估体系,奖励有卓越表现的人员,以吸引更多优秀的人才来从事公共服务;②推行竞争性采购,以节约政府成本,提高绩效;③加强绩效审计,强化政府责任;④发展电子政府,增强政府的回应性;⑤强调绩效与预算紧密挂钩,从资源配置整合方面推动政府部门绩效的改善。

纵观美国的政府管理改革可以看到,绩效管理在政府再造进程中同样发挥了极为重要的作用。美国在推行政府绩效管理改革方面呈现出如下显著特点。其一,高层领导的重视和积极推进。面对日益严重的政府财政赤字和信任赤字,总

[①] See Groszyk, Walter (1996), Implementation of the Government Performance and Result Act of 1993, in OECD, Public Management Occasional Papers NO. 9, *Performance Management in Government: Contemporary Illustrations*. pp. 71 – 85.

统在名义上作为全体人民公共利益的代表，有义务倡导和实行节约开支，压缩政府规模，改善政府绩效和加强对公民的回应性的措施。如能这样做，无疑会使总统在政治上获益良多。因此，自上世纪70年代以来，改进政府绩效就一直受到历任美国总统的极大关注。虽然改革遇到了来自国会和工会等方面的强大阻力，但由于数任总统持续不懈的努力，美国绩效管理改革得以渐次展开并不断深入。其二，较之英国、新西兰和澳大利亚等国激进的系统化改革，美国绩效管理改革呈现出渐进主义的色彩。美国的改革者们"倾向于依靠渐进的改良对美国体制的缺陷进行修补"，[①] 因而使得美国的改革不仅有新目标和旧体制的兼容，而且有互不配套的几种改革措施的兼容。[②] 这种体现渐进主义和包容性的改革方式在相当程度上有助于绩效管理改革的推进。其三，绩效管理改革通过国会立法的途径来实施。在美国三权分立的体制下，期望改革得以顺利推行必须得到国会的大力支持，并以国会立法的形式来推进。1993年以前的改革成效有限的主要原因就在于国会的阻力。而1993年之后，绩效管理改革之所以能取得根本性突破，其根本原因之一就在于获得了国会的大力支持，通过了推动政府再造的纲领性文件——《政府绩效与结果法案》，从而为改革的顺利实施奠定了坚实的基础。其四，政府绩效管理改革与其他方面的改革措施相契合，使之互相促进，也是推动政府再造运动不断发展的重要原因。

除英美外，绩效管理在西方许多发达国家，如新西兰、澳大利亚、荷兰、丹麦、芬兰、挪威和加拿大等，都得到了广泛应用，出现了一种"绩效评估政府"勃兴的趋势。[③] 西方发达国家推行绩效管理显著地改善了政府管理的运行绩效，改善了政府与公众的关系，增强了政府的政治合法性。

8.3 成功的绩效管理的相关制度安排

政府再造是一项复杂的系统工程，绩效管理只是政府再造的"工具箱"中的"有效工具"之一。因此，要充分发挥绩效管理的效用，必须有一系列配套

[①] 〔美〕罗纳德·桑德斯：《美国的公务员队伍：是改革还是转型》，国家行政学院国际合作交流部编译《西方国家行政改革述评》，北京，国家行政学院出版社，1998，第260页。

[②] 〔美〕帕特里夏·英格拉姆：《公共管理体制的模式》，国家行政学院国际合作交流部编译《西方国家行政改革述评》，第60页。

[③] See Cave, Martin, Kogan, Maurice & Smith, Robert (1990), *Output and Performance Measurement in Government: the State of the Art*, London: Jessica Kingsley Publishers Ltd, p. 179.

的制度安排,以形成"制度合力"。政府绩效管理要与其他具体的改革措施互相契合融为一体,才能有效地推动政府再造。纵观西方国家政府再造的实践,成功的绩效管理的相关配套制度安排包括如下几个方面。

1. 分权化

这是西方各国政府再造中采取的共同措施。[①] 各国政府再造都强调结果为本而不是规则为本,要求管理者必须以结果为导向并为此承担责任。这样做,就需要给予管理者更多的权力,这种权力将成为组织及其管理者追求高绩效的动力。"既然减少对市场制约能使参与者释放进取的潜能,从而产生了实际效益,那么减少对公共部门的制约也当有助于激发它的活力"。[②] 奥斯本和普拉斯特里克概括了分权化的三种途径。[③] 第一种是组织授权,即中央行政机构、立法部门、行政部门及高层政府通过废除强加于下一级公共组织身上的许多规章和其他控制来进行授权,将财政、采购、人力资源管理等控制权力下放,使各部门有了更多的自主权、独立性和其他权力来按自己的方式运作,真正地通过自己的努力来决定自己的成败;第二种是雇员授权,通过减少或废除组织内部的层级管理控制,并将权力往下推行至一线雇员;第三种是社区授权,将官僚机构的权力外移至社区。美国会计总署在1996年的调查报告中指出,"当雇员有必要的权力、灵活性以及适当的责任与激励时,也许雇员依靠其专长和判断力来履行其责任,能帮助机构更好地利用雇员的聪明才智,并能导致更有效益和效率的运作和改进顾客服务"。[④]

2. 责任机制

"领略了自由之后,便要品尝责任的滋味,这种责任以绩效和深入、定期的评估形式出现。"[⑤] 责任机制强调的是组织到底对谁负责和怎样负责。传统官僚制行政的责任机制是一种间接责任机制,即公众—政治—行政。如果任何一个环

[①] 参见〔美〕戴维·奥斯本、彼德·普拉斯特里克《摒弃官僚制:政府再造的五项战略》,北京,中国人民大学出版社,2002,第8~9页。

[②] 〔美〕詹姆斯·Q. 威尔逊:《美国官僚政治:政府机构的行为及其动因》,张海涛译,北京,中国社会科学出版社,1995,第439页。

[③] 〔美〕戴维·奥斯本、彼德·普拉斯特里克:《摒弃官僚制:政府再造的五项战略》,北京,中国人民大学出版社,2002,第216~234页。

[④] 〔美〕凯瑟琳·纽科默、爱德华·詹宁斯等主编《迎接业绩导向型政府的挑战》,张梦中、李文星译,广州,中山大学出版社,2003,第41页。

[⑤] 〔美〕戴维·奥斯本、彼德·普拉斯特里克:《摒弃官僚制:政府再造的五项战略》,北京,中国人民大学出版社,2002,第218页。

节出现问题，都可能导致责任机制失灵，而致使两个环节（公众—政治环节和政治—行政环节）都出现问题。首先，由于投票选举制度的内在缺陷（几年才进行一次），以及操纵民意的技术的出现和广泛运用，公众很难再用投票实施对政治代理人的控制。其次，随着行政权力的不断扩张并居于主导地位，政治代理人对行政的控制力趋于衰减。而且行政部门及其工作人员往往凭借其掌握的专业知识、技术和信息等方面的优势而使政治代理人失去对官僚的有效控制，最终导致责任机制名存实亡，无责任则无绩效。在管理主义改革方案中，责任机制发生了变化，由间接责任机制转变为直接责任机制，即公共管理者必须直接对公众负责。而要落实责任，就需要对组织的绩效状况进行评估。因此，责任机制与绩效管理密切相关。这种责任机制具有如下两个主要特点。一是公民（顾客）为本。公共管理者负责确保公民（顾客）能够得到任何合理的需要。同时，建立顾客服务标准，并在绩效目标中建立顾客满意度评价，从而建立起管理者的双重责任（对民选官员和对公众的责任）。这种指向顾客的责任体制比依循命令链的责任体制更为有效。[①] 二是结果为本，而不是以程序、规则和过程为本。将责任从投入转移至产出或结果，对公共部门的绩效进行测量，奖励那些达到或超过既定目标的机构和官员，而对绩效差的公共部门和官员予以相应的惩罚。

3. 公民（顾客）导向

要求公共部门对公民（顾客）负责就会促使其改变行为模式，使公共部门将更多的注意力放到其服务对象身上，并尽可能采取最有效的方式去回应公众的需求。各国在改革的过程中，为了促使公共组织对公民负责，都做出了相应的制度安排。第一，让顾客选择公共组织；第二，通过允许顾客控制资源，并将有关公共部门置于相互竞争的服务提供者之中；第三，顾客质量保证，即制定顾客服务标准并对那些很好地满足了顾客需要的组织进行奖励，否则，将对组织进行惩罚；最后，每个组织必须具备聆听顾客需求的能力。[②]

4. 结果导向

传统官僚制行政强调以规则、程序为本，关注过程而忽视结果，从而导致组织绩效不佳。公共管理强调面向结果，为此，各国采取了如下一些措施来促使政

---

① 〔美〕戴维·奥斯本、彼德·普拉斯特里克：《摒弃官僚制：政府再造的五项战略》，北京，中国人民大学出版社，2002，第180页。
② 参阅〔美〕戴维·奥斯本、彼德·普拉斯特里克《摒弃官僚制：政府再造的五项战略》，北京，中国人民大学出版社，2002，第184~194页。

府公共部门对结果负责。第一，放松规制，赋予公共管理者更多的自主权。第二，在适于设定后果时，可以把公共组织推向市场，并使之依靠顾客取得收入，即企业化管理。企业化管理可以促使政府绩效持续改进。第三，在不适于设定后果时，可以采用在公共组织与私人组织之间（或者是公共组织与公共组织之间）制造竞争环境，就像英国所采取的市场检验和强制性竞争招标那样。第四，如果上述两者都不可行，则可以进行绩效评估并创设后果。[1]

5. 竞争机制和激励机制

导致政府低效的重要原因之一是垄断。垄断使政府缺乏改进绩效的动机。因为，即使政府部门绩效再好，它们也不会得到什么特别的好处；而即使绩效再差，它们的利益也不会受损。所以，打破垄断，引入竞争机制就成为各国政府再造的共同选择。其途径主要包括：第一，把不该政府管的公共服务交还给市场或社会，即民营化；第二，即便是属于政府该管的公共服务，政府也不是唯一的提供者；第三，在政府内部创设"内部市场"，由不同的公共机构竞争性提供服务。这样通过竞争机制给公共管理者造成不断改进绩效的压力和动力。在公共管理者承担风险的同时，还必须设计一套奖优罚劣的全新激励机制，使公共管理者产生持续改进绩效的长久的内在驱动力，如绩效奖励、精神补偿、资金增益分享、共享节余、绩效工资、绩效合同与协议、效率红利和绩效预算。[2]

6. 电子化政府

政府绩效管理是一个动态的过程，在这一过程中政府必须与公民进行双向信息沟通。政府必须以公民为导向，以公民满意度作为评估政府绩效的最终标准。而这一切的前提是政府的运作过程必须是透明的、开放的。政府要保障公民的知情权，向公民提供充分的信息，同时政府要保障公民的参与权，为公民参与提供有效的制度化途径。进而言之，政府与公众的沟通与互动不仅要有制度的保障，而且还需要可靠的渠道和技术的保障。建设电子政府正是在信息时代实现这一目标的必要方式。因此，各国政府都将电子化政府建设作为政府再造的一个重要目标和重要手段。建构电子化政府和推进电子政务的实质是利用现代信息技术建构一个更加透明、更加开放、具有更高回应性的政府。

---

[1] 参阅〔美〕戴维·奥斯本、彼德·普拉斯特里克《摒弃官僚制：政府再造的五项战略》，北京，中国人民大学出版社，2002，第132～148页。

[2] 〔美〕戴维·奥斯本、彼德·普拉斯特里克：《摒弃官僚制：政府再造的五项战略》，谭功荣等译，北京，中国人民大学出版社，2002，第147～148页。

8.4 公共部门绩效管理过程

从以上分析可以看到，绩效管理必须贯穿于公共部门管理活动全过程，包括确立组织的目标，制定实现目标的计划，实施计划，绩效沟通，绩效评估等一系列相互联系、相互依存的基本环节或过程，其核心是实现组织的绩效。具体而言，这五个环节分别包括如下要素。

1. 确立组织的愿景（vision）、使命（mission）、目标（objectives）

这是绩效管理的起点。如果一个组织没有明确的愿景、使命和目标，就无法取得组织的高绩效。正如约吉·贝拉（Yogi Berra）所指出的，"如果根本不知道要去哪儿，那么任何一条道路都可以带你通往其他不同的地方"。[①]

"愿景"一般用来说明组织的未来发展蓝图和预期目标。奥斯本和普拉斯特里克认为，建立共同愿景就是为雇员提供试图创造的未来的文字图像（即组织成员对组织所要完成的使命所形成的集体印象），它可以成为帮助组织构筑新的心智模式的有效工具之一。[②] 布利森（Bryson）给予"愿景"更宽泛的内涵，它包括：①使命；②基本的哲学和核心价值；③基本战略；⑤绩效标准；⑥重要的决策价值；⑦雇员所期望的道德伦理标准。[③] 尽管学者们的表述有所差异，但愿景所关注的问题实质就是"我们想要到达哪里"，"我们未来的目标是什么"。这种未来的状况是组织根据自己目前的最佳状态，并依据所有者、管理人员以及员工的共同希望或设想所能达到的理想。

使命描述组织的愿景、共享的价值观、信念以及存在的原因。坎贝尔和尤恩认为，使命是一个组织的特征、身份和存在的理由，它可以划分为四个相互关联的部分。①目标：组织存在的原因；②战略：竞争地位和专有能力；③价值：组织的信仰；④行为标准：构成组织专有能力以及以价值体系为基础的政策和行为

[①] 〔美〕戴维·奥斯本、彼德·普拉斯特里克：《摒弃官僚制：政府再造的五项战略》，北京，中国人民大学出版社，2002，第42页。

[②] 〔美〕戴维·奥斯本、彼德·普拉斯特里克：《摒弃官僚制：政府再造的五项战略》，北京，中国人民大学出版社，2002，第274页。

[③] Blundell, Brian, and Murdock, Alex（1997）*Managing in the Public sector*, Oxford：Butterworth-Heinemann, p. 218. 转引自刘旭涛《政府绩效管理：制度、战略与方法》，北京，机械工业出版社，2003，第160页。

模式。① 理查德·威廉姆斯的界定言简意赅，指出使命是"为组织提供一个方向，并作为行动基础，同时促进某种特定价值观，并作为一种行动指南"。②

愿景用来描述相对比较长远的未来状况，而使命则是更多关注当前状况，用来说明一个组织根据其近期活动安排所设定的当前目标。③ 因此，愿景和使命分别构筑了两条不同的基准，为组织或个人从当前状态发展到未来所设想的状态绘制了一个"终点站"的图景和未来发展蓝图。其作用在于，通过对可预见到的对未来组织取得成功的憧憬，为公共组织提供未来的发展方向，增强机构领导者的必胜信心，并将这种信心传递给自己的下属员工。

当愿景和使命确立后，那么接下来的工作就是确定组织的目标。目标是公共组织使命的进一步具体化、明确化，它描述的是公共组织活动期待实现的最终结果，包括经济、效率、效益、质量、回应性、责任性等。目标决定了组织实施绩效管理的有效性。奥斯本和普拉斯特里克指出，在任何组织中，明确组织目标是最为关键的第一步。根据英国下一步行动小组前任组长索尼娅·菲帕德的看法，凡是取得了绩效改进的机构都是那些高度重视组织使命、组织目标及绩效目标等问题的组织。④

公共部门绩效目标根据不同的标准可以分为不同的种类。例如，根据目标层次标准，可分为组织绩效目标（总目标）、分部门目标（次目标）和个人绩效目标；根据时间标准，可分为长期绩效目标、中期绩效目标和短期绩效目标；根据目标领域标准，可分为政治绩效目标、经济绩效目标、文化绩效目标和社会绩效目标。

目标的制定一般遵循"SMART"原则。"SMART"分别是五个英文单词的首字母，它们的具体含义如下。①明确具体的（specific），而不能含糊其辞。②可以度量的（measurable）。通常指指标可以被量化考评，提出的指标应具有时间、数量、质量、成本等方面的衡量标准，如果无法设定类似的指标，可能会成为无效指标。但是有价值的未必都可以量化考评，有的需要通过非量化指标来衡量。

---

① 〔英〕理查德·威廉姆斯：《组织绩效管理》，蓝天星翻译公司，北京，清华大学出版社，2000，第40~41页。
② 〔英〕理查德·威廉姆斯：《组织绩效管理》，蓝天星翻译公司，北京，清华大学出版社，2000，第62页。
③ 参阅〔英〕理查德·威廉姆斯《组织绩效管理》，蓝天星翻译公司，北京，清华大学出版社，2000，第41~43页。
④ 〔美〕戴维·奥斯本、彼德·普拉斯特里克：《摒弃官僚制：政府再造的五项战略》，北京，中国人民大学出版社，2002，第111页。

③可达到的（attainable）。目标当然应当具有挑战性，但是也必须是通过努力可以实现的、合理的，而不是难以达到的。④面向结果的（results-oriented），而不是面向过程的。⑤有时间限制（time-bound）。要求目标在一定时间期限内完成。在"SMART"原则之外，还有如下原则可以参考：①顾客导向性原则。公共部门工作的首要目标是追求顾客满意，如果设定的目标不是直接或间接地为顾客提供更多有价值的产出，就是没有意义的工作产出；②聚焦重点原则。列入绩效目标的指标不能太多，也不能太少，要关注真正重要的指标；③一致性原则。目标设定要与机构的使命保持一致，而不是针对某一具体工作单位；④长期目标与短期目标平衡协调原则。

愿景、使命、目标确立后，公共组织还必须让员工对之充分认知和理解，从而培养和增强员工的使命感、责任心、认同感和归属感，为实现组织目标竭尽全力。

2. 制定绩效计划

确立公共组织的愿景、使命和目标之后，就需要考虑如何实现它们。这就涉及绩效计划的制订。如果没有具体可行的实施计划，绩效目标就只能是体现一个美好期待的构想，而不可能成为现实。绩效计划是绩效管理中非常重要的环节。哈罗德·孔茨指出，"计划是从我们现在所处的位置达到将来预期目标之间的一座桥梁。它把我们所处的此岸，和我们要去的彼岸连接起来，以克服这一'天堑'。有了这座桥，本来不会发生的事，现在就可能发生了。虽然我们很少能够预知确切的未来，虽然那些超出了我们控制的因素可能干扰制定最佳的计划，但是除非我们搞计划，否则就听凭自然了"。[①]

制定绩效计划，公共部门应全面收集信息，并运用SWOT分析法[②]，认真分析组织的内外环境，发现机会和威胁，分析组织的资源，识别优势和劣势，在此基础上制定达到目标的恰当战略（策略）和方法。其基本程序包括以下几个环

[①] 转引自〔中〕张泰峰、〔美〕Ericreader《公共部门绩效管理》，郑州，郑州大学出版社，2003，第84页。
[②] SWOT分析法又称为态势分析法。SWOT四个英文字母分别代表：优势（Strength）、劣势（Weakness）、机会（Opportunity）和威胁（Threat）。进行SWOT分析，就是基于充分调查，将与研究对象密切相关的各种要素，包括内部优势、劣势、机会和威胁等依照矩阵形式排列，然后用系统分析的方法，把各要素相互匹配起来进行分析，从中得出一系列相应的结论，这些结论通常带有决策性。运用这种方法，可以对研究对象所处的情境做出比较全面、系统和准确的分析，据此可以制定相应的发展战略、计划及对策等。SWOT分析法常常被用于制定集团发展战略和分析竞争对手情况，是战略分析中最常用的方法之一。

节。第一，分解细化组织的中长期目标，使其成为可以通过行动分步骤分阶段实现的一系列明确的任务和进程；第二，收集相关信息，充分了解公共部门运行的内外环境；第三，进行科学预测，并设计出多种可能的行动计划备选方案；第四，对各种备选方案及其后果进行比较和评价，然后选择确定最令人满意或最可行的计划方案。

3. 整合组织资源和实施计划

绩效计划制定后的下一步工作就是对组织内外的各种资源进行有效整合，使之能实现最优配置，以使绩效计划能够顺利实施并最终取得高绩效。依据格雷尼姆·T. 阿利森（Graham T. Allison）的"管理的一般职能"理论，整合组织内部资源主要包括以下几方面。①在组织和人员配备方面，设计出有别于传统官僚制的合理的组织结构和程序，并且为关键的职位配备工作人员；②改革传统人事管理制度，建立注重于结果、灵活的、激励性强的公共人力资源管理制度；③改革传统财政管理制度，按结果而不是按投入来拨款；[1] ④建立各种管理信息系统，包括运作和资金预算、会计、报告和统计制度、绩效评估和产品评价；⑤重塑组织文化，从规则导向型文化转向顾客导向型文化。[2] 整合组织的外部资源主要包括如下方面。①处理好与同属于共同上级权力机关的其他"外部单位"的关系。在一个大型组织中，大多数单位的负责人为完成本单位的目标，必须处理好与上下左右其他单位之间的关系。②处理好与独立组织的关系。来自政府其他部门、不同层级的政府、利益集团以及私人企业的机构，都会对组织实现自身目标的能力产生重要影响；③处理好与新闻媒体和公众的关系。组织的计划的实施需要他们的支持、赞成或默许。[3]

绩效计划的实施是一个动态的过程，因而必须重视反馈控制，保持应变能力。在绩效计划的实施过程中会出现许多新问题和新情况，预期效果与执行效果之间的误差是一种客观存在。因此，在绩效计划实施的过程中必须依据执行反馈的情况，不断调整修正原来所选择的策略，以利逐步接近和达到既定的目标。

4. 动态持续的绩效沟通

动态持续的绩效沟通是政府公共部门的领导者、管理者和员工以及公众共同

---

[1] 转引自〔澳〕欧文·休斯《公共管理导论》，第 2 版，第 196~221 页。
[2] 参阅〔美〕戴维·奥斯本、彼德普拉斯特里克《摒弃官僚制：理论再造的五项战略》，北京，中国人民大学出版社，2002，第 8 章"文化战略"。
[3] 〔澳〕欧文·E. 休斯：《公共管理导论》，彭和平等译，北京，中国人民大学出版社，2001，第 2 版，第 222~241 页。

参与，分享有关信息的过程。这些信息包括工作进展情况、潜在或现实的问题、解决问题的可能措施等。在绩效计划的实施过程中，进行动态的持续的绩效沟通十分重要。良好的绩效沟通能够使组织及时了解和掌握相关信息，发现并及时解决问题，从而最大限度地提高绩效。

公共部门的领导者、管理者以及员工在计划实施过程中要保持密切联系，全程追踪计划进展情况，及时排除障碍，必要时修订计划。同时，公共部门还必须保持与外部环境的持续沟通，向公众发布和传递各类信息，如相关政策、法律法规、服务类型和服务程序；工作职责履行状况、工作进展情况、组织是否在朝着实现目标和达到绩效标准的轨道上运行；如果偏离了轨道，需要采取何种措施才能回到既定轨道上；是否发生了影响组织工作任务或其优先排序的变化；如果发生这些情况，在组织目标和工作任务方面应做哪些改变、可能的措施是什么；等等。公众也需要及时向公共部门传递和反馈信息，如对服务种类和质量的要求、对服务的满意度及有关的申诉和建议等。

绩效沟通的方式包括正式沟通和非正式沟通，自上而下的沟通和自下而上的沟通以及双向沟通等。正式的方式是依据事先计划和安排的程序进行，包括定期的书面报告，定期的公共部门领导人、管理者与员工的会谈或会商，定期召开的有领导者参加的小组会或团体会，定期的新闻发布会、部门或团队简报、听证会等。非正式的方式有访谈、问卷调查、走动式管理、征集建言和民意测验等。在绩效沟通的实际过程中应依据实际情况灵活运用多种方式，并注意运用现代管理理念和现代技术改善沟通状况，提高沟通成效。

5. 绩效评估

公共部门最终能否实现预期目标以及实现程度如何，需要进行绩效评估来做出判定。因为，要改进绩效就必须首先了解目前组织的绩效水平，绩效状况不明，下一步的改善就没有方向。绩效评估在绩效管理系统中居于核心的地位，也是绩效管理过程中最困难、最有争议的一个阶段。要进行绩效评估，首先要确立绩效衡量的标准及指标体系，然后才能依据这一标准及指标体系进行绩效评估。

（1）绩效评估的一般标准及其指标体系

目前西方国家管理实践中一般采用"3E"标准：经济（economy）、效率（efficiency）、效益（effectiveness，或译为效能或效果）。一些学者建议再加上公平（equity），成为"4E"。

经济标准关注的是成本的付出是否最小化，是否按法定的程序花钱。它指的是以最少的投入或成本提供既定的公共物品和服务。它侧重于成本的节约程度，政府或某项服务的总支出能否降到最低。

效率标准关注的是既定的投入产生了什么结果。效率可以理解为投入（即使用的资源）与产出（即提供的服务或公共产品）之间的比率关系，以最少的投入实现产出的最大化即为高效率。提高效率的方法或是用一定量的投入实现尽可能多的产出，或是用尽可能少的投入实现某种量的产出。

效益标准关注的是在一定的工作量完成之后情况是否得到改善。它着眼于产出所带来的社会效果，包括产出的质量、公众的满意度、对社会的影响程度（如现状的改变程度，相关行为的改变幅度）等。它一般以产出和成效之间的关系来衡量。

公平标准关注的是接受服务的团体或个人是否都得到公平的待遇，尤其是那些需要特别照顾的弱势群体是否能够享受到更多的服务。它指效果（如服务的数量或货币化的收益）与努力（如货币成本和其他资源的投入）在社会中不同群体内的公平分配。虽然在现实中公平难以衡量，但下列原则可以作为指导。一是帕累托标准：使一个人境况变好的同时，不能使另外的人变得更糟，以保障最低福利；二是卡尔多—希克斯标准：在效益上的净受益者能补偿受损者，以保证净福利的最大化；三是约翰·罗尔斯提出的再分配的标准：使处于恶化条件的社会成员的收益增加，以实现再分配福利最大化。[1]

显然，上述标准过于原则性和抽象性，仅具有指导意义。进行绩效评估还须围绕"4E"标准设计出明确的、具体的、多维度、多层次的绩效指标体系。这样的指标体系，一般包括投入指标、能力指标、工作量指标、结果指标、效率和成本效益指标、生产力指标等六种类型的指标。投入指标，用以测定某一项目消耗的资源，如提供一项服务所花费的资金数量或雇员小时总数；能力指标，测定一个机构提供服务的能力，它能帮助部门经理评价培训的程度、相关设施状况、系统能力储备；产出指标，为服务人口所提供的产品数量或服务单位；工作量指标，体现为生产某种产品或提供某项服务所付出的努力程度；结果指标，反映实现项目和服务的结果，体现定量与定性的特征；效率和成本效益指标，体现一个项目是以何种效率如何实现；生产力指标，它把效益与效率指标结合为一个指标。[2]

由于公共组织的特殊性，如不同的机构或部门的性质和任务不同，以及很多

---

[1] 〔美〕威廉·N. 邓恩：《公共政策分析导论》，谢明等译，北京，中国人民大学出版社，2002，第310~311页。
[2] 参阅齐二石主编《公共绩效管理与方法》，天津，天津大学出版社，2007，第97页。

公共管理学

公共服务项目难以量化等,很难设计出一套适合于公共组织所有部门或机构的指标体系。不同的机构或部门应有不同类型的绩效指标体系。卡特、克莱因和戴伊(Carter, Klein and Day)指出,考虑到政策目标的不同,就应该有不同种类的绩效指标系统。例如,如果主要关注的是公共资源的使用效率,那么重点就将放在设计产出(和结果,如果可能的话)的标准方面;如果主要关注的是责任,那么就会出现一个与上述情况十分不同的重点:测定为公众提供服务的程序性指标——它们的有效性和时间性——也许相关性更大一些;如果把注意的焦点放在管理者的能力上,那么就应将重点放在为个别单位或部门设定绩效目标方面。[①]政府各机构或部门还可根据本单位的实际情况,并遵循以下比较标准来设计绩效指标体系。①目标比较。根据政策成果或预算目标来进行绩效分析,以避免绩效指标的雷同;②时间比较。以一定的时间周期为单位,进行纵向回溯,比较相同组织的历史记录,以克服雷同困境;③单位间比较。包括一个部门内部不同单位间的比较和政府内部不同部门间的比较;④外部比较。在可比的情况下,将政府部门的绩效与第三部门或私营部门进行对照比较。

(2)绩效评估主体的多元化

对公共部门的绩效,不能只由政府部门自己来评估,也不能只由上级管理部门来评估,而应是由多元评估主体来进行评估。这包括提供公共服务的部门自身的评估、公共部门内部顾客的评估、上级管理部门的评估、外部顾客的评估(利益集团和社会公众等)、立法部门的评估、第三方专业机构评估等,并以服务对象的满意度作为最终评价依据。彼得·德鲁克认为,"成绩存在于组织之外。企业的成绩是顾客满意;医院的成绩是患者满意;学校的成绩是使学生掌握一定知识并在将来用在实践。在组织内部,只有费用"。[②] 企业如此,倡导公民(顾客)导向的公共部门更不能例外。

(3)绩效评估方法的多样化

由于公共部门价值目标的多元性,同时各个内部机构价值目标又具有差异性,因此评估公共部门绩效的实现程度必须在考虑公共部门特定目标和顾客及利益相关者状况的前提下,灵活运用多种评估方法。一般而言,绩效评估方法可分

---

① 转引自〔澳〕欧文·E. 休斯《公共管理导论》,彭和平等译,北京,中国人民大学出版社,2001,第2版,第214~215页。

② 引自乔·皮尔斯、约翰·纽斯特朗编《管理宝典——开创管理新纪元的36部经典管理著作集粹》,东方慧译,大连,东北财经大学出版社,1998,第290页。

为以下几种类型。[①] ①产出测量法。主要测量所从事工作与提供服务的数量，如收集垃圾的吨数。②单位成本或效率测量法。主要测量所提供产品或服务的单位成本，如每个居民区垃圾收集的成本。③结果测量或有效性测量法。这是对目标达成程度、需求得到满足程度以及预想效果实现程度的量化。④服务质量测量法。这是对管理回应顾客需求与期望（如时效、准确性以及礼貌周到）的以价值为基础的评价。尽管回应性通常能够被客观地测量（例如救护车到达事故发生地点的时间），但决定这样的回应是否达到质量标准则通常是一种主观判断。⑤公民满意度测量法。这是对公民的需要得到满足程度的评价，可以通过统计调查客户对各种服务的反应情况，或者统计一段时间内项目管理者所收到客户不满意见的数量得到了解。⑥副作用测量法。尽可能估算项目造成的非预想的各种结果。⑦分配测量法。关注某个项目对该项目受益者以及该项目成本承担者所产生的差别影响。⑧无形测量法。这是试图定性地而不是定量地报道项目对各种社会层面的影响。⑨杠杆测量法。根据其他类似单位的实践，或者本单位以往的实践，找到"最佳实践"的标准，并依照这些标准来衡量本单位的绩效。⑩成本—效益测量法。把项目的结果或产出与产生这些结果所消耗的成本进行比较。

8.5 公共部门绩效管理的障碍及克服

8.5.1 公共服务绩效管理的障碍

自20世纪80年代以来，实施绩效管理，创建高绩效的公共部门成为西方许多国家努力的目标。可以说，经过二十多年的实践，西方国家在政府绩效管理方面取得了显著成果，积累了较丰富的经验，也形成了一套较为成熟的理论和方法。但是，现在仍然还不能说已经取得了突破性进展，在实践中绩效管理还面临着诸多障碍或限制。詹姆斯·威尔逊（James Q. Wilson）认为，"要度量一个机关的输出量常常是很困难的——实际上即使是只对什么是国家部门的输出作一番设想都足以让人头昏脑涨"。[②] 林奇和戴伊（Lynch & Day）同样指出，绩效不易

[①] 参阅〔美〕尼古拉斯·亨利《公共行政与公共事务》，张昕等译，北京，中国人民大学出版社，2002，第313～328页。

[②] 〔美〕詹姆斯·威尔逊：《官僚制度国家的兴起》，转引自斯蒂尔曼《公共行政学》，北京，中国社会科学出版社，1988，第143页。

公共管理学

衡量是公共组织的特征，政府绩效衡量在实际中也常常存在多种限制，如公共部门内部缺乏具有分析背景的专业人才，政府绩效的因果关系难以确认，公共部门组织很少能控制环境因素等。[1] 概而言之，公共部门绩效管理的主要障碍可见于如下五个方面。

1. 非市场产出的公共部门的产出大多难以量化

如果组织的所有绩效都能量化，那么就可以非常准确地衡量组织的绩效。这对市场化产出的私人部门而言基本不构成问题，因为它的产品或服务是可以出售的，并且可以以货币价值量化和衡量。但是，公共部门（指的是非市场产出的公共部门，下同）则不同。首先，它一般并不直接从事生产活动，而是提供公共服务，这种服务是无形的。而且，由于公共服务的非竞争性和非排他性特征，因而也就缺乏来自市场的反馈信息和可比较的成本效益方面的数据。同时，公共产品具有中间性质，"非市场产出通常是一些中间产品，也即充其量是最终产出的'代理'……间接的非市场产品对最终产品贡献的程度都是难以捉摸的和难以度量的"。[2] 其次，由于公共部门具有垄断性和非营利性，其产品和服务并不进入市场的交易体系，不可能形成一个反映其生产机会成本的货币价格，这样要对其进行准确测量在技术上无疑存在着相当的难度。[3] 再次，即便是公共组织的绩效可以量化，但以量化形式表现非市场产出的公共部门的绩效是否适宜也需要考虑。

2. 公共部门目标的多元性和模糊性

组织的绩效可以通过对组织目标的实现程度或状况进行测定来作出评价。如果组织的目标清晰而且可以准确地量化，那么组织的绩效就易于测定。这对于市场化产出的私人部门基本不成问题。但对于公共部门而言就显得很困难。公共部门的目标经常是多元的，不仅要追求效率，而且更要追求诸如自由、平等、公平和民主等多方面的价值目标。这些目标一般都较为抽象笼统，难以清晰准确地界定，通常可以明确定性却难以清晰地表述。因为，能够清晰表达和衡量的往往是有形的事物，而无形的价值则难以具体表达和测定。也有时候，是公共管理者故意不愿把目标表达明确。而且，目标的多样性又往往会在公共部门内部造成目标

---

[1] See Lynch, Thomas and Day, Susan (1996), *Public Sector Performance Measurement*, PAQ, pp. 409–419.

[2] 〔美〕查尔斯·沃尔夫：《市场或政府——权衡两种不完善的选择》，谢旭译，北京，中国发展出版社，1994，第45页。

[3] 马骏：《公共行政中的生产理论》，《武汉大学学报》（哲社版）1997年第3期，第53页。

的冲突和矛盾，如效率与公平的矛盾、民主与效率的矛盾等。同时，目标的多样性还会带来目标的价值排序问题。公共部门必须充分回应公众的需求，而不同的公众阶层和群体有不同的价值偏好，其利益需求有差异甚至有冲突。这使得公共部门不得不在多元目标之间做出选择，有所取舍或进行优先排序。总之，目标的多元性会带来绩效评估的困难，而目标的模糊和目标之间的矛盾与冲突，以及价值的优先排序问题则会进一步加大这样的困难。

3. 公共部门难以用统一的绩效指标体系来衡量

绩效评估是依据一定的标准进行的价值判断活动，因此，制定绩效标准及其绩效指标体系是进行绩效评估的前提。各国在实践中基本上倾向于以"3E"或"4E"（经济、效率、效果、公平）作为标准，但如何将这些标准进一步细化为具体的绩效指标体系则仍然是各国目前在绩效管理中面临着的一大难题。首先，公共部门是由多个承担着不同功能的机构构成的，因此，难以用统一的绩效指标体系来衡量功能不同的机构或组织的绩效。其次，即使是功能相同的公共组织也有地区性的差异，其规模、大小也不一样，以同样的绩效指标来衡量它们之间的绩效并不公平，也不适宜。再次，由于公众价值偏好的多样性，对公共部门的绩效有不同的理解和期望值，因此很难制定出一套社会全体成员都认同的绩效指标体系。最后，由于公共部门的绩效（尤其是服务的质量或品质）大多难以用具体的数据来衡量，因而"绩效指标很容易受到批判，因为它试图详细说明模糊的问题"。[①] 因此，如何制定科学准确的绩效指标体系就成为绩效衡量的主要制约因素。

4. 组织的障碍

绩效管理要取得显著的成效，其中一个主要因素就在于绩效指标的制定是否周延、合理，能否涵盖该组织的主要绩效，而这又取决于组织是否拥有从事绩效管理能力的专家。这是实行绩效衡量的先决条件。许多公共部门组织推行绩效管理之所以失败，其重要原因之一就是缺乏这方面的专家。前已述及，公共部门长期以来都没有施行绩效管理，因而缺乏具备绩效管理能力的专家人才。由此，也就出现了"政府机构中缺乏项目评估能力"的状况，进而导致"政府机构通常不能很好地找出他们提供的产品和服务、现有的资源水平和预算的资源水平与他

---

① 〔澳〕欧文·E. 休斯：《公共管理导论》，第 215 页。

们所希望取得的结果之间的关系"。① 无疑，如果一个组织不知道其行为何以导致当前的绩效水平，那么它就无法改善自己的绩效。

其次，政府机构及其工作人员的抵制也是实行绩效管理的组织障碍。在推行绩效管理的过程中，政府机构面临着被合并或被撤销以及被缩减预算等压力，因而具有追求自身利益最大化倾向的政府机构就会对改革进行抵制。1996年美国副总统戈尔曾信心十足地要确定一大批基于绩效管理的政府机构，但国会并不持同样的积极态度，主管部委也不情愿下放权力。② 实行绩效管理取消了终身任职等政府官员经过艰难努力才得到的许多利益，并需要承担更大的诸如被降职、被裁员等惩罚的风险，有可能使他们的处境变得更糟，而不是更好，因此也会引发政府工作人员的本能抗拒。

其三，官僚制组织文化的障碍。文化是组织的潜层结构，对组织的行为影响极大。"官僚制创造了一种公共雇员都胆小怕事、相互推诿以及自我保护的文化"。③ 在这种官僚制的组织文化中，政府官员习惯于相互指责，或指责外人，而不是勇于对自己的行为承担责任；固守本分，而不是尽力创新；接受平庸，而不是追求卓越；拒绝变革，而不是主动适应变革。尽管政府改革对官僚制组织文化产生了较大的冲击，但由于文化的变迁十分缓慢，官僚制组织文化或多或少仍然会对绩效管理的实施构成阻碍。

5. 绩效管理信息系统的不完善

绩效管理过程实际上是一个信息的收集、整理、输出和反馈的过程，绩效管理必须依靠充足和完备的信息系统的支持。各国在推进绩效管理时，都把加强信息系统建设摆在极为重要的位置。但是，目前公共部门的绩效管理系统尚不完善，这主要表现在两个方面。首先，信息收集困难。要准确地衡量组织的绩效就需要全面系统地收集有关组织的多方面绩效信息，这本身就是一个庞杂的工作，需要耗费大量的人力、财力、物力和时间，成本很大。再者，现实的主客观条件的限制（如多层级的组织结构有可能导致信息传递失真，官僚们故意隐瞒，报喜不报忧等），也会使各级公共部门的管理者无法真正获取全面系统的信息，甚至有时候所获的是错误的信息。信息的不充分、不完备就会无法真正反映组织的实

---

① 〔美〕凯瑟琳·纽科默、爱德华·詹宁斯等主编《迎接业绩导向型政府的挑战》，广州，中山大学出版社，2003，第38页。

② 参见张梦中、〔美〕杰夫·斯特劳思曼《美国联邦政府行政改革剖析》，《中国行政管理》1999年第6期，第42页。

③ 〔美〕戴维·奥斯本、彼得·普拉斯特里克：《摒弃官僚制：政府再造的五项战略》，第45页。

际绩效。

其次，信息沟通的障碍。在政府与公众的沟通方面，政府往往是信息的垄断者。政府并不是将其掌握的信息都如实地告知公众，很多时候公众并不知道政府在做什么以及如何去做。而由于受制于信息传递渠道，公众的意愿也往往不能及时、准确、畅通地表达。这样，政府就不能充分了解公众的意愿，也就不能及时提供公众需要的服务。这些都是公众对政府行为做出客观公正的评估的障碍。在上下级组织的沟通方面，多重管理层级的存在会造成信息传递失真的可能，管理层级越多，信息失真的可能性越大。由于这些信息沟通的障碍，公共部门的管理者或公众获取信息就难以做到全面、系统、真实，因而就无法真正反映政府机构的绩效。

8.5.2　改进公共服务绩效管理的途径

虽然公共部门绩效管理面临许多障碍，其中有些障碍甚至是无法通过努力去改变的，如目标的多元性，公共服务的无形和难以量化，但这并不意味着不应该做更多的努力。绩效管理在许多大公司以及在一些地方政府机关所取得的成果说明绩效管理极具潜力与希望。要不断改善和优化政府公共部门的运行效率，提高政府供给公共物品和公共服务的能力和质量，朝着绩效管理的方向持续努力是必由之路。改善政府绩效管理，需要做好以下六个方面的工作。

1. 尽可能使绩效目标明确具体

公共部门的目标在很多情况下无法量化，但并不意味着公共部门的目标就只能模糊不清。公共部门应在绩效改进方面尽可能将目标表述得明确、具体、详细。目标表述应清晰，易于理解；目标表述应具体，并尽可能增加其中可测定要素的比重；目标应是以结果导向，而不是过程导向；同时，公共部门应尽可能消除多元目标之间的矛盾与冲突，如效率与公平的矛盾、民主与效率的矛盾，整合多元价值诉求。

2. 依据地区或部门的差异性设计切实可行的绩效指标体系

在纵向或横向的较大管理范围内，由于差异的存在，制定统一的绩效指标体系十分困难，因而依据各有差异的地区或部门的实际情况制定与之相适应的绩效指标体系就成为必然的选择。明确这样的差异性及其原因并予以区别对待十分重要。唯有如此，才有可能有针对性地制定实事求是，而不是一厢情愿追求规范一致却是难以践行的空中楼阁式的绩效指标体系。

3. 加强绩效管理的制度化和法制化建设

通过绩效管理改进公共部门的运行绩效是一个渐进的长期的过程，不可能立竿见影、一蹴而就。而要持续推进绩效管理，使之不断深入发展，就必须把绩效管理改革纳入制度化和法制化的轨道。首先，应以立法形式确立公共部门绩效管理的地位和作用，保障绩效管理成为公共部门运行不可或缺的基础性环节；其次，从法律上确立对公共部门进行绩效评估主体的权威性，确立绩效评估专门机构的地位，使之能独立地对公共部门进行绩效评估，并向议会和公众发布评估结果；再次，确立绩效管理工作的制度和规范，对绩效管理全过程（制定组织的愿景、使命和目标、制定绩效计划、实施计划、绩效沟通、绩效评估）做出详细的明确规定，使公共部门绩效管理工作可依法进行。

4. 建构和完善绩效管理的民主参与机制

成功的公共部门绩效管理需要各级公共部门的管理者和官员的共同参与和努力。为此，就需要让相关人员都参与到制定与执行绩效管理的过程中来，使他们增强对绩效管理的认同感、责任感和自觉性。在公共部门改进绩效的努力中，缺乏全体职员的积极参与，就意味着改革将面临困难，更容易被拖延。美国会计署（GAO）的工作已经表明，高绩效组织通过大量战略和技术可以有效地鼓励雇员参与，其做法包括：培育以绩效为导向的文化；力争与工会在目标和战略方面达成共识；提供必要工作效益的培训；在注重对结果负责的同时下放操作权。[①]

既然公共部门的本质是为公众服务，那么政府绩效的最终评判权就应归属公众，尽管公众的评判也可能有某些不足。因此，改进公共部门绩效必须得到公众的充分关注与参与，取得公众的认同与支持。否则，政府绩效管理改革就会缺乏合法性和有效性。公共部门必须保持与公众充分、及时、有效的沟通，以使公众能支持，或至少不反对为达到既定目标的努力。如果公众反对既定的目标和策略，公共部门就有必要与公众进行沟通，并修改原定的目标和策略，以使外部认同达到必要水平。公民的广泛参与本身就是公共部门改进绩效的强大动力。

5. 发展和优化绩效管理的组织能力

公共部门绩效管理的有效实施，要求机构"发展战略计划、运作计划、业绩测评以及项目评价的能力；创新、试验以及对最佳实践方法研究的能力；以及实

---

① 〔美〕凯瑟琳·纽科默、爱德华·詹宁斯等主编《迎接业绩导向型政府的挑战》，中山大学出版社，2003，第39页。

施业绩信息运用之管理方法的能力"。① 为此，需要对组织进行变革，以使组织形成基于绩效的相应能力，主要做法包括如下几方面：①大量引进绩效管理方面的专家或人才；②加强对组织管理者和职员的培训；③授权、激励以使政府工作人员全身心投入工作；④变革组织文化，以形成基于绩效的组织文化；⑤建立电子政府，它可以使政府组织趋于扁平化，使信息的传递、沟通、反馈更为迅速快捷，以利于提高政府运行的效率与质量，为公民广泛深入的参与提供便利，增强政府与公民的互动。

6. 要创造持续不断地发现问题和改进绩效的机会

改善和优化公共部门的绩效评估是一个持续不断的过程。政府机构应每季度一次或更多地分析或考量绩效数据，通过开展合适的绩效测评来发现绩效管理存在的问题，并寻找机会加以改进。在开展绩效测评时，应有部门机构内部和外部的关键的利益相关者参与，听取他们的评议，对于改进绩效至关重要。

7. 建立健全绩效管理信息系统

充分的有效信息是绩效管理的基石。因此，必须建构得到法律保障的有效了解政府活动状况和公众意愿的信息反馈的渠道和方式，确保相关信息能在不同层面和不同系统之间迅捷顺畅地流动和获取。公共部门应建立专门的绩效信息系统，负责收集政府管理运行以及相关的社会政治、经济和文化等各方面的信息，并进行甄别、统计、整理、加工和传递。所获取的信息必须尽可能完整、全面、准确并得到证实，确保信息的质量。必须充分利用现代信息技术，实现信息管理的现代化，提高信息获取、处理和传递的速度和质量。同时，不断提高信息透明度，使公共部门保持与公众的充分的有效沟通。高效运行的绩效管理信息系统对于不断深化和优化公共部门绩效管理至关重要。

[重要概念]

（1）公共部门绩效管理：绩效管理是一种面向结果的管理，其目的是为了改善和提升组织绩效。公共部门绩效管理是公共部门科学设定组织目标，系统整合组织资源以达到组织目标，并对实现结果进行系统评估的管理过程。

（2）公共部门绩效管理过程：绩效管理贯穿于公共部门管理活动全过程，包括确立组织的目标，制定实现目标的计划，实施计划，绩效沟通，绩效评估等一系列相互联系、相互依存的基本环节或过程。绩效管理过程的根本宗旨是实现

---

① 〔美〕凯瑟琳·纽科默、爱德华·詹宁斯等主编《迎接业绩导向型政府的挑战》，第28页。

公共管理学

和改善公共部门的绩效。

[思考题]

1. 什么是绩效管理？绩效管理的主要包括哪些环节或过程？
2. 公共部门为什么要实行绩效管理？
3. 公共部门绩效管理的成功有赖于哪些配套的制度安排？
4. 公共部门绩效评估主要有哪些绩效标准？
5. 影响和制约公共部门绩效的主要因素。
6. 公共部门绩效管理面临的主要障碍。
7. 如何改善公共部门绩效管理？

[参考文献]

Ferlie, Ewen et al. (ed.) (2007), *The Oxford Handbook of Public Management*, Oxford, New York: Oxford University Press.

Pollitt, Christopher and Bouckaert, Geert (2000), *Public Management Reform, A Comparative Analysis*, New York: Oxford University Press.

Lynn, Laurence E. Jr, et al. (2001), *Improving Governance: A New Logic for Empirical Research*, Washington D. C.: Georgetown University Press.

Dror, Yehezkel (2002), *The Capacity to Govern*, London: Frank Cass Publishers.

〔美〕戴维·奥斯本和彼德·普拉斯特里克：《摒弃官僚制：政府再造的五项战略》，谭功荣、刘霞译，北京，中国人民大学出版社，2002。

〔美〕凯瑟琳·纽科默、爱德华·詹宁斯等主编《迎接业绩导向型政府的挑战》，张梦中、李文星译，广州，中山大学出版社，2003。

〔英〕理查德·威廉姆斯：《组织绩效管理》，蓝天星翻译公司译，北京，清华大学出版社，2002。

卓越主编《政府绩效管理导论》，北京，清华大学出版社，2006。

胡税根：《公共部门绩效管理》，杭州，浙江大学出版社，2005。

齐二石主编《公共绩效管理与方法》，天津，天津大学出版社，2007。

周凯主编《政府绩效评估导论》，北京，中国人民大学出版社，2006。

范柏乃：《政府绩效评估理论与方法》，北京，人民出版社，2005。

第9章
公共危机管理

PUBLIC MANAGEMENT

[学习目标]

通过本章学习，认识公共危机及公共危机管理的内涵与实质；明确公共危机管理是一项需要社会各方充分参与实现合作治理的系统工程，必须从体制、机制与法制三个层面进行改革与重构，并通过协调其间之关系整合与优化公共危机治理的资源配置；认识实现公共危机复合治理的要素与方式。

[重点难点]

公共危机管理的本质；公共危机治理系统与机制的主要功能及其特征；公共危机治理的资源配置与整合；公共危机复合治理理念及其实现过程中的问题与对策。

9.1 公共危机概述

人类世世代代都对和平、稳定、安全与发展怀着无限憧憬和期盼。然而，挫击、破坏、消解甚至粉碎这样的美好怀想和努力的危机事件总是会不断发生。这样的危机有可能发生在社会成员个体、家庭或家族、族群、社区、国家或国际等不同层面。一般而言，涉及较大范围内的社会成员，对公共生活影响或危害程度

公共管理学

较大的危机可称为公共危机。当今世界，人们注意到，全球化的不断推进和深化，全球公共生活的日趋复杂化，利益和信念分散性的日趋凸显，科学技术的迅猛发展及其广泛应用，各国各地区之间的依存度以及人类社会对环境之依存度的增加，已在某种程度上进一步增加了公共危机事件发生的可能性或是加速了公共危机事件的蔓延和扩张。近二十余年来，各种危害性极大的公共危机事件不断发生，例如苏联切尔诺贝利核泄漏（1986年4月）、日本地铁沙林事件（1995年3月）、美国9·11恐怖袭击事件（2001年9月）、韩国大邱地铁纵火事件（2003年2月）、美加大停电事故（2003年8月）、SARS事件（2003年3~5月）、禽流感事件（2004~2005年）、印度洋海啸（2004年12月）、中国南方冻雨雪灾（2008年2月）以及中国汶川大地震（2008年5月）等。因此，显而易见，人类社会已经进入公共危机事件频发期。

9.1.1 危机与公共危机的内涵

从字源上考察，"危机"（crisis）本来是一个医学术语，指人濒临死亡，游离于生死之间的一种状态。如果医生能妙手回春，病人也许能大难不死，重新回到"生"的状态；如果回天无力，那么病人就将命归黄泉，离开这个世界。所以，医学上所说的危机是指人在生死之间，在两个世界之间，在两种状态之间游离。[①]《汉语大词典》中对危机的解释是潜伏的祸害或危险，或指严重困难的关头。[②] 从当代人类社会的公共生活来看，危机这一概念的涵义实际上有很大的包容性，可以表述多种类型的紧急状态。在某种程度上，危机与重大的紧急事件或重大的灾害性事故等有相同的意蕴。例如，在英语中与"危机"相关的词语有 crisis 和 emergency 等。Emergency，即紧急事件或突发事件，一般是指突然发生并危及公众生命财产安全，需要立即采取措施加以应对的重大事件。Crisis，即人们通常说的危机，指政府或组织在未预警的情况下突然爆发的情境或事件，可能威胁到国家的存亡或带给人民生命、财产的严重损失和其他负面影响，迫使决策者在极短的时间内做出决策，并采取回应措施，以使危害和损失降低到最低程度。

从管理的视角定义危机，国内学者讨论的并不多，大多借用国外学者的界

[①] 中国现代国际关系研究所危机管理与对策研究中心：《国际危机治理概论》，北京，时事出版社，2003，第1~2页。

[②] 《汉语大词典》，北京，汉语大词典出版社，1998，第644页。

定。研究危机的先驱 C. F. 赫尔曼认为，危机是威胁到决策集团优先目标的一种形势，在这种形势中，决策集团做出反应的时间非常有限，而且形势常常向使决策集团惊诧的方向发展。[1] 这一定义主要说明危机决策的困难性。针对此定义，荷兰莱登大学危机研究专家乌里尔·罗森塔尔指出，危机威胁到的不只是决策主体的目标，危机发展的结果也不仅是生存或毁灭的选择。他认为，危机是一种严重威胁社会系统的基本结构或基本价值规范的情形。在这种情形下，决策主体必须在很短的时间内，在极不确定的情况下作出关键性决策。[2] 巴顿（Barton）（1993）认为，危机是"一个会引起潜在负面影响、具有不确定性的大事件，这种事件及其后果可能对组织及其员工、产品、服务、资产和声誉造成巨大的损害"。[3] 这一定义强调危机不仅威胁到物质环境，而且危及人和组织的声誉，从而强调危机管理中沟通与重塑形象的重要性。此外，其他的一些国外学者，如斯特恩（Sten）、邦南德尔（Bunander）、格林（Green）、米托夫（Mitroff）和皮尔逊（Pearson）等，也从不同的角度对危机给出了界定。

近年来，在借鉴西方学者研究的基础上，国内一些学者也对危机的概念提出如下类型的界定。①组织目标威胁论。危机是一种对组织基本目标的实现构成威胁，要求组织必须在极短时间内做出关键性决策和进行紧急回应的突发性事件。[4] ②社会基本价值威胁论。危机是对一个社会系统的基本价值和行为准则架构产生严重威胁，并且必须在时间压力和不确定性极高的情况下，对其做出关键性决策的事件。[5] ③灾害或社会失序论。危机是指社会遭遇严重天灾、疫情，或出现大规模混乱、暴动、武装冲突、战争等，使社会秩序遭受严重破坏，公民生命财产和国家安全遭受直接威胁的非正常状态。[6] ④系统失衡论。从系统论角度看，危机是一种改变或破坏系统平衡状态的现象，也可以视为系统的失衡状态。危机的本质就是不一致、矛盾和冲突而导致的一种紧张状态。[7] 此外，经济学、社会学等领域的学者也都对危机做了许多界定。

---

[1] Herman, C. F., *Internal Crisis: Insights from Behavioral Research*. New York: Free Press, 1972, p. 13.
[2] Rosenthal, Uriel et al. (ed.), *Coping with Crises: the Management of Disaster, Riots, and Terrorism*. Springfield, Illinois: Charles L. Thomas Publisher Ltd. 1989, p. 10.
[3] 〔澳〕罗伯特·希斯：《危机管理》，北京，中信出版社，2000，第19页。
[4] 刘刚：《危机管理》，北京，中国经济出版社，2004，第3页。
[5] 薛澜、张强、钟开斌：《危机管理——转型期中国面临的挑战》，北京，清华大学出版社，2003，第26页。
[6] 马建珍：《浅析政府的危机管理》，《长江论坛》2003年第5期。
[7] 许文惠、张成福：《危机状态下的政府管理》，北京，中国人民大学出版社，1998，第22页。

综合以上中外学者对危机的阐释，可以进一步把这一概念表述为，危机是对人类生活（可发生在国际、区域、国家、社区、族群或组织等不同层面）产生重大威胁性和破坏性影响的，会造成该范围内社会系统或组织系统严重紊乱或失衡，社会或组织核心价值、目标或利益受到严重挑战，需要在面临多种不确定因素而时间紧迫的高风险情境中以非常态方式迅速决策和回应的一种紧急事件或状态。这样的事件或状态，包括灾害性（含自然性和人为性的灾害或灾难）、经济性（如金融危机、经济危机等）及政治社会性（宗教文化冲突、种族冲突、政变、恐怖活动和战争等）等不同类型。公共危机，则是指那些在大范围内对社会公共生活和社会公众造成灾难性影响，严重威胁和损害社会或共同体的公共利益，包括公众的生命、财产或其生存环境等的危机。从公共管理的视角观察公共危机，需要深化对公共危机的本质、特征、成因、危害及公共危机治理的理念与运行方式的认知和把握。

9.1.2 公共危机的主要特点

公共危机的成因既可能是"天灾"，也可能是"人祸"，还有可能是两种因素的混合所导致。虽然不同类型的公共危机事件的表征、影响程度或范围或许会有很大差别，我们仍然可以把公共危机的主要特点做如下概括。

一是危机形成的突发性。这是指公共危机的形成具有很大的隐蔽性和偶然性，它往往是在人们没有任何思想准备的情势下出乎意料地出现。换言之，这样的突发性体现为，由于公共危机发生的时间、地点和影响的范围难以把握和预测，危机扩散的过程难以控制，危机结果难以估量，一旦潜滋暗长的危机浮出水面，便可能在瞬间形成爆炸性能量和翻江倒海之势，对社会造成巨大威胁和破坏，使人们仓猝难以应对。譬如，我们对许多有极大破坏性的自然灾害，如海啸地震等还无法做到准确预报，对于像 SARS 这样的新源传染病也无法预先认知，对于像松花江水污染那样的公共危机事件难以预料。因此，这些危机爆发之后，必然危害极大。所以"那些能够预防的危机都只能称之为问题，只有那些无法预知的、被忽视的，具有颠覆性的意外事故，才算得上真正的危机"。[①] 1986 年苏联切尔诺贝利核泄漏危机事件，2003 年重庆开县的天然气井喷事件，都肇始于突发事故。2004 年 12 月印度洋海啸的发生，使周边国家受海啸波及的民众顷刻间进入地狱世界，显现出灾害性公共危机突发性的杀伤力。

[①] 〔美〕劳伦斯·巴顿：《组织危机管理》，北京，清华大学出版社，2002，第 3 页。

二是危机应对的紧迫性。紧迫性是危机形成后所产生的对需要对危机做出紧急回应的决策者和相关部门的巨大压力，其主要表现在如下几个方面。其一是回应危机的时间紧迫性。由于危机的突发性和高速扩散性，必须在第一时间或尽可能短的时间内做出有效回应和相关决策以遏制危机的危害和扩散。其二是遏制危机所需资源的匮乏性。由于危机的突发性，仓猝之中需要用于应对危机的各种资源必然难于调集、配置和整合。因此，对危机处置的最初阶段往往是在资源严重匮缺的情势下艰难进行。其三是危机的"涟漪效应"。这是指危机发生后有可能会产生一系列密集的连锁性的破坏性效应，如同石块投入水中会泛起一轮又一轮不可遏止的波纹。因此，主导应对危机的决策者必须审时度势，迅速做出分析、判断和预测，形成一整套的应对方案，以免遭并有效防备和减少可能出现的新的破坏，防止危机的扩散和蔓延。概言之，公共危机的紧迫性是指当危机出现时已是燃眉之急，在这样紧急关头，如果不及时采取有效回应措施，危机事件就会进一步扩大和升级，给社会带来更大的危害。

三是危机影响的公共性。公共危机的本质特征之一是其公共性，包括如下三个层面的含义。从危机的影响面来说，公共危机造成的威胁和损害覆盖人类公共生活的较大范围，而不是相对狭小的局部地区。从危机所影响的利益看，公共危机对公共利益威胁和损害的深度和广度都极为严重，公众的生命财产安全或社会的稳定和秩序受到严重挑战。从危机治理的层面看，由于公共危机波及之广、危害之烈和应对之难，危机的治理不但需要政府充分发挥其主导性的作用，整合社会公共资源以遏制、化解和消解危机，而且也必定需要政府体制之外的各种社会组织和公众全力参与，与政府协调互动，在危机治理和危机后的社会恢复或重建中实现有效合作。简而言之，公共危机治理需要合作共治。

四是危机发展的扩散性。现代社会的公共危机往往不仅来势凶猛，而且扩散迅速，其主要原因有如下几个方面：①由于现代社会的发展全球化的不断深化，各国各地区之间依存度的大大增强使经济社会方面的公共危机易于扩散。②人类社会对资源的滥用和过度开发一方面造成生态环境的变异、脆弱和恶化，另一方面则是人类生活对环境之依存度也比过去任何时候都更为增强，这就使与环境相关的公共危机易于扩散。③全球公共生活的日趋复杂化，利益和信念分散性的日趋凸显，这就导致在政治社会方面的公共危机易于产生连锁效应和扩散。④现代科学技术的迅猛发展及其广泛应用，一方面使得人类生活对技术的依赖程度在不断加深，另一方面高新技术应用带来的潜在风险也在加大，而人类抵御这样的风险的能力还亟待提升（如核聚变技术的应用、高新化学技术的应用等）。所有这些，无疑也使得技术和人为环境污染等方面的公共危机易于扩散。由于上述这些方面的原因，现代社会的公共危机愈来愈易于突破地域上的范围，产生多米诺骨牌效应式的连锁反应。公共危机事件一旦发生，其影响就往往不限于某一地域或公共生活的某一范围某一层面，而是会迅速扩散，有可能使一次初始的地区性或行业性灾难迅速升级为全国乃至世界性危机，例如疯牛病、"非典"和禽流感的扩散，恐怖活动的蔓延升级等。

五是危机出现的频发性。与上述所分析的公共危机易于扩散的主要原因相似，由于人类社会利益和信念的过度分散型导致社会矛盾和冲突的剧增和激化，对资源的过度开发和破坏性开发造成的环境急剧恶化，对高技术应用的依赖性增强和对其副作用或异化作用的防范能力的滞后等等，现代社会的公共危机出现具有频发性。这已为过去数十年间的历史所证明。

由于人们所感知到的现代社会公共危机的这些特点，人类需要对公共危机有一个清醒的认识，并以科学的方式审视、研究和回应公共危机。这就需要把公共危机视为已经是与现代社会相伴相生的一种状态。为了维系人类公共生活的和平、稳定、存续与发展，人类需要竭其所能防范危机、遏制和减少危机的破坏性，甚至减少危机发生的可能性，但是不可能根除一切危机发生的可能性。人们有理由相信，通过充分发挥人的主观能动性，人类将会愈来愈有可能对大多数危机采取预防措施，防患于未然，减少危机的发生，限制危机的扩散，减少危机造成的损失。

9.1.3 公共危机的巨大危害性

公共危机是突如其来的公共性灾难，会给社会造成极大的危害。它不仅严重威胁和毁伤人类生命和财产安全，而且还会导致社会失序或经济衰退。概而言之，公共危机造成的危害主要体现在如下方面。

(1) 公共危机会导致大批公众的死伤，并会造成公众严重的心理创伤。马克思说："任何人类历史的第一个前提无疑是有生命的个人的存在。"[①] 然而，公共危机对人类社会的最大伤害，就是对公众生命的扼杀。这种对生命的戕害源于多种类型的危机。一是各种自然灾害性危机对人类生命的极大伤害。例如，1923年9月，日本关东大地震死亡人数达到13万；1976年7月中国唐山大地震死亡人数超过24万，此外还有36万多人受重伤，70万多人受轻伤；2008年5月四

---

① 《马克思恩格斯选集》第1卷，北京，人民出版社，1972，第24页。

川发生汶川大地震，造成6.9万人遇难，3.74万人受伤，1.79万人失踪；2004年12月印度洋地区强震引发海啸，死伤惨重，死亡人数超过15万。据国际组织的调查，20世纪90年代，全球各种自然灾害平均每年导致6.2万人死亡。2001年全球发生各种自然灾害危机712起，致死3.9万人，受伤人数达1.7亿。[①] 二是各种公共卫生危机对公众生命健康的戕害和威胁。人们至今不能忘记，14世纪黑死病（流行性淋巴腺鼠疫）横扫欧洲，夺去2500万人的生命。19世纪至今，流感病毒在全世界发生多次大范围传染，其中危害最大、损失最严重的是1918年流感的世界性蔓延。当年，全球就有5亿多人感染流感，其中500多万人死亡。仅在美国，就有55万人丧生，这比该国在二次世界大战、朝鲜战争和越南战争中阵亡的总人数还多。目前世界上疟疾每年发病人数高达5亿，仅1997年就造成150万到270万人死亡。[②] 从2003年初春SRAS危机肆虐到当年6月疫情基本平息，全球SARS患者累计8450人（含疑似病人），死亡810人。至2003年8月，中国有5327人感染SARS病毒，349人丧生。三是各种公共安全事故造成了人员的巨大伤亡。1986年4月，苏联发生切尔诺贝利核电站核燃料泄漏事件后，仅在参加救援工作的83.4万人中，就有5.5万人丧生，7万人成为残疾人，30多万人受放射伤害死去。乌克兰共有250万人因切尔诺贝利核事故而身患各种疾病，其中包括47.3万儿童。在乌克兰的核受害者中最常见的是甲状腺疾病、造血系统障碍疾病、神经系统疾病以及恶性肿瘤等。2003年12月，中国重庆开县特大井喷事故直接夺命243人。四是公共危机对社会公众所造成的难以愈合的心理伤害。各种危机总会终结或得到控制和化解，但是它给人们留下的心理创伤却可能长期存在。苏联的切尔诺贝利核电站核燃料泄漏事件后，周边地区甲状腺癌、白血病儿童以及新生儿生理残疾者数量骤然增加。据专家估计，完全消除这场浩劫的影响最少需要800年！由此给人们造成的心理伤害将长久难以消弭。四是政治和社会危机事件对人类生命的伤害，这样的事件包括战争、暴乱和恐怖活动等等，都会给人类带来极大的伤亡。

（2）公共危机导致资源的巨大毁损和流失，并严重破坏经济的稳定和持续发展。这包括直接和间接的两个方面。直接的是对经济基础设施破坏，对社会经

---

① 陆大生：《去年全球灾害致死4万人，气象灾害数量上升》，《新华时报》2002年第6期，第18页。

② 胡琳琳：《健康与发展：历史回顾与理论综述》，胡鞍钢主编《透视SARS：健康与发展》，北京，清华大学出版社，2003，第113~136页。

济活动秩序和经济运行本身的破坏,对社会资源和社会资源配置体系的破坏,对国民经济发展的严重打击;间接的包括治理危机所需要的投入极大地增加了社会宝贵资源的消耗,增加国家和社会财力物力的付出,由此就必然会导致减缓经济增长速度和迟滞社会发展。同时,严重的和持续时间长的公共危机的发生还会增加投资环境的不确定性,能使危机发生地的国际资本投向发生变化,潜在的投资可能会取消,现有投资有可能会撤离。2003年SARS肆虐时,中国的旅游、餐饮、运输、商贸等行业都遭受惨重损失,经济发展受到很大干扰。据亚洲银行统计,亚洲因2003年SARS危机造成的经济损失约在280亿美元左右,中国遭受的损失在600亿元以上。可以说,公共危机给经济社会发展造成的直接和间接损失难以估量。

(3)公共危机导致社会的失序和动荡不安。无论何种性质的大规模的突发性公共危机,都会给社会造成极大的冲击和破坏,引发社会的恐慌和动乱。有论者分析旧时代中国在灾荒岁月农民由于天灾变为饥民或流民,而后为了生存又沦为土匪的如下过程(见图9-1)。[①]

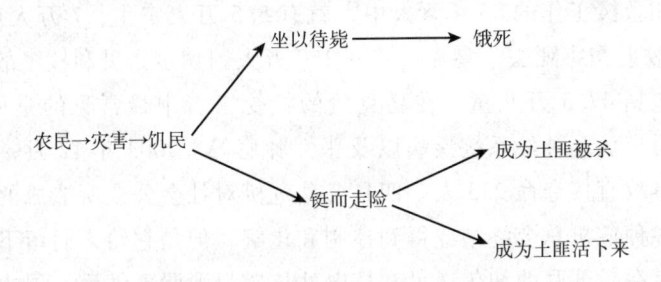

```
                    坐以待毙 ——→ 饿死
                 ↗
农民→灾害→饥民
                 ↘              ↗ 成为土匪被杀
                    铤而走险
                                ↘ 成为土匪活下来
```

图9-1 灾变对农民可能产生的影响

"饥寒起盗心"的精神扭曲固然与人的道德伦理失守有关,而生存环境的剧变所形成的高压对人们铤而走险行为方式趋向极端化的催化作用不可忽略。在现代社会公共危机中人们被迫沦为匪盗的情况虽然已不多见,但是公共危机的发生导致社会运行秩序破坏,公众生活必需品或能源供给紧张或中断,这都必然会引发公众的恐慌和情绪失控。而此时如果又出现相关信息传播沟通不畅,就更有可能进一步加剧社会的不稳定,加速公共危机的蔓延和恶化,放大和加重公共危机

[①] 汪汉忠:《灾害、社会与现代化——以苏北民国时期为中心的考察》,北京,社会科学文献出版社,2005,第56页。

的危害及治理的难度。

(4) 公共危机有可能极大地损害政府的形象和声誉，贬抑政府的公信力。政府是获得公众授权而代表公众管理社会公共事务的权威性公共组织。无论发生什么样的公共危机，都是对政府形象和声誉的极大挑战。人们有理由认为，政治性社会性公共危机的发生昭示政府对社会的宏观管理失控，政府与社会的沟通协调力不从心，对政治和社会资源的整合乏力，资源配置低效或无效；环境破坏性、公共卫生性或技术事故性公共危机的爆发则必然使公众对政府对有关领域、部门或社会组织的管理效率产生极大的怀疑和忧虑；即便是不可控的自然灾害性公共危机的突袭，也会让公众质疑政府及政府部门对有关问题的预测、预报、预警与应急的机制和能力。因此，公共危机的爆发有可能从许多方面贬抑和破坏政府的形象。而公共危机爆发之后，对危机的回应、化解和善后更是对政府智慧、能力和公信力的极大挑战。如果这些工作能使公众感到满意或比较满意，那么政府的形象会得到一定的弥补甚至某种程度的改善，反之，则是雪上加霜，危及公众对政府的信任甚至后者的合法性基础。

9.2 公共危机管理的核心理念与主要对策

9.2.1 公共危机管理的核心理念

公共危机管理是在社会面临不期而至的重大灾害、灾难或冲突动乱的危急关头实施的管理活动，是一种非常态的公共事务管理。因此，其管理理念和管理方式具有显著的特殊性，必须秉持如下理念实施管理，才能有效地回应、化解危机和进行危机后的社会恢复和重建。

(1) 是以人为本的理念。这是公共危机治理的第一原则和根本原则。公共危机治理的根本目标就是为了最大限度地挽救遭受危机戕害或威胁的人的生命，保护人的生命安全。在公共危机治理中必须尽最大努力最大限度地预防或减轻公共危机所造成的人员伤亡和财产损失，减轻公共危机对社会公众造成的痛苦，保障人们得以生存的基本条件。

(2) 是防范为先的理念。无论是由自然或人为因素，抑或是二者混合的因素所引发的公共危机事件，都有可能在不同程度上有征兆可察，有端倪可辨，公共危机管理的政府主导部门和公众都需要保持高度的警觉防范意识，公共部门必须建构和完善危机监测、预报预警体系和机制，强化危机防范和应急处置能力。以防为主的原则有三层涵义：一是预测，对各种可能发生的公共危机进行监测，以防患于未然；二是预警，在公共危机可能发生之前警示社会和公众，以利于未雨绸缪，形成应对危机的心理和资源准备；三是预防预控，以求使危机免于发生（例如公共卫生、公共安全和政治社会类型的危机），并使那些无法防止的公共危机事件（例如由不可控和不可抗的自然力所引发的危机类型）带来的损失减轻到最低程度。公共危机治理防范为先，不是说可以完全防止公共危机的发生，而是强调对公共危机的预防预控，以利于降低危机出现的可能性或减少危机对社会的危害。

（3）是资源整合的理念。公共危机应对和治理的紧迫性、复杂性和艰巨性需要迅捷充分地整合社会资源以回应挑战。一方面，公共危机治理需要公共权力（政治动员和指挥协调力量）、公共财力（包括国库和民间的资金调度筹集）、人力物力（包括各种专业人员、专用设备等）和公共信息体系（监测和反危机信息的沟通与传播）的充分介入；另一方面，公共危机治理还需要政府、市场和第三部门及公民社会力量的共同参与和通力合作。只有充分实现这两方面的资源整合和优化配置，才有可能以最快速度最大限度地集结社会力量回应和化解公共危机。

（4）是国际合作的理念。实际上，国际合作也是一种资源整合。在全球化背景之下，公共危机的发展和影响不是孤立的，区域性或地区性的危机也可能演变为国际性或全球性危机。同时，人类社会是一个大家庭，对遭遇公共危机的国家或地区从人力、物力和财力诸方面给予人道主义的救助有利于降低危机的危害程度，有利于危机后的恢复重建。这符合现代政治文明的理念。因此，当代社会公共危机治理需要相关国家乃至国际社会的共同努力，需要多边国际合作或全球合作。除了主权国家之间的合作之外，国际组织以及非政府组织都是参与公共危机治理的重要行为主体。联合国许多机构的宗旨就是为了解决地区性和世界性的危机事件，例如联合国难民署、联合国儿童基金组织、世界卫生组织等，它们能够直接或间接地介入危机和灾变的管理。防范和治理公共危机，各国政府都需要与国际组织和国际社会进行充分合作，在公共危机治理中实现资金、技术、救援以及教育培训方面的互助或资源共享。

9.2.2 公共危机管理的主要对策

由于现代社会各种公共危机事件的频发性及其造成的严重危害，公共危机管理已经引起人们的高度关注和不断深入的思考。公共危机管理，是指以政府为核心的公共组织在现代风险和危机意识以及危机管理理念的指导下，依法制定公共危机管理法规和应急方案，与社会其他组织和公众协调互动充分合作，对可能发生的公共危机事件实施有效预测、预警、预报、监控和防范，并通过整合社会资源对已经发生的公共危机事件进行应急处置，化解危机和进行危机善后或经济社会运行与秩序重建工作的全过程。

目前，世界上许多国家都依据自己的国情建构其公共危机管理模式。公共危机管理比较成熟的有美国、澳大利亚、加拿大等国家，这些国家设有专门的危机管理行政机构。例如，美国为了提高反危机的能力和协调政府部门的行动，在20世纪70年代，成立了联邦危机管理局，这一常设机构直接负责全国的灾变管理，主要应对各种自然灾害和人为灾难。除此之外，其他政府部门也有其各自的危机管理职能。譬如，公共卫生危机的应对处置主要由卫生部和疾病预防控制中心两个机构来负责。可以说，美国的危机管理体制的特点是既有统一的指挥系统又有相对专业的管理，这样的做法有借鉴意义。

如前所述，从全球范围看，当代社会已进入公共危机的高发期。比较而言，发展中国家对于公共危机管理的意识和相关研究起步较晚，制度和法规建设方面需要做很大努力。各国都必须依据自己的国情，同时借鉴国外的有益经验，形成符合本国实际的公共危机治理思路、对策和管理方式。公共危机治理的理念有三层涵义。其一，由于自然的不可抗力、对自然认识的未知和不确定因素的存在及其挑战性，以及社会利益与信念的过度分散与对由此产生的矛盾和冲突进行协调的难度，出现各种公共危机的不同程度的可能性是客观存在，必须予以正视；其二，对公共危机的认识和管理必须秉持科学的态度和科学的方法；治理公共危机不仅是政府的职责也不能仅依靠政府，而是要在政府的主导下，动员和整合社会各方面的力量共同参与，合作共治。

具体而言，公共危机治理需要从以下方面做出努力：①以法律形式明确规定各级政府在公共危机治理中应起的作用和应承担的职责；②建构和完善公共危机治理的组织体系，建构能实现统一领导、分工合作的职能机构，形成有效运行的危机治理体系，其中包括建立国家公共危机治理委员会，作为全国危机治理的指挥协调中心，建构政府与社会其他组织及公民合作治理公共危机的体制和机制；③制定国家公共危机治理总体的与针对不同类型公共危机治理的战略、策略、政策和预案，在各级地方政府的层面也要完成这样的相应工作；④建构和完善公共危机治理的法律法规体系，使公共危机治理实现法治化；⑤建构公共危机治理的信息管理系统，为公共危机治理提供充分、及时和有效的信息与信息沟通机制和平台；⑥建构公共危机治理的资源供给和保障体系，包括危机善后和社会重建的资源供给和保障体系，纳入国家预算，并建构和发展各种公共危机治理专项资金和基金制度；⑦建设和培育公共危机治理文化，使各级政府和公众对于公共危机治理的认识从观念、价值、方法和技术不同层面度不断得到提升，从而增强社会各阶层参与公共危机治理的自觉性和有效性，增强公共危机治理的社会凝聚力和资源整合力；其八，促进公共危机全球治理体制和机制的建构，以利于实现全球化时代公共危机治理的国际资源共享和协调合作。

9.3 公共危机管理系统与机制

现代公共危机的多样性和复杂性，要求公共危机治理必须在全面危机管理的战略思想和基本原则的指导下进行。全面公共危机管理一方面是指以政府为主导的反危机系统对各种类型的公共危机的全方位管理，另一方面是指以政府为主导的反危机系统对危机事件和危机状态的全过程管理。

依据危机影响的速度、深度和烈度，现代社会的公共危机可以分为四类。其一是龙卷风型危机，这类危机来得快去得也快；其二是腹泻型危机，这类危机先是慢慢酝酿，但爆发后很快就结束；其三是长投影型危机，这类危机爆发很突然，但其后续影响却深远；其四是文火型危机，这类危机开始很慢，逐渐升级，之后甚至没有突如其来的爆发瞬间，但是结束也很缓慢。公共危机的发生和发展有其生命周期，学者从不同的视角提出了多种分析模式。譬如，斯蒂文·芬克从医学视角进行观察提出四阶段论，将危机的生命周期分为如下四个阶段。第一阶段是征兆期，有迹象表明潜在危机可能发生；第二阶段是爆发期，有破坏性事件发生并引发危机；第三阶段是延续期，危机影响的持续；第四阶段是痊愈期，此时危机得到解决，社会生活逐渐恢复常态。[1] 因此，公共危机治理是一个复杂的系统工程，需要在科学与务实的理念指导下实施全面管理，建构和完善公共危机管理系统及其运行机制。

---

[1] Fink, Steven., *Crisis Management: Planning for Inevitable.* New York: American Management Association, 1986.

9.3.1 预测和预警系统与运行机制

警之于先，防患未然，应该成为建构和运行公共危机预测预警系统及机制的指导理念。由各种严重自然灾害引发的危机是公共危机的主要类型之一。时至今日，人们还无法对许多种类的自然灾害实施有效的控制，如地震、海啸、台风、洪涝等。但是，通过有效的预报预警可以使人们通过规避的办式来避灾或减灾。所以对这些类型的危机进行预测预警对于实施危机监控、防止危机侵害的扩大和升级，减少危机带来的损失，具有十分重要的作用。此外，其他一些类型的公共危机，例如经济类型、大规模流行疾疫类型等，也需要预测预警。

有效的公共危机预测预警系统和机制应具有如下主要功能特征：①高度敏感性。即系统必须能保持最敏锐的观测和信息捕捉能力，持续不懈地对任何可能引起危机的各种因素和危机的征兆进行严密观测和监视，能够在第一时间发现公共危机可能发生的迹象。②快速准确性。危机发生前，一旦获得相关信息即能够迅捷进行科学的分析处理，做出正确判断和预测，并对未来可能发生的危机类型及其危害程度做出评估分析。危机发生后，能够快速准确地收集、传递、处理、识别并持续地发布危机的相关信息，为有关各方应对和治理危机的决策与公众了解危机情势及参与危机治理提供可靠的信息资源。③公开透明性。社会各方和公众对有关公共危机的信息具有知情权，危机的相关信息必须如实、准确、及时地告知公众。事实证明，在任何时候愈是隐瞒真实信息愈是易于导致谣言流散，以讹传讹，使得人心不定、社会动荡。④多元合作性。无疑，公共危机信息的探测、获取、分析判断以及预测预警，政府需要发挥主导作用，但是仅仅依靠政府自身的资源无法确保其效率和效能。政府体制之外的其他社会组织和公众都能够对这些工作起到积极的甚至是不可替代的作用。因此，多元参与合作是公共危机预测预警系统有效运行的保障。

当代社会的公共危机预警体系是一个庞大复杂的系统，由若干子系统，如预警监测系统、咨询系统、组织网络和法规体系共同构成（见图9-2）。[①]

正确及时的预警工作需要一个科学稳定的预警机制能够有效运行。公共危机预警系统的建立与维护、有关专业人员的培训等需要投入大量的资金、人力和物力。建设公共危机预警机制，各级政府对有关方面的投入必须做出强制性要求和规定。在各项经济社会发展的工程建设中，无论投资主体是谁，都要按国家要求，

[①] 参阅郭济主编《政府危机管理实务》，北京，中共中央党校出版社，2004，第123~124页。

| 公共管理学

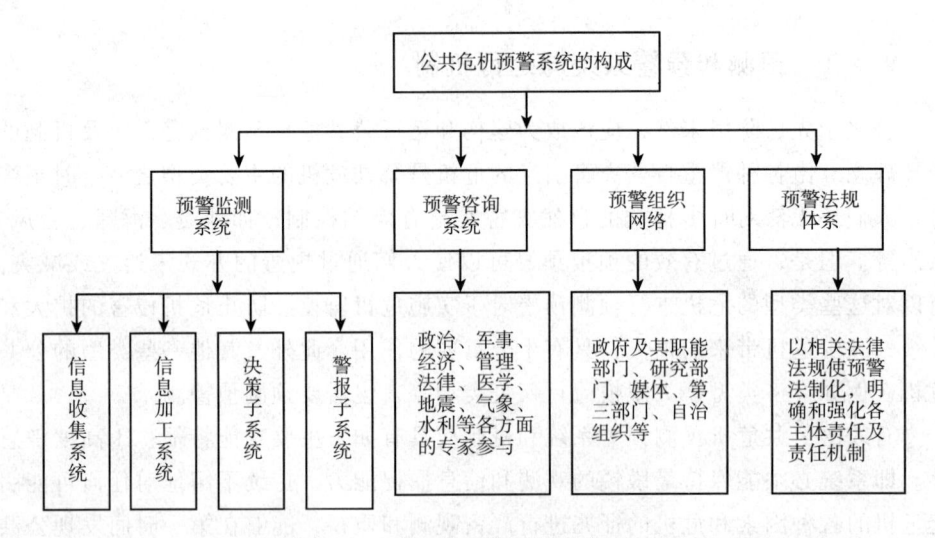

```
                    公共危机预警系统的构成
         ┌──────────────┬──────────────┬──────────────┐
       预警监测        预警咨询        预警组织        预警法规
        系统            系统           网络           体系
   ┌────┬────┬────┐        │             │             │
  信息 信息 决策 警报   政治、军事、   政府及其职能   以相关法律
  收集 加工 子系 子系   经济、管理、   部门、研究部   法规使预警
  系统 系统 统   统     法律、医学、   门、媒体、第   法制化，明
                        地震、气象、   三部门、自治   确和强化各
                        水利等各方面   组织等         主体责任及
                        的专家参与                   责任机制
```

图9-2 公共危机预警系统的构成要素

将防灾减灾纳入工程设计，将所需资金纳入概算预算，用制度和法规保障突发灾害与灾害的预警投入到位；要把防灾减灾预警工作纳入国民经济和社会发展计划，使防灾减灾预警系统的建设、运行和扩展有坚实的经济基础和财政资源。各级政府的投入要与国民经济和社会发展相协调，并随着财力的不断增强而相应增加；企业要加强并积极参与当地公共危机的救治，充分发挥保险对灾害损失的补偿作用，调动一切积极因素，加强突发事故预灾害预警，缓解突发事故与灾害对公共安全的冲击。①

9.3.2 应急联动机制

应急管理是公共危机治理的核心。对于无法避免的危机事件，公共危机管理的权威指挥机构必须采取应急行动，尽可能迅速控制危机，最大限度地保护人民的生命财产安全，对于已经遭受危机侵害的地区必须实施紧急救援。为了有效应对危机，必须建构高效的应急联动体系。

应急联动又称应急服务联合行动，是指对公众的报警和呼救采用统一的电话号码，建立统一的指挥中心和处警平台，通过集成信息和通讯网络系统，将治

---

① 董华、张吉光等编著《城市公共安全——应急与管理》，北京，化学工业出版社，2006，第151页。

安、消防、急救等各应急部门整合在一个有机体系中,实现不同警种和应急联动单位之间的配合和协调,以便采取高效快速的联合应对行动回应公共危机。应急联动建设通过对公众应急服务资源的整合,进行统一指挥,联合行动,为公民提供紧急救援服务,为社会公共安全提供强有力的保障。依凭这一系统,公民的任何报警、急救、求助只需简单拨打同一个号码,应急联动指挥中心接警后,就可以立即通过集成的计算机辅助决策调度系统调度相应的资源。由于建构统一指挥的调度平台,大大加强了不同警种及联动单位之间的配合和协调,从而能够对各种突发、应急和重要事件做出快速、有序而高效的反应,打破了原有多个应急指挥中心条块分割、各自为政的传统机制。这种集中投资、统一管理的方式,有利于实现信息资源和通信手段及各种应急资源的共享,对应急管理效率的提升与危机处置能力的强化具有重要意义。

在应急联动建设方面,南宁市的做法多有值得借鉴之处。该市建立了第一家由政府管理的与市公安局平级的社会应急联动中心,其运行模式是"集中接警,一级处警"。具体而言,就是利用集成的数字化、网络化技术将110、119、120、122纳入统一指挥调度系统。市民只要拨打其中任何一个号码就能及时得到处警服务。南宁市社会联动服务中心的处警大厅面积有600平方米,设有接警席8个,处警席位12个。接警席的主要任务是负责受理报警电话,输入接警情况,并根据接警事件性质立即将其转至相应的处警席;处警席接到情报后,则要分别按照刑事治安、交通事故、消防火灾、医疗急救等事件的性质直接向有关单位下达出警指令。南宁市突发事件管理模式的主要特点是:市政府直接主管社会应急联动中心,联动中心依据政府规章对突发事件实行集中接警和一级处警,统一调度指挥全市相关单位和部门,以提高应急管理的效率和水平。[1]借鉴南宁的应急联动机制,我国应急联动系统的建设,可以从以下几方面入手。

一是在国家资源的支持下,创造条件探索管理体制的创新,改变目前各应急单位分属不同部门管理的现状,尝试对110、119、120、122等部门在行政体制上进行合并,纳入行政直属单位,在统一的行政体制下,实行综合联动应急救援。

二是打破现有多个指挥中心共存的状况,进行集中投资和管理,避免发生重复投资和重复建设,并保证设备的先进性。这样有利于节约资源,使分散的数据

---

[1] 李程伟、张德耀:《大城市突发事件管理:对京沪穗悒应急模式的分析》,《国家行政学院学报》2005年第3期。

库和信息资源得以共享与联动，从而发挥更大作用。

三是完善统一调度指挥的法律和法规，使跨部门、跨警区和跨警种之间的相互配合、统一指挥与协调作战有法可依，在法律的框架内真正实现社会应急服务的联合行动。

四是确保强有力的技术支持。应急联动必须以先进的现代通讯系统为依托，以ELS接处警系统为核心，集成GPS地理信息系统和计算机辅助决策预案系统为指挥平台，在统一的管理体制下，实现高度集中、统一协调行动，最大限度地提高应急联动的效率和水平。

一个完善的应急指挥系统对公共危机的治理至关重要。这一大系统应由以下部分组成。[①] 统一接处警系统是负责对来自不同网络（电话、手机、互联网、消防、技防、车载GPS等）和报警方式的报警信息，进行集中的接警和处警。分类分级处警系统提供各联动单位对来自指挥中心案情进行处理和反馈的系统。指挥调度系统包含指挥长系统、部门领导指挥系统、特殊环境指挥系统、移动指挥系统。指挥长系统通常是在发生重大事件，需要多部门联合行动时使用。通过指挥长系统，指挥首长可以综合使用电脑、音频等手段下达指令、跨部门、跨警种进行指挥调度，同时监督各部门的处警情况。部门领导指挥系统是供各联动单位领导或值班室使用的指挥调度系统，该系统与指挥中心实时联网，让部门领导及时掌握全局的案情发展，同时指挥、监控本部门案情处理情况。特殊环境指挥室系统是指在安全地方（如地下）并且采取了特殊的防御措施的指挥系统。通常是在危机情况下，如发生地震、核泄漏、空袭等，为保证指挥首长的安全，将指挥首长转移到特殊环境指挥室进行指挥。移动指挥系统是对常规指挥系统的补充，为了便于在突发危机情况下能在第一时间进行指挥，为领导提供的在指挥车、直升机、甚至指挥舰上进行指挥的手段和技术。计算机辅助决策系统室为了帮助指挥人员更科学地进行指挥而提供的相关技术支持，主要包括目标定位，电子地图服务（GIS）、战术标绘系统、综合查询系统和主动预警系统。

9.3.3 物资储备和保障机制

为了应对公共危机事件，事前物资的充分准备具有重要的作用。如果事前物资准备不足，不但不能战胜危机，还有可能引发新的危机。如洪涝灾害发生后，政府资金短缺，救灾所需物资不到位，就有可能引发疾疫流行，使洪涝灾害转化

---

① 黎明网络有限公司：《城市应急联动指挥系统》，《网络安全技术与应用》2003年第1期。

为公共卫生危机。对物资的准备，必须从以下方面着手：一是按照各地制定的公共危机应急预案和以往各种灾害危机的平均发布情况，依据各地政府的财政能力以及红十字会等非政府组织的能力，制定详细的危机管理应急物资储备总体计划，并针对每一种可能发生的危机分别制定详细的物资储备分计划。其原则是既要满足危机应急处理的需要，又不要造成浪费。然后，按照计划建立应急物资储备机构，专门负责应急物资的采购和储备工作。二是建立石油、粮食、棉花等战略物资的应急储备和应急供应制度，以保证在遇到战争、敌国封锁等重大危机时不会出现战略物资的短缺现象。三是各级政府应做好危机管理的物资储备和设备维护工作。对各类危机都需要的通用物资储备应由各级危机管理常设机构进行统筹和协调，避免危机袭来时各自为政，造成资源调动失灵或浪费。四是建立应急物资的快速调运渠道和调运方式，一旦公共危机发生，就能在第一时间把各种救援物资运送到一线灾区。[1] 为了提高救援物资储备和供应的效率，还需要地方政府与流通企业建立联系机制，特定企业保证在紧急状态下可马上调运粮食等救灾物资。一些地方采取救援物资储备和供应社会化的手段，与相应的供货商签订了供货协议，一旦危机发生，就要求供货商在规定的时间内将物品运到灾区。这种做法避免食品等有限定使用期的物品长期储存，有利于减少不必要的损失。实践证明，通过市场机制增强救灾应急能力的措施在发生灾害的部分地区应用后，取得了良好的效果。

9.3.4 恢复和重建机制

公共危机事件得到有效遏制并不意味着整个危机处置过程的结束。危机管理的目的主要有两方面：一是限制危机源，通过对可能导致突发性事件等危机的原因进行限制，以达到避免危机的目的；二是建立和完善危机管理组织和制度，以应对未来可能发生的危机，并且在危机发生时在有限的时间等严格制约条件下，使危机事态恢复平常。[2] 因此，除了事前积极预警与事中全力应对，事后全面恢复与重建也是公共危机管理中不可忽视的一环。

危机后的回复与重建可分为四个方面。首先是从应急管理转向常态管理。在公共危机发生后，常态下的管理手段和措施已经不能完全适应危机发展与管理的需要，进入紧急状态就成为必然。在这种情境下，一是公民的一些权利会受到限

---

[1] 黄顺康：《公共危机管理与危机法制研究》，北京，中国检察出版社，2006，第117~118页。
[2] 杨建顺：《论公共危机管理中的权力配置与责任机制》，《法学家》2003年第4期。

制。例如"非典"之时，学校停课、某些特定区域或范围的公民禁止出行甚至依法对有关人员实施隔离等紧急措施对公众的应有权利和生活产生了很大的影响。二是政府权力的膨胀。由于危机来势凶猛，危害极大，所以从常态管理转向应急管理是势在必行。但是危机过后，如果不能及时从应急状态转换到常态，同样会给社会带来危害。因为，在紧急状态下政府权力扩张，拥有常态下不可能获得的很大权力，如果不能很快恢复到常态，就有可能导致权力的滥用和误用，破坏社会的正常生活秩序。

其次，迅速制定恢复重建方针政策，恢复社会秩序，安定社会生活。大灾之后，百废待兴。公共危机对社会生活和经济活动破坏极大，往往造成社会的失衡和混乱，使人们的生活陷入高度的不稳定之中，因此政府就要尽快制定有关政策措施，在灾后帮助灾区进行恢复重建。这主要包括：给予企业必要的经济援助，以弥补其在危机中的损失，尽快启动生产；组织、调节供需渠道，及时提供公众日常生活和急需物品，保障公众的正常生活；对受灾群众进行针对性的心理指导，帮助他们摆脱危机阴影。实践表明，危机后社会公众的心理往往呈现出反弹和低落状态，表现为"创伤后紧张综合征"，这对于社会的安定与良性运行很不利。考察政府过去在灾后重建的一些做法，在恢复人民生活设施方面的工作很值得肯定。1998年特大洪水刚结束，中央政府就把恢复人民的基本生活放在首位，根据全面规划、统筹兼顾、标本兼治、综合治理的原则，确立了"封山植树，退耕还林；平堤行洪，推田还湖；以工代赈，移民建镇；加固堤防，疏浚河湖"的灾后重建方针，帮助灾民抢建过冬住房，解决灾民的吃粮问题，有效地安抚了民心，保障了社会的有序运行。①

第三，多方支援，同心协力推动灾后重建。灾区受到危机打击，资源受损破坏严重，灾后恢复工作必须实现多方支援，集中优势资源，共襄重建，要视受灾严重程度举全国之力或全省之力予以帮助。2006年8月10日，"桑美"超强台风以17级的风力登陆，直接袭击福建省避风良港沙埕港，当时倒海翻江、道路不通、通讯中断，停泊在沙埕港海域避风的952艘福建籍船只沉没，造成重大人员伤亡和经济损失，在世界的台风灾害史上也是罕见的。2006年9月12日，民政部救灾司司长、国家减灾中心主任王振耀在深入福建省漳州、宁德市督察各级恢复重建资金拨付到位情况，以及灾区恢复重建方案制订和相关工作措施的落实

---

① 韩大元、莫于川：《应急法治论——突发事件应对机制的法律问题研究》，北京，法律出版社，2005，第293页。

情况后，对当地工作给予了高度评价，认为从遭受世界级灾难至今不过一个月，恢复重建速度惊人。相比遭受同样大灾的国外，我国的恢复重建速度"起码强十倍"。[①] 究其原因，主要就是政府全力以赴，统筹安排，各方大力支援的结果。今年5月四川发生举世震惊的汶川大地震，人民的生命财产遭受极大灾难，损失极为巨大。这次灾难的救助、灾后恢复和重建得到了国际社会、全国各省市人民的鼎力相助，使灾区的救助、恢复和重建工作得到了最大限度的保障。[②] 截至8月25日12时，全国共接收国内外社会各界捐赠款物总计592.98亿元，实际到账款物592.46亿元，已向灾区拨付捐赠款物合计253.13亿元。截至7月18日，外交部及中国各驻外使领馆、团共收到外国政府、团体和个人等捐资17.11亿元人民币。其中，外国政府、国际和地区组织捐资7.70亿元人民币；外国驻华外交机构和人员捐资199.25万元人民币；外国民间团体、企业、各界人士以及华侨华人、海外留学生和中资机构等捐资9.39亿元人民币。这次汶川大地震恢复重建工作的一个重大创新举措是各省市对口支援。国务院办公厅2008年6月11日颁布《汶川地震灾后恢复重建对口支援方案》明确，灾后恢复重建对口支援省市为19个，对口支援期限按3年安排。方案确定，根据各地经济发展水平和区域发展战略，中央统筹协调，组织东部和中部地区省市支援地震受灾地区。对口支援安排的情况例如：山东省—四川省北川县；广东省—汶川县；浙江省—青川县；江苏省—绵竹市；北京市—什邡市；上海市—都江堰市；河北省—平武县；辽宁省—安县；等等。通过这样的举全国之力的对口支援，极大地推动和加速了四川灾区的恢复重建。这是我国公共危机管理的宝贵经验和新的制度资源。

最后，总结经验，吸取教训。老子认为，福兮祸所伏，祸兮福所倚。恩格斯也说过，"没有哪一次历史的灾难不是以历史的进步为补偿的，没有哪一次历史的进步不是以历史的灾难为代价的"。危机给社会带来巨大的破坏和伤害，但在某种程度上，每一次危机都会给人们带来很多深刻的反思。通过对处置危机的经验教训，对危机发生的原因、危机的处理过程进行细致的分析，对事前预警、准备以及事中应急救援措施的评估，吸取教训，对改进今后的危机治理工作具有重要的意义。政府和整个社会都应该积极总结危机事件处理的情况，变危机为机遇，以利于实现观念转变、组织变革和政策创新，把危机作为契机，促进社会的

---

① 《民政部官员督察福建灾后重建：当地公布并未瞒报》，HTTP：//news.163.com/06/09/19/04/2RBT179V000120GU.HTML.

② 《汶川地震》，《百度百科》，http：//baike.baidu.com/view/1587399.htm，2008年8月29日。

进步。例如,"非典"过后,中国从中央到地方政府及社会各界都对防治非典工作进行了总结研究,吸取教训,对公共卫生建设、防治非典长效体系建设、应急准备工作等进行了全面部署,后续工作不断推进。如各地加强了疫情监测和信息报告系统、医疗救助体系及专家组建设;加强了重点场所和重点区域防范工作;加强了公众的预防宣传教育;等等。总结四川汶川地震发生后的抗震救灾,更是给中国的地震研究以及地震预测和预警、中国的公共危机管理、公共危机应急预警系统建设、公共危机治理的协调机制建设、公共危机治理的制度和法治建设、公共危机灾后恢复重建等许多重要工作积累了宝贵的经验,沉淀了许多重要的制度资源。这对于中国今后改善抗震救灾和其他公共危机的预防和治理具有极其重要的意义。特别是抗击震灾害中信息公开透明度的极大提升,民间组织及公众的积极参与的巨大作用,政府与社会各界的协调与资源整合,以及与国际社会的合作程度及合作方式,都有许多经验需要总结汲取。

9.4 公共危机的复合治理

9.4.1. 公共危机的传统解决机制及其缺陷

公共危机的解决事实上是公共安全和危机服务的有效供给问题。而这样的公共物品能否实现有效供给与人们对它的理论认识直接相关。从传统上看,人们一直把公共危机的治理看作是一种公益物品,更确切地说是把它作为纯粹公益物品来看待,相应的供给制度安排就是长期以来由政府包揽公共安全和危机服务的供给和生产。总的来说,传统的公共危机解决机制主要靠的是国家和政府。人们认为,"如果没有国家,人们就不能卓有成效地相互协作,实现他们的共同利益,尤其是不能为自己提供某些特定的公共物品"。[1] 正是由于把公共危机的服务看作是"公共事务",在公共服务的生产与消费上往往存在"搭便车"、不合作等机会主义行为,不能通过市场交易自主实现,因为,"凡是属于最多数人的公共事物常常是最少受人照顾的事物"。[2] 在他们看来,通过政府垄断性地对公共物品和公共服务进行生产和经营,在课税、运用财政货币政策等能力和许可、禁止等普遍性强制力方面具有的优势,可以在公共利益的名义下对公共事务做出安

---

[1] Michael, Taylor, *The Possibility of Cooperation*, New York: Cambridge University Press, 1987, p. 1.
[2] 〔古希腊〕亚里士多德:《政治学》,吴寿彭译,北京,商务印书馆,1965,第48页。

第9章 公共危机管理

排,克服公共产品与公共服务生产与消费中的问题。

此外,政府中心论者认为,社会个体成员都是愚昧自私的,他们不仅不会和不能自主地追求公共利益,甚至有可能利用各种机会主义的方式去损坏公共利益,因而需要政府来代表全社会的利益。政府的责任就是要为社会谋求公益,而政府的权威和理性使之有能力实现上述的职责。因此,为了实现和增进公共利益,需要政府扩大其对社会生活政府介入的范围与程度。

这样的观念主张政府包揽所有公共事务。然而,人们早已认识到,实际上哪怕是一般的公共事务,仅依靠政府都是不行的,遑论像公共危机管理这样非常特殊的公共物品。政府垄断公共事务或是说垄断公共物品的供给会造成种种弊端,这是政府的本质及其自身天然的缺陷使然。其一,即使政府是公正无私的,也会因为判断失误和技术能力缺失等原因导致其公共事务管理的失误;其二,政府实际上并不是公正无私的,组成政府机构的各层官员也是"经济人",而且各级政府及其部门机构自身也是利益群体,这样的自利性往往导致政府权力的滥用与腐败,导致政府失灵;其三,政府是一种自然垄断性组织,而垄断条件下任何组织都可能导致低效率,因此,仅仅由政府来控制公共物品和公共服务的供给,就是排斥了竞争,其效率必然低下;其四,政府在其运行中成本与收益相分离,这使政府运作缺乏竞争机制,因而没有改革创新和追求卓越的动力,这也就必然导致政府官僚机构低效率。上述分析同样表明,在供给公共危机管理这样的公共物品时,如果由政府单方面供给,也必定会由于这些原因而出现政府失灵。换言之,即公共危机管理的政府失灵。

危机是危难与挑战,但同时又蕴涵着机遇与希望。在公共危机到来之时,如果只靠政府,实行权力单中心和单向度运行的治理机制,必然会产生诸多问题。例如在 SARS 的治理过程中,由于某些政府官员初期的处置失当,导致疫情蔓延,民众和社会都为不知情付出了沉重的代价。在问及"非典从一个地区蔓延到全国的主要原因"时,63.5%的被访问者归结为初期某些官员的瞒报疫情和麻痹大意。[1] 在汶川大地震的抗震救灾中,从国际社会到国内社会各界组织积极参与贡献力量所起的巨大作用更是表明,仅仅依靠政府绝不可能充分调动和整合资源实现对公共危机的高效治理。虽然,在公共危机的治理机制中,政府仍然占有核心地位,但是如果只靠政府来建构单一的危机治理机制,不仅难以遏制公共危

---

[1] 于海、范丽珠:《非典电话调查的主要发现和讨论》,载《SARS、全球化与中国》,上海,上海人民出版社,2004,第237页。

机，也难以进行灾后的恢复与重建。简言之，应对现代公共危机必须实现多元参与的合作治理，实现公共危机的复合治理。

9.4.2 公共危机复合治理的内涵与特征

"复合"一词最早是文森特·奥斯特罗姆在《复合共和制的政治理论》[1]一书中提到的，虽然他没有明确解释复合的意思，但其含义主要是指权力的配置方式——权力应该是"多中心"的。他认为，"如果在整个国家只创建了一个单一的政府权威中心，规模原则所固有的寡头倾向就会使一个派别轻易地支配其他利益群体。在复合共和制中，不存在任何单一垄断的公共权威。建立多个代表不同利益群体的权威，每一个权威均为共和制原则所支配。适当的结构，才是复合共和制有别于单一共和制的核心所在"。[2] 作为政治理论，复合共和制的基本要素是从实体和程序上保证个人权利，从而制约政府的权力，实现有限政府。事实也是这样。单一的治理机制必然存在着诸多问题，"无论是国家、市场还是被许多人寄予厚望的公民社会都无法单独承担其应对风险的重任，因为他们本身也是风险的制造者"。[3] 如果仅仅依靠政府或国家，同样会使公共危机的治理失效，其失效主要有如下三种基本的形式。[4] 一是结构性失效，其表现形式有两种。一种是国家治理能力软弱，无法负担起应有的、提供社会秩序和社会安全的功能，更无法保证市场和公民社会的正常运行；另一种是国家与公民社会、市场的关系不平衡，挤占了后两者的边界，僭越其功能，从而诱发后两者的失效。二是制度性失效。它通常指某些规则和安排存在明显的缺陷，主要有三种表现形式：某些社会在安全问题上没有建立相应的制度，存在制度真空；制度不到位，虽然建立了相应的制度，但无法实现其应有的绩效；已经建立的制度不适应具体的条件，存在制度的不适应。三是政策性失效。通常来说，政府性失效会削弱社会安全，但不会直接导致社会不安全。然而，周期性的政策失效必然会导致制度失效，甚至影响到整个治理结构的运行。所以，改变应对公共危机的单一治理结构，实现复合治理势在必行。

---

[1] 〔美〕文森特·奥斯特罗姆著，中译本上海三联书店，1999。
[2] 〔美〕文森特·奥斯特罗姆：《复合共和制的政治理论》（中译本），上海，上海三联书店，1999，"序"第6页。
[3] 杨雪冬：《全球化、风险社会与复合治理》，《马克思主义与现实》2004年第4期，总第61卷，第77页。
[4] 杨雪冬：《全球化、风险社会与复合治理》，《马克思主义与现实》2004年第4期，总第61卷，第77页。

第9章 公共危机管理

要减少以政府或国家为中心的单一治理机制的失效,就必须采用新的治理机制。复合治理机制的出现为这一问题的解决提供了新的思路。有论者认为复合治理的特征主要有如下五个方面:①复合治理有多个治理主体组成。包括国家组织、非政府组织、企业、家庭、个人在内的所有社会组织和行为者都是治理的参与者,不能被排斥在治理过程之外,更不能被剥夺享受治理结果的权利。②复合治理是多维度的。这既体现为地理意义上的纵向多层次,从村庄、部落到国家、区域、乃至全球范围;也表现为治理领域横向的多样性,人类活动的任何领域都需要治理。③复合治理也是一种合作互补关系。只有合作,国家、市场以及公民社会这三大现代治理机制才能有效地发挥作用,并弥补相互的缺陷。而且,这种合作不仅仅是民族国家内部的,而且是国际性的和全球性的。④个人是复合治理最基本的单位。尽管复合治理需要制度安排,并且是通过它来规范行为者的,但是要使治理可持续运行,必须提高个人的自觉性和能动性,只有他们具有风险意识,把制度安排贯彻到行动中,才能最大程度地解决风险。⑤复合治理的目标是就地及时解决问题。风险的空间扩大性和时间延展性,使得风险的应对必须从时时处处入手,避免风险扩散由可能性风险转化为后果严重的风险。①

综上所述,复合治理是以政府或国家为主体,多个部门并存的社会公共事务管理模式。它是建立在市场原则、公共利益和相互认同基础之上的国家与公民社会、政府与非政府组织、公共机构与私人机构的合作互补,从而增进社会公共利益的一种治理机制。也就是说,政府、市场与第三部门(公民社会)构成了公共危机治理的基本框架。它们之间只有精诚合作、互相支持才能为社会发展提供良好的条件。为此,三者之间首先应保持平衡关系。尽管国家是现代治理形态的核心,但不是唯一的治理机制,不能挤占市场和公民社会的位置,取代它们的功能,而应该利用其权威地位提供有利于后者健康发展的制度环境。② 其次,三种治理机制能够相互渗透,构成分布均衡的网络,使治理的触角延伸到社会生活的各个角落。最后,三种治理机制要能连续产生出社会行为者对机制本身以及机制彼此之间的信任。对国家而言,其信任来自其合法性的稳定和其对宏观调控能力的掌控。市场的信任来自维持交易链并把投机保持在制度框架中。公民社会的信任则来自社会排斥现象的减少和社会团结的维系。

---

① 杨雪冬:《全球化、风险社会与复合治理》,《马克思主义与现实》2004 年第 4 期,总第 61 卷,第 77 页。
② 徐金发:《论政府、市场、公民社会部门之间的博弈关系》,《云南社会科学》2003 年第 4 期。

9.4.3 公共危机复合治理可能出现的困境及其救治

实施公共危机复合治理有许多优势，能够很好地发挥各方面的积极性。但是，在实践中也还会存在一些问题甚至出现困境。下文以中国为例，分析可能出现的困境及对策。首先，政府作为复合治理主体，自身存在的条块分割会严重制约危机的处理与控制。例如在"非典"期间，一些部门和单位把病毒样本作为"不宣之秘"，条条块块分割使得各部门以邻为壑，彼此垄断资源，隔绝信息。中国农业大学的一位教授为了找到"非典"病毒的阳性对照样本，几次去一个高校系统以外的单位，均被婉言拒绝，最后不得不向德国国家病毒所求援而获助。[①] 随着公共危机的挑战日益严峻，如何提高政府应付危机事件的技术和资源整合能力，打破条块分割，成为政府自身不容忽视和回避的重要问题。

第二，第三部门的发展困难重重。第三部门组织的参与有助于改善公共决策，促进社会公正平等；有助于监督制约政府，促进公共利益的实现，在公共危机治理中能发挥重要作用。但是，由于我国第三部门成长的时间还比较短，其发展还存在较多的问题，因此在很大程度上影响其在公共危机管理中充分发挥作用。其发展困难主要是：行政干预还比较大，政府支持不足，法律保障不够；作为中国的新兴事物其社会公信力还亟待提升，这对其资金来源有很大影响；一些第三部门组织缺乏明确的宗旨与使命，缺乏竞争机制，或是管理不善，也影响其运行效率；第三部门组织的成长需要吸收大量优秀人才，但是目前中国第三部门的境况难于吸引优秀的专业人才。

第三，公民公共精神和公民文化的缺失。在任何一个社会中，应对公共危机实际上都是对该社会公民道德和公民精神的重大检验。然而在现实中，有些民众在面对危机时缺乏积极主动的参与奉献精神，有些人袖手旁观，有的人甚至趁火打劫，发国难财，这些都体现出公共精神的严重缺失。公民精神对公民社会的成长发展至关重要。公民精神是具有崇高品质和素养的公民所秉持和坚守的关于民主、平等、自由、秩序、公德等价值的信念，它体现为对公共事务的尊重和参与，对公共利益的责任和维护。因此，培育和弘扬公共精神是摆在我们面前急需解决的问题，它是促进公共危机复合治理的核心要素之一。

解决上述问题需要从三个方面努力。首先，要打破政府和公共组织体系条块

[①] 房宁：《突发事件中的公共管理——"非典"之后的反思》，北京，中国社会科学出版社，2005，第88页。

分割的状况，提高政府的资源整合能力和治理能力。政府作为公共权力的主要掌控者，作为公共事务的重要管理者和公共服务的重要提供者，它必须在公共危机管理中承担主要协调者和资源整合者的职责，或是说成为公共危机复合治理中的核心。为此，必须通过制度创新采取法治措施，打破其自身体系内的以及它与其他公共组织之间的分割状态，使政府各系统之间、各部门之间、政府体系与社会其他体系之间实现协调和资源共享，能够处理好局部利益、部门利益、地方利益及短期利益与全局利益、整体利益、国家利益及长远利益之间的关系。同时，必须大力推进政府职能转变，合理划分事权，并建构能有效协同作战的全方位的综合协调机制。

第二，积极培育和发展第三部门，充分发挥其在公共危机复合治理中的作用。西方国家第三部门发展的资金30%以上来自政府资助，这对我国具有重要的借鉴意义。如果政府给予适当的资助，不仅能有助于解决第三部门组织的生存问题，而且政府让渡出来的大量服务性工作也能得以较好地承担和履行，实现政府所期望的目标，增强第三部门组织的服务功能。公共物品供给的转移，政府可以采取向第三部门组织购买的方式，通过实行公开招标和公平竞争的方式来进行。此外，第三部门组织要加强自身的能力建设，提高其生存能力、竞争能力以及组织管理能力，这是我国第三部门组织在能力建设方面的紧迫任务。对于人力资源的缺乏问题，政府要能够提供政策资源予以支持，一方面拓展志愿者资源，另一方面，可以通过促进对员工和志愿者的培训来提高志愿者的能力。培育和促进第三部门组织的发展，不仅是培育和壮大政府的良好合作伙伴，而且是培育和壮大了对政府行为实施有效监督制约的可靠力量，其现实意义自是不言而喻。这对于强化和优化公共危机复合治理同样意义深远。

最后，培育和弘扬积极的公民精神。公民社会的发展要依靠公共精神的支撑和推动，必须以善治理念重新对公民资本进行投资。一方面，要通过积极有效的制度创新加快政府管理的民主化法治化建设进程以适应服务公众的需要，同时要加强对政府工作人员进行责任性和公共精神的教育；另一方面，需要加强对公民进行有关公民资格和公民精神的教育，促进公民无论作为个人或是群体都能积极行动起来承担起政治和社会管理的责任；再者，必须通过积极培育第三部门组织及其政治参与能力，促进我国公民社会的发展，通过建构以法律保障的渠道和机制使公民获得充分的对公共事务管理的知情权、表达权、批评权、参与权和监督权。在此基础上，使各级政府、政府官员与公民能够不断增进共识，加强互动，实现互惠，由此培育相互信任、彼此尊重和具有宽容精神的"合作型管理文化",促进政治国家与公民社会的良好合作,在相互依存的环境中分享公共权力,共同管理公共事务,实现公共危机复合治理,共同回应公共危机的挑战。

[重要概念]

公共危机:是指在人类社会由自然的或人为的因素所触发的,在一个地区、区域或国家甚至全球产生极大危害性和破坏性,在较大的时空范围威胁危害社会公共利益或共同利益,需要迅速动员整合社会资源以回应和控制的一种紧急状态。自然因素导致的公共危机是指由于那些破坏性很强或极强的地震、海啸、火山爆发、洪水等自然灾害对人类社会造成的紧急状态;人为因素导致的公共危机包括政治危机类型、经济危机类型和社会危机类型等。

公共危机管理:是现代社会政府及社会公众在危机意识和危机管理理念的指导下,依法制定和实施公共危机管理规制和方案,并对可能发生或已经发生的公共危机事件进行预测、预警、应急、监控,以及危机化解、危机救助与危机后恢复重建等一系列活动的全过程。实施公共危机管理是要充分协调整合社会资源以防范、监控和化解公共危机,避免或减少公共危机对人民生命财产造成的危害和破坏,并在危机之后尽快实施恢复重建措施使社会回到常态。

公共危机复合治理:是以政府或国家为核心主体,其他多元社会主体参与的以复合主体为其特征的公共危机治理模式。区别于传统的政府单一权力中心和权力单向度运行的危机治理模式,它是国家与公民社会、政府与非政府组织、公共机构与私人机构的合作互补,基于社会资源的高度整合而进行的公共危机治理。换言之,即是政府、市场与第三部门(公民社会)协同形成合作共治的公共危机治理。

[思考题]

1. 公共危机与公共危机管理的内涵与特点。
2. 公共危机管理应秉持的核心理念。
3. 比较公共危机管理与常态公共事务管理在理念、机制和方式的异同。
4. 公共危机复合治理与传统公共危机治理的理念有何不同?如何充分发挥公共危机复合治理的优势?
5. 如何提升社会各主体在公共危机复合治理中的参与能力?如何实现各主体之间的协调与合作?

第9章　公共危机管理

[参考文献]

〔澳〕罗伯特·希斯：《危机管理》，北京，中信出版社，2000。

〔美〕劳伦斯·巴顿：《组织危机管理》，北京，清华大学出版社，2002。

中国现代国际关系研究所危机管理与对策研究中心：《国际危机治理概论》，北京，时事出版社，2003。

薛澜、张强、钟开斌：《危机管理——转型期中国面临的挑战》，北京，清华大学出版社，2003。

许文惠、张成福：《危机状态下的政府管理》，北京，中国人民大学出版社，1998。

谢遐龄：《SARS、全球化与中国》，上海，上海人民出版社，2004。

房宁：《突发事件中的公共管理——"非典"之后的反思》，北京，中国社会科学出版社，2005。

刘刚：《危机管理》，北京，中国经济出版社，2004。

刘长敏：《危机应对的全球视角——各国危机应对机制与实践比较研究》，北京，中国政法大学出版社，2004。

韩大元、莫于川：《应急法治论——突发事件应对机制的法律问题研究》，北京，法律出版社，2005。

董华、张吉光等编著《城市公共安全——应急与管理》，北京，化学工业出版社，2006。

黄顺康：《公共危机管理与危机法制研究》，北京，中国检察出版社，2006。

张成福：《公共危机管理：全面整合的模式与中国的战略选择》，《中国行政管理》2003年第7期。

杨雪冬：《全球化、风险社会与复合治理》，《马克思主义与现实》2004年第4期。

杨建顺：《论公共危机管理中的权力配置与责任机制》，《法学家》2003年第4期。

马建珍：《浅析政府的危机管理》，《长江论坛》2003年第5期。

周晓丽：《论公共危机中政府形象及其重塑》，《重庆社会科学》2006年第2期。

李程伟、张德耀：《大城市突发事件管理：对京沪穗悒应急模式的分析》，《国家行政学院学报》2005年第3期。

黎明网络有限公司：《城市应急联动指挥系统》，《网络安全技术与应用》2003年第1期。

第10章
公共管理与公民社会

PUBLIC MANAGEMENT

[学习目标]

通过本章的学习，使学习者认识和掌握：公民社会的内涵及其源流，公共管理与公民社会的基本关系；第三部门的定义与类型，第三部门兴起的理论基础，第三部门参与公共管理的功能与优势；公共精神的内涵，公共管理运行与公共精神之关系，当代中国公共精神之塑造；中国当代公民社会的勃兴及其现实基础，面临的困境及其发展的路径。

[重点难点]

公民社会的源流；公共管理与公民社会的基本关系；第三部门参与公共管理的方式；当代中国公民社会勃兴的现实基础及推进其发展的路径选择。

"公民社会"一词源于英文"civil society"，是一个源于西方的极富包容性与开放性并且内涵不断变化的概念。20世纪90年代以来，由于经济社会发展需求的推动，中国知识界对这一概念的理解和应用倾注了很大的热情。但中国学者首先面临的问题，是如何将西方的概念植入中国的话语体系。"civil society"一词在国内的三种常见的译名"市民社会"、"民间社会"和"公民社会"体现了对原词意的不同理解。市民社会体现社会成员有追求其财富福祉之自由的意蕴，民间社会比较中性但是略有政治边缘化的意味，公民社会彰显的是公民政治参与和制约国家权力的权利。随着对"civil society"理解的深入及当代社会民主化进程的发展,越来越多的学者倾向于接受和使用"公民社会"这一术语。[①] 人们已经日益深刻地意识到,当代公共管理的兴起与公民社会具有极重要的相关性,公共管理的改革发展必定与公民社会的成长壮大相伴随。因此,研究公共管理的改革发展,必须研究二者之间的关系及其互动。

10.1 公共管理与公民社会的基本关系

公共管理改革运动的勃兴与全球结社革命的掀起几乎是同时发生的全球性浪潮。在实践层面,公共管理改革是发轫于新公共管理运动的波及全球的政府改革运动;在理论层面,则体现为一系列基于对市场失灵和政府失灵的反思而产生的旨在促进政府改革和公共事务治理创新的思潮与理论的形成与发展。全球结社革命是指在全球化和民主化的发展进程中,适应当代公共事务治理和维护自身权益的需要而大量涌现出的各种第三部门组织,这些组织获得迅速发展,不同程度地构成了影响一国或一个地区的经济、政治、社会和文化的重要力量,成为与政府、市场鼎足而立的三种力量与三种机制之一,并能够对监督和制约前二者起重要作用,产生了革命性的影响。以此观之,结社革命的重要性显而易见,体现了公民社会力量的成长。第三部门组织已成为公民社会运行的重要载体。

10.1.1 公民社会的内涵及其源流

1. 公民社会的内涵

关于公民社会的涵义,学界见仁见智。总体而言,大致可分为两种类型。一是基于国家与社会二分法。公民社会在此指独立于国家但又受到法律保护的社会生活领域及与之相关的一系列社会价值或原则。二是基于国家—市场—公民社会的三分法。公民社会在此指介于国家和家庭或个人之间的一个社会相互作用领域及与之相关的价值或原则。进入20世纪90年代以来,以三分法为基础的公民社会定义逐渐为大多数学者所接受。英国学者戈登·怀特基于三分法对公民社会所作出的定义颇具代表性,他认为,"当代使用这个术语的大多数人所公认的公民社会的主要思想是:公民社会是国家和家庭之间的一个中介性

[①] 参阅俞可平主编《治理与善治》,社会科学文献出版社,2000,第 326~327 页。

的社团领域,这一领域由同国家相分离的组织所占据,这些组织在同国家的关系上享有自主权并由社会成员自愿地结合而成以保护和增进他们的利益或价值"。他主张将企业或经济机构同公民社会分开来对待,前者作为经济社会或经济系统构成了公民社会的基础①。吉登斯明确指出,公民社会、市场和政府是社会"结构多元主义"的三个支撑力量,并强调三者需要保持平衡,"只要以上三者中有一者居于支配地位,社会秩序、民主和社会正义就不可能发展起来"。②他认为,"市场经济只有在社会制度的框架中和发达的市民社会中才能有效运转,……没有稳定的市民社会,不能把信任规范同社会准则相结合,市场不能繁荣,民主也会受到破坏"。③

2. 公民社会概念的历史源流

考察"公民社会"概念的历史源流,实际上主要是在西方文化语境的梳理。如前所述,在严格的现代语义上,"公民社会"和"市民社会"的概念有区别,但在一般意义上,二者经常被交替使用。

"公民社会"概念在词源上来自于拉丁文 Civilis Societas,是公元一世纪西塞罗所提出来的,表示一种区别于部落和乡村的城市文明共同体。④ 14 世纪以后,欧洲人开始越来越多地使用 Civilis Societas,以表示从封建体制外生长出来的商业城市文明,这沿袭了西塞罗所表明的语义。

洛克第一次将公民社会作为逻辑推演中的一个分析概念来使用,提出了"市民社会先于或外于国家"的理论架构。他的公民社会等同于其政治哲学中从自然状态经过订立契约而形成的政治社会,这是人类发展逻辑中的一个阶段,即有政治的阶段。在《政府论》中,洛克论证了由自然状态到政治社会或公民社会的国家生成过程,即"政治社会起源于自愿结合和人们自由地选择他们的统治者和政府形式的相互协议"。⑤ 洛克已经意识到,社会先于国家,而且决定着国家,"在此图景中,许多有价值的东西都被视为来自一个前政治或非政治的领域,它

---

① 〔英〕戈登·怀特:《公民社会、民主化和发展:廓清分析的范围》,转引自何增科主编《公民社会与第三部门》,北京,社会科学文献出版社,2000,第 64 页。
② 安东尼·吉登斯:《第三条道路及其批评》,北京,中共中央党校出版社,2002,第 57 页。
③ 安东尼·吉登斯:《第三条道路及其批评》,北京,中共中央党校出版社,2002,第 167 页。
④ 戴维·米勒、韦农·波格:《布莱克维尔政治学百科全书》(修订本),北京,中国政法大学出版社,2002,第 132 页。
⑤ 洛克:《政府论》(下),叶启芳、瞿菊农译,北京,商务印书馆,1993,第 63 页。

们至多是得到政治权力的保护，但绝不受其督导"。① 洛克虽已意识到社会中的政治领域与非政治领域的区分，但在他的观念中，两者同属于公民社会，因此他并没有明确指出国家与公民社会之间的区别。

与洛克相同，卢梭也认为社会先于国家，并决定国家，并推崇法律至上，以维护平等和自由。卢梭认为，国家权力的合法性根植于社会契约，每个人都有参加决定一切社会事务的权利，并形成"公意"；人民主权创制政府，而"创制政府的行为绝不是一项契约，而是一项法律"，并且政府必须"负责执行法律并维持社会的以及政治的自由"②；而同时，任何公民都必须忠诚地服从法律，从而建立起公共利益统治着的法治共和国。

孟德斯鸠的思想也为国家和社会相分离的理念奠定了基础。孟德斯鸠的分权主张认为，通过瓦解国家的一体化权力，使之分立和均衡牵制而避免专权，并藉此来维护市民社会权利。因此，"尽管孟德斯鸠一如古人仍然是完全根据政治界定社会，但他却为古人十分陌生的关于市民社会和国家相分离的观念奠定了基础。他是通过把社会视为中央权力与一系列根深蒂固的权利间的均衡状态而完成其使命的"。③

相对于洛克、卢梭与孟德斯鸠，黑格尔对政治国家和公民社会做了更为明确的划分。黑格尔在他的《法哲学原理》中，认为公民社会是历史过程的产物，是现代世界的产物，它的出现标志着现代世界的来临。他是西方历史上将政治国家与公民社会进行明确区分的理论先驱。他认为公民社会只是外部的国家，它是独立于国家而使市场运作并保护其成员的必要机构。黑格尔把个人与社会、普遍利益与特殊利益统一于伦理性的国家理念之中，认为"国家的力量在于它的普遍的最终目的和个人的特殊利益的统一"；"在国家中，一切系于普遍性和特殊性的统一"；家庭要向公民社会过渡，公民社会要向国家过渡，因为"国家是达到特殊目的和福利的唯一条件"。④ 这样，公民社会就成了家庭和国家之间的差别阶段，并最终归依于国家"具体自由的现实"。⑤

---

① 查尔斯·泰勒：《市民社会的模式》，邓正来，[英] J. C. 亚历山大编《国家与市民社会》，北京，中央编译出版社，1999，第 15 页。
② 卢梭：《社会契约论》，何兆武译，北京，商务印书馆，1996，第 132、76 页。
③ 查尔斯·泰勒：《市民社会的模式》，邓正来，[英] J. C. 亚历山大编《国家与市民社会》，北京，中央编译出版社，1999，第 17 页。
④ 黑格尔：《法哲学原理》，范扬、张启泰译，北京，商务印书馆，1979，第 263 页。
⑤ 黑格尔：《法哲学原理》，范扬、张启泰译，北京，商务印书馆，1979，第 260 页。

公共管理学

潘恩则将国家与公民社会完全区别开来，他"通过明确区分国家和市民社会，在拓深有关国家行为的早期现代理论方面起了决定性的作用"。① 潘恩认为，"社会是由我们的欲望所产生的，政府是由我们的邪恶产生的"。② 在潘恩看来，社会的产生是一种自然发展的结果，是人民从自然状态中寻求和谐和幸福的必然要求。但是人们组成社会之后，由于人性本身的弱点就会被各种邪恶的东西所浸染。这种人性的懈怠使得有必要建立某种形式的统治来克服由于人们德行的缺点所产生的对于社会的危害。因此，基于有某些社会无法解决问题的要求便有了成立政府的需要。③ 潘恩认为政府的产生是人们的邪恶所致，它"制止我们的恶行，从而消极地增进我们的幸福"。④ 所以在潘恩那里，社会是自由和谐的保证，共同的需要和利益是构成社会并使之具有凝聚力的原则。而政府是邪恶的产物，成立政府只不过是去管理一些社会所无力涉及的一些事情。正如潘恩所言："社会在各种情况下都是受欢迎的，可是政府呢，即使在最好的情况下，也不过是一种免不了的祸害。在其最坏的情况下就成了不可容忍的祸害。"⑤

马克思主义的理论传统源于对黑格尔"市民社会"理论的批判，强调"市民社会"中存在着剥削、压迫和不平等的一面。要解决市民社会中存在的诸多问题，国家干预是必不可少的。因此，无论是在东方还是西方的社会主义理论中，依靠国家来解决各种社会问题的思想根深蒂固。

"二战"后，"公民社会"概念由于西方马克思主义理论家葛兰西（Antonio Gramsci）的著作而再度风行，这掀起了20世纪西方理论界对"公民社会"讨论的第一次高潮。"葛兰西重新启用公民社会这一术语，将其描绘成独立政治活动的特定核心和反对专制统治的一个至关重要的领域。"⑥ 出于对马克思主义过分强调经济因素的纠正，葛兰西主张重新理解公民社会，他把"公民社会"重新界定为制定和传播意识形态特别是统治阶级意识形态的各种私人的民间的机构，包括教会、学校、新闻舆论机关、文化学术团体、工会、政党等。葛兰西的"公民社会"理论认为，"意识形态维持一个特殊阶级的统治和社会大多数人日常的

---

① 约翰·基恩：《市民社会与国家权力型态》，邓正来，〔英〕J. C. 亚历山大编《国家与市民社会》，北京，中央编译出版社，1999，第112页。
② 《潘恩选集》，马清槐等译，北京，商务印书馆，1981，第3页。
③ 浦兴祖：《西方政治学说史》，上海，复旦大学出版社，1999，第292页。
④ 《潘恩选集》，马清槐等译，北京，商务印书馆，1981，第4页。
⑤ 《潘恩选集》，马清槐等译，北京，商务印书馆，1981，第3页。
⑥ 托马斯·卡罗瑟斯（Tomas Carothers）：《市民社会》，蒲燕译，《国外社会科学文摘》2000年第7期。

第10章 公共管理与公民社会

习惯行为的条件,让它们相互支持和加强。公民社会可被看做是一个特定的社会集团对社会全体的文化霸权;或者是一个国家统治的道德内容"。[1]

第二次"公民社会"讨论的高潮出现在 1989 年苏联东欧剧变以后。随着全球民主化进程、市场化浪潮与波及世界各地的新社会运动的发展,"公民社会"概念迅速传播流布,"各种不同用法和意义的公民社会概念……变得十分时髦"。[2] 许多民族国家的学者以西方经验为凭据,采用公民社会概念思考本国现实社会境况,探讨"公民社会"的可能性及必然性问题。"公民社会"理论成为世界一股重要的社会政治思潮,西方新左派学者、新自由主义理论家、新保守主义理论家争相投入到讨论的热潮中。

进入当代社会,公民社会研究的视界得到了相当的拓展。出于对全球公民社会的理性认识和对世界社团革命运动的呼应,也出于对权威主义国家的反制,公民社会在政治与社会形式多元化的维度上得到描述。在这里最典型的是用"公共领域"(public sphere)来阐明对公民社会的认识。"公共领域"是哈贝马斯(Jürgen Habermas)提出的概念。他对公民社会的讨论主要和 17、18 世纪的资产阶级公共领域范畴联系在一起。他认为,公民社会是独立于国家的私人领域和公共领域。私人领域指以市场为核心的经济领域,公共领域指社会文化生活领域。[3] "公民社会由那些在不同程度上自发出现的社团、组织和运动所形成。这些社团、组织和运动关注社会问题在私域生活中的反响,将这些反响放大并集中和传达到公共领域之中。公民社会的关键在于形成一种社团的网络,对公共领域中人们普遍感兴趣的问题形成一种解决问题的话语体制。"[4] 公共领域则成为调节国家与社会、公民关系的缓冲地带。哈贝马斯这样的诠释在西方产生了巨大影响。

由于西方社会传统的个人本位原则受到团体本位观的冲击,社群主义、法团主义、第三条道路等思潮日益张扬。这也充分说明了西方世界对公民社会与政治国家之间"对抗"关系的解析与重构。自由主义与社群主义作为西方政治哲学的两大主流,呈现出明显的对立与互补之势,其核心是重新思考国家行动的形式

---

[1] Cf. Zygmunt Bauman, *Socialism, The Active Utopia*, London: George Allen & Unwin Ltd, 1976, pp. 65 - 66.

[2] 琼·柯亨(Jean L. Cohen)、安德鲁·阿拉托(Andrew Arato):《市民社会和政治理论》,麻省理工学院出版社,1992,第Ⅶ页。

[3] 哈贝马斯:《公共领域及其结构转型》,上海,学林出版社,1999,第 170~171 页。

[4] Jürgen Habermas: *Between Facts and Norms*, Cambridge: Polity Press, 1996, p. 367.

公共管理学

和界限与市民社会的形式与界限，通过"双重民主化"来划分国家和市民社会，并促进其在互相依存的关系中实现转型，以期协调自由和平等、个人/群体与国家、私域与公域、个性与共性、普遍与特殊等等的对立冲突。① 总体而言，社群主义与自由主义的分歧在于两个基本方面。从方法论上说，自由主义的出发点是自我和个人，个人成为分析和观察一切社会政治问题的基本视角。所以自由主义的方法论是个人主义或"原子主义"（Atomism）。社群主义的出发点则是社群，各种各样的群体而不是个人成为分析和解释的核心范式。社群主义的方法论从根本上说是集体主义，它把社会历史事件和政治经济制度的原始动因最终归结为诸如家庭、社区、阶级、国家、民族、团体等社群。从价值观方面看，自由主义强调个人的权利，最重要的是个人的自由权利，个人的自由选择以及保证这种自由选择在公正的环境中实现是自由主义的根本价值。它认为，一旦个人能够充分自由地实现其个人的价值，那么个人所在的群体的价值和公共的利益也就随之而自动实现。社群主义强调普遍的善和公共的利益，认为个人的自由选择能力以及建立在此基础上的各种个人权利都离不开个人所在的社群。② 社群主义认为，自由主义发展所促成的集体主义价值观的衰退已经到了必须加以纠正的地步。社群主义者倡导的公共利益是对个人主义的挑战，它促成了新集体主义的到来。正如詹姆斯·W. 西瑟所言，"摩登时代政体的自由基础必须让位于——无论如何必须让位于——现代社会的一种更具有集体主义的基础"。③ 这种集体主义的基础要求一种共同体精神，以社会主义的社群主义观闻名的米勒就主张社群成员作为公民应担负着集体共同决策的责任。④

20 世纪 90 年代，超越左与右的第三条道路理论逐渐兴起，对政治国家与公民社会关系的探讨也呈现出多元化发展。第三条道路的积极倡导者，英国前首相布莱尔指出，"'第三条道路'是通向现代社会民主主义的复兴和成功之路。它并不是左派和右派之间的简单妥协，它力图吸取反对派和中—左派的基本价值，把它们运用于社会经济发生了根本变化的世界中，而这样做的目的是摆脱过时的意识形态"。⑤ 在他看来，"第三条道路"不是简单的中间道路，而是希望摆脱意

---

① 马长山：《国家、市民社会与法治》，北京，商务印书馆，2002，第 109 页。
② 俞可平：《社群主义》，北京，中国社会科学出版社，1998，第 3~4 页。
③ 詹姆斯·W. 西瑟：《自由民主与政治学》，上海，上海人民出版社，1998，第 135 页。
④ 戴维·米勒：《市场、国家与社群》，牛津大学出版社，1992，第 250 页。
⑤ 托尼·布莱尔：《第三条道路》，载杨雪冬、薛晓源《"第三条道路"与新的理论》，北京，社会科学文献出版社，2000，第 25 页。

识形态对立时代所限定的各种选择,是超越"左"与"右"的新选择。在政治国家与公民社会的关系上,第三条道路理论强调增进政治国家与公民社会之间的互动合作关系,一方面鼓励公民积极参与政治生活,更多地发挥民间组织的自主性,使之更多地发挥作用,参与政府的有关决策;另一方面,政府应该更加透明、高效、负责,加强法治和民主化建设,使之成为公众能够信赖的公共机构。从根本上说,第三条道路政治的指导性原则,就是深化并扩展双向民主,使"政府可以同公民社会中的机构结成伙伴关系,采取共同的行动来推动社会的复兴和发展"。[1]

纵观西方学界中"公民社会"概念的演变过程,其内涵三次大的分离显而易见:①公民社会同野蛮社会的分离,以商业化、政治化的城市的出现为标志,完成于希腊罗马时代;②公民社会同政治国家的分离,以代议制政治的形成为标志,完成于17~18世纪;③公民社会同经济社会的分离,当代西方社会正试图完成这一过程。从这一进程可以看到,人类总是在不断进行自我否定,不断被异化又不断超越异化。公民社会理论在中西政治哲学视域转向的时代背景下仍将是一个富有活力与实践性的主题。

综上所述,公民社会既指公民生活于其中的某种特定场域,又指具有相应社会功能的民间实体与个人集合体及其背后的社会关系。进而言之,在当代社会,公民社会是指独立于政治国家和经济市场外的公共领域及存在于其中的第三部门组织与个人的社会关系的总和,是与国家、市场鼎足而立的三种主要的社会力量和社会机制之一。

10.1.2 公共管理与公民社会的基本关系

人类社会的公共事务管理模式的演进经历了漫长的历史时期。从传统公共行政演变为当代的公共管理也历经近一个世纪。传统公共行政模式的主要特征是政府本位、权力本位和控制本位,是政府权力的单向度运行,这使社会力量受到压抑,社会公众与政府之间难于沟通,公众对政府监督制约的权利趋向虚化弱化。新公共管理运动的勃兴直指传统公共行政管理模式日益凸显的种种弊端,公共事务管理正在探求和建构一种更具民主性和包容性,能促进和保障社会多元力量参与并且互相制约的合作共治机制。从全球视野看,过去数十年间公民社会的蓬勃兴起,为传统公共行政模式向当代公共管理模式的转变奠定了日益拓展和坚实的

---

[1] 吉登斯:《第三条道路——社会民主主义的复兴》,北京,北京大学出版社,2000,第73页。

公共管理学

社会基础。同时，公共管理运动生气勃勃的发展也在强力促进公民社会的成长。概而言之，公共管理与公民社会之间在学理和实践层面的密切关系可见于如下方面。

1. 公共管理与公民社会理论在公共事务管理理念方面的契合

二者都认为，传统公共行政由政府垄断公共管理权力，实行单一主体和权力单向度运行的管理有明显的缺陷，公共事务管理应该通过政府机构和民间组织及公民的共同努力来完成；二者都主张公民有权参与公共管理，认为公共管理主体应该多元化，强调发挥公民社会力量在公共事务管理中的作用；二者都认同社会自主自由理念，重视并尊重公民的自主权和参与权；二者都认为政府权力作用应该有严格的法定边界，政府之外的社会力量有权制约政府。

西方学者所提出的关于公民社会的基本价值和原则主要包括如下五个方面。①个人主义。个人主义的假设一直是公民社会理论的基石。它假设个人是社会生活的基本单位，公民社会和国家都是为了保护和增进个人的权利和利益而存在的。②多元主义。它要求个人生活方式的多样化、社团组织的多样性、思想的多元化。维系这种多元主义的是宽容和妥协的文化。③公开性和开放性。政务活动的公开化和公共领域的开放性是公众在公共领域参与及互动的前提条件。④参与性。强调公民参与社会公共生活与制约国家权力，这是公民社会理论的一个重要内容。⑤法治原则。强调要从法律上保障公民社会与国家的分离，在社会三元构成的框架下还要保障它同经济系统的分离。坚守法治原则的目的是要划定国家行为的边界，反对国家随意干预公民社会内部事务，从而保证公民社会成为一个真正自主的领域。① 其中，多元主义、公开性和开放性、参与性和法制原则等也都是公共管理的基本理念与原则。

2. 公民社会是构成公共管理主体的重要组成部分

公共管理的基本特征之一是多元主体合作共治。公民社会作为公共管理主体体系的重要组成部分，主要是通过其运行载体即第三部门来实现。第三部门与政府共同承担公共管理职能，与政府共同分享公共管理权力。并且，公民社会通过第三部门的作用制约政府权力，促进政府与民众的合作，增强公民的政治认同感，促进善治的实现。

传统公共行政中政府是唯一合法的公共管理主体，政府之外的组织被认为没有资格和能力参与公共事务管理，被排斥在管理"硬核"之外。公共管理扬弃

---

① 何增科：《公民社会与第三部门研究引论》，《马克思主义与现实》2000 年第 1 期，第 28 页。

了传统公共行政政府一元化管理主体的模式，社会组织和企业组织共同参与到公共事务管理进程中，形成以政府为中心的多元构成的公共主体体系。从管理主体角度看，公共管理取代传统公共行政意味着管理主体格局从政府一元主体到多元主体共同参与管理的转换和变迁。现代政府治理理论认为，政府必须有所为有所不为，无所不在、包揽一切的政府不仅是低效的，而且是违背公民意愿的政府。依据公共管理的理念，政府、市场和公民社会都可以成为公共物品的提供者。各主体介入公共物品供给的范围、程度和方式，以及其中两者或三者同时介入的可能性，取决于其是否能满足增进公共利益与符合效率的原则。

公共管理运动的出现和公民社会的兴起意味着公民社会权力的扩大和回归，其结果是形成公民社会和政府一起共享公共权力的格局。这种共享的权力结构更具有合法性和制约性。公民社会的成长加强了对政府权力监督制约的可能性。现代善治理论认为，善治就是实现公共利益最大化的社会管理过程，它是现代公共管理追求的目标。善治的本质特征，就在于它能实现政府与公民对公共生活的合作管理。善治的基础在公民社会，没有一个发达和成熟的公民社会，就不可能有真正的善治。

3. 公民社会的勃兴与公共管理的关联性

（1）公共管理模式的兴起与公民社会的发展有密切的相关性。20世纪后期以降，各国政府普遍面临着一些相似的巨大压力与挑战。经济、技术发展所引发的全球化和信息化浪潮，官僚制公共行政模式缺陷带来的种种弊端和政府效率低下所导致的政府危机，构成了推动公民社会发展和全球性行政改革的双动力。这"一系列独特的社会和技术变化，以及酝酿已久的对国家压力的信心危机"，[1] 构成了全球公民社会发展和公共事务管理模式嬗变的共同背景。

正是这样的社会、经济和政治环境，大大促进了第三部门——公民社会运行的主要载体的发展。罗伯特·达尔认为，"政治资源的配置方式，直接影响着政府公共权力的治理边界"。[2] 在现代工业社会，政治资源的分配不同于农业社会中的"累积—集中"模式，而是呈"弥散—辐射"模式散布，这样就改变了在传统农业社会中政府对政治资源的绝对垄断，并日益导致社会政治资源及其他社会资源聚集的多中心格局。而在后工业社会，这种趋势的发展日益加速和深化，政府权能的有限性及其公共物品和公共服务供给的非专有性已经日渐深刻地被人

---

[1] 何增科：《公民社会与第三部门》，北京，社会科学文献出版社，2000，第224页。
[2] 〔美〕罗伯特·达尔：《现代政治分析》，上海，上海译文出版社，1987，第107页。

们所认识。现代社会中民主化进程的发展和公民政治参与诉求的日益增强，更使得政府不可能以强权逆转历史发展的大趋势。因此，致力于服务公共利益而又能有效提供公共服务的第三部门，就能应运而生并取得政治合法性，而它的迅速发展引发了在更大程度上与政府的竞争和公众对政府的信任危机。诚如萨拉蒙所指出的，人们对于国家作为发展代理者的局限性和富有吸引力的第三部门机构的优势正在日益达成共识。

（2）公共管理模式的勃兴为公民社会的发展开辟了广阔的道路。公共管理模式的产生和发展是对传统行政模式的批判、发展和超越，是对人类社会公共事务管理方式的与时俱进的改革和创新。其一，以收缩和重新界定政府的作用范围为改革的重要内容，将部分政府职能转移到市场或社会或与后者共同来完成，对公共企业或公共物品的供给方式采取了不同形式和程度的民营化措施，并放松政府对经济和社会生活的管制和干预。其二，充分运用各种政策工具，采用各种新的方式来提供公共物品和公共服务。其三，进行了以适度分权为指向的管理体制改革。这样的分权，本质上是在资源配置包括公共资源配置方式上弱化或削减政府的专属权或优先权，遵从经济社会运行的规律向市场和社会分权。上述种种政府管理改革的举措，使政府体制之外的社会力量的作用空间得到不断扩展。同时，在改革过程中，政府也意识到扶助和支持第三部门的发展对于维系社会稳定与政府合法性的重要意义，并不同程度地采取了行动。这主要包括对第三部门合法性的确认与法律保障、有关政策的制定及积极的资助等。所有这些，无疑都大大有利于公民社会的成长和发展。

4. 公民社会兴起促进公共管理模式的发展

（1）公民社会的发展必然要求更多地参与公共管理、共享公共权力。前工业社会的统治型行政模式以集权和专制为其特征，社会管理的主体只能是政府，并且政府的权力高度集中，形成了独断专行的王权或皇权。工业社会的官僚制管理行政模式的出现，是历史的巨大进步。这一范式以经济、效率等工具理性为主要价值取向，以为社会经济发展创造良好条件为主要任务，以民主和法治为其运行体制的基础，管理行政范式所凸显的是政府的管理功能。但是，在这一模式中，政府无疑仍然是处于权力中心的主导地位，是政府权力本位，民主或是说公众的真正参与是有限的。当代公民社会的蓬勃发展进一步打破了政府独掌公共权力的格局，进一步促进了政治资源和其他公共资源的多元分布的发展趋势。第三部门在政治参与和提供公共物品与公共服务方面所体现的活力和效率，是触发和推动公共管理改革运动兴起的重要因素。当代公共管理模式也正是在这样的历史潮流中得以勃兴和建构。

（2）公民社会的发展必然要求公共管理的社会化。公共管理的主体多元化的发展，原先由政府一家独揽的公共管理职能部分地转移到社会，政府与社会合作共同提供公共物品公共服务。虽然第三部门承担了管理行政模式下政府部分公共管理职能，但其在本质上仍属于民间力量，并非政府本身或其延伸机构，因而可以说第三部门的发展实际上促进了社会自治。更为重要的是，这样做能有效消除以往公共事务治理中的"治理盲区"和"治理软肋"。萨拉蒙指出，"大量依靠第三方来进行公共服务工作的这类做法，事实上已成为联邦政府在国内问题上的标准操作模式了"，第三部门"实际上已经成为提供集体商品的优先机制"。[①] 由此，就促进了公共管理的社会化。

（3）促进公民社会的发展是实现善治的根本途径。公民社会的成长壮大对制约市场和政府的权力带有根本性意义。换言之，市场经济只有在民主制度框架中和发达的公民社会中才能有效运转，政府运行只有在公民社会的有效监督之下才可能免于异化。一个发达的公民社会能够实现政府、市场和市民社会三者之间的良好合作。治理和善治的实质在于实现政府、市场与公民社会的良性互动。实现善治的过程就是要推动公民社会的发展，促进政府、市场与公民社会三者关系调适和整合的过程。因此，促进公民社会的发展，大力发展非政府组织，加强政府与非政府组织的合作，充分发挥社会多元主体的作用，对于不断改善公共管理，形成公民社会与政府、市场之间的良性互动，特别是发挥公民社会对政府与市场的监督制约作用，推进善治的实现具有根本的意义。

由上述分析可知，在公民社会与公共管理之间，在很大程度上存在着相辅相成互为因果的互动关系。在这样的双向关系中，公民社会的勃兴与政府管理改革和公共管理模式的建构携手共进彼此受益。在当今世界各国正处于形成之中的社会多中心治理结构中，政府与公民社会之间的关系是既协商合作又互相制约。因此，可以明确地说，公民社会的发展壮大是公共管理改革运动的勃兴和公共管理模式的建构源源不竭的强大动力，而公共管理改革在理论和实践层面的不断推进又为公民社会成长创造了极好的机遇。

---

① 〔美〕戴维·奥斯本等《企业精神如何改革着公营部门》，上海，上海译文出版社，1996，第6、21页。

10.2 公共管理与第三部门

公共管理模式与传统公共行政的重要区别之一,就是社会治理主体的多元化。随着公共管理改革运动的发展,第三部门日益成为公共事务管理中的重要主体,其所表现出的优势和能量令人瞩目。对此,萨拉蒙的见解极富深意:"如果说代议制政府是 18 世纪的伟大发明,而官僚政治是 19 世纪的伟大发明,那么,可以说,那个有组织的私人自愿性活动也即大量的公民社会组织代表了 20 世纪最伟大的社会创新"。[①]

10.2.1 第三部门组织的内涵与类型

从实体层面分析,政治国家领域、市场经济领域和公民社会领域是人类生活最主要的三大领域,学界称之为三个部门。这三个部门都各自有其基本的组织形态。第一部门是以政府组织为代表的权力组织;第二部门是企业、公司等市场营利组织,以逐利或营利为目的;第三部门即是各种非营利的非政府组织,既非权力驱动亦非利益驱动,而是公益驱动。公民社会作为人类活动的一个基本领域,主要包括私人领域、志愿性社团、公共领域和社会运动四个方面的结构性要素。第三部门组织是公民社会运行的主要载体,公民社会是一个广泛的活动空间,而第三部门则是承载其使命的主要组织实体,是其中的核心要素。

1. 第三部门的定义

第三部门在不同的国家有不同的称谓,如独立部门(independent sector)、非营利组织(non-profit organization)、非政府组织(non-government organization)、志愿者组织(voluntary organization)、慈善组织(charitable organization)、免税组织(tax-exempt organization)、公民组织(civil organization)等。它是一个十分庞大的组织体系,所包括的组织范围十分广泛。由于第三部门组织在性质、形态、功能方面的区别,以及产生方式、运作方式、所处的法律制度和文化环境差异,人们的研究视角也有所不同,学界对第三部门的界定见仁见智,诸说纷纭。有论者将不同国家对第三部门的界定归纳为四种方式:第一种是给出法律上的定义。世界上很多国家在法律上对属于第三部门的组织有明确规定。第二种是依据组织

[①] 〔美〕莱斯特·萨拉蒙、赫尔穆特·安海尔:《公民社会部门》,转引自何增科主编《公民社会与公共部门》,北京,社会科学出版社,2000,第 257 页。

的资金来定义。第三种定义方式强调组织的目的或者功能。这种定义方法认为，只要某个组织的目的是促进"公共利益"或"团体利益"，就可算做第三部门。第四种是由美国约翰—霍普金斯大学非营利组织比较研究中心推荐的结构—运作定义。它的着眼点是组织的基本结构和运作方式。这种定义方法认为，凡是符合以下五个特征的组织都可被视为第三部门的一部分。①组织性：有内部规章制度，有负责人，有经常性活动。②民间性：在体制上独立于政府，既不是政府的一部分，又不受制于政府。当然，这并不意味着它完全不拿政府资助，或完全没有政府官员参加活动。③非营利性：组织的利润不能分配给所有者和管理者；可能赚取利润，但利润必须服务于组织的基本使命，而不能放进所有者和管理者的腰包。④自治性：组织自己管理自己，既不受制于政府或企业，也不受制于其他第三部门组织。⑤志愿性：参与这些组织的活动以志愿为基础。但这并不等于说组织收入的全部或大部分来自于志愿捐款，也不等于说工作人员的全部或大部分是志愿者。[①] 上述归类提供了探讨第三部门界定的一个较为宽泛的平台和视界。其中，第四种定义为较多学者认可。

综合学界的研究，基于理论维度、方法维度、实践（结社革命）维度和组织实体维度等方面的考察，可以认为，第三部门是政府组织和经济组织之外的以公共利益为目标取向、组织成员志愿参与的正式的自治性组织的总和。它具有组织性、非政府性、非营利性、自治性和志愿性五个主要特征。

2. 第三部门组织的类型

第三部门是一个十分庞大的组织体系，所包括的组织类型多涉及面广。研究者认为，第三部门的内部差别要比政府部门和经济部门内部差别大得多。英国政府的一个委员会在研究第三部门之后形象地说："这些组织与组织相互之间的差别好比蚂蚁与大象的差别，或寄居蟹与鲸鱼的差别"。[②] 因此，第三部门的类别划分对于我们更好地认识第三部门具有重要意义，虽然这并非易事。

分类的前提是分类标准的确立，而研究者分类标准的确立是依据研究目的来确定的。根据不同的分类标准，会产生不同的分类结果。一般而言，依据第三部

---

① 王绍光：《多元与统一——第三部门国际比较研究》，杭州，浙江人民出版社，1999，第 8~10 页。

② Wolfenden Committee（1978）. *The Future of Voluntary Organizations*. London：Croom Helm. 转引自王绍光《多元与统一——第三部门国际比较研究》，杭州，浙江人民出版社，1999，第 10~11 页。

门在社会中发挥的作用及其发挥作用的方式，可以将第三部门分为如下几种类型：学术研究、教育和知识传播型——主要包括各种学会、协会、非参与制的民办教育以及西方的教会学校；政策影响型——这些组织主要通过宣传、游说和政策倡导来影响政府或国际组织的政策制定；直接提供公共服务和物品型——例如各种慈善机构、环保组织和康复中心等。

依据第三部门是否得到政府的扶持与资助，可以把第三部门分成政府资助型和非政府资助型。前者是由政府扶持或得到政府资助的，它们的主要资源如资金、信息和人力等大部分来自于政府。后者的资源则主要来自政府之外的渠道，譬如营业收入、服务收费、个人捐助、企业捐助和国际非政府组织的资助等。研究表明，发达国家相当一部分第三部门组织的资源主要来自于政府，尤其是法国和德国。发展中国家政府要培育第三部门，促进第三部门发展，就需要对第三部门组织给予较多的资助。一般说来，政府资助型第三部门组织可能比较多地受到政府的支配和控制。但此亦不尽然，比如美国的许多第三部门组织都得到政府资助，它们的自主性也很强，这方面可以作为借鉴。发展中国家在培育第三部门时要注意发展其独立自主性，减少政府对第三部门组织的控制和第三部门组织对政府部门的依赖。毕竟，第三部门组织是具有自主性特征的组织，其功能的充分发挥须以此为前提。

依据第三部门行为主体的性质和功能，可以进一步把第三部门分为 17 类：产业部门、社会服务与社会福利、公共事务、信息与技术服务、卫生、体育、教育、文化艺术、新闻出版、科学技术、人文社会科学、环境能源、特殊性质企业行业组织、职业组织、地区组织、个人联谊以及其他组织。[①]

依据第三部门的活动范围和影响范围，可以把第三部门组织分为国际性、国家性、地方性和基层性的组织等。这些类型的第三部门组织之间的关系是相互作用并彼此合作的。比如，很多国际性的第三部门组织指导和资助发展中国家或地区第三部门组织；发达国家的第三部门组织对发展中国或地区的第三部门组织也有类似的情况；基层性和地方性的第三部门组织会参与国家性乃至国际性第三部门组织的活动。

依据第三部门组织所在国家的发展程度，可以分成发达国家和发展中国家的第三部门组织。由于各个国家的社会发展程度不同，社会制度和文化传统也有区

[①] 俞可平：《中国公民社会的兴起与治理的变迁》，转引自俞可平《治理与善治》，北京，社会科学文献出版社，2000，第331页。

别，其第三部门组织也表现出不同的特点。一般而言，发达国家的第三部门组织有较强的公民社会传统，有较为宽松的法律制度环境，能更多地获得社会成员的信任，因此也相对容易获取它们所需的社会资源。

依据第三部门组织对政府的依赖程度和政府对第三部门组织的控制程度，可以分为半官方的和纯民间的第三部门组织。半官方的第三部门组织主要在发展中国家。有些国家由于政治体制是集权式的，政治统治在社会中占绝对的优势地位，社会自主自治的空间非常有限，许多名义上的社会组织原先实际上承担着政府的功能，对政府完全依赖，它们实际上是政府组织的延伸。随着社会的发展和集权体制的松动，其中一部分社会组织在一定程度上脱离了政府的控制，或者在政治权力控制与社会自治的中间地带生长出新生的"社会组织"。这些组织按照第三部门组织的规则运行，在很多方面具备第三部门的特征，并且朝着自主的第三部门的方向发展，因此可以把它们归为准第三部门组织。具有比较完全意义的纯第三部门组织，才能称之为具有较强自主性的第三部门。在现阶段的中国社会，完全符合标准的非政府组织几乎不存在，但又确实存在着一些从行为和运作机制上不同于政府和企业的社会组织，学者出于推动和促进第三部门发展的意愿考虑，把它认定为非政府组织。[①] 这样比较宽泛的界定，有助于促进发展中国家或转型国家第三部门组织的发展。

依据第三部门的本质特征，可将其分为如下类型：同业组织、行业管理组织、慈善性机构、学术团体、社区组织、职业性利益团体、公民的自助组织、兴趣组织以及非营利性咨询服务组织等。一些国际组织和发达国家的相关组织为了管理、统计或者研究的需要，对第三部门组织进行更为细致的类型划分。例如联合国的国际标准分类系统曾将世界各国的经济活动划分为60个组别，其中第三部门为其中的一组。依据该分类系统，第三部门组织可以归类为：教育；健康与社会工作；其他社区与个人服务活动。霍普金斯比较项目从实践中摸索出了一套对非营利部门活动领域分类的国际标准，即《全球公民社会》对各国非营利部门统计采用的"非营利组织国际分类"（International Classification of Non-profit Organizations，缩写ICNPO）。这套分类体系基于"国际产业分类标准"（ISIC），再依据各国本土非营利组织的经验扩展而形成，它将非营利组织分为文化娱乐、教育研究、卫生保健、社会服务、环境保护、发展与住宅、法律倡导与政治、慈善中介与志愿促进、国际、宗教、商业和专业协会工会、其他等12大类，每一

[①] 王名、贾西津：《中国NGO的发展分析》，《管理世界》2001年第8期，第30~43页。

大类又分为若干小类，共 27 亚类。这样的分类为第三部门组织的分类研究建构了很好的参考框架。①

10.2.2 第三部门参与公共管理的优势与功能

如前所述，第三部门组织的兴起体现了在新的历史条件下政治国家与公民社会关系的调整。当代公共管理的主体是以政府为核心的多元体系，第三部门组织成为公共管理主体体系的重要构成部分。第三部门组织参与公共管理有其不可替代的优势和特点，促进当代公共管理的改善和优化必须充分发挥其作用。

1. 第三部门参与公共管理的优势

民间组织在西方社会的发展中起了巨大的推动作用。民间组织的重要能量体现在它的亲和力、互动力、协调力和聚合力。查尔斯·泰勒认为，"我并不能孤立地，而只能通过部分公开、部分隐蔽的对话和协商，来发现我的特性（identity）……我自己的特性本质上依赖于我与他人的对话关系"。② 这就是说，个体人格特性并不是第一性的独立存在，它是与周围的他人交流商谈的结果。而民间组织的共同实践和交往正是个人权利产生的途径和基础。关于独立的多元社会组织的作用，达尔指出，在一个大型的民主政体中，独立的组织是民主过程本身的运转所必需的，其功能就在于使政府的强制最小化，保障政治自由和改善人们的福利。当然，达尔也看到，"组织也应当像个人一样拥有一些自治，同时也应该受到控制"。③ 奥斯本和盖布勒认为，在提供公共服务方面，民间组织和政府部门各有其优势和劣势。民间组织的优势在于：①民间组织更容易接近服务对象；②民间组织更灵活地对服务对象的需求做出反应；③民间组织更适合处理高风险的社会问题。④ 因此，民间组织在很多方面可以成为政府部门的助手，政府部门与民间组织的合作将会提高社会的福利水平。在社会公共生活中，不同部门的社会组织适应于不同的任务。表 10-1 对此做了很好的比较。

---

① 莱斯特·M. 萨拉蒙：《全球公民社会——非营利部门视界》，北京，社会科学文献出版社，2002，第 302~509 页。

② Charles Taylor, *The Ethics of Authenticity*, Cambridge, Massachusetts: Harvard University Press, 1991, pp. 47-48.

③ 〔美〕罗伯特·达尔：《多元主义民主的困境》，北京，求实出版社，1989，第 1 页。

④ 〔美〕戴维·奥斯本：《改革政府：企业精神如何改革着公营部门》，上海，上海译文出版社，1996，第 328 页。

表 10-1 每一部门最适合的任务

每一部门最适合的任务 (E = 有效果；I = 无效果；D = 取决于环境)	公营部门	私营部分	民间组织
最适合公营部门			
政策管理	E	I	D
管理实施	E	I	D
实行公平	E	I	E
防止歧视	E	D	E
防止剥削	E	I	E
提高社会凝聚力	E	I	E
最适合私营部门			
经济任务	I	E	D
投资任务	I	E	D
产生利润	I	E	I
提高自足的能力	I	E	D
最适合民间组织			
社会的任务	—	—	—
需要志愿劳动的任务	D	I	E
产生微利的任务	D	I	E
提高个人的责任心	D	I	E
加强社区	I	D	E
提高对他人福利的责任心	D	I	E

资料来源：戴维·奥斯本著《改革政府：企业精神如何改革着公营部门》，上海，上海译文出版社，1996，第 328 页。

具体而言，第三部门组织的优势主要体现在如下几方面。
（1）贴近民众的优势

第三部门组织是由公民自愿组织而形成的以公益为取向的公民社会组织。较之政府组织强制求公益，其所彰显的是志愿性特色；较之市场组织以自愿求私利，其公益取向使之和公众的联系更紧密，更易于与公众建立互信。第三部门组织为社会公众所提供的服务更具有针对性和灵活性，例如一些第三部门组织以社会弱势群体或边缘性社会群体为服务对象,因而能更好地满足公众的各种需要。第三部门组织坚持自助、互助、助人的原则和自主解决社会问题的精神,可以减少市场机制的负面效应,超越政府机构的官僚制弊端,因而能更多地得到公众的支持和认同。第三部门组织往往是由具有强烈使命感的人所发起的,其成员和支持者也是对该事业具有奉献精神者,因此他们对组织具有的强烈归属感和责任感,工作更为尽职尽责,这在志愿组织中表现得更为明显。此外,较之其他的社会组织,第三部门组织具有更强的向心力和凝聚力。这种无形资本的优势,其他组织难以匹敌。上述所有这些方面的特点使第三部门组织具有贴近民众、获得民众的合法性认同的优势,这是其获取社会资源的重要条件和基础。

(2) 行动灵活的优势

人们经常批评政府部门冷漠呆板、形式主义、官僚作风、文牍主义和不负责任,政府机构的行为习惯于将复杂多变的社会事务套用简单划一或过时失效的条文,处理复杂的公共问题倾向于"一刀切"。政府部门由于体制僵化和受各种繁文缛节的制约,对新出现的社会问题反应迟缓。而第三部门组织作为非官僚制非营利性组织,可以依据环境变化灵活地调整自己的组织结构、战略和行动计划,以回应各种挑战,从而可以更好地为公众提供公共物品和公共服务。现代社会人们的价值和信念多元化的趋向日益凸显,公众对公共物品的需求更为个性化和多样化,并且更具有变动性。在这样的情况下,第三部门组织反应迅速,行动灵活,更能够有效发挥其作用,拓展其活动的空间。

(3) 敢于创新和善于创新的优势

第三部门组织较少受到体制和利益等方面问题的掣肘,在公共管理改革中往往能开风气之先,对公共管理中出现的新问题进行创造性处理。比如,在美国,民权事业、环保事业、妇女运动、对少数民族的保护等重要的社会变革都是由第三部门组织发起的。实际上,现代西方社会不少公共服务都是由第三部门开创的,后来才得到政府的认可和支持。[①] 第三部门的这种创新既有技术方面的创新,也有制度方面的创新,甚至成为体制变革的先导性力量。如印度的社会初级保障体系,无烟炉、卫生厕所的发明和推广等都是第三部门组织主持完成的。第三部门的创新性增强公共管理的变革机制,增强其适应性和回应性,有利于推进公共管理从传统公共行政僵化保守的形象转变为富有朝气和活力的新

---

① 王绍光:《多元与统一——第三部门国际比较研究》,杭州,浙江人民出版社,1999,第 58~59 页。

形象。

（4）专业性优势

政府作为形式上的社会公共利益唯一合法代表，必须考虑社会总体利益及其与各方利益的平衡，否则难以建构和维系其合法性。而针对特定问题，照顾特定对象恰恰是第三部门组织的特长和优势，也是其获取社会资源的重要条件。第三部门组织的专业性使第三部门更具效率和效能，并且由于其民间地位更便于起到某种协调作用。比如，在爱尔兰，涉及儿童福利的政府机构有三个：司法部、教育部和卫生部。遇到儿童无家可归的问题，三个部门往往互相推诿，逃避责任。面对政府的官僚作风，以帮助无家可归的儿童为己任的非营利组织不得不经常奔走于三个部门之间，促使它们共同承担照料这些孩子的责任。[①] 第三部门组织的专业性优势还体现在它们的技术性优势，它们因之而能积极有效地参与处理各种专业性很强的问题，例如公共决策咨询、教育和公共卫生问题、环保问题、珍稀和濒危动植物的保护问题等。

（5）广泛性优势

第三部门组织的活动所覆盖的领域非常广泛，在政府机构不愿或无法顾及的范围，第三部门组织可以成为提供公共物品和公共服务的主体，起到拾遗补缺的重要作用。一方面，随着现代社会的发展，人们的需求日益多样化，政府统一的政策和管理行为难以充分满足社会各种各样的需要。另一方面，在不同的时期，政府由于人力、物力和财力等资源方面的局限，在某些公共服务范围难以介入或难以很好地介入。在这样的情况下，第三部门组织以其覆盖面广、灵活机动、应变性强等特点，可以设法积极介入，因而比政府更有能力和更好地满足社会不同群体特别是少数群体和边缘群体的需求。

2. 第三部门组织参与公共管理的功能

第三部门组织能够通过多种方式参与公共管理活动，承担公共管理的责任，发挥其多方面的功能。第三部门组织能够通过与政府、市场的良性互动，为实现、增进和维护公共利益作出特别的贡献。

（1）第三部门是推动经济发展，解决社会就业的一支重要力量

第三部门组织的活动能弥补政府社会发展资金的不足，创造相当比例的国民生产总值，并为社会提供大量的就业机会。莱斯特·萨拉蒙的调查数据表明，在纳入其调查范围的22个国家中，即使排除了宗教团体，22个国家的非营利部门

---

① 王绍光：《多元与统一——第三部门国际比较研究》，杭州，浙江人民出版社，1999，第56页。

构成了一个 1.1 兆美元的产业，非营利支出平均达到国内生产总值的 4.6%。如果将这些国家的非营利部门比作一个单独的国家，那么它将成为世界第八经济大国，比巴西、俄罗斯、加拿大和西班牙还要领先。这些国家的非营利部门雇用了将近 1190 万全职工作人员，相当于这些国家最大私营企业就业人数总和（330 万）的三倍多。非营利就业占所有非农就业的近 5%，占所有服务行业就业的 10%，占所有公共部门就业的 27%。非营利部门还吸引了相当数量的志愿力量。实际上，这些国家中平均占人口总数 28% 的人向非营利组织贡献了他们的时间。如果将志愿者的贡献也计入其中，非营利组织提供的就业机会则相当于 2960 万全职工作人员，占到这些国家非农业总就业的 7%，占服务业就业总数的 14% 或公共部门就业总数的 41%。如果包括教会组织，非营利组织的规模还会扩大。[①]

（2）第三部门能为社会提供广泛的公共服务

第三部门组织能够通过社会捐助，动员社会各方面资源参与社会发展，帮助政府解决一些容易被忽视的边缘问题。例如，从 1990 年的数据来看，第三部门在下列国家各服务项目中所占的比例如下：[②]

在德国，每 10 个住院病人护理中的 4 个以及几乎所有的运动设施；

在法国，1/3 的儿童护理以及 55% 的居民护理；

在美国，半数以上的医院床位以及 1/2 的大学；

在日本，75% 以上的大学；

在英国，20% 的初中和高中教育；

在意大利，40% 以上的居民护理设施；

在瑞典，40% 的新建或翻修的居民房屋。

第三部门主要为社会成员提供政府和市场不愿、不便或不能提供的两种服务，即中介服务和直接服务。中介服务是将需要者和提供帮助者联系起来，如各级工会组织提供的就业咨询及指导服务，将欲就业者与用人单位相联结。直接服务即对有需要人士提供直接服务，包括为老人、残疾人、少儿及普通居民提供的各项社区服务。

（3）第三部门在维护公民权益、制约公共权力和促进民主政治建设方面发

---

① 〔美〕莱斯特·萨拉蒙：《全球公民社会——非营利部门视界》，北京，社会科学文献出版社，2002，第 9～14 页。

② 〔美〕莱斯特·萨拉蒙：《公民社会部门》，参见何增科主编《公民社会与第三部门》，北京，社会科学文献出版社，2000，第 260 页。

挥积极作用

第三部门组织参与公共事务管理、分享和制约公共权力以及第三部门自主管理组织内部事务，都是对政治民主化进程的推动。收缩政府权力和职能范围、放权和还权于公民社会，让公民自主管理并参与管理，以法律规定政府和社会的行为边界，既是第三部门发展的必然要求，也是民主政治建设的重要内容。在这一层面，第三部门的发展与民主政治的建设相互推动。第三部门发展与民主政治携手共进的正相关还表现在，第三部门组织发展进程中自由结社、自我管理的社会生活不断增强了公众的权利、平等、民主和自由的理念，增强他们的政治参与意识和政治民主诉求；同时，政治民主化进程的发展有赖于这些价值观念不断深入人心，并在社会公共生活的实践中获得积极的回应。

（4）第三部门对于激发和增进承担社会责任和服务公益的公民精神，促进自律性社会秩序的形成与维护社会的稳定有重要作用

政府是通过外在于社会的强制力量来维持社会秩序，第三部门组织则不同，它依靠价值的认同和社会的自律来实现维系秩序。第三部门组织的成员是自愿参与，他们集结于某一组织的旗帜之下是基于对共同目标和价值理念的认可。他们的目标通常与反对战争维护和平、维护社会公平正义、保护环境维护生态、扶贫济困帮助弱者等相联系，带有很强的道义与伦理价值的色彩，因此有利于激发组织成员乃至社会成员勇于承担责任和积极奉献的公民精神。其组织成员之间、组织成员与社会公众之间易于形成相互的理解、支持与互助。并且，第三部门组织的运行方式主要是沟通、协商与互动合作，而不是强制与控制，这也大有利于其组织成员与社会成员自律、自治与自强精神的培育与发展，从而有利于促进社会秩序的稳定。

（5）第三部门对社会资本的积累有积极贡献

社会资本是法国社会学家皮埃尔·布迪厄提出的概念，普特南把它解释为"能够通过推动协调的行动来提高社会效率的信任、规范和网络"。普特南的话可以从三方面进行理解：社会资本主要是主观态度和价值观，它促使人们相互合作、信任、互惠、理解和同情；它主要体现在与个人或组织有关的社会关系之中；社会资本是社会结构和社会关系的一种特性，有助于推动社会行动和搞定事情。[①]

[①] 李惠斌、杨雪冬主编《社会资本与社会发展》，北京，社会科学文献出版社，2000，第 11～12 页。

社会资本属于意识层面,在社会实践中产生并发展。普特南认为,社会资本产生于社区中的个人自愿共同为增进集体利益(或公共利益)所做的努力,它们常常在一种志愿组织的实践过程中得以完成。社会资本的积累是国家或地区的繁荣和有效民主机制建立的前提条件。而民间自助社团参与公共生活十分有益于社会资本的建立和积累。"对于民主制度的绩效来说,至关重要的是普通公民在公民社会中充满活力的群众性基层活动……在那些制度绩效高的地区,存在着许多社团组织。"[①] 在各国的实践中,第三部门组织通过资源配置、服务传递、公民教育等方式,促进了公民参与,加速了社会资本的形成和转化,为公共管理的有效运行提供了必不可少的社会支撑。

3. 第三部门兴起的理论基础

(1) 市场失灵/政府失灵论

市场失灵论认为,由于公共物品具有不可分割性和非排他性,使得购买公共物品的人无法阻止别人免费享用公共物品即"搭便车"现象。既然"免费搭车"现象存在,那么,愿意花钱购买公共物品的人必定不多,这样就会造成公共物品的匮乏。可见,大多数公共物品无法通过市场机制来提供,因而在此市场出现失灵。

市场失灵说明政府干预的必要。但是由于公众对公共物品需求差异的存在,政府提供公共物品时往往倾向于满足大多数处于中间状态的受众的选择偏好。而一部分人对某些公共物品的超量需要和某些特殊需要得不到满足,由此产生了政府失灵。在这种情况下,具有拾遗补缺功能的第三部门组织应运而生。它可以为对某些公共物品需要量较大的人提供额外的服务,为特殊需要的人群提供适宜的公共物品。

(2) 契约失灵论

上文论及的是第三部门组织在提供公共物品方面的作用,实际上,在提供私人物品方面第三部门也发挥作用。对此,市场失灵论和政府失灵论并没有做出解释,而契约失灵论则对此做出了分析。契约失灵论认为,在某些领域,如医院、养老院、私立学校等,消费者往往缺少足够的信息来评估服务的质量,要么是由于服务购买者不是最终的消费者,要么是服务本身太复杂或信息不对称,消费者对它难以评估。而营利性企业在逐利目标的驱使下往往利用自己在信息不对称中的优势地位以次充好、以少充多,谋求利润的最大化,在这种情况下,一般的契

---

① 〔美〕罗伯特·普特南:《使民主运转起来》,南昌,江西人民出版社,2001,第3页。

约机制无法帮助消费者有效监督生产者的行为,从而出现契约失灵。因此,必须寻找一种可以降低监督成本的制度安排,而非营利性组织不得分配利润的原则使它符合这种要求,有利于契约关系正常履行。

(3) 委托—代理理论

委托—代理理论的假设和分析框架被普遍地用于描述在所有权与控制权两权分离和利益分割的状况下,委托人和代理人之间的关系模式以及行为动机与规则等问题。它指向一个代理人能否按照契约规定的权限和委托人的意愿,来代替委托人采取行动。依据这一理论,政府与第三部门应该建立一种委托—代理关系,即政府为实现自己的目标而将提供某些公共服务的任务委托给非政府组织来承担,二者之间达成一种依赖各自比较优势的分工,政府负责资金动员,第三部门负责提供服务,二者的合作可以使双方各自发挥出自己的优势。这样做,有利于节约成本,提高效率和满足社会公众的需要。

(4) 交易成本理论

交易成本理论是新制度经济学及产权理论的核心。该理论认为,进行一项交易从开始到完成,整个过程所产生的交易成本分为五个方面:第一,搜寻成本,即寻找标的物与合作伙伴的成本;第二,议价成本,交易双方从没有共识到逐渐达成共识所花费的成本;第三,缔约成本,即将双方达成共识的规约形成文本所需的成本;第四,监督成本,即防止被欺骗或对方懈怠所必须付出的成本;第五,执行成本,即致力于使合同条款能得到遵守和执行所付出的成本。在经济活动中,无论是增加还是减少中间环节,或是改变某个环节,目的都是为了降低交易成本。而合理的制度安排和制度创新,能有效地控制与减少交易成本的支出。从交易成本的视角看,政府通过制度创新将一部分公共物品和公共服务供给的职能下放,由第三部门组织来承担,可以达到降低成本,节约公共资源的目的。

(5) 供给理论

上述两种理论从需求的视界揭示第三部门组织存在的原因,而供给理论则从供给的角度分析问题,解释建立第三部门组织和提供服务的意愿诱因,说明为什么有人愿意花费时间、精力和金钱进行非营利性活动。组织非营利活动的个人和团体有不同的动机,归纳起来有三类:以非营利活动获取私利(包括金钱、地位、荣誉和权力等);有利他色彩的动机,但也期望获得某种回报,包括精神上的快慰;纯粹利他主义的。前两者是工具主义的,后者是内在价值的驱动,也是最主要的。社会良知、道义伦理以及对弱者苦难的同情心和悲悯心,对于建构和维系文明健康的社会是巨大的助力。这样的价值理念推动人们为公益和利他的目的组织起来,并建立互信关系,共同致力于服务社会和促进社会进步的活动。这是第三部门组织得以存续和发展的强大动力。

(6) 公共权力制约论

虽然在很多国家都对公共权力实行不同程度的分权制约以及政府内部的权力制约,但是仅依靠这样的制约无论是范围或是力度都有局限。要加强对公共权力的制约,最根本的是要依靠社会的主人——公众的力量。但是,公民作为个体的社会成员是分散的,力量很有限。因此,必须通过社会成员联合组成各种组织,形成强大的公民社会,才有可能真正实施对公共权力的有效制约。第三部门组织的发展壮大的关键意义之一,正是因为其能在制约公共权力方面发挥重要作用。

(7) 公共选择理论

公共选择理论认为,就私人物品而言,消费者对其偏好显示体现为在一定时期的市场价格水平下对它的认可度,这可以从消费量上得到体现。也就是说,根据谁受益谁支付的基本原则,私人物品的偏好显示是极为明显的。然而,就公共物品的消费者偏好显示问题而言,情况就很复杂。公共物品本身的特性导致了搭便车行为,这引起了公共物品的消费者偏好显示的扭曲。公共物品是具有非竞争性和非排他性的特点。这两个特点导致公共物品消费过程中的"逃票乘车问题"。由于消费者无论对公共物品的供给是否做出了支付,他都可以消费公共物品,这就可能产生两个结果:"(1) 消费者力图使他对公共物品的贡献小于他从公共物品中获得的利益;(2) 消费者力图隐瞒他对公共物品的真实偏好。"[①] 因此,公共选择理论认为,如果由市场来组织公共物品的生产,公共物品不是供给过剩就是供给短缺,因而公共物品的供给方式应当通过集体行动做出选择。

公共选择理论认为,公共部门的组织效率是劣于私人部门的,公共企业虽然承担了公共物品供给的任务,但其效率是低下的。因而,针对公共物品的供给问题所开出的处方是公共物品供给的市场化,这也为西方的新公共管理运动提供了理论支撑。市场化就是引入竞争机制,在政府、市场与社会三种主体和三种机制中,何种主体与机制能较好地提供某类公共物品,就应当由何种力量与机制介入。无需说,这也为第三部门组织承担部分公共物品供给的职能提供了强力支持。

(8) 社群主义理论

如果说20世纪70年代政治哲学的主要话题是新自由主义者的社会正义,80

[①] 〔澳〕休·史卓顿、莱昂内尔·奥查德:《公共物品、公共企业和公共选择——对政府功能的批评与反批评的理论纷争》,经济科学出版社,2000,第4页。

年代则是社群主义者的社群理论；到了 90 年代，社会正义和社群两者则同样成为政治哲学的主要话题。当代西方的政治哲学无论是在方法论领域还是在规范理论领域，都形成了新自由主义与社群主义（Communitarianism）两相对峙的局面。

社群主义认为，自由主义发展所促成的社团价值观的衰退已经到了必须加以纠正的地步。在社群主义者看来，社群是一个拥有共同的价值、规范和目标的实体，其中每个成员都把共同的目标当作自己的目标。因此，社群主义将集体主义作为方法论，将群体作为分析和解释社会问题的核心范式。社会历史事件和政治经济制度的原始动因最终被归结为诸如家庭、社会、阶级、国家、民族、团体等社群。它有两个核心观点：一是权力以及界定权力的正义原则都必须建立在普遍的善之上；二是普遍的善在现实中的物化形式便是公共利益，所以公共利益应该优先于个人权利。同时，个人权利的实现离不开所在的社群，只有公共利益的实现才能使个人利益得到充分实现。所以，只有公共利益，而不是个人利益，才是人类的最高价值。社群主义的兴起，为第三部门运动在政治哲学的层面上得到确证提供了思想基础，也为承认其在社会政治生活中的地位提供了理论支持。

上述多维理论从不同视界检视第三部门得以兴起和发展的原因，为理解第三部门结社浪潮的出现以及第三部门组织提供公共物品和参与公共管理的作用拓展了理论视界。正是由于这些理论的导引与支撑，全球结社革命蓬勃兴起，并在实践中为全球公共事务管理的改善做出了独特的贡献。

10.3　公共管理与公共精神

现代公共管理的内涵有三个本质特征：公共性、服务性与合作共治性。但是，这样的三个特征都是一种应然性要求，并非在任何特定的公共管理体系中都可以天然形成和产生作用。换言之，它们需要培育、维护、彰显与强化，以防止其虚化、弱化与异化。在公共管理中体现和贯彻其公共性，必须致力于在全社会特别是在政府官员中增进和弘扬公共精神。毫无疑问，公共精神是一种美德。但是，对公共管理者特别是政府官员而言，坚守公共精神不仅是一种道义层面的要求，它更是法律层面的要求。公共权力的行使者，包括政府、政府机构与政府官员必须坚守公共性和公共精神，这是基于公众授权的契约关系与社会基准价值所形成的对其行为的必然要求。

10.3.1 公共精神的内涵

对政府官员而言，秉持和坚守公共精神就意味着要以科学、民主和法治的方式运用政府的权力，服务社会和增进公众的福祉，意味着对公众诉求和期望应有的回应性和责任性，意味着要先天下之忧而忧，后天下之乐而乐。对于社会公众而言，就是对公共利益的自觉自愿的关爱和维护，对社会秩序的遵从和公德的维护，对社会公共事务管理的担当精神和奉献精神。那什么是公共精神呢？简言之，公共精神是对社会公共利益的确认、维护和奉献的理念，是把公共利益视为优于、先于个人利益的道德取向，是在社会公共生活中对社会成员共同生活所要求的行为准则、规范的认可和遵从。公共精神是公民社会得以成长的重要思想资源，也是现代社会公共管理得以有效运行的必不可少的价值基础。具体而言，公共精神包含如下要素。

民主精神。民主是政治哲学中一个历久弥新的话题。民主的内涵有价值和方式两种意义。民主价值论认为，民主追求和体现的是"主权在民"，人民是社会的主权者，国家的运行必须依据人民的意志，而不是越俎代庖"替民作主"。民主方式论认为，民主是少数服从多数、非独裁和非家长制的社会管理运行方式；社会各阶层都有政治参与的渠道与话语权，但这样的参与和表达应依据上述原则。显然，作为公共精神之一的民主精神也有这两方面的意蕴。首先，对公共权力机构而言，明确其权力源于公众，维护和谋求公共利益而不是少数人的利益，是其根本的宗旨。其次，在民主制度的框架下能够通过民主的方式共商国是，包括选任国家和各级政府的领导人，决定国家宪法、各种法律法规等；尊重和依从大多数人的意愿，同时尊重和保护少数人的权益。因此，究其根本，公共精神视界中的民主精神，是对公共利益和公众选择权利的体认、尊重和维护。对社会公众而言，坚守民主精神意味着对公共事务管理的积极参与、行使权利和奉献。

法治精神。任何一个有效率的现代政府都应该是秉持和坚守法治精神的政府。任何一个文明的现代社会都必须应该是坚守法治精神的社会。任何一个文明的现代社会的公民都应该是法治精神的遵从者和实践者。法治精神的核心是依法治国。这包含有两层意蕴：法律面前人人平等，所有合法公民都依法享有平等的权利，并承担平等的义务；任何个人、组织或政党都不能自外于法或凌驾于法，不能有超越法律的特权。依法治理国家必须做到"有法可依、有法必依、执法必严"。"政府的全部活动应受到预先确定并颁布的规则制约——这些规则能使人们明确地预见到特定情况下当局如何行使强制力，以便根据这些认知规划个人的义务"。① 各级政府、政府部门及其官员的行为都必须受到有效的监督制约。坚守和弘扬这样的法治精神，对于促进和实现社会的公平正义，促进公民社会的成长壮大，对于改善和优化公共管理，促进经济社会的发展繁荣至关重要。

公正精神。公正包含公平正义，是一种极重要的社会价值理念。秉持和坚守公正精神是维系政府合法性与社会良性运行的重要基石。公正精神的基本内涵是：确认社会成员都具有与生俱来的平等权利，这些权利不因为个人的地位、性别、种族、财富等状况的差别而有所不同；不认可任何导致不平等的特权；所有的社会主体都能依法获得平等的机会从事各种政治、经济及社会活动，并进行平等的竞争；公共权力的掌控者必须依法行政，平等对待无论是作为个体或是作为团体的社会成员。公正精神是政府运行必需的公共精神之一。对政府而言，公正精神还"要求公务员致力于更合理地分配公共物品和服务，要代表那些没有渠道参与公共政策过程的人，要追求公共的利益或更大的善，要尊重个人（公共雇员以及其他公民）的尊严并不遗余力地维护他们的权利"。② 政府是社会资源的权威分配者，它是否公正直接关系到各阶层公民的利益。即使公共政策的针对性有所差异也只能是为了实现公正，这就是罗尔斯所提供的方法，即社会结构和社会政策应当这样建构：它们允许存在的任何不平等都有利于社会地位低下的群体。③

公共服务精神。公共管理的本质特征之一是服务。二十世纪的公共哲学认为政府行政的最大目的在于提供公共的服务，政府是"公共服务的机关"。既然政府的权力源于公众的授权，政府就理所当然应该坚守公共服务精神，服务公众利益。坚守公共服务精神意味着政府管理的运行必须符合公民的愿望和需要。登哈特所提出的新公共服务理论认为，政府的职能是服务，而不是掌舵；为公民服务，而不是为"顾客"服务；公民权和公共服务比企业家精神更重要。公共行政官员有责任通过担当公共资源的管理者、公共组织的监督者、公民权利和民主对话的促进者、社区参与的催化剂以及基层领导角色来为公民服务。④ 充分体现公共服务精神的政府能够提供尽可能多的高品质的公共产品与公共服务。对于社会公众而言，也需要弘扬公共服务精神，致力于促进公益事业，服务国家利益，

---

① Hayek, Friedrich August Von (1944), *The Road to Serfdom*, London, Routledge Press 1944, p. 54.
② 乔治·弗雷德里克森：《公共行政的精神》（中译本），北京，中国人民大学出版社，2001，第101页。
③ 转引自乔治·弗雷德里克森《公共行政的精神》（中译本），北京，中国人民大学出版社，2001，第109页。
④ 丁煌：《西方行政学说史》（修订版），武汉，武汉大学出版社，2004，第409、411、413页。

公共管理学

这是现代公民社会得以成长的重要条件。

自律精神。自律是一种基于价值信念对自己道德和行为的自我约束，是对个人道德准则和伦理操守的坚持，更是对法律的敬畏和遵从。对一个现代社会的公民而言，自律就是无论是否处于监督之下都能自觉遵从和维护基于公共利益所制定的法律法规，遵从和维护社会公德。如果说，一个社会的政府官员和社会公众都需要有很好的自律精神，那么由于政府官员手中所掌握的公共权力能用于交易以牟取私利，自律精神对他们而言更是极为重要。政府官员身居公职，他们律己奉公不仅是道德层面的要求，更是法律层面上的义务。而且，政府官员特别是处于领导地位的官员，其身份也要求他们能够率先垂范，为社会公众遵守法律法规做出榜样。因此，在一个社会中倡导和弘扬自律精神，对于促进廉政建设和法治建设以及和谐社会的建设具有极重要的意义。

奉献精神。奉献精神是一种对人生价值追求的理念，是一种人生的境界。依据马斯洛的需求层次理论，奉献精神居于人生需求的五个层次的最高位，即自我价值的实现。从公共精神的层面看奉献精神，其内涵就是为公益事业和公众利益敢于担当勇于付出。政府官员应秉持奉献精神既是其职责所要求，也是个人对崇高人生价值的追求。政府官员是否具有和在何种程度上具有奉献精神，应成为对其进行综合素质考核评价的重要内容。对于公民而言，培育和弘扬高尚的奉献精神不仅对于促进公民社会的成长壮大，而且对于促进社会公益事业的发展和社会的文明进步都具有现实的和深远的意义。

10.3.2 公共管理之运行必须坚守公共精神

实现、增进和维护公共利益是公共管理之根本目的。从根本上说，公共管理的过程就是依据公共精神的要求不断促进公共利益最大化的过程。公共管理的本质、功能、运行方式及其合法性基础都表明了对公共精神的需要或依存性。因此，公共管理之运行必须坚守于弘扬公共精神。

1. 公共管理的公共性本质与公共精神契合

公共性是公共管理的本质，公共管理的基本理论范式正是以公共性为其核心价值理念所建构的。以民主宪政为价值取向的政府，其实施的公共管理之公共性本质就是对"主权在民"的宪政理念的凸显与尊重，从而决定了其主体、目标、运行方式的公共性都与公共精神存在着内在契合。政府作为公共管理的核心主体，只有始终代表最广大人民群众的根本利益，不断促进和实现社会的公平正义，并积极动员与广泛吸纳社会公众参与公共管理的过程，才能维系其合法性与凝聚力。公共管理本质上是一种管理行为，但它有别于私人管理。作为社会公域中管理行为，它所运用的是社会公共权力，目的是维系基本的社会秩序和保障社会的公平公正，实现和增进公共利益。因此，在其管理过程中，只有遵从公共精神的价值导引，抛弃"政府本位"的传统管制行政思想，树立起"公民本位"的意识，真正做到权为民所用，利为民所谋，情为民所系，全心全意服务公众的利益，才能获得公众的认可和支持。

2. 公共管理功能体现公共精神的内在逻辑

公共管理作为一门学科正在勃兴，但作为一种实践已是源远流长。自有人类社会，就有了社会公共事务管理的活动。当代公共管理主要功能涵盖如下方面：①确定社会的制度框架和各种法律法规，维护社会秩序和良性竞争的进行；②对经济运行进行宏观调控，使社会总供给和总需求趋于基本平衡；③为社会提供包括国防与公共安全系统、社会保障系统、公共教育与卫生系统、公共基础设施系统及环境保护等在内的公共物品和公共服务；④协调和解决社会冲突，特别是群体冲突，维护和促进社会公平正义，促进社会稳定和协调发展；⑤治理经济社会活动的外部性，促进外部正效应的形成，遏制和惩治外部负效应；⑥积极介入社会分配性领域，调节和再分配社会收入，维护和促进一次分配的有序竞争，二次分配的公平合理，三次分配的爱心奉献。从这些公共管理的基本功能可以看到，所有方面的功能都强烈地体现服务公共利益的导向和以公共精神为归依的内在逻辑。换言之，实现公共管理的功能必须遵循公共精神的导向。

3. 公共管理的合法性基础与公共精神的一致性

如同政治合法性一样，公共管理的合法性可以分为形式性与实质性的合法性两个层面。前者是指合法律性，后者是指得到公众实际上的认可和支持。毫无疑问，公共管理的目标、运行方式及其结果要得到公众的认可和支持，就必须符合公众的意愿，有利于维护、增进和实现公共利益。因此，一方面，获得、增强与维系公共管理的合法性必须坚守和弘扬公共精神；另一方面，公共精神蕴涵的公正、自律、宽容和奉献等理念对于激励和推动公共管理者恪尽职守、廉洁奉公具有重要作用。这体现了公共管理的合法性基础与公共精神内涵的一致性。公共精神在社会中的培育和弘扬，能够在人们政治社会化过程中激发公民，特别是公共管理者的公共情怀、公民精神与公共责任，在社会公共管理的参与和互动中促进社会公众对公共管理的认同与支持，从而为增强和维系公共管理的合法性积累丰厚的社会资本。

4. 弘扬公共精神是改善公共管理环境所必需

倡导和弘扬公共精神对于净化社会风气，改善公共管理的环境具有重要作用。民主精神之成长必定冲击和荡涤专制独裁和长官意志的污泥浊水，使公众在公共管理中获得应有的话语权，还政于民不再是遥远的期待；法治精神之发展必定促进政风清明，扫荡贪腐，并促进公众守法向善；公正精神之伸张必定促进社会平等，使公众能共享经济繁荣和社会发展带来之福祉；公共服务精神之发扬必定促进公共服务型政府之建设，并使公众在积极服务社会的过程中不断完善自我；自律精神之倡导必定能提升官场之清风正气，促进社会的秩序与稳定；奉献精神之弘扬能必定激励官员和公众勇于付出，造福社稷，追求崇高之人生境界。概而言之，弘扬公共精神对于改善公共管理运行环境，提升公共管理运行的效率至关重要。

10.3.3 当代中国公共精神之塑造

随着中国改革开放与经济社会转型的不断深化，公共精神对于公共管理的重要性日益为人们所认识。在培育公共精神的过程中，需要对传统公共精神资源进行批判性的反思与传承，加强对官员和公众的教育，推进公民社会的培育和公民社团的发展，并促进民主政治的不断发展和完善。

1. 传统公共精神资源的反思与传承

一百多年前，维新主将梁启超探寻中国之所以衰落的原因，认为在于"公共观念之缺失"，这无疑是很深刻之洞见。究其根本，公共观念之所以缺失是延续两千多年的封建社会带来的负面影响。彻底清除这些影响，尚需时日。然而，我们在看到公共观念缺失的一面时，也必须看到，在中国漫长的传统社会中，也形成和发展了蕴含宝贵的公共精神的思想资源，需要吸取和借鉴。《礼记·礼运》中提出"大道之行，天下为公，选贤与能，讲信修睦"；墨家主张"兼爱"的思想，推崇"天下之人皆相爱"的和谐境界；《孟子·尽心上》强调"穷则独善其身，达则兼善天下"；贾谊践行"国而忘家，公而忘私"；范仲淹力行"先天下之忧而忧，后天下之乐而乐"；顾炎武倡导"天下兴亡，匹夫有责"；陆游"位卑未敢忘国忧"；林则徐"苟利国家生死以，岂因祸福避趋之"。这些闪耀着公共精神光芒的思想振聋发聩，无论在历史的深处还是未来的岁月，其价值都不会湮灭。培育和建构当代中国社会的公共精神，应当积极地开发和吸取这些重要的历久弥新的价值理念和思想资源。

2. 对公民特别是政府官员进行美德教育，培育和弘扬公共精神

公共精神的塑造并非一朝一夕之功，它是一个不断激浊扬清和凝聚升华的过程。首先它需要在全社会加强公民美德的教育，促进公民意识的觉醒与公共人格的健全，特别是基于学校的教育。学校是最重要的战略性公民教育机构和重要的政治社会化的场所。通过学校进行公民权利与义务以及公民美德的教育，可以从整体上提升全社会公众的公民素养，为公共管理之公共精神的树立提供良好的社会基础。公共管理者所体现的公共精神不仅关系到公共管理的有效运行，而且对全社会有十分重要的影响。因此，必须强化政府官员的职业道德建设，在选拔、任用、晋升等各环节上注重考察其公共德性，通过法律法规规范和引导公务人员之行为操守，不断增强其公共精神与人文关怀意识。

3. 促进公民社会的培育和公民社团的发展

公共精神伴随公民社会的形成和发展可以得到不断增强。培育和弘扬中国公共精神的过程，也必然是一个不断推进公民社会成长的过程。根据公民社会与市场经济的内在联系，促进公民社会培育的一个重要途径是推进市场经济不断发展与完善，使多元经济主体的力量得到迅速成长。因此，应当进一步深化市场经济改革，推动社会力量的成长。第三部门组织是弘扬公共精神的重要组织载体和强大动力，必须采取积极举措促进公民社团组织的发展。一方面，人们通过参与公共组织有利于提升社会资本的存量，建构良好的社会信用网络，提升公民参与社会公共生活的积极性，为公共管理创造良好的民间公共精神资源；另一方面，通过公共组织的整合力，公民可以获得更大的公共话语表达权，从而增强其对公共管理的参与程度与影响力，从外部激发公共管理公共精神的提升。

4. 促进民主政治的不断发展完善

公共精神的塑造不仅仅是理念层面的建构，同时也体现在实践中的累积与升华。当下中国需要推进民主政治的建设和完善，使公民的政治权利得到充分保障，人们能够依法参加各类公共活动，能够充分行使其民主权利。由此，就能够不断促进善治的建设。善治的本质，就是国家的权力向社会的回归，善治的过程就是一个还政于民的过程，它是政府与公民之间积极而有效的合作。[①] 这种合作成功与否的关键在于公民是否具有参与政治管理的权利。公民具有足够的参与选举、决策、管理和监督的权利，才能促使政府与公民形成良好的合作，并在这种合作中激发公共精神的形成与升华。因此，只有在民主政治的条件下，从"善政"走向"善治"，加强公民、社会团体与政府的合作治理，形成政府与公民之间充分的沟通、互动与合作，公共管理所依存的公共精神才能得以充分的激发与弘扬。

---

① 俞可平：《增量政治改革与社会主义政治文明建设》[J]，哈尔滨，《公共管理学报》2004年第1期，第11页。

10.4 中国公民社会的培育与发展

如前所述，公民社会的培育和成长对公共管理模式的转变具有重大意义，关系到政府管理能否实现从善政向善治的成功转型。随着改革开放的深化与市场经济体系建设的发展，中国公民社会的勃兴已是不争的事实。但是，在其发展进程中也出现了一些问题，需要进一步探索化解之道。

10.4.1 中国公民社会的勃兴

1. 当代公民社会勃兴的体现

改革开放以来，随着中国经济体制和政治体制改革的不断向前推进，一个相对独立的公民社会逐渐成长起来。特别是近二十年间，第三部门组织得到长足的发展。这些发展主要体现在如下四个方面。

（1）民间组织的数量迅速增加。表10-2所示的是1992年以前（包括1992

表10-2 1992年以前社团数量和政府的行政经费

年　份	全国性社团数量	行政经费（亿元）	年　份	全国性社团数量	行政经费（亿元）
1950	47	13.13	1978	115	38.93
1951	50	15.55	1979	175	45.51
1952	53	13.86	1980	233	51.42
1953	57	17.06	1981	273	54.94
1954	58	18.28	1982	297	59.26
1955	60	18.03	1983	322	66.25
1956	68	22.26	1984	369	87.38
1957	72	18.71	1985	421	98.25
1958	75	18.68	1986	475	119.26
1959	77	24.45	1987	514	115.25
1960	78	24.81	1988	561	115.77
1961	81	18.46	1989	623	139.75
1962	87	14.36	1990	674	146.90
1963	93	16.62	1991	729	142.57
1964	97	18.96	1992	827	151.39
1965	98	19.57			

资料来源：①国家统计局：《2000年中国统计年鉴》；②范宝俊：《中国社会团体大辞典》。

年）的社团数量，从表中可以看出，民间组织的数量在逐年递增。

　　据民政部门统计，到 1997 年，全国县级以上社会团体达 18 万多个，其中省级社团组织 21404 个，全国性社团组织 1848 个。[①] 到 2000 年末，全国实有社团 130768 个，其中全国及跨省域活动的社团 1528 个，省级及省内跨地（市）域活动的社团 20756 个，地级及县以上活动的社团 53791 个。[②] 据民政部的最新统计，截至 2006 年 12 月底，全国各类民间组织约 32 万个，而不少学者估计各类民间组织已达 300 万个左右。[③]

　　（2）民间组织的种类大大增多。对于中国民间组织的分类目前还没有统一的标准，政府官方把它们分为两大类，一是社会团体，二是民办非企业单位。其中社会团体又可分为四类：学术性团体、行业性团体、专业性团体、联合性团体。改革开放前，社团的种类十分单调，主要是工会、共青团、妇联、科协和工商联等八类群众组织。[④] 而在改革开放后，民间组织的种类大大增多。清华大学公共管理学院非营利组织研究所在 1999 年对中国的非营利组织进行了调查，并在结合中国具体国情的基础上将中国非营利组织分为 12 个大类、27 个小类。如表 10-3 所示。[⑤] 由此可见民间组织的种类的确大有增加。总之，不论从数量上还是从种类上，都足以说明改革开放以来，民间组织在我国得到了长足的发展。伴随着经济体制改革和政治体制改革的深入进行，一些享有社会管理职能的民间组织逐渐进入到社会生活中，并日益深刻地影响和改变整个社会的管理方式。

　　（3）民间组织的独立性明显增强。除了数量和种类的剧增之外，20 世纪 80 年代后民间组织的自主性也大大地增强了。首先，从经费来源来看，改变了改革开放前主要靠国家拨款的局面，除了少数的社团仍由国家拨款外，多数民间组织的主要经费来源是成员的会费和捐助、社会各界的捐款、非营利目的的服务所得等。其次，在组织上也更独立于党政机关，大量的基层民间组织只是在名义上由

[①] 民政部编《中国民政工作年鉴·1999》，北京，中国社会出版社，2000。
[②] 白益华主编《中国民政统计年鉴·2002》，北京，中国统计出版社，2002。
[③] 俞可平：《推进社会管理体制的改革创新》，转引自人大复印资料《公共行政学》2007 年第 6 期，第 55 页。
[④] 王颖、孙炳耀：《中国民间组织发展状况》，转引自俞可平等著《中国公民社会的兴起与治理的变迁》，北京，社会科学文献出版社，2002，第 1 页。
[⑤] 邓国胜：《非营利组织评估》，北京，社会科学文献出版社，2001，第 5 页。

表10-3 中国民间组织的种类

序号	类型	数量（个）	比例（%）	序号	类型	数量（个）	比例（%）
1~100	文化、艺术	176	11.6	5~200	动物保护	6	0.4
1~200	体育、健身、娱乐	91	6.0	6~100	社区发展	23	1.5
1~300	俱乐部	13	0.9	6~200	物业管理	12	0.8
2~100	民办中小学	14	0.9	6~300	就业与再就业服务	36	2.4
2~200	民办大学	1	0.1	7~100	政策咨询	21	1.4
2~300	职业、成人教育	32	2.1	7~200	法律咨询与服务	39	2.6
2~400	调查、研究	98	6.5	8~100	基金会	16	1.1
3~100	医院、康复中心	36	2.4	8~200	志愿者协会	19	1.3
3~200	养老院	23	1.5	9~100	国际交流	20	1.3
3~300	心理咨询	5	0.3	9~200	国际援助	4	0.3
4~100	社会服务	235	15.6	10~100	宗教团体	34	2.3
4~200	防灾、救灾	32	2.1	11~100	行业协会、学会	238	22.4
4~300	扶贫	33	2.2	12~100	其他	120	8.0
5~100	环境保护	24	1.6		无回答	7	0.5
					总计	1508	100

资料来源：邓国胜著《非营利组织评估》，北京，社会科学文献出版社，2001，第6页。

某个党政机关主管，实际上享有极大的自主性，那些没有经过主管部门登记的民间组织则甚至连名义上的主管部门都没有。再次，绝大多数民间组织的领导人不再由党政官员兼任。

（4）民间组织的合法性日益得到增强。随着经济体制和政治体制的改革发展，中国的政治文化也发生了深刻的变化，人们对待公民社会这一社会构成力量的态度也发生了根本性的改变，从过去拒绝到接受和默认，再到高度重视并积极支持。20世纪90年代后，中国学术界发起了一场关于公民社会的讨论，这一讨论的最大后果之一便是公民社会的现实和观念在学术界取得了合法性。1998年6月民政部正式将原先主管社会团体的"社团管理司"更名为"民间组织管理局"，这意味着民间组织正式得到了政府官方的认可，取得了官方的合法性。

2. 当代公民社会勃兴的现实基础

改革开放后公民社会在中国的兴起有着深厚的现实基础。

（1）中国不断进行以市场为导向的经济体制改革，是公民社会得以蓬勃发展的最深刻的根源

首先，市场经济的基本要求是企业必须成为拥有自主经营权的独立法人。在

这种新的经济体制下，一方面，企业的自主权极大地增加，这就有可能使得某些行业组织和同业组织成为在相当程度上独立于政府的民间组织；另一方面，市场经济增大了企业的风险程度，这种风险机制势必滋生企业的自我保护意识，发展起企业的利益保护机制，各种行业性的利益团体正是在这样的背景下迅速成长起来的。

其次，随着市场经济的推行，中国的所有制结构也发生了巨大的变革，多种所有制形式并存的局面开始出现。为了增强市场竞争力，各种企业特别是非国有的私营企业及个体经营者，为了增强其市场竞争力必须在行业中实行合作和互助，建立各种互助性的自愿组织，如形形色色的企业家联合会或协会。

再次，改革开放所带来的巨大的经济效益，为各种民间组织的建构、发展和有效开展各种活动创造了必要的经济条件。

最后，改革开放后中国公民的家庭收入不断增长，生活水平得到不断改善，加之国家实行双休日工作制以及法定节假日制度的完善，使越来越多的公民既有财力，又有时间去从事自己感兴趣的业余活动，特别是文艺、体育、旅游以及业余研究等，从而使大量的休闲娱乐性公民组织应运而生，如休闲俱乐部、运动协会、私人交谊组织、旅游团体、车友会、户外活动组织等。

(2) 公民社会发展既需要一定的经济基础，同时也需要一定的政治环境。政治体制改革的推进直接或间接促成了公民社会的发展

首先，政府日益重视法治建设和依法治国，从而使公民结社的合法性逐渐得到认可并具有实质性意义。根据中国宪法，公民享有结社自由的权利。但是，在改革开放前，结社自由实际上是一纸空文，一般公民如若擅自提出结社申请，不仅不可能获得政府的批准，而且可能会因此而遭到政治风险。改革开放后，公民结社自由的权利得到了相当程度的实现，公民申请成立非政治的一般社团不仅不会遇到政治压力，而且很可能得到批准和支持。

其次，政府管理改革的深化所带来的在多方面的政府分权或放权，也大有利于公民社团的成长。政府的权能从许多它不需要或不必要介入的领域退出，或减少或弱化其干预的程度，从而给民间组织提供了成长的空间。

第三，政府开始转变职能。虽然以转变政府职能的政治体制改革还在继续努力，但应该肯定地说，政府弱化了其经济职能和社会职能，在大部分生产、经营、民事、和文化、艺术和学术等领域中，政府不再履行直接的管理职能，而将这些职能交给了相关的民间组织。

第四，为了提高效率和效能，节约成本，原来由政府所控制的一些公共物品

| 公共管理学

和公共服务的供给,通过各种方式转由第三部门组织来运作,这也大大促进了第三部门组织的成长壮大。

10.4.2 中国公民社会发展面临的制度困境及改革之路径选择

随着改革开放的推进,中国公民社会的蓬勃发展为世人所瞩目,但客观而言,还有很多因素制约着公民社会的发展,如传统文化、社会心理、社会生产力水平等。但在所有制约因素当中,最重要的还是制度因素。如同我国的第一部门、第二部门正处在民主政治建设和市场经济改革的进程一样,我国第三部门本身作为改革开放时代的产物也还处在发展过程中,在资源动员、志愿者组织、提高公益效率及与政府合作等方面都还存在不少局限。人们知道,相对于经济体制改革,政治体制和社会改革相对滞后,政府的相对控制依然很强,民间组织的生存和发展环境仍然存在很多障碍和困难,尤其是经费不足的问题。[①] 表10-4是清华大学NGO研究中心对全国社团组织所做的一次问卷调查。从表中可以看出,41%的民间组织认为它们面临的主要困难是缺乏资金。

表10-4 中国社团面临的主要问题

类 型	比例(%)	排 序	类 型	比例(%)	排 序
缺乏资金	41.4	1	缺乏活动场所与办公设备	11.7	3
缺乏人才	9.9	3	政府的支持力度不够	8.5	4
组织内部管理问题	7.5	5	缺乏信息交流与培训机会	5.2	6
开展的活动得不到	3.6	7	相关法律、法规不健全	3.4	8
社会的回应	3.0	9	政府的行政干扰太大	1.1	11
缺乏项目	1.8	10	其他	9.3	
不存在问题					

资料来源:邓国胜著《全国问卷调查》,联合国区域发展中心、清华大学NGO研究中心,2001,转引自王名《中国社团改革——从政府选择到社会选择》,北京,社会科学文献出版社,2001,第108页。

中国从20世纪80年代以来,修改了宪法,进行了以党政分开、政企分开、政资分开、政事分开、政府职能转变、建设法治国家等为重要内容的政治体制改革,相继出台了一系列鼓励和规范民间组织发展的法律、规章和政策,转变了对

---

① 王名:《中国社团改革——从政府选择到社会选择》,北京,社会科学文献出版社,2001,第108页。

第 10 章　公共管理与公民社会

公民社会的态度，所有这些都直接促成公民社会迅速成长。但经过 20 多年的历程，中国公民社会的发展又到了一个新的阶段，现存的制度环境在许多方面已经难以适应它进一步生长的需要，其中有些制度性因素已经成为制约公民社会发展的瓶颈，这一点已经得到相关调查的证实。①

一些学者从多方面检视制约中国公民社会发展的制度困境，主要包括如下方面。①政府对公民社会存在着认识和判断上的误差和错误，导致态度上的不友好或不恰当。②政府对民间组织的定性误解，定位模糊，导致对民间组织的规定自相矛盾，对它的分类不清。③政府对公民社会的立法不足、规章混乱、政策矛盾或缺失，导致政府主管部门操作上的困难和对公民社会的消极影响。④政府对民间组织的审批登记门槛过高过严，导致民间组织或胎死腹中，或寻求体制外生存，脱离政府控制。⑤政府的多部门主管导致民间组织无人管理、无所适从的局面，同时导致对民间组织有效监督的缺失。⑥民间组织面临经费短缺、国家对其优惠税收体系不完善、自身资产管理不规范等问题。⑦各民间组织管理人员的编制所隐含的经济地位和社会保障之间的巨大差别，影响着民间组织吸引优秀人才，进而影响管理人员的稳定和公民社会整体素质的提高。②

有的研究者则从另一视角考察目前中国非政府组织发展所面临的问题：①非政府组织的目标错位；②非政府组织与政府组织的界限不明确，导致政社不分；③非政府组织管理的法制化程度低；④非政府组织的公民基础薄弱；⑤非政府组织内部管理水平低下；⑥非政府组织的国际化程度不高。③

上述论者从不同视界所进行的分析很有针对性，所提出的问题值得思考。虽然中国民间组织在发展过程中还遇到种种困难，但是如同中国的民间营利组织（非公有制企业）逐步得到法律的确认和保障并获得迅速发展壮大一样，我们有理由相信非营利的民间组织（第三部门）的发展也必定能克服各种阻力获得更大空间，发挥更大作用。这是社会文明和政治文明进步不可逆转的趋势。可以预见，随着中国社会的进步和现代化进程的加快，中国的民间组织必将得到更快的发展。从当前情况看，进一步促进中国公民社会培育和发展，需要从以下方面进行持续不懈的努力。

---

① 王绍光、王名：《促进我国民间非营利组织发展的政策建议》，转引自王名主编《中国非政府公共部门》，北京，清华大学出版社，2004，第 73 页。
② 俞可平：《改善我国公民社会制度环境的若干思考》，《当代世界与社会主义》2006 年第 1 期。
③ 何云峰、马凯：《当前我国非政府组织发展面临的主要问题》，《上海师范大学学报》（哲社版）2004 年第 2 期。

公共管理学

1. 法治化路径

（1）增强第三部门组织之合法性

在探讨中国公民社会的问题时，人们会很容易直接切入一个主题：第三部门的合法性问题。第三部门组织的合法性资源应当包括法律、政治、行政和社会文化传统等方面的要素。在中国，政府仍是主要社会资源的控制者和分配者。对中国的"第三部门"（非政府组织和非营利组织）而言，政治方面的合法性是它们被国家认可的首要条件。除了这一前提，它们的生存和发展还要受到法律和社会行政机制的约束[①]。中国官方对民间组织的相关政策法规表现出强烈的控制型管理取向，这种控制型管理的目的在于防止出现破坏社会稳定和国家安全的敌对民间组织，防止民间组织从事不利于社会稳定和国家安全的政治性活动。这是以社会控制为主要治理目标的一个安全策略。但是，控制型管理的政策法规是建立在防范公民社会对抗国家的假设基础上的，其消极后果是在有意无意地把公民社会组织树为自己的对立面，而这一点显然已明显影响到有关政策的建构、第三部门组织的发育成长以及它们同政府之间的关系模式的建立。因此，这种控制型管理的政策法规就需要转变为培育服务与监督规制并重的友好促进型管理的政策法规。只有这样，才能从根本上解决中国第三部门组织存续发展的合法性问题，并使其得到应有的活动空间。

（2）促进公民社会权利的建构

只有在具备独立人格的前提下，社会成员才能在真正意义上成为公民。从保障公民独立人格的权利原点出发，探讨公民社会的培育和发展具有重要意义。科恩和阿雷托对公民社会中制度化的权利结构给予了高度重视，他们认为，"以公民社会的制度化领域为焦点，我们可以分立出三种权利综合体，即涉及文化繁荣的权利综合体（思想自由、出版自由、言论自由和沟通自由）；保障社会整合的权利综合体（结社和集会的自由）；保证社会化的权利综合体（保护隐私、私人关系，以及人身不受侵犯）。另有两个权利综合体，一个位于公民社会与市场经济（财产权利、契约权利和劳动权利）之间，一个位于公民社会与现代科层制国家（公民政治权利和当事人福利权利）之间。这些权利综合体的内在关系，

[①] 高丙中：《社会团体的合法性问题》，《中国社会科学》2000 年第 2 期。

决定着制度化了的公民社会的类型"。① 他们进而强调,"实际上,根据现代历史时期的普遍的基本权利,人们确实可以勾勒出现代公民社会的范围,甚至可以决定其类型。当然,人们所勾勒出的这一范围,只有在那种珍视社会自组织和公开性的相当现代的政治文化形式框架中才能得到捍卫。权利实践和相应的社会学习形式也反过来不断地促进着这种现代政治文化的确立"。②改革开放以来,中国社会的个人权利获得了较大的发展或实现,但是还有很大的可以拓展的合理空间。促进公民社会的发展,充分实现个人的合法社会权利是必不可少的前提。个人的社会权利是社会最基本的权利构成要素。真正实现从政府权力本位向公民权利本位的转变,中国的公民社会就一定能够获得更快更好的发展。

2. 市场化路径

市场经济的发展对公民社会的成长至关重要。市场力量与国家、公民社会同为社会构成的三个主要力量。但是,公民社会的形成和发展是以市场经济的发展为基础的。市场机制的核心是竞争。竞争带来了多元经济的成长,竞争打破了国家对权力和社会资源的垄断,从而带来了民间力量的成长。西方公民社会的理念和实践虽萌发于古希腊古罗马时期,但是真正意义上的公民社会只是到了近代依凭强大的市场经济发展的基础性作用和驱动力才逐渐得到发展。市场经济是公民社会经济生活的适当模式。不仅如此,从公民社会的精神蕴涵来看,公民社会所要求的个人自由、经济自主、政治民主、国家法治、文化多元等精神价值和观念形态,只有在市场经济环境中才能得以发育与生长,在市场经济尚未发展充分之前,上述观念形态充其量只是人们的理想而已。从公民社会中的社会成员的公民身份与公民意识看,也只有市场经济才能真正解构传统同质性社会下的身份制约,改造强制性的行政指令性社会关系,真正培育与塑造现代人的独立人格和主体意识、契约精神、平等观念与利益意识。简言之,市场经济是公民社会建构与发展的物质基础和基本的经济架构,公民社会兴起是市场经济发展到一定阶段的必然逻辑。公民权利随着公民身份与意识的唤醒以及现代化进程的发展日益摆脱政治权力的控制与束缚,获得了伸张的空间。市场经济与市场化的生存方式所带

---

① 〔美〕简·科恩、安德鲁·阿雷托:《社会理论与市民社会》,转引自邓正来、〔英〕J.C.亚历山大编《国家与市民社会——一种社会理论的研究路径》,北京,中央编译出版社,1999,第203页。

② 〔美〕简·科恩、安德鲁·阿雷托:《社会理论与市民社会》,转引自邓正来、〔英〕J.C.亚历山大编《国家与市民社会——一种社会理论的研究路径》,北京,中央编译出版社,1999,第203页。

来的一切社会现代性特征，均是公民社会发育所不可或缺的基本元素，亦是形成公民社会的制度性基础。市场经济带来的观念形态的变更对于公民社会构建比一切器物形式的变革具有更根本的意义。而且市场经济所孕育和成长壮大的中产阶级是公民社会发展与稳定的中坚力量。因此，促进中国公民社会的发展必须继续深化市场经济改革，建构和完善社会主义市场经济体系。

3. 积极培育和提升社会资本存量

第三部门组织的发展对社会资本存量的提升有重要意义。反之，社会资本存量的培育和提升对公民社会的发展亦能够起到至关重要的作用。关于社会资本的定义，学者们见仁见智。普特南把它解释为"能够通过推动协调的行动来提高社会效率的信任、规范和网络"。[①] 促进社会资本存量的提升，需要从以下三个方面入手。

扩张社会资本中的"普遍信任"是培育和发展公民社会的重要条件。怀特利指出，"如果个体同时是多个不同组织的成员，且任何一个组织的成员身份都不具有排他性的话，那么，通过相互交叠的成员身份的存在，从不同组织内部的互动获得的信任就有可能扩展到整个社会"。[②] 社会信任关系形态、信任维系的方式、公民对政府以及对所在民间组织的态度和社会关系的心理认同等因素，对公民能否积极地认同政府及其政策，参与公共管理，以及参加民间组织并负责地参与活动、承担责任有重要的影响。公民只有在对作为组织或个人的相关主体高度信任的前提下，才会以不同的形式积极参与协商与合作，并提供多方面的信息。

强化社会资本中的"互惠的规范"是培育和发展公民社会所必需的要素。在能够加强社会信任和提升社会资本存量的诸多规范中，最重要的是互利互惠。依据普特南的观点，互利互惠则可以区分为两类：一是平衡的或特定的互利互惠，即同时交换同等价值；另一类是普遍的或弥散的互利互惠，在某个特定的时间并没有回报和平衡，但在将来能够期望获得回报的持续交换关系。互惠的规范既包括外部的奖罚等制度，也强调一种内在的道德约束，即运用道德力量的对公民进行制约，从而促进公民网络和民间组织网络间互助的美德。这种互惠的规范

[①] 转引自李惠斌、杨雪冬主编《社会资本与社会发展》，北京，社会科学文献出版社，2000，第6~7页。

[②] 〔英〕保罗·F.怀特利：《社会资本的起源》，转引自李惠斌、杨雪冬主编《社会资本与社会发展》，北京，社会科学文献出版社，2000，第52页。

一方面加强了公民之间、组织之间和公民与组织之间的相互信任和合作，从而增强交换，提升彼此的社会资本存量；另一方面又促进了公民与民间组织参与公民社会发展的激情，拓展相互合作的政策网络范围，有利于培育文明进步的公民社会。互惠共赢的关系也体现在公民与政府之间。在一个良性运行的现代社会，政府与公民社会之间应该能够实现有效的沟通、互动与合作，能够互相扶持，共同促进社会的和谐与稳定。

公民社会的发展还需要建构良好的社会资本"网络"。普特南在他的社会资本概念中也强调这种网络，他称之为公民参与网络。普特南指出，在一个共同体中，公民参与的网络越密，其公民就越有可能进行为了共同利益的合作。公民参与网络增加了人们在任何单独交易中进行欺骗的潜在成本，培育了强大的互惠规范，促进了交往，促进了有关个人品行的信息之流通，体现了合作的成功。[1] 横向的公民参与网络有助于参与者解决由于利益集团所带来的集体行动阻碍经济发展的困境。一个组织的建构越具有横向性，它就越能够在更广泛的共同体内促进制度的成功。[2] 公民参与社会网络的根本宗旨之一就是通过对话和协商，对社会公共事务和公共政策产生影响。在公民积极参与社会网络社会资本丰厚之处，公众必定都愿意表达并且有受到保障的渠道表达自己的意愿，这有助于促进公民之间、不同的社会群体之间、不同社会组织之间以及公众与政府之间的相互了解，增进共识与合作，建构公共对话的坚实基础。由此，必定大有益于公民社会的勃兴与成长。

4. 大力培育和弘扬公民精神

公民精神是公共精神的一种具体体现，是现代社会的公民所应当秉持和坚守的价值取向与道德水准，其核心是民主精神、法治精神与担责精神。培育和增强公民精神是培育和发展公民社会的前提。公民只有参与到公共事务管理中来，公民社会才能获得源源不断的活力并实现其使命。当下，由于权利与义务不对称等因素的影响，出现了某些公民意识淡薄的倾向。公众参与能力的不足，参与技巧的缺失，也会导致参与积极性的消减。某些政府部门或官员所表现出来的对公民参与的冷淡和缺乏回应性反应更会使公民参与的热情受到伤害。这样的状况，不

---

[1] 〔美〕罗伯特·D. 普特南：《使民主运转起来》，王列等译，南昌，江西人民出版社，2001，第203～204页。

[2] 〔美〕罗伯特·D. 普特南：《使民主运转起来》，王列等译，南昌，江西人民出版社，2001，第206页。

利于公民精神的成长,应该得到尽快的改善。当今时代,随着民主化进程的发展与社会治理的深化,原先由国家独自承担的公共物品和公共服务供给的职能,包括教育卫生、环境保护、社会救助等领域中的一部分,已经转移到社会,后者正在承担越来越多的公共责任。这样,政府管理的专属性日渐变得模糊,这就需要承担公共职能的政府之外的社会组织,包括第三部门组织更多地承担责任,弘扬公民精神,以便能为社会提供优质高效的服务。此外,更重要的是,除了参与提供公共物品和公共服务,第三部门组织还承担着对公共权力进行监督制约的重要责任,这也是第三部门组织存在的必要性之一。而履行这样的使命,社会公众更需要激发和坚守公民精神。

[重要概念]

(1) 公民社会:公民社会是国家和家庭之间的一个中介性的社团领域。这一领域由同国家相分离的组织所占据,这些组织在同国家的关系上享有自主权并由社会成员自愿地结合而成,以保护和增进他们的利益与公共利益。简言之,公民社会是指独立于政治国家和经济市场外的公共领域及存在于其中的民间组织网络与个人网络的总和。在现代社会,公民社会已成为与政治国家、经济市场鼎足而立的三种最重要的社会构成力量和机制之一。

(2) 第三部门:第三部门是区别于第一部门政府组织与第二部门经济组织的、以公共利益为目标取向、组织成员志愿参与的正式的自治性组织的总和。它具有组织性、非政府性、非营利性、自治性和志愿性的特征。它包括慈善机构、非政府组织、社区组织、妇女组织、宗教团体、专业协会、工会、自助组织、社会运动团体、商业协会、社团联盟等类型。在某些情况下,它也被统称为非政府组织(NGO)或非营利组织。

(3) 公共精神:公共精神是对社会公共利益的确认、维护和奉献的理念,是把公共利益视为优于、先于个人利益的道德取向,是在社会公共生活中对社会成员共同生活所要求的行为准则、规范的认可和遵从的伦理。公共精神是公民社会得以成长的重要思想资源,也是现代社会公共管理得以有效运行的必不可少的价值基础。它包括民主精神、法治精神、公正精神、公共服务精神、自律精神和奉献精神等。

(4) 公民精神:公民精神是公共精神的一种具体体现,是现代社会的公民应当秉持和坚守的价值取向与道德水准,其主要内涵包括对公平、正义、民主、自由、权利、法治、秩序、公德等价值的信念与践行,体现为对公共事务的关注与参与，对公共秩序的遵从与维护，对公共利益的责任与奉献等方面。

（5）社群主义：20世纪80年代后产生的当代最有影响的西方政治思潮之一，主要代表人物有罗伯特·贝拉、查理斯·泰勒、迈克尔·桑德尔和阿拉斯代尔·麦金太尔等。社群主义的哲学基础是新集体主义。它反对新自由主义把自我和个人当作理解和分析社会政治现象和政治制度的基本变量；认为个人及其自我最终是由他或她所在的社群决定的；公共的善优先于个人的善；主张用公益政治学代替权利政治学。社群主义理论对公民社会的发展与第三部门的勃兴起了重要的推动作用。

[思考题]

1. 分析公民社会的内涵，探讨公共管理与公民社会的基本关系。
2. 在公共管理模式的嬗变与重构的过程中，公民社会的兴起发挥了什么作用？为何能起到这些作用？
3. 如何理解市场失灵/政府失灵论、契约失灵论、委托/代理理论、交易成本理论、公共权力制约论和社群主义等相关理论对第三部门组织的兴起与发展的重要指导与支撑作用。
4. 第三部门组织参与公共管理的主要功能、优势及其原因。
5. 什么是公共精神？联系实际分析公共精神与公民社会的关系。
6. 培育和弘扬公共精神对改善公共管理的意义何在？
7. 联系实际，分析中国公民社会发展所面临的困境及其原因，探讨促进中国公民社会发展的路径。

[参考文献]

〔美〕莱斯特·M.萨拉蒙：《全球公民社会——非营利部门视界》，贾西津译，北京，社会科学文献出版社，2002。

〔美〕朱莉·费希尔：《NGO与第三世界的政治发展》，邓国胜、赵秀梅译，北京，社会科学文献出版社，2002。

〔美〕弗朗西斯·福山：《大分裂：人类本性与社会秩序的重建》，刘榜离等译，北京，中国社会科学出版社，2002。

〔美〕罗伯特·普特南：《使民主运转起来》，王列等译，南昌，江西人民出版社，2001。

〔德〕黑格尔：《法哲学原理》，范扬、张企泰译，北京，商务印书馆，1995。

公共管理学

〔美〕托克维尔：《论美国的民主》（上、下卷），董果良译，北京，商务印书馆，1991。

〔美〕詹姆斯·P. 盖拉特：《21世纪非营利组织管理》，邓国胜译，北京，中国人民大学出版社，2003。

〔美〕保罗·C. 纳特、罗伯特·W. 巴可夫：《公共和第三部门组织的战略管理：领导手册》，陈振明等译，北京，中国人民大学出版社，2001。

黄键荣等：《公共管理新论》，北京，社会科学文献出版社，2005。

俞可平：《治理与善治》，北京，社会科学文献出版社，2000。

何增科：《公民社会与第三部门》，北京，社会科学文献出版社，2000。

赵黎青等《非营利部门与中国发展》，香港社会科学出版社，2001。

王绍光：《多元与统一——第三部门国际比较研究》，杭州，浙江人民出版社，1999。

王名：《中国非政府公共部门》，北京，清华大学出版社，2004。

邓正来、〔英〕J. C. 亚历山大：《国家与市民社会——一种社会理论的研究路径》，北京，中央编译出版社，1999。

李亚平、于海：《第三域的兴起》，上海，复旦大学出版社，1998。

范丽珠：《全球化下的社会变迁与非政府组织（NGO）》，上海，上海人民出版社，2003。

康晓光：《权力的转移——转型时期中国权力格局的变迁》，杭州，浙江人民出版社，1999。

张静：《国家与社会》，杭州，浙江人民出版社，1998。

李惠斌、杨雪冬：《社会资本与社会发展》，北京，社会科学文献出版社，2000。

邓国胜：《非营利组织评估》，北京，社会科学文献出版社，2001。

第11章
公共权力的监督与制约

PUBLIC MANAGEMENT

[学习目标]

通过本章学习，能够深入理解公共权力的本质及其特征；了解公共权力监督与制约的理论；掌握公共权力监督的基本原理、原则与方式；认知现代国家实施公共权力监督制约的制度安排与实践；能运用相关知识分析中国当前公共权力监督的现状、问题及改革路径。

[重点难点]

公共权力制约与监督的基本理论；公共权力制约与监督的基本原理与主要方式；现代国家公共权力制约的制度与实践。

公共权力是人类社会中最重要的社会建构之一，它在权威分配社会资源、协调社会利益关系、保障和促进社会福祉等方面，曾经、正在并将继续发挥巨大的作用。然而，人类的政治实践也反复证明，由于权力具有工具性特征，并且掌握公共权力者并不一定是具有完美德行的人，在没有合意与合理的制度约束之下，握有公共权力的人都存在着滥用权力的可能。公共权力的滥用必定会造成政治生活弊病丛生乱象纷呈，而腐败的公共权力则会成为社会失序和动乱的根源。因此，自政治国家出现以后，对公共权力及其运行的监督和制约一直都是人们关注的重点问题。近现代以来，一些主要国家逐步探索并日渐形成了一整套相对完善

的权力监督与制约机制，使人类的政治文明步入了一个新的历史时期。当今中国正处于政治现代化的历史进程中，有效的公共权力的监督制约机制远未完善，权力异化现象还比较突出。所以，研究公共权力运行的规律，借鉴国外对公共权力监督制约的经验，建构适于中国的公共权力监督制约机制，是当前中国政治发展的重要任务。

11.1 公共权力概述

现代语境中的公共权力，主要是指在国家政治生活中被组织化了的并被集中管理与使用的权力。因此，理解公共权力就必须首先把握权力的概念与内涵。

11.1.1 权力的概念

权力现象无处不在，权力一词在公共生活中被广泛使用。但是，在学术领域，权力是远未得到精确定义的词语，围绕对权力认识的问题长期以来存在许多争议。在使权力概念获得社会科学意义上的较为精准的含义的过程中，马克斯·韦伯作出了显著贡献。韦伯将其观点表述为："权力意味着在一种社会关系里哪怕是遇到反对也能贯彻自己意志的任何机会，不管这种社会关系是建立在什么基础之上"。[1] 这一定义在以后成了学者们进一步检讨权力问题的理论起点。从韦伯的定义中可以看出，他明确地把施加惩罚或强制的能力作为权力的主要或明显的形式，人们通常也是这样理解的。然而，比尔施太承认权力的意向性，却不承认权力的偶发性。他认为，权力是使用武力的能力，但不是它的实际使用；是应用制裁的能力，但不是它的实际应用。[2] 罗素则明确地把权力视为"预期效果的产生"。[3] 朗认为，把权力定义为对他人产生预期和预见效果的能力，避免了那种把权力等同于施加惩罚的能力。但他同时也认为，后者当然是权力的一种形式，只不过较为特殊的形式而已。[4]

为了不以冲突为出发点给权力下定义，帕森斯提出了一个新的理解：权力是一种系统资源——当根据各种义务与集体目标的关系来发展合法化时，在只要遇

---

[1] 〔德〕马克斯·韦伯：《经济与社会》（上卷），林荣远译，北京，商务印书馆，1998，第81页。
[2] Bierstedt, Robert (1974), *Power and Progress: Essays on Sociological Theory*. New York: McGraw-Hill, p. 231.
[3] Russell, Bertrand (1938), Power: *A New Social Analysis*, London: George Alle and Unwin, p. 25.
[4] 〔美〕丹尼斯·朗：《权力论》，陆震纶等译，北京，中国社会科学出版社，2001，第27页。

第11章　公共权力的监督与制约

到顽强抵抗就必然依赖消极情境去强行制裁的地方，权力是一种保证集体组织系统中的各单位履行已规定义务的普遍化能力。对此，加尔布雷斯论道，意志究竟是怎样被强加在别人身上的？究竟怎样使别人服从？武力和暴力可以使对方屈服，但它并不一定是领导者与被领导者的权力行使，不存在领导与被领导关系而使用武力和暴力的不是权力；即使存在领导与被领导关系，如果武力和暴力不是组织赋予或有制度根据的，即合法的，也不是权力。作为权力形式的武力或暴力必须是"合法性武力"或"合法性暴力"。① 可见，加尔布雷斯也着重强调权力作为维护系统合法性的资源性。关于这一点，福柯也表示了相近的看法。然而，马丁认为，以合法性来定义权力，实际上只是取代了韦伯所强调的冲突。②

关于权力究竟是一种系统资源或是个人能力，是偶发的或是普遍的，这些问题在罗伯特·达尔的讨论中并未过多关注。事实上，权力究竟更加普遍而不偶然地表现为个人权力或是社会系统的能力，并不是权力定义本身所必须进行体现的，它需要揭示的是某种社会关系的特征。他这样定义权力（影响力）："如果 A 要求结果 X；如果 A 有意要使 B 造成 X 而行动；并且，如果由于 A 的行动，B 试图去造成 X，那么 A 对于 B 就施加了明显的影响力"。达尔还认为，权力或影响力可以是明显的，也可以是隐含的。根据弗里德里希提出的"预料反应法则"，达尔还解释了暗含的权力。在这种权力形式中，行动者并没明确表达自己的意向，但他拥有暗含的影响力："如果 A 要求结果 X，那么，尽管 A 并不是有意地为使 B 造成 X 而行动，只要 A 对 X 的愿望使 B 试图去造成 X，那么，A 对 B 就施加了暗含的影响力"。③ 达尔关于权力的定义对组织社会学的影响很大。克罗齐埃认为，达尔在定义权力时所要明确的问题是，任何权力现象，不论它产生于何种根源，不论其具有何等的合法性，不论它具有怎样的目的，也不论它使用任何方法，都蕴含着某一个人或某一群体对于另一个人或另一些人施加影响的可能性。达尔这一定义的优点是，它没有对权力的本质先建立一个理论，它可以适用于任何形式的权力，它可以接受其他各种可采取的措施。④ 达尔的定义突出了权力双方的影响与被影响关系，以及权力双方的对立与冲突关系。

---

① 转引自何怀远等《领导思想方法论》，北京，解放军出版社，2001，第 273 页。
② 〔英〕罗德里克·马丁：《权力社会学》，丰子义、张宁译，上海，上海三联书店，1992，第 85~86 页。
③ 〔美〕罗伯特·达尔：《现代政治分析》，王沪宁等译，上海，上海译文出版社，1987，第 38~39 页。
④ 〔法〕克罗齐埃：《被封闭的社会》，狄玉明等译，北京，商务印书馆，1989，第 23 页。

| 公共管理学

不过，克罗齐埃在讨论达尔的定义时提醒人们注意，一旦对权力持有者各自不太明显的能力进行比较时运用这一定义，就会遇到一些困难。因此，他认为，如果我们暂时不谈 A 与 B 的权力，即 A 与 B 的能力问题，而是研究 A 与 B 双方关系中发展起来的一种权力问题，我们就可能发现 A 与 B 权力关系中蕴含着的一种重要因素。在克罗齐埃看来，这是一种协商的因素，它能使权力的意义发生完全的变化。其实，A 与 B 双方的每一次关系都要求相互的交换和适应。克罗齐埃进而提出，如果人们能够接受这样的假设：权力问题是涉及各自都想竭力对对方施加影响的双方在协商中试图支配交换条件的问题。权力是一方在与另一方的关系中获得对自己有利的交换条件的能力。[1] 克罗齐埃的讨论缓和了人们对权力关系中不平衡的看法，让人们从交换中认识到权力的存在。

在现实社会中，诸多权力关系是建立在自愿选择的基础上的，人们之所以选择是因为需要交换，而之所以要交换是因为起码一方是依赖性的。罗宾斯就强调了权力关系中的依赖性，将讨论引向了对权力基础的关注。罗宾斯同意"权力是指一个人（A）用以影响另一个人（B）的能力，这种影响使 B 做在其他情况下不可能做的事"。他进一步论证："也许关于权力最重要的一点在于它是依赖的函数"，"B 对 A 的依赖性越强，则在他们的关系中 A 的权力就越大。依赖感建立在 B 感知到的可选择的范围以及他对 A 控制的这些选择范围的重要性的评价。只有当一个人控制了你所期望拥有的事物时，他才拥有对你的权力"。[2] 对于这种依赖性，爱默森还认为，在描述权力关系时，人们必须同时考虑到上级和下属。上级的权力以他约束别人的能力和愿望为基础，但构成奖励或惩罚的内容，最终由相关下属的目标或价值观来决定。爱默森提供了一个在关系里决定权力大小程度的方法，A 对 B 的权力：（1）与 B 经过 A 传递的目标的重视程度成正比；（2）与 B 在 A－B 关系之外达到这些目标的可能性成反比。[3] 这些强调依赖性的定义确实有助于说明许多权力关系产生的基础，这与人们对重要性的评价有关。一个人在明显感受到自身所受的权力支配与影响时，也会接受这一事实，如果他依赖于对方的重要性。

在重视权力的资源基础的情况下，理论界一度出现将权力视为一种占有或特

---

[1] 转引自李友梅《组织社会学及其决策分析》，上海，上海大学出版社，2001，第 148～149 页。

[2] 〔美〕斯蒂芬·P. 罗宾斯：《组织行为学》，孙健敏等译，北京，中国人民大学出版社，1997，第 355 页。

[3] Emerson, Richard M., Power-Dependence Relations, *American Sociological Review*, 27. 1962, pp. 31–40.

第11章 公共权力的监督与制约

权的倾向。对此,一些理论家提醒人们,不论权力是以系统资源或是个人间社会关系的属性为基础,权力都表现为"能力",而不是一种"占有"。受以"能力"界定权力的影响,福柯将"权力"与"权术"视为等同。他认为,统治者对肉体的训练中显示出权力实质上是"支配人体的政治技术",因而,"施加于肉体的权力不应被看作是一种所有权,而应被视为一种战略;它的支配效应不应被归因于'占有',而应归因于调度、计谋策略、技术、运作;人们应该从中破译出一个永远处于紧张状态和活动之中的关系网络,而不是读解出人们可能拥有的特权;它的模式应该是永恒的战斗,而不是进行某种交易的契约或对一块领土的征服。总之,这是一种被行使的而不是被占有的权力"。① 此类观点有一定道理。不过,在现代结构化的社会中,权力确实在很大程度上表现为一种特权、契约和被征服的领土。在一个被高度规范化、结构化的集合体中,权力是被明确规定的,处在某个位置上,总会有某种权力,它至少在形式上并不与"能力"相联系,它受结构力量的支持。无论其行使过程是否有效,它都由制度保证其存在,因而权力才可以"授予"、"解除"或转移。②

从上述几种代表性观点看,各种定义之间存在着区别。有的观点重视权力方的支配性以及社会关系中的不对称性;有的观点将这种不对称性进行了限制;有的将权力与"能力"联系在一起;而有的将权力本身视为因占有某种资源而获得的特权。但是,它们在内核上的总体相似性表现为,各种定义都将权力视为社会关系中一种控制、强制、制裁和影响,等等。基于以上分析,可以认为,所谓权力,是指在社会行动中,某一或某些主体(个人或组织)为了实现某种预期效果,利用各种资源或各种手段,影响、强制、控制、操纵、指导与支配其他社会主体的一种社会关系现象。

进而言之,权力关系相对于其他社会关系具有以下特征。第一,权力关系的非对称性。权力是一方对另一方的控制与影响而不是相反。即使在相互制约或制衡的权力关系中,一旦存在某种权力,就一定意味着有掌权者,他们对非掌权者而言总是处在权势的高位。第二,权力的目的性。权力是对他人的有目的、希望达到某种预期效果的控制。第三,权力关系可以是一种制度化的人际关系。现代制度化的社会组织中的每个职位都设定了特定的权力,一个人可以因任某职而拥

---

① 〔法〕米歇尔·福柯:《规训与惩罚》,刘北成、杨远婴译,上海,上海三联书店,1999,第28页。
② 〔美〕约翰·肯尼斯·加尔布雷思:《权力的分析》,陶远华等译,石家庄,河北人民出版社,1988,第8页。

有行使特定权力的职能。当他离开其职位,他也就失去了相应的权力。此时,在这个职位上的权力仍然留存,并可以授予新的任职者。用安东尼·吉登斯的话说,这种权力的"前提是行动者或集合体在社会互动的具体情境中,彼此之间例行化了的自主与依附关系。"① 第四,经常性的权力关系中有相互依存的因素。在通常意义上,关于这一点有两方面的涵义:权力关系首先反映的是两个或多个人之间的相互关系,而且这种相互关系还表现在 A 之所以能对 B 施加权力,至少部分原因是 B 愿意成为这种权力关系的一部分;其次,是 A 与 B 之间有一种交换关系,尽管它可能是不对称的。

11.1.2 理解公共权力

上述关于权力问题讨论对理解公共权力应有所助益。简而言之,公共权力首先是一种权力,因此也必然具有权力的某些特质。例如,它所构建的社会政治关系必然是不对称的;它是实现某种预期目的的工具,而非目的本身;它本身也有被占有和被运用的问题;等等。然而,公共权力的性质与运行方式及其产生与存在的范围等,又不能简单地等同于一般意义上的权力。其一,公共权力超越一般社会关系,并凌驾于这样的社会关系之上,它带有权威指向的向下性与普遍性。其二,公共权力是高度组织化与集中管理的。一般社会关系中的权力并不一定具有组织化与高度集中这一特点。其三,公共权力的价值指向应具有公共性。用伊斯顿的观点来说,公共权力要对社会价值做出权威性的分配。因此,人们在对公共权力的探讨中对之所赋予的含义也明显地区别于一般的权力概念。

公共权力是一种复杂的历史现象,这里主要从现代政治发展的视角,来探讨公共权力的实质。恩格斯认为,原初形态的公共权力产生于人类社会共同生活的需要,它是人们共同掌控的、协调和管理社会共同生活的权力,它是以确认和保障自然共同体全体成员的平等地位、民主权利为前提和基础的,其基本功能是调解和处理人们共同生活过程中所可能出现的争端和纠纷。近代社会早期的资产阶级思想家们也对公共权力进行了深入的理论分析,形成了诸如"天赋人权"、"主权在民"等理论化和系统化的观点。总体而言,比较有代表性的关于公共权力的概念内涵的界定有如下几种。

(1) 社会契约说。依照霍布斯、洛克等人的社会契约理论,公共权力作为人们"联合意志"的代表,其主要作用是避免人类因缺乏"共同权力"而导致

---

① 〔英〕安东尼·吉登斯:《社会的构成》,李康、李猛译,上海,上海三联书店,1998,第78页。

第11章 公共权力的监督与制约

的"战争状态"。①

（2）社会冲突说。按照马克思的公共权力起源说，公共权力作为一种"从社会上产生但又自居于社会之上，并且日益同社会脱离的力量，其目的是"缓和阶级冲突，把冲突保持在秩序的范围内，以防止"在无谓的斗争中毁灭自己"。②

（3）力量说。公共权力是"基于某一特定的社会共同体成员共同同意或以某种形式的认可并为管理其中的公共事物，以支配、影响和调控该共同体而形成的一种公共威慑力量"。③

（4）社会秩序维系说。"公共权力是由社会共同需要产生的，它产生的根本目的在于维持、调整或发展整个社会生活的基本秩序"。④

理解现代公共权力，需要把握以下几个方面。第一，在现代社会中公共权力是人类为了实现自身利益而进行的一种社会建构。洛克认为，在自然状态下，人人都可以按照自己认为合适的办法，决定他们的行动，处理与他人之间的关系，无需听命于任何其他人的意志。但这种自然状态有极大的缺陷，当人们之间出现冲突时，自然状态下既无裁决纠纷的尺度，也没有一个力量来保证裁决得以执行，每个人都难以真正实现自身利益。人类在这一困境下，放弃自己的一部分权利，形成一种公共力量，用以保障个人的生存和生活的权利。这种公共力量就是公共权力。⑤ 当然，洛克的这一自由主义观点，也不是真正从发生学意义去复原现代公共权力产生的历史过程，而是提供了构建现代的合意的公共权力的哲学图式。

第二，公共权力是一种派生的权力。它是近现代以来公民自然权利分化的产物，是公民社会为防止自己的正当权利受到非法侵犯而设立的。洛克曾明确提出，人们建立国家的目的是谋求他们彼此间的舒适、安全和和平的生活，以便安稳地享受他们的财产并且有更大的保障来防止共同体以外任何的侵犯。因此，他主张公共权力"要按照社会所一致同意或他们为此目的而授权的代表所一致同意的规定来行使"。⑥ 由此可见，现代公共权力的行使应该而且必须以社会公众的利益为出发点和落脚点，公共性是其本质属性。

---

① 〔英〕霍布斯：《利维坦》，黎思复、黎廷弼译，北京，商务印书馆，1985，第94页。
② 《马克思恩格斯选集》，第四卷，北京，人民出版社，1972，第166页。
③ 〔法〕孟德斯鸠：《论法的精神》（上册），张雁深译，上海，商务印书馆，1961，第105页。
④ 鲍宗豪：《公共管理导论》，上海，上海三联书店，1998，第10页。
⑤ 〔英〕洛克：《政府论》（下篇），瞿菊农、叶启芳译，北京，商务印书馆，1983，第93页。
⑥ 〔英〕洛克：《政府论》（下篇），瞿菊农、叶启芳译，北京，商务印书馆，1982，第78页。

公共管理学

第三，公共权力是一种集体权力。公共权力运行的目的是维护社会公共利益和社会公共生活秩序，因而它在本质上是一种凝聚和体现公共意志的力量，是人类社会和群体组织有序运转所需要的指挥、决策和管理的力量，是由公众所授予和认同的集体性权力。

综上所述，现代意义上的公共权力是指在公共管理的过程中，由法律授权并予以保障的，由政府及其相关部门以及其他公共组织掌握并行使的，用以配置公共资源、处理公共事务、维护公共秩序和增进公共利益的权力。在前工业社会和工业社会，公共权力基本上被国家和政府所垄断、控制和操纵。特别是在前工业社会，这样的垄断和控制更具有绝对性。进入后工业社会，随着经济全球化、政治民主化进程的发展，全球公民社会不断成长，政府体制之外的其他公共组织或社会组织越来越多地参与共享公共权力，共同治理人类社会的公共事务。这是人类社会政治文明发展的不可阻挡的大趋势。

从本质上说，或是就应然状态而言，在现代政治生活中公共权力应体现如下基本特征。

1. 公共性

现代政治生活中公共权力的根本特性是公共性，它与促进公共利益的目标紧密联系在一起。在现实社会生活中，公共权力的广泛分布于许多部门和职位，并且通过这样的难以计数的部门和职位来配置社会资源，规制公共秩序。不同层面、不同领域和不同职位的公共权力的掌控者在行使其权力时，必须符合社会的共同利益和根本利益，这是公众对公其权力掌握与行使者的基本诉求。

2. 强制性

公共权力的强制性，是指这种权力在其法定应当依法规制约束的社会中对所有人都具有刚性的支配和导向作用，社会成员对公共权力则必须服从。尽管公共权力具有公共性的特征，但同时它也是公共事务管理的工具，也必然需要体现出权威性，而这种权威性在相当程度上由其强制性来予以保障。为了确保强制性，公共权力的掌控者需要采取各种必要的措施，以维系和增强公共权力的权威性。

3. 合法性

公共权力的本质及其制度设计，都是基于维系和实现"公共利益"的根本目标，因此必须把公平、正义等社会基本价值纳入对公共权力的评价之中，以获得公众的合法性认同。公共权力形式上的合法性是合法律性，而实质上的合法性则是获得公众的真正的认可和支持，这也是政治学意义上的合法性。因此，公共权力实质上的合法性远比形式上的合法性更为重要。

4. 民主性

从现代公共权力的公共性与合法性出发，其产生与运行的基础性制度安排都必然和必须是民主的。这样的民主性覆盖如下方面：公共权力的产生与授予的方式是民主的；对公共权力掌握者（即公众的代理者）的选拔方式是民主的；公共权力的运行方式也必须受到公众的监督与制约；等等。民主性既是构建现代公共权力的基本途径，也是现代国家必须维护的重要价值与立国之本。

5. 法治性

现代国家为了保证公共权力建构的合理性及其稳定运行，逐渐形成一系列日益完善的相关法律体系并使之能得以有效执行。这样的法律体系是通过法律权威规定公共权力建构的基本原则与运行目标、公共权力建构的形式、公共权力运行的方式、公共权力运行的救济等。公共权力建构与运行的法治化程度，是评价现代社会政治文明发展的主要维度。

11.1.3 公共权力的异化

公共权力的建构体现公众希望借助公共权力促进社会公共利益的良好愿望。但是，公共权力所具有的强制性和工具性属性，决定了它只有在良好的制度框架内运行，并被适当的人员和机构来行使时，才有可能实现这一目的。而当这些条件缺失时，公共权力就会蜕变为个人或集团谋取私利进而危害其他社会成员正当利益的工具，这种蜕变即为公共权力的异化。

"异化"一词源于拉丁文 alienatio，是德文 Entfremdung 的意译，含有转化、疏远、脱离的意思。异化作为一个哲学范畴反映的是一种主客体之间的对抗性关系，即指某物变成了异于原物的东西并反过来与原物对抗。换言之，异化是指事物朝着背离其原有性质的方向发展变化的趋势和结果。从这一视角出发，权力异化就是指在权力运作过程产生了与自身相矛盾的对立力量，使权力丧失了原有质的规定性并与权力的原质相对抗，致使公共权力的运行及结果与其本应有的性质相背离。

公共权力特别是国家及其政府的权力天然内生着异化的基因。本应服务于公共利益的公共权力"从社会中产生但又自居于社会之上并且日益同社会脱离"[①]，成为一种脱离社会、并相对独立的力量。公共权力"既包括执行一切社会的性质

[①] 《马克思恩格斯选集》（第4卷），北京，人民出版社，1972，第166页。

公共管理学

产生的各种公共事务,又包括由政府同人民大众相对立而产生的各种特殊的职能"。① "官吏既然掌握着公共权力和征税权,他们就作为社会机关而驾于社会之上。"② 而对于掌权者的人性,人们普遍认为应加以警惕。因为,公务人员虽然有为公共利益服务的意愿,但这种愿望不过是他每日面临的许多诱因之一。一旦为自身谋利的欲望成为更强有力的诱因,那么这一诱因很可能压倒为公共利益服务的愿望,从而使公共权力的运行背离公共的性质,导致公共权力的异化。

公共权力异化还有其外在诱因。这就是,规范公共权力运行的制度总是不完善的。人受制于其自身的有限理性,因而人们所构建的制度也必然体现这样的有限理性。而且,制度是基于以往的经验和对未来的判断所建构的行动导引和规范,它不可能穷尽和针对现实政治生活的所有情形。因而,这样不完全不完善的制度框架总会或多或少地存在有可能使掌权者或权力行使者弄权谋私的条件和机会。制度的这一特点使公共权力的运行中充满种种政治吊诡。

客观而言,公共权力异化是社会政治生活的伴生现象,人们需要以一定历史条件下公共权力运行的常态为基本依据判断公共权力异化及其程度。脱离具体的历史条件,公共权力的异化难以确认和把握。通过对公共权力存续的历史考察,公共权力异化主要表现在如下几个方面。一是偏离公共权力行使的目的。公共权力建构的根本目的是要促进公共利益的发展,保障社会的公共生活秩序,增进公众的福祉。如果公共权力的掌控者以行使公共权力为借口为自己谋利,并在行使公共权力的过程中将自己所控制的公共权力转变为自己谋利的工具,这就是对公共权力行使目的的根本背离,是公共权力异化的最为典型的表现。二是公共权力行使超出法定的或合理的范围。权力具有扩张性和渗透性。一些公共权力的掌控者一旦控制权力,就会有很强的权力扩张欲望,他们或是急于寻求更大的权力,或是企图越位行使没有获得授权的权力,或是过度行使权力,其结果是其权力越位而对公共利益造成危害。三是公共权力行使方式的错误。每个时代公共权力的运行方式都有其相应的规范,公共权力必须在这样的既定框架中运行。如果公共权力掌控者违反法律规定程序和方式行使权力,或是由于对权力行使方式的错误认识而不能正确行使权力,就会造成公共权力的滥用,也会出现公共权力的异化。四是公共权力的掌权者的不作为。公共权力的掌权者必须在其位谋其政负其责,恪尽职守,勇于任事,励精图治,使公共权力的行使及时、准确、到位,体

---

① 《资本论》(第3卷),北京,人民出版社,1975,第432页。
② 《马克思恩格斯选集》(第4卷),北京,人民出版社,1972,第167页。

现应有的强度和力度，真正起到有效维系公共秩序，配置公共资源和增进社会公共利益的作用。如若权力掌控者或玩忽职守，不思进取，无所作为，或遇难退缩，临危怯阵，明哲保身，就必然会导致公共权力实质性的缺位，使公共利益受到损害。

上述情形表明，权力"总有着一种越出它自己的范围而发展的本能倾向……和一种特殊诱惑。权力总是倾向于增加权力……它喜欢自己是一个目的而不是手段"。[1] 而当手段变成目的，公共权力异化的现象就出现了。公共权力异化破坏公共管理的运行，发展到一定程度，就会带来一系列严重的政治后果。①削弱政府的合法性，甚至导致政府合法性危机的产生。公众对政府的认同基于对后者掌握的公共权力的信任，然而公共权力异化会导致政府公信力的贬损，使公众对公共权力主体产生怀疑、反感、厌恶甚至鄙视的情绪，并进而酿成对政治的冷漠和反感。这样的负面情绪的累积，则有可能引起社会共识的破灭，对政府不服从，导致政府合法性危机的出现。②造成社会资源的浪费和资源配置的低效和无效。公共权力的寻租活动为获取租金要付出时间和精力等交易成本，政府为应付这种行为也要付出交易成本，从而耗费大量社会资源；寻租者的租金实现是以其他相关生产者和消费者的利益为代价，这一代价一般大大超过寻租者的租金所得，因而导致公共利益和公共福利的净损失；寻租活动严重破坏市场协调机制，导致市场配置资源低效或无效。③阻挠或中断政治发展。简而言之，政治发展就是政治生活的进一步合理化，即政治文明的持续发展。这一过程的核心内容是对公共权力合理性与合意性的再审视与重构，它会持续地带来对公共权力行使目标、运行机制及对其监督与制约效率的改善。但是，在公共权力出现严重异化的政治体系中，权力控制者已形成巨大的既得利益，政治发展实际上是对其本身的革命，因此他们对政治发展就可能会采取如下应对方式：抵制、拖延或避重就轻，这就会使必要的政治发展受到阻滞或扼杀。④公共权力异化在社会和思想文化方面还会产生更广泛的负面影响。公共权力异化亵渎公民的信任，侵蚀弱化社会资本，并对社会的思想文化产生极大的负面影响。特别是公共权力的腐败具有极强的传染性和腐蚀性，如若得不到有效惩治和遏制，它就会像瘟疫一样迅速传播，污染社会，扭曲公平正义的社会价值观念，阻碍社会的文明进步。

---

[1] 〔法〕马里旦：《人与国家》，霍宗彦译，北京，商务印书馆，1964，第10页。

11.2 公共权力制约的基本理论

人类社会的政治发展史以及公共权力的异化理论表明，一切握有公共权力的人在行使公共权力的惯性及利益等诱因的推动下，都存在着权力滥用的可能性或惯性倾向。英国著名哲学家伯特兰·罗素指出，"一方面，因为政府是必需的：没有政府只有很少一部分人有望继续生存，而且只能生活在一种可怜的贫困状态中。但是，另一方面，政府也会带来权力的不平等，并且那些拥有极多权力的人会利用这种权力来满足他们自己的欲望，而这些欲望是与一般人的欲望截然相对立的"。[①] 卡尔·波普尔也说："国家尽管是必要的，但却必定是一种始终存在的危险或者一种罪恶。因为，如果国家要履行它的职能，那它不管怎样必定拥有比任何国民或公众团体更大的力量；虽然我们可以设计各种制度，以使这些权力被滥用的危险减少到最低限度，但我们决不能根绝这种危险"。[②] 因此，在政治权力的设计中，另一个关键的考量就是如何通过最有效的监督和制衡，确保公共权力运行的合法性和合理性。关于对权力监督与制约的思想自古有之，特别是近代以来，随着民主政治的蓬勃发展，各种权力制衡思想更是互相激荡，为现代政治生活政治文明的发展进步提供了重要的思想资源。

11.2.1 古希腊、古罗马时期的权力制约思想

人们对于公共权力制约的认识发端于古希腊和古罗马的政治思想，这其中又包括分权说与法律说两种体系。其中分权说是权力制约的主流思想，有着一脉相承的理论谱系。分权制衡思想最早可追溯至古希腊著名学者亚里士多德。他在《政治学》一书中明确指出："一切政体都有三个部分或要素……三者之中第一个部分或要素是与公务事务有关的议事机构，第二个要素与各种行政官职有关，它决定应该由什么人来主宰什么人或事，和应该通过什么样的方式来选举各类官员，第三个要素决定司法机构的组成。"[③] 这可以说是政治学说史上对国家权力最早的一种明确的划分。在这里，亚里士多德关心的是"一般的国家在实际上所能达到的最好政体是什么"。后来，古罗马的政治学者波里比阿承继了亚里士多

[①] 〔英〕伯特兰·罗素:《权力论》，靳建国译，上海，东方出版社，1988，第164页。
[②] 〔英〕卡尔·波普尔:《猜想与反驳》，傅季重等译，上海，上海译文出版社，1986，第500页。
[③] 亚里士多德:《政治学》，吴寿彭译，北京，中国人民大学出版社，2003，第145页。

德混合政体的观点，提出了元老院、执政官和平民会议之间相互制约的思想。他在《罗马史》(The Histories or The Rise of the Roman Empire) 中主张建立混合政体，并论述了分权与制衡的问题。波里比阿的重要贡献在于，他第一次提出了三种国家权力机关之间相互制衡的思想，首开西方分权学说之先河。这是他超越柏拉图和亚里士多德政体理论的成就。他认为，三种国家权力之间，在它们的相互作用中，应"永远保持原状"，也就是说，"任何越权的行为都必然会被制止，而且每个部门自始就得担心受到其他部门的干涉……"① 虽然古代的三种权力与近代以来的三权分立内容有许多不同，而且当时执政官的执政权力与现代行政权力也不能等量齐观，但是人类社会上古时期产生的早期分权学说无疑已经在权力制约的道路上迈出了前行的坚实步伐。

关于法律制权的思想，柏拉图在《法律篇》中说，"如果一个国家的法律处于从属地位，没有权威，我敢说，这个国家一定要覆灭；然而，我们认为一个国家的法律如果在官吏之上，而这些官吏服从法律，这个国家就会获得诸神的保佑和赐福"。② 亚里士多德发展了这一思想，他提出了法治的两个原则，其中一个就是"普遍服从良法"，包括政府也要服从良法。后来，西塞罗进一步阐述了这一原则。他说："执政官乃是会说话的法律，而法律乃是不会说话的执政官。"③ 实际上，他是从法律与执政官关系的角度提出了"权力从属于法律"的论点。

11.2.2 洛克的分权制衡思想

洛克的分权制衡思想，是文艺复兴以来资产阶级关于分权理论的总结和发展，在西方政治思想史上具有重要地位。他的分权制衡思想建立在天赋人权与有限政府的思想基础之上。

洛克认为，生命权、自由权和财产权是自然法为人类规定的最基本的权利，自然法教育着有意遵从理性的全人类，人们既然都是平等和独立的，任何人就不得侵害他人的生命、健康、自由和财产，这就是天赋人权。"人的自然自由，就是不受人间任何上级权力的约束，不处在人们的意志或立法权之下，只以自然法作为他的准绳。处在社会中的人的自由，就是除经人们同意在国家内所建立的立

---

① 朱光磊：《以权力制约权力——西方分权论和分权制评述》，成都，四川人民出版社，1987，第29页。
② 《西方法律思想史资料选编》，北京，北京大学出版社，1983，第25页。
③ 《西方法律思想史资料选编》，北京，北京大学出版社，1983，第79页。

法权以外，不受其他任何立法权的支配；除了立法机关根据对它的委托所制定的法律以外，不受任意志的统辖与或任何法律的约束。"① 他认为，政府只有根据公布的有效的法律来保护人们的生命、自由和财产，而不能以随心所欲的命令和决议进行统治，因为所根据的"法律的目的不是废除或限制自由，而是保护扩大自由"。② 法律不仅不是限制人们的自由，而且是指导人们、保护人们去追求正当利益，即法律应以权利为本位。财产权是洛克天赋人权的核心，他认为，"任何权力未经本人同意，不能取去任何人的财产的任何部分"。③

虽然洛克认为人类的自然状态是充满平等自由、和平安全的状态，但他也指出自然状态的种种缺失。一是缺少一种确定的、规定了的、众所周知的法律，即以共同的"同意"接受和承认的是非准则为裁判社会成员之间一切纠纷的共同尺度；二是缺少一个有权依照既定的法律来裁判一切争执的知名的和公正的裁判者；三是缺少权力来支持正确的判决，使它得到应有的执行。因此，人们在理性的自然法的指示下不得不脱离自然状态，而建立政治社会。人们之间通过订立契约的方式将自己的部分权利交给专门人员让其按照大家一致"同意"的规定来行使，于是人们便联合成国家并置身于政府的统治之下。

洛克指出，人们让渡的权利是有限的，政府的权力也是有限的，并且政府的权力也只能以大家一致同意的、正式公之于众的和经常有效的法律来行事。因此，他认为被授予权力的人——国家权力的掌握者也是订立契约的一方，必须受到契约的限制，履行契约规定的义务，即按照委托者所委托的范围和内容行使权力。洛克依据他关于国家权力的产生、性质和作用的观点主张分权。他认为要保持国家权力的上述性质和作用，有效地保护人们的权利，最好的政体是议会君主立宪制，并且认为这一政体必须实行法治，要实行法治就必须实行分权。他将国家权力分为三种：立法权、执行权和外交权。立法权是国家最高权力，它是不可更换、转让和神圣不可侵犯的。立法权属于由公众选举产生的议会。执行权是执行有效的法律的权力，外交权是同外国进行一切外交事务的权力，这两种权力由国王及其政府掌握。执行权与外交权都属行政权，因此洛克所提出的实际上是两权分立的理论。

洛克主张权力相互制约。为了防止滥用权力，防止专制制度的恢复，保证国

---

① 〔英〕洛克：《政府论》（下篇），瞿菊农、叶启芳译，北京，商务印书馆，1982，第5页。
② 〔英〕洛克：《政府论》（下篇），瞿菊农、叶启芳译，北京，商务印书馆，1982，第83页。
③ 〔英〕洛克：《政府论》（下篇），瞿菊农、叶启芳译，北京，商务印书馆，1982，第86页。

家权力的行使不超出人民委托的范围。洛克主张，权力不仅要分立，而且必须予以限制，并使之相互制约。首先，对行政的制约是指君权必须服从立法机关，不得僭权，立法机关对行政机关有收回法律的权力和对违法行政和违法外交的机关进行处罚的权力。其次，行政权也要对立法权进行制约，行政机关对立法机关具有召集和解散的权力，决定立法机关的会期和地点的权力。同时，立法机关必须以正式公布的有效法律进行统治。任何人都平等地受制约于法律，任何受人民委托权力的人都不能例外。当国家权力违背人民的委托而行使时，委托自然取消，人民有权收回他们交给立法机关的权力，并通过罢免或更换立法机关的办法，重新委托他们认为最能够保障他们权利的人。

11.2.3 孟德斯鸠的分权制衡思想

法国启蒙思想家孟德斯鸠继承和发展了洛克的两权分立学说，并进而提出"三权分立"的分权制衡学说，成为近代思想史上提出现代意义分权制衡理论的第一人。他的学说为法国资产阶级推翻封建专制制度，建立资产阶级的政治制度，提供了有力的理论依据，设计了重要方案。

孟德斯鸠认为，政治自由只能是法律意义上的自由。他说："在一个国家里，也就是说，在一个有法律的社会里，自由仅仅是：一个人能够做也应该做的事情，而不是被强迫做他不应该做的事情。"[①] 他认为，一个公民的政治自由是一种心境的平安状态，这种心境的平安是从人人都认为他本身是安全的这个看法产生的，要享有这种自由，唯有在实行了法治，排除了人治的政府下才能实现。他认为，"政治自由只在宽容的政府里存在，不过，它并不是经常存在于政治宽容的国家，它只有在那样的国家的权力不被滥用的时候才存在，但是一切有权力的人都容易滥用权力，这是万古不易的一条经验"。[②] 他明确指出，如果权力过分集中，超出人民的控制范围，公共权力就会被滥用，公民的自由权就会被侵犯，就必然会发生腐败、贪污和各种丑恶现象，从而会造成恐怖，发生暴乱，直至政权灭亡。

基于权力的趋腐性，孟德斯鸠认为，要保障公民的政治自由、防止权力腐败需要把国家权力划分为立法、行政、司法三个部分。他认为立法权是制定法律、修改或废止已制定的法律的权力。立法机关应定期集会，制定法律，决定国家税

---

① 〔法〕孟德斯鸠：《论法的精神》（上册），张雁深译，北京，商务印书馆，1982，第154页。
② 〔法〕孟德斯鸠：《论法的精神》（上册），张雁深译，北京，商务印书馆，1982，第154页。

公共管理学

收、实施法律、监督和审查法律的执行；立法权应该由人民集体享有；"在一个自由的国家里，每个人都被认为具有自由的精神，都应该由自己统治自己，所以立法权应该由人民集体享有"。[①] 人民的这种立法权，应由人民选出的代表机关来行使。行政权是执行国家意志、维护公共安全、宣战媾和、派遣或接受外交使节、防御外国侵略的权力。孟德斯鸠认为行政事务要讲究效率，如果将此权交给一个机关行使，往往会议而不决，拖延时间，贻误时机。因此，把这一权力交给一个人掌握，优于交给几个人或一个集体。孟德斯鸠从当时社会状况出发，主张行政权应掌握在国王手中。司法权是惩罚犯罪或裁决私人争讼的权力。这种权力应该是独立的、超然的，既不能交给特定阶级——常设性的立法团体所专有，也不能交给某一特定职业人员所专有，而应当交给人民选举出的一些人所组成的法庭。

孟德斯鸠认为三权不但要分立，而且要相互制约。为保证国家与公民的政治自由，三种权力必须分别交由不同的人和不同的机构来行使。因为，"从事物的性质来说，要防止滥用权力，就必须以权力制约权力"。[②] 孟德斯鸠在论述三权分立时，除了指出对各种权力本身的制约，还论述了三权之间的相互制约，特别是立法机关和行政机关之间的相互制约。他认为，立法机关和行政机关关系的最佳状态是：议会的两院应受制于行政机关，行政机关对立法机关应有所限制。为了防止立法权的擅权，行政机关根据需要有权规定立法机关的召开时间和期限，并享有对立法机关的决定的否决权，还有权制止立法机关的越权行为。同时，行政机关通过它的"反对权"，有权参加立法，尽管它无权参与事项讨论和提出法案，对立法机关的决定，只能限于表示同意与否，但这种做法毕竟能发挥制约作用。立法机关对行政机关的制约，则主要是通过对行政机关的执法情况和政绩的考核来实现。司法权不应该授予议会，也不能授予君主，而应实行"司法独立"原则。因为司法与立法和行政截然不同，司法权是惩罚犯罪和裁决私人争讼的权力。如果立法者是法官，法官是司法者，就会形成一种专断的权力，所以它应该完全独立，专门由法院和陪审法官行使。孟德斯鸠认为，司法独立是三权分立，以权力制约权力理论的重要支柱。

---

① 〔法〕孟德斯鸠：《论法的精神》（上册），张雁深译，北京，商务印书馆，1982，第158页。
② 〔法〕孟德斯鸠：《论法的精神》（上册），张雁深译，北京，商务印书馆，1982，第154页。

11.2.4 美国的分权理论与实践

托马斯·杰斐逊是美国建国初期杰出的政治思想家和国务活动家,是美国民主传统的奠基人。他的政治思想及其执政期间采取的措施,对美国资产阶级民主政治的发展作出了重要贡献。针对汉密尔顿等人极力扩大总统权力、过分强调集中的倾向,杰斐逊坚决主张在美国建立代议制的民主共和国,指出政府必须在人民的控制之下体现和执行人民的意志,保障人民的自由权利。杰斐逊系统地提出在美国建立三权分立的、中央与地方分权的、实行普选制和保障人民民主权利的代议制的民主共和国的方案。这一方案的内容包括如下方面。

1. 实行立法、行政、司法的横向分权

杰斐逊认为,政府权力的自我膨胀是政府腐化和产生暴政的重要原因,只有立法、行政和司法三权分开并相互平衡,才能防止暴政。他认为当时美国总统的权力太大,这是出现暴政的最大危险。同时,他认为,司法权力过大也会破坏三权制约的原则,司法机关不能凌驾于国会和总统之上。总之,为了避免三权融为一体和某种权力过大两种情况的出现,不仅联邦政府,包括州、郡等地方政府,都必须实行三权分立、互相制衡,抑制立法、行政、司法等国家权力机关中的任何一个部门出现过度膨胀的倾向。

2. 实行中央和地方纵向分权,反对中央过分集权

杰斐逊认为,中央过于集权就会增加盗窃、投机、冗员和钻营的机会,就可能使美国像英国那样腐败和专制。他指出必须实行中央和地方层层分权的制度,除了某些必须由联邦政府掌握的权力之外,需要把权力分散到地方。中央政府只集中管理国防、对外关系和州际关系等方面的事务,各州掌握有关公民权利、法律、治安及一般涉及州的行政事务,各部、区专管辖区地方事务。只有经过这样的层层分权,把一部分权力分散到地方政府,才有利于人民关心国家大事,有利于人民对政府实行监督,防止政府腐败。

3. 实行人民参政原则和普选制度

杰斐逊认为,人民是国家权力的源泉,是储藏社会的根本权力的宝库,是防止产生暴政的最有效的措施。他说:"世上每一个政府都带有人类弱点的某些痕迹……任何政府如果单纯托付给人民的统治者,就一定蜕化。所以,只有人民本身才是政府的唯一可靠的保护人。"[1] 防止政府腐化堕落的可靠途径就是依靠人

---

[1] 《资产阶级政治家关于人权、自由平等博爱言论录》,北京,世界知识出版社,1963,第53页。

民参与政治、监督政府。

杰斐逊认为，普选权是人民参政的基本前提，也就是让人民选举出来的代表去管理政府事务，进行统治。他反对以财产标准限制人民的选举权，也反对以人民缺乏文化为由，剥夺他们对国家的管理权，主张实行普选制。同时，他重视国民教育，强调发展人民教育事业是保障人民民主权利、防止政府腐败化的有效方法。

汉密尔顿对权力的设计及分配亦有大量论述，对推动美国宪政制度的建设起了重要作用。他的主要理念是，"把权力均匀分配到不同部门，采用立法上的平衡和约束，设立由法官组成的法院，法官在忠实履行职责的条件下才能任职，人民自己选举代表参加议会——凡此种种完全是崭新的发现，或者是在现代趋向完善方面取得的主要进步……通过这些手段，共和政体的优点可以保留，缺点可以减少或避免"。① 以此达到横向上权力的监督制衡，纵向上权力分配的均匀合理，从而捍卫宪法的尊严和实现民众的意志。

从1689年英国学者洛克的《政府论》到1748年法国启蒙思想家孟德斯鸠的《论法的精神》，再到18世纪后期美国政治家和思想家杰斐逊、汉密尔顿、潘恩等人关于双重分权的大量论述，伴随着资产阶级革命的兴起以及资产阶级掌握国家政权，近代分权学说也经历了一个提出、发展、完善的过程，从最初的两权分立形态发展到三权分立形态，直至双重分权这一比较完备的形态，其间经历了一百多年。双重分权理论解决了在美国这样的资本主义大国如何实行资产阶级民主制度的问题。坚持和发展分权制衡理论，具有十分重要的理论和现实意义。

11.2.5 马克思主义的权力制约思想

1871年巴黎公社作为世界上第一个无产阶级政权诞生后，马克思主义的创始人就通过对巴黎公社的研究，明确地规定了新政权形式，高度评价公社所做出的把从上至下的组织领导者的工作都置于人民群众的监督之下的一系列规定。马克思、恩格斯多次肯定权力制衡的积极意义。恩格斯在评论资产阶级国家分权制时曾说："在那些确实实现了各种权力分立的国家中，司法权与行政权是完全独立的。在法国、英国和美国就是这样的，这两种权力的混合必然导致无法解决的混乱；这种混乱的必然结果就如让一人身兼任警察局局长、侦查员和审判官。但是司法权是国民直接所有的，国民通过自己的陪审员来实现这一权力，这一点不

---

① 〔美〕汉密尔顿等：《联邦党人文集》，程逢如译，北京，商务印书馆，1982，第40~41页。

仅从原则本身，而且从历史上来看都是早已证明了的"。① 马克思在1831年对黑森宪法的认可，进一步证明了经典作家们对权力制衡的肯定。他说："没有哪一部宪法对执行机关的权限作过这样严格的限制，在更大程度上使政府从属于立法机关，并且给司法机关以如此广泛的监督权。……高等法院有权对有关任免制度的一切问题作出最后决定。众议院从议员中选出一个常任委员会，组成类似雅典最高法院的机构，对政府的活动实行监督，并把违反宪法的官员递交法院审判，即使是下级执行上级的命令时违反宪法，也不得例外。"②

恩格斯在1891年，即巴黎公社起义20年后，为《法兰西内战》单行本写导言时，强调把工人阶级掌握国家工作人员的监督罢免权当作巩固工人阶级统治的根本措施。他论述道："为了防止国家和国家机关由社会公仆变成社会主人，这种现象至今在所有的国家中，都是不可避免的。公社采取了两个正确的方法，其中之一就是把行政、司法和国民教育方面的一切职能交给由普选选出的人担任，而且规定选举者可以随时撤换被选举者。"③ 恩格斯深刻地指出，只要国家还存在，就有社会公仆变为社会主人的可能。防止这种现象出现的有效方法之一，就是工人掌握监督罢免权。

列宁对权力的监督与制衡也有深入思考，并就权力监督与制衡的本质、原则、体制和方式等问题阐发了一系列重要思想。列宁关于权力监督与制衡思想对世界上第一个社会主义国家的创建发挥了重大的理论指导作用，为马克思主义国家学说的发展作出了新的理论贡献。列宁把权力监督视为社会主义国家政权的重要组成部分，视为国家的一种重要职能。他指出，"不实行全面的国家计算和监督，劳动者的政权，劳动者的自由就不能维持，重新变为资本主义的压迫就不可避免"。④ 列宁把权力监督纳入社会主义民主政治范畴，他认为，"任何由选举产生的机关或代表会议，只有承认和实行选举人对代表的罢免权，才能被认为是真正民主的和确实代表人民意志的机关"。⑤ 列宁强调，权力监督与制衡在体制上的保障是应使权力监督机构的地位同被监督机构平等。他认为"有必要成立一个同中央委员会平行的监察委员会来加强监督"。⑥ 权力监督机构应实行中央直接

---

① 转引自傅兆龙《权力制约——一条重要的政治规律》，《中国法学》1993年第2期。
② 《马克思恩格斯全集》第3卷，北京，人民出版社，1962，第597页。
③ 《马克思恩格斯选集》第1卷，北京，人民出版社，1972，第1版。
④ 《列宁全集》第33卷，北京，人民出版社，1972，第116页。
⑤ 《列宁全集》第34卷，北京，人民出版社，1972，第102页。
⑥ 《列宁全集》第39卷，北京，人民出版社，1972，第288页。

领导而不是"双重"领导,并"建议否决'双重'领导,规定地方检察机关只受中央领导"。① 列宁不仅高度重视权力监督体制这个核心问题,而且就权力监督机构的职能也提出了明确的意见,指出要赋予其监督监察权、检查权、质询权、建议权、纠正权、否决权、罢免权、处分权和制裁权等。列宁关于权力监督与制衡制度的思想对社会主义国家民主政治建设具有重大指导意义。

11.2.6 公共权力制衡思想的新近发展

"二战"以后,在西方发达国家中伴随着政府管理职能的逐渐转变、公民政治参与的不断深入,公民社会的不断成长,非政府组织(NGO)或"非营利组织"(NPO)的蓬勃发展,西方国家权力制约的形式已经呈现出超越传统模式的多样化的特征。在此背景下,一些政治家、思想家开始重新审视原来的公共权力制约思想,并相继形成了一系列理论成果,比较有代表性的有多元主义、公平的正义、新保守主义等等。自上世纪80年代以来,治理与善治理念的勃兴和协商民主理论的发展也为公共权力监督和制约的思想和实践注入了新的活力。

罗伯特·达尔是西方多元主义民主理论的代表者,他超越过去"人民主权"和"三权分立"的理论论争,用"多元民主"解释西方民主政治运行的实际情况,把社会对公共权力的制约提上了民主理论分析的议程。达尔认为,在多元民主的理论视野中,社会权力安排不是等级式的,而是竞争的,权力是众多代表不同利益的集团——例如商业组织、工会、政党、妇女机构、宗教组织等——之间"无休止的讨价还价过程"的一个不可分割的组成部分,这种"多重少数人的统治"是制约公共权力的一剂良药,它可以"使政府的强制最小化,保障政治自由、改善人的生活"。② 达尔把国家政体分为三种类型:多头政体、寡头政体和混合政体。在他看来,多头政体是对公共权力制约的理想政体,由于它允许大众广泛参政,因而既能保证社会的权力不被国家权力侵犯,也可以形成对国家权力的制约,从而实现对政府与民众的"双边控制"。

自从1980年约瑟夫·毕塞特在《协商民主:共和政府的多数原则》一文中首次使用"协商民主"(deliberative democracy)的概念后,经伯纳德·曼宁、乔舒亚·科恩及罗尔斯与哈贝马斯等政治哲学家的构建和发展,协商民主政治理

---

① 《列宁全集》第43卷,北京,人民出版社,1972,第196页。
② 〔美〕罗伯特·达尔:《民主理论的前沿》,顾昕、朱丹译,上海,上海三联书店,牛津大学出版社,1999,第227页。

论已经成为20世纪后期和新世纪西方政治理论发展的新方向。从治理的视角来看，协商民主是一种治理形式，它特指"平等、自由的公民在公共协商过程中，提出各种相关理由，说服他人，或者转换自身偏好，在广泛考虑公共利益的基础上利用公开审议过程的理性指导协商，从而赋予立法和决议以政治合法性"①。该理论关注的是公众偏好聚合的具体过程，强调公民在作出选择过程中的深思熟虑与审慎，进而主张调适民主参与与专家决断之间的矛盾；就大众关心的问题进行的协商应该在全社会范围内进行，而不仅仅局限在精英层；通过公开讨论、对话、协商而打破专家等对知识的垄断，将技术置于民主控制之下。协商民主的践行不仅有利于形成政府与公民社会互动合作的新型治理模式，而且为监督和制约公共权力，保障其高效运行提供了有益的探索路径。

此外，西方公共权力制约思想新近发展的一个重要趋势就是"第三部门"在公共权力运行中的监督和制约作用日益彰显。从20世纪80年代以来，随着"全球结社革命"的兴起，"第三部门"（也称为"非政府组织"）大量出现，凭借"以志愿求公益"的定位，它们在填补"市场失灵"和"政府失灵"所造成的消极效应方面的作用越来越为人们所认可和称道。当前在西方国家，"第三部门"已经与政府部门、市场部门共同构成现代社会的三大支柱。由于"第三部门"是自由公民的联合体，其主要特点是自愿性、自治性、民主性和公益性，所以它是公民与政府进行沟通互动的一个重要渠道和方式。一方面，它可以将公民的需求输入政治系统，使公共权力的运行向着体现社会公益最大化的方向发展。另一方面，第三部门实际上也越来越多地参与社会的公共治理，分享公共权力，而不仅是作为政府治理的辅助力量。而这样做，就必然进一步加强了对公共权力的监督和制约。随着全球公民社会的发展重大，以及"第三部门"日渐完善，第三部门必将成为监督制约公共权力的一支重要力量。

11.3 公共权力监督与制约机制

11.3.1 公共权力监督制约方式的选择

理顺公共权力之间及其与社会公众的关系，实现公共权力的合理配置，以达

---

① 陈家刚：《协商民主引论》，陈家刚选编《协商民主》，上海，上海三联书店，2004，第3页。

到民主政治取向的价值目标，是现代政治文明建设的基本目标之一。要实现这一目标，就必须建构强有力的公共权力监督制约机制，在有效的制度安排之下，实现凡是存在公共权力的地方，就必须有切实有力的权力监督与制约。纵观人类社会自古迄今对公共权力监督和制约的历史，如下五种主要的基础性的监督制约方式一直都在发挥重要的作用，至今仍未过时。

1. 以权力制约权力

西方政治理论中关于权力制约的思想基础以马基雅维利的"人性邪恶"为开端，霍布斯延续了"性恶论"的学说，特别是休谟的"无赖假说"进一步确立了权力制衡的理论基础。休谟认为："必须把每个人都设想为无赖之徒确实是条正确的政治格言。"以权力约束权力是西方国家约束公共权力的基本方式。以权力制约权力的制约监督方式是把国家权力一分为三，并建构立法、司法和行政三权相互制衡的框架。在此"三权"之中，行政权是最需控制的权力。以权力制约权力的设计体现了人类的智慧。它利用国家之间不同权力的性质、内容、行使的方式和要求的不同，利用国家权力本身的资源，巧妙地构筑防止行政权力滥用的权力结构。它没有借用权力以外的资源，仅仅是对国家权力资源进行科学的区分和配置，就对解决公共权力滥用的问题起到显著的制约效果。在政治实践中，三权是交织的，不可能截然分开。但是，不管实践中三权如何交织，都无伤于清晰区分三权的那些理论原则。因为以权力制约权力，其目的是为了确立一种理性的权力观：权力只要控制得当，就会有益于社会秩序；只有拥有理性的权力，才会有理性的社会稳定。而制度化的配置和制衡权力，正是这种权力理性的适当表现。应当指出，以权力制约权力的制度在现代社会的发展应用中也并非完美至善无懈可击，也产生了诸多问题。首先，它并非一定是适合一切国家的制度，特别是如果不能依据各国的具体国情建构本土化的相应制度更会带来问题。世界上有不少国家在实行了三权分立的制度后，并没有带来政治上的稳定、经济上的快速发展，反而导致政治上的动荡和经济上的停滞。其次，面对现代社会中行政权力的迅速膨胀和扩张，立法权和司法权常常处于尴尬的境地，对此难求十分有效的对策；分权依然存在，而对权力的制约却已被打折扣，宪法的原则在这里遭到了蚕食和破坏。最后，如果过分强调以权力制约权力的体制，并在现实政治生活中绝对化，势必会造成公众在权力制约的现实运作中缺位，这有悖于公共管理的公共性与合作共治性。因而，在优化以权力制约权力的制约机制的同时，人们亦在积极地谋求其他的制约机制。

2. 以法律制约权力

法律具有其他任何手段都不具有的公开性、国家强制性、国家意志性和普遍约束性。为了防止公共权力运行的随意性和人格化，就必须将其置于严格的法律监督制约之下，这是法治社会的根本要求。法治的基本要义体现为：公共权力必须依法运行，公共权力的行使不能逾越法律规定的边界；任何违背法律的行为都要受到追究；法律面前人人平等，任何组织包括政府组织及其部门、政党和个人都不能凌驾于法或自外于法。人们注意到，"在法统治的地方，权力的自由行使受到了规则的阻碍，这些规则使掌权者受到一定行为方式的约束"。[①] 法律因其显著的稳定性与刚性具有强力的导向和约束作用，用法律手段可以遏制公共权力的滥用。公共权力的限度及其行使程序与方式均来源于法律规范，违背法律的公共权力行为不但是无效的，而且还要承担法律的责任。

如上文所论及，权力控制中最重要的是对行政权力的控制。因此，以法律制约权力首先体现为以法律制约行政权力，行政法治就是指依法行政，即行政权力受到法律的控制。正如韦德所言，"政府权力的膨胀更需要法治"[②]。以法律制约权力包含如下几方面的主要内容。为了防止权力的滥用，必须对权力进行法律上的限制；必须严格按照法律的规定，确立不同权力之间的相互关系；国家权力的内容、行使范围、运作方式等，都必须以法律明文规定；对于超越法律规定行使权力的行为，必须承担相应的法律责任；在完善权力责任制度的前提下，使权力的滥用降低到最低程度；每个公民对于政府非法行使权力的行为，都有权依照法定程序提出控诉，并要求作出相应的赔偿。完善严明的法治是权力制约的依据和保障，也是制约权力的一个重要途径。

3. 以社会制约权力

现代民主政治所体现的特殊力量之一是能够包容众多的利益，并能与社会力量共享公共权力，这意味着对公共权力的制约仅有政治体制之内的分权制衡与法律制约仍然不够，还必须同时实现以社会制约公共权力。以社会力量制约公共权力的主要内涵是指充分利用各种社会力量，尤其是依靠社会中独立的、多元化的组织力量实现对公共权力的制约。各种社会组织"要在静态（权力结构上）和

[①] 〔美〕埃德加·博登海默：《法理学——法哲学及其方法》，邓正来、姬敬武译，北京，华夏出版社，1987，第344页。

[②] 〔英〕威廉·韦德：《行政法》，楚建译，北京，中国大百科全书出版社，1997，第28页。

公共管理学

动态（权力的产生和分配过程）两方面与政府组织分享权力"，[1] 由此形成一种独立于政府机构、政党和国家结构的公共空间，从而有利于增强对公共权力的有效制约。一方面，这些社会组织因其独立性的发展趋势，会要求政府尽量少干预而维护其自治权；另一方面，它们会不断地向政府提出要求并对后者施加影响遏制其偏离或背离公共利益的倾向，从而提供了能有效抑制在公共权力体系中占支配地位的权势，防止政府唯我独尊独大，保护公民权利的控制机制。

民主的基本内涵可以理解为"人民的统治"，也就是说直接的人民的统治是公共管理公共性的理想模式。但是，由于受到多种因素的影响，实际上在政治生活中代议制的间接民主成为现实的选择，而代议制体现公共性的一个重要渠道就是不断扩大的政治参与。因此，人民对公共权力施加约束、控制和监督，既是主权在民原则的题中应有之义，也是防止公共权力异化的有效手段。"人民对于他们政府机关的控制，是衡量一个政府是否为共和制的标准。"[2] 在西方社会，以社会制约权力的思想根植于从孟德斯鸠到伯克的自由保守主义传统之中。孟德斯鸠强调一个存在有贵族阶层的社会对于维护自由的重要性。而伯克则坚持认为，自由的问题是与一种权威三角——即个人，国家以及介于这两种实体之间的各种群体——分不开的，[3] 如果没有这种个人与国家之间的中间结构，个人的自由是无法保障的。因而，伯克主张公共权力应该受到法律的限制和市民社会中各种自愿结社的限制。托克维尔继承了伯克的以社会制约权力的思想，并将其发扬光大。他在实地考察美国的民主时发现，自治性质的社会组织是美国民主制度的基础。在此基础上，托克维尔进一步认为平等的个人为了避免民主的"暴政"，需要参与公共事务的管理和监督，其形式就是通过独立自主的社团对权力形成"社会的制约"。另外一种相关的"以社会制约权力"的理论研究是以哈贝马斯为代表的"公共领域"论，这一理论强调来自公共权力之外的力量对公共权力的批判和制约，因而也是以社会制约权力的重要体现。科学为之奋斗的目标是社会解放，是在人与人之间建立没有统治的交往关系和取得普遍的、没有压制的共识。[4] 制约公共权力的目标并非制约本身，而是达成共识以谋求公共利益的实现。

---

[1] 马长山：《国家、市民社会与法治》，北京，商务图书馆，2001，第161页。
[2] 《杰斐逊文选》，北京，商务印书馆，1963，第51页。
[3] 顾欣：《以社会制约权力》，刘军宁、王焱、贺卫方编《市场逻辑与国家观念》，上海，上海三联书店，1995，第159~160页。
[4] 〔德〕哈贝马斯：《认识与兴趣》，郭官义、李黎译，上海，学林出版社，1999，第201页。

4. 以道德制约权力

道德是人类社会重要的意识形态之一，是人们能据以共同生活及行为的准则和规范，也是人们评价社会行为的善恶美丑的观念和原则的总和。它对社会成员的规制作用基于由主流道德观念形成的社会舆论和人们内心的道德信念的力量。以道德制约权力，其核心思想是通过社会道德教育的途径使公共权力掌控者提升其道德伦理修养，并通过形成强势的社会道德舆论对不法行为的声讨谴责，使公共权力的控制者抑制和摒弃利用公共权力谋私作恶的欲望，以保障公共权力只为公共利益而运行。

公共权力的运行和政府的行为，只有符合道义的要求才是合理的。以道德制约权力的思想，同样有悠久的历史。柏拉图在阐述理想国家的基本原理时指出，国家的善是由三种基本的美德构成的，即生产者的节制、护卫者的勇敢及统治者的智慧，而只有当三者和谐有序的时候，也就构成了城邦的德性——正义。亚里士多德在其《政治学》中就特别强调对政治至善性的追求，他认为权力理想的道德境界应该是"一切社会团体均以善业为目的"。[①] 中国古代儒家的思想更是以道德制约权力的理想范本。孔子说，"政者，正也"；[②] 东汉时期的哲学家王充也认为，"治国之道，当任德也。"[③] 这些思想都强调权力应服务公义，而不能偏向权力者的个人私利。公共权力的道德控制状况主要是由权力主体的道德自觉程度，即官德水平决定的。良好的官德必然能维护以权为善的原则，而不良的官德必然使权力的行使倾向作恶。换言之，良好的官德能够保持公共权力行使的公平、公正，并有助于引导整个社会的道德风气。正如孔子所言："君子之德风，小人之德草。草上之风，必偃。"[④] 道德高尚、清正廉明的权力者能够垂范社会、导引公众，从而有利于淳化社会风气。相反，如果权力者缺乏道德自觉和自律，不能洁身自好，并且以权谋私，就必定会败坏社会风气。

以道德制约权力的理论和实践意义一直受到政界和学界高度的重视。以德治权在西方国家被作为一种正式的制度选择体现在公共权力监督和制约的政治实践中。譬如，美国1978年出台了《从政道德法》，该法对上至总统，下至最低一级的公务员的行为在道德上都做了详细的规定和限制。

[①] 亚里士多德：《政治学》，吴寿彭译，北京，商务印书馆，1965，第3页。
[②] 孔子：《论语·颜渊》。
[③] 孔子：《论衡·非韩》。
[④] 孔子：《论语·颜渊》。

较之权力制约权力和以法律制约权力的机制的外在性和刚性的特点,以道德制约权力则具有内省性和柔性的特点。强调通过道德教化方式提升公共权力控制者内心的道德力量,从而减少他们滥用权力的可能性,其实质是通过制约灵魂来制约行动。然而,权力掌握者也是理性经济人,也有其自利追求。道德约束的力度毕竟有限,道德治本更是不易。因此,不能将全部希望寄托于道德的规制约束。正如孟德斯鸠所言,权力的德性不能从根本上寄托于掌权者的道德,因为,一切有权力的人都容易滥用权力,这是万古不易的一条经验。[①] 以道德制约权力方式只能是权力制约的一种途径,不可能成为保障公共权力的纯洁性与合法性的唯一的和最终的依凭。

5. 以责任制约权力

任何权力的赋予都服务于一定目标的实现,而获得授权的同时必须承担相应的责任。一方面,权责一致、权责相当是科学配置权力的第一标准;另一方面,能否依法履行职责和有效承担责任是衡量是否正当行使权力的重要标尺。必须明确,公共权力的行使者与法律责任相伴。因此,在公共管理中实行责任制,以责任来约束公共权力,是对公共权力监督制约的重要方式。

以责任制约权力的本质是要问责,实行责任追究机制,以问责机制约束公共权力。如若没有厉行责任追究的问责制,公共权力行使者的各种无良和腐败行径,譬如或消极懈怠敷衍塞责、或颟顸昏聩尸位素餐、或好大喜功草率决策、或枉法弄权谋取私利、或卖官鬻爵中饱私囊、或为升官晋级制造形象工程和政绩工程祸国殃民、或弄虚作假制造注水成绩邀功误国等,就会因其后果不被追究或追究不力、追究不彻底而得以泛滥甚至无法遏制。因此,以责任制和问责制制约公共权力至关重要,是促进建设高效廉洁的公共权力的杠杆、驱动器和制衡器。

对公共权力掌控者的问责或责任追究的对象,对政府而言,包括三个层面:作为一个整体的中央政府和各级政府;各级政府所属的部门机构;作为个体的各级政府官员。一个实施对公共权力问责的政府就是能对各级政府、政府所属部门机构和政府官员的职务行为进行责任追究的政府。其内涵是把各级政府、政府各部门机构和政府官员所掌控的公共权力的范围、地位或其公职身份与他们所应承担的政治责任、法律责任、行政责任和道德责任联系起来,形成权力与责任、权力与道义、行为实施与行为后果、行为后果与行为主体的政治合法性及其荣辱褒贬密切相关的制约机制,从而促使各级政府、政府部门和官员牢固地树立责任意

---

① 〔法〕孟德斯鸠:《论法的精神》,张雁深译,北京,商务印书馆,1961,第154页。

识和法治意识，真正做到执政为民，用权为公，励精图治，以高度负责的精神及效率与效能兼具的方式服务公众，服务经济和社会的发展。

11.3.2 公共权力监督制约的制度安排

监督制约公共权力是宪政的核心理念，必须首先通过制度设计来予以保障。从根本上说，制度是"为约束在谋求财富或本人效用最大化中个人行为而制定的一组规章、依循程序和伦理道德的行为准则"。① 对公共权力掌控者的行为也同样需要建构各种必要的制度来予以约束。对公共权力实施监督制约的制度安排主要通过如下方式。

1. 立法监督制约

在西方国家，立法机关的监督又称议会监督。在实行三权分立的国家中，大多数立法机关的监督都包括两方面的内容。一方面是对政府的监督，即议会对政府的政策制定、政府管理活动和政府成员的行为行使监督的权力。这方面监督的主要内容有：①批准政府成员的任命。②监督财政。财政监督的范围非常广泛，如国家的税收、捐款、举债等各种筹款形式；经济和社会发展规划、预算和决算案的审批；国家金融事业的管理等。其中对政府财政预决算的审批是财政监督的主要内容。③以多种形式监督政府及成员的活动和行为。一是质询，即议会对政府首脑或某一部门所主管的事务及行为，提出书面或口头的质疑，并要求予以明确答复；二是弹劾，即议员对政府首脑或政府主要成员的违法失职行为提出控告，要求进行审判或裁决；三是不信任投票，即在议会制国家，当议会认为政府政策失误或政府与议会在某些重大问题产生分歧而不能调和时，议会可采取投不信任票的方法，表明议会对政府的态度。不信任案通过后，政府一般要辞职，这即是议会具有的倒阁权；四是政府定期向议会报告工作，接受议会的监督。另一方面是对司法的监督，主要表现为立法机关享有立法的权力，变更法律的权力，司法机关必须依据立法机关所制定和变更的法律进行审判，做出司法裁决；立法机关还享有批准对大法官的任命之权以及对违法失职的法官进行弹劾的权力。

在当代中国，立法监督主要指国家权力机关的监督。国家权力机关的监督是指全国人大及各级人大依法对国家各级政府的行政、审判、检察机关的工作及宪法与法律的实施情况进行的监督。权力机关的监督主要包括法律监督、工作监督

---

① 〔美〕道格拉斯·C. 诺斯：《经济史上的结构与变革》，刘瑞华译，北京，商务印书馆，1992，第195～196页。

和行政道德监督,即监督各级"一府两院"以及下一级国家权力机关实施宪法、法律的情况,听取和审议政府、法院、检察院的工作报告,向人民政府及其所属各工作部门提出质询,视察和检查"一府两院"的实际工作情况等。具体而言,主要包括:①听取和审查人民政府及两院的工作报告;②向政府、两院及其职能部门提出质询;③改变或撤销政府违宪违法和不当的决议、决定和命令;④罢免或撤销政府、两院公职人员的行政职务;⑤视察和检查政府和两院工作;⑥组织专门问题调查委员会,处理政府机关某些特殊性问题;⑦受理人民群众对政府机关及其公务员违宪违法行为的申诉和控告等。通过以上这些措施达到确保国家机关能依法办事,代表人民的意志管理公共事务,防止公共权力异化目的。

2. 行政监督制约

行政监督的主要任务是发现和纠正一切违反国家行政管理原则、法规、规章的行为,防止和纠正行政管理活动中的偏差,保障行政目标准确、及时地实现。为了充分发挥行政监督的预防、补救、改进作用,在行政监督中必须坚持经常性、广泛性、公开性、确定性和时效性原则。一般而言,行政监督的主体除了负有领导或监察责任的经由民主授权的各级权力部门、行政领导机构、监察和司法机构之外,行政授权的各级上级主管部门和下级机构、第三部门组织、媒体和社会公众等也是行政监督的主体,甚至官员自身也可以是监督的主体,因为官员自身的伦理道德准则是对各行政主体监督的内在力量。

在整个 20 世纪西方行政法制发展过程中,行政机关的监督制度是一个不可忽视的内容。面对行政权力的日益扩张,行政机关的监督制度在其内部逐渐发展起来,并成为公共权力监督的重要组成部分。各国政府通过强化和完善行政监督制度,一方面努力防止文官滥用职权,保证政令畅通和行政权的有效行使;另一方面也不断完善对各级政府官员的各项监督。在美国,1978 年卡特政府根据《联邦从政道德法》的规定,在人事总局中设立廉政署,行使监督政府官员的职责。这些职责主要有审查总统、副总统等联邦高级官员的个人财产申报;监督联邦政府官员申报财产是否符合法律规定;在必要时可以命令联邦政府官员纠正其不正当的行为;向有关行政机关提供廉政指导等。1978 年卡特政府建立的另一个行政监督制度是通过《联邦政府监察长法》,在一些重要的联邦政府部门中建立监察长办公室。监察长办公室的主要职责是监督各行政部门日常的行政工作。廉政署和监察长办公室是美国行政机关监督的两个重要制度,它们在监督联邦政府官员活动过程中发挥着极重要的作用。

在当代中国,行政监督机制主要分为四个部分:①基于权属关系的内部监督,如主管部门的监督、自我监督;②行政体系内的专门监督,如监察、审计机关的监督;③行政体系外部的监督,如司法监督、群众监督和舆论监督等等;④最高权力机关的监督,即人大的监督。国家行政监察机关的专门监督可以更加有效地实施行政的专业化监督,能够对所有部门的行政工作实行全面性监督。行政监察机关具有检察权、调查权、建议权和撤销职务以下的行政处分权;检查监察对象执行国家政策、法律和政纪的情况,调查处理监察对象违法违纪的行为,受理对监察对象的检举、控告,受理监察对象不服纪律处分的申诉,按照行政序列分别审查经国务院任命和经地方政府任命的人员的纪律处分事项。同样,国家审计机关的监督亦属于专业性监督,主要是对各行政机关的财务状况进行监督。审计监督以国家的法律制度和方针政策为依据,检查政府机关的财政财务和经济活动情况,监督政府预算的分配与使用是否合法和有效,预防和纠正国家财政经济活动中的弊端和违法乱纪行为,保护国家财产的安全,改善社会经济运行的效率和效益。

3. 司法监督制约

司法监督是国家监督体系中的重要组成部分,这是因为司法监督是一种法律监督,具有巨大的威慑作用,是运用法律的强制力量净化和维护公共权力的最后一道防线。司法机关监督的初始动机是出于权力制衡的考虑,因此,建立和健全高效有力的监督体系离不开司法监督的完善。

狭义的司法机关主要指法院。法院通过对具体公共权力行使结果的审理和审判来实现对权力主体的法制监督。20 世纪以来,随着西方国家普遍强化政府职能进程的发展,国家行政管理活动介入的范围和种类日益拓展。由此,也引发日益复杂的行政法律关系和日益增多的行政纠纷。因此,西方国家进一步加强行政诉讼机构及其职权,并加强相应的立法。譬如,美国的法院可以通过诉讼、解释宪法和法律以界定总统或行政机关的职权范围,裁决其行为是否超越了宪法和法律规定的职权范围。这种司法权对行政权的监督和制约在实践中主要体现在两个层面:①普通法院对行政当局的行政行为具有司法审查权,这种司法审查既包括对具体行政行为的审查,也包括对抽象行政行为的审查;②最高法院通过诉讼可以裁决总统及其行政当局的行政行为,一旦认定其违宪,则可以使之归于无效。

在当今中国,司法机关对公共权力的监督和制约主要体现为人民法院和检察院对公共权力运行过程的监督,这样的监督针对行政机关及其工作人员的违法行为而进行。①人民法院的监督。人民法院以判决的方式确定行政机关的决定是否有效,工作人员的行为是否合法,监督的目的在于制止违法行政。这类监督的内容包括行政机关及其工作人员的行为是否符合法治的原则，是否存在滥用职权、侵害公共利益的行为等。监督的方式主要有接受揭发、控告、申诉、进行起诉和审理以及提出司法建议等。②人民检察院的监督。检察机关是国家法律监督机关，享有对行政机关在刑律范围内的监督权力。检察机关监督的范围包括破坏国家政策、法律、法令以及政令统一实施的重大犯罪的案件，侵犯公民民主权利的案件，渎职案以及检察机关认为需要自己直接受理的其他案件。从实践来看，中国的司法监督还比较薄弱，与建设法治国家的目标还较大差距，特别是司法监督的独立性不足是制约其整体效能的重要原因。在司法监督实践中，涉及行政部门领导干部的案件处理往往会因受到政府权力的干扰而难以进行，从而使司法监督的客观性和公正性遭到破坏。

4. 社会监督制约

社会监督是公共权力异体监督的重要形式，主要指来自国家权力机关之外的社会主体的监督，包括社会公众的监督、社会团体的监督和舆论监督。这种监督符合宪政要求，也是防止公共权力异化的重要途径，理所当然地受到国家法律的保障。可以说，在整个公共权力监督体系中，社会监督是根本性的，是最具决定意义的监督。

（1）社会公众的监督。社会公众的监督主要指公民个人对公共权力机构及其工作人员实施监督，一般通过批评、建议、来信、来访、申诉、检举、控告以及行政诉讼等方式来进行。在西方国家，通过保障参政议政渠道的畅通，加强政府与公众、社会之间的联系和互动，使社会公众在权力监督和制约中扮演着重要角色。在中国，公众对公共权力行使的合法性与合理性进行监督，一方面可以促使公职人员秉持服务社会的宗旨，恪尽职守，积极奉献；另一方面可以有效地遏制公职人员在行使公共权力的过程中出现滥用职权、以权谋私等权力异化行为。中国的举报和信访制度对促进公众的社会监督起了重要作用。

（2）社会团体的监督。社会团体对公共权利的监督具有特别重要的意义。因为，分散的公民个体对公共权力监督的力量有限，只有组织起来联合起来，公民的力量才能真正显示出来，才能真正形成有效的对公共公权力的制约力量。广义而言，社会团体包括政府体制之外的各种营利和非营利的社会组织。随着20世纪后期以来全球结社革命的勃兴与公民社会的成长，政府体制之外的各类社会组织大量涌现，其政治参与的诉求和能力也日益增强，这大有益于加强社会团体对公共权力运行的监督制约。

（3）公共舆论监督。公共舆论监督是指通过大众传播媒介对公共权力机构及其工作人员进行的监督。公共舆论监督具有十分显著的独特功能，由于它公开即时、传播迅捷、覆盖面广、介入方式灵活多样以及由此产生的巨大威慑性，实施公共舆论对公共权力运行的监督能够形成影响广泛的强大社会压力，能很快产生特殊的监督制约效果。在西方国家，随着民主监督的"媒体化"，大众传媒在公共权力监督中占有越来越重要的地位。在人们的眼中，新闻媒体是可与立法、行政和司法三权并驾齐驱的"第四权力"，被称为"无冕之王"。在中国，新闻媒体在公共事务管理中的影响力也在不断增强，一些重要的舆论工具，如央视的《焦点访谈》、报刊中的《南方周末》等在当前我国公共权力监督和反腐倡廉中发挥着突出的重要作用。

11.3.3　中国的公共权力监督制约体系

如上所述，公共权力的监督体系是由各种不同的监督形式依照特定的内在规律构成的系统。由于历史、社会和政治背景的不同，不同的国度的监督制约体系各有其特点。当代中国的公共权力监督制约体系，可以从如下五个方面进行考察。

1. 静态监督制约体系与动态监督制约体系

（1）静态监督制约

静态监督是一种监督方式相对固定，监督内容相对稳定，较少发生变化的监督形式。其主要类型有如下几种。①法律监督，其特点是以国家强制力制约人们的行为。由于法律规章的相对稳定性，因而这类监督在一定时期内主要表现为一种相对静态的常规监督。②制度监督，主要是指由一整套系统化了的规则、章程、条例等组成的一种规程化的监控系统。③纪律监督，主要是建立在不同政治组织基础之上、由一系列对其成员具有普遍约束力的行动准则组成的自我制约系统。④道义监督，这是基于在一定社会中在长期的公共生活中自然形成并且公众认可的道德准则而建构的社会伦理道义的评价准则，虽然这可以称为监督机制中的软约束系统，但是其对公共权力掌控者内心的制约力量不可忽视。

（2）动态监督制约

对公共权力的动态监督制约是一种与权力动态运行密切相关，并能依据权力运行的方式、任务的变化而进行即时跟踪和自行锁定跟踪式的监督。较之静态的监督制约，它的构建方式与实施的方式具有不确定性。如果说，静态监督制约是通过法律、制度、道德等显性的或隐性的规则昭示建构公共权力行使者不可逾越的边界，那么动态的监督制约则是在被监督者应用公共权力去履行各种具体的工作任务的过程中对之进行评价、监督和制约，并通过正强化与负强化的方式，例如褒贬臧否、奖惩升黜等来体现对用权者监督制约的直接后果。这种监督是在监督者与被监督者的互动关系中实现的。同样，动态监督的对象也聚焦于公权使用者，但却是把监督的人与事密切结合起来。

2. 纵向监督制约体系与横向监督制约体系

（1）纵向监督制约

公共权力的纵向监督是指有统属关系的上下级之间的监督，其中，既包括上级对下级工作的审查、批准、考核和督察，也包括下级对上级的监督、建议和批评。宏观而言，从政府体系看，这种自上而下的纵向监督包括国务院对所属各部委和地方各级国家行政机关的监督，地方各级人民政府对所属各工作部门及其下级人民政府进行的监督。不同的权力系统都应该建构职责明确的有效的纵向监督体系。但是，这种系统内的监督有可能会因领导与被领导关系、系统内价值判断和感情色彩等因素的影响而削弱监督的效果。必须解决纵向体系的权力科学划分与权责对称问题，这是加强纵向监督体系建设的根基。

（2）横向监督制约

公共权力的横向监督是指没有统属关系的权力系统之间，同一权力系统中同级机关之间的监督。在西方三权分立的政治体制中，立法机关、行政机关、司法机关三种机关之间的互相监督和制衡是一种典型的不同权力系统之间的横向监督。中国政法系统中同级政府、检察院和法院法之间的互相监督制约，也是横向监督的形式。实施公共权力的横向监督对于防止形成绝对权力，防止和遏制掌权者特别是高层和最高层掌权者的任意专断，防止和减少重大决策失误，保障公共权力的有效运行并服务公共利益至关重要。但是，公共权力运行的横向制衡在权力运行透明度不高和法治不彰的情况下，也会为掌权者之间人为的互相牵制、党派之争甚至挟私报复提供平台，从而阻滞公共权力运行的效率，危及公共利益。这种情况，在不同权力系统之间和同一权力系统同一层级或不同层级的不同部门之间都有可能发生。目前，权力的横向监督在我国还处于比较尴尬的境地，其主要原因是分权并不清晰、制衡关系和权责关系没有明确定位等，横向监督的成效并不明显。

3. 专职监督制约体系与兼职监督制约体系

（1）专职监督制约

专职监督是指国家机关中专司监督职能的组织机构所进行的监督。专门监督有两种。①行政监察机构的专门监督。这是政府内部设立专门行使行政监督权的监察机关，对所有行政部门的行政管理工作及公务员的行政行为进行全面监督，以达到保障政令畅通、维护行政纪律和提高行政效能的目的。行政监察制度主要有如下特点：其一，它是政府系统内部的一项监督活动；其二，监督的主体是各级国家行政监察机关；其三，监督的对象是行政机关及其工作人员的行政行为；其四，监督的方式是依法独立进行检查监督。②审计监督。这是在财政经济方面实施的专门监督制度，它通过依法对国家行政机关和企事业单位的财务收支以及有关经济业务活动的监督审查来促使各级政府及其部门机构依法管理和使用其所控制的公共资源，以确保这些公共资源能够依法使用和符合绩效要求的使用，而不是被一些贪官污吏以及部门利益或地方利益的谋取者或是中饱私囊，或是违规使用资源以实现部门或地方利益，或是错误或低效率使用资源损害公共利益。通过国家审计部门来监督行政机关及其工作人员，是对公共权力运行实施监督制约的十分重要的方式。

（2）兼职监督制约

兼职监督是指兼司国家其他职能的机构、组织和个人所进行的对公共权力运行的监督制约。如前所述，公共权力监督的主体是多元的，因此，除了专门机关进行的监督外，包括社会公众、非政府组织和新闻媒体在内的其他主体所进行的监督都可以视作兼职监督。兼职监督可以起到补充作用，但不能替代专职监督机构的主要作用。亚里士多德注意到，"凡是属于最多数人的公共事物常常是最少受人照顾的事物，人们关怀着自己的所有，而忽视公共的事务；对于公共的一切，他至多只留心到其中对他个人多少有些相关的事物"。① 显然，不能单纯依靠兼职监督来行使职责。兼职监督形式的特点是其监督介入的广泛性和灵活性，并且它是一种异体监督，与专职监督结合可以实现优势互补，共同构筑公共权力监督制约体系。

4. 执政党的监督制约体系

执政党是国家政治权力的核心，担负着公共权力的重要领导功能，它能否正确地行使公共权力对一个国家的政治稳定与经济社会发展具有根本性的影响。在当代中国，对执政党的监督包括密切联系的两个方面。一是体制内的自我监督，即执政党的各级党委和纪委对党组织和党员的监督；二是体制外的异体监督，即其他政治组织和社会团体对执政党的监督。强有力的他律才能促进自觉的自律。执政党外部的异体监督是其体制内的自我监督的压力与推动力，而执政党内部的

---

① 亚里士多德：《政治学》，吴寿彭译，北京，商务印书馆，1997，第48页。

自我监督又是外部异体监督得以实现的重要保障。执政党的自律与他律彼此依存，缺一不可。

(1) 执政党的自我监督制约

执政党体制内的自我监督主要是通过党的纪律检查系统的监督来实现。这样的监督包括两个层面的涵义：①对国家机关及其工作人员执行法律和政策情况的监督；②对党的组织及其成员执行党章、党纪，以及遵守宪法和法律的监督。执政党的纪律检查是党内监督的一种主要形式，它是由党内的专门监督机关对党员和党组织违反党的纪律的行为所进行的检查处理活动。同时，党内监督又不仅局限于纪律检查机关对违反党章、党纪行为的检查处理，还包括上级党组织对下级党组织，党组织对党员贯彻执行党的方针、政策情况的一般监督检查以及党员之间的互相监督。

(2) 执政党的异体监督制约

执政党的异体监督是立法监督、司法监督、社会监督以及协商监督的有机结合。首先，立法机关和司法机关代表着国家的法制力量，这些机关对共产党都具有监督的权力和责任，构成了对执政党的法制监督。《中国共产党党章》明确规定，"党必须在宪法和法律的范围内活动"。其次，人民政治协商会议和民主党派也对执政党的政治监督发挥重要作用。再次是人民群众和社会团体对执政党的监督。人民群众和社会团体对执政党实施监督的途径主要是信访举报或通过新闻媒体提出批评意见。在整个对党的监督体系中，人民群众和社会团体的社会监督往往是导致国家法制监督和执政党党内监督启动的触发因素，因而具有重要的意义。

5. 公共权力监督制约的现状及主要问题

从制度安排的层面我们已经观察到多样化的对公共权力实施监督制约的方式，然而在实践中如何使这些制度能有效地运行并产生预期的效果会面临许多挑战。总体而言，当代中国公共权力监督制约的状况是积极和有成效的。但是，在某些部门某些地方，或某些层面，预设的监督制约方式被弱化、虚化甚至被劫持的情形在不同程度上出现，有的甚至发展到比较严重的形态。对这些问题必须予以正视，并积极寻求解决之道。

当代中国对公共权力监督制约的基本情况可以做如下概括：执政党和政府对公共权力的监督制约问题已经高度重视，并采取了积极的对策和相应的制度，主流是积极的有成效的；监督制约的主体的广泛性得到实质性的拓展；监督制约的力度得到显著增强，体现为许多重大的滥用公权或以权谋私的行为能较快地揭露

第11章 公共权力的监督与制约

出来，并且这些大案要案一旦揭发就会严加惩处，绝不姑息；异体监督制约，例如公众、非政府组织和媒体等，正在发挥越来越重要的作用，不少重大的滥用公权危害公益的案件是由这些主体所发现和揭发，或是由于他们的推动促进使其被揭露和审理追究。但是，也还存在如下一些问题，需要予以重视和解决。其一，异体监督的渠道、方式和力度还需要从法律和制度的层面予以保障和增强，使得来自公共权力运行外部的监督力量能够更好地发挥其作用，这是至关重要的核心问题。其二，公共权力各系统各部门机构的权力划分不明确或存在交叠，权责对应的和责任追究的制度安排还有缺失甚至严重缺失，不利于监督制约的有效实施。其三，经过多年改革，政企不分、党政不分和以党代政的现象虽然得到改善，但仍然不同程度存在一些问题，特别是后两种情况，由此导致了某些部门机构公共权力运行监督制约的缺位和错位，不仅监督主体不明确，甚至监督对象也不清晰。

针对上述问题，必须采取积极对策优化和强化对公共权力运行的监督制约。优化与强化，即要使对公共权力监督制约的资源得到优化配置，监督制约的机制得到改善和强化，在这样的资源优化配置的基础上监督制约的刚性和力度能得到显著增强，并能厉行对公共权力运行的问责追究。必须加强对公共权力监督制约的思想资源、制度资源和组织资源的开发、建设、创新与整合，使这些资源能够实现优化配置并与时俱进；必须解决过度依赖自体监督和体内监督的问题，高度重视并建构能有效运行的异体监督制约机制，充分发挥异体监督的作用；必须通过加强法治建设，增强公共权力运行的透明度和可问责性，使公共权力的运行能真正置于其委托人——社会公众的监督之下；必须继续推进和加强廉政建设，减少和清除公共权力滋生腐败的土壤；必须促进公民社会的发展和非政府组织的成长，使对公共权力运行进行监督制约最重要的主体力量不断壮大。通过这些努力，就必定能不断加强对公共权力运行的有效监督制约，使公共权力更好地服务于公共利益。

[重要概念]

（1）权力：权力是一种社会关系，是指在社会行动中，某一或某些主体（个人或组织）为了实现某种预期效果，利用各种资源或各种手段，影响、强制、控制、操纵、指导与支配其他社会主体的一种社会关系现象。权力关系具有以下特征：权力关系的非对称性；权力具有目的性；权力关系是一种制度化的人际关系；经常性的权力关系包含相互依存的因素。广义而言，权力包括政治权力、经济权力、社会权力等各种形式。

(2) 公共权力：公共权力是人类为了实现自身利益而进行的一种社会建构。现代意义的公共权力是源于公众的授权并得到法律保障的，由政府与其相关部门以及其他公共组织掌握并行使的，用以配置公共资源、处理公共事务、维护公共秩序和增进公共利益的权力。在前工业社会和工业社会，公共权力基本上被国家和政府所垄断、控制和操纵。特别是在前工业社会，这样的垄断和控制更具有绝对性。进入后工业社会，随着经济全球化、政治民主化进程的发展，全球公民社会不断成长，政府体制之外的其他公共组织或社会组织越来越多地参与共享公共权力，共同治理人类社会的公共事务。这是人类社会政治文明发展的不可阻挡的大趋势。

(3) 公共权力异化：公共权力异化即在其运行过程中出现背离其本质规定性的行为，使公共权力的运行及结果与其本质的要求相背离，或是公共权力本身蜕变为公共利益的对抗力量。异化的主要表现为：公共权力运行偏离其目的而变为谋利的工具；公共权力行使超出法定或合理的范围，越位或是过度行使权力而对公共利益造成危害；公共权力行使方式的错误，造成公共权力实质性的滥用；公共权力的行使者不作为，导致公共权力实质性的缺位；公共权力机构性质的蜕变。

(4) 公共权力监督制约：为防止公共权力异化及其对公共利益带来的危害，确保公共权力的合法运行和有效运行，必须通过包括设定其运行边界、范围、原则、机制和控制程序的严密的制度设计，对其运行实施全方位的监控。这样的监控包括监督和制约两个层面：监督是要使公共权力的运行处于透明状态，使其依法受到公共权力的授权者——社会公众及其代理机构的监察督促，以使公共权力被滥用和异化的危险减少到最低限度；制约则是通过各种法律保障的强制力量和强制方式使公共权力只能在法定的轨道和范围并依据法定的方式运行而不能逾越，否则其违规者就会受到揭露、责任追究以致法律追究。制约的方式包括以权力制约权力、以法律制约权力、以社会制约权力和以道义制约权力等方式。

[思考题]

1. 如何理解权力与公共权力？
2. 如何理解对公共权力进行监督制约的必要性？
3. 分析公共权力异化的主要原因及防范的可能方式。
4. 试对中外公共权力监督制约的方式作比较分析，探讨可借鉴的经验。
5. 如何评价中国公共权力运行监督制约体系？

6. 试分析中国公共权力监督制约的现状、主要问题及其原因，并探讨现阶段改善和加强对公共权力监督制约的对策。

[参考文献]

《马克思恩格斯选集》（第1、2、3、4卷），北京，人民出版社，1972。

《列宁全集》，北京，人民出版社，1972。

〔英〕伯特兰·罗素：《权力论》，靳建国译，东方出版社，1988。

〔英〕卡尔·波普尔：《猜想与反驳》，傅季重等译，上海，上海译文出版社，1986。

〔英〕威廉·韦德：《行政法》，楚建译，北京，中国大百科全书出版社，1997。

亚里士多德：《政治学》，吴寿彭译，北京，商务印书馆，1965。

李妙根编《为政尚异论——章士钊文选》，上海，上海远东出版社，1996。

〔美〕汉密尔顿等：《联邦党人文集》，程逢如译，北京，商务印书馆，1982。

陆丁：《寻租理论》，《现代经济学前沿问题》（第二集），北京，商务印书馆，1993。

〔英〕戴维·赫尔德：《民主的模式》，燕继荣等译，北京，中央编译出版社，1988。

朱光庭：《巴黎公社史》，北京，中国社会科学出版社，1982。

朱光磊：《以权力制约权力——西方分权论和分权制评述》，成都，四川人民出版社，1987。

《西方法律思想史资料选编》，北京，北京大学出版社，1983。

鲍宗豪：《公共管理导论》，上海，上海三联书店，1998。

〔法〕孟德斯鸠：《论法的精神》（上册），张雁深译，上海，商务印书馆，1961。

〔英〕洛克：《政府论》（下篇），瞿菊农、叶启芳译，北京，商务印书馆，1983。

〔美〕罗伯特·达尔：《现代政治分析》，王沪宁等译，上海，上海译文出版社，1987。

〔英〕顿纳斯·H.隆：《权力，它的形式，基础和作用》，伦敦，牛津大学出版社，1979。

〔美〕彼德·布劳：《社会生活中的交换与权力》，孙非、张黎勤译，北京，华夏出版社，1988。

〔德〕马克斯·韦伯：《经济与社会》（上），林荣远译，北京，商务印书馆，1997。

〔英〕A. 布洛克等《枫丹那现代社会思潮辞典》，中国社会科学院文献研究中心译，北京，社会科学文献出版社，1988。

〔美〕H. 拉斯韦尔、A. 凯普兰：《权力与社会》，耶鲁大学出版社，1963。

〔美〕F. 纽曼：《政治权力研究的途径》，《政治学季刊》，Vol. LXV，No. 2（1950）。

傅兆龙：《权力制约——一条重要的政治规律》，《中国法学》1993年第2期。

〔美〕埃德加·博登海默：《法理学——法哲学及其方法》，邓正来、姬敬武译，北京，华夏出版社，1987。

〔德〕哈贝马斯：《认识与兴趣》，郭官义、李黎译，上海，上海学林出版社，1999。

〔美〕F. J. 古德诺：《政治与行政》，王元、杨百朋译，北京，华夏出版社，1987。

〔美〕曼瑟尔·奥尔森：《集体行动的逻辑》，陈郁、郭宇峰、李崇新译，上海，上海人民出版社，1995。

〔美〕约翰·罗尔斯：《政治自由主义》，万俊人译，南京，译林出版社，2000。

〔英〕迈克尔·欧克肖特：《政治中的理性主义》，张汝伦译，上海，上海译文出版社，2004。

〔英〕马丁·洛克林：《公法与政治理论》，郑戈译，北京，商务印书馆，2002。

后 记

公共管理学正在成长。这一学科理论资源的丰富性与创新性、学术体系的包容性与融通性，以及它突出的实践性与应用性和发展的巨大潜力，使它的重要性日益深刻地为人们所认识。作为一门新兴学科，公共管理学的建构正处于不断探索的进程之中。本书的编写基于多年来对公共管理进行研究和教学所作的探索和积累。希望我们的努力能对推进我国公共管理学科的建设和发展有所助益。由于学力和时间所限，书中难免会有疏漏缺失之处，敬请学界同仁和读者朋友批评指正。

社会科学文献出版社总编助理范广伟先生对本书的出版给予大力支持。本书的策划编辑武云博士一直给予积极支持和帮助，并为本书的编辑出版付出了辛勤劳动。姜秀珍、钱洁、李强彬、陈宝胜为本书注释和参考文献的整理与格式完善做了很多工作。本书的写作得益于借鉴吸收国内外学者的最新研究成果，相关的主要论著已在参考文献中列出。在此一并表示衷心的谢忱！

黄健荣

2008 年初秋于南京秦淮河畔 亦柳斋

图书在版编目（CIP）数据

公共管理学/黄健荣主编.—北京：社会科学文献出版社，2008.12（2017.2重印）
（当代公共管理精品教程系列）
ISBN 978－7－5097－0479－0

Ⅰ.公… Ⅱ.黄… Ⅲ.公共管理－高等学校－教材 Ⅳ.D035

中国版本图书馆 CIP 数据核字（2008）第 175537 号

·当代公共管理精品教程系列·

公共管理学

| 主　　编／黄健荣 |
| 副 主 编／梁　莹 |

出 版 人／谢寿光
项目统筹／邓泳红
责任编辑／马　爱

出　　版／社会科学文献出版社·皮书出版分社（010）59367127
　　　　　　地址：北京市北三环中路甲29号院华龙大厦　邮编：100029
　　　　　　网址：www.ssap.com.cn
发　　行／市场营销中心（010）59367081　59367018
印　　装／北京玺诚印务有限公司

规　　格／开本：787mm×1092mm　1/16
　　　　　　印张：30.5　字　数：560 千字
版　　次／2008 年 12 月第 1 版　2017 年 2 月第 4 次印刷
书　　号／ISBN 978－7－5097－0479－0
定　　价／49.00 元

本书如有印装质量问题，请与读者服务中心（010－59367028）联系

版权所有 翻印必究